现代青年常用知识手册

许俊霞 ◎ 编著

中国华侨出版社
北京

图书在版编目（CIP）数据

现代青年常用知识手册 / 许俊霞编著 . —北京：中国华侨出版社，2015.3（2019.8重印）
ISBN 978-7-5113-5321-4

Ⅰ.①现… Ⅱ.①许… Ⅲ.①科学知识—青年读物 Ⅳ.① Z228.2

中国版本图书馆 CIP 数据核字（2015）第 058510 号

现代青年常用知识手册

编　　著：许俊霞
责任编辑：落　羽
封面设计：施凌云
文字编辑：朱立春
美术编辑：刘欣梅
经　　销：新华书店
开　　本：720mm×1020mm　1/16　印张：33　字数：690千字
印　　刷：北京市松源印刷有限公司
版　　次：2015年6月第1版　2019年8月第2次印刷
书　　号：ISBN 978-7-5113-5321-4
定　　价：68.00元

中国华侨出版社　北京市朝阳区静安里 26 号通成达大厦 3 层　邮编：100028
法律顾问：陈鹰律师事务所
发 行 部：（010）58815874　传　　真：（010）58815857
网　　址：www.oveaschin.com　E-mail：oveaschin@sina.com

如果发现印装质量问题，影响阅读，请与印刷厂联系调换。

前言

很多名词我们常有耳闻，却不知其详。很多常识性的问题，并非每个人都能回答得上来。这些反映出一个人知识储备的结构与数量。每个人的知识储备都是有限的，也许你认为一些知识并不重要，但很多时候，一些该掌握却没有掌握的知识，对一个人会产生重要的影响。求学阶段的某些考试中因为所学知识不足，让你错失进入更好学校的机会；求职面试时，因为了解的知识不够深入，无法顺利应聘成功；与客户交谈中，因为知识面太窄而无法与客户侃侃而谈，让人尴尬不已；与爱人或朋友日常交往中，因为话题匮乏，让人觉得你无聊无趣而不愿与你相交。如果你拥有丰富的知识，深厚的文化素养，自然可以在求学、工作、生活与人际交往中表现出不凡的文化品位与修养，从而赢得更多的机会。当今社会是一个信息爆炸的社会，新名词新事物层出不穷；当今社会又是一个竞争激烈的社会，青年人要想跟上时代的步伐就必须持之以恒坚持不懈地学习，提升自己的文化修养，并不断地更新过时的知识和观念，才能在社会上更有竞争力。青年阶段正是人们吸收知识的黄金时期，青年人精力充沛，学习和吸收能力都极为旺盛，不仅储备着求学时期的科学文化知识，还不断吸收着在工作生活中获得的提高自身素养的其他常识。一个具有深厚文化素养的青年，可以在任何场合都能从容应答的人，在社会上也是一个有独特人格魅力的人，也是一个容易成功的人。

青年朋友们需要对常见的各种文化知识有全面系统的了解和认识，懂得博大精深、源远流长的传统文化，有益于心灵的滋养和人格的完善；对现代科技文化有所了解，有益于增长知识，澄清一些常识性错误，以免贻笑大方；知道艺术、体育、文娱方面的知识，有益于培养高雅情趣，丰富文化生活；知道一些生活技巧、投资理财知识，这样可以让人们在各种场合都能游刃有余地行走，彰显个人独特的文化魅力。

本书从浩如烟海的常用知识中遴选出一批青年人最需要的，也是最关键的知识，选取的内容贴近现实生活，都是青年朋友极感兴趣和应该了解的一些知识。为了方便读者阅读和检索，我们把相关的内容进行系统整理分类，共分二十个方面，涉及政治、外交、军事、战争、历史、考古、文学、语言、美术、书法、建筑、园林、音乐、舞蹈、电影、电视、戏剧、曲艺、哲学、思想、民俗、节庆、科学、技术、文化、教育、人体、生物、经济、贸易、理财、投资、地理、名胜、旅游、生活、交际、礼仪、体育等方方面面，让读者可以轻松阅读、方便查阅，有益于青年朋友开阔视野，提升境界，丰富知识结构，提高素质。

本书汇集了古往今来各个学科和领域的基础知识，网罗古今文明的宝贵成果，融合了人类社会各个领域的信息精华，具有庞大的信息量、广泛的资料性、出色的检索功能、极强的实用价值、长时效的知识内容等特点。将重要的文化知识精华收入一本书中，可以使读者轻松且最大限度地获取必备的文化知识。不论你处在青年时期的哪个阶段，是求学、工作、创业，还是生活、交友，你都能通过本书来提高自己的学识。

目录

一 政治、外交

⊙ 国际组织 ⊙

联合国 1
联合国大会 1
安全理事会 1
经济及社会理事会 1
国际法院 1
秘书处 2
联合国粮食及农业组织 2
国际原子能机构 2
国际海事组织 2
联合国教育、科学及文化组织 2
世界卫生组织 2
世界气象组织 2
联合国开发计划署 2
联合国环境规划署 2
经济合作与发展组织 2
经济互助委员会 2
英联邦 2
不结盟运动 3
非洲联盟 3
阿拉伯国家联盟 3
东南亚国家联盟 3
亚太经济合作组织 3
美洲国家组织 3
独立国家联合体 3

⊙ 外交知识 ⊙

外交 4
外交官 4
领事 4
外交特权与豁免 4
使馆 4
公使 4
特使 5
代办、临时代办 5
参赞、武官、秘书 5
领事馆 5
国书 5
外交团 6
全权证书 6
照会 6
最后通牒 6

护照	6
备忘录	6
白皮书	7
条约	7
签证	7
友好城市	7

二 军事、战争

军事知识

虎符	8
烽燧传警	8
八阵法	8
三军	9
参谋	9
沙盘	9
骑兵	9
将军	10
湘军	10
淮军	10
《孙子兵法》	11
《孙膑兵法》	11
《鹖冠子》	11
《司马法》	11
《尉缭子》	12
《六韬》	12
《太白阴经》	13
《李卫公问对》	13
《虎钤经》	13
《纪效新书》	14
《练兵实纪》	14
肩章	14
军乐	14
海军	15
海军帽飘带	15
空军	15
空降部队	15
特种部队	16
飞艇	16
鱼雷	17
鱼雷艇	17
马克沁机枪	17
潜艇	18
驱逐舰	18
迫击炮	18
巡洋舰	19
无线电用于战争	19
战斗机的出现	20
高射炮的改进	20
钢盔	20
装甲运输车	21
坦克	21
远程大炮	21
毒气战	22
生化武器	22
生物战	23
反坦克部队	23

现代地雷	23
轰炸机	24
编队飞行	24
深水炸弹	25
防弹衣的改进	25
声呐	25
航空母舰	26
火箭炮	26
装甲部队	27
喷气式战斗机	27
战略轰炸	27
防空	28
闪击战	28
电子战	29
狼群战	29
武装直升机	29
导弹	30
原子弹	30
氢弹	31
洲际导弹	31
预警机	31
导弹艇	32
战略火箭军	32
军事卫星	32
精确制导武器	33
核威慑	33
核竞赛	33
中子弹	34
激光武器	34
隐形飞机	35
"星球大战"计划	35
TMD 和 NMD	35

◎外国军事人物、著作及军校◎

汉尼拔	36
克劳塞维茨	36
古德里安	36
美国十大五星上将	37
《高卢战记》	37
《谋略》	37
《亚历山大远征记》	38
《兵法简述》	38
英国桑赫斯特皇家军事学院	39
美国西点军校	39
法国圣西尔军校	39
德国汉堡联邦国防军指挥学院	40
美国海军学院	40
英国克兰韦尔空军学院	40
俄罗斯伏龙芝军事学院	41

◎中国军事人物及军校◎

孙膑	41
韩信	41
李广	42
霍去病	42
郭子仪	42
岳飞和岳家军	43
袁崇焕	43
邓世昌	43
北洋军阀	44
黄埔军校	44
保定陆军军官学校	44
中国人民抗日军事政治大学	45

三 历史、考古

中国历史事件

尧、舜禅让	46
大禹治水	46
夏朝的兴亡	46
商汤建国	47
盘庚迁殷	47
周武王灭商	47
周公摄政	48
国人暴动	48
西周灭亡	48
华夏族形成	48
春秋五霸	49
晋楚城濮之战	49
秦晋崤之战	49
弭兵之会	50
吴越争霸	50
三家分晋	50
战国七雄	50
魏齐争霸	51
合纵连横	51
荆轲刺秦王	51
秦灭六国	52
先秦历法	52
百家争鸣	52
封建中央集权制	52
统一度量衡、货币和文字	53
万里长城	53
焚书坑儒	53
巨鹿之战	54
楚汉相争	54
汉初休养生息	54
吕后称制	54
文景之治	55
吴楚七国之乱	55
王莽改制	55
光武中兴	56
东汉外戚宦官专权	56
党锢之祸	56
黄巾大起义	56
官渡之战	57
赤壁之战	57
两晋兴衰	57
八王之乱	58
隋的建立	58
京杭大运河	58
三征高句丽	59
隋末农民起义	59
唐朝开国	59
玄武门之变	59
贞观之治	60
文成公主和亲	60
武则天称帝	60
开元盛世	61
唐都长安	61
安史之乱	61
藩镇割据	62

牛李党争	62
五代十国	62
北宋建立	62
宋代的中央集权	63
北宋城市经济的繁荣	63
王安石变法	63
宋辽澶渊之盟	64
西夏建立	64
方腊、宋江起义	64
金国建立	65
靖康之变	65
南宋建立	65
岳飞抗金	65
蒙古汗国建立	66
成吉思汗西征	66
元朝建立	66
文天祥抗元	67
明朝建立	67
靖难之役	67
迁都北京	67
郑和下西洋	68
土木之变	68
戚继光抗倭	68
张居正改革	69
东林党	69
李自成起义	69
清朝建立	70
清军入关	70
八旗制度	70
郑成功收复台湾	71
文字狱	71

第二次鸦片战争	71
火烧圆明园	72
洋务运动	72
中国民族资产阶级产生	72
同盟会	73
三民主义	73
黄花岗起义	73
保路运动	73
武昌起义	74
"五四"爱国运动	74
中国共产党成立	74
中国国民党	74
中国人民政治协商会议	75
中华人民共和国成立	75

◎世界历史大事◎

犹太王国	75
日耳曼人大迁徙	76
波斯帝国	76
马其顿帝国	76
神圣罗马帝国	76
阿克苏姆帝国	76
特洛伊战争	76
斯巴达克起义	77
英法百年战争	77
美国南北战争	78
巴黎公社	78
十月革命	78
第一次世界大战	79
第二次世界大战	79
"冷战"	79

东欧剧变 ……………………80	甘地 ………………………91
"9·11"事件 …………………82	列宁 ………………………91

◎ 世界历史名人 ◎

汉谟拉比 ……………………83	李卜克内西 …………………91
梭伦 ………………………83	丘吉尔 ……………………92
居鲁士 ……………………83	麦克阿瑟 …………………92
大流士一世 …………………84	斯大林 ……………………92
伯里克利 …………………84	马歇尔 ……………………93
亚历山大 …………………84	季米特洛夫 …………………93
阿育王 ……………………84	罗斯福 ……………………93
庞培 ………………………85	墨索里尼 …………………94
恺撒 ………………………85	布琼尼 ……………………94
斯巴达克 …………………85	东条英机 …………………94
奥古斯都 …………………86	杜鲁门 ……………………94
君士坦丁大帝 ………………86	山本五十六 …………………95
查士丁尼 …………………86	巴顿 ………………………95
查理大帝 …………………87	蒙哥马利 …………………95
腓特烈一世 …………………87	布哈林 ……………………96
约翰王 ……………………87	希特勒 ……………………96
富兰克林 …………………87	尼赫鲁 ……………………96
腓特烈二世 …………………88	戴高乐 ……………………97
叶卡捷琳娜二世 ……………88	艾森豪威尔 …………………97
华盛顿 ……………………88	胡志明 ……………………97
拿破仑 ……………………89	隆美尔 ……………………97
加里波第 …………………89	铁托 ………………………98
林肯 ………………………89	佛朗哥 ……………………98
加富尔 ……………………89	赫鲁晓夫 …………………98
俾斯麦 ……………………90	朱可夫 ……………………99
麦克唐纳 …………………90	苏加诺 ……………………99
尼古拉二世 …………………90	勃列日涅夫 …………………99
张伯伦 ……………………91	恩克鲁玛 …………………99
	尼克松 ……………………100

田中角荣 100	三星堆 105
马丁·路德·金 100	马王堆汉墓 105

◎中外考古文化◎

母系氏族时期 101	乾陵 105
父系氏族时期 101	睡虎地秦墓与龙岗秦墓 106
半坡遗址 101	法门寺地宫 106
元谋人遗址 102	楼兰古国 106
蓝田人 102	世界十大古文明 106
仰韶文化 102	世界四大文明古国 107
山西丁村人 102	古巴比伦文明 107
大汶口文化 102	古代埃及文明 108
河姆渡文化 103	尼罗河流域文明 108
良渚文化 103	美洲古代文明 108
红山文化 103	印加文明 108
龙山文化 104	奥尔梅克文明 109
北京人化石 104	帕拉卡斯文化 109
殷墟 104	摩羯文化 109
人祭和人殉 104	古代印第安文明 109
"后母戊"大方鼎 104	阿兹特克文明 110
秦始皇陵兵马俑的发现 105	玛雅文化 110
	迈锡尼文明 110
	古印度"哈拉巴文化" 111

四

文学、语言

◎文学理论与流派◎

"文学"概念的变迁 112	词 113
诗歌 112	词的分类 113
诗的分类 112	词牌 113
乐府 112	竹枝词 114
民歌 113	敦煌曲子词 114
	韵 114

平仄 ……114	公安派 ……121
对仗 ……114	桐城派 ……122
散曲 ……114	人文主义 ……122
散曲的分类 ……115	感伤主义 ……122
汉赋 ……115	象征主义 ……122
骈文 ……115	表现主义 ……123
变文 ……115	超现实主义 ……123
唐传奇 ……116	魔幻现实主义 ……123
南戏 ……116	迷惘的一代 ……123
宋元话本 ……116	垮掉的一代 ……124
宋金诸宫调 ……116	百科全书派 ……124
宋代笔记文 ……117	新感觉派 ……125
元杂剧 ……117	意识流 ……125
诗话 ……117	新小说派 ……125
拟话本 ……117	黑色幽默 ……126
八股文 ……117	狂飙运动 ……126
弹词和鼓词 ……118	宪章运动文学 ……126
建安文学 ……118	比较文学 ……127
南北朝民歌 ……118	文艺复兴 ……127
玄言诗 ……119	骑士文学 ……127
山水诗 ……119	物语文学 ……128
田园诗 ……119	吠陀文学 ……128
边塞诗 ……119	解冻文学 ……128
新乐府运动 ……120	十四行诗 ……128
江西诗派 ……120	七星诗社 ……129
台阁体 ……120	墓园诗派 ……129
宋诗派 ……120	湖畔诗派 ……129
花间派 ……120	

◎ 文学奖项 ◎

婉约派 ……121	诺贝尔文学奖 ……129
豪放派 ……121	茅盾文学奖 ……130
古文运动 ……121	爱尔兰都柏林文学奖 ……130

毕希纳文学奖	130	音韵学	137
芥川奖、直木奖	130	双声与叠韵	137
塞万提斯奖	131	四声	138
龚古尔文学奖	131	字母	138
国际安徒生奖	131	直音法	138

◎ 语言文字 ◎

		反切法	138
汉字的起源	132	语系	139
汉字的演变	132	语种	139
仓颉造字	132	希腊语	139
甲骨文	133	拉丁语	140
大篆	133	英语	140
殷周金文	133	世界语的由来	140
小篆	134	最早的字母文字	141
隶书、行书与楷书	134	古埃及象形文字	141
文言	135	楔形文字	142
白话文	135	女真文字	142
古代文字学	135	契丹文字	143
六书	136	八思巴创立蒙古新字	143
训诂学	137	东巴文	143

五

美术、书法

◎ 基本知识 ◎

		徽墨	146
书法的起源	144	隶书	146
文房四宝	144	草书	146
毛笔	144	楷书	146
墨	145	行书	146
纸	145	宋体字	147
砚	145	飞白	147

永字八法	147
魏碑	147
拓片	148
瘦金体	148
《兰亭集序》	148
《中秋帖》	148
《真草千字文》	148
《仲尼梦奠帖》	149
《黄州寒食帖》	149
《书谱》	149
《祭侄文稿》	149
《神策军碑》	149
《蜀素帖》	150
《自叙帖》	150
《草书千字文》	150
《前后赤壁赋》	150
《草书诗帖》	150
《三希堂法帖》	150
中国画	151
人物画	151
山水画	152
花鸟画	152
文人画	153
笔法	153
墨法	153
水墨写意	154
工笔	154
白描	154
十八描	155
用色	155
构图与透视	156
题款	156
篆刻	157
印章	157
印泥	158
印章边款	158

◎ 中国书画、篆刻名家 ◎

钟繇	158
王羲之	158
欧阳询	158
颜真卿	159
柳公权	159
颠张醉素	159
米芾	160
宋四家	160
虎头三绝顾恺之	160
展子虔和《游春图》	161
阎立本兄弟	161
画圣吴道子	161
李公麟	162
张择端	162
马远	162
唐寅	163
徐渭	163
八大山人	163
石涛	164
扬州八怪	164
西泠四家	164
吴昌硕	165
篆刻家文彭	165
徽派篆刻	165
浙派篆刻	166

◉ 国外艺术流派 ◉

- 古埃及雕塑 166
- 古埃及绘画 167
- 拜占廷美术 167
- 爱尔兰—撒克逊美术 167
- 学院派 168
- 巴洛克美术 168
- 浪漫主义画派 168
- 洛可可艺术 168
- 古典主义 168
- 巴比松派 169
- 印象主义 169
- 新印象派 169
- 后印象主义 169
- 纳比派 170
- 抽象派 170
- 野兽主义 170
- 表现派 170
- 达达主义 171
- 原始派艺术 171
- 立体派 171
- 行动派绘画 171
- 超现实主义画派 172
- 照相现实主义 172
- 日本浮世绘 172
- 日本漫画 172
- 水粉画 173
- 油画 173
- 版画 173
- 漆画 173
- 水彩画 174

◉ 国外艺术名人名作 ◉

- 文艺复兴中的"美术三杰" 174
- 提香 174
- 瓦萨里 175
- 尼古拉斯·普桑 175
- 塞尚 175
- 凡·高 175
- 毕加索 176
- 《维纳斯的诞生》 176
- 《最后的晚餐》 176
- 《蒙娜丽莎》 176
- 《日出·印象》 177
- 《向日葵》 177

六

建筑、园林

◉ 中国建筑与园林 ◉

- 天坛 178
- 殿堂 178
- 楼阁 178
- 亭 178
- 廊 179
- 园林 179
- 四大碑林 179

四大古桥 …………………… 179	洛可可建筑 ………………… 187
中国三大殿 ………………… 180	文艺复兴建筑 ……………… 187
四大古塔 …………………… 180	巴洛克式建筑 ……………… 187
四大道教名观 ……………… 180	帕特农神庙 ………………… 187
洛阳白马寺 ………………… 181	亚历山大灯塔 ……………… 188
少林寺 ……………………… 181	卢浮宫 ……………………… 188
圆明园 ……………………… 181	大英博物馆 ………………… 188
颐和园 ……………………… 181	克里姆林宫 ………………… 188
苏州园林 …………………… 182	悉尼歌剧院 ………………… 189
江南三大名楼 ……………… 183	比萨斜塔 …………………… 189
福建土楼 …………………… 183	埃菲尔铁塔 ………………… 190
北京四合院 ………………… 183	巴黎凯旋门 ………………… 190
安徽民居 …………………… 185	凡尔赛宫 …………………… 190
窑洞式民居 ………………… 185	自由女神像 ………………… 191
傣家竹楼 …………………… 185	吴哥窟 ……………………… 191
土家族吊脚楼 ……………… 185	神秘的巨石阵 ……………… 191
开平碉楼 …………………… 185	复活节岛石像 ……………… 192
畲族传统民居 ……………… 186	米兰大教堂 ………………… 192
藏族民居 …………………… 186	科隆大教堂 ………………… 192
	巴黎圣母院 ………………… 193
◎ 外国建筑 ◎	圣保罗大教堂 ……………… 193
罗马式建筑 ………………… 186	圣彼得教堂 ………………… 193
哥特式建筑 ………………… 186	

七

音乐、舞蹈

◎ 中国古典音乐 ◎	箜篌 ………………………… 195
古琴 ………………………… 194	古筝 ………………………… 195
编钟 ………………………… 194	琵琶 ………………………… 196
磬 …………………………… 195	笛子 ………………………… 196

箫	197	
二胡	197	
《乐律全书》	197	
《高山流水》	198	
《梅花三弄》	198	
《阳关三叠》	198	
《秦王破阵乐》	199	
《霓裳羽衣曲》	199	
《春江花月夜》	200	
《汉宫秋月》	200	
《渔樵问答》	200	
《胡笳十八拍》	200	
《广陵散》	201	
《平沙落雁》	201	
《十面埋伏》	202	

◎ 西方音乐 ◎

- 多来咪发梭拉西 ... 202
- 五线谱 ... 202
- 简谱 ... 202
- 音乐指挥 ... 203
- 钢琴 ... 203
- 管风琴 ... 204
- 吉他 ... 204
- 小提琴的诞生 ... 204
- 手风琴 ... 204
- 双簧管 ... 204
- 铜鼓乐 ... 205
- 萨克斯 ... 205
- 管乐队 ... 205
- 古典音乐 ... 205
- 浪漫主义音乐 ... 205
- 交响曲 ... 206
- 圆舞曲 ... 206
- 摇滚乐 ... 206
- 爵士乐 ... 206
- 协奏曲 ... 207
- 奏鸣曲 ... 207
- 进行曲 ... 207
- 小夜曲 ... 207
- 德累斯顿国立交响乐团 ... 207
- 维也纳爱乐乐团 ... 208
- 纽约爱乐乐团 ... 208
- 波士顿交响乐团 ... 208
- 柏林爱乐乐团 ... 208
- 捷克爱乐乐团 ... 208
- 费城管弦乐团 ... 209
- 多伦多交响乐团 ... 209
- 圣彼得堡爱乐交响乐团 ... 209

◎ 舞蹈 ◎

- 迪斯科 ... 209
- 现代舞 ... 209
- 伦巴舞 ... 210
- 恰恰 ... 210
- 桑巴舞 ... 210
- 斗牛舞 ... 210
- 牛仔舞 ... 210
- 狐步舞 ... 210
- 华尔兹 ... 210
- 探戈舞 ... 210
- 霹雳舞 ... 211
- 芭蕾 ... 211
- 拉丁舞 ... 211

歌舞伎	211	克塔克舞	212
格塔克里舞	212	肚皮舞	212

八

电影、电视

⊙ 基础知识 ⊙

蒙太奇	213	广播剧	218
画外音	213	卢米埃尔兄弟	219
立体电影	213	爱森斯坦	219
特技摄影	214	黑泽明	219
水幕电影	214	伯格曼	219
法国印象派电影	214	戈达尔	219
左岸派电影	214	法斯宾德	220
室内剧	215		
布莱顿学派	215	### ⊙ 电影奖及电影节 ⊙	
电影眼睛派	215	电影金鸡奖	220
作者电影	215	电影百花奖	220
黑色电影	216	香港国际电影节	220
太阳族电影	216	戛纳国际电影节	220
英国自由电影	216	威尼斯国际电影节	221
瑞典四十年代学派	216	柏林国际电影节	221
波兰电影学派	216	奥斯卡金像奖	221
德国青年电影	217	东京国际电影节	221
替身	217	里约热内卢国际电影电视录像节	222
译制片	217	蒙特利尔世界电影节	222
故事片	217	迦太基国际电影节	222
纪录片	217	纽约国际电影节	222
科学教育片	218	卡塔赫纳国际电影节	222
西部片	218	莫斯科国际电影节	222
电影广告片	218	伦敦国际电影节	223
		圣塞瓦斯蒂安国际电影节	223

印度国际电影节 223	洛迦诺国际电影节 223
爱丁堡国际电影节 223	

九
戏剧、曲艺

戏曲的四功五法十要 224	科班 229
唱念做打 224	行头 229
江湖十二角色 224	跑龙套 230
毯子功 224	票友 230
把子功 225	京剧 230
翎子功 225	京剧脸谱 230
甩发功 225	生旦净丑 231
髯口功 225	梨园 231
水袖功 225	京剧各主要流派的创始人 ...231
扇子功 225	梨园三怪 232
手绢功 226	京剧"四大名旦" 232
起霸 226	京剧"四大须生" 232
女霸 226	京剧"四小名旦" 233
男霸 226	同光十三绝 233
打出手 226	傩戏 233
俊扮 226	弋阳腔 233
髯口 227	青阳腔 234
假发 227	海盐腔 234
戏衣 227	余姚腔 234
一桌二椅 227	沪剧 234
检场 228	越剧 234
火彩 228	婺剧 234
勾栏 228	目连戏 235
畅音阁 229	山东梆子 235
楔子 229	吕剧 235

潮剧	235
川剧	235
琴书	236
相声	236
小品	237
双簧	237
秦腔	237
黄梅戏	238
秧歌戏	238
昆曲	238
豫剧	238
川剧变脸	239
评剧	239
二人转	240
弹词	240
木偶戏	240
皮影戏	240
口技	241
魔术	241
话剧	241
世界十大古典悲剧	242
世界十大古典喜剧	242
印度梵剧	242
音乐剧	243
歌剧	243
优剧	243
哑剧	243
马戏	244
小丑	244

十
哲学、思想

基本概念

"哲学"一词的由来	245
百家争鸣	245
道家	245
儒家	246
法家	246
名家	246
黄老学派	246
仁	246
礼	246
忠恕	246
智	247
勇	247
孝悌	247
三不朽	247
内省	247
内圣外王	247
慎独	247
四端	247
中庸	248
义利之辩	248
礼义廉耻	248
形而上、形而下	248
无为而治	248

米利都学派 249
毕达哥拉斯学派 249
麦加拉学派 249
学园派 249
斯多阿学派 250
理念论 250
柏拉图主义 250
犬儒主义 250
怀疑论 251
原子论 251
无神论 251
逍遥学派 251
我思故我在 252
自因 252
社会契约说 252
唯意志论 253
一元论 253
二元论 253
多元论 253
感觉论 254
自然神论 254
泛神论 254
价值论 254
快乐主义 254
禁欲主义 254
人道主义 255
个人主义 255
利己主义 255
利他主义 255
弗洛伊德主义 255
新康德主义 256

物竞天择 256

◎中国哲人◎

周公 256
老子 256
孔子 257
墨子 257
孟子 257
庄子 258
荀子 258
韩非子 258
董仲舒 259
王充 259
范缜 259
朱熹 260

◎外国思想家◎

苏格拉底 260
亚里士多德 260
伊壁鸠鲁 260
西塞罗 261
奥古斯丁 261
哥白尼 261
布鲁诺 261
培根 262
霍布斯 262
约翰·洛克 262
斯宾诺莎 262
孟德斯鸠 262
伏尔泰 263
休谟 263
卢梭 263

狄德罗 ... 263	谢林 ... 264
康德 ... 264	叔本华 ... 265
费希特 ... 264	费尔巴哈 ... 265
黑格尔 ... 264	尼采 ... 265

十一
中外民俗、节庆

⊙ 中外节日 ⊙

春节 ... 266	复活节 ... 274
人日 ... 266	平安夜 ... 275
立春 ... 267	圣诞节 ... 275

⊙ 风俗礼仪 ⊙

元宵节 ... 267	贴春联 ... 276
二月二 ... 267	贴门神 ... 276
上巳节 ... 268	守岁 ... 276
社日 ... 268	压岁钱 ... 277
清明节 ... 269	做满月 ... 278
端午节 ... 269	抓周 ... 278
七夕 ... 269	长命锁 ... 279
中元 ... 270	取名 ... 279
中秋节 ... 270	百日礼 ... 280
重阳节 ... 270	成年礼 ... 280
冬至 ... 271	十二生肖 ... 281
腊八 ... 271	三书六礼 ... 281
小年 ... 272	迎娶 ... 282
除夕 ... 272	丧礼 ... 282
母亲节 ... 273	女士优先 ... 283
父亲节 ... 273	吻礼 ... 283
情人节 ... 273	吻手礼 ... 283
万圣节 ... 274	碰鼻礼 ... 284
感恩节 ... 274	

鞠躬礼	284	婚纱的由来	285
生日吹蜡烛的由来	284	蜜月	285
订婚戒指	284	日本茶道	285

十二
科学、技术

计算机与网络

电脑	286	键盘	289
即时	286	介面	289
并行电脑	286	存储器	289
人工智能	286	打印机	290
硬件	286	鼠标	290
软件	287	资料收集	290
人工智能语言	287	电脑网络	290
模式识别	287	数据机	290
机器翻译	287	作业系统	290
建筑智能化	287	缓冲器	290
程序	288	微处理机	291
程序设计	288	只读文件	291
档案	288	时钟	291
电脑语言	288	随机存取文件	291
文件处理	288	二进制	291
资料库	288	大型计算机	291
目标导向程序设计	288	巨型计算机	291
专家系统	289	第一代电子管计算机	292
展开表	289	第二代晶体管计算机	292
微电脑	289	第三代集成电路计算机	292
存储系统	289	计算机辅助设计	292
磁盘	289	计算机辅助制造	292
显示器	289	汉字信息处理技术	292
		电子出版系统	292

数据处理 ………………………… 293
图像处理 ………………………… 293
公告牌系统（BBS）……………… 293
宽带网络 ………………………… 293
浏览器 …………………………… 293
聊天 ……………………………… 293
聊天室 …………………………… 293
拨号 ……………………………… 293
域名系统 ………………………… 294
域 ………………………………… 294
域名 ……………………………… 294
域名地址 ………………………… 294
下载 ……………………………… 294
动态 IP 地址 …………………… 294
动态 HTML ……………………… 294
电子邮件炸弹 …………………… 294
电子商务 ………………………… 294
电子邮件 ………………………… 294
电子邮件过滤器 ………………… 295
电子期刊 ………………………… 295
主页 ……………………………… 295
超级文本标记语言 ……………… 295
网络集线器 ……………………… 295
超链接 …………………………… 295

超媒体 …………………………… 295
国际互联网 ……………………… 295
IP 地址 ………………………… 295
国际互联网协会 ………………… 296
邮件头 …………………………… 296
信息交换 ………………………… 296
网络打印机 ……………………… 296
垃圾邮件 ………………………… 296
TCP/IP 协议 …………………… 296
语音邮件 ………………………… 296

◎ **电子信息技术** ◎

数字通信 ………………………… 297
综合业务数字网 ………………… 297
程控交换技术 …………………… 297
全球卫星定位系统 ……………… 297
全球信息系统 …………………… 297
长波通信 ………………………… 297
超长波通信 ……………………… 298
中波通信 ………………………… 298
微波通信 ………………………… 298
移动通信 ………………………… 298
地面站 …………………………… 298
比特 ……………………………… 298

十三

文化、教育

◎ 科举 ◎

科举制 …………………………… 299
常科 ……………………………… 300

制科 ……………………………… 300
恩科 ……………………………… 300
进士科 …………………………… 301

明经科	301
翰林院	301
武科	302
翻译科	302
八股文取士	302
童试与乡试	303
会试	303
殿试	304
朝考	304
状元及第	304
榜眼、探花	305
进士	305
举人	306
秀才	306

⊙当代各类教育⊙

幼儿园	307
小学	307
中学	307
专科学校	308
大学	308
义务教育	308
中等教育	308
成人教育	308
职业教育	309
师范教育	309
高等教育	309
终身教育	309
函授教育	310
素质教育	310
继续教育	310

⊙中外著名大学⊙

北京大学	311
清华大学	311
浙江大学	312
南开大学	312
牛津大学	313
剑桥大学	313
哈佛大学	313
哥伦比亚大学	313
麻省理工学院	313
加利福尼亚大学	314
柏林大学	314
东京大学	314
早稻田大学	314
耶鲁大学	314
巴黎大学	315
普林斯顿大学	315
康奈尔大学	315
斯坦福大学	315
约翰·霍普金斯大学	315
莱顿大学	316
伦敦大学	316
巴黎理工学校	316

⊙博物馆、图书馆、美术馆⊙

中国国家博物馆	316
中国美术馆	316
美国自然史博物馆	316
不列颠博物馆	317
德累斯顿绘画陈列馆	317
勃拉多美术馆	317
纽约大都会艺术博物馆	317

卢浮宫博物馆	317	不列颠图书馆	318
乌飞齐美术馆	317	法国国家图书馆	318
巴黎现代艺术博物馆	317	美国国会图书馆	318
伦敦国家美术馆	317	纽约公共图书馆	318
雅典考古学博物馆	317	日本国立国会图书馆	318
纽约现代艺术博物馆	318	中国国家图书馆	318

十四 人体、生物

◦ 人体 ◦

人体元素	319	肌肉的种类	323
矿物质	319	随意肌	323
维生素	319	不随意肌	323
人体防卫系统	319	心肌	323
免疫系统	319	人体内分泌系统	324
抗原和抗体	320	内环境	324
免疫和记忆	320	代谢与激素	324
淋巴系统	320	激素分泌	324
皮肤	320	腺体和激素	324
皮肤感觉	320	脑垂体	324
毛发	321	人体神经系统	325
人体呼吸	321	神经细胞	325
人体循环系统	321	脑	325
呼吸和血液循环	321	脑的划分	325
循环	321	大脑	325
心脏	322	高级中枢	326
人体运动系统	322	嗅觉	326
运动原理	322	味觉	326
骨骼	322	视觉	326
关节	323	脑和视觉	327
		听觉	327

人体生殖系统 327
生殖 328
两性的生殖功能 328
卵子和精子 328
男性生殖器官 328
女性生殖器官 328
排卵和月经 329
受精 329
细胞分裂和着床 329
胚胎发育 329
出生 329
身体发育 329
生长 330
儿童期的生长 330
青春期 330
绝经期 330
泌尿系统 331
人体消化系统 331
食物与营养 331
蛋白质 331
碳水化合物 331
人体消化和吸收 332
营养的储存和利用 332

◎ 中国传统医学 ◎

中医 332
中医诊法 333
中药 333
针灸 333
推拿 333
经络和穴位 333

◎ 生物工程 ◎

生物工程 334
生物技术 334
生物地理学 334
生物物理学 334
微生物工程 334
细胞 335
细胞核 335
原核细胞 335
细胞融合 335
染色体 335
常染色体 335
性染色体 336
蛋白质 336
氨基酸 336
核酸 336
核苷酸 336
脱氧核糖核酸 337
核糖核酸 337
遗传与变异 337
中心法则 337
基因 337
基因工程 338
遗传工程 338
克隆绵羊 338
核移植 338
性决定 338
返祖现象 339
酶 339
酶工程 339

糖类	339
脂肪	339
脂肪酸	340
淀粉	340
维生素	340
激素	340
内分泌	340
新陈代谢	340

十五 经济、贸易

⊙ 经济 ⊙

经济	341
自然经济	341
商品	341
货币	341
价格	342
价值规律	342
计划经济	342
商品经济	342
市场经济	342
通货膨胀	343
经济危机	343
货币资本	343
经济全球化	343
国际质量认证体系	343
经济学	344
生产力	344
生产关系	344
生产方式	344
价值	345
劳动	345
工资	345
竞争	346
垄断	346

⊙ 产业 ⊙

产业	347
传统产业	347
高技术产业	347
劳动密集产业	347
资本密集产业	348
技术密集产业	348
农业	348
矿业	348
建筑业	348
制造业	349
运输业	349
通讯业	349
服务业	350

⊙ 金融与商业 ⊙

金融	350
商业	350
金融国际化	350
风险资本	351
债券	351
现货交易和期货交易	351

储蓄 352
利息 352
利润 352
税收 352
支票 352
经纪人 353
信用 353
信用卡 353
国际货币制度 353
国际金本位制度 354
黄金输送点 354
金平价 354
特别提款权 355
外汇 355
汇率 355
浮动汇率制度 355
固定汇率制度 356
外汇市场 356
套算汇率 357
市场汇率 357
国际金融市场 357
欧洲货币市场 357
欧洲美元 357
伦敦金融市场 358
纽约金融市场 358
纽约股票市场 358

企业

战略管理 358
生产管理 358
人力资源管理 359
零库存管理 359
企业文化 359
企业形象设计 359
公司 360
跨国公司 360
超级市场 360
连锁商店 360
经济核算 361
经济信息 361
破产 361

重要经贸组织

欧洲银行 361
世界银行 362
世界贸易组织 362
国际货币基金组织 362

经济学名词

跳蚤市场 363
欧元 363
银行 363
交易所 364
彩票 364
股票 364
期货 365
保险 365
金本位制度 365
"道-琼斯"指数 365
各国货币的名称 366

十六

理财、投资

◎ 理财常识 ◎

年轻人要学理财 367
越没钱越要理财 368
投资不是一夜暴富 368
个人理财的范围 368
理财如何理性化 369
投资理财基本法则 369
理财规划步骤和核心 370
做好家庭理财规划 370
家庭理财的十二条基本原则 370
为收入支出做本账 371
家庭理财投资渠道 371
鸡蛋应该放在一个篮子还是多个篮子..371
家庭投资理财的禁忌 372

◎ 投资常识 ◎

人身保险的可保范围 372
人身保险的投保人和受益人并不一定
　是同一人 373
选择保险的基本原则 373
买保险投保前注意事项 373
根据年龄阶段购买相应的保险 374
商业保险和社会保险的主要区别 374
买保险的误区 375
人身保险中怎样分清合同生效日和
　复效生效日 375
怎样选择保险公司 375
指定受益人需注意的三个问题 376

原始材料丢失怎样索赔 376
被保险人死亡由谁索赔 376
分清保险金与遗产的区别 376
一旦解除合同就无法申请理赔 377
在什么期限内申请理赔是有效的 377
怎样让理赔更顺利 378
怎样办理理赔手续 378
哪些因素会影响债券投资的收益 379
如何选择债券投资的时机 379
投资国债有什么技巧 379
在投资基金前进行研究 380
开放式基金的认购 380
封闭式基金的申购 381
开放式基金首次认购与日常认购
　有何不同 382
购买开放式基金巧打时间差 382
如何赎回基金 382
基金的赎回有巨额赎回的限制 383
正确看待基金净值 383
选择基金需要把握哪些原则 384
选择基金有哪些注意事项 384
基金定投的投资策略 384
基金定投的七大铁律 385
基金组合要有核心组合 386
基金组合要注重业绩的稳定性 386
基金组合投资可多元化 386
基金组合宜用分散化投资分散风险 ...386
基金投资常见误区 386

青年时期怎样选择基金……387	女性选基金的"三八"法则……387
中年时期怎样选择基金……387	工薪阶层怎样做基金投资……388
老年时期怎样选择基金……387	如何巧用货币基金搭配信用卡理财……388

十七
地理、名胜

◦特色地理地貌◦

大格伦峡谷……389	沥青湖……395
巨人岬……389	考爱岛……395
巴伦……389	卡尔斯巴德溶洞……396
多佛尔的白色悬崖……390	石化林……396
上法涅高地……390	红杉和巨杉……396
卡马格……390	莫哈韦沙漠和索诺兰沙漠……396
韦尔东峡谷……391	黄石公园……397
上陶恩……391	科罗拉多大峡谷……397
马特峰……391	宰恩国家公园……398
弗拉萨斯溶洞群……391	约塞米蒂国家公园……398
里农的土金字塔……392	恐龙国家纪念地……398
梅特奥拉……392	魔鬼塔……399
欧罗巴山地国家公园……392	尼亚加拉瀑布……399
梅塞塔……393	好望角……399
罗托鲁阿……393	芬迪湾……399
艾尔斯岩……393	伯吉斯页岩……400
奥尔加山……393	加拿大省立恐龙公园……400
火地岛……393	阿克塞尔·海伯格岛化石林……400
阿塔卡马沙漠……394	桌状山……400
加拉帕戈斯群岛……394	奥卡万戈三角洲……400
伊瓜苏瀑布……394	莫西奥图尼亚瀑布……401
奥里诺科平原及其三角洲……394	阿尔达布拉环礁……401
安赫尔瀑布……395	恩戈罗恩戈罗火山口……401
	乞力马扎罗山……401

东非大裂谷 402
喀拉喀托火山 402
富士山 402
孙德尔本斯 402
桂林山水 403
黄果树瀑布 403
兰伯特冰川 403
罗斯冰架 403
南阿尔卑斯山脉的冰川 403

○世界文化和自然遗产○

杜布罗夫尼克老城 404
波雷奇地区的埃乌普拉希乌斯教堂....404
布拉格历史地区 404
库特纳霍拉的朝拜教堂 405
耶林坟丘 405
塔林历史地区 405
凡尔赛宫和园林 405
奥朗日古罗马剧场和凯旋门 405
阿尔勒城的古罗马建筑和罗马式建筑..405
圣玛利亚大教堂、圣莱米教堂和
　　塔乌宫 406
科隆大教堂 406
罗马历史中心 406
佛罗伦萨历史地区 407
威尼斯 407
圣吉米尼亚诺历史中心 408
比萨的大教堂广场 408
那不勒斯历史地区 408
庞贝、埃尔科拉诺、托雷安农济亚塔
　　考古地区 408
德尔菲的考古遗迹 409

雅典卫城 409
奥林匹亚的考古遗迹 409
迈锡尼和科林斯的考古遗址 410
拜占廷中期的修道院 410
韦尔吉纳的古都遗迹 410
里加历史地区 411
维尔纽斯历史地区 411
卢森堡中世纪要塞城市遗址 411
基季岛的木造建筑 411
金德代克－埃尔斯豪特的风车 411
奥尔内斯的木造教堂 412
亚速尔群岛的安拉·多·埃罗依斯
　　莫市区 412
里斯本的赫罗尼莫斯修道院和贝伦塔412
巴塔利亚修道院 412
弗拉基米尔和苏兹达利的历史建筑群413
阿兰布拉和赫内拉利费 413
布尔戈斯大教堂 413
埃斯科里亚尔修道院 413
古都塞哥维亚和高架引水渠 413
塔努姆摩崖刻画 414
托莱多古城 414
汉萨同盟都市维斯比 414
圣索菲亚大教堂和别切鲁斯卡娅大
　　修道院 414
"巨石阵"、埃夫伯里及周围的巨石遗迹...415
坎特伯雷大教堂及其教区建筑 415
底比斯古城及其墓地 415
孟斐斯及其墓地和金字塔 415
世界名城开罗 416
非斯的老城 416

阿伊尔和泰内雷自然保护区 416
杰姆的古罗马竞技场 416
威兰德拉湖区 417
吴哥遗迹群 417
阿旃陀石窟 417
埃罗拉石窟群 417
戈纳勒格的太阳神庙 418
桑吉佛教古迹 418
胡马雍陵 418
波斯波利斯 418
哈特拉古城 419
安杰尔考古遗址 419
比布鲁斯 419
素可泰历史名城及有关城镇 420
希瓦的伊斯罕·卡拉建筑 420
复活节岛国家公园 420
安提瓜危地马拉 420
基里瓜考古公园和玛雅文化遗址 421
科潘的玛雅遗址 421
北京故宫 421
万里长城 422
平遥古城 422
承德避暑山庄及周围寺庙 422
周口店 423
丽江古城 423
苏州园林 423
秦始皇陵及兵马俑坑 424
大足石刻 424
武当山古建筑 424
布达拉宫 425
曲阜孔庙、孔府和孔林 425
莫高窟 425
泰山 426
黄山 426
庐山 426
峨眉山 427
乐山大佛 427
武夷山 427

十八

旅游、生活

◎ 旅行常识 ◎

制订高效旅行计划 428
随团出游应该做好哪些准备 428
自驾旅游应怎样制订旅行计划 429
自助游如何制订旅行计划 429
探险旅游需要注意哪些问题 429
农家乐准备计划 430
怎样给旅游做好资金预算 430
出境游走失怎么办 431
怎样读懂旅行社的旅游报价 431
旅途中怎样合理使用背包 431
攀岩有何注意事项 432
蹦极有哪些益处与挑战 432
户外定向运动要注意哪些问题 432
潜水要把握哪些原则 433
如何才能玩出漂移运动 433

射箭运动有何益处 434
漂流的安全事项有哪些 434
真人反恐运动的由来 434
野外如何净化饮用水 435
户外如何防蚊虫叮咬 435

◎生活◎

如何紧急止血 435
鼻出血的紧急处理 436
触电应如何急救 436
骨折时的处置方法 437
溺水的急救措施 437
对酒醉者如何处理 437
中暑的紧急处理 438
安眠药中毒如何救助 438
腹痛的紧急处置方法 438
刀伤如何处理 439
烧伤急救 439
吸气性创伤的急救 439
家人噎食的紧急处理方法 439
煤气中毒的家庭急救 440
人工呼吸法 440
胸外心脏按压法 441
休克、昏迷的急救 441

搬运伤员的方法 441
沉着应对突发心肌梗死 441
两招搞定落枕 442
用冷毛巾救"晕堂" 442
异物卡在咽部不要乱捅乱拨 443
扎了刺别急着拔 443
小虫钻进耳朵不要慌 443
扭伤后怎样应对 444
小腿抽筋时怎么办 444
家中停电怎么办 444
食物中毒怎么办 445
哪些物质具有解毒作用 445
异物入眼怎么办 446
烫伤时怎么办 446
怎样预防晕车 446
毒蛇咬伤如何急救 447
游泳抽筋怎么办 447
被困电梯怎么办 447
公众聚集场所发生火灾如何自救 448
居民楼着火应如何逃生 448
如何免遭雷电伤害 449
怎样在野外发送求救信号 449
如何应对洪水 449
如何在地震时自救 449

十九

交际、礼仪

◎赠礼须知◎

送礼要有合适的理由 451
不可滥送红玫瑰 451
送花要数支数 451
送礼要重质量 452
不可送广告礼品给别人 452

不可送过时的礼品给别人……452
不可送太贵重的礼品或现金……452
选送礼物要打包装……452
礼品与包装要相匹配……453
不送华而不实的礼物……453
送礼金的数目要有所讲究……453
送礼要表现出诚意……453
送礼要讲场合……453
不可当着几个人的面给一个人送礼……454
送礼要选择恰当的方式……454
送礼要根据不同对象而有所区别……454
送礼要考虑与对方的关系……454
送礼要有新意……454
不可频繁送礼……455
送礼要大大方方……455
送花给病人要考虑是否合适……455
看望病人要考虑对方需要……455
做客进门时就将礼物送给主人……456
礼物上不可留有价格标签……456
回礼要看价值……456
不可无故拒收礼品……456
对不适当的礼物要礼貌地退回……456
受礼后要回礼……457
受礼后不可随手丢放在一边……457
受礼后不可到处炫耀……457

◎餐饮礼仪◎

不可只挑自己喜欢的吃……457
对自己不喜欢的食物也应该适当品尝……457
不宜在宴会上接电话……458
夹菜舀汤要小心……458
切忌抢着夹菜……458

不可起身去夹离自己很远的菜……458
要吃完自己碟中的菜再重新夹菜……458
不可将夹起的菜重新放回盘中……459
餐桌上剔牙要避人……459
宴会开始后才可动筷……459
吃中餐时不可嘬筷子……459
吃中餐要注意筷子不可乱用……459
不可用筷子剔牙……460
交谈时不可挥舞筷子……460
宴会上不宜与他人交头接耳……460
宴会上要使用公筷……460
别人敬酒时不可只顾自己夹菜……460
主人或主宾致辞时不可与旁人交谈……460
在餐桌上不宜谈论政治和新闻……461
酒桌上谈话不可唯我独尊……461
在中餐宴会上不可只吃饭不说话……461
酒桌上不可大声喧哗……461
不可随便转动餐桌……461
不可结伴提早离席……462
吃西餐不识菜名不可胡乱点……462
吃西餐要学会点酒……462
在西餐桌上客人不可主动斟酒……462
在红酒中加其他饮料……462

◎社会交往◎

如何促使不合作者合作……463
引导不合作者参加你的工作……463
用微笑化解尖酸刻薄之人的"刻薄"……463
勇敢面对尖酸刻薄之人……463
如何避免尖酸刻薄之人得寸进尺……463
对尖酸刻薄的话置之不理……464
以大度的气量对待心胸狭窄之人……464

对心胸狭窄之人要有忍让的精神........464
微笑是最好的沟通桥梁................464
用幽默打破僵局............................464
与陌生人攀谈时要善于寻找话题........465
与陌生人开口交谈关键是要找到
　共同点....................................465
借"题"发挥，找到与陌生人交谈的
　话题..465
提一些"投石"式的问题................465
以对方的兴趣作为话题....................465
找不到话题时，不妨坦白说明你的感受..465
谈周围的环境也是一个话题............466
许多难忘的谈话都是从一个问题开始的..466
察言观色，从细微处入手................466
注意自己的谈吐与风度....................466
到陌生人家去拜访，如何找开场白....466
不妨先做个倾听者............................466
用介绍自己作为攀谈的引子............467
与陌生人谈话时，加倍留心对方
　的谈话....................................467
敷衍性的话，也可用在与陌生人的
　交往中....................................467
与陌生人交谈时，尽量避免争论性
　话题..467
熟记名字抓住陌生人的心................467
运用语言技巧，规避隐私话题............468
如何缩短与陌生人的心理距离............468
与陌生人相处时应避免的误区............468
如何应对清高自傲者........................468
如何应对自私自利的人....................469

二十

体育

○ 体育项目 ○

田径运动....................................470
国际业余田径联合会........................470
世界田径锦标赛................................470
田赛..470
跳远..470
跳高..470
铅球..471
链球..471
铁饼..471
标枪..471
径赛..471
短跑..471
中长跑..471
跨栏跑..471
障碍赛跑....................................472
接力..472
马拉松比赛................................472
越野赛..472
竞走..472
篮球..472
排球..472
网球..472
沙滩排球....................................473

手球 473	鞍马 477
羽毛球 473	单杠 477
水球 473	双杠 477
冰球 473	高低杠 477
乒乓球 473	平衡木 477
曲棍球 473	跳马 477
高尔夫球 474	速度滑冰 478
足球 474	花样滑冰 478
台球 474	滑雪运动 478
棒球 474	现代冬季两项 478
橄榄球 474	高山滑雪 478
垒球 474	越野滑雪 478
游泳运动 474	跳台滑雪 478
自由泳 475	国际象棋 478
爬泳 475	中国象棋 479
仰泳 475	围棋 479
蛙泳 475	五子棋 479
蝶泳 475	桥牌 479
花样游泳 475	武术 479
跳水 475	刀术 479
跳板跳水 475	枪术 479
跳台跳水 476	剑术 479
冲浪运动 476	棍术 479
皮划艇 476	长拳 480
帆板 476	南拳 480
帆船 476	太极拳 480
体操 476	少林拳 480
竞技体操 476	空手道 480
艺术体操 476	散手 480
自由体操 477	摔跤 480
吊环 477	柔道 480

举重 480
射箭 481
击剑 481
花剑 481
佩剑 481
重剑 481
拳击 481
马术 481
登山运动 481
摩托艇运动 481
汽车运动 482
摩托车运动 482
航空运动 482
跳伞 482

○ 体育人物 ○

顾拜旦（1863~1937 年）........ 482
欧文斯（1913~1980 年）........ 483
萨马兰奇（1920~2010 年）.... 483
贝利（1940~ ）..................... 483
阿里（1942~ ）..................... 483
格里菲斯·乔伊娜（1959~1998 年）..483
马拉多纳（1960~ ）.............. 484
刘易斯（1961~ ）.................. 484
杰基·乔伊娜（1962~ ）........ 484
乔丹（1963~ ）..................... 484
格拉芙（1969~ ）.................. 484
舒马赫（1969~ ）.................. 485
桑普拉斯（1971~ ）.............. 485
罗纳尔多（1976~ ）.............. 485
博尔特（1986~ ）.................. 485
许海峰（1957~ ）.................. 486
李宁（1963~ ）..................... 486
邓亚萍（1973~ ）.................. 486

一

政治、外交

国际组织

联合国

全球性国际政治组织。成立于1945年10月24日。其宗旨是维护国际和平与安全，在解决国际经济、社会、文化和人道主义等问题上进行国际合作。总部设在美国纽约市。目前，世界上主权国家几乎都是联合国成员国。联合国的主要机构有5个，分别是联合国大会、安全理事会、经济及社会理事会、国际法院及秘书处。另外，还有一些其他国际性组织。

联合国大会

联合国大会由全体会员国组成，每个成员国有5位代表，但只拥有一票投票权。大会每年举行一次，必要时可召开特别会议。大会主席任期为一年。对于重大问题，要由出席大会的2/3多数作出决定。对于一般性问题，只要超过半数就可作出决定。

安全理事会

简称安理会，是维护世界和平与安全的主要机构。它由5个常任理事国——中国、法国、俄罗斯、英国、美国和10个任期为两年的非常任理事国组成。安理会总共由15个理事国组成。主要负责维护国际安全的问题。主席由理事国每月轮流担任。安理会决议必须得到9个成员国以上的多数票才能通过。但任何一个常任理事国都可行使否决权。

经济及社会理事会

主要负责管理和协调联合国创建的许多专门机构。其宗旨是在经济、社会和其他相关领域促进国际合作。它由54个理事国组成，任期为3年。

国际法院

联合国的主要司法机构，设在荷兰海牙。它审理由联合国成员国向它申请诉讼的任何案件。国际法庭由15位经过安理会和联合国大会挑选的法官组成，任期为9年。

秘书处

秘书处是联合国的行政机关。其首长是秘书长，主要负责处理该机构行政事务和进行国际斡旋，任期5年，由联合国大会和安理会任命。

联合国粮食及农业组织

总部设在意大利罗马。其宗旨是提高营养和生活水平，促进食品及各种农产品的生产和分配，以减少人类饥饿。

国际原子能机构

总部设在奥地利维也纳，其宗旨是鼓励将原子能应用于和平目的。

国际海事组织

总部设在英国伦敦。宗旨是协调合作，促进海上安全。

联合国教育、科学及文化组织

总部位于法国巴黎，其宗旨是鼓励普及教育和普及文化，以及它们之间的国际合作，以利于维护世界和平。

世界卫生组织

总部设在瑞士日内瓦。其目标是尽可能使各国人民达到高健康标准。

世界气象组织

总部设在瑞士日内瓦。任务是提供气象信息。其宗旨是促进气象观察标准化，并且最大限度地保障用户的利益。

联合国开发计划署

总部设在美国纽约。其宗旨是为帮助低收入国家开发自然资源和人力资源，建设较为富饶的社会和经济。

联合国环境规划署

1972年成立的联合国组织，负责指导和协调联合国系统内环境领域中的活动。为了促进国际间环境领域中的合作，向其上级组织提出方针。"地球监测"是一项国际污染物检验制度，用于促进各政府间的情报交流，已成为联合国环境规划署的一项得到最广泛承认的活动。参加该项活动可使各成员国有能力估计重要的环境危险以便采取对策。理事会由联合国大会选举出的58名成员组成。

经济合作与发展组织

简称"经合组织"。1961年在欧洲经济合作组织（1948年成立）的基础上组建。宗旨是协调成员国的经济和社会政策，鼓励对发展中国家的援助，促进经济和社会发展。现有美、英、法、日、意、德等29个成员国，总部设在巴黎。

经济互助委员会

简称"经互会"。1949年苏联和5个东欧社会主义国家发起建立，宗旨是加强成员国之间的经济互助和技术合作，促进经济发展。阿尔巴尼亚、民主德国、蒙古、古巴、越南先后加入，但阿尔巴尼亚后来退出。总部设在莫斯科，1991年解散。

英联邦

英国同其自治领以及从前的殖民地、

附属国组成的一个松散的联合体。目前有54个成员国。英联邦没有设立任何权力机构，英国国王为联邦的象征和元首。各成员国首脑定期举行会议，其结果对成员国没有约束力。但由于历史上形成的传统关系，英联邦国家之间仍有一些共同的利益。

不结盟运动

1956年，铁托、纳赛尔和尼赫鲁在共同发表的联合声明中提出了不结盟的主张。1961年举行第一届不结盟首脑会议，有25个国家参加。

不结盟运动奉行独立自主、不结盟的宗旨和原则，高举民族独立、经济独立的旗帜，反对帝国主义、新老殖民主义和霸权主义，呼吁第三世界国家加强团结，主张建立国际经济新秩序。现有成员国118个，不设总部，无常设机构，定期召开首脑会议和外长会议。

非洲联盟

1963年，31个非洲独立国家发起组建非洲统一组织，宗旨是促进非洲国家的统一与团结；巩固独立、主权和领土完整，根除一切形式的殖民主义。2002年更名为非洲联盟。最高机构是非洲国家首脑会议，现有53个成员国，总部设在亚的斯亚贝巴。

阿拉伯国家联盟

简称"阿盟"。1945年7个阿拉伯国家发起建立。宗旨是加强成员国之间的密切合作，维护阿拉伯国家的独立与主权，协调彼此的活动。现有成员国22个，总部设在开罗。

东南亚国家联盟

简称"东盟"。1967年由印度尼西亚、马来西亚、菲律宾、新加坡、泰国组建。目的在于促进东南亚地区的和平与安全，加速本地区的经济合作。现有10个成员国，总部在雅加达。

亚太经济合作组织

亚太经济合作组织成立于1993年，其宗旨是鼓励环太平洋国家发展贸易。由成员国的外交部长和主管经济贸易的部长参加。部长会议是其决策机构，每年举行一次。

美洲国家组织

成立时间最早的现存国际组织。1890年美国同拉丁美洲国家发起成立美洲共和国国际联盟，1910年改称泛美联盟。1948年在第九届泛美会议上通过了《波哥大宪章》，决定改名为美洲国家组织，宗旨是加强美洲大陆的和平与安全；安排共同行动对付侵略；对成员国发生的政治、经济和法律问题寻求解决方法。该组织长期受美国控制，近年来要求改革的呼声高涨。现有成员国34个，总部设在华盛顿。

独立国家联合体

简称"独联体"。1991年，俄罗斯、乌克兰、白俄罗斯首脑签署了一项协定，宣布苏联停止存在，建立独立国家联合体（乌克兰未参加）。其宗旨是促进各成员国之间的友好睦邻关系，在国际安全、裁军、军备监督和军队建设方面进行协调。现有11个成员国，均为苏联的加盟共和国，总部设在明斯克。

外交知识

外交

主权国家之间以和平方式进行的程序和过程。其宗旨是通过对话达到维护国家利益，扩大国际影响，发展对外关系的目的。形式主要有访问、谈判、缔结条约、参加国际组织或国际会议等。外交要受到一国国情的制约，综合国力是其基础和后盾。外交既包括官方的，也包括民间的各种对外交往。

外交官

处理外交事务的官员。既包括国内的，也包括派驻国外的外交人员。国内的有外交部长及其以下各级掌管对外事务的官员；派驻国外的有大使、公使、代办、参赞、秘书、武官及商务代表等。外交官在其驻在国享有外交特权。外交官除必须具有基本的外交才能，还要富于人格魅力，有良好的口才及外语能力等。

领事

由国家任命的驻在外国的政府外交官员。其任务是帮助本国公民在其驻在国的商务活动，并办理签证、护照等事宜。一般可分为总领事、领事、副领事及名誉领事。领事不享有外交豁免权，但在一些范围内豁免驻在国的裁判权。另外，领事享有免除各种地方税、国家税和私人税的待遇。

外交特权与豁免

外交特权是指外交代表享有的特殊权利和待遇，豁免指对驻在国辖权的豁免。外交特权与豁免在本质上是代表国家的，是国与国之间根据相互尊重主权和平等互利的原则相互给予的。其主要内容包括：人体、住所、馆舍、公文、档案、财产等不可侵犯；可使用密码通信或派遣外交信使；在驻在国使用本国国旗国徽；不受驻在国的刑事管辖；免除关税、捐税及杂役。另外，外交官家属也享有此权利。

使馆

使馆是对外交代表在所驻国家的办公机关的统称。可分为大使馆、公使馆、代办处等。使馆馆舍享有不受侵犯的权利。

公使

公使全称"特命全权公使"。由一国元首派往另一国家的低于大使级的常驻外交代表。他在驻在国享有特权，其职责与大使相同，但是，所享受的礼遇稍次于大使。

特使

特使是一国派往他国临时执行某种特殊使命的外交代表。有的是礼节性的，专为参加外国国庆、元首就职、丧礼等国家大典而委派的；有的是政治性的，专为办理某一特定事项进行交涉或谈判条约等而委派的。出席政府性国际会议的代表和观察员也属于这类临时使节。

代办、临时代办

代办是低于大使、公使级的外交使节，有常任代办、临时代办的区别。代办是本国外交部长向驻在国派遣的代表，他的职务和大使、公使没有原则的区别，但所受礼节待遇低于前两级。当使馆首长因故不能视事时，被委派代理其职务的外交人员，称临时代办。由使馆外交人员中等级最高者（通常为参赞）担任。他以临时代办的名义作为使馆首长的代表，行使使馆首长的职权。有时一国为了同他国商谈建立外交关系，也可先行派遣临时代办作为建立外交关系的谈判代表。

参赞、武官、秘书

参赞、武官、秘书是使馆的高级外交人员。参赞是使馆中仅次于使馆首长的高级外交人员，协助使馆首长进行工作。当使馆首长因故不能视事时，通常由他代理首长的职务，担任临时代办的参赞享有外交特权与豁免。参赞有商务、文化等不同的参赞，专司某一方面的具体职责。

武官出现的直接原因是猎取军事情报，因而各国对他们的限制、监视都较严格。在外交官中，除大使外，武官是唯一需要事先征得驻在国同意才能派遣的人。武官的特殊身份决定了他不是本国外交机构的成员，而由军事部门派遣军官担任，暂时附属于使馆，通常受大使领导。一些国家驻外武官还分陆军武官、海军武官和空军武官，其中地位最高的通常被称为国防武官或武装部队武官、军事武官，全面负责陆、海、空军的工作。现在，国际法中规定的武官职能是：以完全公开的方式向国内报告驻在国的军情；在军事问题上作大使的顾问；协助本国进行武器买卖；作为本国军方代表进行有关联络工作。武官享有外交特权和豁免权。由于武官具有特殊作用，各国对其极为重视，派遣人数日益增多。一般来说，驻外武官，都是本国在驻在国情报人员的领导人。

秘书是使馆中介于参赞和随员之间的外交人员。分一等秘书、二等秘书和三等秘书。受使馆首长之命，进行工作。享有外交特权与豁免权。

领事馆

一国驻在他国城市或某地区的领事代表机关的概括称呼。有总领事馆、领事馆、副领事馆和领事代理处。领事馆除领事外，设有领事馆工作人员。根据条约或国际惯例，领事馆的办公处所和公文档案不受侵犯。

国书

当一个国家的元首要任命或召回派驻外国的外交代表时，就要用书信的形式通知驻在国的元首。这种书信不是一般的信件，而是一种正式的外交文件，要由元首亲自签名，外交部长也要在上面签名，这种文件叫国书。国书递交和接受，是外交代表正式就职的表示。完成了这个手续后，各外交代表的身份和他享有的权利、义务才能确定下来。按国际惯例，国书是由驻在国元首亲自接收。

外交团

外交团是各国驻同一国的外交代表机关的馆长及其外交人员的总称。它由外交人员组成，而不是外交代表机关组成，它只包括有外交官衔的人员，不包括使馆一般工作人员，也不包括驻在国本国的外交官和领事人员。国际法对外交团并没有明文规定，它是在国际交往中逐步形成的一种传统做法。主要是为了调整各国同驻同一国家的外交人员作为一个整体同驻在国政府之间的日常关系（非政治性关系），特别是涉及礼仪和礼宾方面的关系，同时也是为了调整各国外交人员就礼仪和礼宾方面所发生的自身之间的关系。外交团可就这些问题举行会议。作为一个整体外交团可同驻在国外交部进行接触，也可以作为一个整体举行某些礼仪性的活动。

全权证书

一国派遣全权代表出席国际会议或签订条约时，为证明所派代表的身份和权限而授予该代表的文书。一般除国家元首外，不论何级官员，不论常驻外交代表或临时外交代表，均需由本国发给全权证书。在参加国际会议或签订条约时，须先提出或相互校阅全权证书。

照会

国家间一种外交往来的文书。用作进行交涉时，表明立场、态度或通知事项等。由外交部长或外交代表出面、用第一人称写成并经签名的，叫作正式照会；由外交机关出面、用第三人称写成、盖机关印章而不签名的，叫作普通照会。

最后通牒

一国就某问题向他国要求必须接受其条件，否则即使用武力或采取其他强制措施（如断绝外交关系、封锁、抵制等）而发出的外交文书。最后通牒一般给出对方答复的期限，逾期就要采取上述强制措施，按照国际惯例，一国在对他国发出最后通牒前，必须事先就两国之间的关系进行谈判。

护照

一国主管机关发给本国公民出国旅行或在外居留的证件，证明其国籍和身份。一般有：外交护照、公务护照和普通护照。此外，有些国家对集体出国的人员（如旅行队、体育队、艺术团等）发给团体护照。

备忘录

说明某一问题的事实经过的外交文件，形式比照会简单。一般不需要签字盖章，不用称呼和客套话。备忘录一般有两种用法：一种是作为照会的附件；一种作为独立文件，专门说明某一问题，提醒对方加以注意。

白皮书

多数西方国家的政府、议会等正式发表的报告书或文件的封面有其惯用的颜色，白色的叫白皮书（如美国、葡萄牙），蓝色的叫蓝皮书（如英国），红色的叫红皮书（如西班牙），绿色的叫绿皮书（如意大利），因而白皮书、蓝皮书等成为某些国家的官方文书的代号。英国官方文书，有时封面不是蓝色的也叫蓝皮书。

条约

广义来说，是指两个或两个以上的国家在政治、经济、军事、文化等关系方面规定其相互间权利和义务的各种协议的总称，如和约、公约、协议、议定书等，都属于条约的范围。狭义来说，是指以"条约"二字为名称的国际协议，通常规定缔约国间政治或其他方面比较重大的关系，签订的形式比较隆重，往往须由缔约国最高国家权力机关批准，并交换批准书后才能生效。

签证

是一个主权国家发给外国人出入或经过国境的一种许可证明，它一般都签注在护照上，也可以签注在代替护照的证件（通行证、旅行证、身份证等）上。在特殊情况下也可以另发纸签证，但必须与护照或代替护照的证件同时使用。签证的种类分为外交签证、公务签证和普通签证。有的国家还有礼遇、旅游、非移民签证。

友好城市

现代国际友好城市活动开始于1956年，由美国总统艾森豪威尔倡导，目的在于向发展中国家扩大"自由世界"的影响。1957年，巴黎成立"国际友好城市同盟"后，活动规模日渐扩大。开始在西欧城市之间、西欧和北美城市之间进行，接着西欧城市同东欧城市缔结友好关系，欧美城市同亚非拉城市建立姐妹关系。现已扩大到全世界，省与省、县与县、镇与镇、岛与岛、港口与港口，纷纷结对缔盟，进行广泛的经济交流，成为发展国际友好合作关系的重要形式。

二

军事、战争

军事知识

虎符

"符"是一种古代信物,传说是周朝军事家姜子牙发明的,是中国古代君主或皇帝授予臣属兵权后调动军队的凭信物,多以青铜铸造,因其状呈虎形,故称"虎符",也称"兵符"。据专家考证,虎符均由左右两半组成,各自的铭文完全相同,其右半由中央保存,左半则发给统领军队的将领。调动军队时,由君主或皇帝派出的使臣将符相合,方能调兵。

烽燧传警

烽燧传警是古代一种通过放火或放烟的方式传递军情的手段。白天放烟叫"烽",夜间举火叫"燧"。烽燧传警的办法早在西周时期就已经存在。春秋战国时期,各诸侯国为防止外国入侵,纷纷修建长城,尤其是秦将各国长城连接起来后,烽燧与长城便联系在一起,并开始被称为烽火台,成了历代常设的军事防御组织,用以防范北方的游牧民族。一般情况下,每十里设一个烽燧(烽火台),明代则五里一个。每个烽燧上都设有5~10个兵丁。遇到敌人进犯,便要点火或放烟,将消息传递给隔壁的烽燧,这样依次传递,很快便可抵达军事中枢。

一些朝代在烽火种类、施放程序、施放方法、密号等方面都有严格明确的规定,甚至"传报得宜克敌者,准奇功。违者处以军法"。历代之中,严防匈奴人的汉代和防范蒙古人的明代对烽燧制度最为重视。

八阵法

八阵法是《孙膑兵法》中提出的8种最基本的阵法。各阵名称分别是:

1. 方阵:用于截断敌人。
2. 圆阵:用于聚结队伍。
3. 疏阵:用于扩大阵地。
4. 数阵:密集队伍不被分割。
5. 锥行之阵:如利锥用以突破敌阵。
6. 雁行之阵:如雁翼展开用于发挥弩箭的威力。

7. 钩行之阵：左右翼弯曲如钩，准备改变队列、迂回包抄。

8. 玄囊之阵：多置旌旗，是疑敌之阵。

三军

三军的说法产生自周代。周代以"军"作为最大的军队建制，《周礼·夏官·司马》记载："凡制军，万有二千五百人为军。王六军，大国三军，次国二军，小国一军。"因此，三军合3.75万人。不过，这只是制度所规定的天子及各诸侯国的常备武装人数。事实上，到春秋时期，各国的军队数量已经远远不止规定的数目，更遑论动辄出动几十万军队的战国时期了。不过虽然一军的人数已经大大超过规定，但各国军队依旧习惯上将部队编为3个军，只是各国名称有所不同。如楚国分别设中军、左军、右军；晋国设中军、上军、下军；魏国称前军、中军、后军。三军各设将、佐等军衔。其中，中军将是三军统帅。后来三军不再是军队建制，凡出征打仗，军队往往分作前军、中军、后军，分别担任先锋、主力、掩护警戒的职能。另外，三军也常常指古代步、车、骑3个兵种。现在，三军则成了对于海、陆、空3个兵种的泛称。

参谋

"参谋"是现代军队中普遍设立的一种官职。

中国在春秋以前，军队还没有专职参谋人员，一般是谋士和将军集于一身，战国以后，随着战争规模的不断扩大，专门替国君和主帅运筹帷幄的参谋人员就应运而生了。战国中期，齐国的军师孙膑是中国古代军队中最早的参谋长。据《史记·孙子吴起列传》载，公元前353年，齐威王"以田忌为将，而孙子为师，居辎车中，坐为计谋"。所谓"师"，就是"军师"，用现代军队职务来说，就是"参谋"。

虽然从战国时期军队就有了参谋人员和机构，但"参谋"称谓的最早出现却在唐代。据《新唐书·职官志》记载，各节度使属员有"行军参谋，关豫军中机密"。从唐以后，"参谋"称谓沿用至今。

沙盘

沙盘就是根据地形图、航空相片或实地地形，按一定的比例关系，用泥沙、兵棋和其他材料堆制的模型。

沙盘具有立体感强、形象直观、制作简便、经济实用等特点。

中国是在军事上运用沙盘最早的国家。《后汉书·马援列传》记载，东汉建武八年（公元32年），陇西地方首领隗嚣叛降割据四川的公孙述，拥兵谋反朝廷，光武帝刘秀欲出兵征讨，召名将马援商讨进兵战略。马援就用米堆成一个与陇西一带实地地形相似的模型，形象具体，敌情尽在眼中。马援手指模型，从战术上做了详尽的分析，为光武帝制定作战方案提供了依据。这可以说是最早的沙盘了。

骑兵

中国骑兵源于春秋战国之交，历史悠久。

传统观点认为，是在战国赵武灵王"胡服骑射"以后才有了骑兵。事实上春秋时期，秦穆公的"畴骑"，就是中国最早的骑兵。只不过当时是以车战兵为主，骑兵并不突出罢了。中国历史上骑兵的极盛时期是元朝，骑兵部队主要装备有弓箭、马刀、标枪、战斧等。

在外国，骑兵曾经是陆军的主要作战兵种。17世纪时参战国军队中40%~50%的人员都是骑兵。第一次世界大战时，德、法、俄国均编有骑兵集团军。第二次世界大战时，苏军曾有17个骑兵军，80多个骑兵师。

将军

春秋以前没有将军。那时国家军队数量并不多，天子只有六军，诸侯最多不超过三军。各军的统帅叫卿，卿以下叫大夫，大夫以下叫士。到了春秋时代，诸侯为了扩大势力范围，不断增加兵力，大国诸侯常常拥有三军以上的兵力，而在编制上诸侯只能有三军，只能设三卿。于是，就把扩充军的统帅称为"将军"，意即率领一军的意思。作战时军队得由一人统一指挥，因此，在将军中选拔出大将军或上将军来全盘指挥。到了汉代，随着军队数量的增多，又出现了骠骑将军、车骑将军、卫将军等级别。以后，各朝的将军虽不尽相同，但这一官阶仍然分成若干级别。

现代意义上的将军军衔，最先出现于16世纪的法国。随着战争规模和军队编制的不断扩大，将军一级也逐渐分为若干等。准将一般指挥旅，少将一般指挥师，中将一般指挥军，上将一般指挥集团军。

湘军

湘军是晚清时对湖南地方军队的称呼，或称湘勇。太平天国运动兴起后，清朝正规军无法抵御，不得不利用地方武装，湘军就是在这时发展起来的。

曾国藩是湘军的创始者。他将湖南各地团练整合成湘军，形成了书生加山农独特的体制，成为镇压太平天国的主要军事力量。清朝政府虽然对地方汉族武装不信任，但不得不倚重于湘军。曾国藩同时也借助了安徽本土力量，发展了淮军，并培养了淮军首领李鸿章。

淮军

咸丰十一年（1861年），太平天国向上海进军，曾国藩即命他的得力幕僚李鸿章招募淮勇，并于同治元年（1862年）二月在安庆编成一军，称"淮勇"，又称"淮军"。其后，淮军乘英国轮船闯过太平天国辖境，前往上海，与英国侵略军合作对抗太平军。

淮军成立时有6500人。淮军营制出自湘军，每营500人，用抬枪、小枪120余杆。因使用新式兵器需人较多，故每营人数连长夫在内增至七八百人不等。光绪三年（1877年），淮军又参照德国营制，建立克虏伯炮队。淮军虽承袭湘军制度，但训练用洋操，兵器是洋器，并聘西洋军官为教习，这和当年湘军用土法土器、由书生自任教练迥然有别，成为中国军队近代化的开端。但淮军并未改变勇营旧制，因而体制本身存在种种矛盾和弊端。

《孙子兵法》

《孙子兵法》是春秋末年孙武所著。孙武，齐国人，出身军事世家。因齐国内乱奔吴，向吴王阖闾献兵书，任大将军。

《孙子兵法》的战术观点主要有以下几方面：

一是"知己知彼，百战不殆"。孙子主张战争前应对敌我双方的各种情况进行详细的了解，然后制定正确的作战方针，以期获得胜利。

二是"致人而不致于人"。孙子主张掌握战争的主动权，避免被动挨打。

三是"兵者，诡道也""因敌变化而取胜"。孙子主张在战争中根据情况的变化，灵活机动的改变作战方法。

四是"兵贵胜，不贵久"。孙子主张速战速决，在最短的时间内以最小的代价取得胜利。

孙子认为决定战争胜负的有五大因素："一曰道，二曰天，三曰地，四曰将，五曰法。"

《孙子兵法》共13篇，约6000字，它的出现标志着中国古代军事思想体系的基本形成。

《孙膑兵法》

孙膑，战国时期著名军事家，孙武后裔，齐国阿（今山东阳谷东北）、鄄（今鄄城北）一带人。早年曾与庞涓师从鬼谷子习兵法。庞涓出任魏将后，妒孙膑之才而将其骗至魏，施以膑刑（割去膝盖骨），因有孙膑之称。后逃往齐国，为田忌门客，助田忌在桂陵、马陵两败魏军。后辞官归隐。

著有《孙膑兵法》一书，后失传。1972年，在山东银雀山汉墓发现了这部兵法的残简，分上、下编，各15篇，经过整理，现已由文物出版社出版。《孙膑兵法》凡16篇，系原上编诸篇加下篇中的《五教法》而成，其篇目依次为：擒庞涓、见威王、威王问、陈忌问垒、篡卒、月战、八阵、地葆、势备、兵情、行篡、杀士、延气、官一、五教法、强兵。

《孙膑兵法》继承了《孙子兵法》的军事思想，提出了"战胜而强立"和"乐兵者王"等有价值的战争观点和原则。

《鹖冠子》

相传为隐士鹖冠子所作，《汉书》中说他是"楚人，居深山，以鹖为冠"。《鹖冠子》是一本充满了道家思想的兵书。

《鹖冠子》提出"人道先兵"的观点，认为兵"不可一日忘"。

此外，书中还提出了重"计"、重"权"和重"势"的作战指导思想。重"计"，就是用计谋，使敌国的君主，变更他本国的风俗，变得骄奢淫逸，从而"不战而胜"。重"权"，就是注重权变，即战争中能够做到灵活多变，就可以掌握战争的主动权，从而赢得战争。重"势"，就是注重有利的态势。首先，不放过有利的战机；其次，"出实触虚"；再次，要"暴疾捣虚"；最后，要"避我所死，就吾所生，超我所时，援吾所胜"，即扬长避短。《鹖冠子》认为只要能做到这四点，就好像"乘流而逝，与道翱翔"，可以无往而不胜。

《司马法》

作者已不可考，约成书于战国中期，

现仅存5篇。

《司马法》支持正义战争，认为战争的目的是为了"讨不义""诛有罪"。对那些侵略战争，它主张"以战止战"，"杀人安人，杀之可也；攻其国，爱其民，攻之可也；以战止战，虽战可也"。

在军事教育方面，《司马法》认为"士不先教，不可用也"。它主张用"六德"，即仁、义、礼、智、信、勇来教育军队，并且非常重视精良武器装备的作用，"以甲固，以兵（器）胜"。它还强调应尽快模仿制造敌人新式武器，以使己方与敌人在武器上保持均势，"见物与，是谓两之"。

《司马法》非常重视战备工作，"天下虽安，忘战必危"。《司马法》为此提出了具体措施，即"阜财"（为战争准备好物质基础）、"大军以固，多力以烦"（兵员充足，训练有素）和"求厥技"（收罗军事人才）。

《尉缭子》

《尉缭子》由战国时期尉缭子所著，现存24篇。在《汉书·艺文志》中被列入"兵形势家"。

《尉缭子》主张不打无把握之仗，只有在有必胜把握的情况下，才可以进行战争，决不能凭一时的意气，轻易发动战争；提倡"义战"，主张"不攻无过之城，不杀无过之人"；此外《尉缭子》还提出了许多新的作战指导思想，如"兵胜于朝廷"，"欲战先安内"。

《尉缭子》认为掌握敌情十分重要，只有全面了解敌情，才能打仗，"先料敌而后动"。

在先发制人还是后发制人的问题上，《尉缭子》认为应根据具体的情况而定；主张集中兵力，反对分散兵力，"兵以专胜，力分者弱"。

《尉缭子》在制军问题上，认为应"明制度于前，重威刑于后"。"凡兵，制必先胜"，"明其制，一人胜之，则十人亦以胜之也。十人胜之，则百千万人亦以胜之也"。

《尉缭子》历来受到兵家的重视，宋代时被官定为武学经书。

《六韬》

旧题姜太公所著，其实成书于战国晚期，作者已不可考，现存60篇，是一部综合性的兵书。

《六韬》第一次提出了应该在军队建立参谋部，"将有股肱七十二人"，来处理军中的大小事务，诸如作战筹划、气象观察、后勤供应、敌情侦察等。

《六韬》对军队的武器装备非常重视，认为士兵的勇敢固然重要，但精良的武器装备也是不可或缺的，"器械为宝，勇斗为先"。

《六韬》对将领的选拔极为重视，并提出了两条选拔途径：首先必须全面考察将领的长处和短处；其次，透过将领的"外貌"看"中情"。

《六韬》中论述作战指导思想的篇章最多，达30余篇。它的作战指导原则有："兵胜之术，密察敌人之机""见其虚则止，见其实则止""见利不失，遇时不移"等，还主张指挥权统一、兵力集中、行动一致。

《六韬》充分吸收了先秦诸子的思想

精华，标志着先秦军事思想理论的成熟。

《太白阴经》

《太白阴经》是中国古代的一部综合性的军事著作。中国古人认为太白星主杀伐，因此多用来比喻军事，《太白阴经》的名称由此而来。作者为唐朝的李筌，身世不详，唯《集仙传》称其仕至荆南节度副使，仙州刺史。又《神仙感遇传》云："筌有将略，作《太白阴符》10卷，入山访道，不知所终。"

《太白阴符》当即此书。此书分人谋、杂仪、战具、预备、阵图、祭文、捷书、药方、杂占、遁甲、杂式等篇。先言主有道德，后言国有富强，内外兼修，可谓持平之论，与一般兵书以权谋相尚者迥异。杜佑《通典》"兵类"取通论二家，一为李靖《兵法》，一即此经，可见其为时人所重。

《李卫公问对》

《李卫公问对》，又称《唐太宗李卫公问对》《李靖问对》，或简称《唐李问对》《问对》，是以唐太宗李世民与李靖讨论兵法的形式辑录而成的。

现存《李卫公问对》共3卷，分为上、中、下3部分，记录了唐太宗与李靖的问答98条次。内容丰富，多联系历代战例及太宗、李靖本人的亲身经历，参照历代兵家言论，围绕着夺取主动权、奇正、虚实、主客、攻守、形势等问题进行讨论，阐述其军事思想。《四库全书总目提要》评价说："其书分别奇正，指画攻守，亦易主客，于兵家微言，时有所得。"

李靖的整套战略战术都是围绕"致人而不致于人"来设计的，也就是掌握战场上的主动权。同时提出了"正亦胜，奇亦胜"的思想。《李卫公问对》认为，善于用兵的人，无处不是正，无处不是奇。问题的关键是如何做到"奇正相生，变而神之"。

《李卫公问对》认为奇正相变的主要方法是"示形"。给敌人以假象，从而给我军可乘之机。"致敌虚实"为目的。避实击虚，集中兵力来攻击虚弱之敌。"夫用兵，识虚实之势，则无不胜焉。"另外，奇正相变的运用在于"分合适宜"。兵力使用上既不能过分分散，也不能绝对集中。要"有分有聚，各贵适宜"，"兵散，则以合为奇；合，则以散为奇"。

《李卫公问对》还十分重视军队的管理教育和军事训练，提出由单兵到多兵，由分练到合练，由浅入深、循序渐进的训练方法。此外，该书对古代阵法布列、军事制度、兵学源流及教阅与实践的关系等一系列问题也进行了探讨。

《李卫公问对》在宋代被列入"武经七书"，是武科必读之书，在今天它也仍有研究价值。

《虎钤经》

中国宋代著名兵书。北宋吴郡（今属江苏苏州）人许洞历4年于景德元年（1004年）撰成，凡20卷，210篇，共论210个问题。许洞曾任雄武军推官、均州参军等职。

《虎钤经》以"上言人谋，中言地利，下言天时"为主旨，主要讲了以下几个方面：

一是"先谋"，即做好战前的谋划。

欲谋用兵，先谋安民；欲谋攻敌，先谋通粮；欲谋疏陈，先谋地利；欲谋胜敌，先谋人和；欲谋守据，先谋储蓄；欲谋强兵，先谋赏罚等。

二是"五势"，即"乘势""气势""假势""随势""地势"。这是对《孙子兵法》中的"任势"的发展，讲的是有利的态势是战争胜败的根源。

三是"知变"。"用兵之术,知变为大"，反对对兵书的生搬硬套，主张灵活运用。

四是"夺恃"，就是夺取敌人所恃的有利条件。

前10卷基本上是《孙子兵法》《太白阴经》等论著中的观点和作者自己的军事理论。后10卷主要是阴阳八卦和占云望气等封建迷信。

《纪效新书》

《纪效新书》是明代著名兵书。它出于抗倭名将戚继光之手，所述内容具体实用，既是抗倭中练兵实战的经验总结，又反映了明代训练和作战的特点，尤其是反映了火器发展到一定阶段作战形式的变化。

《纪效新书》完成于嘉靖三十九年（1560年），全书总叙一卷，正义18卷，约8万字，250幅图，是戚继光在抗倭战争中练兵的经验总结。

在书中，戚继光提出了自己的军事训练思想：1."武艺不是答应官府的公事，是你来当兵防身立功、杀贼救命本身上贴骨的勾当"，强调士兵军事训练的自觉性。2.将领要带头参加军事训练。3.要按实战要求进行训练。4.要注意训练方法。

《练兵实纪》

《练兵实纪》是戚继光在蓟镇练兵时撰写的兵书。此书正集9卷，附杂集6卷。它和《纪效新书》称为戚氏兵书姐妹篇。9卷9篇共264条，具体篇目是：练伍法第一、练胆气第二、练耳目第三、练手足第四、练营阵第五（场操）、练营阵第六（行营）、练营阵第七（野营）、练营阵第八（战约）、练将第九。后附杂集6卷6篇：储练通论（上下篇）、将官到任宝鉴、登坛口授（李超、胡守仁辑）、军器解、车步骑营阵解。书前还冠有"凡例"即"分给教习次第"共15条，记述了将、卒各自应学习的内容、标准，教材发放办法，督促学习的措施等。

肩章

肩章最早是古代侠客义士用来保护双肩，以防冷兵器打击的金属板片。这种金属板片佩戴在铠甲和锁子甲之间。

1763年，俄国军队把肩章戴在男式长衣的左肩上，作为隶属于某一团队的识别记号，同时还是一种用来绊住子弹带绳的装备。

从1810年以后，各种肩章便逐渐固定下了各自的颜色，用来戴在双肩上面，成了区别军衔高低和军兵种的符号。

军乐

军乐产生于公元14世纪的欧洲。奥斯曼帝国乌尔汗王第一个建立了军乐队。随着他的军队扩张到欧洲，军乐也就流传到了欧洲诸国。18世纪，波、德、奥、俄等国相继建立了军乐队。

在中国，直到清朝末期才引进欧洲

的军乐，在"兴洋务，建新军"时，袁世凯在天津小站操办"新军"，在军中建立了军乐队。

军乐多是随着步点节拍演奏的，因而节奏鲜明，乐器多以管乐器和击打乐器为主，旋律激昂、雄劲。

海军

海军是个古老的兵种，地中海东部地域是世界海军的发祥地。

海军的历史可以追溯到公元前2000年以前，当时建造的兵船是桨船，以撞击战作为战斗的基本战法。到17世纪中期，帆船舰队逐渐取代了桨船舰队，英国、法国、西班牙和荷兰开始建立常备海军。

18世纪后半期，资本主义国家争夺殖民地的战争和北美殖民地的独立战争都加速了海军的发展。20世纪初期，一些大国海军开始建造潜艇和水上飞机，从此结束了水面舰艇是海军唯一兵种的时代，海军开始成为多兵种合成军种。

海军帽飘带

1805年，法国拿破仑军队入侵英国，英国海军统帅纳尔逊率领舰队跟法国舰队激战，打败了拿破仑舰队。战斗中，纳尔逊将军重伤身亡。英国皇家海军为他发丧时，全体水兵都在帽后缀上两条黑纱，表示悼念和敬重。自此之后，英国海军士兵帽就缀上了两条黑色飘带，世界各国建立海军时，参考英国皇家海军的服装样式，把两条黑飘带的装饰也继承下来。

空军

空军是进行空中作战的军种、军队的主要组成部分。具有快速反应、高速机动、远程作战和猛烈突击的能力，既能协同其他军种作战，又能独立完成战役、战略任务。

1793年，法国首次组织了一支空军，飞行装备是系绳气球，气球中充入燃烧木炭产生的烟和热空气，依赖热空气的浮力上升到空中，控制和返回地面都依赖绳索牵引。大气球下吊着一只大箩筐，空军士兵蹲于其中进行观察，这支部队称为气球兵团。当时荷兰和奥地利联军包围曼堡时，法军首次派出了空军支援地面作战，在阵地上升起了双人气球观察敌情。联军因自己的举动无法逃避法军的观测，只好立即撤退，曼堡之围迅速被解除。

接着法军又把气球送到沙勒罗瓦。当时，法军正在该地发动攻势，法军空军的气球突然升起时，对方吓得立即弃械投降，法军大获全胜。

从此，许多国家也先后建立了用绳子系在地面上的气球空军。人类发明飞机后，空军不断发展壮大。

空降部队

空降部队又称空降兵或伞兵，是经过专门的空降训练，武器装备轻便，能伞降或机降的军队。空降部队能对敌方政治、军事、经济等战略要地进行突然袭击；夺取重要目标或地域，在敌后进行特种作战。它一般隶属于陆军。最高建制单位在大多数国家为师或旅，少数国家为军。

1918年，美国军官米切尔等曾提出用轰炸机群将步兵空降到德军战线后方实施攻击的设想。1927年，苏军使用运输机在中亚细亚地区空投部队，一举歼灭了当地的匪徒，是世界上的第一次空降战。1930年，苏联正式建立世界上第一支正式的伞兵部队。第二次世界大战中，苏联、德国和美国都多次运用空降兵进行作战。德国在闪击丹麦、挪威时，美、英、波军进攻荷兰时都曾使用空降部队。"二战"后，法军在印度支那战争中，美军在越南战争中，都使用了空降兵。

随着空中运输工具和武器装备的不断进步，空降部队必将在未来战争中发挥越来越大的作用。

▎特种部队

一般认为特种部队最早源于英国。

1940年5月，德军占领荷兰和比利时，侵入法国，击败了英法军队。英国远征军和部分法军共30余万人溃退到法国北部敦刻尔克地区，于5月27日到6月4日丢掉大量武器和军用物资，通过英吉利海峡向英国撤退。

为反击纳粹德国的疯狂进攻，英国首相丘吉尔下令"立即对整个德国占领区发动积极而又连续的反攻击"。1940年6月10日，陆军参谋长的副官达托莱·克拉克受命组建了一支专门执行特种任务的部队。这支由海军和海军陆战队的精锐部队组成的部队头戴绿色贝雷帽，称为"豹部队"，取名为"哥曼德"。世界上第一支独立执行特种作战任务的新型部队应运而生。此后，各国逐渐重视，纷纷建立各自的特种部队。

特种部队与正规部队的主要区别在于，它不是活动在普通的战场上，而是在主战场之外，进行山地战、丛林战、滑雪战、游击战和其他特殊条件下的战斗。它的主要任务是搜集情报、秘密侦察、扰乱敌后、破坏设施、从事心理战和暗杀活动等。特种部队的士兵要求具有在特殊的超出常人所能忍受的野战条件下的生存和战斗的能力。

▎飞艇

飞艇是指有推进装置，可控制飞行的航空器。它主要由艇体、动力装置、尾翼和吊舱组成。艇体的气囊内是比空气轻的氢气或氦气，飞艇就是利用它受到的空气浮力升空的。按结构划分，飞艇可分为软式、半硬式和硬式。

第一艘飞艇是1852年法国人吉法尔制造的。1900年德国的齐柏林公司制造出了大型硬式飞艇。和许多新技术一样，飞艇很快就应用于军事。第一次世界大战爆发后，1914年，德国齐柏林飞艇轰炸了比利时的列日要塞，不久又轰炸了法国巴黎。1915年，德国飞艇轰炸了英国首都伦敦。由于当时的飞机不仅数量少，而且性能很差，所以根本无力阻挡飞艇。后来由于飞机性能的飞速发展，飞艇逐渐被挤出了空中舞台。

"二战"后，随着新技术的发展，飞艇又获得了新生。1977年，英国在北海设立飞艇警戒中队，以保卫北海油田和英国的渔场。英国的大型军用运输飞艇可输运整营的部队及技术兵器。美国海军也在20千米高空建立了一个气艇式雷达台站。

现在，飞艇在反潜、反舰、海上巡逻和电子对抗等方面都发挥着重要作用。

鱼雷

鱼雷是由携载平台发射入水，能在水中自动航行、自控和自导，爆炸毁伤目标的水中武器，有"水中导弹"之称。它具有航行速度快、航程远、隐蔽性好、命中率高和破坏性大的特点。鱼雷主要用舰船携带，有时也由飞机携带，主要用于攻击舰船和潜艇，也可以用于封锁港口和狭窄水道。鱼雷由前段（雷头）、中段（雷身）和后段（雷尾）3段组成，分别装有装药引爆系统、导引控制系统和动力推进系统。

鱼雷的前身是美国南北战争期间的撑杆雷。撑杆雷用一根长杆固定在小艇舰首，然后冲向敌舰，用撑杆雷撞击爆炸毁沉敌舰。1866年，在奥匈帝国工作的英国工程师R.怀特黑德发明了世界上第一颗鱼雷。1887年1月13，俄国舰艇发射鱼雷击沉了土耳其"因蒂巴赫"号通信船，这是海战史上第一次用鱼雷击沉敌舰船。第一次世界大战爆发后，鱼雷被人们公认为杀伤力仅次于火炮的舰艇武器。

目前世界各国都非常重视鱼雷的研究和改进，以使它更轻便、命中率更高和爆炸力更强。

鱼雷艇

鱼雷艇是以鱼雷为主要武器的小型军舰，主要在近岸海区以编队形式对敌大、中型舰船进行鱼雷攻击，也可用于反潜、布雷等。它体积小，航速快，威力大，隐蔽性好，造价低廉，但耐波性差，活动半径小，自卫能力弱。现代鱼雷艇有滑行艇、半滑行艇、水翼艇3种船型。

鱼雷艇的前身是美国南北战争时的水雷艇。鱼雷发明后，1877年英国很快制造了专门用来发射鱼雷的舰艇，便是鱼雷艇"闪电"号。1887年，俄国"切什梅"号和"锡诺普"号第一次用鱼雷击沉了土耳其的"因蒂巴赫"号通信船。此后，鱼雷艇的性能也不断得到改善，欧洲各国海军都相继制造和装备了鱼雷艇。

在"一战"和"二战"中，鱼雷艇都取得了较大战果。在1918年，意大利鱼雷艇发射了2枚鱼雷，击沉了奥匈帝国的万吨级战列舰"森特·伊斯特万"号。

"二战"后，随着鱼雷技术的不断进步，鱼雷艇仍然受到世界各国特别是发展中国家的重视。

马克沁机枪

马克沁机枪是由美国工程师海勒姆·斯蒂文斯·马克沁于1884年发明的，是世界上第一种真正成功的以火药燃气为能源的自动武器。它重27.2千克，口径为11.43毫米，容弹量为333发，理论射速600发/分，可以单发也可以连发。在近代战争中曾被普遍使用。

马克沁机枪一诞生，立即在战场上显示出了巨大的威力。1893年，50名英军步兵使用4挺马克沁机枪击退了5000名祖鲁人的猛烈进攻，击毙了3000人。1905年日俄战争期间，装备了马克沁机枪的俄军给日军造成了重大伤亡。1916年7月，第一次世界大战期间，德国军队以平均每百米一挺马克沁机枪的火力密度,向正面40千米宽冲锋的14个英国师疯狂扫射,一天之内就造成了6万名英军士兵伤亡。

英国《武器装备百科全书》说:"马克沁机枪的出现标志着一个时代的结束,它标志着自拿破仑时代起曾经使用过的战术完全没用了。"

潜艇

潜艇是能潜入水下活动和作战的舰艇,又称潜水艇。潜艇主要由艇体(固壳和外壳),操纵系统,动力装置,武器系统及导航、观察、通信、水声对抗、救生等设备组成,具有隐蔽性好,自给力强,突击威力大等特点。

潜艇的雏形是荷兰人德雷贝尔于1620年发明的世界上第一艘人力潜艇,它曾在泰晤士河潜航了2个小时。1885年,瑞典人诺德费尔特和英国人加莱德使用设计建造的"诺德费尔特—1"号,以蒸汽机为动力,还装有鱼雷发射装置,是第一艘现代意义上的潜艇。

在"一战"和"二战"中,德国海军潜艇对英国等国的运输船展开了疯狂攻击,击沉了几千艘舰船,显示了潜艇的巨大威力。"二战"后,美国制造了世界上第一艘核动力潜艇"鹦鹉螺"号。此后,苏联、英国、法国和中国相继制造了本国的核潜艇。

装备有核弹头远程导弹的核潜艇,具有核威慑力量,可以进行核反击。它的战术功能和战略意义已超出了"海战"的概念。

驱逐舰

驱逐舰是以导弹、鱼雷、舰炮等为主要武器,具有多种作战能力的军舰,用于攻击潜艇和水面舰船、防空、护航、侦察巡逻警戒、布雷,袭击陆上目标等。

1893年,英国建造了世界上最早的驱逐舰——"哈沃克"号鱼雷驱逐舰和"霍内特"号鱼雷艇驱逐舰。此后,各国竞相建造。截至第一次世界大战前,英、美、法、德、俄等国共建造了近600艘驱逐舰,其中英国最多,有200多艘。这些驱逐舰多采用燃油的蒸汽轮机动力装置,满载排水量1000~1300吨,航速30~37节,装备88~102毫米舰炮数门和450~533毫米鱼雷发射装置2~3座。

第二次世界大战中,驱逐舰除了反潜护航任务外,还在舰队防空、支援岛岸作战,输送人员物资、基地巡逻等任务中发挥了重要作用,因而被称为"海上多面手"。

"二战"后,驱逐舰因其具有灵活性和多功能性,备受各国海军的重视,并迅速向导弹化、电子化、指挥自动化的方向发展。

迫击炮

迫击炮是以座钣承受后坐力的一种曲射火炮。它是步兵的一种传统装备,是火炮家族中最小的一个炮种。它的优点是死界小、射速快、威力大、重量轻、体积小、灵活机动、易于操作、造价低廉等,非常适合步兵在复杂地形上和恶劣天气下使用。它可以消灭遮蔽物后的敌人,摧毁敌障碍物和轻型工事,为步兵开辟道路。

它是20世纪初出现的,第一次使用是在1904~1905年的日俄战争期间。俄军把一门47毫米口径的海军炮装在一种带车轮的炮架上,发射超口径长尾形炮弹,杀伤躲在战壕中的日军,显示了巨大的威力,引起了世界各国军事家的注意。

第一次世界大战中,交战双方大打阵地战,战争进入胶合状态。为了打破战争僵局,双方大量使用迫击炮,使这种武器得到飞速发展。

第二次世界大战中及战后,迫击炮的发展更是日新月异。迫击炮由过去的人背马驮,发展成现在的牵引、自行和车载。随着陆军开始向机械化迈进,迫击炮也将成为一种作战威力巨大的近程攻击兵器。

巡洋舰

巡洋舰是一种以远洋巡航为主的具有多种作战能力的大型军舰。它常与战列舰组成海上舰艇编队的核心,主要担负为战列舰巡舰、护卫的任务。巡洋舰分为重巡洋舰、轻巡洋舰和辅助巡洋舰三种。

英国的"亨利"号巡航舰是现代巡洋舰的起源。1904年,英国建造了世界上第一艘装有汽轮机的巡洋舰"紫石英"号,标志着现代巡洋舰的诞生。现代巡洋舰问世后,在日俄战争、第一次世界大战和第二次世界大战的多次海战中都有出色的成绩。巡洋舰的排水量一般为5000~20000吨,主炮口径为150~280毫米。"二战"期间,曾出现过排水量在万吨以上的重型巡洋舰。

"二战"后,随着导弹技术、电子技术与核技术的迅速发展,巡洋舰的主要武器由大炮变为导弹,所以现代巡洋舰称作导弹巡洋舰或战略导弹巡洋舰。现代巡洋舰的主要任务是为航空母舰或其他舰艇护航、保卫海上交通线、攻击敌方舰艇、潜艇和岸上目标、防空和反导弹作战、火力支援登陆作战等。

无线电用于战争

无线电不是用导线而是用看不见的波,把信息从一个地方传到另一个地方,进行远距离通信。由于无线电方便快捷,所以一出现就引起了军界的关注。

早在1904年日俄战争期间,日军指挥船就通过无线电指挥日本军舰炮击旅顺港内的俄国军舰,最终取得了战争的胜利。第二次巴尔干战争爆发后,巴尔干交战的各国军队就开始在战场上使用无线电。

第一次世界大战爆发后,无线电通信的创始人马可尼就携带他发明的无线电报机到意大利军队中服役。从此,无线电通信成为战争中的重要指挥手段。

第二次世界大战初期,德军坦克部队之所以能横扫欧洲大陆,是因为每一辆德军坦克都配备了无线电,对相互间可以及时保持联系,协调作战,能针战场的变化及时进行战略调整,抓住战机。后来美军和英军也在坦克上加装无线电设备。

在第一次和第二次世界大战中,无线电都发挥了很大的威力,所以有人把第二次世界大战称之为"无线电战争"。

战斗机的出现

战斗机是指主要用于保护己方制空权或摧毁敌人制空权能力的军用机种。它的特点是飞行性能优良、机动灵活、火力强大。

世界上公认的第一架战斗机是法国的莫拉纳·索尔尼埃公司制造的H型飞机。它长6.28米,高2.3米,翼展9.12米,最大飞行速度135千米,能在天空停留3小时,并配有机枪。一战开始后,莫拉纳·索尔尼埃公司又制造了H型战斗机的改进型——L型和N型。L型战斗机装备了"偏转片系统",解决了飞机机载机枪射击时被螺旋桨干扰的难题,使飞行员不需要另外配备机枪手就可以在驾驶飞机时攻击敌机。

1915年4月1日,法国飞行员罗兰·加洛斯驾驶莫拉纳·索尔尼埃L型飞机击落了一架德国双座侦察机,取得了战斗机第一次空战胜利。随后,德国的"福克E3"式战斗机装备了性能更好的"机枪同步射击"装置,成为第一次世界大战中性能最好、击落飞机数量最多的战斗机,被协约国方称为"福克式的灾难"。

战斗机的出现,使战争规模从地面、海洋扩展到了天空。

高射炮的改进

高射炮是一种在地面对空中飞行目标进行射击的火炮,简称高炮。

1870年9月,普军包围了巴黎,法国内政部长乘气球成功逃出巴黎,重新组织部队与普军作战。此后,法国政府多次通过气球与外界保持联系。

普军很快就研制出了专门打气球的火炮。它的口径为37毫米,装在四轮车上,由几个士兵操作。这种炮曾打下了不少法国气球,因此被称为"气球炮"。它就是高射炮的原型。

20世纪初,飞机开始用于战争。德国人对"气球炮"加以改进,研制出了专门对付飞机的高射炮。这种高射炮装在汽车上,口径为50毫米,并有防护装甲,最大射高4200米。这就是世界上第一门高射炮。后来,西方各国也不断研制新型高射炮。

高射炮的迅速进步,给军用飞机造成严重威胁。1918年9月,德国派出50架飞机轰炸巴黎,结果竟有49架被高射炮击落。第二次世界大战中,高射炮有了很大的改进,在防空中发挥了重要作用。

"二战"以后,随着飞机飞行高度的提高和防空导弹的使用,高射炮逐渐被淘汰。

钢盔

钢盔是防御士兵保护头部的装备,所以又称头盔。出现于第一次世界大战时的法国。

钢盔是从古代的头盔发展而来的,主要由盔壳、衬里和悬挂组成。盔壳多由特种钢制成,有时外面还有一层防弹尼龙或玻璃钢衬里来增强防弹能力。挂里多由皮革、塑料或纤维制成,固定在盔壳里。钢盔一般重1~1.5千克。

由于各军种、兵种战斗任务不同,所以他们的钢盔的结构和式样也有所差别。普通陆军士兵的钢盔没有特殊性,比较一般。飞行员和机组人员佩戴的飞行员头盔的盔壳多用玻璃钢或塑料等轻质材料制成，主要是防止头部震伤或磕伤。除此以外，它还有可以上下移动的面罩、耳机和送话器等。空降兵的头盔采用双盔带，佩戴牢固，主要是防止打开降落伞时被操纵带或伞绳击伤和被强气流冲走。着陆后的就和普通步兵头盔的功能相同了。坦克兵的头盔又称坦克帽，里面有泡沫塑料或泡沫橡胶等防震衬垫，主要是为了防止坦克在前进时的颠簸震伤坦克兵的头部。

装甲运输车

装甲运输车是一种设有乘载室的轻型装甲车，它主要用于向战场输送步兵和武器、器材等，具有很强的机动性、一定的防护力和火力，有时也可以战斗。但它火力较弱，防护力差，不便于步兵乘车战斗。在机械化步兵中，装甲运输车装备到班。分为履带式和轮式两种类型。

装甲运输车重6~16吨，长4.5~7.5米，宽2.2~3米，高1.9~2.5米，乘员2~3人，载员8~13人，也可以在水上行驶。

第一次世界大战时，英国研制出了装甲运输车。战后，美国和德国也研制出了装甲运输车。"二战"时，德国首先将装甲运输车装备到军队，美、英、法、日等国也相继装备。"二战"后，装甲运输车迅速发展，已经成为衡量一个国家陆军机械化程度的标志之一。

装甲运输车的出现，提高了步兵的机动能力，给战争带来了很大改变。现在，步兵战车有取代装甲运输车的趋势。但有的国家也认为这两种车用途不同，应该共同发展。

坦克

坦克是一种具有强大直射火力、高度越野机动性和坚固防护力的履带式装甲战斗车辆。

第一次世界大战开始后，由于作战双方各自建立了由壕沟、铁丝网、机枪火力点等组成的防御阵地，战争进入了僵持状态。为了打破这种僵局，英国战地记者温斯顿提出制造一种有装甲、带武器的越野战车，得到了海军大臣丘吉尔的支持。他们组织人员将一辆美国拖拉机焊上厚钢板，装上炮塔，建成了世界上第一辆坦克。它的样子很像西亚地区的运水车，英国军方就称它为"tank"，意为"水车"，这就是坦克译名的由来。这种坦克被称为马克I型坦克，重26吨，105马力，需要8人驾驶，最高时速6.5千米，左右两侧各装备了一门炮，配备了6挺机枪。

1916年，英国首次在战场上投入了18辆坦克参战。这18辆坦克闯过地雷区，压倒铁丝网，跨过壕沟，德国的机枪扫射对它毫无作用。英国步兵很快跟上，突破了德军防线，显示了巨大的威力。

坦克的出现，标志着陆军机械化新时代的来临，从此陆战发生了革命性的变化。

远程大炮

在第一次世界大战时，双方进行了多次炮战。除以密集火炮群攻击外，为了进行攻坚战，德军研制了火炮中的巨无霸——远程大炮，其中最有名的是"大伯莎巨炮"和"巴黎大炮"。

1914年8月，德军入侵比利时，在比利时列日要塞受阻。列日要塞由12座炮台组成，每座炮台都建在地下，共400门大炮。德军决定动用"大伯莎巨炮"。"大伯莎巨炮"重62吨，炮身长9米，炮弹重520千克。巨炮一个接一个地向列日要塞炮台发射炮弹，将整座要塞彻底摧毁。

"巴黎大炮"炮身长35米，重750吨，射程120千米。德军用它轰击巴黎，炸毁了很多建筑，引起了巴黎市民的恐慌。

"二战"前，为了对付法国的马奇诺防线，德国制造了"多拉大炮"，但没有派上用场。多拉大炮身长43米、高12米、重1350吨。苏德战争时，"多拉大炮"向苏联的塞瓦斯托波尔发射了48枚巨型炮弹，炸毁了一个地下火药库，致使该市最终被德军攻占。

"二战"后，随着火箭和导弹的发明，远程大炮逐渐退出战场。

毒气战

毒气战又名化学战、瓦斯战。

第一次世界大战爆发后，德国速战速决的计划很快破产，双方在西线大打阵地战，战争进入僵持局面。为了打破僵局，德国决定对英法军队实施毒气战。

1915年，德军在比利时伊普尔前线撬开6000个盛有氯气的毒气罐，18万升黄绿色的氯气随着西北风飘向英法联军阵地。英法军队根本不知道这是毒气，更不用说防护措施了。吸进毒气后，英法士兵立刻感到呼吸困难，不一会儿，人人脸色惨白，瞳孔放大，口角流血，四肢抽搐，共死亡了1万人。德军趁机把战线向前推进了几千米。这是世界上第一次毒气战，它揭开了近代化学战的序幕。不久，协约国开始实施报复，也对德国军队进行毒气战。据统计，"一战"期间双方士兵共有10万名士兵死于毒气战，120万人因毒气负伤。

随着科技的发展和现代战争的需要，现在化学毒剂也越来越多，通常可以分为6类：刺激性毒剂、糜烂性毒剂、全身中毒性毒剂、失能性毒剂、窒息性毒剂和神经性毒剂。

生化武器

生化武器旧称细菌武器，是生物武器和化学武器的总称。生物武器由生物战剂及其施放装置组成，化学武器主要是化学毒剂，它们在战争中能杀伤人员、牲畜和毁坏农作物，而且还有传染性，具有污染范围广、危害时间长、传播途径多、不容易侦察等特点。

生化武器由来已久。在两千多年前，锡西厄王国的弓箭手把箭头在粪便和腐烂的尸体上蘸过。14世纪时，西征的蒙古人把散发着瘟疫臭气的尸体投掷到敌人的城墙里，结果引发了西方的黑死病。西班牙人在征服美洲时，也传入了天花等病毒，导致印第安人大量死亡。在征服印度时，英国人和法国人把有天花病毒的毯子送给不友好的部落。

在20世纪早期，英国、法国、德国、苏联、日本等众多国家曾研究过如何发动生物战。第一次世界大战时，德国人在敌军骑兵部队中撒播病毒，使军马患上的鼻疽病。第二次世界大战期间，日本人建立了731部队，专门研制细菌武器，向中国各地撒播感染了瘟疫的跳蚤，使无数中国军民深受其害。

▌生物战

生物战指的是使用生物武器（原称细菌武器）对敌人人畜、农作物进行伤害和破坏的一种作战手段。生物武器主要用于战略目的，它一般没有立即杀伤作用，但有较强的致病性和传染性。它主要是通过各种方式投放生物战剂，造成敌人的广大地区人畜传染病流行，农作物大面积死亡，从而造成敌人军民心理恐慌，破坏敌人生产和运输，达到削弱敌人战斗力，破坏敌国战争潜力的目的。生物武器主要的投放地点有：军队集结地域，人口密集地区，重要的工农业区、水库、水源等，敌军后方基地，被包围的城市、要塞等。

第一次世界大战期间，德军向协约国军队的人员和马匹投放了马鼻疽、炭疽病菌，致使协约国军队人员和马匹得了传染病，战斗力大减。这是首次在战争中使用生物武器。抗日战争时期，日军组织了专门研制生物武器的731部队，用活人做实验，向中国广大地区投放鼠疫杆菌，造成这些地区鼠疫流行。朝鲜战争时期，美军曾向朝鲜和中国东北地区使用了细菌武器数百次。

▌反坦克部队

反坦克部队就是阻滞和摧毁敌方坦克的部队，在现代地面战争中占有重要地位。

第一次世界大战期间，为了打破战场上的僵局，英军首次在战场上使用了坦克，引起了德军的恐慌。很快，德军就想出了对付坦克的方法。1916年9月，在索姆河会战中，德军首次使用野战炮对英军冲锋的坦克进行轰击。1917年11月，在康布雷战役中，德军用加宽堑壕、野炮迎击和战斗机投掷磷弹等方法对付坦克。战后，西方国家开始研究反坦克的方法和武器，运用防坦克壕、地雷、桩砦等障碍物阻止和迟滞坦克行动，并相继组建反坦克部队。

第二次世界大战期间，坦克成为重要的突击力量，反坦克部队广泛使用反坦克火炮与设置障碍和火力相结合的手段阻滞和摧毁敌方坦克。

20世纪50年代，一些国家研制了反坦克导弹。60年代，又出现了反坦克的武装直升机和反坦克地雷。这些武器在中东战争中大显神威。

随着坦克性能的不断提高，中子弹和激光制导的炸弹、炮弹等也成为对付坦克的有效武器。

▌现代地雷

地雷是一种埋入地表下或布设于地面的爆炸性火器，通常不设在地面下或地上，受目标作用并满足其动作条件时即会自行发火，或待目标进入其作用范围时操纵爆炸。

19世纪中期以后，各种烈性炸药和引爆技术的出现，使地雷开始向制式化和多样化发展，从而诞生了现代地雷。最早的制式化生产的地雷是1903年前后由俄国研制成功的。1918年，受坦克威胁最大的德国人研制成功防坦克地雷，随后又研制成功两种制式化的防坦克地雷，用于对付英、法军的坦克，并获得了一定的效果。"二战"中，防坦克地雷得到广泛的应用。

1938年，德国人发明防步兵跳雷，这种雷由绊线绊发，目标触雷后，雷体会跳起并在地面上空爆炸，它的杀伤威力比在地表或地表下爆炸的同等地雷大得多。

火箭布雷系统是1970年由联邦德国研制成功的。德国"拉尔斯"轻型车载式36管火翻腾炮，一次可发射36枚110毫米的火箭布雷弹。

造雷技术的进步和布雷技术的提高，使地雷在战争中得到越来越广泛的运用。

▍轰炸机

轰炸机是专门用于对地面、水面（水下）目标实施轰炸的飞机，是空军实施空中打击的主要机种。轰炸机不但能执行摧毁敌军工事、杀伤敌军人员等战术轰炸任务，还能执行摧毁敌军的兵工厂、发电站、通讯枢纽、甚至一个城市等战略轰炸任务。轰炸机不但以摧毁敌方人力物力为目的，而且还将摧毁敌方精神作为目标。

1911年11月，意土战争爆发。意大利飞行员利奥·加沃蒂驾驶飞机在土耳其阵地上空投放了4枚重2千克的炸弹，这是世界上轰炸机第一次参加实战。1915年，俄国军队首先装备了轰炸机。随后，英、法、德等国军队也相继装备了轰炸机。

"二战"时，美、英、德相继研制出了许多新型轰炸机。美国的B-17战略轰炸机和英国的"兰开斯特"轰炸机对德国实施昼夜轰炸，最终使德国丧失了战争能力。美军B-29型轰炸机向日本长崎、广岛投下了原子弹，加速了"二战"的结束。从此，轰炸机成为投掷核武器平台，成为具有战略地位的武器。

"二战"后，轰炸机开始向隐形化和超音速化方向发展，更具战斗力。

▍编队飞行

飞机开始投入战争时，主要作战形式是单机格斗。但是，单机作战时，缺乏保护的飞机自身就十分危险，于是，飞机配对开始出现，这就是最早的双机编队飞行。随后，两架或两架以上飞机按一定队形编组或排列飞行成为空军战斗常用的战斗队形。飞机的基本的编队队形有楔队、梯队、横队和纵队。这些队形由单机或分队组成，可减小或加大各机的距离、间隔而组成疏开或密集队形。在编队飞行中，各机之间必须保持规定的距离、间隔和高度差。编队飞行主要用于攻击、轰炸、侦察、空投、防御等。

编队飞行是空中兵力部署的重要战术之一。采用正确的队形在空战中有着巨大的现实意义，它有助于取得空中优势，而一旦脱离编队，单机就十分容易受到敌方的攻击。在保持规定队形的前提下充分发挥飞机性能是编队飞行的中心问题。在飞行中，主机可根据实际需要发出指令改变编队方案和各机相对位置。主机在选择飞行状态时应给僚机修正偏差的余地，僚机要与长机密切配合。

在现代空中行动中，轰炸机编队飞行已经渐渐退出舞台，但根据战术的需要，轰炸机、歼击机和电子干扰机混合编队飞行的情况却有所增加。在混合编队飞行中，歼击机的主要任务就是利用编队来克敌制胜。

深水炸弹

深水炸弹是由舰船、飞机发（投）射，在水下一定深度爆炸的、专门用来攻击潜艇的一种水中武器。由水面舰艇投放的称为舰用深弹，由飞机和直升机投放的称为航空深弹。深水炸弹一般重70~350千克，弹长0.7~2米，破坏半径达8~23米，射程数十米到数千米不等，能在300米左右水深使用。

第一次世界大战期间，德国出动大量潜艇封锁英国，击沉了许多向英国输送物资的运输船。英国海军进行对付潜艇的武器研制。1915年底，英国研制出了世界上第一颗深水炸弹。这种深水炸弹由舰艇投入水中后，碰到潜艇或达到一定深度后就会爆炸，最深可达200米。1916年，一艘英国巡逻船向水中投下了一颗深水炸弹，一举将一艘德国潜艇炸沉。第二次世界大战期间，德国故技重施，英国研制出了世界上第一门专门发射深水炸弹发射跑"刺猬炮"，它一次可以发射4枚深水炸弹，提高了对潜艇的攻击效率。在两次大战期间，绝大部分潜艇都是被深水炸弹炸沉的。

时至今日，深水炸弹仍是重要的反潜武器。

防弹衣的改进

防弹衣是一种用于防护枪弹或破片对人体伤害的装具。

在古代战争中，士兵们身穿盔甲，能有效地抵挡刀、矛、弓箭等冷兵器的伤害。但自从火器出现后，盔甲便渐遭淘汰。但是，人们并未放弃对身体防护装备的追求。第二次世界大战前，西方国家的军队为了减少士兵的伤亡，曾将6.4毫米厚的丝织物制成布袋塞入军服内，形成了近现代防弹衣的雏形。它可以有效地抵挡当时的子弹。但随着武器杀伤力的提高，这种防弹衣很快就失去了效用。

第二次世界大战期间，美国研制出了两种玻璃纤维和聚酯复合材料，即杜龙和尼龙。军方以它们为材料制成的防弹衣，在战争中起到了良好的防弹作用，这成为现代防弹衣问世的标志。

在1960年以前，世界各国都采用不锈钢、钛合金和铝合金等板材制成防弹板。1960年美国研制出以氧化铝防弹陶瓷板为材料的防弹衣。目前世界各国大多数防弹衣都采用不锈钢板和陶瓷板作为硬质防弹材料。

在防弹材料的研制上，各国展开了激烈的竞争，不断涌现出更加优良的防弹材料。

声呐

声呐是利用水声传播特性传感探测水中目标进行的技术设备，可以分为被动式声呐和主动式声呐。

1912年，泰坦尼克号巨轮沉没的悲剧，促使人们寻找一种能侦测水下目标的技术。英国气象学家查理森最早提出了声呐的设想。1916年，法国朗之万发明了世界上第一部声呐。

声呐发明后，很快用到了军事上。早期潜艇只能依靠潜望镜进行观察，但潜望镜对水下目标则无能为力，于是潜艇经常在水下撞上暗礁、水雷和其他潜艇。装备了声呐后，潜艇的事故率就大大减低了。"二战"期间，德国潜艇击沉了许多开往英国的运输船，使英国陷入了困境。英国科学家就将声呐安置在军舰上，侦测德国潜艇，然后释放深水炸弹，德国潜艇遭到沉重打击。

"二战"后，随着科技的进步，声呐进入了现代化阶段，开始向全面数字化发展。

航空母舰

航空母舰（简称"航母"）是以舰载飞机为主要武器，并作为舰载飞机编队海上活动基地的大型军舰，它是现代海军水面战斗舰艇中最大，作战能力最强的军舰。大型的航空母舰长330米，宽80米，高70米，相当于两个足球场的面积，20层楼的高度。

1909年，法国著名发明家克雷曼·阿德第一次提出了"航空母舰"这一概念。1918年，英国将"卡吉士"号邮船改建为航空母舰，更名为"百眼巨人"号。它是第一艘真正意义上的航空母舰，飞行甲板长168米，可载机20架。从"二战"时的珍珠港、中途岛海战到马岛战争、海湾战争、伊拉克战争的历次战争中，航空母舰都立下了赫赫战功。在现代海战中，如果没有航空母舰的参与，几乎不可能胜利。

航母与巡洋舰、驱逐舰、战列舰、护卫舰、补给舰、扫雷舰、潜艇、救护舰等组成庞大的战斗群，集防空、反舰、反潜以及对岸攻击的作战能力为一体，具有攻守兼备的能力。航空母舰是足以与核武器比肩的战略性武器。

目前世界现役航母有26艘，美国最多，有12艘。

火箭炮

火箭炮是炮兵装备的火箭发射装置，由于通常为多发联装，所以又称多管火箭炮。火箭炮能多发联射和发射弹径较大的火箭弹，它的发射速度快，火力猛，突袭性好，但射弹散布大，适用于对目标实施大面积打击。

1933年，苏联研制出的BM13型导轨火箭炮是世界上第一门现代火箭炮。它安装在载重汽车的底盘上，可连装16枚132毫米尾翼火箭弹，最大射程8500米，1939年正式装备苏军。1941年8月，火箭炮在斯摩棱斯克地区首次实战应用。苏军的一个火箭炮连摧毁了德军的铁路枢纽和大量军用列车。不仅消灭了敌人大量有生力量和军事装备，而且给敌人以精神上的巨大震撼。

1941年，德国研制的158.5毫米6管牵引式火箭炮和280/320毫米6牵引式火箭炮，是世界上最早的具有炮管式发射装置的多管火箭炮。

"二战"以后，各国都非常重视火箭炮的发展与应用，火箭炮又有了新的进步，其性能和威力日益提高，成为现代炮兵的重要组成部分。

装甲部队

装甲部队，也叫坦克部队，是以坦克和其他装甲车辆为基本装备的陆军战斗兵种。装甲部队机动性好、火力强大、防护力强，是陆军的重要突击力量。在合同作战中，装甲兵可配属步兵作战，也可在其他军种、兵力协同下独立执行作战任务。

装甲兵诞生于第一次世界大战时期，在第二次世界大战中得到迅速发展，目前已成为世界发达国家军队中地面作战的主要战斗兵种。

在20世纪30年代中期，德国组建了具有独立作战能力的装甲师，这是装甲部队摆脱从属地位，成为独立兵种的重要标志。在第二次世界大战初期，德军依赖装甲部队发动闪击战，取得巨大战果。随后，轴心国和盟军开始大量生产坦克，装备了大批坦克部队。许多重要战役中，装甲部队都是战场决胜地主角，甚至出现了数百辆乃至数千辆坦克会战的场面。装甲部队也因此而成为一个举足轻重的强有力的兵种。

今天，在"支援坦克作战的一切兵器，应具有与坦克同等速度和越野能力"总目标的指导下，国外一些主要军事大国已完成了陆军的机械化、装甲化，装甲兵已成为这些国家陆军的主要突击力量。

喷气式战斗机

喷气式战斗机是指采用活塞式发动机，靠螺旋桨产生的拉力来推动的战斗机。

世界上最早提出喷气推进理论的是法国的马克尼和罗马尼亚的亨利·康达。1939年，德国亨克尔公司研制成功了世界上第一架喷气式飞机He178。

"二战"爆发后，各国军事科学家对战斗机不断进行改进，航空技术突飞猛进。1942年，德国人和美国人分别研制出了喷气式歼击机。7月，德国研制成功了一架"梅塞施密特"-262型喷气式战斗机，成为世界上第一架喷气式战斗机。10月，美国也研制成功了一架P-59型喷气式战斗机。从此，战斗机进入了喷气式时代。

1944年，德国和英国的首批喷气式战斗机投入战斗，轻松地击落了旧式战斗机。到1949年，世界上主要军事大国都拥有相当数量的喷气式飞机。其中比较著名的喷气式歼击机有美国的F-80、英国的"吸血鬼"和苏联的"米格-15"。喷气式轰炸机有英国的"坎培拉"、苏联的伊尔-28等。

今天，世界上绝大部分作战飞机都已实现了喷气化。

战略轰炸

空袭是指从空中用炸弹、导弹和火箭等对地面、水上目标进行袭击。包括战略空袭和战役、战术空袭。它的目的是摧毁、破坏敌人后方重要目标，削弱敌人军事实力和战争潜力。

1849年意大利独立战争时期，就使用气球进行空袭，这是世界上最早的空袭。1911年的意土战争，意大利飞行员驾驶飞机对土耳其阵地投掷炸弹。第一次世界大战中，由于飞机的技术还不是很完善，所以空袭造成的危害都不大。第二次世界大战时，随着科学技术的进步，交战双方不但进行了战役、战术空袭，还进行了大规模的战略轰炸。德国发动的不列颠之战，以及使用了V-1和V-2导弹对英国进行空袭。后来，英国也出动大量飞机对德国本土进行轰炸，美国使用轰炸机和原子弹对日本进行空袭都是战略轰炸。"二战"后的一系列局部战争中，战略轰炸继续被运用。马岛战争期间，阿根廷空军使用"飞鱼"导弹，击沉了英国"谢菲尔德"号驱逐舰。科索沃战争期间，北约根本就没有进行地面战，而是连续不断地对南联盟进行空袭，实现了其"零伤亡"战略。

随着时代的进步和科学的发展，战略轰炸将成为战争的主要甚至决定性手段。

防空

防空指的是攻击空中或外层空间的敌方飞行器的军事行动，它包括建立防空体系，进行反空中侦察、反空袭作战，进行隐蔽、伪装、防护和消除空袭后果等。现代防空主要对象是飞机、导弹和航天器。防空按手段的不同，可分为积极防空和消极防空。

随着气球、飞艇用于战争，19世纪后期就出现了对空射击活动，这可以视为最早的防空。第一次世界大战中，飞艇、飞机用于轰炸、侦察对方战场目标和后方城市，因此许多国家建立了由战斗机、高射炮、探照灯、拦阻气球等组成的专门防空部队。雷达的出现，对防空效能的提高起了重大作用。"二战"时，因轰炸机和V-1、V-2导弹用于空袭，防空也出现了装有雷达的截击机和由雷达控制的高射炮、探照灯等。"二战"后，喷气式轰炸机、战略导弹、航天兵器的出现、核武器的迅速发展，导致了防空导弹系统和防空指挥半自动化系统的出现，各国都建立了大纵深、多层次的多国联合的区域防空体系。防空在现代战争中的作用不断增大，战略意义显著提高。

闪击战

"闪击战"又称"闪电战"，它是用优势的战略力量，实施战略突袭和快速进攻，以最快的速度摧毁敌人的战争能力和抵抗意志，达到战争目的的一种作战方式。它有3个基本要素：行动的突然性、打击的致命性和作战的快速性。闪击战的发展过程大致经历了地空闪击、海空闪击、立体闪击和精确闪击4个阶段。

闪电战的起源是英国人富勒在"一战"后提出的关于机械化战争的理论。"二战"初期，纳粹德国多次运用"闪击战"，在106天就占领了波兰、丹麦、挪威、卢森堡、荷兰和法国等大片领土，随后又闪击苏联，使苏联在战争初期损失惨重。

此后这一理论被世界军队广泛运用，显示了巨大威力：1941年日本偷袭珍珠港、1945年苏联进攻东北关东军、1950年美军在朝鲜仁川登陆、1973年阿拉伯国家突袭以色列、2003年美英闪击伊拉克等。现在，闪电战又与信息化相结合，在未来的信息化战场上拥有越来越重要的地位，成为未来战争的主要样式之一。

电子战

电子战起源于20世纪初无线电通信应用于军事之后。第一次世界大战期间,交战双方曾用无线电通信设备窃听对方的军事情报和干扰对方通信联络。第二次世界大战期间,战争双方大量使用无线电设备传送情报和指令,一方面用尽一切手段让对方的电子设备故障或者降低效率,另一方面又要保证自己这边电子设备的安全运转,这就是电子战的序幕。当时,英军在空袭德国汉堡时,以及苏军在斯大林格勒会战,盟军在诺曼底登陆中,都成功地运用各种电子战,有效地保障了战役、战斗的胜利。20世纪50年代中期以后,随着电子技术、航天技术、导弹技术飞速发展,电子战开始全面发展。在越南战争、中东战争和马岛战争中,电子战发挥了重要作用。

导弹出现后,电子战进入了新阶段。由于导弹是由电脑控制的,所以制导和反制导成了电子战的重点。随着电子计算机在战争中的广泛应用,电子战逐渐渗透到了战争的各个领域。现在电子战已经往外层空间发展,利用人造卫星侦察对方的雷达、通信等方面的情报。有的国家还在研制电子干扰卫星等军用卫星,甚至还有对付敌人拦截卫星的假卫星。

电子战实际上是双方科技水平的较量,但是它对现代战争的影响是巨大的。在未来战争中,电子战将成为对抗敌方自动化指挥系统和武器控制系统的重要手段。

狼群战

狼群战是指使用集群潜艇对海上运输队进行攻击的战法,是"二战"时期德国潜艇部队实施的主要战法。在"二战"期间,"狼群战术"与古德里安的"闪电战"并称为纳粹德国军队的海陆两大"法宝"。

德国潜艇司令邓尼兹在打猎时看到成群野狼袭击猎物,受到启发,提出了"狼群战术",通常,德国潜艇每群由10艘左右的潜艇组成,艇间保持10~20海里的距离,垂直部署于运输线附近。如果有一艘潜艇发现敌舰船,立即发出信号,周围其他潜艇收到信号后迅速赶来,占据攻击战位,发射鱼雷,进行集群攻击,消灭敌人后迅速分散撤离。在1942年一年内,德国潜艇共击沉商船1160艘,总吨位达630万吨,而自己的损失率却不到7%。德国潜艇最高攻击纪录是在两天内击沉盟国38艘商船。在"二战"期间,德国潜艇部队共击沉盟军运输船、商船2828艘,总吨位达1468万吨,击沉击伤盟军军舰115艘,几乎给英国带来了灭顶之灾。后来盟军建立了以航母为核心的立体护航与反潜网,才粉碎了德军的"狼群战术"。

武装直升机

武装直升机是装配武器执行战斗任务的直升机,主要用于攻击地面、水面和水下目标。它的特点是机动灵活,反应迅速,能在运动和悬停状态开火,适于低空、超低空抵近攻击等。武装直升机可分为专用型和多用型两大类。专用型机是专门为战斗任务而设计的,作战能力较强；多用型除了用于战斗外，还可用于运输、机降等任务。

直升机最初参加战争主要是执行一些运输和侦察任务。1942年，德国空军在一架运输直升机前部安装1挺机枪，这是世界上最早的武装直升机，与此同时美国陆军也进行直升机装载武器的试验。在朝鲜战争中，美军给几架直升机安装了火箭，执行火力支援、抢送伤员等任务。在阿尔及利亚独立战争中，法军武装直升机执行扫射、轰炸等任务。在越南战争中，第一批专门设计的武装直升机装备部队，其中装备了"陶"式导弹的武装直升机专门对付坦克。后来，在历次中东战争、阿富汗战争、两伊战争、马岛战争中，都有武装直升机参战。

导弹

导弹是依靠自身动力装置推进、依靠制导系统控制其飞行轨迹的火箭或无人驾驶、飞机式的武器，它的炸药弹头或核弹头可以摧毁目标。

导弹是"二战"时期由纳粹德国发明的。1944年2月15日，德国V-1导弹进行第一次发射试验。V-1导弹外表上与普通飞机相似，弹长7.9米，重2180千克，最大射程可达到280千米。1944年，德国军队向英国发射了数千枚"V-1"导弹，给英国带来了巨大的损失。不久，在V-1的基础上，德国又研制出了更先进的V-2导弹。V-2导弹长14米，能把1吨重的弹头运送到260千米以外。它同样也给英国带来了巨大损失。同时，德国还研制了地空导弹、反坦克导弹、反舰导弹等。

"二战"结束后，美国得到了100枚"V-2"导弹和包括冯·布劳恩在内的一批德国导弹专家，苏联也得到了大量的"V-2"导弹和一大批研制者。从此，美国和苏联都在德国导弹技术的基础上各自开展了导弹研制工作，其他发达国家也陆续参加到了研制与开发导弹的行列中。

现在，导弹已成为具有战略地位的主要兵器。

原子弹

原子弹是一种利用核裂变原理制成的核武器，爆炸时会放出很强的核辐射，具有很强的破坏力和杀伤力。制造原子弹的关键材料是铀-235和钚-239。

1939年，德国科学家哈恩和斯特拉斯曼发表了关于铀原子核裂变现象的论文，为制造原子弹提供了理论基础。1942年，美国建立了第一座可控原子核裂变链式反应堆。1942年8月，美国制订了研制原子弹的"曼哈顿计划"。

1945年，美国研制出了3枚原子弹，分别命名为"胖子""瘦子"和"男孩"。1945年7月16日，美国在新墨西哥州阿拉莫戈多沙漠中将"瘦子"引爆，进行了人类有史以来的第一次核试验，原子弹的威力相当于2万吨TNT。

为了加速日本投降，1945年8月6日和1945年8月9日，美军分别在日本广岛和长崎投下了其他两颗原子弹，炸死炸伤数十万人。日本是迄今唯一遭到原子弹轰炸的国家。

1949年，苏联成功研制原子弹。1952年和1960年，英国和法国也研制出了的原子弹，1964年，中国研制出了原子弹。1998年，印度进行了核试验。

氢弹

氢弹又称聚变弹、热核弹，是利用原子弹爆炸的能量点燃氢的同位素氘、氚等原子核的聚变反应瞬时释放出巨大能量的核武器。根据热核材料的不同，氢弹可以分为"湿式"氢弹、"干式"氢弹以及脏弹，它的运载工具一般是导弹或轰炸机。一颗氢弹的爆炸力是原子弹的几十倍以至几百倍，是当今世界上威力最大的武器。

1942年，美国科学家在研制原子弹时，推断出原子弹爆炸所提供的能量可以点燃氢核，进而引起聚变反应，可以制造出一种威力比原子弹更大的核武器。1952年11月1日，美国进行了世界上首次氢弹试验，爆炸达1000万吨TNT（三硝基甲苯，黄色炸药）当量以上，是第一颗原子弹的500倍。到了20世纪60年代后期，苏联、英国、中国和法国都相继研制成功氢弹，并装备部队。

氢弹是人类有史以来威力最大的武器，到目前为止还没有在实战中使用过，只是作为大国的核威慑战略的工具。

洲际导弹

洲际导弹是指射程在8000千米以上的导弹，是战略核武器的重要组成部分。由于各国所处地理位置和军事战略意图不同，所以对洲际导弹的射程规定也不同，有的国家把洲际导弹射程定在5000千米以上，有的国家则定在6000千米以上。它具有推力大，飞行速度快，射程远，命中精度高，威力大等优点。洲际导弹按飞行弹道可分为洲际弹道导弹和洲际巡航导弹；按发射点和目标位置可分为地地洲际导弹和潜地洲际导弹。

1957年8月21日，苏联试射了世界上第一枚洲际导弹——SS-6地地洲际弹道导弹，射程8000千米。同年，美国也研制成功射程为8000千米的"鲨蛇"地地洲际巡航导弹，不久又研制成功了射程达12000千米的"宇宙神"地地洲际弹道导弹。此后，洲际弹道导弹得到迅速发展。20世纪70年代，出现了潜地洲际弹道导弹。

几经换代，洲际弹道导弹战术技术性能大大提高，命中精度从数千米精确到百米左右，射程可达一万多千米，可以携带核弹头和多弹头。现在，巡航导弹已经成为各核大国核威慑力量的重要支柱。

预警机

预警机是空中预警指挥机的简称。

"二战"期间，雷达开始广泛用于战争，但由于雷达的声波是按直线传播的，而地球是圆的，所以会产生盲区。"二战"后期，美国空军将最先进的雷达装在飞机上，制成了世界上第一架预警机。它扩大了预警范围，扫除了雷达盲区，为"二战"的胜利立下了汗马功劳。

"二战"后，美国继续进行预警机的研究。1958年，美国研制出了真正意义上的预警机。除了远程预警外，它还具有探测海上和空中目标、识别敌我、引导己方飞机攻击敌方目标等能力，并且在历次战争中大显身手。1982年，在叙利亚的贝卡谷地，以色列凭借预警机的准确指挥和引导，击落81架叙利亚战斗机，摧毁19个地空导弹营，而以军战斗机却无一损失。1991年海湾战争中，联合国军数千架战斗机，飞行了10万多架次，没有发生相撞与误伤事件，全是预警机的功劳。在现在战争中，没有预警机的指挥和引导，根本无法进行大规模空战。

目前，世界上只有美、俄、英、法、中等少数国家能制造预警机。

导弹艇

导弹艇是以舰舰导弹为主要武器的小型高速水面军舰，主要用于近岸海区作战，以编队或单艇对水面舰船实施攻击，也可用于巡逻、警戒、反潜、布雷等。导弹艇的特点是吨位小，航速快，威力大；但耐波性差，活动半径小，自卫能力弱。导弹艇分为滑行艇、半滑行艇、水翼艇和排水型艇4种。

1959年，苏联将"冥河"式舰舰导弹安装在拆除了鱼雷发射管的鱼雷艇上，改成"蚊子"级导弹艇。这是世界上第一艘导弹艇。导弹艇诞生后，深受发展中国家的青睐。从此，导弹艇引起各国海军的重视，各国开始竞相发展导弹艇。

随着导弹技术的不断进步，未来的导弹艇的威力必将越来越大。

战略火箭军

战略火箭军是俄罗斯军队中与陆军、海军、空军并列的四大独立军种之一，是俄核威慑战略的最重要基础。它装备着俄罗斯65%的核武器（海军占30%，空军占5%），担负着核报复行动中50%以上、回击和迎击行动中90%以上作战任务的重任，在俄各军兵种中的地位举足轻重。

战略火箭军成立于1960年1月，它的使命是平时实行战略核威慑，在核战争中与其他核力量共同实施战略任务，摧毁敌人的核袭击手段、军工生产设施、军政指挥与控制机构、后勤和运输设施等。目前，战略火箭军有17万兵力，编为4个火箭集团军（共19个火箭师），装备着近800枚各型洲际弹道导弹和3385枚核弹头，能把整个西欧、日本、美国的大部分地区置于核打击范围之内。另外，它还担任发射运载火箭、卫星、宇宙飞船等任务。

在现阶段俄罗斯常规武器明显逊色于美国、而美国又大搞TMD（Theatre Missile Defense，战区导弹防御）和NMD（National Missile Defence，国家导弹防御）的情况下，俄罗斯战略火箭军的地位变得更加举足轻重。

军事卫星

军事卫星是指用于搜集和截获军事情报的人造地球卫星，它的特点是侦察范围广，速度快，不易被攻击，可不受国界限制定期或连续地监视某个地区，获取敌人或潜在敌人的经济军事情报。按照所执行的任务和所采用的侦察手段划分，军事卫星可以分为照相侦察卫星、电子侦察卫星、海洋监视卫星、导弹预警卫星和核爆炸监视卫星等。军事卫星对于增强一个国家的军事实力和综合国力具有重要意义。

世界上最早部署国防卫星系统的是美国。自1962年至1984年，美国共部署了三代国防通信卫星，共68颗，这使得美国国防部能运筹帷幄之中，决胜千里之外。美国总统向遍布全球的美军部队下达作战命令仅需3分钟。1991年海湾战争期间，多国部队共动用了14颗通信卫星，构成完整的陆、海、空一体化通信网，协调三军作战，很快就击败了伊拉克。

现在，许多国家都把军事卫星当作国防竞备的重要内容，目前世界上拥有自行研制和发射人造卫星能力的国家有俄、美、英、法、中、日、印度等。

精确制导武器

精确制导武器是以微电子技术、计算机技术、光电转换技术为核心，以自动控制技术为基础发展起来的高科技武器。它包括精确制导的导弹、航空炸弹、炮弹、鱼雷、地雷等，通常采用非核弹头，主要用于打击坦克、装甲车、飞机、舰艇、雷达、指挥中心、桥梁和武器库等点目标。精确制导武器的精确制导系统主要由测量装置、计算机、敏感装置、执行机构等部分组成，它们能即时纠正武器的飞行姿势和方向，准确击中目标。

制导武器在"二战"中就已出现，但因为技术不成熟，所以命中精度不高。"二战"后，计算机技术、微电子技术的发展为精确制导武器的发展提供了科技基础。1972年，美国在越南战争中大量使用激光和电视制导炸弹，它的作战效能比无制导武器高很多倍。1974年以后，西方军界把这些制导武器统称为"精确制导武器"。此后，在中东战争、海湾战争、车臣战争、科索沃战争、阿富汗战争中，精确制导武器得到广泛使用。它不但是新军事技术革命的产物，并且将成为未来高技术战争的主角。

核威慑

核威慑指的是以核力量为基础，以使用核武器相威胁，使敌人害怕遭到核报复，从而不敢发动核战争或常规战争，以达到保卫国家的作用。核威慑实质上是一种心理战，它能给敌人造成巨大的心理压力，以达到"不战则屈人之兵"的目的。

冷战时期，西方最具有代表性的军事战略思想是"核威慑"战略理论。核武器诞生后，显示了巨大的破坏力，核武器成为国家防务的重要支柱。此后各国竞相发展核武器和核威慑战略理论。冷战期间，美国的核战略（或北约的核战略）经历了5个阶段，即"遏制"战略、"大规模报复"战略、"灵活反应"战略、"现实威慑"战略和"新灵活反应"战略。西方国家通过实施核威慑战略，与苏联进行了长期的核军备竞赛，极大地削减了苏联的经济实力，最终拖垮了苏联。

核威慑虽然不能保证永远不发生核战争，但它却是遏制核战争的最好方法。在今天"相互确保摧毁"的核均势下，核威慑战略还是非常有效的。

核竞赛

核竞赛指的是有核国家竞相发展核武器以扩充核武库，尤其特指冷战时期的美国和苏联。

"二战"时期，美国研制出了原子弹，轰炸了日本的长崎和广岛，显示了惊人的威力。"二战"后，世界各大国开始竞相研制核武器。1949年，苏联研制成功了原子弹，打破了美国的核垄断。1952年和1953年，美苏相继试爆了氢弹。为争夺核优势，美苏核试验次数不断增加，核武器的数量不断增多，核军备竞赛如火如荼。

1962年，古巴导弹危机后，苏联认识到与美国的差距，加快了核武器的研制，核竞赛进入白热化阶段。到了到20世纪70年代末，美苏都拥有了超过实际需要、足以毁灭对方数次甚至毁灭人类数次的核武器。

由于美苏两国认识到即使用核武器对对方核袭击成功，自己也无法承受对方的核报复，核战争没有胜利者。1972年5月，美苏签订《美苏关于限制进攻性战略武器的某些措施的临时协定》（后来又签订多项条约），以缓解核竞赛。

1991年，苏联解体，核竞赛结束。

中子弹

中子弹是一种以高能中子辐射为主要杀伤力的低当量小型氢弹。它与其他核武器的最大区别是只杀伤敌方人员，而对建筑物和设施破坏很小，也不会带来长期放射性污染。

1945年美国向广岛和长崎投下原子弹，显示了惊人的破坏力。一些有良知的政治军事领袖和科学家认为原子弹是不可再用的武器，应研制其他的武器加以代替。冷战开始后，为了防止苏军坦克群入侵西欧，美国科学家加紧研制另类核武。1977年，美国科学家试爆中子弹成功。美国军方以美制和苏制先进坦克试验中子弹，结果中子弹爆炸后坦克内的动物全部死亡，而坦克却损坏很小。美国卡特总统以中子弹为政治武器，逼迫苏联裁军。1980年法国试爆了中子弹，不久苏联拥有了中子弹。中国在1964年成功试爆第一颗原子弹后，也开始研制中子弹，20世纪80年代末期成功试爆中子弹。

虽然中子弹从未在实战中使用过，但军事家仍将它称为战场上的"战神"——一种具有核武器威力而又可用的战术武器。

激光武器

激光武器是一种利用定向发射的激光束毁伤敌方目标或使之失效的武器。激光武器迄今为止已有30多年的发展历史，这一领域技术最先进的国家是美国、俄罗斯、中国、法国等。

激光武器可以分为战术激光武器和战略激光武器两大类。第一类为战术激光武器。战术激光武器是以激光为能量，可以像常规武器那样杀伤敌方人员、击毁坦克和飞机等。这种武器的主要代表有激光枪和激光炮，它们能够发出激光束来打击敌人，打击距离可达20千米。1978年3月，世界上的第一支激光枪在美国诞生。激光枪的样式与普通步枪没有太大区别，主要由四部分组成：激光器，激励器，击发器和枪托。第二类为战略激光武器。战略激光武器可攻击数千千米之外的战略导弹和太空中的侦察卫星、通信卫星等。战略导弹激光武器的种类有化学激光器、准分子激光器、自由电子激光器和调射线激光器。

它的优点有：1.无须进行弹道计算。2.无后坐力。3.操作简便，机动灵活，使用范围广。4.无放射性污染,效费比高。

在未来战争中，激光武器必将成为主角。

隐形飞机

隐形飞机是通过运用多种隐形技术降低飞机的信号特征，使敌方雷达难以发现、识别、跟踪和攻击，以实现反雷达、反红外线、反电子、反声波探测目的，从而达到隐身效果的作战飞机。隐形飞机之所以能够隐形，主要是综合采用了隐身外形技术、隐身材料技术等。

第一代隐形飞机诞生于美国，以F-117A"夜鹰"隐形战斗轰炸机为代表。1983年，F-117A服役后，在1989年美军入侵巴拿马和1991年海湾战争中大显身手，屡立战功，引起了世界各国军队的广泛关注。第二代隐形飞机进一步改进了隐形措施,其"隐身"本领大大增强，飞行性能也大大提高。目前在美国军队中服役的第二代隐形飞机有B-2、YF-23A、A-12等机型。这些飞机在科索沃战争和伊拉克战争中也发挥了重要作用。现在，各国科学家们正致力于第三代的隐形飞机——无人驾驶隐形飞机的研究。

隐形飞机属于高科技武器，研制周期长，生产工艺复杂，造价极其昂贵。F-117A造价4500万美元，B-2隐形战略轰炸机造价达70多亿美元。

"星球大战"计划

"星球大战"计划即战略防御倡议的俗称，简称SDI，是美国于20世纪80年代中期开始实施的反弹道导弹的研究计划。

冷战时期，美苏竞相发展核武器，双方都拥有了足以将对方摧毁多次的核弹头。为了谋求对苏联的战略优势，美国利用自己占绝对优势的太空技术，开始与苏联展开太空争霸战，提出了"高边疆"军事战略思想。

1983年3月，美国总统里根首次提出一项"战略防御倡议"（即星球大战计划），即利用激光、粒子束、电磁轨炮和截击弹等先进武器，在外空和地面建立反弹道导弹战略防御系统，在外太空就能对敌人的导弹进行多层次、多手段的拦截，以保卫美国及其盟国不受苏联核导弹的攻击。它的防御体系分三层：1.携带的常规弹头的卫星。2.配置激光武器的卫星或地面设施。3.地面导弹。

由于"星球大战"计划耗资巨大，技术极其复杂，所以后来美国政府对它做过一些修改。苏联为了对抗"星球大战"计划，花费了大量的人力物力，严重损耗了综合国力，加速了解体。

TMD 和 NMD

"TMD"和"NMD"是战区导弹防御系统（Theater Missile Defence）和国家导弹防御系统（National Missile Defence）的缩写。

随着冷战的结束和苏联的解体，

1993年美国总统克林顿宣布终止"星球大战"计划，取而代之的是"TMD"和"NMD"。TMD保护的是美国在全球的军事基地和设施（包括海军舰队）以及美国盟友的安全，所以在全球部署。TMD包括三大部分：一是保护小区域的"低层点防御系统"，二是"高层面防御系统"，三是"助推/上升段拦截系统"。目前美国只在远东战区部署TMD。NMD保护的是美国本土的军事设施和民用设施，所以在美国本土部署（大部分在阿拉斯加）。NMD包含六大部分：地基拦截导弹、地基雷达、天基传感器、改进型早期预警雷达，以及作战管理、指挥、控制系统和通信系统。

从实质上说，TMD和NMD是"星球大战"计划的缩小版。美国发展NMD和TMD将打破全球战略平衡，阻碍核裁军的进程，引发新一轮的军备竞赛，所以遭到了世界上大多数国家的反对。

外国军事人物、著作及军校

汉尼拔

汉尼拔·巴卡（前247~前183或前182年），古代迦太基国军事统帅，杰出的军事家。作为一名将帅，汉尼拔的战绩主要是在第二次布匿战争中取得的。在第二次布匿战争期间，汉尼拔在特拉比亚战役、特拉西梅诺湖战役和坎尼战役中大败罗马人，取得了最辉煌的胜利。作为军事家的汉尼拔，足智多谋、学识渊博，具有战略眼光和杰出的组织才能。他智勇双全，善于抓住战机；他勇敢而不鲁莽，懂得集中优势兵力打击敌人。汉尼拔曾计划把一切反罗马的力量团结起来，但由于迦太基政府不同派别争权夺利的斗争，他最终却落了个悲惨结局，公元前183年或前182年，汉尼拔在被追捕途中服毒自尽，成为统治者斗争的牺牲品。

克劳塞维茨

克劳塞维茨（1780~1831年），德国军事理论家和军事历史学家，普鲁士军队少将。1792年参加了普鲁士军队。1795年晋升为军官，并自修了战略学、战术学和军事历史学。著有《战争论》一书。

克劳塞维茨曾经预言，他的《战争论》将引起军事理论的一场革命，并且它将不是一本容易被人们遗忘的书。将近200年过去了，克劳塞维茨熔铸在《战争论》中不朽的灵魂，一直活跃在世界军事舞台上。

古德里安

海因茨·威廉·古德里安（1888~1954年），纳粹德国陆军上将。古德里安出生于军人家庭,参加过"一战"，成名于"二战"。古德里安于1938年担任德军装甲军军长，出版《注意！坦克！》一书，鼓吹使用坦克进行快速进攻的闪电战，重视坦克的使用，并因此取得了辉煌胜利。在入侵波兰的战争中，他的坦克军团冲击在前，迅速占领波兰；在入侵西欧的战争中，他率部17天内推进640千米，被誉为"飞毛腿海因茨"；在1941年入侵苏联的战争中，他率部打到莫斯科城下，但终于失败，被希特勒撤职。1945年古德里安在东线军事失败，再次被撤职，后被美军俘虏，后来获释。1954年他在德国逝世。在长期的军事生涯中，古德里安逐渐形成了自己的战略战术思想，成为纳粹德国的装甲兵之父和闪电战英雄。虽然他因献身纳粹而身败名裂，但他的军事思想仍受到西方军事史家的重视。

美国十大五星上将

美国第一次授予五星上将军衔是在1919年，最后一次是在1950年。自1981年最后一名五星上将布莱德雷去世以后，美军现有将官中再无五星上将。

在美国历史上，被授予五星上将军衔的高级指挥官总共有10名。

陆军五星上将：潘兴、马歇尔、麦克阿瑟、艾森豪威尔、布莱德雷。

空军五星上将：阿诺德。

海军五星上将：莱希、欧内斯特·金、尼米兹、哈尔西。

《高卢战记》

《高卢战记》为恺撒所写，记述了他在高卢作战的经过，从公元前58年至公元前52年每年的事迹为一卷，共7卷。

公元前52~前51年间的冬天，恺撒镇压了维钦及托列克斯领导的联合大起义，高卢基本上恢复了平静，但他在罗马的地位已经开始岌岌可危。这时，克拉苏已死在安息，他在元老院中的政敌正在用尽心机算计他，庞培虽然还没正式跟他翻脸，但当别人攻击恺撒时，却采取旁观态度。在这种情况下，恺撒不得不采取相应的措施来保护自己，《高卢战记》便是在这种情况之下写的——一是为自己辩护，二是给他自己在罗马的一派人提供一个宣传提纲。

恺撒的7卷《高卢战记》，最后只写到公元前52年，但他直到公元前50年才离开高卢，因此后面缺了两年的事迹。恺撒死后，他的幕僚奥卢斯·伊尔久斯续写了第8卷，补起了这段空缺。

恺撒另外还有《内战记》3卷，记述他自己跟庞培作战的经过。除了这两部书以外，记述恺撒战绩的还有伊尔久斯所写的《亚历山大里亚战记》和作者不详的《阿非利加战记》《西班牙战记》，这些书合起来统称"恺撒战记"。

《谋略》

《谋略》是古罗马政治家和军事理论家塞克斯图斯·尤利乌斯·弗龙蒂努斯（约公元35~公元103年）所著的一本军事著作。

塞克斯图斯·尤利乌斯·弗龙蒂努斯曾先后担任罗马城执政官、不列颠行省总督、亚细亚行省总督等职。他一生军事著述颇多，但仅存《谋略》一书。

该书约成书于公元84年到公元96年之间，是一本与战争有关的各种军事活动特别是谋略实例的分类集，共分4卷（第四卷为后人补充），50章，581条。第一卷讲的是交战前使用的谋略实例；第二卷讲的是交战和完全制服敌人的实例；第三卷讲的是围困和解除围困的谋略。

它的主要军事思想有：要想在战争中取胜，战前必须进行周密的准备，选择有利于己方的交战地点和时间；善于摆兵布阵，设法瓦解敌军；强调运用谋略对于争取战争主动权和战争胜利的决定性影响；重视兵力集中、士兵士气和纪律以及地位等。

书中的绝大部分史例，都来自古希腊、古罗马的各次重大战争，因此它不仅有学术价值，而且还有军事史学研究价值。

▍《亚历山大远征记》

《亚历山大远征记》是古希腊历史学家阿里安（约公元96~公元180年）所著的关于亚历山大一世的传记。

阿里安出生于尼考米地亚，年轻时曾赴罗马学习哲学。公元131~137年，他被罗马皇帝哈德良委任为驻卡帕多西亚总督。

阿里安写作本书，主要是为了表彰亚历山大的不朽功业。全书一共分8卷，叙述了马其顿国王亚历山大从公元前334年至公元前323年，率军东征，先沿地中海东岸南下直抵埃及，然后北上小亚细亚，东征波斯，直至印度，建立亚历山大帝国的过程。

书中对亚历山大军事思想、指挥艺术、摆兵布阵等都做了详细的描述，并大篇幅记述了亚历山大针对不同情况灵活运用各种战术，以己之长攻敌之短，步兵、骑兵协同作战，发挥马其顿方阵的优势，在受挫后及时变换战斗队形和战法最终夺取胜利等作战事迹。比较详细的有避免与强大的波斯海军直接交战，而是占领其港口，最终"从陆地上征服舰队"；陆、海军协同作战，运用各种机械和技术，最终攻克海岛城市提尔；对被征服地区实行怀柔政策等。

▍《兵法简述》

《兵法简述》是古罗马后期的一本著名的军事著作。作者弗拉维乌斯·韦格蒂乌斯·雷纳图斯是古罗马帝国时代后期的著名军事家。

全书共分5卷。第一卷主要讲的是新兵的招选和训练。第二卷讲的是罗马帝国军团的组织机构和指挥官，以及这种组织机构的创建和怎样在作战中编组军团。第三卷讲了战略战术问题。第四卷讲了筑载地区的进攻和防御问题。第五卷将了海军的运用问题。

书中着重讲的观点有：1.强调军队要武艺精湛，训练有素，只有这样才能在战斗中获胜。2.注重士兵的挑选。士兵不仅要有强健的体魄，还要有勇敢无畏的精神。3.强调军队的纪律，这是军队在战争中取得胜利的根本保证。4.强调将帅必须知己知彼，从而制定正确的作战方针，适时发动进攻。另外，韦格蒂乌斯还着重阐述了战争中的突然性、保持预备队的必要性等问题。

该书在当时并没有得到人们的了解和重视，到了中世纪以后才得到了军事界的广泛重视，作者本人也被誉为"古典世界最伟大的军事理论家"。

英国桑赫斯特皇家军事学院

英国陆军桑赫斯特皇家军事学院是英国培养初级军官的著名军校，位于伦敦市西48千米处的伦敦路北侧英国皇家参谋学院旧址。

1741年4月，英国国王下令建立皇家军事学院，即现代的桑赫斯特军校的前身，主要为皇家炮兵团培训军官。后来皇家工程兵、皇家通信兵、皇家装甲兵等也相继建立了军事学院。1947年，英军将它与皇家军事学院合并，正式改称陆军桑赫斯特皇家军事学院。

学校的学员来自英国官办和私立学校的约占33%，来自普通学校的约占43%，获得陆军奖学金的中学生占8%，陆军韦贝克学院的6年级学生占12%，其他为立志爱好科学和实用技艺的16岁优秀中学生。

在200多年里，桑赫斯特军事学院培养了无数的优秀英军军官，著名的有前英国首相丘吉尔、蒙哥马利、罗伯茨、亚历山大等。目前英军中80%的军官是由该校培训出来的。

美国西点军校

西点军校的全称为"美国陆军军官学校"，是美国培养陆军初级军官的学校，成立于1802年7月4日美国独立纪念日这一天。它是美国历史上第一所军校。因校址位于纽约北郊哈得逊河边的西点，因此又称"西点军校"。

在美国独立战争期间，为了争夺交通大动脉哈得逊河，美军在西点设防，重创英军。战后，华盛顿等开国元勋决定在这里建立培养军事人才的军校。西点军校首批学员10人，其中包括后来被称为"西点之父"的西尔韦纳斯·塞耶上校。

西点军校从成立第一天开始就把培养第一流的军官作为办校宗旨，学员的入学选拔非常严格，规定凡报名者必须是美国公民（除盟军学员外），年龄在17~22岁，身高1.68~1.98米，学校将对学员的德、智、体等方面全面衡量，择优录取。

西点军校的毕业生中有3700多人成为将军，2人成为美国总统（格兰特和艾森豪威尔）。美国陆军中有超过40%的将军是西点军校的毕业生。西点军校的毕业生几乎参加了美国参与的所有战争。

法国圣西尔军校

法国圣西尔军校全名圣西尔军事专科学校，由拿破仑于1803年创办，因坐落于巴黎郊外凡尔赛宫附近的圣西尔而得名（"二战"后迁至距巴黎以西约300千米的雷恩市郊外的科埃基当）。

圣西尔军校为法国陆军各兵种培养初级指挥军官，招收对象是17~22岁的未婚法国青年男女。他们必须在通过国家高中统一会考以后，再经过两年大学预科或圣西尔专科预备学校的学习，考试合格，才能被圣西尔录取。学生入校后，根据个人志愿，分别到文、理、工、经济各科学习。圣西尔军校每年录取新生160~170名。圣西尔军校教育有两大特点：一是结合学校悠久的历史、光荣的传统和英雄人物，加强爱国主义教育。二是与部队的需要接轨，着重培养学员的动手、动脑能力和第一任职能力。

两个世纪以来，圣西尔军校为法国陆军培养了6万名优秀军官，几乎所有的法国高级将领都毕业于此，因此被称为"将军的苗圃"。其中最著名的有戴高乐、朱安、贝当、魏刚、塔西尼、勒格莱克等人。

德国汉堡联邦国防军指挥学院

德国汉堡联邦国防军指挥学院，其前身是1810年创建于柏林的高级军官学校，是世界上第一所培养高级参谋人员的学校。西方著名军事家克劳塞维茨曾任该校校长。1859年，该校更名为军事学院。第一次世界大战后停办，1935年恢复，第二次世界大战结束后又被取消。1957年4月，在原军事学院、海军学院、空军学院的基础上，组建成立联邦国防军指挥学院，主要是培养和轮训三军高级参谋人员和中级指挥官。1958年迁至汉堡。1972年，参谋学院和国防学院并入联邦国防指挥学院，从而成为联邦德国一所综合性的高等军事学府，成为高级参谋人员的训练中心。

1974年，联邦德国国防部规定，德国三军所有准备提升为高级参谋人员的上尉军官和现任高级参谋人员，都必须轮流接受指挥学院的基础训练。

联邦国防军指挥学院培养出了许多世界著名的军事人物，如老毛奇、施利芬、鲁登道夫、古德里安、邓尼茨等。所以该校被称为"德军将帅的摇篮"。

美国海军学院

美国海军学院是美国海军和美国海军陆战队的军官教育学校，位于马里兰州的安那波利斯。学院的格言是"制海权来自知识"，拉丁文的意思是"三叉戟是用知识铸造的"（三叉戟是希腊神话中海神波塞冬的武器，是海军力量的标志）。

1845年，美国海军部长乔治·班克罗夫特建立海军学校。学院的校园本来是陆军的一个基地，当时有50个学生和7位教授。1850年学校重新组织，改为今名。

英国克兰韦尔空军学院

英国克兰韦尔皇家空军学院是历史最悠久的军事飞行学院，是英国负责空军军官任命前教育的初级院校，是英国空军军官生长的"摇篮"。

克兰韦尔空军学院的渊源可以追溯到第一次世界大战期间。当时，英国海军部想在南部和东部海岸建立一些航空站，以补充海岸警卫系统的不足，更好地对来自海上和空中的入侵进行预警。为此，英国皇家海军航空兵于1915年决定成立一个独立单位，训练军官和船员操作飞机、观测气球和飞艇。1916年，"皇家海军航空兵克兰韦尔中央训练团"正式成立。1918年，随着皇家海军航空兵和皇家飞行团的合并，克兰韦尔的所有权也转交给英国皇家空军。前海军基地的名称也被换为"英国皇家空军克兰韦尔站"。

第一次世界大战后，英国皇家空军决定建立一所军事航空学院，为皇家空军未来的指挥官们提供基础训练和飞行训练，从而加强皇家空军作为独立军种的地位。1920年2月5日，英国皇家空军学院正式成立，标志着世界上第一个军事航空学院的诞生。

俄罗斯伏龙芝军事学院

俄罗斯伏龙芝军事学院是苏联培养诸兵种合成军队团以上指挥军官的高等军事学校，也是合同战术和集团军战役问题的理论研究中心。

学院创办于1918年，刚开始称工农红军总参学院，位于莫斯科。1924年，伏龙芝元帅任院长后，以伏龙芝的名字命名。1992年，学院改名为俄罗斯伏龙芝军事学院。

它的入学条件极为苛刻，学员必须毕业于诸兵种合成军队高级指挥学校，担任过2年以上营级指挥官职务，具有分队指挥的实践经验，年龄在38岁以下，军衔为大尉或少校。招生办法是先由部队领导推荐，然后逐个审查，最后择优录取。考试科目有俄语、数学、物理、文学、战术、技术装备等。学员毕业后均实行统一分配，一般晋衔一级，晋职1~2级。

该院在苏联甚至在世界享有盛誉，为苏联军队培养了大批军事人才，如苏联元帅崔可夫、格列奇科、朱可夫、沃罗诺夫、比留佐夫等。中国的刘伯承、左权、刘亚楼、杨虎城等也毕业于伏龙芝军事学院。

中国军事人物及军校

孙膑

孙膑（？~公元前316年），本名不传，因为他受过膑刑（剔去膝盖骨），故后世称作孙膑。年轻时，由于被同学庞涓陷害，在魏国遭受膑刑，后来为齐国大将田忌所收留。在一次田忌与齐王的赛马中，他帮助田忌以劣马赢得了比赛。公元前354年，庞涓率魏兵围攻赵国都城邯郸，赵国向齐国求救。齐国采用孙膑的建议，没有直接增援邯郸，而是乘虚进攻魏国国都大梁。魏军只好回救大梁，在回军途经桂陵时，遭到埋伏在此的齐军的攻击，这就是"围魏救赵"。公元前342年，魏军进攻韩国，韩国向齐求救。孙膑待两国交战已久、兵力衰竭之时，又一次令齐军直捣魏都大梁，在魏军回师的途中，孙膑运用"减灶"的方法诱敌深入，同时在马陵伏击魏军，魏军死伤惨重，庞涓兵败自杀。孙膑后来对自己的作战经验进行总结，写成了著名的《孙膑兵法》。

韩信

韩信（约公元前231~前196年），淮阴人，秦汉之际的名将，中国历史上著名的军事家。韩信早年家贫，常从人寄食。陈胜、吴广起义后，他投奔了项梁起义军，项梁阵亡后归属项羽，但未受到重用，后来归属刘邦。他协助刘邦制定了还定三秦以夺天下的方略，并率军开辟了北方战场，先后击破魏、赵、齐、楚，并参与指挥了垓下（今安徽灵璧南）

决战，围歼楚军，迫使项羽自刎。在整个楚汉战争中，韩信发挥了卓越的军事才能，为汉王朝的建立作出了重要贡献，他的用兵之道也为后世兵家所推崇。由于韩信功高盖主，而且手握重兵，刘邦对他心存疑忌，因此在项羽败亡后，便夺取了他的兵权，徙为楚王，后来又黜为淮阴侯。汉高祖十一年（公元前196年），韩信被吕后与萧何设计诱至长乐宫，以谋反罪名杀害。

▎李广

李广（？～公元前119年），陇西成纪人，西汉著名军事将领。其先祖李信为秦国名将。公元前166年，匈奴大举犯边，李广少年从军，抗击匈奴。他作战英勇，受到汉文帝的赏识。汉景帝即位以后，李广升为骑郎将，成为景帝身边的禁卫骑兵将军。吴楚七国之乱时，李广在平叛战争中立下显赫战功。叛乱平定后，李广被调往上谷、上郡、陇西、雁门、代郡、云中等西北边陲做太守，抗击匈奴的入侵。汉武帝时，召为中央宫卫尉。公元前126年，李广以骁骑将军的身份率兵出击匈奴，受伤被俘后借机逃脱。回国后，出任右北平太守，匈奴对其十分畏服，称他为"飞将军"，多年未敢进犯。公元前119年，李广随大将军卫青出击匈奴，深入失道，引咎自杀。李广一生经历大小70多次战役，为阻止匈奴对西汉的侵扰立下了不朽的战功。

▎霍去病

霍去病（公元前140～前117年），河东郡平阳县（今山西临汾西南）人，西汉名将。他是大将军卫青的外甥，从小随舅父习武，骑射、击刺技艺超群，智勇兼备。17岁即为汉武帝侍中，同年随卫青出征匈奴，任票姚校尉，率领800精骑长驱数百里，突袭匈奴后方，斩杀匈奴兵2028人，俘获匈奴的相国和当户，并杀死匈奴单于的祖父和季父，勇冠全军，被封为冠军侯。霍去病一生6次领兵出击匈奴，均大获全胜而回，歼灭匈奴11万余人，降服匈奴4万余众，开河西、酒泉之地，消除了匈奴对汉王朝的威胁，对汉朝的稳定作出了重要贡献。汉武帝在京师长安为他建造了豪华的宅第，他却说："匈奴不灭，无以家为也。"元狩六年（公元前117年），霍去病因病去世，年仅24岁。

▎郭子仪

郭子仪（697～781年），华州郑县人，唐代著名的军事家、政治家。初以武举补左卫长史，唐天宝八载（公元749年）任横塞军使，后以天德军使兼九原太守、朔方节度右兵马使。安史之乱时被任命为朔方节度使，在河北打败史思明。后联合回纥收复洛阳、长安两京，平定天下，对挽救唐朝的危亡起到了至关重要的作用。唐代宗时，叛将仆固怀恩勾引吐蕃、回纥进犯关中地区，郭子仪正确地采取了结盟回纥、打击吐蕃的策略，保卫了国家的安宁。郭子仪戎马一生，屡建奇功，84岁高龄时才告别沙场，天下因他而获得安宁20多年。尽管郭子仪一生功劳显赫，但他忠勇爱国，宽厚待人，从不居功自傲，因此在朝中有极高的威望，是中国封建社会忠臣良将的典范。

岳飞和岳家军

岳飞（1103~1142年），字鹏举，生于相州（今河南省汤阴县），南宋杰出的抗金将领。出身农家，自幼喜读兵书，武艺高强。

岳飞20岁时从军，因作战勇敢，从士兵升为大将，与韩世忠、张浚、刘光世并称为南宋抗金四大名将。岳飞以恢复中原为己任，屡败金军，收复大片失地。

绍兴十一年（1141年），岳飞在郾城大战中大败金兀术，进军至朱仙镇，距开封仅45里。正当岳飞准备乘胜进军时，以宋高宗赵构和秦桧为首的投降派却一味求和，一日之内发12道金牌强令退兵，岳飞扼腕长叹"十年之功，毁于一旦"。后因"莫须有"罪名被杀害。宋宁宗为其平反昭雪，追封其为鄂王。著有《岳武穆遗文》。

岳飞所率的部队纪律严明，秋毫无犯，"冻死不拆屋，饿死不掳掠"，被人们称为"岳家军"。岳家军作战勇敢，屡败金军，以至于金军哀叹"撼山易，撼岳家军难"。

袁崇焕

袁崇焕（1584~1630年），字元素，号自如，明末杰出军事家、军事将领，曾任兵部尚书、右副督御史、蓟辽督师等。他于天启二年（1622年）出任兵部主事。不久，明军在广宁覆没，朝野震惊。自万历四十六年（1618年）以来4年多的时间里，后金军势如破竹，锐不可当，先后大败10万明军，无一败仗。与此同时，朝中由魏忠贤当权，残杀异己，政治非常黑暗。袁崇焕就是在这种情况下奔赴边疆的。袁崇焕到任后，立刻加固城墙，整饬军纪，不久大敌就来临了。袁崇焕以宁远守兵约1万，大败后金军13万，打破了后金军"战无不胜，攻无不克"的神话。袁崇焕在辽期间曾多次击败后金军的进攻，阻止后金军南下。崇祯二年（1629年），皇太极绕开袁崇焕在辽西的防线进攻北京。袁崇焕闻讯后率部星夜驰援京师。获广渠门、左安门大捷，力解京师之危。但崇祯帝听信谗言，中了皇太极设下的反间计，将袁崇焕逮捕下狱。崇祯三年（1630年），袁崇焕被处死，其尸身被百姓所食。

袁崇焕被后代史学家誉为"明朝第一将军"，他的死不能不说是中国历史的一大悲剧。

邓世昌

邓世昌（1849~1894年），清末海军名将，民族英雄。原名永昌，字正卿，广东番禺人。1867年，考入船政学堂海军驾驶班第一期学习。1874年，以优异成绩毕业。1880年，李鸿章将其调入北洋水师。1887年，任"致远"舰管带。1894年9月17日，在中日黄海海战中，邓世昌指挥"致远"舰一直冲杀在前，后在日舰围攻下，"致远"多处受伤，船身倾斜。随后，邓世昌毅然驾舰全速撞向日第一游击舰队旗舰"吉野"号，决意与敌同归于尽。但"致远"不幸为日军鱼雷所击中而沉没。邓世昌与全舰官兵250余人一同壮烈殉国。邓世昌牺牲后，清廷谥以"壮节"之号，按提督例从优议恤并追赠太子少保衔，入祀京师昭忠祠。山东威海百姓感其忠烈，于1899年在成山上为邓世昌塑像建祠，以志永久敬仰。1996年12月28日，中国人民解放军海军命名新式远洋综合训练舰为"世昌"号，以示中国海军风骨。

北洋军阀

北洋军阀是清末和民国初年袁世凯建立的封建买办军阀集团。

1895年，清政府命袁世凯在天津小站编练"新编陆军"，归北洋大臣李鸿章节制。1901年，袁世凯因出卖维新派和镇压义和团运动，被任命直隶总督兼北洋大臣，所建新军称为北洋军。1905年，北洋军六镇练成，形成北洋军阀武装政治集团。1912年，袁世凯窃取中华民国临时大总统之职，建立控制中央和地方政权的北洋军阀统治。

1916年，袁世凯病死，北洋军阀分化为直、皖、奉三系。直系首领为直隶人冯国璋，后为曹锟、吴佩孚，受英美支持。皖系首领为安徽人段祺瑞，奉系首领为奉天海城人张作霖，皖系、奉系都以日本为后台。

各系军阀常年混战。1926年，皖系军阀段祺瑞被冯玉祥驱赶下台。1925年至1927年，直系军阀吴佩孚被国民革命军击垮。1928年，张作霖被日本关东军炸死，张学良易帜。至此，北洋军阀的统治结束，北洋军的一些余部被并入国民党军队。

黄埔军校

护法战争的失败和陈炯明的叛变使孙中山认识到，军阀是靠不住的，要取得革命的胜利，必须建立一支革命的军队。

1924年，孙中山在中国共产党和苏联的帮助下，在广州创立了一所新型军事学校——陆军军官学校。因学校位于广州黄埔的长洲岛，故称黄埔军校。

黄埔军校诞生于国共第一次合作时期。军校创办后，国共两党都选派重要干部到校任职。孙中山亲自兼任校总理，蒋介石任校长，廖仲恺任国民党党代表，共产党人周恩来、熊雄先后担任军校政治部主任。

军校以孙中山提出的"创造革命军，来挽救中国的危亡"为宗旨，采取军事与政治并重、理论与实践结合的教育方针，为国共两党培养了大批军事政治人才。

黄埔师生在平定广州商团叛乱、东征、北伐和抗日战争中英勇顽强，不怕牺牲，为革命胜利和民族解放作出了重要贡献。

保定陆军军官学校

保定陆军军官学校（简称保定军校）是中国近代史上第一所正规陆军军校，位于河北保定市区东风东路，前身为清朝北洋速成武备学堂、北洋陆军的陆军速成学堂。1912~1923年期间，保定军校办过9期，毕业生有6000余人，其中不少人后来成为黄埔军校教官。

保定军校主要功能为训练初级军官。学习期为2年，分步、骑、炮、工、辎重5科，学制章程参照日本陆军士官学校，教官亦以日本陆军士官学校毕业者居多。

中国人民抗日军事政治大学

1936年6月，中共中央在陕北瓦窑堡以西北红军大学为基础成立了"中国人民抗日红军大学"，为党和军队培养军政人才。1937年，抗日红军大学迁往延安后更名为"中国人民抗日军事政治大学"，简称"抗大"，毛泽东任抗大教育委员会主席，林彪任校长。毛泽东为抗大制定了"坚定正确的政治方向，艰苦朴素的工作作风，灵活机动的战略战术"的教育方针，并亲自为学员讲课。抗大第一期招收了1065名学员，其中红军师、团以上干部有38人。

为冲破日伪和国民党对陕甘宁边区的封锁，党中央号召到敌后办学。1938年，中央军委在晋东南成立抗大第一分校，任命何长工为抗大一分校校长。抗大共开设了13所分校。

到抗战胜利时，抗大共培养了10余万名军政干部，为取得抗日战争、解放战争以及社会主义革命和建设事业的伟大胜利，奠定了重要的组织基础，作出了巨大贡献。

三

历史、考古

∽ 中国历史事件 ∽

尧、舜禅让

尧、舜都是传说中远古时代的明君。相传尧在位70年后想禅让帝位，就人选问题征求四岳的意见，四岳一致推举颛顼的后代舜。尧把自己的两个女儿嫁给舜，又让九个儿子和他共处，以便进一步了解他。舜能够使二女恭行妇道，使九男更加敦厚谨敬。尧让舜主持教化，社会风气很快就有了好转；委派舜办理各种事务，都能及时而有条理地完成；让他迎接宾客，举止仪容十分得体有礼；进入山林川泽，即使遇到了暴风雷雨，舜也不会迷失方向。于是尧向上天推荐舜代自己主持政事。摄政之后，舜作出了许多重大贡献，得到了百姓的普遍拥戴。尧死后，三年丧毕，舜就天子之位。这就是尧舜禅让。这个传说反映的是史前时期存在着的事实，属于原始社会民主制度的遗风。

大禹治水

史前社会里，洪水泛滥成灾。炎黄时期，共工氏居地的2/3被洪水淹没；尧舜之时，洪水涨到了山腰，淹没了丘陵；到了禹的时候，十年九涝。共工氏治水采用填堵的办法，能够在小范围内暂时奏效，但不能根除水患，所以他遭到了失败。鲧沿用共工的老办法，也没有成效。大禹从前人的失败中总结经验教训，采用新的方法治理洪水。他利用自然地形，把高地筑高加固，把低地挖得更低，让水流顺畅地排出，同时选择适当的地方蓄水用于灌溉。这个办法以疏导为主，把治水患和兴水利结合起来，取得了很大的成功。大禹有顽强奋斗、公而忘私的精神，他治水时在外13年，以身示范，辛苦劳作，三过家门而不入。这种艰苦奋斗的精神受到了后世的高度赞扬。

夏朝的兴亡

夏朝（公元前2070~前1600年）是中国历史上的第一个朝代，从禹开始，到最后一代君主桀为止，一共17代君主，历时四五百年。相传舜把天下禅让给禹，禹即位后，立国号为夏。禹死后，他的儿子启破坏了禅让制，自己当上了君主。这是标志着中国国家形成的划时代的大事。夏启死后，其子太康即位，以后仲康、相、少康、予等相继即位，国家相对稳定。从第14位君王孔甲起，社会矛盾尖锐起来。最后一位君王桀十分荒淫残暴。他为了一己私欲，不惜发动战争去攻伐别国；他修筑倾宫和瑶台寻欢作乐，耗尽了国家的财力；他还杀掉了向他进谏的关龙逢。在夏朝国内矛盾尖锐的情况之下，商汤举兵伐桀，夏桀兵败而死，夏朝也随之灭亡。

商汤建国

商族很早就兴起在东方，这一部族也包括许多氏族部落，如殷氏、来氏、宋氏、空桐氏等。夏朝末年朝政废弛、民心丧尽的时候，也正是商族势力不断扩大的良好时机，商族优秀的部族首领汤首先灭掉了葛，接着又消灭了韦、顾、昆吾等小国，最后灭掉了夏，建立了商朝（公元前1600~前1046年）。灭掉夏朝以后，汤及时地把注意力转移到发展生产方面来，他向各氏族的首领发布命令，要他们致力于民功，商的政权很快地稳定了下来。商朝的中心地区位于现在的河南东北部、山东西南部和河北南部，其国家的疆域东至大海，西达陕西，北到河北，南及湖北，比夏朝的疆域扩大了很多。

盘庚迁殷

商汤建国以后，商朝出现了一段稳定发展的时期。后来因为王位继承的问题，发生了伊尹放太甲和九世之乱事件，王朝也几经起伏。从汤到第20位商王盘庚，商朝政权经历了三度衰落和四度复兴，政治中心经常转移。盘庚即位后，一些贵族大量掠夺和积聚钱财，致使贵族和平民的矛盾加剧，社会上也出现了贪图安逸享受的"惰农"，农业生产因此受到很大损失，整个社会动荡不安。为了摆脱朝政面临的困境，盘庚决定把都城从奄（今山东曲阜）迁到殷（今河南安阳），这里就成了商朝的统治中心，而且此后直到商朝灭亡，再没有迁移过都城。盘庚迁殷扭转了商中期一度出现的混乱局面，加强了商王室的统治，是商朝历史的转折点。这以后，商朝又称为殷朝。

周武王灭商

周武王姓姬名发，是周文王的儿子。文王死后，姬发即位，任用太公、周公、召公等为大臣。第二年，武王会盟诸侯，观兵于孟津。当时灭商的条件还不成熟，所以周武王还师归周。随后几年，商纣王依然淫乱作恶，刚愎自用，诛杀贤臣，统治阶级内部以及整个社会的矛盾日趋激烈，整个国家面临着分崩离析的危机。纣王又派兵征伐东夷，将商朝军队的主力开到了东南前线，造成了后方的空虚。在这种有利的情况下，周武王联合各路诸侯，率领兵车300乘、禁卫部队3000人和士卒4.5万人向商都进军。双方会战于牧野，商军士兵纷纷阵前倒戈起义。周朝大军长驱直入，进驻商都，商纣王登鹿台自焚。商朝宣告灭亡。周武王建国，迁都镐京，史称西周（公元前1046~前

771年）。

周公摄政

灭掉商朝的第二年，周武王病死，新君即位，是为周成王。由于成王年幼，武王的弟弟周公旦摄政称王。"摄政"的事引起了内部的争权斗争，管叔和蔡叔也乘机散布流言，煽动叛乱。周公派兵镇压，杀了管叔，放逐了蔡叔，取得了斗争的初步胜利。这时候，武庚见有机可乘，勾结殷东部地区的徐淮夷，包括东夷各族一起反叛，图谋恢复殷商。周公亲自率师东征，攻克殷地，平定了叛乱，稳定了周王朝的统治。为了实现周武王的遗志，周公又以大量殷朝遗民营造洛邑，经过两年时间，建成了东都成周，派成周八师驻守，并把商人强制迁来，以便监视。这里就成了周人控制东方的中心。到了周公执政的第七年，周公见天下大局安定，便归政于成王，自己则留守成周。

国人暴动

西周后期，政治腐败，周厉王把山林川泽收归国王所有。这项政策直接触犯了国人的利益，引起了国人的反对和谴责之声。周厉王认为这些反对的言论都是"诽谤"之言，不利于朝政，于是命令卫国之巫监视国人，有"谤"必杀，致使国人不敢谈论政事，在路上相遇，也只能以目示意。厉王自认为得计。大臣召公进谏说："防民之口，甚于防川。"厉王不听。这样过了三年，国人忍无可忍，于公元前841年在镐京爆发了以平民为主力的国人暴动。周厉王逃奔到彘。

国家大政由大臣召穆公和周定公共同主持，历史上称作"共和行政"。共和元年（公元前841年）是中国历史有确切纪年的开始。共和十四年（公元前828年），周厉王死于彘，周、召二公拥立太子静，这就是周宣王。共和宣告结束。

西周灭亡

周宣王在位46年（公元前827~前782年），内修政事，外治武功，很有作为，西周出现了短暂的"中兴"局面。到了宣王晚年，国势又渐趋衰弱。宣王死后，其子即位，是为周幽王。社会矛盾日益严重，奴隶反抗斗争接连不断。此时，贵族和平民以及贵族内部的矛盾也变得更加尖锐。周王室的衰落已经无法挽回。幽王不思政事，朝政更加腐败。幽王因为宠爱褒姒，就废掉了原来的申后和她的儿子太子宜臼，立褒姒为王后，其子伯服为太子。宜臼逃到了母家申侯那里，幽王举兵讨伐想杀掉宜臼，申侯联合缯和犬戎攻打周幽王，在骊山脚下杀死了周幽王，并把西周都城丰镐之地洗劫一空，西周宣告灭亡。宜臼立，是为周平王。他于公元前770年东迁洛邑，历史进入了东周时代（公元前770~前256年）。

华夏族形成

华夏族是汉族的前身。西周时才开始用夏作为中原之民的族称，春秋时改以华称之。华与夏连称则是汉代以后才出现的。夏、商、周三族都是古老的部族，三族先后兴起建立了夏、商、周三朝，后面的朝代比前一个朝代的疆域更加广大，将前朝的土地和人民都加以囊括。这三代近两千年的历史中，夏、商、周三族之间的关系既有冲突和征服，也有联合和归附，最后都促进了部族的融合。在融合的过程中，三族逐渐产生了民族认同的意识，他们在祭祀的时候，不仅上推到本族的先王和先公，还把本族的来源和黄帝族联系起来，都自认为是黄帝的后裔。西周推行的分封制，不仅封本族贵族，同时还分封了黄帝、尧、舜和夏、商之后，这也增进了各部族的团结。这样，到了周朝末期，华夏族终于形成了。

春秋五霸

东周分为春秋和战国两个时期。春秋（公元前770~前476年）是我国奴隶社会的瓦解时期，周天子的权威一落千丈，各诸侯国不断进行战争，争当"霸主"。先后起来争霸的有齐桓公、宋襄公、晋文公、秦穆公、楚庄王，历史上称为"春秋五霸"。齐国在山东北部，经济富庶，是东方的一个大国。齐桓公任用管仲为相，积极改革内政，发展生产；同时改革军制，组成强大的常备军，以"尊王攘夷"为号召，扩充疆界，发展齐国势力。公元前7世纪中期，齐桓公召集诸侯在葵丘会盟，齐桓公成为春秋时期第一个霸主。晋文公注重发展生产，整顿内政，训练军队，晋国很快成为北方的一大强国，晋文公成为中原霸主。后来晋楚争霸持续了百余年。最后楚庄王打败晋军，做了中原霸主。晋国称霸的时候，西部的秦国也强大起来。秦穆公向西吞并十几个小国，在函谷关以西一带称霸。

晋楚城濮之战

城濮之战发生于公元前632年，它是春秋时期晋、楚两国为争夺中原霸权而进行的第一次战略决战。齐桓公死后，齐国霸业中衰，楚国乘机向中原扩展势力，与晋国产生了尖锐的矛盾。公元前634年，鲁国因和曹、卫两国结盟，几度遭到齐国的进攻，便向楚国请求援助。而被迫屈服于楚的宋国转而依附晋国。楚国为了维持自己在中原的优势地位，便出兵攻打齐、宋；晋国以救宋为名，出兵中原。晋文公在公元前632年初率军渡过黄河，攻打曹、卫小国，以诱楚军。楚军不为所动，依然全力攻宋。晋文公施用"退避三舍"的妙计，最后双方在城濮展开了一场大规模的车战。楚军在实力上占有优势，但是由于晋军善于"伐谋""伐交"，并在战役指导上采取了扬长避短、后发制人的正确方针，最终击败了楚军，雄霸中原。

秦晋崤之战

春秋时，秦国处于西部，立国较晚。秦穆公即位时，秦国已经强大起来，图谋东进，力图在中原地区建立霸权，但是遇到了晋国的阻挡。公元前628年，秦穆公得知郑、晋两国国君新丧，不听大臣劝阻，执意要越过晋境偷袭郑国。十二月，秦派孟明视等率军出袭郑国，次年春越过晋国南境，抵达滑。郑国商人弦高与秦军途中相遇，机警的弦高一面冒充郑国使者犒劳秦军，一面派人回国报警。孟明视以为郑国有备，于是决定返回。晋国派大将先轸率军秘密赶至崤山，并联络当地姜戎埋伏于隘道两侧。

秦军在回师途中遭到晋军和姜戎的夹击，身陷隘道，进退不能，全部被歼灭，三位大将被俘。第二年秦穆公亲率大军渡河焚舟要与晋军决战，晋军避而不出。秦穆公到了崤之战的战场，祭奠阵亡的将士，然后回师。

弭兵之会

春秋时期，旷日持久的争霸战争带来普遍的灾难。对于夹在大国之间的中小国家来说，灾难最为严重，因此他们不遗余力地倡导"弭兵"。春秋时共有两次"弭兵之会"，都是宋国倡导的。公元前579年，宋国大夫华元倡导的第一次弭兵运动促成了晋楚两国暂时休兵罢战。三年之后鄢陵之战爆发，宋国大夫向戎成第二次倡导弭兵，得到晋楚的赞同。公元前546年，"弭兵会议"在宋国都城商丘召开，晋、楚、齐、秦、鲁、卫、郑、宋、陈、蔡、许、曹、邾、滕一共14个国家参加会议，会议规定，晋的盟国朝楚，楚的盟国朝晋，双方的盟国同时承认晋、楚两国的霸主地位，齐、秦两国则与晋、楚平起平坐。这样，延续了100多年的春秋中期的大国争霸战争，终于以休战而结束。

吴越争霸

在晋楚争霸时，吴的国力也日渐强大。吴王阖闾采纳楚国逃亡之臣伍子胥的建议，向楚国发动了连续的进攻，五战五胜。公元前496年，越王勾践即位，吴王阖闾攻打越国，结果大败，阖闾受伤而死。其子夫差继位，立志要为父复仇。公元前493年，吴国打败了越国，越国宣告投降。吴国乘胜北上征服中原诸国，俨然以霸主自居。越国降吴以后，越王勾践卧薪尝胆，进行了长期的复仇准备工作。公元前482年，吴国北上会盟，内部空虚，越国乘机大举伐吴，经过近10年的激烈战争，最终打败了吴国，吴王夫差自杀，越国也北上会盟诸侯，号称霸主。吴越争霸已经是春秋争霸的尾声，战国七雄混战的局面即将来临。

三家分晋

早在春秋初年，晋国公室内部为了争夺君权而产生了尖锐的矛盾。在相互的斗争中，公室宗族的势力逐步衰弱，公族以外的异姓宗族登上了政治舞台，进而掌握了晋国的军政大权，成为参与国家政事的卿大夫。到了春秋晚期，这些卿大夫各自扩大自己的政治势力，互相兼并，结果剩下韩、赵、魏、范氏、中行氏、智氏6家。范氏和中行氏后来在战争中失败，其地被瓜分。最后就只留韩、赵、魏、智四家。公元前453年，智伯割了韩、魏的土地，又胁迫韩、魏攻赵，相约灭赵后三分赵地。智伯将要攻破赵城的时候，赵派人说服韩、魏，三家一起灭了智氏，三分其地。三家分晋的局面基本形成。公元前403年，韩、赵、魏接受了周天子的赐命，三国才正式成为诸侯国。

战国七雄

战国（公元前475~前221年）时期，各诸侯国之间的战争接连不断，呈现出天下大乱的形势。这一时期，北起长城，南达长江流域，先后出现了齐、楚、燕、韩、赵、魏、秦七个大国。这7个大国为了扩张自己的势力，一面在本国实行变法改革以图强，一面相互混战，互相兼并。首先是魏国独占中原。后来，魏国逐渐衰弱，齐国和秦国成为东西对峙的两个霸主。公元前298年，齐、韩、魏、赵、中山等五国联军攻入函谷关。秦国被迫退还夺去的韩、魏的一些地方。齐国成为关东各国的盟主。公元前286年，秦国联合了燕、楚、韩、赵、魏等国共同伐齐，削弱了齐国，开始向东方大发展。从公元前231年开始，秦国开始了统一全国的战争，于公元前221年吞并六国，统一了中国。

魏齐争霸

魏惠王（公元前400~前319年）在位时，魏国达到极盛状态。当时齐国是齐威王在位，他网罗人才，实行改革，齐国势力日盛。两个大国在各自的利益上发生了严重冲突。后来赵国夺去了魏国的附庸国——卫，魏国于是举兵围困赵国都城邯郸，赵国遂向齐国求援。公元前353年，齐威王任命田忌为统帅，孙膑为军师领兵救赵。按照孙膑所安排的"围魏救赵"的战略部署，齐军在桂陵大败魏军。不久，魏惠王又扭转了局势，重新强盛起来，以中原霸主自居。公元前342年，魏攻韩，韩国向齐告急。齐威王再派田忌和孙膑二人率兵救韩。齐军直接向魏都大梁进发，魏惠王派将军庞涓和太子申迎战。孙膑采取退兵减灶、诱敌深入的战术，在马陵设伏，歼灭魏军10万之众，庞涓自杀，太子申被虏，魏国从此一蹶不振。

合纵连横

战国时期，由于各国力量不断发生变化，为了壮大自己或是兼并他国，各个国家都在寻找自己的盟友，于是在外交和军事方面就产生了合纵连横的斗争。所谓"合纵"，就是几个弱小国家联合起来抵抗一个强大的国家，以防止强国的兼并，这个强国在最初或秦或齐，到了战国后期则专指秦国。所谓"连横"，就是以一个大国为中心，利用各国之间的矛盾，联合一些弱国去进攻另一些弱国，以达到兼并他国的目的，这个大国到了战国后期也主要指秦。张仪是连横政策的倡导者，苏秦则是合纵家的代表人物。当时，各国为了自身的利益，时而加入"合纵"，时而加入"连横"，反复无常。通过一系列合纵连横的过程，齐和秦成为最为强大的两个国家。后来齐国逐渐削弱，秦国一家独大。

荆轲刺秦王

公元前228年，荆轲奉燕国太子丹之命刺杀秦王，以解亡国之危。到了秦国的朝堂上，荆轲捧着装了樊於期头颅的木匣上去，献给秦王政。秦王政打开木匣，里面果然装着樊於期的头颅。他又叫荆轲把地图拿来。荆轲把一卷地图慢慢打开，到地图全都打开时，荆轲事先藏在地图里的浸毒匕首就露了出来。荆轲连忙抓起匕首，左手拉住秦王政的袖子，右手持着匕首向秦王政的胸口刺去。秦王政使劲挣断了那只袖子，便往外跑。荆轲拿着匕首追了上来，秦王政一见跑不了，就绕着朝堂上的大铜柱子跑。荆轲紧紧地在后面追，两个人绕着柱子转起圈来。秦王政的医官急中生智，把手里的药袋向荆轲扔了过去。荆轲一闪身的工夫，秦王政往前一步，拔出宝剑，砍断了荆轲的右腿。这时候，武士一拥而上，杀死了荆轲。

秦灭六国

秦昭王末年，秦国的国力已经非常强大，疆土十分辽阔。公元前246年，嬴政即秦王位，当时他才13岁，母后、相国吕不韦、大宦官嫪毐专权。公元前238年，秦王政加冠亲政，他在消灭了国内敌对势力、掌握国家大权以后，任用李斯等人，积极筹划统一大业。李斯认为天下统一的趋势已经形成，秦国已经具备一统天下的条件，建议秦王不要错过良机。这一见解很得嬴政的赏识，于是任命李斯为廷尉。从公元前230年到前221年，秦国进行了为期10年的统一战争，先后灭掉了韩、赵、燕、魏、楚、齐六国，结束了东周以来长期分裂和动乱的局面，统一了全中国，从此"海内为郡县，法令由一统"。秦王政自号"始皇帝"，在中国历史上建立了第一个统一的中央集权制度的封建国家。这是历史发展的必然趋势。

先秦历法

春秋时期是我国历法的初创时期。为了反映季节的变化，人们划定了二十四节气，把一年平均分为24等分，这对农业生产起着重要的指导作用。到了战国，各国相继确立历法，实行过黄帝、颛顼、夏、殷、周、鲁等6种历法，其中的颛顼历是当时世界上最精确的历法。但是各国自行一套历法，国与国之间的交往就显得十分不便，因而又创立了岁星纪年法来统一纪年。战国中期，更创造出摄提格、单阏、执徐、大荒落、敦牂、协洽、涒滩、作噩、阉茂、大渊献、困敦、赤奋若等12个太岁年名，同时又用十二时辰的名称来代替十二太岁的年名，其顺序依次为：寅、卯、辰、巳、午、未、申、酉、戌、亥、子、丑。

百家争鸣

春秋战国时期是由封建领主制向封建地主制过渡的时期，新旧阶级、阶层之间的斗争复杂而又激烈。代表各派政治力量的学者或思想家，都企图按照本阶级（层）或本集团的利益和要求，对宇宙、社会以及万事万物做出解释，或提出主张。他们著书立说，广收门徒，高谈阔论，互相辩难。这样，在思想领域里就出现了一个十分活跃的、后世十分少见的"百家争鸣"的局面。所谓"诸子百家"，主要有儒家、墨家、道家和法家，其次有阴阳家、杂家、名家、纵横家、兵家、小说家等。后人把小说家以外的九家称为"九流"。"三教九流"中的九流的说法就是从这里来的。各家各派的文化思想，奠定了整个封建时代文化的基础，对中国古代文化有着非常深刻的影响。

封建中央集权制

秦始皇顺应国家政治制度从君主制向专制集权制演变的趋势，首先树立了绝对的皇权。他为了避免列国纷争历史的重演，适应专制皇权和统一国家的需要，采纳廷尉李斯的建议，彻底废除分封诸侯的制度，全面推行郡县制，把全国分为36郡，均为中央政府下辖的地方行政单位。他又以秦国原有官制为基础，对官制进行了调整和扩充。建立了一整套从中央到地方的新的政府机构：在中央设有三公（丞相、太尉、御史大夫）和九卿（郎中令、卫尉、太仆、廷尉、治粟内史、少府、典客、宗正、奉常），可以对国家大政进行廷议，最后由皇帝裁决；地方行政机构分为郡、县两级，郡设守、尉、监，县设令或长。并有相应的官吏考核制度。为维护这种集权制度，秦始皇还颁布了严苛的封建法律，在全国统一施行。

统一度量衡、货币和文字

秦始皇为了尽快消除由于长期分裂割据所造成的地区差异，巩固国家统一，决定统一度量衡、货币和文字。他下令以商鞅时制定的度量衡为标准器，来统一全国的度量衡。度分寸、尺、丈；量分升、斗、斛；衡以十钱为一两，十六两为一斤，一百二十斤为一石。废止战国时各国通行的货币，改用黄金为上币，以镒为单位；以秦国原有的圆形方孔铜钱为下币，称为半两钱。秦始皇又命令丞相李斯等人负责统一文字，李斯等人以秦国的文字为基础，并参照六国原来的文字，制定小篆，作为官方文告的标准字体在全国推行。这些措施的实行，为经济和文化的发展提供了便利条件，促进了统一的封建国家的发展和繁荣。

万里长城

战国末年，北方匈奴经常深入中原骚扰燕、赵、秦三国边境。这些国家一般采取守势，修筑长城以阻挡匈奴的攻势。秦始皇统一中国以后，于公元前215年命令将军蒙恬率军30万北拒匈奴，先后收复了高阙、阴山、北假等军事要地，在黄河以东、榆中以北、阴山以南的广大地区设置34县。随后，修筑边塞，征发全国的"罪人"前往服役，把战国时期燕、赵、秦三国的长城加以修复并相互连接起来，筑成了西起临洮、东至辽东的万里长城，用来保护北方的农业区域。接着，政府又迁徙人民开垦河套，同时加强了边地的军防。长城的修建，巩固了统一国家的北方边疆，在国防上有着重要的意义，但在当时也加重了劳动人民的负担，给他们带来了灾难。

焚书坑儒

秦始皇三十四年（公元前213年），博士淳于越在咸阳宫宴会上针对周青臣的阿谀颂德，提出了"师古"分封同姓王以为屏藩的建议。丞相李斯借题发挥，认为这是对朝政的批评，而这种批评的产生是由于学派分立，私学存在，与秦政的得失无关。他请求朝廷把天下所有的书都烧掉，只留下一些医药、卜筮、种树之类的书。秦始皇采纳了李斯的建议。第二年，为秦始皇寻求仙药的方士侯生、卢生相邀逃亡，并且散布一些诽谤的言论。秦始皇派人追查，方士儒生转相告发，株连咸阳城内460多人。这些人全部被坑杀。这就是"焚书坑儒"事件。这一事件是秦始皇的君主专制统治在思想文化领域内的进一步扩大。它的目的是统一思想、巩固皇权,却钳制了思想,摧残了文化,对后世的危害十分深远。

巨鹿之战

秦二世二年(公元前208年),秦将章邯镇压了陈胜、吴广起义之后,继续进攻赵地的反秦武装。赵王歇及张耳退守巨鹿,被秦将王离所率的20万大军围困;章邯率军20万屯于巨鹿附近的棘原。楚怀王派宋玉为上将军,项羽、范增为将,率主力5万前往救援,同时派刘邦西进关中攻秦。宋玉行至安阳时停驻不前,意在坐观秦、赵相斗,以便从中渔利。项羽愤而杀死宋玉,楚怀王任命他为上将军领兵救赵。十二月,赵将陈余派5000人出战,全部阵亡。各路援军见此,皆作壁上观。项羽先派2万人马渡过漳水,断敌通道,然后下令全军破釜沉舟,每人只带三天的粮食,以示死战的决心。他亲自率领全部楚军渡过河水作战,楚军九战连捷,大败章邯,解了巨鹿之围。此后不久,章邯兵败投降,秦朝军队的主力灭亡。

楚汉相争

项羽歼灭秦军主力的同时,刘邦也向西进入关中到达了咸阳,秦王子婴向刘邦投降。刘邦废除了秦法,与民约法三章,深得民望。随后项羽也立即入关,进入咸阳后大肆烧杀抢掠。在诸王并立的既成局面之下,他自立为西楚霸王,分封各王,调整他们的封地。刘邦被封到巴蜀汉中地区为汉王,他于公元前206年三月,乘机重新进入了关中地区,接着率领兵马远袭彭城,然后在荥阳和成皋之间与项羽成相持状态。刘邦知人善任,因势利导,而项羽则刚愎自用,逞匹夫之勇。公元前202年,双方经过多次的胜败反复后,刘邦把项羽围困在垓下,项羽兵败退到了乌江,自觉无颜见江东父老而自刎。同年二月刘邦即皇帝位,国号汉,定都长安,这就是西汉(公元前206~公元25年)。

汉初休养生息

秦末的连年战乱,使社会生产遭到极大的破坏。汉初君臣所面临的社会政治和经济局面十分艰难。农民大量脱离户籍流亡,人口锐减,市场混乱,物价奇高,国家府库空虚,财政困难;同时国内异姓王对中央政权形成很大威胁,北方匈奴也时时威胁着边境的安宁。针对这种种矛盾,刘邦君臣在铲除了异姓诸王、稳定边疆之后,把恢复农业生产、稳定社会生产生活秩序作为国家的首要任务,采取了一些重要的措施:1.兵士罢归家乡,免除一段时间的徭役。2.在战乱中聚保山泽的人各归本土,恢复故爵和田宅。3.由于饥荒自卖为奴婢的人,一律还为庶人。4.抑制商人,限制他们对农民土地的兼并。5.减轻田租,十五税一。这些政策的实行,使封建经济逐步得以恢复,汉初政权逐步地稳固下来了。

吕后称制

公元前202年,刘邦称帝,立吕雉为后。刘邦嫌太子刘盈柔弱,打算另立宠姬戚夫人之子赵王如意为太子，由于大臣反对和吕后设法为刘盈扶植辅翼而未能如愿。刘邦死后，太子刘盈继位，是为惠帝。吕后控制了朝政大权。她先是密谋诛杀诸将未果；后来又毒死赵王如意，害死戚夫人，对其他刘氏诸王大加迫害。惠帝不满吕后所为，忧郁病死，吕后临朝执政八年。她继续推行休养生息的政策，减田租，奖励农耕，放宽对商人的限制，又废除了一批严苛的刑律，这些措施促进了当时社会生产的发展。吕后死后，太尉周勃和丞相陈平等人迅速采取行动，消灭了吕氏集团，恢复了刘家的天下，代王刘恒被立为皇帝，这就是汉文帝。

文景之治

汉文帝、景帝统治时期（公元前179~前141年），继续推行前代所实行的休养生息政策。文帝十分重视农业，多次告诫百官守令要劝课农桑。汉文帝十三年（公元前167年），朝廷下令免除田租，至景帝元年（公元前156年），恢复征收田租，但规定只为原来的一半，即三十税一，从此成为汉朝的定制。汉文帝还把丁男徭役减为30年征发一次，算赋也由每年一百二十钱减为四十钱。景帝又把秦时男子17岁傅籍给公家徭役的制度减为20岁始傅。这些重农的政策，促进了自耕农阶层的发展和农业的兴盛。汉文帝对秦代以来的严刑苛法也做了重大改革，废除了许多残酷的肉刑，景帝又减轻了笞刑。文、景两代40多年的时间，政治稳定，经济生产得到显著的发展，是封建社会中难得的盛世，历史上称作"文景之治"。

吴楚七国之乱

汉高祖刘邦在开国之初为了巩固统一政权，大封同姓王。到了汉文帝时期，这些同姓王日益暴露出分裂割据的倾向，对文帝表示轻蔑，对朝廷态度傲慢。他们自己制定法令，僭越礼仪，甚至公开举兵叛乱。文帝为了加强皇权，相应地采取了一些重要的措施，他首先加强自己对于首都局势的控制，继而封诸皇子为王，以藩屏朝廷，并牵制东方诸国。公元前157年汉文帝死，景帝即位。当时吴国强横跋扈，御史大夫晁错上《削藩策》，景帝采纳了他的建议，削除了楚、赵、胶西三国的一些郡县，后又下令削吴王濞会稽等郡，由此激起了"吴楚七国之乱"。以吴王濞为首的叛乱诸王以"诛晁错，清君侧"为名，起兵反叛。景帝先是诛晁错以谢吴王，但吴王并不息兵，景帝于是决心派兵镇压。叛乱平定以后，景帝大力削藩，从此中央集权更加巩固，国家的统一显著增强。

王莽改制

西汉末年汉平帝统治时期，王莽任大司马，大权在握，他极力收买民心、树立党羽，意在夺取政权。平帝死，孺子婴即位，王莽继续辅政，自称摄皇帝。公元8年，王莽废除孺子婴，自立为帝，改国号为新。为了解决当时尖锐的社会矛盾，王莽进行了一些托名古制的改革措施。公元9年，王莽下诏，历数土地兼并的弊端，下令天下的土地一律改称王田，天下奴婢，一律改称私属，都不许买卖；各家土地超出规定的，要把地分给九族或邻里；无田的人家按照一夫百亩的标准受田；违抗不遵者流放。第二年，王莽又下诏实行五均六筦，在全国的大都市设立五均官管理市场，并由国家经营盐、铁、酒、铸钱、五均赊贷等五业，不许私人经营。政治制度方面，王莽也大加变更。王莽的改制，并没有解决西汉末年的社会危机，反而引发了更大的社会动荡。

光武中兴

公元25年，刘秀建立东汉王朝，定都洛阳。刘秀就是汉光武帝。称帝之后，光武帝镇压和收编各地的农民起义队伍，削平割据势力，经过近10年的奋战，统一了全国。为了巩固统治，缓和社会矛盾，光武帝多次下令释放奴婢和禁止残害奴婢，减轻赋税，精简地方机构，惩治贪官污吏。光武帝先后九次下令释放奴婢和禁止残害奴婢。他废除了王莽时期的苛捐杂税，把田租从十税一降为三十税一。同时，撤并了400多个县，裁减州县官员数万人。他还从严治吏，一共处死违法的高级官吏刺史和太守十多人。光武帝在位期间，政局渐趋稳定，经济状况明显好转，史称"光武中兴"。

东汉外戚宦官专权

东汉和帝以后，皇帝都是幼龄即位，往往由其母即皇太后临朝听政，皇太后信任自己的父兄，让他们管理国家大事，形成了外戚当权的局面。年幼的皇帝长大以后，为了夺回权力，就利用身边的宦官打击外戚。汉和帝10岁即位，窦太后临朝，其兄弟居朝廷要职，把持大政，横行京师。永元四年（公元92年），汉和帝利用宦官郑众的力量消灭了外戚窦氏的势力，郑众参与政事并受封为侯，这是宦官专权和封侯的开始。和帝、殇帝之后，汉安帝13岁即位，邓太后掌权，并用外戚宦官理政。邓太后死后，安帝与宦官李闰等合谋消灭了邓氏外戚势力，而皇后阎氏的兄弟阎显也居于要职，仍然是宦官外戚共同专权的局面。安帝之后，顺帝、冲帝、质帝、桓帝时期，外戚、宦官交替专权，朝政日益腐朽，东汉王朝开始走向了末路。

党锢之祸

桓帝时期，在宦官专权的情况下，有一批较为正直的士大夫和太学生经常品评人物，批评朝政。李膺、陈蕃、王畅等人是当时的代表人物，其中以李膺的名望最高。李膺大力惩办不法宦官，为宦官所恨。延熹九年（公元166年），李膺杀掉了与宦官关系密切的术士张成，其弟子诬告李膺与太学生等结为朋党，诽讪朝政，败坏风俗。在宦官的怂恿之下，桓帝将李膺投狱，并下令大范围搜捕"党人"，共有几千人被牵连。第二年，这些人赦归田里，禁锢终身。这就是"党锢"。灵帝建宁元年（公元168年），又发生了一次党人与宦官的斗争，党人失败，遭到了更加残酷的迫害。直到黄巾起义发生以后，党人才被赦免。

黄巾大起义

东汉末年，统治集团十分腐朽，外戚宦官竞相压榨农民，豪强势力不断扩张，土地兼并非常严重。农民的处境日趋恶化，被迫奋起反抗。黄巾起义正是在此背景下展开的，起义的领袖张角，是太平道的首领，自称"大贤良师"。张角以传道和治病为名，在农民中宣扬教义，进行秘密的活动。他加紧部署起义，广泛传播"苍天已死，黄天当立，岁在甲子，天下大吉"的谶语。中平元年（公元184年），由于计划泄密，起义提前举行。以黄巾为标志的农民起义军在7州28郡同时俱起，攻城夺邑，取得了很大的胜利。黄巾军人众极多，遍布大江南北，声势浩大，京师震动。但是起义军组织涣散，各支力量未能协调配合。统治者采取集中兵力各个击破的策略，黄巾军主力在短短9个月的时间就被镇压了。这次起义瓦解了东汉政权，进而结束了极端黑暗的外戚宦官统治。

官渡之战

东汉末年，军阀割据，北方逐渐形成了袁绍和曹操两个强大的军事集团。袁绍占有幽、冀、青、并四州；曹操占有兖、豫二州，并在建安元年（公元196年）把汉献帝挟持到许，"挟天子以令诸侯"，双方都企图独霸天下。建安五年（公元200年），袁绍组织10万大军，进驻黎阳，发动了对曹操的进攻。曹操用以迎敌的军队仅有二三万人。袁绍分兵包围了屯驻白马的曹军，曹操以声东击西的战术，佯攻延津，引诱袁军主力前往增援，然后再以精锐突袭白马，斩颜良，诛文丑，大败袁军。初战获胜后，曹操退守官渡，两军对阵相持。接着，曹操又派兵偷袭乌巢，焚烧袁军的粮草辎重，并乘袁绍军心动摇之机挥兵猛进，歼灭袁军7万余人。袁绍父子带着800残兵逃回北方。两年后袁绍忧愤而死。官渡之战为曹操统一北方奠定了坚实的基础，并为其在三国鼎立的局面占据优势提供了有利条件。

赤壁之战

曹操打败袁绍统一北方后，企图一鼓作气，攻占长江流域，统一中国。建安十三年（公元208年），曹操亲自统率20万大军，号称80万，南征刘表，目的是先取荆州，并吞灭依附于刘表的刘备，然后沿江而下平定江东。刘表病死，其子降曹。刘备在当阳长坂坡被曹操打败，转至夏口，暂时摆脱曹军，随即派遣诸葛亮奔赴江东，联合孙权共同抗击曹操。孙刘联军与曹军在赤壁成对峙之势。曹军虽然在数量上占据优势，而士兵不服南方水土，不习水战，军中时疫流行。初次交锋，曹军失利，退回江北，令军士把战船连接起来以防颠簸。周瑜和诸葛亮确定了火攻之计，把曹军的战船连同江岸的营寨全部焚毁。曹军大乱，孙刘联军乘势出击，大败曹操。曹操收拾残存余部，退回北方。赤壁之战，直接决定了天下三分的大局。

两晋兴衰

曹魏咸熙二年（公元265年），晋王司马炎夺取政权，建立了晋朝，先都洛阳，后又迁都长安，史称西晋。太康元年（公元280年）西晋灭吴，统一了中国，全国一共有冀、兖、豫、荆、徐、青、扬、幽等19个州，173个郡。西晋一共经历了4位皇帝。晋愍帝建兴四年（公元316年），匈奴刘氏灭西晋。建武元年（公元317年），琅琊王司马睿在江南称帝，都城建康，历史上称作东晋。东晋初年全国有扬、江、荆、湘等11个州，96个郡。东晋一共经历了11位皇帝。晋恭帝元熙二年（公元420年），大臣刘裕在镇压了国内起义、平定了边境叛乱之后，篡位自立，东晋灭亡，历史进入了南北朝时期。

八王之乱

西晋太熙元年（公元290年），惠帝司马衷继位，由外戚杨骏辅政。权欲极强的皇后贾南风于元康元年（公元291年）矫诏诛杀了杨骏。杨骏死后朝政由汝南王司马亮和太保卫瓘主持，贾后又指使楚王司马玮杀掉二人，然后否认曾下过密诏，以"擅杀"大臣的罪名处死了司马玮。永康元年（公元300年）贾后又杀死了对她不满的太子司马遹。贾氏乱政滥杀引起了诸王和朝臣的怨恨，赵王司马伦以替太子报仇为名率兵入宫，鸩杀贾后并消灭其党羽，随即控制朝政，迁惠帝为太上皇，自称皇帝。第二年，齐王司马冏、成都王司马颖、河间王司马颙联合起兵讨伐司马伦。此后，这一场争权夺利的战争由京城波及地方，演变成为大规模的武装混战。直到光熙元年（公元306年）才宣告结束。八王之乱持续了16年之久，带来了深重的社会灾难，也极大地削弱了西晋政权的统治。

隋的建立

北周末年，统治集团四分五裂。杨忠是北朝显贵，西魏时为十二大将军之一，在北周时官至柱国大将军，封隋国公。杨坚（公元541~604年）继承了爵位，后来他的女儿又成为宣帝宇文赟的皇后，杨坚当上了大司马、上柱国，掌握了国家大权，在朝廷中的地位十分显要。大成元年（公元579年），北周宣帝传位于年仅7岁的儿子宇文阐，这就是周静帝。第二年五月，宣帝驾崩，静帝年幼，身为外戚的杨坚就以左大丞相、都督内外军事的名义把持朝政，先后平定了相州、郧州、益州发生的武装叛乱，进而消灭了宇文氏诸王，自己独霸朝纲。公元581年二月，杨坚废周自立，建立了隋朝（公元581~618年），这就是隋文帝。隋朝建立之后，进行了几次较大的战争，于隋开皇九年（公元589年）结束了长达270余年的分裂局面，重新统一了中国。

京杭大运河

为了加强对国家的控制，巩固统一的政权，隋朝在建国之始就陆续开凿了广通渠、山阳渎等人工水道。隋炀帝即位之后，从大业元年（公元605年）起，用了6年时间，修凿了南起余杭，北达涿郡，西通洛阳的大运河。大业元年（公元605年）开凿通济渠，直接沟通黄河、汴水、淮河、长江四大水系。大业四年（公元608年）征发河北民工100余万，开凿永济渠，北通涿郡。六年，在长江以南修江南河，南连余杭。大运河全长1747千米，贯通河北、山东、河南、安徽、江苏、浙江六省区，沟通了海河、黄河、淮河、长江、钱塘江五大河流，形成了西通关中，北连华北，南连太湖的水上交通网络，对加强南北交通联系和促进文化交流起到了不可低估的作用。

三征高句丽

隋朝开国之后，高句丽成为国家东北部最为严重的边患。自大业六年（公元610年）开始，隋炀帝就着手准备出征高句丽。国内造车造船，调集军队，都集中在进攻的基地东莱和涿郡。公元612年正月，隋炀帝集中水陆大军100多万人向高句丽的都城平壤进发。水军由右翊大将军来护儿统领，从东莱海口出发；炀帝则亲自统率陆军，从涿郡出发。陆军于六月抵达辽东，遇到高句丽军队的顽抗，推进受阻。宇文述所领的部队推进到距离平壤城只有30里的地方，因为军中补给不足，只得退回，在归途中遭到伏击惨败。来护儿的水军轻敌冒进，遭遇伏击，又听说宇文述兵败，就自动撤兵回国。第一次征高句丽宣告失败。此后，隋炀帝又分别于公元613年和公元614年连续两次出征高句丽，但是都无功而返。随后高句丽国派遣使者与隋朝议和。

隋末农民起义

隋炀帝营建东京，修筑长城，开凿运河，虽然在历史上有一定的积极意义，但在当时却滥用了民力，使刚刚从长期战乱中解脱出来的百姓背上了更加沉重的负担。三次东征高句丽，更是给广大人民带来了一场灾难。大业七年（公元611年），河北、山东等地遭到了特大水灾，第二年又发生旱灾，加上兵役和劳役的严重压迫，农民起义首先在这里爆发。邹平县王薄于长白山（今山东章丘）起义，自称"知世郎"，他作了一首《无向辽东浪死歌》，号召人民起来反抗。刘霸道、孙安祖、窦建德、张金称、高士达等人也纷纷举起义旗。由翟让领导的瓦岗军和杜伏威领导的起义军，声势最为浩大。在短短的一二年间，北至山西、河北，南至岭南，东到山东、江浙，西到河西走廊，大大小小的农民起义数以百计，敲响了隋王朝的丧钟。

唐朝开国

隋末农民起义动摇了隋的统治。时为太原留守的李渊看到隋已濒临灭亡，于是趁机扩大私人势力以谋天下。隋大业十三年（公元617年）七月，李渊在太原起兵反隋。他令四子李元吉率中军留守太原，然后以长子李建成为左领军大都督，次子李世民为右领军大都督，以3万大军进军关中，沿途不停地招兵买马，壮大自己的队伍，后来队伍扩大到20万之众。年底大军攻入长安，控制了关中地区。李渊暂时拥立代王杨侑为帝，遥尊当时在江都的隋炀帝为太上皇，改元义宁，他自己当上了唐王、大丞相。大业十四年（公元618年），隋炀帝在江都被杀以后，李渊废掉了杨侑，正式称帝，建立了唐朝（公元618~907年），定都长安。此后，李渊进行了统一全国的斗争，先后平定了各地的农民起义，解决了北方突厥的问题。唐太宗贞观二年（公元628年），唐正式统一了全国。

玄武门之变

唐朝开国以后，统治阶级内部围绕

着帝位继承的问题产生了深刻的矛盾。高祖李渊的三个儿子李建成、李世民、李元吉在征伐天下的过程中都有谋划统兵之功，同时各自形成了一定的私人势力。依据宗法制的原则"立嫡以长"，李建成被立为太子，但是李世民军功显赫，声望很高，对帝位也一直有着窥伺之心，建成惧怕二弟争夺帝位，就联合四弟元吉共谋对付。兄弟之间由此水火不容。公元626年，李建成和李元吉密谋夺取李世民的兵权并一举消灭之。李世民在得知消息后，先发制人，乘李渊召见太子的时候抢先在皇宫北门玄武门埋下伏兵，杀死了哥哥和弟弟。玄武门之变后，李渊被迫立李世民为皇太子，不久就自称太上皇，让出了帝位。李世民即位，这就是唐太宗。

贞观之治

玄武门政变之后，李世民当上了皇帝，年号贞观（公元627~649年），他就是唐太宗。唐太宗吸取隋亡的教训，实行了很多开明的政策和利国利民的措施，以巩固唐朝的政权。政治方面，他知人善任，虚怀纳谏；在隋制的基础上，进一步完善了三省六部制，制定了唐律；加强皇权，打击门阀制度，大力提高寒门士人的地位，扩大统治的基础。在经济方面，轻徭薄赋，劝课农桑；继续推行前代实行的均田制，并多次减免租税，兴修水利，促进生产发展。文化方面，兴科举，办学校，促进了教育的发展。民族关系方面，在华夷一体思想指导下，实行较开明的民族政策，密切民族关系。贞观年间实行的这些统治措施，使唐朝政权得到了巩固，社会经济迅速恢复和发展，出现封建社会历史上少有的海晏河清的大好局面。后世把这一时期称为"贞观之治"。

文成公主和亲

公元7世纪，吐蕃的首领松赞干布统一了青藏高原的众多部落，以逻些为首府建立了奴隶主政权。松赞干布多次派遣使者向唐王朝求婚。贞观十五年（公元641年），唐太宗把文成公主许嫁给他。文成公主入藏时，带去了许多手工业品、药物、诗文经史以及其他自然科学方面的书籍。后来松赞干布也多次派遣贵族子弟到内地学习中原地区的先进文化。在汉族先进的经济和文化的影响之下，吐蕃制定了历法，创造了文字，作藏文字母30个。在儒家思想和佛教教义的影响下，吐蕃还制定了"恶行十则"和"善行十六要"。文成公主入藏和亲，促进了藏族的经济和文化的发展，也加强了汉藏人民之间的友好关系，为民族的交往和融合作出了很大的贡献。

武则天称帝

唐高宗永徽六年（公元655年），原唐太宗才人武则天被高宗册封为皇后。由于唐高宗身体状况较差，武则天协助处理政事，天下称高宗和武后为"二圣"。弘道元年（公元683年），唐高宗病死，太子李显继位，是为中宗。两个月后，武则天废中宗，改立李旦为帝，是为睿宗，武则天临朝称制。光宅元年（公元684年），徐敬业在扬州起兵反对武则天临朝，被迅速平定；垂拱四年（公元688年），武则天加尊号"圣母神皇",称"陛下",李唐宗室琅玡王李冲、越王李贞等起兵反抗,也被镇压,随后李唐宗室相继被杀。天授元年(公元690年),武则天终于废掉了唐睿宗称帝,改国号周,建立起武周政权,中国历史上产生了唯一的一位女皇帝。武则天操纵国家大权近半个世纪,在政治上很有作为,但她任用酷吏,杀戮过重。神龙元年(公元705年),武则天病重,李唐王室和旧臣发动政变,拥立唐中宗复位,重建了唐朝。

开元盛世

公元712年,李隆基即位,是为唐玄宗。他在登基以后,针对当时朝政的弊端,进行了一些重大的改革。其主要内容有:1.整顿吏治,裁撤冗员,严格控制官吏的铨选。2.调整政府的机构设置,提高行政效率。3.采取措施消除阻碍农业发展的因素,推进农业生产。4.加强财政管理。5.整顿实封制度,限制食封贵族势力的发展。6.恢复道教的优先地位,压制佛教势力。由于这些切实可行的改革措施,唐代的社会经济在贞观之治的基础上,又有了更大的发展,社会经济空前繁荣,国力显著增强,几千年封建社会在这里达到了一个兴盛的顶峰。

唐都长安

历史上的唐朝,是当时世界上最为强盛的国家。国都长安是全国的政治、经济、文化中心。唐都长安分为外廓城、皇城、宫城三个部分。外廓城是城市居民区,从东、西、南三面拱卫皇城和宫城;皇城是中央政府机构所在地;宫城是皇帝和嫔妃居住的地方,也是政治权力的中枢之地。长安城的设计十分严整规范,街道都是正南正北、正东正西走向。东西长十八里,有11条大街;南北宽十五里,有14条大街。北城是宫城和皇城,南城主要是官僚住宅区,南城东西两翼为西市和东市,为商旅集散之地,200多个行业和几千家店铺,都集中在这里。城内市、坊分开,坊是住宅区,市为商业区。长安城人口约30万户,有来自边疆的各族人,还有许多外国商人、使者和留学生。唐都长安成为世界商业和文化的交流之地,也是当时世界上最大的国际大都会。

安史之乱

开元天宝年间,天下承平日久,统治者耽于安乐,不理朝政,国事日趋糜烂。身兼范阳、河东、平卢三镇节度使的安禄山,深得唐玄宗的信任,位高权重,手握重兵而心怀异志。公元755年,蓄谋已久的安禄山与其部将史思明以讨伐杨国忠为名,起兵反唐,"安史之乱"爆发。叛军一路南下,势不可挡。次年正月,安禄山在洛阳称大燕皇帝;六月,潼关失守,长安危急,唐玄宗仓皇入蜀,在行至马嵬驿时,军士发生哗变,杀死了杨国忠,并逼迫唐玄宗缢死杨贵妃。太子李亨在灵武即位,任用郭子仪为将,并借用回纥兵力,全力平叛。公元757年,安禄山被其子安庆绪杀死。唐军乘机收复长安、洛阳等地。两年后史思明率13万人进攻,洛阳再度沦陷。公元762年,唐军再次收回洛阳。公元763年,历时

8年的安史之乱终于平息。这场内乱是唐朝由盛至衰的转折点,唐王朝的全盛时代从此结束。

藩镇割据

安史之乱以后,地方节度使的势力进一步膨胀,所据的藩镇俨然成为独立王国,而中央政府却无力控制,形成了弱干强枝的局面。各藩镇中,势力最大为祸也最烈的是安史之乱的降将张忠志、田承嗣、李怀仙所治的成德、魏博、卢龙三镇。他们表面上尊奉朝廷,实际上各拥强兵,自任将吏,自收赋税。其职位也往往父死子继、兄终弟及,朝廷只能事后追认。此外重要的藩镇还有淄青、淮西、宣武、沧景等。藩镇割据使得唐朝后期的政局极为动荡不安。中央政府对藩镇进行了长期的斗争。唐宪宗元和十三年(公元818年),藩镇割据终于得到了控制和清除。唐王朝出现了"元和中兴"的暂时复兴局面。但仅仅两年后,唐宪宗被宦官杀死,藩镇相继恢复割据,一直延续到唐朝灭亡。

牛李党争

唐朝后期,在宦官专权的同时,官僚集团内部的斗争也更加激烈,他们各自结成不同的党派,相互倾轧。从公元820年到公元859年近40年的时间,以李德裕为首的李党与以牛僧孺为首的牛党发生了长期而激烈的争斗。整体看来,牛党相对比较保守,而李党则偏重革新。两党在朝政上分庭抗礼,一方上台后总是千方百计地排挤和打击另一方。双方的斗争互有进退,唐武宗时李党得势,唐宣宗时牛党当权。牛李党争局面的出现,其根本原因是皇权的威信大大降低,国家大政随着执政宰相的更迭而起伏;同时朝政也日益腐败,两党的争斗除了政治主张的分歧而外,也夹杂了朝臣们的个人恩怨。唐宣宗以后,由于宦官专权为祸日烈,朋党之争才逐渐平息。

五代十国

唐末农民战争之后,到北宋建国之前,中国又陷入了分裂的状态。黄巢起义被镇压后的十余年间,北方形成了几个较大的武装集团。其中的朱全忠集团在相互的争斗中占据了上风。天祐元年(公元904年),朱全忠用自己的亲兵取代了皇帝的禁军,同年八月杀死了唐昭宗,另立13岁的辉王李柷为唐哀帝。天祐四年(公元907年)朱全忠废唐自立,建立了梁朝,历史上称之为后梁。继后梁之后,黄河流域先后又建立过后唐、后晋、后汉、后周4个朝代,这就是五代。和五代大致同时,在南方还存在着十个割据政权,历史上称作"十国"。它们是吴、南唐、吴越、前蜀、后蜀、南汉、楚、闽、南平、北汉。五代十国的分裂状态持续了约60年的时间,到北宋时实现了统一。

北宋建立

后周显德六年(公元959年),周世宗病死,恭帝继位,殿前都点检、归德军节度使赵匡胤掌握兵权。第二年(公元960年)元旦,朝廷接到边境谎报契丹和北汉发兵南下,匆忙派赵匡胤统兵北上。大军行至陈桥驿时,赵匡胤之弟赵匡义和幕僚赵普策划将士发动哗变,声称愿意奉赵匡胤为天子。赵匡胤故作辞让,将士们把一件黄袍加在赵匡胤的身上,拥立他为皇帝。赵匡胤随即带着大军回师开封,逼迫恭帝禅位,轻易地夺取了后周的政权,改国号为"宋",建立了北宋王朝(公元960~1127年),史称"黄袍加身"。赵匡胤取后周而代之,引起地方势力的极大不满,昭义节度使李筠和淮南节度使李重进先后起兵,赵匡胤两次亲征,消灭了二李,也震慑了其他藩镇势力,巩固了新生的政权。

宋代的中央集权

北宋建国以后,为了有效地巩固政权,防止唐末藩镇割据君弱臣强局面的再度出现,采取了一些有力的措施加强中央集权。在军政方面,宋太祖赵匡胤通过杯酒释兵权的方式,解除了侍卫亲军、马步军都指挥使石守信和王审琦的兵权,加强了对于禁军的控制。军队的调遣权力由枢密院掌握,其长官由文人担任,皇帝总管军事大权,将帅千里之外作战,也必须按皇帝颁发的阵图陈兵布阵。公元965年,朝廷实行"更戍法",兵无常帅,帅无常师,以防武将专权。政府的组织方面,大体沿袭唐制,而相权遭到分割,大权集于皇帝一身。财政方面,国家直接监督各地收支,各郡要随时呈报地方财政的实际情况,赋税征收一律上缴国库,严禁地方私占。同时,司法大权也收归中央。宋代中央集权的加强,削除了割据隐患,巩固了国家政权,但国家权力的过度集中,使得地方州郡积贫积弱,一有战乱即成崩溃之势。整个宋代,对外妥协,苟且偷安,在历史上留下了许多耻辱。

北宋城市经济的繁荣

北宋社会,由于手工业和商业的兴起和发展,带动了城市的发展和繁荣。唐朝时期,10万户以上的大城市仅有13个,到了北宋中期,这个数字猛增到46个。都城开封总户数在26万以上,全国城市总人口超过百万。都城内作坊很多,街道两边的店铺、酒楼和各种各样的货行鳞次栉比,至少不下6000余家。此外还有定期的交易市场,比如相国寺、鼓扇百索市、巷陌杂市、乞巧市等。商品供应十分充足,有绸缎、绢帛、酒、茶、纸、书籍、水产品、牲畜、药材、金银器、铜铁器、珠宝等,还有来自外国的许多商品。城市有许多著名的游艺场所"勾栏瓦肆",聚集了大批艺人,经常演出皮影戏、鼓子词、杂剧、诸宫调等节目。除了开封之外,扬州、成都、兴元、泉州、杭州等地也是当时十分发达的大城市。

王安石变法

1067年,宋神宗即位。他任用王安石(1021~1086年)为相,实行变法,以求解除严重的社会危机。1069年,中央设立"制置三司条例司",作为创立新法的机构,相继制定了一系列的新法,对于经济、军事、教育几方面都提出了改革的方案。财政经济方面,主要有农田水利法、方田均税法、青苗法、募役法、均输法、市易法。军政方面,主要有将兵法、保甲法、保马法及设置军器监。教育方面,兴学校,改科举。王安石变法收到了一定的预期效果,但是触动了大官僚、大地主的既得利益，引起了特权阶层的普遍反对，而且在具体实施过程中也因用人不当而对下层人民带来了更加沉重的负担，只因有皇帝的强力支持，变法才得以推行。宋神宗死后，司马光于1086年出任宰相，新法几乎全部废除，变法归于失败。

宋辽澶渊之盟

北宋景德元年（1004年），辽国皇太后和辽圣宗以收复瓦桥关南十县为名率兵南犯宋境。十一月，抵达重镇澶渊城北，直接威胁宋朝的都城东京开封。北宋朝野人心不定。宰相寇准临危不乱，力请宋真宗亲征澶渊。宋军在澶渊前线射杀了辽军统军使萧挞凛，辽军士气受挫。宋真宗在寇准的催促之下登上澶州北城门楼以示督战，宋军士气大振。两军出现相互对峙的局面。辽军因为折将受挫，表示同意与宋议和。同年十二月，双方达成以下协议：1.宋辽各守疆界，互不侵犯，约为兄弟之国，辽帝称宋帝为兄，宋帝称辽帝为弟。2.宋朝每年给辽绢20万匹，银10万两，称为岁币。3.双方人户不得交侵，对于逃亡越界者，双方都要互相遣送。澶渊之盟是宋辽双方势力均衡条件下的产物。此后宋辽形成了长期并立的形势，两国之间不再有大的战事。

西夏建立

西夏是党项族建立的国家。党项族原处于青海的东南部和四川西北边区一带。公元635年，部族首领拓跋赤辞率部归附唐朝，被封为都督。唐末党项族协助镇压黄巢起义有功，被封为节度使，赐姓李，晋爵为夏国公，领有夏、银、绥、宥、静五州。宋初党项内部出现分裂，与宋朝也不时发生战争。1032年，李元昊继位为党项首领，他先后占领了东至黄河，西到玉门，南接固原，北及大漠的广大地区。1038年十月，李元昊正式称帝，国号大夏，定都于兴庆府（今银川市），因为它位于北宋王朝的西部，历史上称之为西夏。西夏仿照宋朝的政治制度建立起一套统治机构，也推行科举考试，同时仿照汉字创造了西夏文字。西夏建国以后，采取联辽攻宋的策略，多次对宋朝发动战争。1044年，宋夏达成和议，元昊取消帝号，对宋称臣，由宋册封为夏国王，宋每年赐给西夏银7万多两，绢15万匹，茶叶3万斤。西夏与宋之间的战争宣告停止。

方腊、宋江起义

北宋末年，朝政腐败，阶级矛盾急剧激化。宣和二年（1120年）十月，睦州青溪农民在方腊的领导下聚众起义。方腊自称圣公，建立了政权，任命了一批官吏将师。两浙地区的农民纷纷响应，起义队伍很快就扩大到了数万人。到了第二年二月，义军占领了睦、歙、杭等6州52县，起义斗争达到了高潮。北宋朝廷任命童贯为江淮荆浙宣抚使，率领15万精锐禁军南下镇压。由于方腊没有乘胜进军，失去了战机，陷入被动，宣和三年（1121年），起义失败，方腊被俘，就义于开封。在方腊起义之前，宋江就已经在河东和京东地区起义，义军转战青、齐、单、濮各州，多次打败官军的进攻，宋江还拒绝了朝廷的招安。宣和三年（1121年），起义军被海州知州张叔夜伏击，损失巨大，宋江向张叔夜投降。这两次起义，极大地震撼了北宋王朝的统治。

金国建立

金国是女真族建立的一个国家。女真族居住在白山黑水之间的东北地区，隋唐时期称为靺鞨，五代时称为女真，臣属于辽国，辽国对女真的政治压迫和经济剥削都比较严重。1113年，完颜阿骨打继任女真部落联盟的首领，统一了女真各部。次年，阿骨打集结各部举兵反辽，在几次战役中获得了大量的兵器、马匹和战俘，大大充实了自己的兵力，进而建立起一支强大的军队。1115年正月，完颜阿骨打正式称帝，国号"大金"，取其坚实不衰之意。建国之后，金国与北宋联手对辽国发动了猛烈的攻势，经过10年的战争，于1125年灭掉了辽国。此后，金军目标直指北宋，对北宋发动了战争。北宋的末日已为期不远。

靖康之变

北宋靖康元年（1126年），金兵分东、西两路南侵。十一月，两路金军渡过黄河，北宋军队望风而退，举朝惊惶，被迫答应了金朝以黄河为界的退兵条件。但是这也只不过是金军稳住北宋君臣、争取进军时间的诡计。此后两路金军陆续抵达汴京城下，城中宋军不过数万，京城危在旦夕，但城中军民的抗敌情绪十分高昂，请求作战的群众多达30万人。而宋钦宗却亲往金营议降，答应了金人提出的巨额勒索。靖康二年（1127年）钦宗再赴金营时被扣押。北宋朝廷严令禁止军民的武装抗金。二月，金军下令废除徽宗和钦宗二帝，北宋宣告灭亡。四月，金军掠夺了大量的财物，带着徽、钦二帝及宗室、大臣等3000多人撤离汴京北归。这就是"靖康之变"。

南宋建立

靖康之变后，金兵俘虏徽、钦二帝北还。宋徽宗第九个儿子康王赵构同年在河南商丘即位，改元建炎，他就是宋高宗。随后朝廷南迁至临安（杭州），南宋（1127~1279年）开始。南宋建国之初，高宗为了收买人心，起用抗战派李纲为相，进行抗金的斗争；同时他又担心战争胜利后宋钦宗会回来和他争夺皇位，于是又任命了一大批投降派的官僚居于要职。因此，南宋抗金斗争中主战派与投降派之间的激烈斗争自南宋初年就开始了。以宋高宗为首的妥协投降派对李纲的抗金斗争百般阻挠，李纲入相仅75天即被罢免。1129年金军发动了对南宋的第三次战争，宋高宗一路狂奔逃到了海上。南宋军民群起而抗金，次年金军北退。宋高宗从海上回到了临安。1138年，临安正式成为南宋的都城。此后，东起淮水、西到秦岭的宋金战线逐渐地稳定下来。

岳飞抗金

靖康之变以后，黄淮之间爆发了大规模的抗金斗争。岳飞（1103~1142年）和抗金名将宗泽、韩世忠等一道，站在抗金斗争的最前线。1139年，金军发动大规模的侵略战争，岳飞率领岳家军顽强反击，挺进中原。七月，岳飞和金兀术1.5万精锐骑兵发生激战，大败金兵，然后乘胜向朱仙镇进军。此次北伐中原，收复了颍昌、蔡州、陈州、郑州、郾城、朱仙镇，消灭了金军有生力量，南宋的抗金斗争发生了根本的转机。但是就在这关键时刻，宋高宗担心一旦中原收复，钦宗回国，他就难保皇位，因此与秦桧极力破坏抗战。他们首先令东西两线收兵，造成岳家军孤军突出的不利态势；然后以"孤军不可久留"为名，连下12道金牌令岳飞班师。为了避免孤军被灭，岳飞被迫回师。回到临安以后，岳飞被以"莫须有"的罪名杀害。岳飞精忠报国，不屈不挠地坚持抗金战争，是一位杰出的军事将领。

蒙古汗国建立

蒙古是中国北方的一个古老民族。10世纪时，蒙古高原上生活着蒙古部、塔塔儿部、弘吉剌部、汪古部、蔑乞儿部、克烈部等，各部之间相互攻战残杀。1189年，蒙古族的杰出英雄铁木真（1162~1227年）被推举为蒙古部的首领。他经过十年的征战，先后打败了札塔剌、克烈、乃蛮等部，最后统一了蒙古高原。1206年，铁木真被推为高原各部的最高统治者，尊称成吉思汗，蒙古汗国宣告建立，都城建在和林。成吉思汗制定了一整套的政治、军事、法律制度，壮大汗国的实力。

成吉思汗西征

蒙古汗国成立以后，成吉思汗率领精锐的铁骑对邻国进行了旷日持久的掠夺战争。先后征服了中亚、西亚、欧洲诸国，建立起了地跨欧亚大陆的幅员辽阔的国家。1219年起，成吉思汗带着他的儿子术赤、察合台、窝阔台三人，统领20万大军大举西征，陆续攻下了讹答剌城、不花剌、撒麻耳干、玉龙杰赤、呼罗珊、克里木半岛等地，一直打到了里海边。在攻城略地的同时，西征部队与以前的异族征战部队一样，一路野蛮地烧杀抢掠。成吉思汗死后，他的后代又发动了两次西征，一直打到了欧洲，先后攻下了不里阿耳（保加利亚）、孛烈儿（波兰）、马札儿（匈牙利）、报达（巴格达）等地区。成吉思汗及其子孙的西征，给中亚、西亚和欧洲国家的人民带来了巨大灾难，另一方面又促进了这些地区的文化交流。

元朝建立

1258年，蒙古国大汗蒙哥决定征伐南宋。他亲率大军4万进攻四川，以忽必烈为帅进攻鄂州，以镇守大理的兀良合台北上，意在三军会师鄂州，然后顺江而下消灭南宋。1259年，蒙哥在战争中受伤不治。忽必烈随后撤军回国夺取汗位。次年三月，忽必烈率军北行到了开平，接受诸王和大臣的"劝进"，即大汗位，以开平为都城。同时，阿里不哥也在漠北和林宣布自己为大汗。1264年，阿里不哥汗向忽必烈投降。忽必烈改称开平为上都，燕京（今北京）为中都。1271年，忽必烈改国号为大元，他就是元世祖。第二年，忽必烈改中都为大都，实现了元朝统治中心向汉地的转移。

文天祥抗元

忽必烈稳定了政权之后，大举进攻南宋。1276年，元军占领了临安，宋恭帝被俘。临安陷落以后，文天祥、张世杰、陆秀夫等仍然率领军民坚持抗元斗争。同年五月，益王赵昰即位，改元景炎，他就是宋端宗。端宗任命文天祥为丞相兼知枢密院事。文天祥建议组织水军经海路收复两浙失地，被左丞相兼都督陈宜中否决，他只好以同都督的身份离开朝廷前往江西发动军民抗战。景炎二年（1277年），文天祥率军反攻江西，先后收复了赣州、吉州的部分土地。次年四月，宋端宗死，赵昺即位，改元祥兴，移驻广东。文天祥收拾宋军残部，继续坚持战斗，直至兵败被俘。文天祥被押往大都以后，拒绝了忽必烈的亲自劝降，于1283年从容就义。1279年二月，宋元双方在海上展开会战，宋军大败，陆秀夫背着幼帝赵昺投海而死。南宋王朝的抗元力量被全部消灭。

明朝建立

朱元璋（1328~1398年）于1352年参加了红巾军，1355年升任都元帅。第二年，他率大军攻占集庆（南京），改为应天府。朱元璋以应天府为根据地，迅速向皖南、两浙地区发展，陆续攻占常州、江阴、徽州、扬州、建德等地，进一步扩大自己的势力。他十分注意招揽人才，许多名士都投奔到他的麾下。1357年，攻占徽州以后，朱元璋采纳了谋士"高筑墙，广积粮，缓称王"的建议，注意巩固后方。至正二十三年（1363年）四月，朱元璋在鄱阳湖大败陈友谅。1364年正月，朱元璋接受部下"劝进"，即位称王。1365年，朱元璋对张士诚发动战争，次年九月俘虏了张士诚。1367年，朱元璋派25万大军北伐，开始了灭亡元朝的计划。他在战斗檄文中提出了"驱逐胡虏，恢复中华"的口号。第二年正月，朱元璋在应天即位称帝，国号大明（1368~1644年），建元洪武，他就是明太祖。同年八月攻占大都，元朝灭亡。然后又用了20年的时间，统一了全国。

靖难之役

明太祖在加强中央集权的同时，把他的20多个儿子分封为王，一部分授以兵权，节制诸路兵马，而且还规定，诸王有移文朝廷索取奸臣和举兵清君侧的"靖难"大权。这在客观上造成了诸王割据的局面。1399年，朱元璋死，皇孙朱允炆即位，是为建文帝。建文帝及其诸大臣鉴于诸王势力太大，决定削藩。同年八月，拥有重兵的燕王朱棣不甘心被削权，援引祖训以进京诛杀奸臣为名，从北平起兵发动了"靖难"之役。建文帝先后派老将耿炳文和李景隆率兵，都被燕王打败。经过四年战争，朱棣攻破了南京，建文帝不知去向。朱棣夺取了政权，于1403年即皇帝位，年号永乐，他就是明成祖。

迁都北京

明朝建国之初，朱元璋以应天府（今南京）为京师，其四子朱棣为燕王，以北平为藩邸，负责抵御长城以北元军的进犯。靖难之役以后，朱棣即帝位，为了加强北部和东北部的边防，改北平为北京,并设立行在六部。永乐四年(1406年),下诏在北京修建宫殿。1409年以后,为了全力组织对于蒙古军的进攻,明成祖长驻北京,以太子驻守南京监国。到了永乐十八年(1420年),北京的宫殿正式建成。当年九月,明成祖下诏宣布第二年改京师应天府为南京,而以北京为京师。永乐十九年(1421年),明朝正式迁都北京。明朝两京制的格局形成,北京逐渐成为全国的政治、军事中心,既可以就近指挥长城一线的军事防御,又能加强对于东北地区的控制,巩固了明王朝的统一。

郑和下西洋

明朝初年,社会经济恢复发展,国力逐渐强盛。永乐、宣德年间,朝廷派遣郑和七下"西洋",出使亚、非30多个国家和地区,以炫耀"天朝大国"的富强,"宣德化而柔远人"。郑和(1371~1433年)初名马三宝,12岁时入宫为太监,又称作三宝太监。永乐三年(1405年)六月,明成祖朱棣派郑和率领由63艘大船、27670人组成的庞大船队,首次出使西洋。船队从苏州刘家港出发,沿福建海域南下,到了越南的南部,又经过爪哇、苏门答腊群岛,直达印度半岛西南端。永乐五年(1407年)九月归国。此后,郑和又进行了6次航行,最远到达非洲东海岸肯尼亚的蒙巴萨。郑和船队的远洋航行,在太平洋和印度洋上纵横将近30年,开辟了多条新航线,是世界航海史上前所未有的壮举。

土木之变

明英宗正统年间,瓦剌部首领脱欢统一了蒙古高原。正统十四年(1449年)七月,瓦剌大举攻明。明英宗在宦官王振的怂恿之下,没有做好任何战争准备,就率领50万大军亲征。大军出居庸关,过怀来,至宣府。两军还没有交锋,镇守太监郭敬报告说蒙古军兵力强大,王振十分害怕,即怂恿明英宗撤军。在撤军的途中,他又想从其家乡蔚州回师,以显示自己的威风。后来又怕大军损坏其家乡的农田而中途变卦,行军路线屡变,将士劳苦不堪。明军行至土木堡时,被蒙古骑兵包围,明军仓促应战,死伤过半,王振死于乱军之中,明英宗被俘,军队的全部辎重骡马被蒙古军缴获。这就是"土木之变"。随后蒙古大军兵临北京,以于谦为首的主战派官员拥立英宗之弟即位,组织20万大军保卫京师。第二年蒙古放回了英宗,数年后,旧党发动夺门之变,拥立英宗复辟,于谦被害。

戚继光抗倭

明朝中叶以后,政治腐败,海防松弛。日本海盗经常出没于东南沿海,侵犯中国领土,抢劫商旅,杀害百姓,无恶不作。人们把这些以日本浪人为主的海盗称作"倭寇"。嘉靖年间,倭寇气焰十分嚣张,沿海人民深受其害。名将戚继光(1528~1587年)奉命抗倭。他招募农民和矿徒组成新军,严明纪律,并配以精良的战船和兵械,精心训练。针对南方多湖泽的地形和倭寇作战的特点,他创造出了"鸳鸯阵法",即以12人为一队,长短兵器配合,灵活作战。嘉靖四十年

（1561年），戚继光在浙江台州九战九捷，大败倭寇。第二年，福建告急，戚继光率军入闽，在兴化、横屿等地给进犯的倭寇以歼灭性的打击。第三年，他又和另一位抗倭名将俞大猷合力清除了广东的倭寇。为害多年的东南倭寇之患最终平息。

张居正改革

明朝中叶，封建统治出现了严重的社会危机。万历元年（1573年），明神宗朱翊钧即位，张居正与太监冯保合谋，排挤掉权臣高拱，自任首辅，掌握了朝政大权。他针对当时朝廷在政治、经济、军事方面的诸多弊端，进行了一系列的社会改革。政治上，他提出"尊主权，课吏职，信赏罚，一号令"，解决官僚阶层争权夺势、玩忽职守的腐败之风。军事上，他起用戚继光镇守蓟门，李成梁镇守辽东，又在北方长城上加修敌台3000多座，加强了北方的军备。其改革的主要内容，还是在经济方面。他陆续实施清通欠、省驿递、惩贪墨、省支出等措施。在此基础上，他开始改革赋役制度，推行"一条鞭法"：1. 赋役合并，以丁田分担役银；2. 田赋征银；3. 赋役的征收解运由地方官吏直接办理，废除原来粮长、里长代征代解赋役的旧制。这是中国赋役制度史上继两税法之后的又一次重大改革。张居正的改革使社会矛盾趋于缓和，国家财政有所好转。

东林党

明朝后期，朝臣结党，派系林立。万历三十二年（1604年），落职还乡的原吏部郎中顾宪成在地方官员的资助下，与高攀龙一起讲学于无锡东林书院，他们讽议时政，裁量人物，其言论形成了广泛的社会影响，在朝在野的各种政治人物和东南城市势力以及一些地方实力派都聚集他们周围，形成了一个声势浩大的东林党。东林党人和政治上的反对派就"梃击""红丸""移宫"三案展开了交锋，盛极一时。天启年间，宦官魏忠贤为首的阉党把持朝政，对东林党人实施了血腥的镇压。天启四年（1624年），东林党人杨涟因为弹劾魏忠贤二十四大罪状被捕，与左光斗等四人同时被害。魏忠贤又借三案为题，毁东林书院，制作《东林点将录》，按书抓捕，东林党人被逐一杀害、流放和监禁。天启七年（1627年），明思宗朱由检即位，魏忠贤自缢而死，对于东林党人的迫害才宣告停止。

李自成起义

明末天启、崇祯年间，陕北连年灾荒，农民纷纷起来反抗明朝的统治。天启六年（1626年）以后，李自成聚集了3万人造反起义，崇祯三年（1630年），他率领人马投靠闯王高迎祥，转战于陕西、山西、河南、湖北等地。崇祯七年，高迎祥战败被杀，李自成被众人推举为闯王，经过连年的征战，到崇祯十三年（1640年）时，部队发展到百万之众。崇祯十四年（1641年），起义军攻破洛阳，诛杀福王朱常洵，没收王府的金银和粮食，赈济灾民。此后，农民三次包围开封，连克项城、南阳、襄城、朱仙镇。崇祯十六年，李自成被推举为顺天倡义大元帅，称新顺王。崇祯十七年（1644

年）二月，义军兵分两路直指北京。三月十九日，大军攻占北京。崇祯皇帝自缢，明朝灭亡。由于起义军在胜利时丧失了警惕，明朝山海关守将吴三桂引清军入关。四月下旬，李自成率20余万大军迎战，失败后退回北京。随后放弃北京南下，经晋入陕。次年四月，在湖北通山的九宫山下为地主武装所围困，李自成牺牲，起义宣告失败。

清朝建立

公元10世纪后，世居东北地区的女真族建立金朝，灭辽伐宋。明朝时期女真族分为建州女真、海西女真和野人女真三大部，满族出自建州女真。明朝万历年间起，努尔哈赤用了几十年的时间，统一了女真各部。在部族统一战争中，努尔哈赤建立了八旗制度。明朝万历四十四年（1616年），努尔哈赤在赫图阿拉称汗，建立了大金国，历史上称作后金。明天启元年（1621年），后金打败了明朝军队的进攻，攻取了沈阳，五年后把都城迁到了这里。努尔哈赤死后，皇太极势力最大，夺取了汗位，改女真族名为满洲，由皇太极和其兄代善、阿敏、莽古尔泰四大贝勒共同把持军政大权，进行了一系列的改革措施。1636年，皇太极在盛京称帝，改国号为"清"，他就是清太宗。清朝（1616~1911年）正式建立。

清军入关

1643年，皇太极死，其子福临即位，这就是清世祖顺治皇帝。由于福临年幼，由叔父睿亲王多尔衮辅政。崇祯十七年（1644年）四月，清军由摄政王多尔衮率领，倾巢南下。当时李自成的农民起义军已经攻入了北京，推翻明朝，崇祯皇帝自缢。辽东总兵吴三桂率精锐部队南下进入山海关，并拒绝了李自成的招降。山海关依山临海，形势险要，是兵家必争的战略要地。双方在山海关发生激战，吴三桂兵败在即。四月十五日，清朝大军行进至翁后（今辽宁阜新附近），接到镇守山海关的明朝辽东总兵吴三桂的"乞师"书，立刻向山海关进军。四月二十二日，清军疾驰至山海关，吴三桂引清军入关，正式投降了清朝。李自成寡不敌众，只好撤退。战略重地山海关大门洞开，清朝大军进入中原，取代了明朝对全国的统治。

八旗制度

努尔哈赤在统一女真各部的过程中，把原先的"牛录"（一种女真人从事军事和狩猎的小行动集体）改造成为"固山"（汉语"旗"的意思）。到1601年，他已经设立了黄、白、红、蓝四旗，1615年，正式建立了八旗制度。规定每300人立为一牛录，五牛录立一扎兰额真，五扎兰额真立一固山额真（旗）。同时又在旧有的黄、白、红、蓝四旗之外，增加镶黄、镶白、镶红、镶蓝四旗（即是在原来四种颜色的旗帜上镶上不同颜色的边缘，规定黄、白、蓝镶红边，红旗镶白边）。皇太极即位以后，又把归附的蒙古人和汉人编为蒙古八旗和汉军八旗。以后又将东北少数民族编入布特哈八旗。八旗制度在建立之初，兼有军事、行政和生产三方面的职能。后来受到中原文化的影响，把黄色作为皇帝的专用颜色，因此满族八旗正黄、镶黄两旗就成了天子亲自统帅的两旗，顺治以后，加上正白旗，合称为上三旗，地位要高于另外的下五旗。

▎郑成功收复台湾

台湾岛自明朝天启四年（1624年）就遭到了荷兰和西班牙殖民者的入侵。清初的全国性的抗清斗争中，活跃在东南沿海的是郑成功（1624~1662年）所领导的"海上武装"。随着全国性抗清高潮的低落，郑成功准备渡海登台，寻求新的抗清根据地。顺治十八年（1661年）三月，郑成功率领2.5万名官兵，大小战船数百艘，从福建金门出发，经澎湖，抵达台湾西南沿海，在赤崁城附近的禾寮港登陆，并率兵围攻赤崁城。荷兰守军放弃赤崁，退守台湾城负隅顽抗。郑成功切断了城内水源以及和外界的所有联系，同时派水师阻击荷兰的海上援军。8个月后，荷兰殖民者宣布投降。在遭受了38年的殖民统治之后，台湾又回到了祖国的怀抱。

▎文字狱

清王朝为了加强文化专制和思想钳制，大兴文字狱。康熙二年（1663年）就发生了著名的庄氏史案。文字狱的大规模兴起是在康熙晚年。康熙五十年（1711年），发生了《南山集》一案，其作者戴名世因为议论南明史事，用了南明诸帝的年号，被人告发而处斩，不少人遭到牵连。雍正年间的吕留良案是最大的一件文字狱，吕留良是清初著名学者，有强烈的民族意识。曾静接受了他的思想主张，于雍正四年（1726年）上书川陕总督岳钟琪（岳飞后人），劝其举兵反清，被岳告发。吕留良被开棺戮尸，相关人员或死或流。此外著名的文字狱还有查嗣庭、胡中藻、王锡侯等案，其他文字狱则不胜枚举。文字狱的处罚极为惨无人道：死人开棺戮尸，活人凌迟、斩首或绞死，亲属遣戍，妇女入官为奴婢等等。这种残酷的文化钳制政策，使得清中后期的读书人为了避祸全身，将大量的聪明智慧用在了文字、训诂等烦琐考证之类的学问上面，思想、文化的发展受到了强力的钳制，于后世流毒无穷。

▎第二次鸦片战争

鸦片战争之后签订了一系列的不平等条约，外国侵略者后来提出了修改条约的要求，企图扩大侵略权利，被清政府拒绝。咸丰六年（1856年），英国与法国共同出兵，再一次发起了侵略战争，历史上称作第二次鸦片战争。英法联军进攻广州，由于清军未做战争准备，广州失守。第二年春，联军北上，在大沽口登陆，攻陷天津。当时清王朝正全力与太平天国军作战，只得与英法两国议和。6月下旬，英、法、美、俄公使威逼清政府签订《天津条约》。条约签订后，英、法政府决定以武力为后盾坚持进京换约。1859年6月17日，联军舰船再次攻打大沽口，被清军击退。英法政府决定进行大规模的报复。1860年，英法联军占领天津。10月初，联军进逼北京。咸丰皇帝逃往热河。英法联军攻占北京以后，大肆烧杀抢劫。随后，英法政府迫使清政府与之签订《北京条约》。俄国乘机从中渔利，与中国签订了《中俄北京条约》。11月，侵略军撤出京津地区，第二次鸦片战争结束。

火烧圆明园

圆明园是清代最大的皇家园林。从1709年兴建到1860年焚毁，清政府花费了巨大的财力物力，一共经营了151年。该园由圆明园、万春园、长春园三园组成，既继承了中国历代优秀的园林艺术，又大胆地吸收了西方的建筑成就，是中西合璧的园林艺术之珍品。园中珍藏着大量的孤本秘籍、名人字画、鼎彝礼器、金珠珍品和铜瓷古玩，堪称人类文化宝库。1860年10月，英法联军占领北京以后，冲入圆明园。联军司令部下令可以"自由抢劫"，1万多名侵略官兵大肆抢掠和毁坏。10月18日，3500名英军手持火把再次进入圆明园，这座世界上最壮观的皇家园林连同园内的300多名太监、宫女和工匠被尽付一炬。火烧圆明园，是人类文化史上的一大浩劫。

洋务运动

第二次鸦片战争以后，清朝统治阶级就如何解决内外矛盾的问题，形成了一个较为开明的洋务派。洋务派在中央以奕䜣为代表，在地方上则以曾国藩、李鸿章、左宗棠、张之洞、沈葆桢、丁日昌等为主力。他们力主学习西方的先进生产技术，以富国强兵，"自强御侮"。1861年，曾国藩创办安庆军械所，主要生产子弹、火药和炸弹，这是中国最早的近代军事工业。1872年，李鸿章在上海开办轮船招商局，这是中国第一家近代轮船公司，也是洋务派兴办的第一个民用企业。其他还有开平矿务局、汉阳铁厂、电报总局、上海机器织布局等企业。同时，还兴办铁路事业，创建海军，筹设海防。为适应需要，洋务派还举办了京师同文馆等一批新式学堂，培养人才，并分批派遣留学生出国深造。洋务运动引进了西方先进科技，在客观上刺激了中国资本主义的发展。

中国民族资产阶级产生

鸦片战争以后，根据不平等条约的规定，外国资本主义开始进入中国经商和投资办厂。这在客观上为中国资本主义的产生和发展提供了可能的条件。洋务运动开始后，一大批中国资本主义工业在上海、广东和天津等沿海地区兴起，许多官僚、地主和商人开始投资于近代企业，建立厂房，购置外国机器，购买原材料，以雇佣剥削的方式招募中国工人进行生产，这些投资建厂的官僚地主和商人们逐渐形成了一股独立的政治力量，中国民族资产阶级宣告诞生。由于当时的特定环境，中国民族资产阶级内受封建势力的束缚，外遭帝国主义的压迫，同时又和它们保持着一定的依赖关系。这样，中国民族资产阶级从产生的那一天起，就具有革命性和妥协性的双重特点。19世纪末，中国民族资本主义有了初步发展，为旧民主主义革命奠定了阶级基础。

同盟会

1905年7月,孙中山自欧洲经南洋抵达日本,与黄兴等商议组建新的革命组织。经过一系列紧张的筹备,同年8月,同盟会在日本东京正式成立。同盟会设立总理(始终由孙中山担任),总理之下仿照西方三权分立原则设立执行、评议、司法三部;执行部下设庶务、内务、外务、书记、会计、调查六科,由总理直辖;评议部长为汪精卫;司法部判事长为邓家彦。成立大会通过了《中国同盟会总章》,确定以孙提出的"驱除鞑虏,恢复中华,创立民国,平均地权"为同盟会政纲,后来孙中山又将其概括为三民主义。在孙中山的领导之下,同盟会努力开展各项活动和斗争,担负起领导中国民主革命的重任。1912年,经宋教仁等积极筹划并经孙中山同意,同盟会联合其他几个政治组织,改组为中国国民党。

三民主义

1905年,在同盟会机关报——《民报》的发刊词中,孙中山把同盟会的纲领阐发为"民族""民权""民生"三大主义,简称为三民主义。民族主义就是"驱除鞑虏,恢复中华",推翻清朝专制统治,反对民族压迫;民权主义即推翻君主专制政体,建立国民的政府,这是三民主义的核心;民生主义即平均地权,就是国家核定地价,征收地租税,同时逐步向地主收买土地。后来,孙中山又提出"土地国有"政策。后来,中国国民党成立,把三民主义改造为"新三民主义"。

黄花岗起义

同盟会成立以后,先后发动了7次起义,都宣告失败。1910年,孙中山举行秘密会议,召集黄兴、赵声、胡汉民等人商议在广州再次起义。1911年1月,在香港成立了起义领导机关。由于中途事情变故,起义时间一再推迟,最后确定为4月27日。起义前,黄兴、林觉民、方声洞等敢死队员写了绝命书,表示了誓死革命的决心。4月27日,黄兴集合先锋队员120多人起义,直扑总督衙门。战斗进行得十分激烈。由于寡不敌众,起义最终宣告失败。同盟会牺牲的党员众多,其中有72人的忠骨葬于广州黄花岗,这就是黄花岗72烈士。这次起义也因此称作黄花岗起义。

保路运动

20世纪初期,帝国主义列强不断扩大对华的资本输出,竞相抢夺中国铁路的修筑权。铁路权的丧失,严重威胁到国家的经济安全和国防安全。光绪三十一年(1905年)前后,全国各地掀起了收回路权的斗争。当时盛传清政府准备将川汉铁路的建筑权出卖给英国,四川民众立刻起来抵制,自动筹款修建川汉铁路。宣统三年(1911年),清政府宣布"铁路国有"法令,收回已经允许商办的铁路。消息传到四川,川汉铁路股东在成都成立了"保路同志会",不到半个月的时间,保路同志会发展到10万人。四川总督赵尔丰下令逮捕同志会首领蒲殿俊、罗伦等人。数万成都市民到总督衙门要求放人,赵尔丰竟然下令屠杀请愿者,制造了成都血案。全国各地民众纷纷起义，点燃了武昌起义的导火线。

武昌起义

同盟会成立以后，多次发动武装起义，为辛亥革命准备了条件。宣统三年（1911年，辛亥年），共进会和文学社两个革命组织举行联合会议，商量举行起义的计划。会议决定10月6日发动首义。后来因为形势有变，10月10日武昌起义打响了第一枪，两天后，革命军占领了武汉三镇。由于革命领导人都离开了武昌，黎元洪在革命党人的威逼之下就任都督，成立了湖北军政府。汉口、汉阳也相继成立了革命政权。武昌起义的胜利使得革命迅速蔓延，短短两个月时间，即有鄂、湘、陕、赣、晋、黔、苏、浙、桂、皖、粤、闽、川等省先后宣布独立。清政府迅速陷入了崩溃局面。孙中山于12月回国，经十七省代表会议推举为临时大总统。1912年1月1日，中华民国临时政府在南京宣告成立。以武昌起义为高潮的辛亥革命，结束了长达两千多年的封建君主专制统治，建立了民主共和国，开辟了中国历史的新纪元。

"五四"爱国运动

1919年4月，第一次世界大战的战胜国在巴黎召开"和平会议"，规定战败的德国将其在中国的权益无条件转让给日本。消息传到国内，举国震惊。5月4日，北京3000余名大中学生在天安门集会，呼喊"外争国权，内惩国贼"，"誓死力争，还我青岛"等口号，反对签订条约。以学生斗争为先导的"五四"爱国运动由此爆发。运动迅速波及全国。6月3日起，运动的主力由学生转变为工人阶级，中国工人阶级开始以独立的姿态登上政治舞台，各地工人纷纷举行罢工抗议活动。五四运动是中国革命史上具有划时代意义的事件，标志着中国新民主主义革命的开端。

中国共产党成立

五四运动以后，马克思主义在中国迅速传播，各地纷纷建立共产主义小组。1921年6月，共产国际代表抵达上海，提出召开中国共产党全国代表大会的建议。7月23日，中国共产党第一次全国代表大会在上海举行。出席会议代表一共12人。大会最后一天转移到浙江嘉兴南湖的一只游船上进行。大会的中心议题是正式建立中国共产党，通过了党的《中国共产党纲领》和《关于当前实际工作的决议》，选举产生了由陈独秀、张国焘、李达三人组成的中央局。陈独秀以其崇高威望和为建党所作的卓越贡献，被选举为中央局第一任书记。中国共产党是马克思主义同中国工人运动相结合的产物，她的成立给中国人民和中国革命带来了重大影响。

中国国民党

中国国民党由孙中山创立，前身为兴中会、同盟会、国民党和中华革命党。1912年，同盟会联合一些小型政党组成国民党。二次革命失败以后，孙中山和黄兴等人流亡日本。1914年，孙中山在日本另组中华革命党。1919年10月10日，孙中山在广州改组中华革命党为中国国民党，并且公布了《中国国民党规约》，规定"本党以巩固共和、实行三民主义为宗旨"。中国国民党的组织制度为总理制，设总理1人，总揽党务。党本部设立总务部、党务部、财务部等，孙中山就任总理。为了区别原来的国民党，党名前加上"中国"两个字。

中国人民政治协商会议

1949年9月，中国人民政治协商会议第一届全体会议在北平举行。参加会议的有46个单位的代表共662人。此次会议代行全国人民代表大会的职权，代表全国人民的意志，宣告了中华人民共和国的成立；通过了具有临时宪法性质的《中国人民政治协商会议共同纲领》及《中国人民政治协商会议组织法》《中华人民共和国中央人民政府组织法》；决定中华人民共和国定都于北京，国旗为五星红旗，以《义勇军进行曲》为代国歌，采用公元纪年法纪年；选举了中央人民政府主席、副主席、委员，并选举产生了中国人民政治协商会议第一届全国委员会。

中华人民共和国成立

1949年10月1日，中华人民共和国中央人民政府委员会在北京中南海勤政殿举行第一次会议。会议推选林伯渠为中央人民政府委员会秘书长，任命周恩来为中央人民政府政务院总理兼外交部长，毛泽东为中央人民政府人民革命军事委员会主席，朱德为中国人民解放军总司令，沈钧儒为中央人民政府最高人民法院院长，罗荣桓为中央人民政府最高人民检察署检察长。会议决定接受《中国人民政治协商会议共同纲领》为中央人民政府的施政方针。下午3时，30万群众齐集天安门广场，隆重举行开国大典。毛泽东亲手升起第一面五星红旗，宣读了《中华人民共和国中央人民政府公告》，庄严宣告中华人民共和国中央人民政府成立。中国人民解放军总司令朱德检阅了三军部队，并宣布了《中国人民解放军总部命令》。中华人民共和国的成立，结束了中国半殖民地半封建社会的历史，开创了中国历史的新纪元。

世界历史大事

犹太王国

公元前1500~前1000年，从事游牧的希伯来人进入巴勒斯坦，形成部落联盟。后来犹太国王大卫统一巴勒斯坦，彻底击败腓利斯丁人，并进而征服其余的迦南人居住区，建立以色列-犹太国家，定都耶路撒冷。这是最早的犹太王国。公元前922年，国王所罗门死后，又分裂为两个国家，北部独立为以色列王国，南部由罗波安统治，称犹太王国。公元前722年，以色列王国被亚述所消灭。公元前586年，耶路撒冷被攻破，犹太王国灭亡。

日耳曼人大迁徙

日耳曼人居住在古罗马帝国的北部地区，有20多个分支，其中比较有名的有哥特人、汪达尔人、法兰克人、盎格鲁—撒克逊人等等。纪元初年，这些日耳曼人散居在多瑙河以北、北海和波罗的海以南、莱茵河以东、维斯瓦河以西的大约50万平方公里的土地上。大约从公元4世纪下半期开始，这些被罗马人称为"蛮族"的日耳曼人的各个部落纷纷进入罗马帝国的境内，掀起了民族大迁徙的浪潮。日耳曼人大迁徙运动波及中欧、西欧、南欧和北非等广大地区，前后绵延200多年。

波斯帝国

波斯位于今伊朗高原的西南部，波斯帝国曾是古代西亚地区的奴隶制国家。波斯商人的足迹遍及亚、欧、非三大洲。

公元前550年，居鲁士二世灭米底，进而向外扩张建立波斯帝国，成为波斯王。公元前539年，波斯攻陷新巴比伦，同时不断对外扩张。随后波斯帝国在大流士一世统治时期达到极盛。

马其顿帝国

公元前5世纪至前4世纪，位于希腊北部的马其顿逐渐形成了统一的奴隶制王国。马其顿在腓力二世统治时期成为军事强国。公元前337年，腓力二世在科林斯召开希腊会议，确立了马其顿在希腊的霸权。后来在亚历山大当政期间，马其顿又先后消灭了波斯帝国，攻占埃及、远征印度，建立起马其顿大帝国。公元前323年，亚历山大病逝，帝国随即分裂，埃及建立了托勒密王朝，西亚建立了塞琉西王朝，马其顿本土建立了安提柯王朝。

神圣罗马帝国

公元814年，被称为"罗马人的皇帝"的查理帝国皇帝查理大帝死了。30年后，他的3个孙子在凡尔登缔结了三分帝国的和约，莱茵河以东地区划归日耳曼路易，称东法兰克王国。公元919年，萨克森公爵亨利一世取得了东法兰克王国的政权，正式建立了德意志王国，开始了萨克森王朝在德意志的统治。公元961年，他出兵帮助教皇约翰十二世镇压了反抗教皇的运动。教皇于公元962年加冕他为皇帝，并宣布新帝国为"神圣罗马帝国"。

阿克苏姆帝国

阿克苏姆帝国建于公元2世纪，它位于非洲东北部红海岸边。到4世纪时，阿克苏姆王埃扎纳统一了埃塞俄比亚北部，征服了苏丹的麦罗埃王国，成为东非和红海地区的统治者。阿克苏姆国盛行基督教，在埃扎纳统治时期，兴建了许多高大的独石柱尖顶塔。公元570年，萨珊波斯侵占了阿克苏姆部分海岸属地和通商城市。7世纪以后，阿拉伯国家兴起，东、西方贸易商路北移，红海贸易趋于衰落。再加上北方游牧民族贝扎人的侵扰，阿克苏姆国势日衰。1000年左右，阿克苏姆国灭亡。

特洛伊战争

公元前1500年左右，希腊人的一支

阿卡厘人在南希腊建立一些城邦，其中以迈锡尼最强。公元前12世纪初，迈锡尼联合其他城邦出征特洛伊城，特洛伊人顽强抵抗。该战争持续了10年，最后在"木马计"中结束。希腊人获胜后，毁灭了特洛伊城并大肆掳掠。希腊人虽胜，但也消耗了自己的力量，从此，迈锡尼诸城邦走向衰落。不久，另一支希腊人——多利亚人南下，征服了迈锡尼诸城邦。

斯巴达克起义

斯巴达克起义是公元前73年罗马爆发的一次奴隶大起义，是世界古代史上最大的一次奴隶起义。

斯巴达克是色雷斯（今保加利亚一带）人，在战斗中被罗马人俘虏，被卖到卡普亚城一所角斗士学校当角斗士。斯巴达克不堪忍受角斗士学校里非人的待遇，率领70多名角斗士发动起义，逃往维苏威山区。周围许多逃亡奴隶和破产农民都纷纷前来投奔，起义队伍不断发展壮大，多次击败罗马人的军队。

斯巴达克希望率领起义军北上翻越阿尔卑斯山，返回家园。但在翻越阿尔卑斯山时遇到了困难，斯巴达克改变计划，挥师南下，希望前往西西里岛。但由于缺乏船只也只好作罢。在阿普里亚省南部，起义军和罗马军队展开了总决战。由于寡不敌众，斯巴达克战死，起义失败。

斯巴达克起义军在战斗中能组织好步兵和骑兵的协同进攻，力求夺取和掌握主动权。行军时隐蔽迅速，设置埋伏，实施突袭，对敌人实行各个击破战术，多次打退罗马精锐部队，对后来的奴隶起义提供了许多宝贵的经验。

英法百年战争

自从1066年法国诺曼底公爵征服英国成为英国国王以后，英法两国的封建主在王位继承和领地归属的问题上分歧不断，最终引起了一场持续100多年的战争，史称"百年战争"。

英国王室在法国占有大量的领土，法国国王在12、13世纪逐渐夺回一部分，但英国仍占据法国南部部分地区，成为阻碍法国政治统一的最大障碍。另外，富庶的佛兰德尔是当时欧洲商业和手工业最发达的地区，也是两国争夺的焦点。

1337年，法王腓力六世宣布收回英王在法国的领地，而英王爱德华三世也以法王腓力四世外孙的资格，争夺法国王位，战争由此爆发了。

1428年，英军再度入侵法国，席卷法国北部，包围了通往南方门户的奥尔良。就在这时，法国民众在女英雄贞德的率领下奋起抗战。在贞德率领的农民军的支持下，查理七世转败为胜，于1436年收复巴黎。1453年，英法两军在波尔多附近决战，法国大获全胜。英国在法国的领地除加来港外全部被法国收回，英法百年战争结束。

百年战争，不论对英国还是法国人民来说都是一场灾难，当时又是黑死病流行的时代，在战争和疫病的双重打击下,英法两国的经济大受创伤,民不聊生。百年战争结束之年也被认为是中世纪结束的标志之一。

美国南北战争

美国的南北战争是 1861 年 4 月到 1865 年 4 月，美国南方与北方之间进行的战争，又称美国内战。在南方，坚持战争的只是种植场奴隶主，他们进行战争的目的是把奴隶制度扩大到全国，而北方资产阶级的目的在于打败南方，以便恢复全国的统一。

19 世纪中叶，美国北部自由劳动制度与南部奴隶制度之间的矛盾发展到不可调和的地步，南部奴隶制度成为美国社会经济发展的主要障碍，南北之间的斗争在西部土地的争夺中表现得最为激烈。

林肯就任总统后，曾试图同奴隶主谋求和解，劝告不要破坏联邦的统一，但是南方人不愿做任何妥协。1860 年 4 月 12 日，南部同盟开炮轰击塞姆特要塞，公开挑起内战。1861 年 4 月 15 日，林肯发布宣言，宣布南部各州叛乱，号召人民为恢复联邦的统一而战。

战争分为两个阶段，第一阶段由于南方军事准备比较充分及北方的轻敌，南方奴隶主控制着战局的主动权。第二阶段由于林肯政府采取了解放奴隶、实施《宅地法》等一系列革命性措施，战局向有利于北方的方向发展。1865 年 4 月 3 日，北方攻占南部同盟的首都里士满，9 日，南军总司令李将军在弗吉尼亚州的阿波马托克斯法院小村向格兰特将军投降。历时 4 年之久的南北战争宣告结束。

南北战争是美国历史上的第二次革命，扫除了奴隶制障碍，美国完全确立了资本主义制度的统治地位。从此，美国资本主义经济以前所未有的速度发展起来，逐渐成为世界上经济力量最强大的国家。

巴黎公社

1871 年 3 月 18 日巴黎工人起义，夺取了政权，梯也尔政府逃往凡尔赛。26 日进行了巴黎公社委员会的选举，28 日正式成立巴黎公社。布朗基派、新雅各宾派（多数派）和蒲鲁东派（少数派）掌握公社委员会的领导权。公社砸碎资产阶级军事官僚机器，废除征兵制，取消旧的警察机构、法院、旧官僚制度等；建立了公社委员会及其分工领导的 10 个委员会作为无产阶级自己的政府，兼管立法与行政权。公社颁布一系列法令保护工人利益，重视发展人民的文化教育事业。5 月 27 日，凡尔赛反革命军在普鲁士军队的帮助下，攻入巴黎。经过激烈的巷战，28 日公社失败。巴黎公社在工人运动和共产主义运动史上占有极其重要的地位，为国际共产主义运动留下了极宝贵的经验。

十月革命

1917 年 11 月 7 日，随着"阿芙乐尔"号的一声炮响，攻打冬宫这座沙皇专制统治的堡垒的战斗开始了，十月革命爆发。

攻占冬宫是一场非常艰苦的战斗。从 11 月 7 日清晨起，守卫冬宫的 2000 多人，用成垛的木头排成坚固的街垒，街垒里布置着机枪巢，堵住了冬宫的全部出入口。但攻打冬宫战役的指挥官安东诺夫不惧危难，亲自率领起义部队，冲进广场，冲向宫门。经过激战，起义部队终于攻占了冬宫。

11月8日晚上9点钟，苏维埃代表大会第二次会议在斯莫尔尼宫开幕。代表大会通过了列宁起草的《和平法令》和《土地法令》，发表了《告工人、士兵和农民书》，庄严宣告俄国一切政权归苏维埃。列宁当选为苏维埃政府——人民委员会主席。斯大林、安东诺夫等被选为人民委员。十月革命取得了胜利，人类历史上第一个工农政府诞生了。

第一次世界大战

第一次世界大战是一场主要发生在欧洲但波及全世界的世界大战。当时世界上大多数国家都卷入了这场战争。

战争过程主要是同盟国和协约国之间的战斗。德意志帝国和奥匈帝国是同盟国，英国、法国、俄罗斯帝国和塞尔维亚是协约国。在1914年至1918年间，亚洲、欧洲和美洲的很多其他国家都加入了协约国。战场主要在欧洲。值得注意的是意大利虽是同盟国，但是后来英国、法国及俄国与意大利签订密约，承诺给予意大利某些土地，意大利也加入了协约国对抗同盟国。

这场战争是欧洲历史上破坏性最强的战争之一。大约有6500万人参战，1000万人失去了生命，2000万人受伤。

战争的导火索是1914年6月的萨拉热窝事件，战线主要分为东线（俄国对德奥作战）、西线（英法比对德作战）和南线（又称巴尔干战线，塞尔维亚对奥匈帝国作战）。其中西线最惨烈，著名的战役有马恩河战役、凡尔登战役和索姆河战役。

第二次世界大战

1939年8月31日，一队化装成波兰军队的德国法西斯党卫队队员，袭击并"占领"了德国自己的格兰茨电台，于是，希特勒宣称波兰侵略了德国。9月1日凌晨4时45分，德国出动大军——62个师、2800辆坦克、2000架飞机和6000门大炮，袭击波兰。希特勒的"闪电"战术，使波兰军队措手不及，波兰陷入一片混乱。9月底，波兰军队全军覆没，德军占领波兰。

英、法是波兰的盟国，两国政府要求德国停止军事行动，遭到拒绝后，不得不于9月3日对德宣战。第二次世界大战爆发，直至1945年8月15日法西斯的投降才宣告结束。

第二次世界大战是一场规模空前的战争，给全世界人民带来了空前的巨大灾难。据统计，全球60%的国家、4/5的人口卷入战争，战火遍及亚洲、欧洲、美洲及大洋洲，大战造成约6000万人死亡，物资损失超过40000亿美元。但最终，正义战胜邪恶，横扫一时的德、日、意三个法西斯国家被彻底打败，人类文明得以拯救，世界恢复了和平。从此，世界历史进入一个新阶段。

"冷战"

"冷战"指西方资本主义集团对社会主义国家进行的封锁等非武装的对抗行为，后来逐渐发展成为苏联、美国两个超级大国的争霸。第二次世界大战结束后不久，以美国为首的西方政治集团，竭力想颠覆新生的社会主义国家。他们不仅通过战争，即所谓"热战"，还依靠除军事对抗形式之外的一切形式反对社会主义的活动，其表现为组建军事集团、进行军备竞赛、在国外建立军事基地、干涉他国内政、扶植代理人进行局部战争等。"冷战"成为特定历史条件下的一种状态，与"热战"一词相对应。

"冷战"这个词起源于1947年4月16日伯纳德·巴鲁克在南卡罗来纳奇伦比亚的一次演说。此外，1946年丘吉尔访问美国，在这次访问中他发表了著名的"铁幕"演说："从波罗的海边的什切青到亚得里亚海边的里维斯特，一幅横跨欧洲大陆的铁幕已经拉下。"由此间接表示"冷战"的开始。

到20世纪90年代苏联解体、东欧剧变之后，国际社会几乎一致认为"冷战"时期已基本结束。

东欧剧变

自20世纪80年代年起，东欧局势发生剧烈的动荡，各国的共产党和工人党在短短的时间内纷纷丧失政权，社会制度随之发生了根本性变化。

东欧各国的剧变大体经历了3个阶段：一是执政的共产党和工人党由于内部和外部的原因，在经济上和政治上面临着严重的困难，党内出现了反对派。二是执政党在国内外的压力下，不断对反对派妥协退让，放弃社会主义原则，实行政治多元化、多党制，反对派势力扩大。三是反对派通过不断制造动乱，施加压力，使执政党陷入困境，然后取得政权。个别国家甚至通过武装冲突，实现政权更迭。

1989年1月，波兰统一工人党提出实行政治多元化。1989年2月到4月，包括团结工会在内的第一次圆桌会议在华沙举行。政府当局和团结工会达成了政治、经济改革方案，并且修改宪法，实行总统制。同年4月，华沙法院宣布团结工会为合法组织。在6月的大选中，团结工会获胜，统一工人党惨败。12月，波兰议会通过宪法修正案，取消了关于波兰统一工人党在国家中起领导作用和实行社会主义制度的条款，改波兰人民共和国为波兰共和国。

1990年1月，波兰统一工人党通过《关于波兰统一工人党停止活动的决议》，决定结束党的存在。1990年5月，国会通过了政党法，禁止各党派在工厂、军队和国家机关中从事党派活动。12月，瓦文萨当选总统。由此，波兰进入了多党角逐时期。

1988年5月，匈牙利社会主义工人党提出实行社会主义多元化，加速改革。1989年2月，社会主义工人党重新评价了1956年的匈牙利事件，认为这是一次"真正的起义——人民起义"，并通过了实行多党制的决议，认为政治体制多元化可以在多党制范围内实现。1989年10月，社会主义工人党将党的名称改为社会党，并把党的奋斗目标定为民主社会主义。原党中央总书记格罗斯不同意这一决定，改组社会主义工人党。社会主义工人党宣称长远目标是建设社会主义社会，当前目标是阻止资本主义复辟。1990年10月18日，国会通过了宪法修正案，改匈牙利人民共和国为匈牙利共和国。

1986年，保加利亚共产党提出了对

社会主义的经济、政治、文化和生活方式等一切领域进行根本性的变革。1989年5月，保加利亚开放边界，引起31万保加利亚人大出逃，造成国民经济的停顿。1989年11月10日，姆拉德诺夫任保共中央总书记，他极力倡导政治多元化。12月，党的领导机构大改组，30多名中央委员被开除或解职。

1990年1月至2月，保共中央召开第14次特别代表大会，通过了《保加利亚民主社会主义宣言》和新的党章，正式放弃原来的奋斗目标，政治上主张建设民主与人道的社会主义社会，实行多党制、三权分立；经济上实行所有制多元化和市场经济。4月，保共改称保加利亚社会党。1990年4月，国民议会通过宪法修改法、政党法和选举法，姆拉德诺夫当选为总统。1990年6月，保加利亚举行政治多元化后的首次选举，社会党获得多数席位，成为执政党，组成新政府。此后，各派政治力量之间的斗争仍然非常激烈，社会仍处于动荡不安之中。

1968年布拉格之春事件后，捷克斯洛伐克一直陷入僵化和停滞状态之中。1989年春，捷克斯洛伐克围绕如何评价布拉格之春事件，爆发了一场政治风暴。各地发生大规模游行。11月19日，以哈维尔为首的公民论坛成立。11月29日，捷议会批准宪法修正案，取消了捷共的领导地位。11月30日，捷共中央主席团举行会议，宣布苏联1968年出兵捷克是错误的。12月20日到21日，在捷共非常代表大会上通过了《在捷克斯洛伐克实现民主社会主义》的行动纲领。12月28日，联邦议会选举刚被恢复名誉的杜布切克为捷共主席；29日，选举哈维尔为总统。至此，捷克斯洛伐克的国家领导职务已不在捷共手中，捷共成为在野党，失去了执政党的地位。

1991年4月，捷克斯洛伐克国名改为捷克和斯洛伐克联邦共和国。1992年6月5日到6日，在新的议会选举中，捷克主张维持联邦制，斯洛伐克主张独立，双方意见相左。1993年1月1日，捷克斯洛伐克联邦共和国分裂为捷克共和国和斯洛伐克共和国两个独立的主权国家。

1989年12月，罗马尼亚西部城市蒂米什瓦拉，因抗议解除一名持不同政见的神父职务举行的群众示威，演变成骚乱。不久，布加勒斯特也开始了骚乱，军队倒戈。党和国家领导人齐奥塞斯库被捕，并被秘密处决。12月27日，罗马尼亚社会主义共和国改名为罗马尼亚。1990年5月20日，罗马尼亚举行全国大选，伊埃利斯库当选总统，救国阵线获得议会多数席位，组成新政府。

铁托逝世后，南斯拉夫民族矛盾加剧。境内的不同种族中，塞尔维亚人占人口的36%，克罗地亚族占19.8%，穆斯林人占9%，斯洛文尼亚人占8%，此外有马其顿、黑山、阿尔巴尼亚等。1990年5月26日，南共联盟宣布解散，各共和国的共盟分别改称社会党、社会民主党或民主改革党。

1990年4月到5月，各共和国先后进行了选举，克罗地亚和斯洛文尼亚的原共盟失去了执政党的地位。1991年6月25日，克罗地亚共和国和斯洛文尼亚共和国分别宣布独立。南人民军进行干预，发生了流血冲突，国际社会介入调解。1991年10月8日，克罗地亚和斯洛文尼亚正式脱离南斯拉夫独立，并得到国际社会的承认。1992年3月，波斯尼亚－黑塞哥维那宣布独立，但境内塞族反对，自行成立塞尔维亚波黑共和国。1992年4月，双方冲突演变为武装冲突，发生了迄今为止欧洲规模最大、时间最长的波黑战争。由于欧共体、美国、俄罗斯的介入，波黑战争不仅旷日持久，而且越来越复杂。1992年4月27日，南联邦议会通过了成立由塞尔维亚共和国和黑山共和国联合组成的新南斯拉夫联盟共和国。1945年以来成立的南斯拉夫联邦共和国不复存在。

东欧发生的这场剧变，其性质绝非是社会主义完善自身的改革，而是社会主义向资本主义的演变。

"9·11"事件

2001年9月11日，纽约市世贸中心双塔摩天大楼被恐怖分子劫机撞毁，共有2823人遇难，另外还有105人失踪，直接经济损失高达1000亿美元，间接经济损失难以估算。这就是人们谈之色变的"9·11"事件。这一事件直接导致美国华尔街股市休市一周，欧洲和拉美股市、亚洲股市都遭受巨大冲击。"9·11"事件后，美国经济全面衰退。

当地时间早上8时51分，一架飞机撞向世界贸易中心的其中一座大楼。大楼随即发生爆炸，滚滚浓烟从上部冒出。18分钟后，在当地电视台进行现场直播时，一架小型飞机从相反的方向高速而精确地撞向世界贸易中心的另一座大楼。大楼随即也发生巨大爆炸。世界贸易中心的两座"双子星"大楼上端各出现了一个硕大的黑洞。世贸中心被撞击后不久，美国国防部五角大楼也遭到了袭击。一架飞机在早上9时47分撞向美国国防部所在地五角大楼，并造成大火。与此同时，美国国务院门外也发生一起汽车炸弹爆炸事件。

由于美国世贸中心和五角大楼遭到恐怖分子袭击，美国纽约证券交易所、纳斯达克市场、芝加哥期货交易所和芝加哥商品交易所等各大证券交易所均停止交易。在东部时间上午9时32分，美国股市宣布停市，外汇市场也出现了大幅的震荡。受它的影响，欧洲股市遭到重挫；不久，拉美股市也全部停盘。

一连串事件发生后，美国进入戒备状态，政府下令所有机场暂时关闭，飞机停飞，华尔街股市停市，白宫和国防部均紧急疏散。美国总统布什发表声明，称这是一起明显的针对美国的恐怖袭击事件。布什发誓要追查到底，严惩元凶，要开展一场打击恐怖主义的全球战争。世界各国领导人也很快发表讲话，严厉谴责这一恐怖袭击事件，并对美国人民表示同情。美国认定流亡的沙特大亨本·拉登及其领导的"基地组织"策划并组织了"9·11"事件，并要求庇护他的阿富汗塔利班政权立刻将其交出，但遭到拒绝。于是，美国在10月7日发动了对阿富汗的战争。

"9·11"事件以后，反恐怖斗争逐渐呈现出白热化和僵持不下的局面。一方面，美国组织起国际反恐统一战线，取得了对阿富汗战争的胜利。阿富汗塔利班军事组织遭受重创,本·拉登基地组织的总部被端;另一方面,国际恐怖势力更加肆虐。美国发动对伊拉克的战争后,国际恐怖势力相继在俄罗斯、沙特阿拉伯、摩洛哥、巴基斯坦、印度和伊拉克等地掀起新一波报复性恐怖袭击浪潮。

"9·11"事件后,国际安全形势中的不确定性因素明显增大。外交上,反恐成为现阶段国际关系特别是大国关系的重要黏合剂。主要大国不同程度地调整了安全战略,导致国际反恐合作与传统军事竞争同步发展。

世界历史名人

汉谟拉比

古代巴比伦王国国王,政治家。汉谟拉比继承王位后,首先致力于集聚实力,消除内争。从继位第六年起,汉谟拉比开始对外扩张。经过35年的征战,汉谟拉比终于消除了城邦割据,统一了两河流域,建立了一个从波斯湾至地中海的中央集权的奴隶制国家,并自称"巴比伦之王"。汉谟拉比主要以他的《汉谟拉比法典》著称于世。《汉谟拉比法典》内容涉及经济、政治、军事、文化等各个方面,人们认为它是人类历史上第一部较为完备的成文法典。尽管如此,汉谟拉比所建立的国家,政权并不牢固,内部各种矛盾斗争也从未停止。汉谟拉比逝世后,巴比伦王国逐渐走向衰落,《汉谟拉比法典》也逐渐被遗忘。

梭伦

古希腊雅典时期著名的政治改革家和诗人,古希腊"七贤"之一。梭伦出身于没落贵族,年轻时曾经商,并到各地游历,在游历的过程中写过许多诗篇。他在诗中坚信道德胜于财富,抨击贵族的专横和残暴,因而赢得了"雅典第一位诗人"的美誉。后来,他在收复被邻邦夺走的萨拉米斯岛的战争中立了功,成为雅典最有名气和影响的人物。公元前594年,梭伦担任首席执政官,实行政治改革。改革的主要内容有:废除农民债务并禁止债务奴役;按收入多寡把公民划分为4个等级;创立管理国家的新机构"四百人会议"和"陪审法庭"等。改革打击了氏族贵族的势力,但是未能实现公民之间真正的平等。晚年他隐居在家,从事研究和著述。

居鲁士

古代波斯帝国的开国君主。居鲁士征战一生,致力于扩张疆域。他打败米底王国,征服亚美尼亚、吕底亚,控制小亚细亚的希腊城邦,消灭巴比伦王国,进入巴比伦城,建立起庞大的波斯帝国。居鲁士虽然征战一生,但他对被征服地区实施宽厚开明的政策。例如他打败米底王国后,仍把米底国王当作帝王对待;他征服巴比伦,但禁止军队扰民,尊重当地的风俗习惯和宗教信仰;他释放巴比伦国王掳掠来的奴隶，派军队送他们回故乡；他帮以色列先民重建耶和华圣殿，重建犹太教，他的事迹因此被写入《圣经》。居鲁士虽然征服了许多国家，但他所征服的国家及其文明却没有被毁灭。所有这一切，使居鲁士成为古代文明的创造者和崇拜者，而不仅仅是文明的征服者。后他在远征中亚的作战中阵亡。

大流士一世

古代波斯帝国国王。大流士于公元前522年即位。即位初期，大流士采取了一系列措施，以确立中央集权的专制统治：镇压各地叛乱，进行行政制度改革；制定严酷的法律；开凿运河；改革税制；统一度量衡和币制等等。在此基础上，大流士也积极进行对外军事扩张：征服色雷斯，侵占马其顿，控制赫勒斯滂，逐渐建立了一个西至埃及、东达印度、南到波斯湾和阿拉伯半岛、北接里海及黑海的大帝国。从公元前492年起，大流士一世发动了对希腊的战争，最后于公元前490年在马拉松战役中以失败告终。大流士一世统治期间，波斯帝国的商业和贸易获得了很大发展，某种程度上也促进了东西方文化交流。

伯里克利

古希腊民主派代表人物，雅典政治活动家。伯里克利出生于希腊名门望族，连续15年当选希腊十将军委员会的首席将军，是当时雅典国家的实际统治者。他统治时期是古希腊的极盛时期，史称"伯里克利的黄金时代"。在政治上，伯里克利以加强民主政治为核心，致力于实现雅典国家制度的民主化，解除选举官职的财产资格的限制。在对外政策上，伯里克利以扩大雅典的势力和利益为根本原则，坚持提高海上实力，扩大对外贸易。在文化方面，伯里克利是古典希腊文化的推崇者和倡导者，并使雅典成为希腊文化中心，对后世艺术的发展产生了深远影响。公元前429年，伯里克利死于瘟疫。

亚历山大

古代马其顿国王，军事家和政治家。亚历山大18岁随父出征，20岁继承王位，曾从师于希腊著名哲学家亚里士多德。亚历山大在其短暂的一生中，一直致力于对东方的军事远征，通过多年征战最终征服了波斯帝国，建立了横跨欧亚非三洲的马其顿王国。公元前323年，亚历山大病逝，马其顿王国随即崩溃。

亚历山大的远征，是对被征服地区的野蛮掠夺，给东方各民族带来了深重灾难和无穷痛苦。但在客观上，远征却促进了东西方的经济和文化交流，开阔了人们的眼界，丰富了东西方知识宝库，对后来历史的发展产生了重要影响。亚历山大曾在东方建立了许多亚历山大城，最著名的是尼罗河口的亚历山大城。

阿育王

古代印度摩揭陀国孔雀王朝国王。阿育王即位后，就开始对外扩张：他征服湿婆萨国，远征羯陵伽国，统一了印度北部大部分地区，建立了印度历史上第一个统一的奴隶制国家，开创了孔雀王朝的极盛时代。阿育王统治前期，对内任意残害人民，用欺骗手段加强专制统治；对外野蛮掠夺和杀戮被征服地区的人民。不过，在征服羯陵伽国后，阿育王的内外政策发生了转折性变化：他开始皈依佛教，用佛教的诚实、仁慈和非暴力进行统治，努力实践"达摩"规范，并且允许其他宗教的传播。阿育王大约在公元前236年病逝。他死后不久，孔雀帝国便土崩瓦解，此后再没有恢复。但是佛教在阿育王的支持下，却得到了极大的发展，并迅速传向邻国，逐渐成为世界性宗教。

庞培

格涅乌斯·庞培，古罗马共和国军事统帅和政治家。庞培出生于贵族之家，17岁随父出征。公元前83年，庞培投靠贵族派领袖苏拉，受到赏识和重用，开始其辉煌的军事生涯。庞培先后在西西里、北非作战，参与镇压塞多留起义和斯巴达克起义。公元前70年当选为执政官。后来庞培又受命清剿地中海海盗，征服强大的米都，结束米特拉达梯战争，并最终吞并巴勒斯坦和叙利亚，胜利回到罗马。公元前60年，庞培与克拉苏和恺撒结成"前三头同盟"，逐渐左右罗马政局。同盟解体后，庞培在法萨卢战役中被恺撒打败，后来在埃及被诱杀。庞培虽然在军事上取得了辉煌战绩，但作为顽固维护旧制度的没落贵族，他阻碍了历史前进的步伐，他的失败是历史的必然。

恺撒

古罗马共和国末期政治家和军事统帅。他出身没落贵族，靠发动掠夺战争成为富有者和大奴隶主。他曾与庞培、克拉苏结成罗马历史上有名的"前三头同盟"。在后来的对外战争中，恺撒立下了赫赫战功，赢得了很高的威望。他被元老院授予终身荣誉头衔——"大将军"和"祖国之父"。恺撒建立了一个强大的中央集权帝国。他还改革历法，采用儒略历。这部以恺撒命名的历法就是现在大多数国家通用的公历的前身。恺撒还是一个文学家，他的主要著作《高卢战记》和《内战记》，文笔清晰简朴，行文巧妙，是初学拉丁文者的必读之书。公元前44年，恺撒到元老院开会，被共和派贵族刺杀。恺撒死后，西方帝王往往用他的名字来作为自己的头衔。他被看作历史上才干卓绝、仁慈大度的君主的楷模，一位出类拔萃的真正的政治家。他使罗马帝国成为古代最负盛名的帝国。

斯巴达克

公元前73年古罗马奴隶起义的领袖。作为古代世界最大的一次奴隶起义——斯巴达克奴隶大起义的领导者，斯巴达克富于反抗精神，具有卓越的军事组织才能。他领导的起义军，纪律严明，作战勇敢，体现出极强的战斗力和良好的组织纪律性。斯巴达克本人则英勇无畏，身先士卒。因此，起义军很快从只有几十人发展到十几万人，危及罗马奴隶主贵族的统治，从而引起了罗马统治者的恐慌，遭到统治者的残酷镇压，斯巴达克起义最终以失败告终。斯巴达克起义是对奴隶解放运动的一次巨大推动，它极大地动摇了罗马的奴隶制基础，迫使奴隶主对生产方式进行某些调整，从而在一定程度上促进了经济发展和社会进步。而斯巴达克本人则成为古代世界杰出的人民英雄，直至今日，他的形象仍放射着光芒，成为后世文艺创作的题材。

奥古斯都

原名盖乌斯·屋大维，罗马帝国开国皇帝，古代杰出的政治家。奥古斯都出生于骑士家庭，后来成为恺撒养子。恺撒被刺后，奥古斯都开始登上政治舞台。经过一系列的斗争，奥古斯都逐渐成为罗马唯一的统治者。为加强统治，奥古斯都对内进行军事改革，加强军队建设，创立元首制，调整行省制度；对外则实行灵活的外交政策，并积极对外扩张，使罗马成为一个东至幼发拉底河、西至大西洋、南到撒哈拉大沙漠、北达多瑙河与莱茵河的大帝国。他所采取的内外政策，顺应了当时形势发展的要求，开创了相对安定的政治局面，为罗马帝国初期的繁荣奠定了基础。公元14年，奥古斯都病逝于巡视途中。

作为古罗马杰出的政治家，奥古斯都在罗马从共和国到帝国的转变中，起到了积极的作用，从而推动了历史前进，奥古斯都也因此被载入史册。

君士坦丁大帝

弗拉维乌斯·瓦列里乌斯·奥列利乌斯·君士坦丁，罗马帝国皇帝。君士坦丁早年从军，曾随父出征不列颠。公元306年，君士坦丁被军队拥立为皇帝。即位初期，君士坦丁致力于巩固政权，确立其统治地位。他于公元312年战胜马克森提，确立对帝国西部的统治；于公元313年和东部皇帝共同发布"米兰敕令"，承认基督教为合法宗教；于公元323年和东部皇帝决裂，并进行战争；于公元324年，统一罗马帝国，成为罗马帝国唯一的皇帝。统一罗马帝国后，君士坦丁成为罗马第一位信仰基督教的皇帝，制定了鼓励基督教发展的许多政策，使基督教逐渐变为在欧洲占统治地位的宗教。同时，君士坦丁还进行军事、政治、经济改革，实行文武分治，迁都到拜占廷，改名君士坦丁堡。公元337年，君士坦丁病逝。

查士丁尼

拜占廷帝国皇帝。查士丁尼于公元483年出生于农民家庭，后来继承叔父王位，成为拜占廷帝国皇帝。查士丁尼当政后，对内积极革新内政，主持编纂《查士丁尼法典》《查士丁尼学说汇纂》与《查士丁尼法学阶梯》等，对后世产生了重要影响；对外则积极发动一系列的战争，包括入侵北非，征服达尔－阿兰王国，征服意大利的东哥特王国，占据西班牙的西哥特王国东南部，从而建立了疆域空前广大的拜占廷帝国。查士丁尼统治时期，经济相对稳定，工商业兴盛，城市繁荣，但多年的征战也大大削弱了帝国实力，为外敌入侵提供了可乘之机。公元565年，查士丁尼死后不久，拜占廷帝国所侵占的领土就大部分丧失。伴随着拜占廷帝国的最终灭亡，查士丁尼的业绩也就成了历史。

查理大帝

法兰克王国加洛林王朝国王，查理帝国皇帝，西欧中世纪初期最强大的统治者。在近40年的统治期内，查理大帝先后进行了50多次对外扩张，逐渐成为西欧大部分地区的统治者，建立了疆域广阔的查理帝国。公元800年，查理被罗马教皇加冕为皇帝，史称查理大帝。查理帝国建立后，查理大帝进行了政治、经济、军事等各方面的改革，大大促进了帝国内的经济与文化交流。为了加强统治，查理大帝还十分重视文化教育事业，派人搜集和抄写了许多希腊文和拉丁文文稿，保留了许多典籍，创造了著名的"加洛林文化"。查理大帝对基督教十分虔诚，使查理帝国成为第一个接受基督教的日耳曼人国家。公元814年，查理病逝，查理帝国即告解体。

腓特烈一世

中世纪"神圣罗马帝国"皇帝。腓特烈一世于1152年继承其伯父之位成为德意志国王。作为当时的德意志国王，腓特烈一世一心要驾驭教皇，使教皇成为他统治帝国、进行对外扩张的工具。为此，他通过《康斯坦茨条约》被教皇加冕为皇帝，正式成为神圣罗马帝国皇帝。腓特烈一世被加冕后，随即展开了与教皇夺权的斗争。他曾七次入侵意大利，但均告失败，导致了其侵略意大利政策的最终破灭。此后，腓特烈一世致力于巩固国内政权，虽取得了一定成效，但未能从根本上结束德国的封建割据状态。1189年，腓特烈一世参加了对拜占廷的残酷大掠夺，但没有如愿占领该城。1190年，腓特烈一世在渡河时不幸溺水身亡。

约翰王

英国金雀花王朝国王。约翰王于1199年即位。即位前，约翰王野心勃勃，数次阴谋篡位屡败屡战。历经千辛万苦即位后，约翰王与法国和教皇却不断发生冲突。在与法国的冲突中，约翰王丧失大片领土；在与教皇的较量中，约翰王则被迫臣服，宣誓效忠教皇。尽管如此，约翰王仍致力于打败法国、征服国内诸侯，但最后均告失败。约翰王对内一味横征暴敛，加强专制，他的统治引起了国内诸侯的强烈不满。各诸侯以武力强迫约翰王认可他们提出的63条要求，历史上称之为"大宪章"。大宪章的精神主要是限制王权，保障贵族特权，同时也保护骑士和市民的部分权利，具有一定的进步意义。约翰王于1216年因病逝世，其子即位后，重申遵守大宪章精神。

富兰克林

美国政治家、思想家和科学家。1706年1月17日生于波士顿。家庭贫寒，做过印刷工，靠自学成才。21岁在费城创办"共读社"，后发展为美利坚哲学会。25岁时在费城创办公共图书馆，后发展为北美公共图书馆。45岁时创办费城学院，即后来的宾夕法尼亚大学。独立战争前夕，他提出奥尔巴尼计划，赴英谈判。战争爆发后，归国参战，参加起草《独立宣言》。1776年任驻法大使，利用英法矛盾，赢得法国等国参战，加速独立战争的胜利。1785年归国任宾州州长。

1787年参加制宪会议。1790年因病逝世。他还是科学家，曾用风筝进行吸引闪电的实验，并发明避雷针。他一生在政治、外交和科学等方面作出卓越贡献，但他的墓志铭只自称"印刷工富兰克林"。后有人称赞他"从苍天那里取得了雷电，从暴君那里取得了民权"。

腓特烈二世

普鲁士第三代国王，史称腓特烈大帝。1712年生于柏林，年轻时受启蒙思想的影响，后被其父制服。1740年即位，自称"普鲁士第一公仆"。他遵循"强权即公理"的原则，40余年如一日地东征西伐，直到1786年去世。在40年间的两次西里西亚战争中，他击败奥地利，占领西里西亚。后与英国结盟，经过多次战争，击败奥地利，成为中欧强国。后又参加瓜分波兰，组织反奥"诸侯同盟"等战争。他因而被奉为"大王"。在国内，他代表容克地主的利益，致力于建立君主专制国家；但又主张开明改革，推行重商主义政策。他在提倡发展文化和艺术的同时，对思想严格控制，以符合他的军事扩张政策。他的军事强权和俾斯麦的"铁血政策"深刻影响了德国的历史。

叶卡捷琳娜二世

俄国沙皇。叶卡捷琳娜1729年出生于德意志贵族之家，后来嫁给俄国彼得三世为妻。1762年她发动宫廷政变，处死彼得三世，登上俄国皇帝的宝座而成为叶卡捷琳娜二世。叶卡捷琳娜统治期间，在政治上，通过加强农奴制和改革国家机关，建立了高度集中的沙皇专制制度；在经济上，实行鼓励工商业发展的政策，并在对外贸易中实行保护主义政策；在文化上，仇视进步思想，迫害进步知识分子；在军事上，发动了六次战争，瓜分和灭亡波兰，打败土耳其，打通黑海出海口，为俄国争夺欧洲霸权奠定了基础。在叶卡捷琳娜的统治下，俄罗斯帝国国力空前增强，她因此也被授予"大帝"称号。1796年，叶卡捷琳娜病逝。俄国的迅速发展，说明她是俄国历史上有作为的皇帝之一。

华盛顿

美利坚合众国的奠基人，美国独立战争中的军事领袖，立宪会议主席，第一任总统。他1732年生于美国弗吉尼亚的威克弗尔德庄园，是一位富有的种植园主之子。他指挥才能卓越，性格坚韧不拔。早年在英国殖民军中服役，1775年北美独立战争爆发，他任十三州起义部队总司令，领导独立战争取得胜利，赢得了国家独立。1787年他主持制定联邦宪法。1789年他当选为总统并连任。在任期内他制定了一系列有利于美国资本主义发展的措施，发展工商和保护对外贸易，建立合众国银行，颁布司法条例，成立联邦最高法院。他拒绝了国会推选他为第三届总统，辞职还乡。1799年12月他在弗吉尼亚的家中病逝。华盛顿保持了美国的统一，他既不想做国王，又不想做独裁者，开创了美国历史上主动让权的先例。

拿破仑

法兰西第一帝国和百日王朝皇帝，政治家和军事家。拿破仑生于破落贵族家庭，巴黎军事学校毕业，在法国资产阶级革命时参军，在作战中立功，并获上校军衔。督政府时期，法国受到欧洲反动势力组成的反法同盟的威胁。他于1796年率兵先后进攻意大利，打败奥地利，并入侵埃及。1799年雾月18日发动"雾月政变"，组成执政府，1804年5月18日称帝，建立了法兰西第一帝国，这时他的政治生涯到了顶峰。但由于连年战争，国内的阶级矛盾加剧，被侵略国家的民族解放运动高涨。1814年欧洲的反法同盟攻进巴黎，他被放逐到一个孤岛上。1815年3月他逃回巴黎，建立百日王朝。在6月18日滑铁卢一战中失败，再次被流放，并于1821年病死。拿破仑把法国大革命成果用法律形式固定下来，沉重打击了欧洲反动封建势力。他的军事才能也为后人所称道。

加里波第

意大利民族统一运动的领袖、军事家，1807年7月4日生于渔民家庭。他幼年机智勇敢过人，早年当过水手和船长，1832年加入青年意大利党。1834年参加起义，起义失败后，他先流亡法国，后流亡南美，并建立青年意大利党红衫军。1848年革命爆发，他返回意大利，组建志愿军参加独立战争，后率军辗转各地，宣传意大利统一思想，成为家喻户晓的民族英雄。后他再度流亡。1854年5月返回意大利，1859年组织"阿尔卑斯猎人军团"，在北意大利的统一中作出贡献。1860年他组成"千人团"，解放西西里岛。后曾两次组织部队进攻罗马，均遭失败。1870年普法战争中率志愿军援助法国。1882年6月2日病逝。加里波第是一位富有传奇色彩的民族英雄，也是一位伟大的爱国者，为意大利的统一立下了不朽的功勋。

林肯

美国第十六任总统，共和党人，曾任律师。1809年2月12日，亚伯拉罕·林肯出生在肯塔基州哈丁县一个伐木工人的家庭，迫于生计，他从事过多种工作。1834年当选为州议员，开始政治生涯。1847~1849年当选为众议员。1860年他当选为总统，此时正值南北内战一触即发之际。战争爆发后，初期形势对北方军极为不利，为了扭转局势，林肯于1862年颁布了《宅地法》和《解放黑奴宣言》，次年又提出"民有、民治、民享"的纲领性口号，从而使战争成为群众性的革命斗争。他的威望提高，再次当选总统，北方军也最终取得胜利。1865年4月，内战结束时他被南方奴隶主派人暗杀。马克思称赞林肯是一个"不会被困难所吓倒，不会为成功所迷惑的人"，"是一位达到了伟大境界而仍然保持自己优良品质的罕有的人物"。

加富尔

意大利王国首相，资产阶级君主立宪派领袖。1810年8月10日加富尔生于都灵贵族家庭，他自幼受过良好教育，1820年入都灵军事学院，毕业后，成为一名工兵少尉。1831年辞去军职，周游英国、瑞士和比利时等国。回国后兴办实业。1847年创办民族主义报纸《复兴报》，宣传君主立宪思想。他还创办过银行，参加过1848年革命，当过议员、农业和通商大臣。1852年出任首相，主张实现意大利的统一。他以割地为条件于1859年联合法国发动对奥战争，收复部分领土。但因割地给法国，遭反对，被迫辞职。1860年复职，利用国内有利形势和加里波第的力量，最终实现了意大利的统一，他任第一任首相。1861年6月6日病逝。加富尔领导了意大利的统一运动，为意大利民族作出了很大的历史贡献。

俾斯麦

德意志帝国宰相，因执政期间采取"铁血政策"，有"铁血宰相"之称。俾斯麦出身容克世家，17岁在柏林大学学法学，毕业后任候补文官，后回家经营庄园，逐渐成为资产阶级化的容克。1847年他担任普鲁士议会议员，政治上属于顽固的保守派。1862年任普鲁士首相后，为德意志的统一，他采用"铁血政策"，认为"只有通过铁和血才能达到目的"。他建立起一支普鲁士正规军，发动了一系列战争，最终实现了德意志的统一。统一后，他对内镇压工人运动，对外缔结军事同盟，成为欧洲政治舞台上的风云人物。1890年因与新德皇意见不合被迫辞职。此后他住在自己的庄园，著有《思考与回忆》。1898年去世。他的思想对实现德意志统一有积极意义，但他的"铁血政策"却成为后来战争的根源之一。

麦克唐纳

英国工党创始人之一，改良主义政治家，英国首相。麦克唐纳于1866年出生于工人家庭；1885年参加"社会民主同盟"，成为社会民主主义者；后来参加资产阶级改良主义团体"费边社"。麦克唐纳得以名噪英国政治舞台，是从他作为英国工党领袖开始的。他于1911年当选工党议会党团主席，后来经过几次起落，终于在1924年受命组阁，工党第一次上台执政，麦克唐纳则出任首相兼外交大臣。作为改良主义政治家，麦克唐纳积极倡导改良，反对革命。他的毕生业绩在于，把工党从一个默默无闻的组织变成为一个与保守党轮流执政的主要议会政党，而且试图把工人运动引入资产阶级改良轨道。

尼古拉二世

尼古拉·亚力山德罗维奇·罗曼诺夫，俄国末代皇帝，曾有"血腥的尼古拉"之称。尼古拉二世于1894年即位。在统治期间，他继续奉行反动政策，维护腐朽的沙皇制度。即位初期，他就制造了"流血的星期日"事件，死伤3000多人，并导致了1905年革命的爆发；后来，他又解散国家杜马，逮捕社会民主工党人士，使全国陷入恐怖之中。在对外政策上，尼古拉二世推行侵略扩张的帝国主义政策。他于1896年攫取中东铁路建设权，后来又强占大连、旅顺；1900年参加八国联军，趁机侵占中国东北；1904年在中国领土上发动日俄战争，使中国人民遭受苦难。1917年，尼古拉二世被迫退位，从而结束了罗曼诺夫王朝在俄国的统治。1918年，尼古拉二世全家被枪决，俄国历史上的最后一位暴君就这样消失了。

张伯伦

尼维尔·张伯伦，"二战"初期的英国首相，对法西斯德国实行"绥靖政策"的代表人物。1869年，张伯伦出生于贵族之家。1937年出任英国首相，积极奉行对德国的"绥靖政策"，主张对德妥协、退让、姑息，希望以此换取英国的安全。为推行绥靖政策，他一方面打击以丘吉尔为代表的强硬派，一方面同希特勒秘密会晤，并最终签订《慕尼黑协定》，企图以牺牲捷克、波兰等小国的利益来换取英国的安全。但德国军队的步步紧逼促使张伯伦在1939年被迫对德宣战。由于绥靖政策所造成的恶果，张伯伦在1940年被迫辞职，后抑郁而终。张伯伦的绥靖政策，不仅使英国丧失了"二战"初期的战争主动权，助长了法西斯的嚣张气焰，遭到了欧洲许多国家的反对，而且最终还使英国卷入了战争的深渊。

甘地

莫汉达斯·卡尔姆昌德·甘地，印度民族独立运动领导人，国大党领袖。他在印度被尊称为"圣雄"。他是一位苦行僧式的人物，上身赤裸，皮肤黧黑，总是随身携带着一架木制纺纱机，他一有空就纺纱。他有非凡的智慧、超人的胆识和坚强的意志。他曾留学英国，回国后，领导印度国大党。他创造了一种独特的争取印度民族独立解放的方式，即"非暴力不合作运动"。这对印度民族独立起到了重要作用，经过长期斗争，印度人民终于获得了独立。在成立制宪会议上，甘地被称为"向导和哲学家""印度自由的灯塔"。英国驻印度总督蒙巴顿则称他为"印度自由的建筑师"。1948年他在印度的教派纠纷中，被极端分子刺杀。"圣雄"甘地永远活在了印度人民和世界人民的心里。

列宁

弗拉基米尔·伊里奇·列宁，马克思、恩格斯无产阶级革命学说和事业的继承者，全世界无产阶级的伟大导师和领袖，世界上第一个社会主义国家的缔造者。列宁一生致力于无产阶级革命事业，并取得了巨大成就。他是无产阶级政党的缔造者，俄国社会主义革命的领导者，世界无产阶级革命斗争的导师。1917年11月7日（俄历10月25日）他领导彼得格勒武装起义，推翻了资产阶级临时政府；他提议成立了共产国际；积极领导了苏联的社会主义建设，把科学社会主义理论发展到一个新的阶段，即列宁主义阶段；他还同形形色色的修正主义、机会主义进行了坚决的斗争。1924年，列宁逝世。列宁把自己的一生都奉献给了无产阶级革命事业，为全人类解放事业作出了杰出的贡献。

李卜克内西

卡尔·李卜克内西，国际工人运动活动家，第二国际左派领袖，德国共产党创始人之一。李卜克内西是德国工人运动领袖威廉·李卜克内西的儿子。受其父影响，李卜克内西在德国积极组织工人运动,揭露德国政府的反动政策,反对德国军国主义。他主张德国工人应该向俄国工人学习,以"无产阶级特有的斗争方式"开展斗争。在李卜克内西的组织和指导下,德国工人组织了数次罢工、游行,他也因此几次被捕。作为德国共产党的创始人之一,李卜克内西曾参与德国"十一月革命",推翻威廉二世的德意志帝国;曾参与策划柏林工人大罢工,进行"斯巴达克"武装起义。起义失败后,李卜克内西被反动政府杀害。为了纪念这位德国共产党创始人,在德意志民主共和国时期,每年1月的第二个星期日都举行大规模的群众集会。

丘吉尔

温斯顿·丘吉尔,英国首相。第二次世界大战爆发后,丘吉尔出任英国海军大臣,1940年,出任英国战时内阁首相兼第一财政大臣、国防大臣,迅速把国民经济转入战时轨道。在其就任首相期间,促成美国通过《租借法案》;制定"先欧后亚"的战略方针;签署《大西洋宪章》,对日宣战;参与起草和签署《联合国宣言》;签署《开罗宣言》,开辟欧洲第二战场;签署《德黑兰宣言》,参与雅尔塔会晤。1945年辞职后,曾发表"铁幕演说",主张英美联盟,对抗苏联,拉开了战后"冷战"序幕;提出"三环外交"政策,反对美国的对朝战争。丘吉尔坚定地领导英国及英联邦国家人民进行反法西斯战争,为世界反法西斯战争的胜利作出了重要贡献。1951年10月丘吉尔再次当选首相,1955年退休。著有《第二次世界大战回忆录》等书。1953年获诺贝尔文学奖。

麦克阿瑟

美国军事家,美国陆军五星上将。1880年麦克阿瑟出生于军人世家,毕业于美国陆军军官学校(西点军校),在菲律宾和日本等地服役。麦克阿瑟为人们所熟知,主要是基于他在"二战"期间所创造的战绩。"二战"中,麦克阿瑟任西南太平洋战区总司令,指挥部队进行了56次两栖登陆;在太平洋战场重创日本海军,夺回太平洋战场的主动权。"二战"后,代表盟军成功占领日本,对其进行民主改造;1950年以"联合国军"总司令的名义指挥侵略朝鲜的战争,最终失败。麦克阿瑟战争生涯的最大业绩,在于他对日本的成功改造。占领日本期间,他有力地削弱了天皇权威,用专制手段使日本由封建军国主义政体转变为资产阶级现代民主政体,使日本摆脱了封建专制统治,为日本战后的崛起奠定了基础。1964年,麦克阿瑟逝世。

斯大林

原名约瑟夫·维萨里奥诺维奇·朱加施维里,苏联共产党和苏维埃社会主义共和国联盟领导人。1922年担任苏共总书记。列宁逝世后,斯大林成为苏联党和国家的主要领导人。领导苏联共产党和苏联人民保卫和巩固了世界上第一个无产阶级专政的国家,并进行了社会主义改造和社会主义建设。在苏联卫国战争时期,领导苏联人民和苏联军队取得了反法西斯战争的伟大胜利。斯大林一生中也犯过严重错误,如搞个人崇拜,

20世纪30年代发动了"大清洗"运动，混淆敌我矛盾和人民内部矛盾，错捕、错杀大批党政军干部和无辜公民等。斯大林在社会主义建设中所做的种种探索，为人们提供了有益的借鉴；而他在"二战"中的战略决策和领导，在世界反法西斯史上作出了不可磨灭的贡献。

马歇尔

乔治·卡特立特·马歇尔，美国陆军五星上将，美国国务卿。1939~1951年，马歇尔历任美国陆军参谋长、陆军航空队参谋长、联合参谋部成员、驻中国大使、国务卿、国防部长等职，对美国在第二次世界大战中的战略决策及战后内外政策有重大影响。马歇尔在"二战"中提出了"首先打败德国"的战略决策，积极主张对德作战；马歇尔在"二战"后提出了"马歇尔计划"，即援助"欧洲复兴方案"。马歇尔计划的实施，促进了西欧各国经济的恢复和发展。1945年马歇尔作为特使来华"调处"国共关系，支持国民党发动内战。1950年在国防部长任内发动侵略朝鲜的战争。1959年，马歇尔病逝。马歇尔一生虽然未担任重要的战场指挥官，却被称为20世纪的战略家和军事家。

季米特洛夫

格奥尔基·米哈依洛维奇·季米特洛夫，国际共产主义活动家，保加利亚共和国部长会议主席，保加利亚共产党总书记。季米特洛夫1882年出生于贫苦工匠家庭。1902年加入保加利亚社会民主党，开始其政治生涯。在其政治生涯中，季米特洛夫为国际共产主义运动和世界反法西斯斗争积极贡献自己的力量。他在莱比锡法庭揭露希特勒法西斯制造"国会纵火案"的阴谋，树立了共产党人同法西斯英勇斗争的榜样；曾为共产国际领导人，为共产国际第七次代表大会的召开贡献了力量；曾倡议和组织"国际纵队"，支持西班牙人民的反法西斯斗争。保加利亚人民政权建立后，季米特洛夫任保共总书记、部长会议主席，致力于民主改革、社会主义革命和社会主义建设。1949年7月2日，季米特洛夫在莫斯科逝世。著有《国会纵火案》和《莱比锡审判》等。

罗斯福

美国第三十二任总统，民主党人。1882年，生于一个显贵的家庭里。他早年曾从事律师工作，1910年后转向政界发展。1921年他患上了脊髓灰质炎症，但依靠自己的坚忍、乐观、智慧和才干，当选为总统。1932年就任总统后，面对经济危机，他告诉人们：我们唯一害怕的就是害怕本身。他在被称为"百日新政"的短时间内，推行改革，使美国的经济逐渐恢复。"二战"中，1941年12月日本偷袭珍珠港后，他领导美国正式加入反法西斯战争，为反法西斯战争的胜利作出了巨大的贡献。他对世界的影响是巨大的，在《大西洋宪章》《联合国宣言》《雅尔塔协定》等影响世界的重大决定里，都可以发现他所起到的重要作用。1944年他第四次当选为美国总统，在任内的第二年病逝。罗斯福是美国历史上唯一任职四届的总统，也是美国历史上杰出的总统之一。

墨索里尼

意大利内阁总理，法西斯党领袖，独裁者，第二次世界大战主要战犯。1883年7月29日他生于一个铁匠家庭，自幼受布朗基主义和国家主义思想影响。1900年加入社会党，后成为该党领导人之一。"一战"爆发后，因鼓动意大利参战被社会党开除。1919年他在米兰成立"战斗的法西斯"组织，后改称"意大利国家法西斯党"，自称领袖。1922年指挥该党"黑衫军"打向罗马，夺得政权。1925年终止议会制度，实行法西斯统治。1936年与希特勒签订协定，成立柏林—罗马轴心。1940年对英、法宣战，正式参加第二次世界大战。1943年7月因军事失利和国内人民反抗，他被逮捕并软禁，9月被德军伞兵救出后，在意大利北部成立"意大利社会共和国"，成为德国的傀儡。1945年4月27日潜逃德国时被游击队捕获，次日被处决。在他统治的21年中，他对内实行法西斯恐怖统治，对外发动侵略战争，给意大利人民和世界人民带来了深重灾难。

布琼尼

谢苗·米哈依洛维奇·布琼尼，苏联元帅。1883年，布琼尼出生于贫农家庭。在其70年的军事生涯中，布琼尼参加过包括两次世界大战在内的多次大的战争，并屡建奇功。在布琼尼的战术思想中，他重视并善于使用骑兵，认为"骑兵永远神圣"，并积极组织建立骑兵团。在这一战术思想指导下，布琼尼在国内革命战争中取得了辉煌战绩，得到人们的高度赞誉。第二次世界大战中，布琼尼过时的战术思想使其战绩一般，并因为基辅保卫战的失利而被撤职。即使如此，布琼尼的功绩仍受到世人的高度评价，他也因此获得8枚列宁勋章、6枚红旗勋章和多枚外国勋章、奖章。1973年，具有传奇经历的布琼尼在莫斯科逝世。

东条英机

日本内阁首相，第二次世界大战的甲级战犯。东条英机出生于一个军阀家庭，其父是日本陆军的创建者之一。16岁时入东京陆军幼年学校就读，打架名列前茅。1904年，他升入陆军学校。33岁毕业后，担任过陆军大学教官等职。在他的政治阴谋下，日本加速走上军国主义道路。1935年他出任关东军宪兵司令官，1937年7月7日策划制造了卢沟桥事变，全面发动侵华战争。51岁时当上日本陆军少将，57岁时当上了日本内阁陆军大臣。1941年任日本内阁首相，他使权力日益集中，组成以他为总裁的法西斯军国主义组织"大政翼赞会"。他一上任便声明"完成支那事变，确立大东亚共荣圈"的国策。1941年12月对美英宣战。1942年中途岛之战日军遭惨败。1944年他被迫辞职。战后，经远东国际军事法庭审判，他被定为甲级战犯，自杀未遂，于1948年被处以绞刑。他是"二战"的主战犯之一，给人类和平世界带来过极大灾难。

杜鲁门

美国总统，民主党人。杜鲁门生于

密苏里州，早年生活艰苦，做过银行职员、杂工，后回乡经营农场。参加过第一次世界大战。曾在炮兵学校学习，后以少校军衔退役，接着去经商，破产后投身于政界。1934 年当选为参议员。1945 年 1 月任副总统，同年罗斯福病逝后，杜鲁门继任总统，并于 7 月参加波茨坦会议。8 月批准对日本使用原子弹。1949 年竞选总统连任获胜。任内实施"杜鲁门主义"，镇压希腊武装斗争；以"复兴欧洲"为名，推行"马歇尔计划"，订立《北大西洋公约》，提出"第四点计划"，加强对第三世界的渗透活动。1950 年发动侵朝战争，并派遣海空军侵占中国领土台湾。1953 年任期届满后回到故乡独立城。1972 年 12 月逝世。著有《杜鲁门回忆录》等。他的政策对 20 世纪中期的政治产生了很大影响。

山本五十六

日本海军上将，元帅，日本军国主义代表人物。1884 年，山本出生于封建武士家庭，自幼深受武士道精神熏陶，早年接受军事训练。作为"二战"期间日本军国主义的代表人物，山本曾从事驻外工作和出国考察，主张加强海军航空兵建设，强调发展航空母舰和舰载飞机。在战略思想上，山本主张突然袭击、先发制人，强调"以航空母舰为基地的进攻战"。以此思想为指导，山本组织策划了两次偷袭行动。第一次，1941 年 12 月 8 日偷袭珍珠港，制造了举世震惊的"珍珠港事件"，使日本在早期的太平洋战场上取得了主动权，也为山本赢得了极大的荣誉。第二次突袭中途岛，山本却在中途岛海战中大败，使日本海军遭受重创。1943 年，山本的座机被美空军击落，山本摔死，后来被追授元帅称号。

巴顿

美国军事家，美国陆军四星上将，有"铁胆将军"之称。1885 年巴顿出生于军人世家，毕业于美国陆军军官学校（西点军校）。巴顿将军在"二战"中创造了辉煌战绩，因此而被载入史册。在巴顿的战争生涯中，他强调快速进攻，重视坦克的使用，加之作战英勇顽强，因此取得了辉煌的胜利。1942 年，巴顿将军指挥参加北非登陆战役，占领摩洛哥；1943 年，指挥美军第七集团军发动西西里岛登陆战役，并收复该岛；1944 年，在法来斯战役中重创德军；1945 年，指挥军队突破"齐格菲防线"，深入德国腹地。巴顿将军的第 3 集团军在欧洲大陆转战 281 天，歼灭德军 144.4 万，为"二战"的胜利做出了贡献，他也成为少数使德军望而生畏的西方将领之一。1945 年，巴顿将军因车祸而逝世。

蒙哥马利

英国军事家，英国陆军元帅。1887 年，蒙哥马利出生于牧师家庭。作为一名军人，蒙哥马利在二战期间取得了最为辉煌的战绩，因此被世人所熟知。1942 年，蒙哥马利在北非战场成功地指挥了阿拉曼战役，击溃了有"沙漠之狐"称号的隆美尔的军队，彻底扭转了北非战场局势，赢得"沙漠之鼠"的称谓，从而一举成名。阿拉曼战役后，蒙哥马利又指挥和参加了突尼斯战役，以及西西里和意大利本土登陆战役。1944年6月，蒙哥马利成功地指挥了诺曼底登陆，为他的戎马生涯又添了光辉一页。蒙哥马利军事生涯50年，赢得了无数荣誉和尊敬。他在1958年退休后，于1960年和1961年两次应邀访问中国，对改善中国的国际地位、缓和中国与西方国家的关系起了积极的作用。

布哈林

尼古拉·伊万诺维奇·布哈林，国际共产主义运动活动家，马克思主义经济学家。布哈林1906年加入布尔什维克党，曾领导过工人罢工，多次被捕，流亡德国、奥地利、瑞士等国。1917年，布哈林回到俄国，参加了十月革命的领导工作。共产国际成立后，他任执委会主席团委员，参加了共产国际的领导工作。在列宁领导社会主义建设时期，布哈林致力于论述他对如何建设社会主义的设想，并积极支持新经济政策。在斯大林领导时期，布哈林由于反对开展全盘集体化运动，被撤销共产国际内所有职务。尽管如此，布哈林仍作为苏联宪法的主要起草人，参加了1935年苏联宪法的起草工作。1938年，布哈林因所谓的叛国案被判死刑。50年后，苏联最高法院全体会议为其平反，取消了当年对他的错误判决，布哈林最终得到了历史公正的对待。

希特勒

法西斯德国元首，第二次世界大战头号战犯。1889年4月20日生于奥地利。"一战"时，是一名德军下士。1919年加入德意志工人党，后改为纳粹党。1921年掌握领导权，任党魁。1923年发动暴动，失败后入狱，次年获释。1925年重建纳粹党。1933年，他施展政治阴谋，在垄断集团支持下当上总理。第二年8月攫取最高领导权，自称元首。掌政后，他解散国会，取消反对党，迫害和屠杀共产党人和犹太人，实行法西斯专政，扩张军备。1937年与意、日结成军事同盟。他利用英法等国的绥靖政策，先后吞并奥地利和捷克斯洛伐克。1939年9月1日突袭波兰，全面发动第二次世界大战。1941年进攻苏联失利。1945年4月30日盟军包围柏林时自杀。著有《我的奋斗》。他宣扬极端反动的种族主义和沙文主义思想，发动了第二次世界大战，给世界人民造成惨重的灾难。

尼赫鲁

印度民族主义运动领导人，国大党领袖，印度第一任总理。尼赫鲁在其一生的政治生涯中一直致力于争取印度的民族独立。在几十年的斗争中，尼赫鲁曾投身甘地领导的反对英国殖民统治的非暴力不合作运动，也曾先后九次被捕，在狱中度过十余载，1947年印度独立后，一直担任总理职务到逝世。在尼赫鲁任期内，曾希望建立"国家财富平均分配"的所谓的"社会主义"类型，但最终没能实现。1949年底，尼赫鲁代表印度率先承认新中国。1954年，尼赫鲁访问中国，并和周恩来总理一起提出处理国际关系的和平共处五项原则，奠定了中印关系的基础。尼赫鲁还是不结盟运动和万隆会议的倡导者之一，为第三世界国家的联合斗争贡献了自己的力量。

戴高乐

法兰西第五共和国总统，政治家、军事家。1890年戴高乐生于里尔。1912年军校毕业。参加过"一战"。"二战"爆发后先在军界，后任国防部副部长而进入政界。在英国时，领导"自由法兰西"运动，建立法国部队，与盟国一起作战，为反法西斯战争胜利做出贡献。1944年任临时政府主席。1958年在法国陷入政治危机时，出任第四共和国总理，后两次当选总统。在总统任期内，他提出新宪法草案，扩大了总统权限，使法国变为半总统制国家。任职期间完成法国的非殖民化，对外奉行独立自主的外交政策，重视与第三世界的关系。1969年辞职，撰写回忆录。1970年病逝。著有《战争回忆录》《希望回忆录》等。终其一生，他领导法国走向解放和胜利，拯救了法国的荣誉，战后维护着法国的尊严，受到法国人民的爱戴。

艾森豪威尔

美国陆军五星上将，美国第34任、第35任总统。艾森豪威尔出生于贫寒家庭，于1915年毕业于西点军校。在第二次世界大战期间，他担任美国驻欧洲战区总司令，北非战场盟军总司令，北非和地中海盟军总司令，欧洲盟军远征军最高统帅，并成功指挥了英美联军的北非登陆行动、诺曼底登陆行动等重大战役，为打败法西斯做出了贡献。艾森豪威尔也凭借在"二战"中的赫赫战功，由一名普通的参谋官逐渐成为将军。1952年，艾森豪威尔出任美国第34任总统，后来连任成功。在担任总统期间，他批准签订《朝鲜停战协定》，提出"艾森豪威尔主义"，继续推行"冷战"政策，同时会晤了赫鲁晓夫，开了美苏首脑会晤的先例。1969年，艾森豪威尔在华盛顿病逝。

胡志明

越南劳动党主席，越南民主共和国第一任主席。1890年出生，幼名阮必成，后名阮爱国，20世纪40年代初改名胡志明。早年做过教师、海员和杂役。胡志明一生致力于争取越南的民族解放和独立。曾于1927年在广州成立越南青年革命同志会；1930年成立印度支那共产党；1941年发起成立越南独立同盟，与法国殖民者和日本帝国主义展开了坚决斗争。1945年革命胜利后，发表《独立宣言》，成立越南民主共和国，并任临时政府主席，后任主席、总理。在胡志明的领导下，越南人民取得了长达九年的抗法战争的胜利，60年代取得了抗美救国战争的胜利。1969年，胡志明在河内逝世。胡志明一生都在斗争生涯中度过，为越南人民的独立与解放贡献了毕生精力，赢得了越南人民的爱戴。胡志明还多次到中国，奠定了中越关系的基础，受到中国人民的尊敬。

隆美尔

法西斯德国陆军元帅，有"沙漠之狐"之称。隆美尔出生于德国平民家庭，参加过"一战"，成名于"二战"。在第二次世界大战中，隆美尔曾担任第七装甲师师长,率部横扫西欧,迫使比利时投降,占领法国;曾担任"德国非洲军团"总指挥,德国非洲装甲集团军总司令,数次重创英军,并赢得"沙漠之狐"的称号;曾任驻意大利北部集团军司令,驻法国B集团军司令等职。1944年,隆美尔被迫服毒自杀。隆美尔征战一生,主张进行闪电攻击,认为最好的防守就是进攻。在这一战术思想的指导下,他指挥战斗灵活机动、避实就虚,取得了重大的胜利,逐渐升为最年轻的元帅。但由于所进行的战争的非正义性,隆美尔注定要失败。尽管如此,他的军事造诣和战术天才还是受到了世人的重视。

铁托

约瑟夫·布罗兹·铁托,南斯拉夫联邦人民共和国联邦政府主席、最高统帅。铁托1892年出生于克罗地亚贫农家庭。20岁加入克罗地亚社会民主党。一战中因反战受处分,后被俄军俘获。回国后参加南斯拉夫共产党,致力于南斯拉夫的独立解放运动,并为此进行了不懈斗争。在几十年的斗争生涯中,铁托不仅使南斯拉夫共产党走上了健康发展的道路,而且领导南斯拉夫人民取得了反法西斯战争的伟大胜利。1945年,南斯拉夫联邦人民共和国成立,铁托任联邦政府主席、最高统帅。同时,作为一位有国际声望的政治活动家,在铁托的参与和发起下,第一次不结盟国家首脑会议于1961年胜利召开,从而为世界和平与进步作出了重要贡献。1980年,铁托逝世。

佛朗哥

西班牙国家元首,法西斯军人独裁者。1892年12月4日生于军官家庭。1907年入军事学院学习。33岁晋升为准将,成为最年轻的将官,并担任撒拉戈萨军事学院校长。1931年第二共和国成立时,被取消军人资格。两年后,保守势力卷土重来,他被重用。1936年他加入反对共和政府的叛乱团体,发动内战,得到德意法西斯的支持,镇压人民反对法西斯的斗争。经过近3年内战,他的军队推翻了共和政府,建立了长达14年的独裁统治,实施法西斯统治。二战时,他率领西班牙尽量不卷入战争。1947年宣布西班牙为君主国,他为终身摄政王。战后,他对反共产主义立场的坚持,赢得美国的经济援助。1975年11月20日卒于马德里,西班牙的独裁统治结束,开始实行民主政体。

赫鲁晓夫

苏联共产党中央第一书记,苏联部长会议主席。赫鲁晓夫于1953年担任苏共中央第一书记;1958年担任苏联部长会议主席。在赫鲁晓夫当政期间,苏联的经济建设取得了一定成绩,但也走了许多弯路,对后来苏联经济的发展产生了不良影响。1956年赫鲁晓夫在苏共20大所作的《反对个人崇拜及其后果》的秘密报告,全面否定斯大林,引起了反共反社会主义的高潮。他曾赴美访问,也曾引起古巴"导弹危机";在对中国关系上,全面撕毁中苏友好同盟条约,单方面召回在华专家,废除合作项目,并在贸易方面对华实行歧视和限制,对中国经济建设造成了巨大损失。在经济上，赫鲁晓夫脱离实际，急躁冒进，挫伤了苏联农民的积极性。1971年，赫鲁晓夫逝世。

朱可夫

格奥尔基·康斯坦丁诺维奇·朱可夫，苏联军事家、战略家，苏联元帅。1896年，朱可夫出生于贫苦家庭。在其几十年的军事生涯中，朱可夫从一名普通士兵逐渐晋升为元帅，并且成为二战中杰出的将领之一。朱可夫曾担任苏联最高统帅部大本营成员和代表、最高副统帅、方面军总司令，参与制定了许多重要的战略计划，指挥了莫斯科保卫战、斯大林格勒战役、科尔松—谢普琴科战役、白俄罗斯战役、攻克柏林战役等，并代表苏军接受德军投降。朱可夫具有远大的战略眼光和高超的指挥才能，他不仅运筹帷幄，而且亲临前线指挥战斗。由于功勋卓著，朱可夫四次荣获"苏联英雄"称号，六次获得列宁勋章。朱可夫的军事思想，已成为苏联军事思想和世界军事思想的宝贵财富。

苏加诺

印度尼西亚民族运动的领导者，印度尼西亚共和国第一任总统。苏加诺1901年出生于贵族家庭，1927年出任印尼民族联盟主席，提出立即独立的口号，后被捕。苏加诺一生致力于争取印尼的民族独立，并为此进行了不懈的斗争。1945年，苏加诺发表《独立宣言》，宣告印尼独立，并当选为第一任总统。1955年4月他主持召开了万隆会议，为亚非国家的团结和联合斗争发挥了重要

作用。1965年后，其总统权力逐渐被剥夺，1967年开始退居二线，将权力交给苏哈托。后被迫辞去总统职务，1970年病逝。作为印尼历史上的首位总统，苏加诺不仅为印尼的民族独立做出了重要的贡献，而且为加强亚非人民的团结也贡献了积极的力量。

勃列日涅夫

苏共中央委员会书记处总书记、最高苏维埃主席团主席。生于冶金工人家庭。17岁入共青团，1931年入党。1939年任第聂伯罗波德罗夫斯克州党委书记，后任第一书记。卫国战争期间，在前线从事政治工作。1952年，当选为中央书记。1960~1964年担任苏联最高苏维埃主席团主席，1964年10月当选为苏共中央第一书记，两年后任总书记。后获大将军衔和元帅军衔。1977年起，兼任苏联最高苏维埃主席团主席。1982年11月逝世。在他任领导人期间，苏联社会各方面虽有明显的进展，但晚年由于限制了人们的探索，经济发展下降。他对外推行霸权主义，入侵多个国家，受到了国际舆论的谴责。著有《遵循列宁主义方针》《发达社会主义的经济管理问题》等。

恩克鲁玛

加纳民族独立运动领袖，加纳共和国第一任总统。在恩克鲁玛的领导下，加纳于1957年独立，成为英国在非洲的殖民地中第一个获得独立的国家。1960年，加纳共和国成立，恩克鲁玛出任总统。在担任总统期间，恩克鲁玛曾提出要把社会主义原则与加纳现实条件相结

合，被称为"恩克鲁玛社会主义"。恩克鲁玛对内发展民族工业，对外执行和平外交政策，支持反帝反殖民斗争。恩克鲁玛政府与中国政府关系密切，加纳政府不仅是最早与中国建立外交关系的非洲国家之一，而且恩克鲁玛曾两度访华，奠定了中加友好关系的基础。1966年，恩克鲁玛政府被推翻。1972年恩克鲁玛逝世于布加勒斯特。曾经为加纳独立作出巨大贡献的恩克鲁玛是加纳最有影响力的领袖。他也受到中国人民的尊敬。

尼克松

美国第37任总统，第一位因信任危机而被迫辞职的美国总统。尼克松1946年当选美国众议员，开始其政治生涯，1968年就任美国第37任总统。在尼克松就任美国总统期间，制定了收缩美国全球义务、调整国际关系的新方针，即所谓的"尼克松主义"。在尼克松主义指导下，美国实现了从越南撤军，逐渐结束对越侵略战争；调整与苏联的关系，提出以"伙伴关系、实力和谈判"为三大支柱的"新和平战略"；改善中美关系，制定了新的中国政策，一方面积极支持中国恢复在联合国的合法地位，一方面访问中国，成为第一位访问新中国的美国总统，也是美国历史上第一位首次出访一个没有同美国建立外交关系国家的美国总统，从而为中美关系的发展奠定了基础。1973年，尼克松由于"水门事件"被迫辞职。1994年，尼克松在纽约病逝。

田中角荣

日本首相，日本政治史上第一个没有受过大学教育的首相，人称"庶民宰相"。田中角荣1918年出生于贫民家庭，1972年任日本首相。同年9月，田中采取果断决策，访问中国，签署日中联合声明，实现了战后日中邦交正常化。中日邦交正常化的实现，结束了战后几十年中日关系的不正常状态，即使日本在与美国的外交斗争中首次打了主动仗，也为亚洲的安全奠定了基础。1974年，田中因涉嫌洛克希德事件而下台。1976年，他退出自民党，后曾以无党派人士当选众议员。1993年，田中因病逝世。作为第一位访华的日本首相，田中角荣是一位有胆识、有魄力、敢作敢为的政治家，为中日友好关系的确立奠定了基础，从而为中国人民所熟悉。

马丁·路德·金

美国黑人运动领袖。路德·金一生致力于反对美国种族歧视、争取黑人自由平等的斗争，并因此被枪杀，死时仅39岁。在其短暂的一生中，曾组织"蒙哥马利市政改进协会"，揭开持续10余年的民权运动的序幕，并成为民权运动的领袖；曾主持盛大集会，发表著名的《我有一个梦想》的演讲。由于金对反种族歧视、争取黑人自由平等的斗争所作的巨大贡献，他获得了1964年诺贝尔和平奖。金被害后，约翰逊总统下令将金受害的那天定为全国悼念日；里根总统把金的诞辰作为全国纪念日；联合国秘书长德奎利亚尔则将其诞辰日作为联合国纪念日。马丁·路德·金的一生是短暂的，而他所为之奋斗的事业却是永恒的，因此赢得了世界人民的尊重。

中外考古文化

母系氏族时期

氏族社会的早、中期为母系氏族，即建立在母系血缘关系上的社会组织。母系氏族实行原始共产制与平均分配劳动产品。早期母系氏族就有自己的语言、名称。同一氏族有共同的血缘，崇拜共同的祖先。氏族成员生前共同生活，死后葬于共同的氏族墓地。随着原始农业及家畜饲养的出现，作为其发明者的妇女在生产和经济生活中、在社会上受到尊敬，取得主导地位和支配地位。

由于全体成员只能确认各自的生母，所以成年的妇女一代一代地成为确定本氏族班辈世系的主体。成年的男子则分散到其他氏族寻求配偶，实行群婚。每个氏族公社内部，存在着按性别和年龄的不稳定分工。壮年男子担任打猎、捕鱼和保护集体安全等需要较大体力的事务，而采集食物、看守住地、烧烤食物、缝制衣物、养老育幼等繁重任务，落在妇女的肩上。她们是氏族公社原始共产制经济的主持者，又对确定氏族的血亲关系起着主导作用。母系氏族公社经历了漫长的发展过程，在全盛时期普遍形成了人口较多、规模较大的长期定居的村落。

父系氏族时期

母系氏族公社经历了全盛时期，社会生产力的发展日渐加速，男子在农业、畜牧业和手工业等主要的生产部门中逐渐占据主导的地位，于是母权制自然过渡为父权制。父系氏族公社逐渐形成了。从此，以父权为中心的个体家庭成为与氏族对抗的力量，原始社会逐渐趋于解体。男子依靠经济上的优势，在社会生产和生活中占据了统治地位。他们必然要求按照男系计算世系、继承财产，母权制的婚姻秩序被打破了，原来对偶婚制下的从妻而居的传统，为一夫一妻制所取代。在一夫一妻制下，妇女的劳动局限在家庭之内，以家务劳动和家庭副业为主，女子在家庭经济中退居于从属地位。最初，这种小家庭依附于父系大家庭。生产进一步发展后，小家庭便有了更多的独立性和自主性。氏族社会走到了瓦解的边缘。

半坡遗址

半坡遗址位于陕西省西安市东郊灞桥区㴲沪河东岸，是黄河流域一处典型的原始社会母系氏族公社村落遗址，处于母系氏族社会的繁荣期。半坡遗址是中国首次大规模发掘的一处新石器时代村落遗址。根据居住区的布局和墓地的葬式分析，半坡聚落是一个由母系血缘为纽带而组成的氏族整体。在聚落内部，氏族成员之间的地位是平等的，共同拥有氏族的财产。半坡人生产的陶器主要用于定居后的日常生活，陶质、造型、装饰和焙烧技术，均达到相当成熟的水平。半坡聚落遗址为了解母系氏族社会生活提供了珍贵的实物资料，它也是仰韶文化的一个类型。

元谋人遗址

元谋人遗址位于云南省元谋县大那乌村北约500米的山腰，距县城7公里。它是迄今为止所发现的中国人最早的老祖先的遗址。

1965年5月，地质工作者在大那乌村北从事第四纪地质考察时，偶然发现两颗呈浅灰色，石化程度很深的猿人牙齿化石。经研究分析，同属一个男性成年人个体，形态特征与"北京猿人"相似，但较粗壮，具有明显的原始性状。经中国科学院古脊椎动物古人类研究所用古地磁测定，生存年代距今约170万年，为亚洲最早的原始人类。

蓝田人

西安最早的居民，是旧石器时代的蓝田人。由于他们最初是在西安附近的蓝田县被发现，所以被命名为"蓝田人"。他们大约生活在80万至60万年前。当时蓝田人的生活地区内，草木茂盛，多种远古动物栖息其间，包括东方剑齿象、葛氏斑鹿等素食动物，以及凶猛的剑齿虎。蓝田人使用简单粗糙的打制石器，在自然环境中挣扎求存。他们捕猎野兽、采集果实、种子和块茎等作为食物。

仰韶文化

仰韶文化是黄河中游地区重要的新石器时代文化。仰韶文化1921年在河南省三门峡市渑池县仰韶村被发现，它的持续时间大约在公元前5000年至3000年。它分布在整个黄河中游从今天的甘肃省到河南省之间。仰韶文化的面貌是：经营农业，饲养家畜，烧制陶器，有定居的村落和集中的墓地。出土的红陶器上绘有几何形或动物形花纹，是仰韶文化最明显的特征。

山西丁村人

山西丁村人化石是中国北方的早期智人之一。包括1954年发现的3枚小孩牙齿和1976年发现的一块小孩顶骨残片。丁村遗迹在山西省襄汾县南约5公里丁村南同蒲铁路两侧。1954年进行大规模发掘时在汾河东岸共发现十个石器地点，1976年又在汾河西岸发现了新的石器地点。山西丁村人化石的齿结构具有原始特征，而齿冠和齿根较北京猿人细小，与现代黄种人已较接近。同时出土有大量石器和伴生动物化石。科学家把丁村人和广东发现的马坝人、湖北发现的长阳人都称作早期智人，生活的年代距今约10万年左右。

大汶口文化

大汶口文化是新石器时代后期父系氏族社会的典型文化形态。以泰山地区为中心，东起黄海之滨，西到鲁西平原东部，北至渤海南岸，南及今江苏淮北一带，安徽和河南省也有少部分这类遗存的发现。因首先发现于大汶口，人们遂把以大汶口遗址为代表的文化遗存，命名为"大汶口文化"。大汶口文化的发现，使黄河下游原始文化的历史，由4000多年前的龙山文化向前推进了2000多年。在大汶口文化的后期墓葬中，出现了夫妻合葬和夫妻带小孩的合葬，它标志着只知其母不知其父的母系社会的结束，开始或已经进入了父系氏族社会。

大汶口文化的遗存十分丰富。经考古发现有墓葬、房址、窖坑等，墓葬以仰卧伸直葬为主。有普遍随葬獐牙的风习，有的还随葬猪头、猪骨以象征财富。出土生活用具主要有鼎、豆、壶、罐、钵、盘、杯等器皿，分为彩陶、红陶、白陶、灰陶、黑陶几种，特别是彩陶器皿，花纹精细匀称，几何形图案规整。生产工具有磨制精致的石斧、石锛、石凿和磨制骨器，骨针磨制十分精细，体现了极高的制作技术。大汶口文化的发现为山东地区的龙山文化找到了渊源，也是研究父系氏族时期社会状况的重要文化遗存。

河姆渡文化

河姆渡文化是中国长江流域下游地区古老而多姿的新石器文化，第一次发现于浙江余姚河姆渡，因而命名。它主要分布在杭州湾南岸的宁绍平原及舟山岛。河姆渡文化是长江下游以南的一种较早的新石器时代母系氏族文化。河姆渡文化的社会经济是以稻作农业为主，兼营畜牧、采集和渔猎。

在河姆渡文化遗址中发现了大量的稻谷、谷壳等遗存，其时间约在7000年以前，还有其他大量动植物的遗存，这证明当时的社会经济已经比较活跃。这一时期人们的居住地已经形成大小各异的村落。在村落遗址中有许多房屋建筑基址，其建筑形式和结构与中原地区和长江中游地区发现的史前房屋有着明显的不同。其生活用器以陶器为主，陶盆上印有稻穗的图案，此外还有少量的木器。

良渚文化

良渚文化是中国长江下游太湖流域一支重要的古文明，是铜石并用时代文化，因发现于浙江余杭良渚镇而得名。

良渚文化属于石器文化，距今约5200~4000年，主要分布在环太湖地区。良渚文化在农业、纺织、制玉和制陶等方面都取得了很高的成就。这一时期的农业已经相当发达，并且开辟了养蚕和生产丝织品的新领域。良渚文化的陶器以黑陶为主，三足器十分普遍。墓葬中时常可以见到玉制品随葬，显示出贫富分化的迹象。

红山文化

红山文化遗址主要分布在内蒙古自治区东南部、辽宁西部和河北北部，年代约为公元前4000~公元前3000年。红山文化的居民主要从事农业，还饲养猪、牛、羊等家畜。红山文化的陶器最大特色是外壁刻有一些"之"字形纹和直线纹。此外，玉雕工艺水平也相当高。

考古学家在一座小土山上发现了一座圆锥形土堆，外裹石块。经过发掘以后，发现这座土山是全部用人工夯筑起来的，地上部分夯土堆直径近40米，高16米，外包巨石，内石圈的直径为60米，外石圈的直径约为100米。整座土山呈圆锥形状，平顶，顶部砌着非常整齐的石块。考古学家们在其顶上发现了许多纹彩陶片和冶铜坩埚片。还发现了许多完整的炼红铜的坩埚，每一坩埚约有1尺多高，锅口约有 30 厘米，像现代人用的水桶一般大小。另外，在土堆周围的山头上，考古学家们还发现了 30 多座小土堆。

龙山文化

龙山文化泛指中国黄河中下游地区，属新石器时代晚期的一类文化遗存。铜石并用时代文化，因首次发现于山东章丘龙山镇而得名。龙山文化经过测定其年代约为公元前 2800 年～公元前 2300 年，属于氏族公社时期。龙山文化分布于黄河中下游的山东、河南、山西、陕西等省。大汶口文化出现的快轮制陶技术在这一时期得到普遍采用，磨光黑陶数量更多，质量更精，烧出了薄如蛋壳的器物，表面光亮如漆，是中国制陶史上的顶峰时期。

北京人化石

1929 年 12 月 2 日，中国考古学者裴文中在周口店发现了第一个完整的北京人头盖骨，从此以后，周口店就以中国"猿人之家"闻名全球。1933 年，在北京龙骨山山顶洞发现了生存在 18000 年前的山顶洞人的遗址。北京人遗址及化石的发现，奠定了北京人在科学上的坚实基础，是世界古人类学研究史上的大事，为人类发展史提供了重要的证据。迄今为止，还没有哪一个古人类遗址像周口店北京人遗址这样拥有如此众多的古人类、古文化、古动物化石和其他资料。北京人的发现，为中国古人类及其文化的研究奠定了基础。北京人的发现，为人类进化理论提供了有利实证，是中国科学家为世界考古史作出的伟大贡献。

殷墟

殷墟是中国商代晚期的都城遗址，横跨安阳洹河南北两岸，现存有宫殿宗庙区、王陵区和众多族邑聚落遗址、家族墓地群、甲骨窖穴、铸铜遗址、制玉作坊、制骨作坊等众多遗迹，是中国历史上第一个有文献可考、并为甲骨文和考古发掘所证实的古代都城遗址，距今已有 3300 年的历史。

人祭和人殉

商朝的社会是由贵族、平民和奴隶构成。奴隶处在社会的最底层。贵族不仅无偿占有奴隶的劳动，而且可以随意地施以杀戮。最为典型的杀戮就是杀人祭祀和活人殉葬。商王和贵族在祭祀天帝、祖先、鬼神和山川河流的时候，除了宰杀猪、牛、羊等牲畜之外，还经常屠杀战俘和奴隶。此外，统治者死后，都要用活人殉葬，少者一两个人，多的有数十人或数百人，他们企图在所谓的"阴间"继续奴役这些奴隶为其服务。人祭和人殉在整个商朝都非常普遍，数量之多，手段之残忍，令人发指。

"后母戊"大方鼎

"后母戊"大方鼎呈长方形，长 110 厘米，宽 78 厘米，高 133 厘米，重 875 千克。这个巨型的青铜器，造型雄伟，花纹华丽，结构复杂。大鼎腹部铸有蟠龙纹和饕餮纹，脚部刻有蝉纹。整个鼎的神秘感非常强烈。

在目前出土的数千件商代青铜器中，"后母戊"大方鼎是最大的，也是世界古代青铜器史上绝无仅有的。

秦始皇陵兵马俑的发现

1974年,在陕西省临潼发现了被誉为"世界奇迹"的秦始皇兵马俑。这个让人为之震撼、感叹的历史文化瑰宝,有着难以估量的价值。它所折射的历史层面既多又广,无论是建筑史、服饰史还是王陵制度史,都值得人们去探究。1979年10月,位于西安市区42公里处的秦始皇兵马俑博物馆正式对外开放。

三星堆

三星堆遗址距成都40公里,是中国迄今为止已发现的历史最早、规模最大的古蜀都城遗址。因有三座突兀在成都平原上的黄土堆而得名。发掘出的珍贵文物前所未闻,不少属国家级珍品,迥异于我们熟知的任何古代中原文明:高鼻深目、阔嘴大耳、神态诡异的大型青铜纵目面具,与真人头部大小相似的青铜人头像,高260厘米,重达300余斤的大铜人立像,雕有精美纹饰、长142厘米的纯金杖等等。三星堆是远古人类最大最辉煌的都城,遗址面积为350万平方米,比它晚修建1500年的古希腊荷马时代的名城——迈锡尼,其面积仅为三星堆古城的百分之一。三星堆目前尚未完全发掘,在族属来源、文化渊源、文明起源与国家形成等方面,深藏无数待破之谜,一旦揭开,将是空前的"文化原子弹"大爆炸。

马王堆汉墓

20世纪70年代,中国南部长沙马王堆汉墓的发掘,震惊了中国乃至全世界。该墓在湖南长沙市东郊五里牌,据地方志记载为五代时期楚王马殷家族的墓地,故名为马王堆。1972~1974年相继发掘,先后出土3座墓葬。其墓葬结构非常宏伟复杂,其中一、三号墓棺椁葬具保存完好。一号墓由墓顶至椁室深达20米。椁室构筑在墓坑底部,由三椁(外椁、中椁、内椁)、三棺(外棺、中棺、内棺),以及垫木所组成。棺内女尸一具,保存十分完整,为国内所仅见。随葬物品非常丰富,达3000余件,有丝织品、帛书、帛画、漆器、陶器、竹简、竹木器、木桶、农畜产品、中草药等。其中覆盖在内棺上的一幅彩绘帛画,花纹鲜艳,色彩绚丽,画面内容想象丰富,是中国现存2100多年前的丝织品绘画珍品。

马王堆汉墓的发掘,对中国的历史和科学研究均有巨大价值,其出土文物异常珍贵。如从三号墓中出土的帛书《五十二病方》是中国现在所能看到的最早的方剂。它的发现,补充了《内经》以前临床医学的内容,是一份非常珍贵的医学遗产。

乾陵

乾陵是唐王朝第三代皇帝高宗李治和女皇帝武则天的合葬陵,位于咸阳市区向西北方五十公里的梁山上。乾陵修建于公元684年,经过23年的时间,工程才基本完工。

1966年至1971年,中国考古学家曾多次对此墓进行勘察。史书记载,陵墓原有内外两重城墙,4个城门,还有献殿阙楼等建筑。勘探表明,内城总面积240万平方米。在中国历史上,陵前石刻的数、图、种类和安放位置从乾陵开始有了固定制度。

睡虎地秦墓与龙岗秦墓

睡虎地秦墓是一处战国末期至秦代的墓葬群，现已发掘了其中的12座。墓葬中出土秦代的竹简1100余枚，以及毛笔、石砚、墨块等文房用具。竹简上的秦代隶书，反映了篆书向隶书转变阶段的情况，其内容记载了有关秦代法律、医学等诸多内容，为研究中国书法、法律、医学等方面的发展历史提供了翔实的资料，具有十分重要的学术价值。

龙岗秦墓是一处战国末期至秦代的墓葬群，现已发掘了其中的9座。出土秦代竹简283枚及木牍1方。内容记载了秦代法律等方面的内容，具有较高的学术价值。

法门寺地宫

地宫，是中国佛塔构造特有的一部分，用以瘗藏佛舍利、佛的遗物、经卷等法物的密室，与中国古代的深藏制度结合。因系盛唐皇家寺院，法门寺地宫，又与帝王陵寝的地下宫殿相仿。

法门寺始建于北魏时期（公元499年前后），西安法门寺地宫，打开了佛教和盛唐王朝的宝藏，是世界上迄今为止发现的年代最久远、规模最大、等级最高的佛塔地宫，面积仅31.48平方米。地宫出土文物2499件，其中还有目前世界上有文献记载和碑文证实的释迦牟尼佛真身舍利。

楼兰古国

在中国的西部，有一片浩瀚无垠的沙漠戈壁，这就是有名的塔克拉玛干沙漠。在塔克拉玛干的沙漠深处，考古学家发现了闻名世界的楼兰古城。

楼兰古城遗址在罗布泊附近，考古学家们推测，在几千年前，包括罗布泊在内的楼兰是一个生机勃勃的绿洲城市。那时候，这里烟波浩渺，碧水万顷，水鸟嬉戏，渔歌悠扬，一派兴旺繁荣景象，可惜后来楼兰古城神秘地失踪了。

楼兰怎么会从文明的巅峰突然消失得无踪无影呢？

对于这个问题，100年来，人们有过各种各样的猜测和解释：有人说楼兰是因为外族人入侵引起的战争毁灭的；也有人说，由于魏晋以后"丝绸之路"的改道，过往的商队不再从楼兰经过，造成了楼兰的萧条以至荒芜。

但这些说法都因为拿不出强有力的证据而难以让人信服。

世界十大古文明

苏美尔文明：位于底格里斯河和幼发拉底河之间（现在伊拉克境内）。持续时间是公元前3500~前2000年。主要成就是在公元前3000年以前最早发明楔形文字（写于泥块之上）。

埃及文明：位于尼罗河沿岸。持续时间是公元前3100~前343年，主要成就是用石块建大庙宇和金字塔，发明象形文字。

巴比伦文明：位于底格里斯河和幼发拉底河之间（现在伊拉克境内），持续时间是公元前1900~前538年。主要成就是制定法律，《汉谟拉比法典》是最古老的书面法律之一；最早以60进制计算分和秒。

腓尼基文明：位于地中海东海岸。持续时间是公元前1100~前842年。主要成就是发明一种字母系统（以后希腊字母即是根据腓尼基字母编成的）。

希伯来文明：位于现在以色列和约旦境内。持续时间是公元前1000~前587年。主要成就是创造了伟大的文学，最重要的是《圣经》中的《旧约全书》，大约写于公元前900~前150年之间。

亚述文明：位于现在伊拉克境内的底格里斯河流域，持续时间是公元前800~前612年。主要成就就是组建使用铁器的最伟大军队。

希腊文明：位于现在希腊的南部地区。持续时间是公元前800~前197年。主要成就是建造许多雄伟壮丽的建筑物；写出了许多伟大的诗歌和戏剧；产生了许多杰出的科学家和哲学家；首创民主概念。

波斯文明：位于从印度河到爱琴海这广阔地域（在帝国最强盛时期）。持续时间是公元前700~前331年。主要成就是用泥、砖和石块建了许多雄伟的大宫殿；在他们的壁画品中出现了许多传说中的野兽；创立了用小马快递的邮政制度。主要城市是波斯波利斯。

罗马文明：位于从罗马往西到英格兰和往东到美索不达米亚这十分辽阔的土地上，在古罗马的鼎盛时期，罗马文化遍及地中海周围的所有国家，持续时期是从公元前735年到公元前476年。主要成就是培养出许多优秀的行政官员；首创从中心突破，从而控制周围地区的战略战术。

除了以上九大古文明，还包括中国古文明。

世界四大文明古国

四大文明古国是世界古代历史上最早进入文明社会的4个国家。依顺序分别为古巴比伦、古埃及、古代中国、古印度。

四大文明古国都是建立在容易生存的河川附近。在北半球的两河流域、尼罗河、黄河和长江流域，以及印度河、恒河流域相继产生了世界四大文明古国。

四大文明古国都有自己的历法，一年都分12个月并且有闰月。各个文明都创造了自己的文字。印度河、黄河、两河流域的文明都使用陶轮制陶，埃及和两河流域都计算了圆周率，巴比伦和中国都发现了勾股定理，印度则发明了阿拉伯数字。

古巴比伦文明

大约在公元前19世纪（中国夏朝的时候），底格里斯河与幼发拉底河流域的美索不达米亚就孕育了人类有史以来最早的文明之一——古巴比伦文明。底格里斯河和幼发拉底河中间的地方叫"美索不达米亚"，意思就是"两河之间"。每年春天，高原地区的积雪融化，这两条河就在美索不达米亚泛滥成灾。特别是下游一带，地势低凹，几乎全被淹没。

巴比伦人在和洪水斗争中，学会了修堤筑坝，开渠造河。当洪水被制服以后，他们和埃及人一样，也享受到了河流定期泛滥的好处。泛滥的洪水带来大量淤泥，使两岸的土壤变得十分肥沃。再加上这里阳光强烈，水量充足，庄稼年年丰收。据说，小麦最早就是生长在巴比伦的。古巴比伦王国时的农业、手工业、商业都较发达。

公元前689年，巴比伦王国被亚述所灭。公元前605年，新巴比伦王国灭掉了亚述。后来，神庙祭师集团当权，公元前538年，被位于伊朗高原的波斯所灭，古代两河流域的文明作为一个独立的整体宣告结束。

古代埃及文明

古埃及文明是位于非洲东北部尼罗河中下游地区的一段时间跨度近3000年的古代文明，开始于公元前32世纪左右时美尼斯统一上下埃及建立第一王朝，终止于公元前343年波斯灭亡埃及。埃及是世界文明古国之一，受宗教影响极大，举世闻名的金字塔就是古埃及人对永恒观念的一种崇拜产物，也是法老王的陵墓，目前埃及共有80余座金字塔，其中最大的一座是胡夫金字塔。除了金字塔以外，狮身人面像、木乃伊也是埃及的象征。

尼罗河流域文明

尼罗河流域文明是世界上发展较早和对世界文化影响较大的一个文明。每年，尼罗河水的泛滥，给河谷披上一层厚厚的淤泥，使河谷区土地极其肥沃，庄稼可以一年三熟。从事农业生产就要准确地预测泛滥时间，所以很早尼罗河流域居民就能准确地观察、研究天文现象。从植物每年的死亡复生现象中产生了死而复活的神话。

尼罗河流域文化为人类制定了第一部每年365日的历法；发明了复活和末日审判的神话；创立了世界上第一个大帝国；建立了在几千年内都是世界上最高的人工建筑物——大金字塔；留下了不可计数的木乃伊和纸草书文献。

美洲古代文明

美洲是世界古文明的重要发祥地之一。美洲古代文明大致可分为3个时期：前古典时期（前2000年左右~公元250年左右），古典时期（公元250年左右~公元900年左右），后古典时期（公元900年左右~1500年左右）。

美洲古代印第安文明发展水平最高的为两大地区：一个在中部美洲，包括今墨西哥和中美洲国家，被称为"中部美洲文明"。另一个在南美洲安第斯高原及太平洋沿岸一带，被称为"安第斯文明"。在此基础上最后形成了3个主要文明中心：以现今墨西哥尤卡坦半岛和中美洲危地马拉、洪都拉斯等国为中心的古代玛雅文明；以墨西哥高原盆地为中心的古代阿兹特克文明和分布在南美洲安第斯地区的秘鲁、玻利维亚和厄瓜多尔等国广大地区的古代印加文明。

印加文明

印加文明分布在南美洲安第斯地区的秘鲁、玻利维亚和厄瓜多尔等国的广大地区，形成于13世纪，15世纪末是它的鼎盛时期，1532年西班牙殖民者侵入印加国，占领首都库斯科，1533年杀害印加王阿塔瓦尔帕，印加国灭亡。

印加王被称为"太阳之子",国王在政治、宗教和军事上都拥有至高无上的权力,其下有贵族、祭司充任各级军政、宗教职务,组成严密的行政体系和统治机构。印加社会的基层结构是"艾柳",相当于氏族公社。古代印加人有发达的农业,培育了玉米、马铃薯等40多种作物。印加人在深谷陡壁、气候干燥的安第斯山区修建了庞大的梯田系统和引水工程;用巨石建成雄伟的宫殿和城堡,石块之间结合紧密,以致刀片也难以插入。此外,在冶炼浇铸、纺织制陶、天文历法、外科医术、文学音乐等多个领域,印加人都取得了杰出的成就。印加人还创造了被称为"基普"的结绳记事法。

奥尔梅克文明

奥尔梅克文明是中北美洲公认的最早的文明。大约出现于公元前1500年左右,开始于紧靠墨西哥湾的维拉克鲁兹沼泽凹地的一群村落中。约公元前1200年,村落发展为大型聚落,聚落中建有市政建筑物,其侧面有礼仪中心,并建有住宅和商店。该文明的一个中心是拉文塔,位于海港附近,盛产农作物和盐,主要居民是渔民、农民、商人和能工巧匠。他们住在盖有支柱及遮盖的住房里,玉米、鱼类和海龟是他们的主要食物。

帕拉卡斯文化

公元前550~前200年,帕拉卡斯文化在秘鲁利马南部发展起来。帕拉卡斯人已掌握了不少耕种技术,能够种植玉米、豆类、花生、甘薯和丝兰等。在手工业方面,帕拉卡斯人是刺绣和织布的能手,使用了其他地方还不知道的先进技术。刺绣图案无所不包。在2000多年后发现于此地的衣服上,人们还可以分辨出大约100种颜色。帕拉卡斯人死后都被制成木乃伊。经过晾干和熏制处理的遗体,与纺织品、假头颅和陶器等一起被安置在墓中。

摩羯文化

约公元100年左右,摩羯文化出现在南美洲培尔北部的广大土地上。当时这里的居民都是技术娴熟的农民。他们挖渠灌溉田地,用鸟粪做肥料。他们修建了金字塔式的建筑,称为"华卡"。其中最大的华卡高达41米以上,另有一个华卡修建在希班海岸。摩羯人还是伟大的艺术家,他们是南美最高明的陶工。他们印刻在陶器上的文字,与迄今为止所发现的任何一种文字都不相似。当时的金属冶炼技术也非常发达。

古代印第安文明

早在哥伦布发现新大陆之前的许多世纪,拉丁美洲辽阔的土地上繁衍生息着为数众多的各族印第安人。至15世纪形成了3个文化中心:玛雅文化(今洪都拉斯、危地马拉和尤卡坦半岛一带)、阿兹特克文化(今墨西哥中南部一带)以及印加文化(今秘鲁、玻利维亚和厄瓜多尔一带)。这些文化发达、人口集中的印第安民族,在西班牙征服者到来之前,已经创造了丰富的物质财富和精神文明,其中有多种形式的文学作品,如反映本民族历史的神话传说、颂扬英雄事迹的戏剧、敬神的诗歌和抒情诗等,但大多已经失传。这主要因为印第安人的语言种类纷繁，没有发展完备的文字，而西班牙入侵者对印第安文化又进行了摧残破坏。

阿兹特克文明

阿兹特克文明以墨西哥中部谷地为中心，它形成于14世纪初，1521年为西班牙人所毁灭。阿兹特克人有比较发达的农业，主要作物有玉米、豆类、南瓜、马铃薯、棉花、龙舌兰等。阿兹特克人利用特斯科科湖等湖泊发展人工灌溉系统。他们使用太阳历与圣年历，一年为365天，每逢闰年补加一天。医学方面，他们懂得利用各种草药治病，并已使用土法麻醉。阿兹特克人的陶器和绘画均极精致，建筑和艺术也达到相当高的水平。

玛雅文化

玛雅文化是世界上重要的古文化之一，更是美洲重大的古典文化。5000年前，玛雅人就出现在墨西哥合众国和中美洲危地马拉的太平洋海岸，在美洲远古的石器时代就开始了他们的生产活动，所以和世界上的其他人类一样，他们的古代史经历了采集、渔猎向农耕过渡的发展阶段。玛雅文明的孕育、起源和发展是在今墨西哥的尤卡坦半岛、恰帕斯和塔帕斯科两州和中美洲的一些地方，包括今天的伯里兹、危地马拉的大部分地区、洪都拉斯西部地区和萨尔瓦的一些地方。这一地区的总面积达32.4万平方公里。

公元前2000年左右，玛雅人进入了定点群居时期，并从采集、渔猎时期进入了农耕时期。玛雅文明从此开始了。

如今研究玛雅文明的学者有很多，对玛雅文明比较公认的历史分期是：从公元前1500年到公元317年为玛雅文明发展的前古典时期，从公元317年到公元889年为古典时期，从公元889年到1697年为后古典时期，也被叫作早期阶段、中期阶段和晚期阶段。

前古典文明出现在危地马拉的太平洋沿岸和高原地带。这时，玛雅文化的主要特点是在出现的城市广场上建立了许多大型的石碑，石碑上雕刻有历朝历代的统治者形象。因为在公元1~2世纪时出现了象形文字，所以石碑上就有了记述统治者历史的文字。此外，城市里还出现了大型石料建筑物（如金字塔和城市的卫城）。大型石铺广场和堤道反映了这时候的建筑已有了一定的规模和水平。前古典时期的文明中心在中美洲的纳克贝和埃尔米拉多尔。古典时期文明发展的中心在危地马拉一带的蒂卡尔、帕伦克、博南帕克和科潘等地。这时的文化特征主要反映在建筑、雕刻和绘画上，其中博南帕克壁画是世界有名的艺术宝库。位于中美洲的玛雅古典文明中心，到9世纪时衰落了，原因不为人知。此后，玛雅文化北移到了墨西哥的尤卡坦半岛，在那里进入了后古典文明时期。玛雅的后古典文明有奇钦伊察、乌斯马尔和玛雅潘三大中心。

迈锡尼文明

迈锡尼文明是希腊青铜时代晚期的文明，它由伯罗奔尼撒半岛的迈锡尼城而得名。约公元前2000年左右，希腊人开始在巴尔干半岛南端定居。从公元前16世纪上半叶起逐渐形成一些奴隶占有制国家，出现了迈锡尼文明。在伯罗奔尼撒半岛的迈锡尼、梯林斯、皮洛斯，中部希腊的忒拜、奥尔霍迈诺斯、格拉斯和雅典以及帖撒利亚的约尔科斯等地陆续出现过卫城、宫殿和规模宏大的圆顶墓；其中尤以迈锡尼的这类建筑最为雄伟，它的卫城入口是著名的狮子门。

古印度"哈拉巴文化"

20世纪90年代，印度考古学家在印度河下游的摩亨佐·达罗土丘，发现了沉睡了几千年的古城遗址。后来，学者们在印度河上游的哈拉巴又发现了一座同时代的古城。两座古城的城址设计复杂，里面的文物宛如一幅幅迷人的画卷，使人们看到了作为世界文明发源地之一的古代印度高度发展的文化。这些古城文化被称为"哈拉巴文化"。

哈拉巴文化的中心是雄伟、庄严的哈拉巴和摩亨佐·达罗两座城市。它们是上古印度文明的见证。哈拉巴城址位于旁遮普地区拉维河（印度河的支流）的左岸。摩亨佐·达罗城址位于信德省（今巴基斯坦境内）的拉尔卡纳县，靠近印度河的右岸。两城所保留下来的文化遗物丰富多彩，在这里，既有刻有文字、图画的精美印章，也有计量重量的石头砝码、计算长度的介壳尺和青铜杆尺，还有金银珠宝、象牙装饰，以及各种青铜工具、武器等。这些令人惊叹的文物，显示出上古印度人民高度的创造才能。

光辉灿烂的哈拉巴文化是举世罕见的，它表明印度河流域当时已经具有高度的文明。然而，就是这样灿烂的文化在兴旺发达了几个世纪后，到公元前1750年，却突然衰落，有些地区还遭到了巨大的破坏。从此，印度河流域哈拉巴文明之光熄灭了。

四

文学、语言

文学理论与流派

▎"文学"概念的变迁

西汉时期，学校的负责人不是叫校长或教官，而是称"文学"，如张文学、李文学等。

汉武帝为选拔人才，特设"贤良文学"科目，每年由各郡国举荐人才上京考试，被举考者称为"贤良文学"。"贤良"是指品德端正、道德高尚之人；"文学"则指精通儒家经典的人。

魏晋后期，"文学"一词成为语言艺术的专用名词。史书上载曹丕"好文学，以著述为务"，即是现今所指的文学含义。

▎诗歌

诗歌是一种有节奏、有韵律且富于感情色彩的语言艺术形式，起源于上古的社会生活，因劳动生产、两性相恋、原始宗教等而产生。《尚书·虞书》载："诗言志，歌永言，声依永，律和声。"早期，诗、歌与乐、舞是合为一体的，在实际表演中总是配合音乐、舞蹈而歌唱，后来诗、歌、乐、舞各自发展，独立成体。中国有着悠久的诗歌历史，因此被称为"诗的国度"。

▎诗的分类

按音律分，可分为古体诗和近体诗两类。古体诗主要是指唐以前的诗歌，包括古诗、楚辞、乐府诗。"歌""歌行""引""曲""吟"等古诗体裁也属古体诗。古体诗不讲对仗，押韵较自由。与古体诗相对的近体诗是唐代形成的一种格律体诗，分为绝句和律诗两种，其字数、句数、平仄、用韵等都有严格规定。绝句，每首四句，五言的简称五绝，七言的简称七绝。律诗，每首八句，五言的简称五律，七言的简称七律，超过八句的称为排律（或长律）。

按内容分，可分为叙事诗、抒情诗、送别诗、边塞诗、山水田园诗、怀古诗（咏史诗）、咏物诗、悼亡诗、讽喻诗等。

▎乐府

乐府原是指管理音乐的机关，最早

见于汉惠帝时，汉武帝将其扩充为大规模的专署。主要功能是收集民间音乐，创作歌词，改编曲谱，以供宫廷娱乐和庙堂祭祀，使当时的民歌得到很好的保存。后人就把乐府里收集的诗歌称为"乐府""乐府诗"或"汉乐府"。

汉乐府的最大特点就是叙事性，即"缘事而发"，长篇叙事诗《孔雀东南飞》可以说是汉代乐府的杰出代表。东汉时期还出现了文人模仿乐府形式的五言诗。

汉乐府不仅哺育了当时文人的诗歌，而且对魏晋乃至唐代诗人都有巨大影响，建安文人都喜欢用乐府旧题反映社会的离乱；唐代李白、杜甫也都有乐府题诗作，白居易更是创作了大量的新乐府诗，并发起了新乐府运动。

民歌

起源于或流传于一个国家或地区的老百姓中间并成为他们独特文化一部分的歌曲，民间文学的一种。

原始的民歌同人们的生存斗争密切相关，或表达征服自然的愿望，或再现猎获野兽的欢快，或祈祷万物神灵的保佑，成为人们生活的重要组成部分。

《诗经》中的"国风"，是中国古代最早的民歌选集。它汇集了从西周到春秋约500多年间，流传于北方15个地区的民歌。

词

词最初称为"曲词"或"曲子词"，别称有长短句、曲子、乐府、乐章、琴趣、诗余。起于五代与唐，盛于宋。原是配乐歌唱的一种诗体，句的长短随歌调的改变而改变。

明代徐师把词的形式概括为："调有定格，句有定数，字有定声。"总的来说，词的形式有以下特点：

1. 每首词都有一个词牌。一般说，词牌并不是词的题目，只是相当于词谱而已。到宋代，有些词人为了表明词意，常在词牌下面另加题目，或者还写上一段小序。

2. 一般词牌的字数和句子的长短都是固定的，有一定的格式。

3. 词中声韵的规定特别严格，用字要分平仄，且每个词牌的平仄都有所规定，各不相同。

4. 词一般都分上下两阕（或上下两片），极少数只有一阕，或三阕以上。

词的分类

词按照字数大致可分为三类：小令、中调、长调。58字以内为小令，59字至90字为中调，91字以上为长调。

按照风格可分婉约派和豪放派。婉约派的代表人物有南唐后主李煜，北宋的李清照、柳永、秦观、周邦彦和晏殊等。豪放派的代表人物有北宋苏轼，南宋辛弃疾、岳飞、陈亮等。

词牌

词牌，就是词的格式的名称。

词牌一般有三个来源。一是来自乐曲的名称。例如《菩萨蛮》《西江月》《风入松》《蝶恋花》等，都是属于这一类的。二是摘取一首词中的几个字作为词牌。例如《忆江南》本名《望江南》，但因白居易有一首咏"江南好"的词，最后一句是"能不忆江南",所以词牌又叫《忆江南》。三是来自词的题目。《渔歌子》咏的是打鱼,《浪淘沙》咏的是浪淘沙,《更漏子》咏的是夜。这种情况是最普遍的。

凡是词牌下面注明"本意"的,就是说,词牌同时也是词题。但是,绝大多数的词都不是用"本意"的,因此,一般是在词牌下面用较小的字注出词题。

竹枝词

竹枝词,是一种由古代巴蜀间的民歌演变而来的诗体。

竹枝词从民歌演化为文人诗体,一般认为是从唐代刘禹锡开始的。刘禹锡于长庆二年(822年)任夔州刺史时,见到民间联歌《竹枝》,吹短笛击鼓,边唱边舞,以"曲多为贤"。因此受到启发,作《竹枝》九篇。他的新词具有鲜明的民间歌谣格调,又有浓郁的生活气息,所以不仅在民间得到广泛流传,以后历代文人也不断传唱。宋代苏轼、黄庭坚,元代杨维桢,明代袁宏道,清代王世贞、孔尚任都有佳作传世。

敦煌曲子词

敦煌曲子词是指20世纪初,发现于甘肃敦煌莫高窟的唐五代民间词曲,也称为敦煌歌辞。现存的敦煌曲子词,不仅题材广阔,内容丰富,同时在艺术上也保留了民间作品那种质朴与清新的特点,风格也较为多样。有鲜明的个性特征和浓郁的生活气息,反映了词兴起于民间时的原始形态,可以说是千年词史的椎轮大辂。同时,在敦煌发现的曲子词里,还保存下一些在现存唐代文人词中很少见的长调。

韵

韵是诗词格律的基本要素之一。诗人在诗词中用韵,叫作押韵。从《诗经》到后代的诗词,几乎没有不押韵的。民歌也多有押韵的。在北方戏曲中,韵又叫辙,押韵叫合辙。

平仄

平仄是诗词格律的一个术语。诗人们把四声分为平仄两大类,平就是平声,仄就是上、去、入三声。四声是按印度三声说发展而来,由周颙、沈约等用完全归纳法归纳出四声,后经王融、刘韬等完成四声二元化,从而诞生平仄。

对仗

对仗又称队仗、排偶。它是把同类或对立概念的词语放在相对应的位置上使之出现相互映衬的状态,使语句更具韵味,增强词语表现力。对仗的运用有宽有严,因而出现各种不同类型,有工对、邻对、宽对、借对、流水对、扇面对等。在内容上则有言对、事对、正对、反对等名目。

散曲

散曲,元人称为"乐府"或"今乐府"。散曲之所以称为"散",是与元杂剧的整套剧曲相对而言的。

散曲的产生与词产生的情形十分相似,它产生于民间的俗谣俚曲。金元时在北方起源,故又称北曲,包括小令、套数和介于两者之间的带过曲等主要形式。散曲从结构上可分为小令、中调和长调。

散曲的特点主要有：在语言方面，既有一定格律，又有口语的自由灵活；在艺术表现方面，更多采用"赋"的方式，加以铺陈叙述；押韵比较灵活，可以平仄通押，句中还可以衬字。北曲衬字可多可少，南曲有"衬不过三"的说法。

散曲的分类

散曲有三种基本类型：小令、套数，以及介于两者之间的带过曲。

小令又叫"叶儿"，其名称源自唐代的酒令。其基本特征是单片只曲，调短字少。还有一种联章体，则是由数支小令联合而成，又称"重头小令"，同题同调，内容关联，首尾句法相同，每首小令可以单独成韵，最多可以达百支。

"套数"，又称"套曲""散套"或"大令"，是从唐宋大曲、宋金诸宫调发展而来。其定制一般有三个特征：一是全套必须押韵相同；二是有尾声；三是同宫调的两个以上的只曲连缀而成。

带过曲是由同一宫调的不同曲牌组成，曲牌最多不超过三首。带过曲属于小型曲组，与套数比，容量小得多，且没有尾声，是介于小令与套数之间的特殊形式。

汉赋

赋是在楚辞的基础上发展而来的，在两汉400年间，一般文人多致力于赋的写作，因而盛极一时，是汉代文学最有特色的一种文体。它的特点是散韵结合，专事铺叙。形式上，"铺采摛文"，着重铺叙和描写，以铺张的手法描摹所赋事物景况；在内容上则侧重"体物写志"。

汉赋分为大赋和小赋。大赋又叫散体大赋，规模巨大，结构恢宏，气势磅礴，语汇华丽，往往是成千上万言的鸿篇巨制，代表作家有枚乘、司马相如、班固等；小赋则篇幅较小，文采清丽，讥讽时事、抒情咏物，代表作家有张衡、赵壹、蔡邕、祢衡等。

后世往往把它看成是汉代文学的代表。

骈文

骈文又称骈俪文，是与散文相对而言的。其主要特点是以四六句式为主，讲究对仗，也称"四六文"或"骈四俪六"。因句式两两相对，犹如两马并驾齐驱，故被称为骈体。

骈文在声韵上讲究运用平仄，韵律和谐；修辞上注重藻饰和用典。由于骈文注重形式技巧，所以内容的表达往往受到束缚，但若运用得当，也能增强文章的艺术效果。如"下亭漂泊，高桥羁旅。楚歌非取乐之方，鲁酒无忘忧之用。"

骈文盛行于六朝，代表作家有徐陵、庾信。中唐古文运动以后，这种文体开始衰落。

变文

变文是唐代兴起的一种说唱文学，又省称"变"。"变"是指"经变"，是佛教术语。它是在佛教僧侣所谓"唱导"的影响下，继承汉魏六朝乐府诗、志怪小说、杂赋等文学传统逐渐发展成熟的一种文体。

郑振铎在《中国文学史》中说："'变文'的意义，和'演义'是差不多的。就是说，把古典的故事，重新再演说一番，变化一番，使人们容易明白"，所以变文的特点是有说有唱、韵白结合、语言通俗、接近口语，内容原为佛经故事，后来范围扩大，包括历史故事、民间传说等，如敦煌变文《大目乾连冥间救母变文》《伍子胥变文》等。

▎唐传奇

唐传奇是指唐代流行的文言短篇小说。它远继神话传说和史传文学，近承魏晋南北朝志怪和志人小说，是一种以史传笔法写奇闻逸事的小说体式。唐传奇"始有意为小说"，标志着中国古代小说创作进入了一个新阶段。

随着创作方法和艺术技巧日渐成熟，唐传奇涌现出大量名家名作，如李朝威的《柳毅传》、元稹的《莺莺传》、白行简的《李娃传》、蒋防的《霍小玉传》、陈鸿的《长恨歌传》等。内容题材涉及爱情、历史、政治、豪侠、志怪、神仙等，大多作品体现了较强的现实精神。

▎南戏

南戏是北宋末年至元末明初，即12~14世纪200年间在中国南方最早兴起的戏曲剧种，也是中国戏剧最早成熟的形式之一。南戏有多种异名，南方称之为"戏文"，又有温州杂剧、永嘉杂剧、鹘伶声嗽等名称，明清间亦称为"传奇"。就其音乐——南曲来说，则是一种重要的戏曲声腔系统，为其后的许多声腔剧种，如海盐腔、余姚腔、昆山腔、弋阳腔的兴起和发展奠定了基础。

南戏原是由顺口可歌的村坊小曲发展起来的，作者多为下层文人，词语通俗，不为士大夫所重视，主要流行于今浙东、福建地区。后吸收杂剧及其他民间技艺，兼采众长，后来者居上，演员队伍迅速扩大，到南宋末年，渐由民间繁衍而盛行于都下。最早的作品有《赵贞女蔡二郎》和《王魁负桂英》。

▎宋元话本

宋代"说话"（说书）人的底本，也称为"话文"或简称"话"。"说话"就是讲故事，类似现代的说书。话本的内容有佛经故事（说经）、历史故事（讲史）,脂粉、灵怪、传奇、公案、武打、人物（小说）等。其中，最为世人喜欢的是小说。

宋代传到今天的"话本"有《大唐三藏取经诗话》《国志平话》《五代史平话》《大宋宣和遗事》及《京本通俗小说》等。

以"说话"为主的艺人称"说话人"，"话本"各有独立的科目。宋代各大城市都有不少娱乐场所，如瓦子、勾栏等。"说话人"不仅在这些场所表演，还经常深入到乡村。陆游曾以诗记述宋代"说话"艺术的景况："斜阳古柳赵家庄，负鼓盲翁正作场。身后是非谁管得，满村听说蔡中郎。"

▎宋金诸宫调

诸宫调是宋金元时流行的说唱体文学形式之一，它取同一宫调的若干曲牌联成短套，首尾一韵，再用不同宫调的许多短套联成长篇，以说唱长篇故事，因此称为"诸宫调"或"诸般宫调"。又因为它用琵琶等乐器伴奏，故又称"搊弹词"或"弦索"。诸宫调由韵文和散文两部分组成，演唱时采取歌唱和说白相间的方式，基本上属叙事体。由于它交互使用具有不同宫调、声情的曲子，又为表达比较丰富的感情内容提供了条件，可以说是由说唱、歌舞到戏曲的演化过程中的过渡形式。

宋代笔记文

笔记文是一种随笔记录的文体，"笔记"之"笔"意即散记、随笔、琐记。在魏晋南北朝时已有此体，唐代笔记已多，到宋代又有发展。用"笔记"两个字做书名，则始于北宋宋祁的《笔记》3卷。笔记文包括史料笔记、考据笔记和笔记小说。

元杂剧

元杂剧是用北曲演唱的一种戏曲形式，又称北杂剧、北曲。金末元初产生于中国北方，是在金院本基础上发展起来的。代表人物有关汉卿等。

其主要特点有四折一楔子的结构形式。所谓的"折"相当于现在的"幕"，四折即是开端、发展、高潮、结尾四个阶段。为了交代情节或贯穿线索，元杂剧往往在四折戏外，即全剧之首或折与折之间，加上一小段独立的戏，称为"楔子"。其显著特色是"一人主唱"。另外音乐曲调方面元杂剧以北方音乐为基础，角色分为旦、末、净、杂。

诗话

诗话是中国古代的一种独特的论诗文体。狭义的诗话是指诗歌的话本，即关于诗歌的故事，随笔体，广义的是指诗歌的评论样式。写作诗话之风，始于宋代欧阳修的《六一诗话》，盛行于宋代，是中国古代诗歌体制，特别是唐代律诗高度发展的产物，改变了中国古代文学批评原有的格局。

另外古代的一种说唱艺术也称为"诗话"。宋、元时印行的《大唐三藏取经诗话》是现存最早的一部作品，它的特点为韵文与散文并用，韵文大都为浅近通俗的七言诗赞。

拟话本

拟话本是由文人模仿话本形式编写的小说，鲁迅在《中国小说史略》中最早采用这一名称，认为这是由话本向后代文人小说过渡的一种中间形态，与话本有所不同，"近讲史而非口谈，似小说而无捏合"，"故形式仅存，而精彩遂逊"。

后来拟话本专指明末文人模仿话本形式编写的白话短篇小说，即鲁迅称之为"拟宋市人小说"的作品。如"三言"中的部分小说，以及"二拍""西湖二集"等。

八股文

八股文也称"时文""时艺""制艺""制义""八比文""回书文"。它是明朝考试制度所规定的一种特殊的文体。它以四书（即《大学》《中庸》《论语》《孟子》）、五经（即《诗经》《尚书》

《礼》《易》《春秋》）中的文句命题，解释要以朱熹的注释为依据。它专讲形式，没有内容，文章的每个段落，死守在固定的格式里面，连字数都有一定的限制，人们只是按照题目的字义敷衍成文。文章的格式必须包括规定的破题、承题、起讲、入手、起股、中股、后股和束股八个部分。历史上，把这种文章叫作"八股文"。

弹词和鼓词

弹词和鼓词是流行于不同地区的说唱相兼的曲艺形式。

弹词流行于南方，用三弦、琵琶伴奏，主要说唱才子佳人的爱情故事。由宋代的陶真和元代的词话发展而来，风行于明嘉靖年间。弹词是由说（说白）、噱（穿插）、弹（伴奏）、唱（唱词）几部组成的。在语言上有"国音""土音"之分。国音弹词是用官话写的，如《天雨花》《再生缘》等。土音弹词是用方言写的，或者杂有方言的，以吴音弹词为最多，如《珍珠塔》《义妖传》等。

鼓词主要流行于北方，用鼓和三弦等乐器伴奏，主要说唱铁马金戈的战争故事。正式使用鼓词这一名称的，是明末清初贾凫西的《木皮散人鼓词》。

鼓词也是韵文、散文相间。唱词为七言或十言句，句式似较弹词更为灵活。鼓词习惯上分两种：一种是又说又唱的成本大书，另一种是只唱不说的小段。前者称为鼓词，后者称为大鼓。大鼓出现较晚，它是从鼓词中摘取精彩的一段来演唱。今传最早的鼓词，是明天启年间的《大唐秦王词话》。

建安文学

建安是东汉末年汉献帝的年号，即公元196~220年。在这前后的文学统称为建安文学。重要的作家有"三曹""七子"和女诗人蔡琰。"三曹"指曹操、曹丕、曹植；"七子"之称最早见于曹丕的《典论·论文》，指孔融、陈琳、王粲、徐干、阮瑀、应玚、刘桢七人，成就最高的是王粲。他们所创作的诗歌因事而发，悲壮慷慨，具有鲜明的时代色彩。他们在感伤离乱中，悲悯百姓，激发及时建功立业的豪情，显得"志沉笔长""慷慨多气"。建安文学对后世产生深远影响，李白有"蓬莱文章建安骨"之句，表现出对其的追慕之情。

南北朝民歌

南北朝长期处于对峙的局面，在政治、经济、文化以及民族风尚、自然环境等方面又存在着明显的差异，因而南北朝民歌也呈现出不同的情调与风格。南朝民歌清丽缠绵，更多地反映了人民真挚纯洁的爱情生活；北朝民歌粗犷豪放，广泛地反映了北方动乱不安的社会现实和人民的生活风习。南朝民歌中的抒情长诗《西洲曲》和北朝民歌中的叙事长诗《木兰诗》，分别代表了南北朝民歌的最高成就。

南朝乐府民歌大部分保存在清商曲辞中，其中最重要的是"吴声歌曲"和"西曲歌"两类。"吴声歌曲"产生于江南吴地；"西曲歌"产生于长江中游和汉水两岸的城市。北朝乐府民歌保存于乐府横吹曲辞的横吹曲中。横吹曲是军队中应用的音乐，要求雄伟悲壮。

南朝的吴声西曲，在北魏孝文帝宣武帝时即已传入北朝，成为北朝上层阶级常常欣赏的娱乐品。北朝的乐曲，也自东晋时代开始陆续传入南朝。横吹曲中的梁鼓角横吹曲，就是长时期从北入南的乐歌被梁代乐府官署所采用演唱的部分。

玄言诗

玄言诗是东晋的诗歌流派，约起于西晋之末而盛行于东晋。其特点是玄理入诗，以诗为老庄哲学的说教和注解，严重脱离社会生活。

自魏晋以后，社会动荡不安，士大夫托意玄虚以求全身远祸。到了西晋后期，这种风气逐步影响到诗歌创作。尤其是东晋时代，更因佛教的盛行，玄学与佛教逐步结合，许多诗人都用诗歌的形式来表达自己对玄理的领悟。玄言诗的代表作家有孙绰、许询等。由于他们的诗大多"理过其辞，淡乎寡味"，缺乏艺术形象及真挚感情，文学价值不高，所以作品绝大多数失传。

山水诗

山水诗渊源于先秦两汉，产生于魏晋时期，并在南朝至晚唐随着中国诗歌发展与文学环境变迁而不断演变。

山水诗脱胎于玄言诗，由谢灵运开创，把自然界的美景引进诗中，使山水成为独立的审美对象。他的创作，不仅把诗歌从"淡乎寡味"的玄理中解放了出来，而且加强了诗歌的艺术技巧和表现力，并影响了一代诗风。山水诗的出现，为中国诗歌增加了一种题材，而且开启了南朝一代新的诗歌风貌。山水诗标志着人与自然进一步的沟通与和谐，标志着一种新的自然审美观念和审美趣味的产生。

田园诗

田园诗是盛唐诗歌的主要流派之一。其融诗歌画于一体，优美清丽，情趣盎然，描绘出乡间生活和田园山水景色，表现了远离尘世、倾情自然地出世心态。王维、孟浩然是盛唐田园诗派的杰出代表。

在中国诗歌发展史上，田园诗具有独特的地位，体现了传统的文人精神。从东晋时代的陶渊明到盛唐时代的王维、孟浩然，一直到南宋的范成大，田园诗形成了一个"美的历程"。它以其颇有"意味"的内容和形式引起了古往今来不知多少文人骚客的赞叹和共鸣。

边塞诗

边塞诗是唐代诗歌的主要题材，是唐诗当中思想性最深刻、想象力最丰富、艺术性最强的一部分。边塞诗创作主要来源于两个渠道，一些有切身边塞生活经历和军旅生活体验的作家，以亲历的见闻来写作；另一些诗人用乐府旧题来进行翻新的创作。

边塞诗创作贯穿初唐、盛唐、中唐、晚唐四个阶段，一时蔚为风气。著名的边塞诗人有高适、岑参、王昌龄、李颀、王维，代表的诗篇有高适《燕歌行》岑参《白雪歌送武判官归京》《走马川行奉送封大夫出师西征》等。七言长篇歌行代表了盛唐边塞诗的美学风格，即雄浑、磅礴、豪放、浪漫、悲壮、瑰丽。

新乐府运动

新乐府运动，是中唐时期由白居易、元稹倡导的，以创作新题乐府诗为中心的诗歌革新运动。

所谓新乐府，是相对古乐府而言的。这一概念首先由白居易提出来。其含义就是以自创的新的乐府题目咏写时事。体现了汉乐府的现实主义精神。

除白居易而外，元稹、李绅、张籍、王建也是这一运动中的重要作家。白居易的《新乐府》五十首、《秦中吟》十首，元稹的《田家词》《织妇词》，张籍的《野老歌》、王建的《水夫谣》，都是新乐府运动中的优秀作品。新乐府运动的精神，为晚唐诗人皮日休、聂夷中、杜荀鹤所继承。他们的诗作深刻地揭露了唐朝末年的社会现实。

江西诗派

江西诗派是中国文学史上第一个有正式名称的诗文派别。

北宋后期，黄庭坚在诗坛上影响很大，追随和效法黄庭坚的诗人颇多，逐渐形成以黄庭坚为中心的诗歌流派。宋徽宗时，吕本中作《江西诗社宗派图》，认为陈师道等25人与黄庭坚是一脉相承的，因为他们大部分的籍贯为江西，故称其为"江西诗派"。

宋末方回因为诗派成员多学杜甫，就把杜甫称为江西诗派之"祖"，而把黄庭坚、陈师道、陈与义三人称为诗派之"宗"，提出了江西诗派的"一祖三宗"之说。

江西诗派的诗歌理论强调"夺胎换骨""点铁成金"，即或师承前人之辞，或师承前人之意；崇尚瘦硬奇拗的诗风；追求字字有出处。在创作实践中，"以故为新"。作为宋代最有影响的诗歌流派，它的影响遍及整个南宋诗坛，余波一直延及近代的同光体诗人。

台阁体

"台阁体"是明朝永乐年间出现的一种诗体，其倡导人即杨士奇、杨荣、杨溥，号称"三杨"，都是"台阁重臣"，故称其诗为"台阁体"。

他们要求创作必须起到"施政教，适性情"的功能，内容上要歌颂圣德，在表达一己的感情时，要"适性情之正"，抒写爱亲忠君的思想。这种由压抑的道德和平庸的人格出发的文学，既缺乏对自我内在情感的切入，也缺乏艺术创造的热情，更缺乏对社会生活的关怀。

宋诗派

宋诗派是中国近代诗流派之一。清代，由于改良运动对封建的政治和思想文化的冲击力的不足，随着新派诗、新体文的出现和发展，各种拟古主义与形式主义的诗派、文派也争立门户，愈来愈多。势力最大的是宋诗派，即所谓的"同光体"诗人，代表作家有陈三立、陈衍等。其中成就较高的是陈三立。但是同光体诗人更多是注重艺术趣味，或者生涩奥衍，或者清苍幽峭，大量诗作缺乏时代的内容与气息。

花间派

花间派是中国晚唐五代词派。五代后蜀赵崇祚选录唐末五代词人18家作品

500首编成《花间集》，其中词人都是集中在蜀地的文人，他们的词风大体相近，后世因而称之为花间派。

温庭筠、韦庄是其代表作家，二人虽都侧重写艳情离愁，但风格不同，温词浓艳华美，韦词疏淡明秀。其余词人，内容不外歌咏旅愁闺怨、合欢离恨，多局限于男女燕婉之私，格调不高。但花间词文字富艳精工，艺术成就较高，对后世词作影响较大。

婉约派

婉约派是中国宋词流派之一。明人张綖明确提出词分婉约、豪放。婉约，即婉转含蓄。词本为合乐而歌，娱宾遣兴，内容不外离愁别绪，闺情绮怨。

五代即已形成以《花间集》和李煜词为代表的香软词风。北宋词家承其余绪，代表作家有晏殊、欧阳修、柳永、秦观、周邦彦、李清照等，他们的词作虽在内容上有所开拓，运笔更精妙，且各具风韵，自成一家，但仍未脱离婉转柔美之风。故明人以婉约派来概括这一类型的词风。其特点主要是内容侧重儿女风情，结构深细缜密，音律婉转和谐，语言圆润清丽，有一种柔婉之美。

豪放派

豪放派是中国宋词风格流派之一。第一个用"豪放"评词的是苏轼。据南宋俞文豹《吹剑续录》载："东坡在玉堂，有幕士善讴，因问：'我词比柳词何如？'对曰：'柳郎中词，只合十七八女孩儿执红牙拍板，唱杨柳岸晓风残月。学士词，须关西大汉，执铁板，唱大江东去。'公为之绝倒。"这则故事，表明两种不同词风的对比。苏轼、辛弃疾可以说是豪放派的代表。

豪放派特点大体是创作视野较为广阔，气象恢宏雄放，喜用诗文的手法、句法写词，语词宏博，用事较多，不拘守音律。南渡之后，悲壮慷慨的高亢之调应运发展，陈与义、张孝祥、陈亮等人承流接响，蔚然成风。豪放词派不但震烁宋代词坛，而且广泛地影响了词林后学。

古文运动

古文运动是唐代中叶及北宋时期以提倡古文、反对骈文为特点的文体改革运动。因同时涉及文学的思想内容，所以兼有思想运动和社会运动的性质。这一运动发起于中唐，但它的成功却在北宋。先秦两汉通行散文体文言文，唐人把散文称为古文。魏晋南北朝以来盛行骈文。这种文体讲究声韵、辞藻、对偶、典故，以四字句和六字句组成；形式僵化，内容空洞，不能自由表达思想、反映现实。古文运动名义上是要恢复先秦两汉的古文，实际上是在继承古代优秀散文的基础上，创造一种适于反映现实、表达思想的新文体。其主要代表人物是韩愈和柳宗元。

公安派

公安派是明代后期以袁宏道及其兄袁宗道、弟袁中道三人为代表的文学流派，因三人是湖北公安人而得名。他们提出"世道既变，文亦因之"的文学发展观，又提出"性灵说"，要求作品能直抒胸臆，不事雕琢。他们的散文以清新活泼之笔，开拓了中国小品文的新领域。在晚明的诗歌、散文领域中，以"公安派"的声势最为浩大。其中袁宏道声誉最高，成绩最大。

桐城派

桐城派，又称桐城古文派、桐城散文派。因其主要代表人物戴名世、方苞、刘大櫆、姚鼐等均为安徽省桐城人，故名。桐城派是清代文坛最大散文流派，其作家之多、播布地域之广、绵延时间之久，为文学史所罕见。方苞、刘大櫆、姚鼐被尊为"桐城三祖"。

桐城派的文章，内容多是宣传儒家思想，尤其是程朱理学；语言则力求简明达意，条理清晰。不重罗列材料、堆砌辞藻，不用诗词与骈句，力求"清真雅正"，颇有特色。桐城派的文章一般都清顺通畅，尤其是一些记叙文，如方苞的《狱中杂记》《左忠毅公逸事》，姚鼐的《登泰山记》等，都是著名的代表作品。

人文主义

人文主义是14世纪至16世纪欧洲文艺复兴的主导思想。在意大利佛罗伦萨文学家彼特拉克和薄伽丘等人的倡导下，欧洲的新文化人士以"人文学者"自居，树起个性解放、自由思想的旗帜。提倡人权以反对君权，提倡人道以反对神道，掀起了一股研究古典学术、重视现实人生的新思潮。这不但为欧洲宗教改革和自然科学兴起提供了思想武器，而且也激活了近代西方艺术。

感伤主义

感伤主义又称主情主义。因排斥理性，崇尚感情，也称前浪漫主义。18世纪后期欧洲资产阶级启蒙运动中产生的一种文艺思潮。发源地在英国，因英国作家斯特恩的小说《在法国和意大利的感伤旅行》而得名。这派作家夸大感情的作用，细致地描写人物的心情和不幸遭遇，以引起读者的同情和共鸣，表现了对社会现实的不满和对劳动人民的怜悯之心。

象征主义

象征主义是欧美现代文学中出现最早、影响最大的一个诗歌流派。象征主义分为前象征主义和后象征主义，前象征主义19世纪70年代兴起于法国。法国诗人莫雷亚斯1886年9月在巴黎《费加罗报》上发表的《象征主义宣言》中首先提出这一名称。他主张用"象征主义"称呼当时的前卫诗人，并阐述了象征主义的基本原则。象征主义的先驱是法国的波德莱尔，他发展了浪漫派诗人在创作中的象征、朦胧因素，在诗歌创作中以外界"对应物"暗示内心的微妙世界，即强调用有物质感的形象，通过暗示、对比、烘托等方法表现个人感受和某种理念。后象征主义是出现于第一次世界大战后的世界性文学潮流，20年代达到高潮，40年代接近尾声。创作的主要特点是：创造病态的"美"，表现内心的"最高真实"，运用象征暗示，在幻觉中构筑意象，用音乐性增加冥想效应。

表现主义

表现主义是20世纪初盛行于西方的一种由绘画扩展至音乐、文学的文艺思潮,其中心在德国。

表现主义一词最初是1901年在法国巴黎举办的马蒂斯画展上朱利安·奥古斯特·埃尔维一组油画的总题名。1911年希勒尔在《暴风》杂志上刊登文章,首次用"表现主义"一词来称呼柏林的先锋派作家。1914年后,表现主义一词逐渐为人们所普遍承认和采用。

表现主义文学的特点是反对客观地表现自然和社会,提倡表现主观现实或内在现实,认为"自我是宇宙的中心和真实的源泉"。表现主义由于没有追求更美好社会的目标,在20世纪20年代中期逐渐衰落下去。托勒的《群众与人》、卡夫卡的《变形记》、奥古斯特·斯特林堡的《鬼魂奏鸣曲》等都是著名的表现主义作品。

超现实主义

超现实主义是在法国开始的文学艺术流派,源于达达主义,对于视觉艺术的影响力深远。于1920年至1930年间盛行于欧洲文学及艺术界中。

1924年法国作家布雷东等人在巴黎创立"超现实主义研究室",宣布了这一流派的思想倾向和艺术观点。他们以柏格森的直觉主义和弗洛伊德的精神分析学说为哲学基础,否定文艺反映现实生活的基本创作规律,鼓吹超越现实,超越理智,用"自然写作"的方法来表现思想的真实活动,即不受理性、道德准则制约的写作方法。

超现实主义作品大多杂乱无章,荒谬混乱,有的甚至用晦涩难懂的符号来代替文字,反映了当时欧洲青年一代苦闷彷徨和找不到出路的狂乱不安的精神状态。代表作家有法国的艾吕雅和阿拉贡、英国的托马斯等人。

魔幻现实主义

魔幻现实主义是20世纪60年代拉丁美洲小说创作中出现的一个流派。最早提出"魔幻现实主义"一词的是德国文艺评论家弗朗茨·罗。1925年,他发表了一本评论绘画的专著,书名为《魔幻现实主义、后期表现派与当前欧洲绘画的若干问题》。

"魔幻现实主义"一词最早被应用到拉丁美洲的文学上,则是哥伦比亚作家加西亚·马尔克斯于1967年出版的长篇小说《百年孤独》。这部小说借虚构的小镇马孔多以及居住在马孔多的布恩迪亚一家一百年间的变迁,反映了哥伦比亚的历史。小说中有不少离奇怪诞的情节和人物,带有浓烈的神话色彩和象征意味。评论界认为此书是当代拉丁美洲小说中一种新流派的代表,因此便借用了在美术界与此相近似的新流派的名词,称之为魔幻现实主义。

该流派的主要特点是在反映现实的叙事和描写中,插入离奇怪诞的情节、人物和意境,以及种种超自然现象。代表作家有马尔克斯、博尔赫斯和阿斯图里亚斯等。

迷惘的一代

迷惘的一代是20世纪20年代出现

在美国的一个文学流派。20年代初，侨居巴黎的美国作家格·斯泰因对海明威说："你们都是迷惘的一代。"海明威把这句话作为他第一部长篇小说《太阳照常升起》的题词，"迷惘的一代"从此成为这批虽无纲领和组织但有相同的创作倾向的作家的称谓。

他们大都是亲身经历过第一次世界大战并开始成熟起来的作家。战争在他们的肉体和精神上都留下了严重的创伤，以至于产生了心灰意懒的迷惘失望之感，表现在作品中，则是主人公的反战情绪强烈，否定资产阶级传统的道德、理想和信仰。他们都才华出众，创作形式和表现手法也具有开拓精神，各自形成独特的艺术风格。代表作家有海明威、菲茨杰拉尔德、福克纳等。

▍垮掉的一代

垮掉的一代是第二次世界大战之后出现于美国的一群松散结合在一起的年轻诗人和作家的集合体。这一名称最早是由作家杰克·克鲁亚克于1948年前后提出的。在英语中，形容词"beat"一词有"疲惫"或"潦倒"之意，而克鲁亚克赋予其新的含义"欢腾"或"幸福"，和音乐中"节拍"的概念联结在一起。此后，"垮掉的一代"的称谓才借助各种媒体流传开去。"垮掉的一代"实际上是"迷惘的一代"的对照。

该流派的作家都是男女青年，他们以否定一切的无政府主义态度反对现存的社会秩序和风尚习俗，要求摆脱一切传统的束缚，拒绝承担任何家庭和社会义务，追求绝对自由的生活。他们反对垄断资本统治，抵制对外侵略，厌弃机器文明。他们逃避现实，吸毒、酗酒、偷窃，无所顾忌，不停地追求各种刺激，提倡同性恋，以躲进超现实的幻境寻求神秘主义的灵感。

他们在艺术上"以全盘否定高雅文化为特点"，发明了"自发式散文""放射诗"，不求文饰，粗糙散漫。该流派重要文学作品包括杰克·克鲁亚克的《在路上》、艾伦·金斯堡的《嚎叫》和威廉·博罗斯的《裸体午餐》等。

▍百科全书派

在法国的启蒙运动中，百科全书派是一面色彩鲜艳的旗帜。它区别于一般的文学流派，因大部分人参加编纂、出版《百科全书》的活动而得名。

参加这项工作的人员极为广泛，其中有文学家、医师、工程师、旅行家、航海家和军事家等，几乎包括各个知识领域具有先进思想的一切杰出的代表人物。除该书的主编狄德罗和副主编达朗贝外，启蒙主义作家孟德斯鸠和伏尔泰为它写过文艺批评和历史的稿件，卢梭写过音乐方面的条目，哲学家爱尔维休、霍尔巴哈和空想社会主义者摩莱里、马布利等人，都是《百科全书》哲学方面的撰稿人。他们的观点不尽相同，但能相互协作，其中积极参加过《百科全书》的编纂工作的还有唯物主义启蒙思想的人士，在历史上就被称为百科全书派。《百科全书》的编纂、出版工作，从1751年开始，至1772年完成，历时20年。期间曾两度遭到当局勒令中止，有的人被关进监狱，有的被迫流亡国外，达朗贝因恐受连累，于1759年宣布辞退，由狄德罗一人主持此项艰巨而繁重的工作。当时，检察官曾在最高法院对百科全书派提出公诉，其罪名是"他们形成一个集团，为着拥护唯物主义，摧毁宗教，鼓吹独立自由和败坏风俗"。反动当局把《百科全书》称之为"魔鬼的新巴别塔"和"异教徒以及神和国王与教会敌人的大集合"。但是，在狄德罗等人的据理力争下，《百科全书》虽几经周折，终于在1772年问世了。全书共32卷，包括正文17卷，附录4卷，图片11卷。

新感觉派

新感觉派是日本20世纪20年代初出现的一个文学流派。

1924年，川端康成、铃木彦次郎等14名新作家在菊池宽的支持下，以《文艺春秋》为后盾，创办了杂志《文艺时代》，以对抗自然主义文学的衰落和无产阶级文学的兴起。一般认为新感觉派属于日本第一批现代派。著名评论家千叶龟雄在1924年11月号《世纪》杂志上，以《新感觉派的诞生》为题发表文章，指出"所谓'文艺时代'派所具有的感觉，远比以往表现出来的任何感觉艺术都新颖，无论在语汇、诗或韵律节奏感方面都很生动"。这一流派因此被称为新感觉派。

新感觉派于1925至1926年发展到高峰，后来由于无产阶级文学运动蓬勃兴起，铃木彦次郎等青年作家纷纷转向左翼文学，川端康成倾向新心理主义，中河与一等则主张形式主义。《文艺时代》也于1927年4月停刊。新感觉派的活动遂告结束。

意识流

"意识流"的概念最早由美国心理学家威廉·詹姆斯于1890年提出，他认为人类思维活动是一种斩不断的"流"，因而称之为思想流，意识流，或主观生活之流，并且认为这种"意识流"具有变化多端和错综复杂的特点。

法国哲学家亨利·柏格森进一步提出"真实"存在于"意识的不可分割的波动之中"的见解，劝小说家进入人物的内心中去，跟着人物意识的流动来刻画人物。这种理论正符合了19世纪末、20世纪初一些侧重描写人物内心活动的作家的需求。1887年，法国小说家艾杜阿·杜夏丹在《月桂树被砍掉了》一书中，首先运用了"内心独白"的写作方法，开意识流小说的先河。

1915~1940年间，英、美、法等国的小说家在文学创作中大量应用意识流技巧，从而形成了一种文学流派——意识流文学。爱尔兰作家詹姆士·乔伊斯的《尤利西斯》、英国女作家沃尔芙的长篇小说《到灯塔去》、美国著名小说家威廉·福克纳的《喧嚣和骚动》、海明威的短篇小说《乞力马扎罗的雪》都是这一文学流派的代表作。

新小说派

新小说派又称"反传统小说派"，是指20世纪50年代兴起于法国、60年代在法国影响最大的一个文学流派。因标新立异地反对有人物、有情节、有社会意义的巴尔扎克式小说，拒绝一切小说传统，要求新的小说形式而得名为"新小说派"。

新小说派以反对传统的小说创作方法为宗旨，主张作者退出小说，摆脱作家的道德观念和思想感情，打破传统小说对时空结构和叙述顺序的限制，采用意识流和虚实交错、时空颠倒等手法，对物的世界进行纯客观的描绘。这类小说回避社会问题，重在揭示世界和人生的荒诞，在欧洲和世界曾产生较大的影响。

黑色幽默

20 世纪 60 年代美国出现的一种文学流派。所谓"黑色幽默"是指一种荒诞的病态的幽默。它以笑当哭，把可笑和可怕结合在一起，是悲剧内容和喜剧形式交织混杂的新品种。"黑色幽默"的作品正是通过这种含蓄的形式来表现"当今世界的荒谬、冷漠、自相矛盾和残酷无情"。

1965 年，美国作家布鲁斯·杰伊·弗里德曼将 60 年代以来的美国报刊上发表的具有黑色幽默风格的 12 名作家的作品编成一本小书出版，取名为《黑色幽默》。同年，美国评论家尼克伯克发表《致命一蜇的幽默》一文，明确将这类作家称为"黑色幽默"派，于是以"黑色幽默"命名的现代主义文学流派在美国诞生。

这一流派的作家经常是通过离奇、怪诞的情节，运用嘲讽的手法对人物和环境进行漫画式的夸张，来表现恐怖的主题，如死亡、污染、战争等。

狂飙运动

"狂飙运动"是指 18 世纪 70 年代在德国兴起的一场声势浩大的文学运动。它是文艺形式从古典主义向浪漫主义过渡的阶段，也可以说是幼稚时期的浪漫主义。其名称来源于音乐家克林格的歌剧《狂飙突进》。

"狂飙突进"，象征着一种力量，含有摧枯拉朽之意。强调实现个性解放，反对阻碍人的发展的一切僵化保守的教条和遵循传统精神的处世态度，在艺术领域则否定任何因袭的陈规；倡导民族风格，主张从本民族历史中汲取题材；他们推崇"天才"，强调"天才"。以"天才、精力、自由、创造"为中心口号，赞成卢梭倡导的"返归自然"的观点。

参加狂飙运动的青年作家大都富有狂热的幻想和奔放的激情，他们的作品往往充满着浪漫的气息和感伤的成分。狂飙运动文学的代表作品为歌德的《少年维特之烦恼》和席勒的《阴谋与爱情》。

宪章运动文学

19 世纪 40 至 50 年代，在英国产生了宪章运动，这是一次无产阶级争取政治权利的运动，从而也产生了世界上最早的无产阶级文学，即宪章运动文学。

宪章运动者为了进行鼓动宣传，经常在群众集会上发表演说，创办报刊，撰写诗歌、小说、杂文和文艺评论文章。宪章派文学的形式多种多样，但诗歌为其最主要的组成部分。其中比较著名的诗人有林顿、琼斯、惠勒、麦西等人。他们的诗短小精悍，带有明显的政治鼓动性。其中，较有影响的有琼斯的《我们的号召》《人民之歌》《自由进行曲》《未来之歌》，还有林顿的组诗《献给尚未解放的人们的赞歌》《各民族的挽歌》等。

比较文学

比较文学产生于19世纪。"比较文学"一词最早出现于法国学者诺埃尔和拉普拉斯合编的《比较文学教程》(1816年)中，但该著作未涉及它的方法与理论。使这一术语得以流行的，是法国文学批评家、巴黎大学教授维尔曼。1827年他在讲授中世纪和18世纪法国文学课时，曾几次使用"比较文学"和"比较分析"等术语，两年以后他将题名为《18世纪法国文学综览》的讲稿出版。1865年后，"比较文学"作为专门术语而被普遍接受。

比较文学是专指跨越国界和语言界限的文学比较研究，即用比较的方法来研究民族与民族、国家与国家之间文学与文学，或者文学与其他的艺术形式、意识形态的关系的新型边缘学科。歌德是比较文学的先驱。比较文学在世界上主要有法、美两派。前者注重研究一国文学对另一国文学的影响；后者注重研究在相同的历史条件下不同民族文化的比较，找出异同以及缘由，进而找出共同规律。

文艺复兴

文艺复兴是指发端于14世纪的意大利的文化和思想发展潮流，以后逐渐扩展到德意志、英国、法国和西班牙等国，于16世纪达到鼎盛。

文艺复兴最根本的指导思想就是人文主义，其核心是"人为万物之本"，复兴运动主张以个人作为衡量一切事物的标尺，这样，就发现了人的伟大，肯定了人的价值和创造力。复兴运动还提出了人要获得解放，个性就应该得到自由，就要重视现世生活，藐视关于来世或天堂的虚无缥缈的神话。复兴运动还反对中世纪消极的无所作为的人生态度，提倡积极的冒险奋斗精神。

文艺复兴时期的作品，集中体现了人文主义思想：主张个性解放，反对中世纪的禁欲主义和宗教观；提倡科学文化，反对蒙昧主义，摆脱教会对人们思想的束缚；肯定人权，反对神权，摒弃作为神学和经院哲学基础的一切权威和传统教条；拥护中央集权，反对封建割据，这是人文主义的主要思想。其中，代表性作品有：但丁的《神曲》、薄伽丘的《十日谈》、马基雅维利的《君主论》、拉伯雷的《巨人传》等。

骑士文学

骑士文学是西欧中世纪反映骑士阶层生活和理想的文学。它的主要体裁分骑士抒情诗和骑士传奇两种。

骑士抒情诗以法国南部普罗旺斯为中心，主要内容是描写骑士的业绩、冒险经历，及其对贵妇人的爱慕和忠诚。其中以《破晓歌》最为著名。

骑士传奇按题材可分三个系统：1. 取材于希腊、罗马故事的古代系统，如《亚历山大传奇》和《特洛伊传奇》等；2. 以英国亚瑟王和他的圆桌骑士的故事为中心的不列颠系统，如《郎斯洛》《伊凡》《特里斯丹和伊瑟》《圣杯》等；3. 取材于东方拜占廷题材的拜占廷系统，如《奥迦生和尼哥雷特》等。

骑士文学在创作方法上，以浪漫主义为主要特征，注重人物肖像、内心活动、生活等方面的细节描写，对以后欧洲浪漫主义诗歌和小说的形成和发展有较大影响。

物语文学

物语文学是日本古典文学的一种体裁，产生于平安时代（10世纪初）。它是在日本民间评说的基础上形成的，脱胎于神话故事和民间传说，并在形式上受到了中国六朝和隋唐传奇文学的影响。

创作于10世纪初的《竹取物语》是日本最早一部物语文学。故事写一位伐竹翁在竹心中取到一个美貌的小女孩，经3个月就长大成人，取名"细竹赫映姬"。5个贵族子弟向她求婚，她答应嫁给能寻得她喜爱的宝物的人，可是这些求婚者都遭到失败。这时皇帝想凭借权势来强娶她，也遭到拒绝。赫映姬在这些凡夫俗子茫然失措之中突然升天。

物语文学在产生之初就分为两大类，一为虚构物语，它是将民间流传的故事经过有意识的虚构，并加润色，提炼成完整的故事，具有传奇的色彩，以《竹取物语》《落洼物语》为代表。

另一类为歌物语，以《伊势物语》《大和物语》为代表，以和歌为主，使和歌与散文完全融为一体，成为整部小说的有机组成部分。产生于11世纪初的《源氏物语》是物语文学之高峰。

吠陀文学

吠陀时代是印度从原始社会到阶级社会的过渡期，这个时期的印度文学称为吠陀文学，指早期的以"吠陀"为名的文献集及其所附录的文献。吠陀是音译，意思是学问。吠陀所用语言比古典梵语更为古老，语形变化的分歧较多，称为吠陀语，但较晚的文献的语言已接近古典梵语。

最古的集子名为《梨俱吠陀》和《阿闼婆吠陀》，其中保存了一些优美的古诗。稍晚的《夜柔吠陀》和一些"梵书"，已发展了散文文体。

解冻文学

斯大林时代的苏联文坛大都是歌颂文学，宣扬"无冲突论"，造成了文学作品公式化、概念化、粉饰生活、回避矛盾的状况，并且粗暴批判一些触及现实的作家作品。斯大林逝世后，苏联第二次作代会召开，彻底纠正"左"的偏向，作家们开始大胆地表现生活矛盾和冲突以及黑暗面。爱伦堡的中篇小说《解冻》一书结尾有"你看，到解冻的时节了"的句子，因此西方评论界认为《解冻》影射斯大林个人崇拜时代已经结束，因此将这股新的文学潮流称作"解冻文学"。

"解冻文学"倾向于对过去的僵化的文学模式的反叛，更多的是以一种理性的、清醒的态度来对待历史，对待现实生活。他们要求重视人，呼唤人性的复归，要求重新确认"人"的地位，要求文学站在"人性本位"的高度，直面和批判历史和现实中存在的种种弊端。重新发掘文学的现实主义传统，打碎以往虚伪的、矫饰的政治口号式的创作模式。

十四行诗

十四行诗，又译"商籁体"，为意大利文 sonetto、英文 sonnet 的音译。十四行诗是欧洲一种格律严谨的抒情诗体，最初流行于意大利，中世纪诗人彼特拉克的创作使其臻于完美，又称"彼特拉克体"，其后风行全欧。

彼特拉克的十四行诗是两节四行、一节六行的意大利体，押韵法采用五韵。后来，英国诗人莎士比亚将十四行诗改为三节四行、一节两行的英国体，仍然以抒情为主，末两行往往点出全诗内容的结论，其押韵法也改为七韵，形成了莎士比亚十四行诗体。

七星诗社

七星诗社是16世纪中期法国的一个文学团体，由龙沙、杜·贝雷、贝罗、左台尔、巴依夫、狄亚尔等人文主义作家和他们的老师、希腊语文学者多拉共7人组成。他们大都出身上层社会，主张统一法兰西民族语言，反对用拉丁语等外国语进行创作。

艺术上他们提出要创造出可以和希腊、罗马文学媲美的民族文学，摒弃民间诗体，主张采用希腊、罗马文学诗体和意大利十四行诗体，而忽略了文学的创造性和反映生活真实的任务。七星诗社歧视劳动人民的语言，蔑视民族文学，把文学创作看成是贵族阶级专有的活动。

七星诗社在两方面对法国文学做出了贡献：第一，为法兰西语言的丰富和纯洁做出了贡献；第二，在诗歌理论方面，提出要创造法兰西自己的大型史诗和能与希腊罗马文学媲美的民族文学，在诗歌风格上，提倡自然朴实，反对矫揉造作，要求韵律和谐响亮而富有变化。大力提倡亚历山大诗体，认为它最能代表法国诗歌的特色。

墓园诗派

墓园诗派是18世纪中期英国出现的一个诗歌派别，属于英国感伤主义文学的分支，得名于诗人托马斯·格雷的诗作《墓园哀歌》。

这一流派诗人常以死亡、坟墓为创作题材，格调低沉，充满悲观失望的感伤情绪和神秘主义思想，令人窒息。它虽然具有感伤主义文学的基本特征，但更多的只是反映感伤主义文学的消极面。代表作家有爱德华·杨格、托马斯·格雷等。

湖畔诗派

湖畔诗派是18~19世纪的英国浪漫主义诗歌流派。主要成员有华兹华斯、柯尔律治和骚塞。他们都在华兹华斯的故乡英格兰西北部坎布里亚郡内的湖区居住过多年，都写过不少歌咏湖光山色的田园诗，都有"回到大自然中去"的思想倾向。因而得名"湖畔诗人"。

文学奖项

诺贝尔文学奖

根据瑞典化学家阿尔弗雷德·诺贝尔的遗嘱设立的诺贝尔奖中的一个奖项。诺贝尔在遗嘱中说，奖金的一部分应该"奖给在文学界创作出具有理想倾向的最佳作品的人"。诺贝尔文学奖由瑞典文学院颁奖，奖金约100万美元。享有诺贝尔文学奖获奖候选人推荐权的人员为：瑞典科学院和其他在体制与目的方面与它相似的科学院、研究所和学会的成员，大学和大学学院的文学和语言学教授，以前得过诺贝尔文学奖的人，在本国文学创作界有代表性的作家协会的主席。首届诺贝尔文学奖于1901年颁发，获奖者是法国诗人苏利·普吕多姆，因为他的诗作《孤独与深思》是"高尚的理想、完美的艺术和罕有的心灵与智慧的实证"。此后，除1914年、1918年、1940~1943年因战争没有颁奖外，每年颁发一次。

茅盾文学奖

"茅盾文学奖"是中国第一次设立的以个人名字命名的文学奖，根据茅盾先生生前遗愿，将自己的25万元稿费捐献出来，鼓励优秀长篇小说的创作，于1981年设立，是中国长篇小说的最高文学奖项之一。

当时规定每三年评选一次，参与首评而未获奖的作品，在下一届以至将来历届评选中仍可获奖。首届评选在1982年确定，评选范围限于1977年至1981年的长篇小说。

爱尔兰都柏林文学奖

爱尔兰都柏林文学奖，由爱尔兰都柏林市政府主办，都柏林市立图书馆承办，美国企业管理顾问公司IMPAC所赞助的世界性文学奖，成立于1996年，是世界上奖金最高的单一文学奖（得奖者可获10万欧元），只要是英语小说或任何语言有英译本的小说皆可角逐这个奖项。

都柏林文学奖拥有一套独特的评选体系：都柏林市图书馆和世界各地的一百多个公立图书馆都建立了联系，由它们负责推荐参选作品，每家每年最多可以推荐三部。参选的小说必须是英文的，且必须在颁奖年度的前一年内出版。如果是其他语种的作品，只要它在颁奖年度的前四年内出版了英文译本，那么也可以被推荐。

超过百部的入选作品名单将在每年的10月份或11月份公布，评委会从中筛选出复选作品（最多不会超过10部），将这一份名单在下一年的三四月份公布，之后从中确定最终获奖者，于6月份中旬举行颁奖仪式。

毕希纳文学奖

毕希纳奖以德国历史上著名的革命者和剧作家格奥尔格·毕希纳（1813~1837年）的名字命名，由德国语言与文学学院创办于1923年，每年颁发给对当代德语文学作出优异贡献的一位作家或诗人，现在的奖金额为4万欧元。

1958年制定的章程中确定评奖标准为："该奖项颁发给用德语写作并表现突出的作家和诗人，获奖者本人要对现今德语文学界的发展起到巨大的推动作用。"正式颁奖仪式在德国语言文学科学院的所在地达姆施塔特举行。

芥川奖、直木奖

芥川奖正式名称为芥川龙之介奖，是为纪念日本大正时代的文豪芥川龙之介而设立的文学奖。芥川奖是根据选拔委员的协议来决定候补及得奖人选。这些选拔委员从报章杂志上，新人作家或无名作家所发表的纯文学短篇作品中，挑选出最优秀的作品予以奖励，得奖者颁赠一百万日元的奖金和怀表一只。

直木奖是纪念日本作家直村宗一而设立的，他是芥川龙之介的好友。

直木奖的评选对象是杂志上公开发表的文章和单行本，每年第一次评奖的范围限定在前一年12月至下一年5月里发表的作品，此后发表的将在第二次评奖时参选。

直木奖以其大众性著称，欣赏故事性强的作品，关注新人和不知名的作家，且获奖者一般只会得一次奖。它的奖金大约是两万元人民币，并不算很高，作家一旦获奖，可以依靠这个头衔轻松换来约稿和极高的报酬，因此也被视为文学青年的晋身之阶。

芥川奖是日本纯文学奖的代表奖项，而直木奖则是大众文学的代表奖项；芥川奖以鼓励新人作家为宗旨，直木奖则是给予已出书的大众文学作家一项荣誉的肯定。

▎塞万提斯奖

塞万提斯奖是西班牙文化部以小说《堂吉诃德》的作者塞万提斯命名，表彰在西班牙语文学领域做出突出贡献的西班牙和拉丁美洲作家的文学奖项。

每年12月评出年度得主，次年4月23日（塞万提斯逝世的纪念日）在塞万提斯故乡的阿卡拉大学由西班牙国王亲自颁授，是西班牙语世界的文学最高荣誉，有评论说本奖是西班牙语世界的诺贝尔文学奖。

▎龚古尔文学奖

龚古尔文学奖是法国文学奖。

龚古尔兄弟是法国自然主义小说家，弟弟茹尔·德·龚古尔于1870年去世后，哥哥埃德蒙·德·龚古尔在1874年7月14日立下遗嘱，为了纪念他的弟弟，要用遗产作为基金，成立龚古尔学院，即龚古尔文学奖评选委员会，并指定福楼拜、左拉、都德等10名友好作家为第一届院士。龚古尔学院于1902年成立，奖励当年出版的最佳长篇小说、最佳短篇小说集、最佳想象性散文。奖金虽然仅为50法郎，但其重要性已超过法兰西学士院的小说大奖。

为了保证院士们能不偏不倚地进行评选，遗嘱规定每位院士可享有一栋住宅和一份保障生活的年金。

▎国际安徒生奖

国际安徒生奖是全球儿童文学界的最高荣誉，素有"小诺贝尔奖"之称。为了纪念著名丹麦童话作家汉斯·安徒生，于1956年设立。它的创始人是莱普曼夫人。

莱普曼夫人生在德国，二战期间，被迫流亡国外。战后不久，她返回到成为一片废墟的祖国，深感应加强各国青少年之间的相互了解，也深深懂得优秀的读物是陶冶孩子们美好心灵和相互沟通的有力工具。她争取到洛克菲勒基金会和联合国教科文组织的资助，于1948年在慕尼黑首创了世界上唯一的新国际青少年图书馆；1951年，又创建了国际青少年读物委员会,总部设在瑞士。该委员会为提高青少年读物的艺术和文学水平而积极工作。1956年设立了国际安徒生奖,每两年评选一次。

语言文字

汉字的起源

《世本》《荀子》《吕氏春秋》《韩非子》等古文献,都说汉字是在黄帝时代由仓颉、沮诵两人创造的。

许慎的《说文解字》认为伏羲创八卦,启发人们根据不同事物去做不同的符号。神农氏时代"结绳而治",但庶事繁多,最终不能满足。于是,应历史潮流,在黄帝时代就出现了仓颉造字,并说仓颉初造字时,"依类象形"谓之文,后来"形声相益"谓之字。经过长期演进发展,总结出构成汉字的六种方法,称为"六书",即"指事、象形、形声、会意、转注、假借"。

还有的古书说,仓颉仰观星象圆曲之势,俯察龟纹纵横之象,至于什么鸟羽、山川,甚至手掌纹路等,都是他据以创造文字的基础。

在清末民初疑古思潮的影响下,有人提出汉字实际上是孔子亲自创造的,然而甲骨文的发现迅速粉碎了这种神化孔子的说法。甲骨文的发现也动摇了《说文解字》有关文字起源的传说,对传说的"六书"理论也提出了各种质疑。

其实,中国文字的基础是"象形",是广大劳动人民在生产生活中创造出来的。

汉字的演变

汉字是一种形体和意义紧密结合的表意文字。它逐渐从具体走向抽象、符号化,方块的形式逐步固定下来。从有文字实物的殷商开始,汉字的演变经历了甲骨文、金文、大篆、小篆、隶书、楷书、草书、行书、宋体等多个阶段。

甲骨文:目前所发现的最早的汉字形态,起源于殷商时期。

金文:刻铸在钟鼎等器物上的文字,商周时期出现。

大篆:又叫籀文,周代太史籀创造,春秋战国时期通行于秦国等地。

小篆:适应秦统一中国的形势而形成,由大篆简化而来。

隶书:形成于战国晚期,成熟于汉代,由小篆简化而来。

楷书:出现于东汉时期,六朝时进一步完善,唐代时成熟,由隶书简化而来。

草书:楷书的变体,产生于汉代。

行书:起源于汉代,是介于楷书与草书之间的一种字体。

宋体:宋代出现,兴起于印刷业的雕版匠之手。后代的书籍多采用这种字体。

仓颉造字

仓颉,号史皇氏,是黄帝时的史官,《说文解字·叙》记载:"黄帝之史仓颉,见鸟兽蹄远之迹,知分理之可相别异也,初造书契,百工以乂,万品以察。"这段记录表述的就是仓颉造字的事迹。《吕氏春秋·审分览·君守》称："奚仲作车，仓颉作书，后稷作稼，皋陶作刑，昆吾作陶，夏鲧作城，此六人者，所作当矣。"所谓的"苍（仓）颉作书"，并不是说仓颉一个人完全地将文字发明创造出来，而是说仓颉将民间既有的图画文字进行广泛搜集，并加以认真整理，从而创制出一套成体系的规范的象形文字。《荀子·解蔽》记载："好书者众矣，而仓颉独传者壹也。"这是在说，当时从事文字整理工作的也并非仅有仓颉一人，因为仓颉的成果最佳，所以只有这一套文字独自传承了下来。

甲骨文

甲骨文由时任北京国子监祭酒的金石学家王懿荣发现于1899年，因为字是刻在龟甲兽骨上的，所以名之曰"甲骨文"。甲骨文是现今已知的中国古代最早的体系基本完备的文字，主要应用于殷商时期。当时人们非常迷信，统治者在每有事宜的时候都要进行占卜，占卜所用的材料主要是乌龟的腹甲、背甲和牛的肩胛骨，通常先在甲骨的背面挖出或钻出一些小坑，然后对其进行加热以使甲骨表面产生裂痕，从而根据这些裂痕的样态来测知吉凶祸福。甲骨文大多就是对这种占卜所做的记录，另外也有少数内容是记载其他事情的。甲骨文被发现后，在殷墟（河南安阳小屯村）经过大规模的挖掘，加之其他各地的零星采集，至今已出土刻有文字的甲骨十几万片，载有4500多字，其中已经识别的有2500多字。这些文字中除象形字之外，还有指事字、会意字，形声字也占到约27%的比例，可见甲骨文已是发展相当成熟的文字。甲骨文献是研究中国上古时期特别是商代的社会历史和语言文字极其珍贵的第一手资料，由此也形成了专门的"甲骨学"，罗振玉、王国维、董作宾、郭沫若等知名学者都是甲骨学研究的大家。

大篆

大篆，是古代汉字字体的一种，因其著录于字书《史籀》，故也称籀文，《汉书·艺文志》记载："《史籀》十五篇，周室王太史籀作大篆。"《说文解字》中所收的225个籀文，就是许慎依据所见到的《史籀》9篇而集入的，这是当今研究大篆的主要资料。大篆是继承金文发展而来的，形成于西周后期，其特点为线条均匀柔和、简练生动，并且字形结构趋于规范，奠定了汉字方块构型的基础。"篆"字的含义，据《说文解字》，篆是"引笔而箸之于竹帛"的意思，大篆是相对于后来的小篆而言的，指通行于春秋战国时期的秦国文字，在广义上还包括其他各国的文字。唐代初年在天兴县陈仓（今陕西宝鸡）南之畤原出土的径约三尺的石墩上所刻的"石鼓文"被认为是大篆的真迹。

殷周金文

金文，是指铸刻在殷周青铜器上的铭文，因为青铜器以钟、鼎为代表，所以金文也叫作钟鼎文。金文在商代早期就已经出现，但是繁盛时期是在周代，而绵延的下限为战国末期。金文是稍后于甲骨文出现的另一种古老的文字，相比而言，甲骨文笔道细，直笔多，转折处多为方形，而金文笔道粗，弯笔多，团块多，这与甲骨文和金文不同的书写和制作方法有关。至今发现的金文字数，据当代金文专家容庚的《金文编》记载，共计3722个，其中已经识别的字有2420个。金文所体现的大多是统治者颂扬祖先及彪炳王侯功绩的内容，同时也记录了许多重大历史事件，记事面涉及非常广泛，因而是研究西周和春秋、战国历史的极为宝贵的文献资料。

小篆

秦始皇统一天下后，开始着手统一文字的工作，由丞相李斯负责，在秦国原来使用的大篆的基础上，通融其他各国的字体，对字体进行简化，并且取消异体字，创制出了统一的文字书写形式，即小篆，又称为秦篆。小篆的出现，标志着中国古代文字的第一次统一，在汉字发展史上是一次关键性的挫折。小篆字体的特点是点画均为线条，粗细一致，圆起圆收，端庄严谨，有实有虚，疏密得当，从容平和，劲健有力。虽然西汉末年之后，小篆逐渐被隶书所取代，但由于其字体优美，故颇为书法家所青睐，2000余年来，始终是一种重要的书法字体。古代印章几乎一律采用小篆，因此又称为篆刻。

隶书、行书与楷书

在李斯创制小篆的同时，程邈整理出了另一种书写字体，就是隶书。《说文解字》记载："秦烧经书，涤荡旧典，大发吏卒，兴役戍，官狱职务繁，初为隶书，以趋约易。"也就是说管理监狱事务的官吏因为事务繁忙而采用较为简易的隶书来办公。隶书的"隶"，具有附属的含义，也曾被叫作"佐书"，在早期是作为小篆的辅助字体被使用的。隶书在篆书的基础上发展而来，主要是将篆书圆转的笔画改为方折，这样书写速度明显变快了，特别对当时以木简为书写材料的情况更是如此。与篆书相比，隶书的象形特点大大地减弱了，但在早期，隶书与篆书的分界还不是很严格，及至西汉中期，隶书基本摆脱了篆书的影响而发展成为一种独立的字体，西汉后期开始，隶书逐渐取代了小篆而成为主要的字体。

行书是由隶书转变而来的，于西汉后期开始形成，但是几百年里并不流行，直到东晋王羲之的出现，才将行书提升为书法上影响最大的一宗。行书将隶书中的横画进行缩短，使隶书的扁方变为正方，同时加强了上下笔画的连贯性，有些笔画采取连续书写的方式，进一步提高了书写的速度。后来楷书取代了隶书作为正体字的位置，行书就成为介于楷书和草书之间的一种字体，是为了避免草书的难于辨认和楷书的书写速度慢而采取的折中的书写方法，常常将写得比较飘逸而近于草书的称作行草，将写得比较端正而近于楷书的称作行楷。

楷书，又称正楷、正书或真书，也是从隶书发展而来的，大约出现于汉末，但在很长一个时期都还存有隶书的成分。唐代是楷书最为兴盛的时期，初唐的虞世南、欧阳询、褚遂良、中唐的颜真卿、晚唐的柳公权，都是标举于世可谓书界典范的楷书大家。楷书的特点是字形方正，结构严谨，笔画平正规整，点画分明。楷书在汉字诸体中成熟最晚，但是此后应用最广，至今通行的汉字印刷体就是楷书及其变体，日常书写体也是将楷书看作参照标准的。行书和楷书在魏晋之际兴起后，隶书的主体地位被取代，但是在书法艺术中仍作为一种基本的字体而存在。

文言

文言是古代具有正宗地位的书面语言。"文言"一词，出自《易传》中的篇名，孔颖达解释："文谓文饰，以乾坤德大，故特文饰以为文言。""文饰"即是有文采的意思。在先秦时期，书面语言和口头语言的差别不是很大，主要的区别是书面语言比口头语言更为精练简洁，辞藻也更为优美和典雅，不仅表现力更为丰富，而且蕴涵着一种审美的因素。后来，经秦汉及至唐宋，书面语言和口头语言越来越分化，并最终形成两套语言系统。一个人需要接受良好的文化教育才能够对文言运用自如，文言也成为人们身份和教养的标志，不会文言者被归为"引车卖浆者之流"，而文言自身所具有的典丽精致、雅秀俊逸的特别美感，也的确是作为口头语言的白话所无法比拟的。文言是中国古代官方文献和正统文学所使用的语言，源远流长，虽然在近代的新文化运动之后，白话取代了文言的正统地位，但是文言也绝非自此被弃置不顾，一些重要的文史学术著作依然采用文言来写作，例如鲁迅的《中国小说史略》、陈寅恪的《柳如是别传》、钱锺书的《谈艺录》等。出于继承优秀而丰富的古代文化传统的需要，能够阅读文言依然是当代中国人应当具备的文化素质。

白话文

白话文又称"语体文"，是古代书面语言的一种，白话文之"白"，是与文言文之"文"相对应而言的，意为不加修饰，是对日常口头语言的照直记录。当然，语言从口头到书面总是有所变化的，只是白话文与口头语言基本上是一致的，不会差异到可能发生理解困难的那种程度。白话文并非是近代才出现的，而是自古有之，只是在古代，作为正宗书面语言的是文言文，白话文是不登大雅之堂的。历代的白话文基本是在通俗文学作品中使用，如汉魏乐府民歌、唐代变文、宋元话本、明清小说等。明清时期，虽然白话长篇小说取得了辉煌的成就，成为这一历史阶段代表性的文学体裁，但是占据正统地位的仍然是以文言文创作的诗文，白话文真正占据主流地位，是在新文化运动时期。

古代文字学

古代文字学，就是以古代汉字的形、音、义及其历史演变为研究对象的学问，在古代也称为"小学"（小学在广义上还包括音韵学和训诂学）；在狭义的范围上，古代文字学仅仅指对古代汉字字形的研究，又称"字学"。汉字是世界上最古老的一种文字，现在发现的最早的陶文，距今已有6000年的历史，而3000多年前殷商时期的甲骨文已经是一种发展成熟的文字，后来的汉字即是以甲骨文和稍后的金文为基础而发展演变的。汉字早初的创造方法是象形和指事，后来又出现形声和会意。最初的时候，"文"指的是独体的汉字，而在"文"的基础上，通过形声和会意的方法来产生合体的"字"。汉字的基本结构，在西周时期已经定型，但是在各个诸侯国之间同一个字有着多种不同的写法，直到秦始皇统一天下之后，宣布"书同文"，文字的书写才得到统一，小篆成为当时通行的标准字体。到了汉代，隶书则取代小篆成为通行的字体，被称为"今文"，而相应的，小篆及其之前的各种字体被称为"古文"。后来在隶书的基础上，又产生了草书、行书、楷书等字体，但都是具体书写方式的变化，而在文字的形体结构方面则基本上是稳定地延续下来的。文字学在中国起源甚早，东汉的许慎被认为是古代文字学的开拓者，而他编撰的《说文解字》则被看作是古代文字学的奠基之作。

六书

"六书"最早见于《周礼·地官》："保氏掌谏王恶，而养国子以道，乃教之六艺，……五曰六书，六曰九数。"但是这里没有写出"六书"详细的名称，也没有对"六书"的解释。对六书最早的解释出现在西汉刘歆所著的《七略》中，《汉书·艺文志》转载如下："古者八岁入小学，故周官保氏掌养国子，教之六书，谓象形、象事、象意、象声、转注、假借，造字之本也。"东汉许慎在《说文解字·叙》中对"六书"进行了正式的定义："周礼八岁入小学，保氏教国子先以六书：一曰指事，指事者视而可识，察而见意，上、下是也；二曰象形，象形者画成其物，随体诘诎，日、月是也；三曰形声，形声者以事为名，取譬相成，江、河是也；四曰会意，会意者比类合谊，以见指伪，武、信是也；五曰转注，转注者建类一首，同意相受，考、老是也；六曰假借，假借者本无其字，依声托事，令、长是也。"后世对"六书"的解释，皆以许慎之说为本。所谓"六书"，指的就是指事、象形、形声、会意、转注和假借这6种造字方法，严格来说，其中仅前4种为造字方法，因为转注和假借涉及的是文字的使用，并不创造新字。具体说来，指事和象形属于独体造字法，象形是一种最原始的造字方法，即用图画来表示事物，在文字的演进过程中，图画性逐渐减弱，而符号性则逐渐加强；象形造字有着很大的局限，因为一些较为抽象的意义难以用图画表示出来，这就有指事的方法来进行补充，与象形字相比，指事字的抽象意义更强，有着更为显著的符号性特点。形声和会意则是合体造字法，形声字由形旁（又称"义符"）和声旁（又称"音符"）组成，形旁表示字的含义或类属，声旁则表示字的发音；会意字由两个或更多的独体字构成，几个字形共同表达这个字的含义，有些会意字同时也兼有形声字的特点，两者不是截然分开的。转注和假借是文字运用的方法，假借指的是同音替代的现象，也就是说有一些语言没有文字与其对应，这时就找发音相同的字来进行书写；对于转注，不同的学者有不同的看法，可以归结为形转、义转和音转这三种解释，但不论实际含义是哪种，转注产生的是多字同义的现象，相应地，假借产生的是一字多义的现象。

训诂学

训诂学，有广义和狭义之分，狭义的训诂学指的是语义学，为小学的一个分支，广义的训诂学则还包括音韵学和文字学，但是通常所讲的训诂学都是针对狭义而言的。"训诂"，有时也称作"训故""故训""古训""解故""解诂"等，被认为是训诂学开山之作的《尔雅》中有"释诂"和"释训"两篇，北宋邢昺将"诂"解释为"使人知也"，将"训"解释为"道物之貌以告人也"，相当于用当今的语言解释古代的语言叫"诂"，而用通俗的语言解释词的含义叫"训"，后来"训诂"连用，成为一个词语，用以指称对古书字义的解释。训诂的方法有形训、声训、义训、互训、反训、递训等，形训指用字形说明字的意义和来源，如"小土为尘"；声训指用同音或近音的字来解释字义，如"仁，人也"；义训是不依借字形或字音而直接对字义进行解释，如"征，召也"；互训是指用同义的字词来互相解释，如"老，考也"和"考，老也"；反训是用反义的字词来进行解释，如"乱，治也"；递训是用几个字词进行连续的解释，如"庸也者，用也；用也者，通也；通也者，得也"。

音韵学

音韵学，是研究各个时期的汉语语音及其变化规律的学科，为语言学的一个分支，通常分为古音学、今音学和等韵学3个部分，古音学研究的是两汉之前的语音，也就是上古语音；今音学研究的是魏晋之后直到隋唐时期的语音，也就是中古语音；等韵学研究的是汉语的发音方法和发音原理。秦汉之前，用于教授和学习的识字课本以及字典是不标注读音的，而汉字是表意文字，本身并不表音，那时字音的教授是通过口口相传的方式来进行的，东汉许慎著《说文解字》，用读若法来标注字音，给人们的学习带来了方便。汉语读音作为一门专学，是在东汉末年以后翻译梵文佛经的过程中反观汉语字音而逐渐形成的。反切法的出现是音韵学发展进程中很为关键的一步，由此，汉字音节被分为声和韵，后来人们对声韵进行归纳，创造了拼音字母，音韵学的体系才基本形成。由于古今语音变迁很大，上古语音在中古之后已不为人所知，清代时期，经过一批学者的不懈努力，凭借对有限的文献资料的详致分析，拟构出上古的语音系统，这是一项非常了不起的成就。

双声与叠韵

双声，指两个字声母相同的现象，如珍珠、鸳鸯、蒹葭、蟏蛸；叠韵，也作"迭韵"，指两个字韵母相同的现象，如崆峒、滴沥、窈窕、昆仑等。在南北朝时期人们已经在诗文创作中对双声和叠韵进行自觉的运用，以追求语言上一种特别的美感。刘勰在《文心雕龙·声律》中说："双声隔字而每舛，叠韵杂句而必睽。"讲的就是双声和叠韵的运用规律。清代李汝珍在《李氏音鉴》中对双声和叠韵做了明确的定义："双声者，两字同归一母，叠韵者，两字同归一韵也。""母"，就是声母；"韵"，就是韵母。双声和叠韵的现象在古代汉语特别是古典韵文中大量存在，只是因为语音的转变，用现代字音读起来很多已经不是双声或者叠韵了。

四声

"四声"，指的是汉语的四种声调，声调是由语音的高低、升降、长短等因素的不同构成而表现出来的声音差异，这是语言本身所存在的客观现象。直到南朝齐、梁时期，人们才对汉语的声调进行自觉的研究，并将其归结为"四声"，即平、上、去、入。关于"四声"的发音特点，《康熙字典》载有一首名为《分四声法》的歌诀："平声平道莫低昂，上声高呼猛烈强，去声分明哀远道，入声短促急收藏。"这种表述当然不尽科学，但是基本上道出了"四声"的特点。"四声"发现之后，被应用到诗歌和骈文的创作当中，上、去、入总称为仄声，与平声相对，调用语言的时候，有意识地采取平仄相拗的方法，以追求一种抑扬顿挫、优美悦耳的语音效果。平、上、去、入反映的是中古汉语的四种声调，及至近古时期，语音又发生了很大的变化，在应用最广的北方话中，入声开始消失，并且平声分化为阴平和阳平，即逐渐形成了现代的汉语"四声"：阴平、阳平、上声和去声，至于原来的入声字，则分派到其他三声之中，还有一部分原来的上声字转变为去声了。这"四声"是基于现代汉语普通话而言的，而之于各地方言，则情况差异很大，有着各自不同的声调区分。

字母

字母，含有一切文字之母的意思，古代是指汉语声母的代表字，唐末僧人守温参考梵文字母而选出30个汉字来代表声类，后来有人将其增加为36个，称为三十六字母。三十六字母反映的是中古后期也就是唐宋时期的声母系统，与上古音和现代语音都有所差别，据学者考证，上古汉语实际应用的是26个声母，而现代汉语拼音中的声母则为21个。

直音法

直音法是古代汉语的一种注音方法，即用同音字来标注某字的读音，如"大，音太"。直音法的优点是简便，但缺点也很明显，就是有些字是没有同音字，或者同音字是很生僻的字，也就不方便运用直音法，于是出现了"读若"的方法。"读若"，也称为"读如""读为""读曰"等，实际也是一种直音法，只是所选择的用于注音的字不一定是同音的字，还可能是读音相近的字，这扩大了直音法的应用范围，但又有失之于确切的弊端，为了克服这种弊端，又出现了直音加音调的注音方法，如"退"注"推去声"。在反切法发明之前，直音法是汉字注音的基本方法。

反切法

反切法是汉字注音方法的一种，即采用两个字，前一个字取其声母，后一个字取其韵母和声调，从而拼出字的读音，例如，"冬，都宗切"，就是用都字的声母、宗字的韵母和声调为冬字注音。"反切"含有反复切摩以成音之义，用作反切的两个字，前一个字叫反切上字，简称切上字或上字；后一个字叫反切下字，简称切下字或下字；被注音字叫被反切字，简称被切字。反切法是在东汉末年翻译梵文佛经的过程中发明的，梵文是一种拼音文字，译者在将梵文读音和汉语读音进行对比时发现汉字读音可以分作声和韵两部分然后拼读出来，这也就是反切法的源出。三国时期魏国的孙炎作《尔雅音义》，已正式采用反切法来注音。反切法的产生，弥补了直音法的不足，是汉字注音方法的一个巨大进步，标志着人们开始对汉语音韵有了较为科学的认识。但是，反切法的缺点也是很明显的，主要体现在这样几个方面：反切法用于注音的上下字都含有多余的成分，造成拼读的不便；用于反切的上下字很不确定，容易造成识读上的混乱，也不便于读者进行掌握；有些窄韵，同韵同声调的字很少，不得不借用其他相近之韵的字作反切下字，因此造成了切音的不够准确。后来人们对反切法进行改良，使其变得更加简便和精确，其中最重要的一点是对用于反切的字进行确定化，并且反切下字尽量选用不带声母的字，这使得反切法有类于后来的汉语拼音方法。反切法的应用一直延续到民国初年，流行了大约1700年。

语系

19世纪时，欧洲的比较学派研究了世界上近100种语言，发现有些语言的某些语音、词汇、语法规则之间有对应关系，有相似之处，便归为一类，称为同族语言。有的族与族之间又有些对应关系，则归为同系语言，这就是语言的谱系关系。

世界主要语系有：汉藏语系、印欧语系、阿尔泰语系、闪含语系、乌拉尔语系、伊比利亚—高加索语系、达罗毗荼语系、马来—波利尼西亚语系、南亚语系9种。在九大语系中，使用人数分布范围最广的是汉藏语系和印欧语系。

语种

语种是一种独立的语言系统。它有自己独立的语音、语义、词汇、语法，且使用群体相对稳定。如汉语、英语、日语、俄语等都是独立的"语种"。世界上已发现的语种达6000多种，其中仅有100多种是发展完善的语种。

希腊语

希腊语堪称西方文明第一种伟大的语言，许多人认为它是所有语言中最有效、最值得敬佩的交际工具。由于结构清楚、概念透彻清晰，加上有多种多样的表达方式，它既适合严谨的思想家的需要，又适合有才华的诗人的要求。

公元前2000年，操希腊语的民族从巴尔干半岛迁移到希腊半岛及其邻近地区。希腊语最后分化出4种方言：依奥利亚、爱奥尼亚、阿卡狄亚-塞浦路斯、多利安。约在公元前9世纪出现的荷马史诗《伊利亚特》和《奥德赛》，就是用爱奥尼亚方言写成的。

随着雅典城的兴起，一种叫雅典语的爱奥尼亚方言，产生了古典时期伟大的文学作品。雅典语成了希腊语的主要形式及共同语的基础。雅典语的使用范围，远远超过现代希腊的疆界。在亚历山大大帝远征以后，雅典语的使用范围东边远达印度，后来罗马帝国信奉雅典语为第二语言。《新约全书》就是用共同语写成的。

从4世纪到15世纪，希腊语是拜占廷帝国的官方方言；以后在土耳其统治期间，希腊人仍然讲希腊语。现代希腊语约在9世纪开始成型，到19世纪成为希腊王国的官方语言。

▎拉丁语

拉丁语与希腊语一样，是对欧美学术与宗教影响最深的一种语言，属于印欧语系意大利语族。

拉丁文是2000多年前居住在亚平宁半岛罗马地区的拉丁民族的语言，后来这个民族征服了欧洲大部分地区和中东一部分，建立了罗马帝国，拉丁语就成为整个罗马帝国的官方语言。随着历史的发展和推进，罗马帝国解体了，形成了很多独立的国家，这些各自独立的国家在拉丁文基础上结合本地区的方言又组成了各国自己的语言，如法国、意大利、西班牙、葡萄牙、罗马尼亚等国的语言有很多近似之处。

▎英语

英语作为当今世界事实上的国际社交语言，从使用它的人口来说，以英语为母语的人数仅次于汉语而居世界第二位，大约有4亿多人。以英语作为第二语言或者在一定程度上使用英语的人数，远比这要多得多，可以说分布在世界的各个角落、各个民族。

英语起源于欧洲西部。大约在公元499年，居住在西北欧的3个日耳曼部族——盎格鲁人、撒克逊人和朱特人——侵犯不列颠。他们在征服不列颠诸岛后逐渐形成统一的英吉利民族，他们各自使用的方言也逐渐融合，成为一种新的语言——盎格鲁－撒克逊语，这就是古英语。

9~10世纪，居住在斯堪的纳维亚的北欧日耳曼人，征服了今天法国北部的高卢地区。但是日耳曼人在语言和文化上很快就被当地说古法语的高卢人同化了。这部分法语化了的日耳曼人在11世纪又渡海北上，征服了整个不列颠，统治英国达数个世纪，最后也逐步被当地人同化了。这一时期，古英语吸收了大量的古法语和法语化了的希腊拉丁语词汇，使英语的词汇和语法结构发生了巨大的变化。

从16世纪开始，英语的发展进入了近代英语和现代英语的时期。16世纪和17世纪的英语以英王詹姆士钦定《圣经》英译本和莎士比亚戏剧为代表，但和现代英语还有相当大的差距。18世纪后，英语的书面语就和现在我们看到的基本上一致了。

▎世界语的由来

全世界的语言加起来共约3000多种，这么多的语言任何一个人都是无法样样精通的。因此，每个国家都要花费大量的人力、物力、时间来搞翻译工作。语言的差别，已成为人类交往的一大障碍，因此，一直以来，人们都有创造一种全世界都能通用的语言的梦想。

开始尝试创造世界语的是波兰的柴门霍夫。他创造世界语的想法,说来很有趣。当时,他家所在的比亚斯托克,居民分别为俄罗斯人、波兰人、日耳曼人和希伯来人(犹太人)。这4个民族的居民由于语言各不相同,彼此相处得不友好,有时还因误解而发生争斗,因语言纷争所导致的不幸事件经常发生。因此,柴门霍夫决心用毕生的精力改变这种局面,创造一种共同的语言。他进行了种种试验,设想了许多种新的语言方案。然而各种方案都存在着庞大的词汇,令人难以掌握,因而无法达到推广的目的。

一天,他偶然看见一个牌子上写着svecarskaja(门房)一词,接着又见到另一块招牌上写着kondi-torskaja(糖果)一词,他发现这两个词的词尾都是"skaja"。经过一番思索,他发现一条规律:如果在一个词的末尾加上一个词缀来构成新词,就无须花那么大力气把词典上的词一个个地背下来;同理,可以通过前缀来构成另一部分新词。这样一来,那些庞大的、令人烦恼的词汇似乎在柴门霍夫的眼前减少了许多,他终于在1878年设计了第一个世界语方案。他创造的"新语言"刚开始受到了一些人的嘲笑,但他坚持用它写文章,翻译作品。功夫不负有心人。1887年,柴门霍夫在妻子施尔柏妮的帮助下,终于以"希望者博士"的笔名,自费出版了他的《世界语第一书》。

最早的字母文字

大约在公元前2000年,腓尼基人创造了人类历史上第一批字母文字,共22个字母(无元音)。这是腓尼基人对人类文化的最伟大的贡献。腓尼基字母是世界字母文字的开端。

由于腓尼基发达的航海和国际商业贸易,一方面经济需要及时编制商业文件,要求有一套普遍易懂的、简单方便的文字体系;另一方面,由于腓尼基从事国际商业活动,广泛接触并熟悉古代各国的文字,使它创造新的字母文字成为可能。于是,腓尼基人利用埃及的象形文字和巴比伦的楔形文字创造了世界上第一套拼音字母。

在西方,它派生出古希腊字母,后者又发展为拉丁字母和斯拉夫字母。而希腊字母和拉丁字母是所有西方国家字母的基础。在东方,它派生出阿拉美亚字母,由此又演化出印度、阿拉伯、希伯来、波斯等民族字母。可以说,腓尼基字母是现今世界各族字母的共同祖先。

古埃及象形文字

大约公元前3500年,古埃及人为了记事的需要,发明了最初的文字。这种文字是由原始的图画文字演变而来的,可见于当时埃及的一些陶器、印章、石片和骨片上,多是古埃及人用简单的笔画形象地描绘下来的图形和符号。这种图画文字逐渐得到改进,到公元前3100年左右,发展成了比较完备的象形文字。

象形文字的名称来源于古希腊文,是由"神圣"和"雕刻"两词组成,意为"神圣的雕刻"。象形文字之所以如此命名,是因为希腊人第一次看到这种文字时,它是被刻在神庙的墙壁上,以为这只是专门用在寺庙中的文字。

埃及象形文字产生之初，任何一种能画得出的物体都可用该物的图形表示，如画一圆圈中加一点表示"太阳"；画三条波浪线表示"水"，这就是表意符号。表意符号也可表示具体的动作，或表达出图形的引申义。对于一些难以用具体图形表达的抽象概念，则采用引申和表意相结合的办法。

随着象形文字的进一步发展，便有了表音符号。表音符号是由部分表意符号转化而来的，它们原本是表意的，后用于表音，就失去了原来图形的含义，变成了纯粹的发音符号。

古埃及人习惯不写出元音，所以象形文字里只有辅音符号，没有元音符号。后来古埃及人又把表音符号和表意符号合在一起使用，创造了限定符号，即在表音符号后面加上一个纯属表意的图形符号，以表示这个词是属于哪个事物范畴的。埃及象形文字整句中字字相接，无间隔亦无标点，只要掌握限定符号固定于词尾这一规律，就可把句中的每个字区分得清清楚楚。把表意符号、表音符号和限定符号按照一定的语法进行组合，便使象形文字成为"音""形""义"俱全的文字体系。

▎楔形文字

幼发拉底河和底格里斯河都发源于亚洲西部的亚美尼亚高原，公元前4000年左右，这里就有了最早的居民——苏美尔人。他们创造了灿烂的苏美尔文明，最能反映这种文明特征的是他们的文字——楔形文字。

最初，这种文字只是图画文字，后来，这种图画文字逐渐发展成苏美尔语的表意文字，把一个或几个符号组合起来，表示一个新的含义。随着文字的推广和普及，苏美尔人便用一个符号表示一个声音，后来又加了一些限定性的部首符号，如人名前加一个倒三角形，表示是男人的名字。这样，这种文字体系就基本完备了。

苏美尔人用削成三角形尖头的芦苇秆或骨棒、木棒在潮湿的黏土制成的泥板上写字，字形自然形成楔形，所以这种文字被称为楔形文字。

楔形文字是苏美尔文明的独创，最能反映出苏美尔文明的特征。楔形文字对西亚许多民族语言文字的形成和发展都产生了重要影响。西亚的巴比伦、亚述、赫梯等国都曾对楔形文字略加改造，来作为自己的书写工具，甚至腓尼基人创制出的字母也含有楔形文字的因素。

▎女真文字

女真人初用契丹文字，阿骨打建国后，完颜希尹和叶鲁参考汉字、契丹字创造了能记录女真语的新字，于天辅三年（1119年）颁行，史称女真大字。金熙宗天眷元年（1138年）又颁布了一套笔画更为简省的新字，史称女真小字。现存有关女真字的材料有文献、金石、墨迹3类：文献主要有明朝四夷馆编的《女真译语》，有女真字、汉文注音及译义；金石至今发现8处碑刻、摩崖；墨迹则十分珍稀。迄今所发现的资料仅见一种女真文，它究竟是大字还是小字，学者意见不一。

契丹文字

契丹民族在建立了契丹王朝后，为了适应政治、经济和文化等方面的需要，曾参照汉字创造了文字，用以记录契丹语。公元920年，耶律鲁不古、耶律突吕不创制了契丹大字，共3000余字。后来耶律迭剌创制了已发展到拼音文字初步阶段的一种文字，称契丹小字。两种契丹文字在辽代与汉字并行。辽灭金兴，契丹字又与女真字和汉字并行于金朝境内。明昌二年（1191年），金章宗完颜璟明令废除契丹文字，契丹字在金朝境内逐渐绝用。

八思巴创立蒙古新字

八思巴（1235或1239~1280年），元代第一代帝师、学者。本名罗古罗思坚藏，尊称八思巴（意为圣者）。吐蕃萨斯迦人。生于款氏贵族之家。

八思巴曾创制蒙古新字。蒙古原无文字，成吉思汗于1204年灭乃蛮后，始令畏兀儿人塔塔统阿教太子诸王以畏兀儿字母书写蒙古语。世祖即位后，他认为应当有一种可以书写其所统治下之各种民族语言的文字，便将此责任委于八思巴。八思巴于是在1269年，按照梵文和藏文的形态制成蒙古新字。《元史·八思巴传》谓："其字仅千余，其母凡四十有一。其相阅纽而成字者，则有韵阅之法。其以二合、三合、四合而成字者，则有语韵之法。而大要则以谐声为宗也。"此后，蒙古新字被定为官方文书，并在各级学校设蒙古学教授，教习蒙古新字。蒙古新字的优点在于记音正确，而缺点在于字形复杂难于书写。《元史》中一再可见以查禁的畏兀儿字推行蒙古新字的上谕，可知畏兀儿体字的蒙古文仍被大量使用。元朝灭亡后，蒙古新字也就失去被使用的机会，畏兀儿体字仍是蒙古唯一文字。

东巴文

生活在中国云南省丽江地区的纳西族是一个有着深厚文化底蕴的民族，他们不仅善于吸收其他民族的优秀文化，而且还创造了自身独特的民族文化——东巴文化。

东巴文是一种十分原始的图画象形文字，从文字形态发展的角度看，它的历史比甲骨文还要悠久，属于文字起源的早期形态。

东巴文最早是写画在木头和石头上的符号图像，后来发明了纸，才把这些符号图像写在纸上，成为东巴文经典。由于东巴人掌握这种文字，故称东巴文。

随着纳西族社会的发展和民族文化的相互影响，在明末清初，丽江的一些东巴创造了格巴文。格巴是弟子的意思，格巴文即指东巴什罗后代弟子创造的文字，格巴文是对东巴文的改造和发展。纳西族创造了两种古文字，至今还在使用，这在世界文字发展史上堪称奇迹。东巴文是目前世界上唯一存活着的象形文字，是人类社会文字起源和发展的"活化石"。

五

美术、书法

基本知识

书法的起源

中国书法起源于春秋末期。当时传统文字的艺术化现象开始出现,为求视觉上的美观,原有笔画开始被加上圆点、波折或鸟形装饰等,成为后世"鸟篆""虫篆"或"缪篆"的起源。进入战国后,除了广泛应用的草篆,连同重要礼器上的铭文,都一改春秋之前的工整与刻板,普遍都进行了美化处理。

文房四宝

在中国历史文化长河中,很早就已有"文房"之称,笔、墨、纸、砚被誉为"文房四宝"。

"文房"之名起源于南北朝。当时所谓"文房",是指国家典掌文翰之处。唐宋以后,文房则专指文人书房而言。

南唐后主李煜,喜好文学,收藏甚丰,今见其所藏的书画皆押有"建业文房之印"。北宋雍熙三年(公元986年),翰林学士苏易简以笔墨纸砚"为学所资,不可斯须而阙",撰《文房四谱》五卷,分笔谱二卷,砚、纸、墨各一卷。各卷分述:叙事、制造、杂说、辞赋诸事,博收约取,内容详赡。故文房从此有"四谱"之名。南宋初,叶梦得撰《避暑录话》谓"世言徽州有文房四宝",故"文房四谱"又称《文房四宝谱》,以笔、墨、纸、砚为文房之宝用。

四宝品类繁多,丰富多彩,名品名师,见诸载籍。长期以来,浙江湖州之湖笔,广东肇庆(隋唐时为端州)之端砚,安徽泾县(旧属宣城郡)之宣纸,歙县(旧为徽州府治)之徽墨,至今仍负盛名,被说成是"四宝"代表。

毛笔

2000多年以前的中国,就已经出现了毛笔。

据《史记》记载,"秦始皇命太子扶苏与蒙恬筑长城以御北方匈奴,蒙恬取山中之兔毛以造笔","文房四谱"上也记载,"昔日蒙恬造笔,以拓木为管,鹿毛为柱,兔毛为被,此乃谓苍毫也",《博物志》云,"秦之蒙恬将军取狐狸毛为柱,兔毫为被以书",因此,我们通常称蒙恬将军为毛笔的始祖。其实毛笔的发明权不能归功于蒙恬一人。

迄今虽然尚未见到西周以前的毛笔实物,但从原始社会时期的彩陶花纹、商代的甲骨文上可觅到些许用笔的迹象。东周的竹木简、缣帛上已广泛使用毛笔来书写。湖北省随州市擂鼓墩曾侯乙墓中出土的春秋时期的毛笔,是目前发现最早的毛笔。

墨

墨汁是中国古代书写、作画的必需品。关于墨汁的起源有这样一个传说。

传说在周朝时,有一个擅长诗画的人,名叫刑夷。一天,刑夷在河里洗手时,看见河面上漂着一件黑乎乎的东西,他怀着好奇心捞起来一看,原来是一块尚未燃尽的松炭,便又随手丢进了河里。刑夷突然发现,自己一双刚刚洗干净的手染上了一道黑黑的颜色。"松炭既能染色,是否可以用来写字呢?"刑夷不禁思忖道。他赶紧追到下游,把那块松炭捞了起来。

刑夷把松炭带回家,用砖头将它捣碎,研成粉末。

从此,刑夷便用松炭粉末调成的液体写诗作画,这种液体就是中国最原始的墨汁。

纸

纸起源于中国,是西汉时期发明的。到了东汉和帝时,蔡伦又对造纸技术进行了重大改进。

人们将树皮、破布、破旧渔网等加水蒸煮捣碎,直到成为均匀的纸浆,再把纸浆薄薄地倒在预先做好的筛网上,水渐渐流走了,筛网上便留下来薄薄的一层纸坯。将纸坯晾干,涂上一些苔胶,就制好了一张纸。

到了公元3世纪,造纸技术有了很大进步,并且发现植物纤维可用作造纸原料。这种造纸的基本原理和原料一直沿用到今天。

砚

砚台的起源最早是从研磨器开始的。在原始社会,人们已经开始使用研磨器,用以磨制工具或研磨粮食作物。后来,为了便于书写,需要将墨色及颜料研磨至细,于是便出现了专门研墨的砚台。

考古学家曾在原陕西省临潼县姜寨一处原始社会的遗址中,发现了一套原始人用于陶器彩绘的工具,其中有一方石砚,砚有盖,砚面微凹,凹处并有一根石质磨杵,砚旁留存数块黑色颜料。很显然,这是早期砚台的形制。

汉代由于纸的发明,使制砚工艺得到较大发展,砚台上甚至出现了雕刻纹饰。从此以后,砚台步入传统的书画艺术行列,品种日益增多,至魏晋时期就有瓷砚、铜砚、银砚、漆砚、铁砚等。

唐代,有端石、歙石等精制的宝砚。宋代雕砚工艺有进一步发展,宋人把端砚、歙砚、洮河砚以及红丝石砚列为四大名砚。后因红丝石停采,于是澄泥砚便被列入四大名砚。

徽墨

东汉年间，出现了较大规模的制墨作坊，制造出正式的墨。五代时，易水墨工奚超和儿子奚廷圭搬迁到歙州（今歙县），对制墨技术进行了改良，精制了"丰肌腻理，光泽如漆"的贡墨，受到南唐后主李煜的赏识，赐姓李氏，从此名满天下。宋代，安徽歙州被改名为徽州，因此便有徽墨之称。宋、明两代的徽墨基本分松烟、油烟两种，在当时，制墨流派、名工也相继出现。清代制墨的数量和质量又超过了历代水平，并且向"精鉴墨"（即专供鉴赏的墨）和"家藏墨"（多用收藏或馈赠品）的状态发展。清代以曹素功、汪近圣、汪节庵、胡开文四家为代表，他们所制的墨不仅质量精绝，而且还极具艺术价值，使徽墨之名流传至今，闻名中外，成为墨中之冠。

隶书

隶书之前还有前面提过的甲骨文、金文和篆文几种文字。

隶书也叫"隶字""古书"，它起源于秦朝，也有说法称隶书起源于战国时期。分"秦隶"（也叫"古隶"）和"汉隶"（也叫"今隶"），它是在篆书基础上，为适应书写便捷的需要产生的字体。

隶书结体扁平、工整、精巧，书写效果略微宽扁，横画长而直画短。讲究"蚕头燕尾""一波三折"。到东汉时，折、捺等笔画美化为向上挑起。轻重顿挫富有变化，具有书法艺术美，风格也趋多样化，极具艺术欣赏的价值。隶书的出现是中国文字的又一次大改革，使中国的书法艺术进入了一个新的境界，奠定了楷书的基础。

草书

草书是为书写便捷而产生的一种字体，其特点是结构简省、笔画连绵，始于汉初。

草书有章草、今草、狂草等。章草起于西汉，盛于东汉，字体具隶书形式，笔画省变，有章法可循，字字区别，不相纠连；今草起于东汉末期，风格多样，不拘章法，笔势秀丽流畅，晋王羲之、王献之父子擅长今草；狂草亦称大草，笔意奔放，体势连绵，如唐朝张旭《千字文》、怀素《自叙帖》等，字字区别，不相连接，而笔意活泼、秀媚。草书自狂草起开始成为完全脱离实用的艺术创作。

楷书

楷书形成于汉末、魏晋，全盛于隋唐，也称"真书""正书"。它吸收隶书结构匀称明晰的优点，把隶书笔画的"波折"改为平直，把隶书形体的扁平改方正，书写时比隶书更方便，一直沿用至今。我们现在看到的魏晋时的楷书，离篆隶不远，形体古朴自然，但无严谨的法度约束。隋代以后，楷书注意法度，结构整齐、方正，书家层出不穷，以颜真卿、柳公权等人成就最高。宋元明清的书法家都以唐以前楷书为规范，近代以至当代学书者更是如此。

行书

行书是介于今草和楷书之间的一种字体，可以说是楷书的草化或草书的楷化。它不像草书那样难写难认，也不像楷书那样严谨端庄，所以古人说它"非真非草"。它的特点是运用了一定草法，部分地简化了楷书的笔画，改变了楷书笔形，草化了楷书的结构，行书中带有楷书或接近于楷书的称为"行楷"，带有草书或接近草书的则称为"行草"。代表作最著名的是东晋书法家王羲之的《兰亭集序》，被誉为"天下第一行书"。

宋体字

宋体字的创始人（准确的说法是代表者）是宋人秦桧。秦桧，状元出身，曾随高宗为相。他不仅博学，而且在书法上造诣很深。他综合前人书法之长，自成一家，创立了宋体字。秦桧早年为官，官声尚好。在金人攻陷东京（今开封）之后，曾冒死赴金营，反对立伪楚帝张邦昌，几乎被砍了脑袋。但后来在高宗手下为相，迎合高宗偏安政策，镇压抗金将领，以"莫须有"的罪名在风波亭害死岳飞父子，天怨人怒。老百姓把南方炸油条称为"油炸桧"，还让他和妻子王氏的像长年累月跪于岳飞墓前。至于他的字，人们由于厌恶他的人品德行，他所创的字体不叫"秦体"，而被称为"宋体"。

飞白

飞白原指枯丝平行、转折处笔路毕显的书法字体，笔画中间夹杂着丝丝点点的白痕，且能给人以飞动的感觉，故称其为"飞白"，也叫飞白书。宋黄伯思《东观余论》记载："取其若丝发处谓之白，其势飞举谓之飞。"

后用于绘画，指用干枯笔触来描绘的绘画方法。"飞白"可以显现苍劲浑朴的艺术效果，为作品增加情趣，丰富画面的视觉效果。

永字八法

永字八法是中国书法用笔法则。相传为隋代智永所传，一说为东晋王羲之或唐代张旭所创，因其为写楷书的基本法则，后人将八法引为书法的代称。它是以"永"字八笔顺序为例，阐述正楷笔势的方法，分别是"侧、勒、努、趯、策、掠、啄、磔"八画。

点为侧，侧锋峻落，铺毫行笔，势足收锋。

横为勒，逆锋落纸，缓去急回，不可顺锋平过。

直笔为努，不宜过直，太挺直则木僵无力，而须直中见曲势。

钩为趯，驻锋提笔，使力集于笔尖。

仰横为策，起笔同直划，得力在划末。

长撇为掠。起笔同直划，出锋稍肥，力要送到。

短撇为啄，落笔左出，快而峻利。

捺笔为磔，逆锋轻落，折锋铺毫缓行，收锋重在含蓄。

魏碑

十六国北朝时期的书法艺术，深受钟繇和王羲之等人的影响，并在这一基础上有所发展和创新。敦煌石窟发现的十六国和北朝写的佛经中，虽多微掺隶法，但字迹工整，颇有笔力，达到了较高的艺术水平。近百年来，出土的许多北朝的墓志、墓碑、造像题记等，其书体虽各有不同，但大多结体扁方、构架紧密、方笔折角、骨力雄劲，这就是"魏碑"的字体。由于用笔厚实，字形稳健有力，给人一种独特的美的感觉。

拓片

用墨把石刻和古器物上的文字及花纹拓在纸上后的成品。这种拓印行为也称为拓片。拓片是从原物直接拓印下来的，大小和形状与原物相同，是一种科学记录的方法。除有凹凸纹饰的器物外，甲骨文字、铜器铭文、碑刻、墓志铭、古钱币、画像砖、画像石等，都广泛使用这种方法记录。拓印技术在中国已有1000多年的历史。许多已散失毁坏的碑刻，因有拓片传世，才能见到原碑刻的内容及风采，如《汉西岳华山庙碑》，在明嘉靖三十四年（1555年）地震时被毁，传世拓片遂为珍品；唐柳公权书宋拓《神策军碑》，因原碑已佚，仅有一册拓片传世，就成为孤本。

瘦金体

瘦金体是宋徽宗创造的书法字体，亦称"瘦金书"，也有"鹤体"的雅称。他早年学薛稷、黄庭坚，参以褚遂良诸家，出以挺瘦秀润，融会贯通，变化二薛（薛稷、薛曜），形成自己的风格，号"瘦金体"。

其特点是瘦直挺拔，横画收笔带钩，竖划收笔带点，撇如匕首，捺如切刀，竖钩细长；有些联笔字游丝行空，已近行书。其用笔源于褚、薛，写得更瘦劲；结体笔势取黄庭坚大字楷书，舒展劲挺。现代美术字体中的"仿宋体"即模仿瘦金体神韵而创。瘦金体作品代表有《楷书千字文》《秾芳诗》等。

《兰亭集序》

《兰亭集序》是书法大家王羲之于东晋永和九年的"修禊"会上，为大家的诗写的序文手稿。序中记叙兰亭周围山水之美和聚会的欢乐之情，抒发作者好景不长、生死无常的感慨。法帖相传之本，共28行，324字，章法、结构、笔法都很完美。后人评道："右军字体，古法一变。其雄秀之气，出于天然，故古今以为师法。"历代书家都推《兰亭集序》为"天下第一行书"。

《中秋帖》

《中秋帖》传为东晋书法家王献之所书，与王羲之的《快雪时晴帖》、王珣的《伯远帖》合称"三希"，现藏故宫博物院。

人们称《中秋帖》为"一笔书"之祖。"一笔书"所体现的是一笔下去连绵无尽的审美特质，是书法美的魅力所在。《书断》中说："字之体势，一笔而成，偶有不连，而脉不断，及其连者，气候通其隔行。"

《真草千字文》

《真草千字文》是隋书法大家智永的代表作品。此帖书体法度严谨，笔力精到，或字字区别、个个独立，或映带相关、连绵一气。但都下笔有源，使转有法，达到了"神化自若，变态无穷"的意境。遒劲丽美，字体古雅，用笔藏头护尾，一波三折，含蓄而多奇趣，非唐以后人所能及。

《仲尼梦奠帖》

《仲尼梦奠帖》为唐著名书法家欧阳询所作。欧阳询楷书法度之严谨,笔力之险峻,世无所匹,被称之为"唐人楷书第一"。后人以其书于平正中见险绝,最便初学,号为"欧体"。《仲尼梦奠帖》可谓欧体楷书的登峰造极之作。

《仲尼梦奠帖》共78字,无款印。此帖用墨淡而不浓,且是秃笔疾书,转折自如,无一笔不妥,无一笔凝滞,上下脉络映带清晰,结构稳重沉实,运笔从容,气韵流畅,体方而笔圆,妩媚而刚劲,为欧阳询晚年所书,清劲绝尘,诚属稀世之珍。

《黄州寒食帖》

《黄州寒食帖》系三大行书书法帖之一,北宋书画家苏轼手迹。现藏于北京故宫博物院。

这是一首遣兴的诗作,是苏轼被贬黄州第三年的寒食节所发的人生之叹。诗写得苍凉多情,表达了苏轼此时惆怅孤独的心情。此诗的书法也正是在这种心情和境况下,有感而出的。通篇书法起伏跌宕,光彩照人,气势奔放,而无荒率之笔。黄庭坚在此诗后所跋:"此书兼颜鲁公、杨少师、李西台笔意,试使东坡复为之,未必及此。"

《书谱》

《书谱》不但是唐代书法家孙过庭最著名的草书杰作,也是一部叙述书法理论的著作,为后世学习草书的标准范本,也是研究书法艺术的珍贵文献。

《书谱》的书风完全得自"二王",用笔果断干净,不做上下牵连,结体空旷圆润,章法浑然天成,正是"宪章二王,工于用笔"。

《书谱》中提出的理论观点,如违而不犯,和而不同;留不常速,遣不恒疾;带燥方润,将浓遂枯;泯规矩于方圆,遁勾绳之曲直;乍显乍晦,若行若藏;穷变态于毫端,合情调于纸上等,都是独到的见解。

《祭侄文稿》

《祭侄文稿》又称《祭侄季明文稿》,是唐代书法家颜真卿书法作品中的精华,也是书法史上的瑰宝,被誉为"天下第二行书",足以与王羲之的《兰亭集序》相媲美。

《祭侄文稿》总共228字,33行,字数不多,但字字体现了颜真卿深厚的书法艺术造诣。用笔流畅、随意、遒劲;用墨浓淡、枯润相宜,参差有别。

《兰亭集序》以典雅怡人心神,《祭侄文稿》则以悲壮夺人魂魄。此书是作者为纪念在"安史之乱"中罹难的侄子所作,写时满怀着失去亲人的悲痛和对叛臣的仇恨。开卷尚能平静,后则越写越激昂,运笔的节奏跌宕起伏,最后愤怒的激情喷涌而出,点画飞动,动人心魄,有一泻千里之势。

《神策军碑》

《神策军碑》全称《皇帝巡幸左神策军纪圣德碑》,为唐代书法大家柳公权传世的佳作。全书从"皇帝巡幸左神策军"起至"来朝上京嘉其诚"止,约700余字,其点画遒劲而富于变化,笔力凝练,骨力洞达，奇正相生，顾盼天成，气脉贯通，神清气健，超尘脱俗。清人孙承泽评此碑云："书法端劲中带有温恭之致，乃其最得意之笔。"

《蜀素帖》

宋代书画家米芾以行书闻名，笔势开张，酣畅淋漓。《蜀素帖》是其行书代表作。从总体看，字体开始向外展拓，笔画趋于丰肥。米芾自称学褚（褚遂良）最久，因而深受褚书的影响。《蜀素帖》因是书于绢素之上，故多渴笔，略显刚健。字体欹侧，行气多变，有王献之笔意。用笔以侧锋为主，起笔落笔变化多端，有"云烟卷舒飞扬之态"。

《自叙帖》

《自叙帖》为唐书法僧怀素草书。中华第一草书。书于唐大历十二年（公元777年）。

《自叙帖》曾相继为南唐内府、宋苏舜钦、邵叶、吕辩、明徐谦斋、吴宽、文徵明、项元汴，清徐玉峰、安岐，以及清内府等收藏。原迹现藏台北故宫博物院。首6行早损，为宋苏舜钦补书。帖前有明李东阳篆书引首"藏真自序"四字，后有南唐升元四年（940年）邵周、重装题记。钤有"建业文房之印""佩六相印之裔""四代相印""许国后裔""武乡之印""赵氏藏书""秋壑图书""项元汴印""安岐之印""乾隆""宣统鉴赏"等鉴藏印。

《草书千字文》

《草书千字文》是宋徽宗赵佶传世的狂草作品，于1112年作于一张整幅描金云龙笺上，其底文的精工图案，是由宫中画师就纸面一笔笔描绘而出，与徽宗的墨宝可谓相得益彰，二人共同成就了这篇空前绝后的旷世杰作，被誉为"天下一人绝世墨宝"。该作品笔势奔放流畅，变幻莫测，一气呵成，颇为壮观。是继张旭、怀素之后的杰作。今藏辽宁省博物馆。

《前后赤壁赋》

《前后赤壁赋》是元代书法宗师赵孟頫楷书奇珍。其字点画精到，结体周密，行笔劲健酣畅，唐棣跋云："东坡二赋，松雪要每一书之，负出诸书之右，故深得晋人书法。晚年行笔圆熟，度越唐人，乃知早会用意之深如此。"

《草书诗帖》

《草书诗帖》，被誉为明代奇才草书绝品，书曹植《乐府》四首，是祝允明的代表作品。现藏台北故宫博物院。

祝允明的草书，开张舒放，跌宕奇逸，笔力遒劲，点画狼藉，看似乱其实不乱，看似散其实气脉贯注，并不因率意而潦草，笔笔都能断而后起，能于使转中见点画，故通幅视之，显得神采奕奕，气势豪放。王世贞《艺苑卮言》评祝允明书谓："晚节变化出入，不可端倪，风骨烂漫，天真纵逸。"此帖足可当之。

《三希堂法帖》

中国清代宫廷刻帖，法帖原刻石嵌于北京北海公园阅古楼墙间。刻于乾隆十二年（1747年）。皇帝弘历敕命吏部尚书梁诗正、户部尚书蒋溥等人，将内府所藏历代书法作品，择其精要，镌刻而成。法帖共分32册，刻石500余块，收集自魏、晋至明代末年共135位书法家的300余件书法作品，因帖中收有被当时乾隆帝视为3件稀世墨宝的东晋书迹，即王羲之的《快雪时晴帖》、王献之的《中秋帖》和王珣的《伯远帖》，而珍藏这3件稀世珍宝的地方又被称为三希堂，故取名《三希堂法帖》。

中国画

中国画这个概念，广义上指运用中国的传统绘画工具（笔、墨、纸、砚、颜料等）所绘的画，简称"国画"。中国画按题材又可分为人物画、山水画、花鸟画、动物画等；按使用材料和表现方法，主要分为工笔、写意和兼工带写三种；按照画幅大小和形状及折叠方式，可以分为横向的长卷、横批，纵向展开的条幅、中堂，仅有一尺左右见方的册页、斗方，画在折扇、团扇等扇子上的扇面。

中国画在创作上重在传达出物象的神态情韵和画家的主观感受，造型上讲求"妙在似与不似之间"和"不似之似"，对那些能体现出神情特征的部分往往会采取夸张甚至变形的手法加以刻画，而不是追求实际的"相像"。在构图上，中国画讲求经营，重视虚与实、疏与密的配合与平衡，力求打破时空的限制，构造出一种画家心目中的景象。中国画善用水墨，创造出极为丰富的笔法和墨法，同时墨还可以与色相互结合，形成墨色互补的多样性。以这些独特的笔墨技巧，如点、线、面作为状物传情的表现手段，

描绘对象的形貌、骨法、质地、光暗及情态神韵，传情达意，具有独立的审美价值。中国画，特别是中国文人画，讲求诗、书、画、印的有机结合。画面上题写的诗文跋语，既是画面的有机组成部分，同时还能表达画家对社会、人生及艺术的思考和认识，在深化主题的同时，提升画作的文化品位。

中国画在观察认识、形象塑造和表现手法上，与西方绘画相比，有着迥异风格和独特的艺术趣味。中国画对客观事物的观察、体认、再现，以及借物传情的艺术构想，渗透着画家的社会意识，使绘画具有相应的认识作用、教育作用和高度的审美价值，体现出中国人独特的思维方式、哲学观念和审美情趣。

人物画

人物画是以人物活动为主要描写对象的绘画，它是中国画的三大画科之一。早在周代，就已经出现了以劝善戒恶为目的的历史人物壁画。

按题材分类，人物画可分为历史人物画、宗教人物画和现实人物画3种。按艺术手法可分为有工笔重彩、写意、白描、泼墨等多种。按画面人物的多少，一般分为群像画和肖像画。群像画以突出人物活动为主，肖像画以描绘人物形象的酷肖为主。各种人物画所表现的侧重点虽有所不同，但都要求形神兼备，人物形象要符合人物的形体、比例、场景透视原理等，更重要的是传达人物的性格、气质和神态。人物画通常要求人物显得逼真传神，气韵生动，常常把人物安排在一定的场景中。描绘重点是人

物的面部，同时处理好人物之间、人物与环境之间的关系，以求画面整体的统一。战国楚墓出土的《人物龙凤图》与《人物驭龙图》帛画，是表现战国时期神话人物的经典作品，也是目前最早的独幅人物画作品。我们公认的著名古代人物画有东晋顾恺之的《洛神赋图》《女史箴图》，唐代韩滉的《文苑图》，五代南唐顾闳中的《韩熙载夜宴图》，北宋李公麟的《维摩诘像》等。

山水画

山水画是中国三大画种之一。它所表达的是古人对自然的崇拜和热爱，表达了天人合一的境界和追求，一定程度上反映作者对自然的思考以及对人生社会的认识，在用写实或艺术的手法表现自然之美的同时，也间接反映当时的社会生活状态。在技法上，山水画有水墨山水、青绿山水、金碧山水、浅绛山水、淡彩山水、没骨山水等形式。在题材和内容上，名山大川、田野村居、城市园林、寺观舟桥、历史名胜等皆可入画。

晋代，山水画从人物画中分离出来，成为独立的画料；隋唐的李思训、王维等人完善了山水画的画理、画法、章法，中国山水画的传统就此形成。五代以及北宋时期，山水画大兴，荆浩、关仝、李成、董源、巨然、范宽、米芾等人以水墨山水闻名，王希孟、赵伯驹等人以青绿山水闻名，山水画在这时发展到高峰。山水画的技法基本上有"勾""皴""染""点"四个步骤，首先用墨线勾出山石的大致轮廓，再用各种皴法画出山石明暗向背，然后用淡墨渲染，加强山石的立体感，最后用浓墨或鲜明的颜色，点出石上青苔或远山的树木。

现存最早的山水画名作是隋代展子虔所作的卷轴画《游春图》，此画绢本设色，现为北京故宫博物院藏品。

花鸟画

花鸟画是中国绘画的三大画种之一，它的描绘对象包括花卉、竹石、虫鸟、游鱼等。早在原始时代的陶器上，就出现了简单的鸟鱼图案，这算是中国最早的花鸟画。东晋、南朝宋时，花鸟画成为独立的画种，唐代趋于成熟。经过长期发展，花鸟画总体上形成了写实为基础，寄托情感和寓意为归依的传统。画家通常以花鸟来表现人的精神和气节韵致，以及对现实的种种寄托，具有强烈的抒情性。同时也间接表现社会生活，反映时代精神。按艺术手法，花鸟画可分为工笔和写意等多种；按照用墨用色的不同，可分为水墨花鸟画、泼墨花鸟画、设色花鸟画、白描花鸟画及没骨花鸟画等。

在构图上，花鸟画突出主体，善于剪裁，常常通过枝叶来对画作进行整体的布局安排和调整，讲究虚实相对，相互呼应。此外，配合对画作内容进行解说或烘托的诗文，也是花鸟画的一大特点。五代到宋朝，中国花鸟画达于繁盛。南宋及元代相继出现了水墨写意"四君子画"（梅、兰、菊、竹），与此同时兴起了以线描为主要手段的白描花卉。明朝后期，徐渭以草书入画，开创了强烈抒写个性的先河。到清初朱耷，这种表达个性的花鸟画达到高峰水平。数千年的积淀，使得花鸟画成为世界美术史上独特而优雅的存在。

文人画

文人画是中国传统绘画的风格流派之一，画中带有浓烈的文人情趣，流露着浓烈的文人思想。早在魏晋南北朝时期，文人画的某些创作思想和艺术实践就出现了，但"文人画"作为一个正式的名称，是由明末画家董其昌提出来的。

书卷气或称"诗卷气"是文人画评画的一个标准，也就是说，文人画讲究在画作中体现出诗意。文人画的作品大都以山水、古木、竹石、花鸟等作为题材，以水墨浓淡设色写意为表现手法。在墨和色彩的选择和使用上，文人画比较重视水墨的表现力，讲究墨分五色，善于通过墨浓淡干湿的不同变化，描绘不同的物象，抒发不同的情感，寄寓作者的情怀。文人画独特的创作思想和绘画风格是中国画的宝贵经验和传统，以特有的"雅"而独树一帜。

文人画的代表人物有唐代王维，元朝倪云林，明代董其昌，清代八大山人、吴昌硕等。文人画讲究诗情画意，"画中有诗，诗中有画"是文人画一致的追求，画中往往还有题诗，诗画合璧，体现出浓郁的画家雅趣与文人才情，具有极高的审美价值。

笔法

中国画用笔分为中锋、侧锋、逆锋、拖笔等。中锋也叫正锋，方法是将笔管垂直，用笔时笔尖在墨线中间，中锋的线没有明显粗细变化，显得连贯一致；侧锋是指行笔时笔尖不垂直于纸，笔尖在墨线一边，侧锋笔墨容易产生飞白效果，线条有切削感；顺锋是指笔按照由左向右、由上向下的走势运行；逆锋是将笔向笔锋方向逆行，适于画树干山石时使用，线条显得苍老滞涩；拖笔是指执笔时稍稍放松，引着笔管拖行，线条显得轻柔飘逸。笔锋的运用还有："提按""转折""滑涩""虚实""顿""戳""揉"等方法。中国画的笔法主要体现在对线的运用上。"以线造型"是中国画的基本原则。经常利用毛笔线条的粗细、长短、浓淡、刚柔、疏密等变化，来表现物体的形态和画面的节奏韵律。关于运笔方法，黄宾虹曾提出"五笔"之说，"五笔"即"平、圆、留、重、变"。要求用笔画线时注意粗、细、曲、直、刚、柔、轻、重的变化和对比，从而做到画人物"传神写照"；画山水刚柔相济，有质有韵。中国画的笔法必须服从客观形象造型的要求，笔法不同，画作的风格就不同；对象不同，使用的笔法也应该不同。同时，笔法必须接受画家思想感情的指挥，画家个性感情的不同，自然会运用不同的笔法，产生不同的艺术效果。

墨法

中国画的墨法，主要是运用墨色变化的技巧。中国画素有"五墨六彩"的说法，五墨是指墨的浓度，即焦、浓、重、淡、清。六彩是指墨的变化，即黑白、干湿、浓淡。用墨是中国画的基本技法，处理好笔与墨、墨与色的关系，是技法中的关键问题。还可以通过笔中墨与水的比例、含墨水的多少、蘸墨方法以及行笔速度等，变换出各种不同的笔墨效果。中国画用墨，主要在于运用墨色变化的技巧，以墨代色，让不同的墨色在纸面上体现出来，更巧妙的是让一支笔中产生各种墨色的变化。

中国画用墨的技巧随着时代的不断发展和历代画家的总结而日趋成熟，逐渐产生了泼墨法、积墨法和破墨法等多种表现手法。积墨法是先画一遍或浓或淡的墨，干了之后，再画一层，让墨色积叠起来，画面苍润浑厚，如龚贤的《山水图》。泼墨法是用笔蘸满墨色，大片涂抹，像泼出去一样，不重复，画面淋漓湿润，多用于作大写意画时使用。破墨法又分为浓破淡、淡破浓、干破湿、湿破干四种。具体操作是先画出墨色，在墨未干的时候，再在上面施加墨、色，可使墨色呈现出湿润、丰富、浓厚而变化莫测的效果。画家作画的时候，往往将三种方法融合在一起。此外，还有焦墨法、宿墨法、用矾法等。

水墨写意

写意俗称"粗笔"，是与"工笔"相对的一种绘画技法，可分为"大写意"和"小写意"两种。通过简练概括、放纵恣肆的笔墨，着重表现描绘对象的意态神韵。它出现于工笔人物画成熟之后，是由宋代的梁楷创造的。明代中期，水写意画迅速发展，泼墨大写意画非常流行，出现了很多名家，如人称"青藤白阳"的徐渭和陈淳，就是当时成就突出的两位画家。

徐渭是明代著名的书画家，是当时最有成就的写意画大师。他的写意花鸟，用笔豪放，笔墨淋漓，注重内心情绪的抒发，如《墨葡萄图》等。他独创的水墨写意画的新风，对后世产生了极大的影响。陈淳擅长泼墨大写意的花鸟画，他的作品不讲究描画对象外表的形象，而是追求画面的生动，在淡墨运用方面有一种特殊效果，如《红梨诗画图》等，其人物画寥寥数笔，令人回味，山水画水墨淋漓。

工笔

工笔，又称"细笔"，与写意相对，为细致写实的中国画技法，特点是注重线条美，造型严谨，一丝不苟。工笔的技法又可分为描、分、染、罩。描，即白描，就是先分别用浓墨、淡墨描出底稿；分，即用墨色上色，用清水分蕴开来，以表现出画面的层次；染和分的程序一样，但用的不是墨色，而是用彩色来分蕴画面；罩，指的是整体上色。

中国的工笔画起于战国，到两宋走向成熟。工笔画是中国画中追求"形似"的画种，关注"细节"，注重写实，图人状物"尽其精微"，力求"取神得形，以线立形，以形达意"，获取神态与形体的完美统一。历代工笔画名家有唐代的周昉、张萱，五代宋朝的黄筌、赵佶，明代的仇英等人。著名作品有《簪花仕女图》《虢国夫人游春图》等。

白描

白描，指中国画中单用墨色线条勾描形象而不施彩色的画法。白描可分为单勾和复勾两种。单勾即用线一次勾成，或用一色墨,或根据不同对象用浓淡两种墨;复勾则仅以淡墨勾成,再根据情况进行复勾,其线条并非是依原路刻板地复迭,要求流畅自然,以达到加强画面质感和浓淡变化的效果,使得物象更具神采。由于物象的形、神、光、色等都要通过线条来表现,所以白描画法有着较高的难度,但是其具有朴素简洁、概括明确的特点,因而常用于人物画和花鸟画,顾恺之、李公麟等都是中国古代著名的白描大师。

十八描

"十八描",指中国画中衣服褶纹的18种描法,分别为:1.高古游丝描:为工笔画法,线条细而均匀,多为圆转曲线,顿笔为小圆头状。2.琴弦描:比高古游丝描略粗,用颤笔中锋,线中有停停顿顿的变化,多为直线,有写意味道。3.铁线描:比琴弦描粗些,用笔中锋,转折处方硬似铁丝弄弯的形态,顿笔也是圆头。4.混描:基本上是一种写意画法,先用浓墨皴衣纹,墨未干时,间以浓墨,讲求"浓破淡"的墨法变化。5.曹衣出水描:来自西域画家曹仲达,其画佛像衣纹下垂、繁密,贴身如出水状,故称"曹衣出水",受印度犍陀罗艺术的影响,用笔细而下垂,成圆弧状,讲求线条之间的疏密变化。6.钉头鼠尾描:行笔方折多,转笔时线条加粗,收笔尖而细。7.橛头钉描:是一种写意笔法,用秃笔,侧锋入笔,线条粗而有力,顿头大而方。8.蚂蟥描:顿头大,行笔曲折柔软,但很有力。9.折芦描:多为直线,用笔粗,而转折多为直角,折笔时顿头方而大。10.橄榄描:顿头大如同橄榄,行笔稍细,粗细变化大。11.枣核描:顿头如同枣核状,线条行笔中亦有枣核状的用笔变化。12.柳叶描:用笔两头细,中间粗。13.竹叶描:与柳叶描类似,有时不相区分。14.战笔水纹描:如山水画水纹之画法,表现薄而褶多的衣纹。15.减笔描:大写意笔法,极为简练,用笔粗而一气呵成,一笔中有墨色变化。16.枯柴描:水墨画笔法,用笔粗,水分少,类似皴法,笔势往往逆锋横卧。17.蚯蚓描:用篆书笔法,线条圆转有力,粗细均匀,曲折多而柔软。18.行云流水描:表现软而弯转的衣纹。

用色

中国画历来十分讲究色彩的运用。早在南齐谢赫的《画品》中,就把"随类赋彩"作为"六法"之一。这种以区分物象种类并赋予不同色彩的理论,即是中国画用色的基础。此外,用色还十分重视环境对物象的影响,随着环境的不断改变,物象的色彩也相应发生变化。南朝萧绎是中国画论中提出色调冷暖、色与光关系的先驱者之一。他在《山水松石格》中说"炎绯寒碧,暖日凉星……高墨犹绿,下墨犹赭",意思是说绯红色看来让人感到炎热,碧绿则使人感到寒意。高处的墨色犹如翠绿的颜色,下面的墨色则与赭石色的土地颜色近似。他用简单的句子概括了冷暖色调使人产生的感觉不同和景物高下、远近对色彩的影响。

中国画用色有勾线重彩填色、水墨淡彩、淡彩与重彩结合3种方法,设色的具体方法包括干染、湿染、平染、分染、罩染、碰染、衬染、用水、用胶、用矾等。

色学原理中，红、黄、蓝为三原色。中国画调色也是在原色与原色之间互相调配，可调成间色，间色与间色相调配成为复色。曙红、藤黄、花青是中国画色彩中的基本三原色。由于中国画讲究用墨，而赭石能在墨与色之间起到调节作用，所以赭石是应用最多的颜料之一。此外，其色彩丰富性还体现在基色配比不同所产生的相应变化上。如用三分花青与七分藤黄，就可调配成嫩绿，当改变配比时，还可以产生草绿、新绿、老绿等多种绿色。加入墨色后，又能产生不同色调的墨绿等。总体而言，中国画的色彩要求是体现出大气、典雅、稳重的特色，表现干净而和谐的美。

构图与透视

中国画的构图，又称章法，即合理安排景物所在位置，画面形象不能任意罗列、填塞，必须按照事物的客观规律加以安排。同时需要注意景物的大小、深浅、虚实等多种对立统一的关系，不能过分拘泥于章法，按照客观事物的自然形态，结合主观意识自由创作。

中国画的作画要领，通常是作画之前，首先要确定好表现的内容和作品的主题，考虑主宾远近的取势，然后根据画面需要，进一步考虑留白、气势、色彩、题词、用印等细节安排。同时还要注意自身所处的位置和视点移动，将所得视觉形象巧妙地取舍、综合，使之形成一种意境，达到突出主题、表达情感的最佳效果。书法中有计白当黑的说法，

中国画上很注意对空白的利用和表现。每一处空白，都是精心布置，看似无意，其实有意。在中国画上，我们常常能见到不同的留白，这些空白有的是严守真实的画面空间和布白，有的是打破真实，依据画家的构图需要而平列的空间和布白，这样做的结果就是能够让描画对象按照艺术的需要拉长或缩短形象，或者变换位置，从而呈现出最佳视觉效果。

在透视方面，中国画焦点透视法和散点透视法都有，但最常用和常见的还是散点透视法，多视点的散点透视法在中国画中最为主流，又称"移步换影"。如《清明上河图》的长卷，既有俯视的图景，又不乏仰视和平视的图景，它把街市、人物、桥梁、船只等都合理地安排和表现在一个画面上。中国画透视的方法还有一种是"以大观小"，也就是把辽阔的景物缩到极小的空间内，让人能够一目了然地看到景物或人物群体的全貌，同时尽量缩小作画对象透视上的大小差别，使物象超越空间的约束。

题款

自元代以后，多数中国画都形成了画面、题款、印章并举的传统形式。题款，也称落款、款识、题画、题字等等。凡在书画上标上姓名、年月、诗文等都称为题款。它对构图起着稳定平衡作用，能弥补绘画构图的不足，是整幅作品的重要组成部分，同时还能增添诗情画意，补充画者想要表达的内容。

具体而言，在画面上题写诗文，叫"题"，题画文字，有题画赞、题画记、题画跋、题画诗（词）等。在画上标志

年月、签署名号、盖章等，叫作"款"。款文也可以记写籍贯、年龄等，若为他人作画，往往要写上受赠者的称谓。题款对款文的文采和书法的水平都有很高要求，字体不限，但是必须和画的内容、风格和意境相配合。

篆刻

篆刻又称为"玺印""印"或"印章"等，是用篆书刻成的印章，是一种特有的传统艺术和实用艺术品。篆刻艺术是书法、章法、刀法三者完美的结合。在一方印中，既有书法笔意，又有绘画构图，还有刀法雕刻，可谓"方寸之间，气象万千"。篆刻在两千多年中出现了两个高度发展的阶段。一是战国、秦汉、魏晋六朝时期，被称为"古代篆刻艺术时期"，其用料主要为玉石、金、牙、角等。这一时期尤以汉代玺印为代表。汉印结体简化，笔画平整方直，并以鸟虫书入印，装饰性很强。汉代铸印庄重雄浑，凿印健拔奇肆，成为后世篆刻艺术的重要渊源。

二是明清时期，这一时期篆刻艺术大放异彩。明代中叶，印章由实用品，或书画艺术的附属品，发展为一门独立的篆刻艺术。自从明篆刻家文彭之后，篆刻艺术繁荣起来，形成了徽派、浙派、皖派等很多篆刻流派，出现了何震、程邃、丁敬、邓石如、黄牧甫、赵之谦、吴昌硕等篆刻艺术家。

印章

印章也称印信，古时候它是权力的象征。据《史记》中记载，战国时代，以主张合纵抗秦而著称的政治家苏秦曾佩戴过六国相印，由此证实官吏用印在当时已成为一种制度。

秦时，秦始皇为了巩固自己帝王的威望和地位，对印章进行了严格的规定：皇帝的印信称为国玺，大臣的印信称为章或印，各有专称，不能混淆。秦始皇统一中国前，曾夺得赵国的"蓝田玉"，即"和氏之璧"，并把它制成了有名的传国玺。到汉朝，印章的制作逐渐发展成为一种艺术。有的将军死后，他们随身携带的象征身份的印章也一起被埋入土中，所以现在我们还能看到相当数量的古代印章。

宋朝以后，印章的应用多和书画联系在一起，题款盖印，成为习惯。中国书画作品的印章有姓氏章、姓名章、名章、字号章、年代章、收藏章、闲章之分，印章的书体有大篆、小篆、隶书、草书、行书之分，印章的字体与形式也必须和画相和谐。所有形式的章，其位置和内容都有相应的要求，不能随便，但唯独闲章的位置可以较为灵活，内容也可以活泼，警句、诗词、成语、短句等都可以，但正所谓"闲章不闲"，它并非可有可无。在一些古画名作上，我们常能见到繁多的收藏章，有的甚至在空白处盖满了收藏章，元代钱选的《浮玉山居图》流传到清末时，画上已经有300余方印章，作为鉴别真伪的证据，它们起了巨大的作用。我们至今还能看到苏东坡、黄庭坚、宋徽宗等人的许多印章。印章不仅是书画艺术的一个组成部分，还是一门独立的艺术。

印泥

印泥是中国特有的文房之宝，无论是文件签署，还是历史文物以及金石书画之钤记，都需要使用印泥。根据史书上记载，印泥的发展已有2000年的历史，早在春秋秦汉时期就已使用印泥，那时的印泥是用黏土制的，临用时用水浸湿，这就是当时称封泥。到了隋唐以后，随着社会的进步，人们又改用水调和朱砂于印面，印在纸上，这就是印泥的雏形，到了元代，人们开始用油调和朱砂，之后便渐发展成我们现代的印泥了。

印章边款

边款一般泛指刻于印侧或印背的文字、题记。起源于隋唐，当时制印部门的工匠，只是在一些官印周围刻上制印年记、编号和释文等内容。明清流派纷呈、风格各异。

边款在形式上有阳款与阴款之分，在用刀上有单刀、冲刀、切刀及冲切兼用之别，在书体上融真草隶篆于一体，在风格上雄强与婉约并存，在内容上则由作者单刻印的年月和署名，发展为或有感而发，或叙事抒情、考辨，涉及面极其广泛，是整个篆刻艺术不可分割的部分。

中国书画、篆刻名家

钟繇

钟繇（151~230年），字元常，颍川长社人。魏明帝时受太傅衔，故世称"钟太傅"。钟繇所处的正是隶楷错变的时代，因此他的真书中也带有浓厚的隶意。他的小楷体势微扁，行间茂密，点画厚重，笔法清劲，醇古简静，富有一种自然质朴的意味。

其书学曹喜、蔡邕、刘德升等人，能书隶、草、真、行诸体，尤以真书绝世。存世墨迹，最著名的有以王羲之临本翻刻的《宣示表》《荐季直表》等。

王羲之

王羲之（303~361年，另一说321~379年），字逸少，东晋书法家，琅琊临沂（今山东临沂）人，因任过右军将军，故后人称其"王右军"。

王羲之少年时就曾经师从卫夫人学习楷书，后改变初学，草书学张芝，楷书学钟繇，并博采众长，精研体势，推陈出新，一变汉魏以来质朴的书风，形成妍美流变的新体，最终成为一代大家。他的书法兼备诸体，尤善楷书、行书，字势雄奇而多变化，为历代书法家所崇尚，对后世影响极大，王羲之也因此享有"书圣"之称。其《兰亭集序》流传千古，被后人誉为"天下第一行书"。

欧阳询

欧阳询（557~641年），字信本，潭州临湘（今湖南长沙）人。官至弘文馆学士，与虞世南、褚遂良、薛稷并称为"初唐四家"。他博览古今，书则八体尽能，尤工正、行书。他的楷书笔力险劲，结构独异，后人称为"欧体"，以《九成宫醴泉铭》等为代表。

欧阳询最大的贡献,是他对楷书结构的整理。相传欧阳询总结了有关楷书字体的结构方法共36条,名为"欧阳询三十六法"。

颜真卿

颜真卿(709~785年),字清臣,琅琊里(今山东临沂)人,唐代大臣、书法家。颜真卿为开元年间的进士,任殿中侍御史。安禄山发动叛乱后,他联络从兄颜杲卿起兵抵抗。后官至吏部尚书、太子太师,封鲁郡公,人称颜鲁公。颜真卿的书法初学褚遂良,后师从张旭。正楷端庄雄伟,气势开张,行书遒劲郁勃,古法为之一变,开创了新风格,对后代影响很大,人称颜体,与柳公权并称"颜柳"。

柳公权

柳公权(778~865年),字诚悬,京兆华原(今陕西铜川市耀州区)人。幼年嗜学,12岁能为辞赋,由于擅长书法,被穆宗李恒召为翰林院侍书学士。穆宗曾问其如何运笔最佳,他说:"运笔在心,心正则笔正。"这句名言被后世传为"笔谏"。柳公权书法以楷书最著,与颜真卿齐名,并称"颜柳"。他上追魏、晋,下及初唐诸家笔法,又受到颜真卿的影响,在晋人劲媚和颜书雍容雄浑之间,创造出自己的风格,人称"柳体"。其遒媚劲健的书体,可以与颜书的雄浑宽裕相媲美,后世有"颜筋柳骨"的称誉。

颠张醉素

张旭(生卒不详),盛唐时期人,字伯高,吴郡人。他少年时即好书法,出仕后初为常熟县尉,后官至金吾长史,故人称"张长史"。张旭为人洒脱不羁,豁达大度,才华横溢,学识渊博,与李白、贺知章交情甚密,杜甫将他三人列入"饮中八仙"。张旭的书法始于张芝、二王一路。他的楷书端正严谨,规矩至极,黄庭坚誉之为"唐人正(楷)书无能出其右者"。

张旭把当时流行的"今草"书体,发展成为笔法放纵、字形繁多变化的"狂草"体,做到笔未落而意在先、书虽尽而心相连,成为中国狂草书体的奠基人。其代表作《草书古诗四首》笔画丰满,行文跌宕起伏,动静交错,满纸如云烟缭绕,是草书中的巅峰之作。

张旭"狂草"书法的出现,打破了中国汉字的基本构成,把中国书法推到了纯艺术的高峰。

怀素(737~799年),唐朝书法家,字藏真,俗姓钱,永州零陵(今湖南零陵)人。以"狂草"名世,史称"草圣"。怀素7岁时为僧,自幼对书法怀有浓厚兴趣,经禅之余,勤学书法。因为无钱买纸练字,他就在寺旁空地种下许多芭蕉,以蕉叶代纸练字,故名其庵为"绿天庵"。经长期勤学精研,秃笔成堆,埋于山下,名曰"笔冢"。旁有小池,常洗砚水而变黑,名为"墨池"。怀素草书,笔法瘦劲,飞动自然,如骤雨旋风,随手万变。他的书法虽率意颠逸,千变万化,而法度俱备。怀素传世书迹有《自叙帖》《苦笋帖》《食鱼帖》等。米芾《海岳书评》云:"怀素如壮士拔剑，神采动人，而回旋进退，莫不中节。"

后人评其书法，继承张旭笔法，而有所发展，所谓"以狂继颠"，并称"颠张醉素"。怀素与张旭形成唐代书法双峰并峙的局面，也是中国草书史上两座不可企及的高峰。

米芾

米芾（1051~1107年），北宋书法家。曾任校书郎、书画博士、礼部员外郎。工于书法，擅长篆、隶、楷、行、草等书体，长于临摹古人书法，能够达到以假乱真的程度。初师欧阳询、柳公权，字体紧结，笔画挺拔劲健，后转师王羲之、王献之，体势展拓，笔致浑厚爽劲，自谓"刷字"，与苏轼、黄庭坚、蔡襄并称宋代四大书法家。其绘画擅长枯木竹石，尤工水墨山水。以书法中的点入画，用大笔触水墨表现烟云风雨变幻中的江南山水，人称"米氏云山"，富有创造性。米芾传世的书法墨迹有《向大后挽辞》《蜀素帖》《苕溪诗帖》《拜中岳命帖》等。

宋四家

"宋四家"，即苏轼、黄庭坚、米芾、蔡襄，此四人被认为是最能代表宋代书法成就的书法家。

"宋四家"中，从书法风格上看，苏轼丰腴跌宕，天真烂漫；黄庭坚纵横拗崛，昂藏郁拔；米芾俊迈豪放，沉着痛快。列于四家之末的"蔡"，一般认为是指蔡襄，他的书法取法晋唐，讲究古意与法度。其正楷端庄沉着，行书淳淡婉美，草书参用飞白法，谓之"散草"，自成一体，非常精妙。还有人认为"蔡"原本是指蔡京，只是后人厌恶其为人，才以蔡襄取代。

虎头三绝顾恺之

顾恺之（348~409年），东晋著名画家，字长康，小字虎头，无锡人。顾恺之多才多艺，工诗赋、书法，尤擅绘画，尝有"才绝、画绝、痴绝"之称。他的画多是人物肖像及神仙、佛像、禽兽、山水等。顾恺之人物画的特色是"传神"，也就是能画出人物的精神，使画中的人物看起来栩栩如生。

顾恺之的代表作有《洛神赋图》《女史箴图》等，皆为后代摹本。《洛神赋图》取材于曹植的名篇《洛神赋》。画卷从曹子建和他的随从在洛水看到洛神起，到洛神离去为止，全卷交织着欢乐、哀怨、怅惘的感情。图中，曹子建依依难舍，怅然沉思，而宓妃回眸顾盼，含情脉脉，可以说达到了"悟通神化"的地步。《女史箴图》线条非常纤细，若"春蚕吐丝"。

顾恺之的画对后世影响深远，其笔法如春蚕吐丝，线条似行云流水，轻盈流畅，遒劲爽利，称为"铁线描"。顾恺之与南朝陆探微、梁代张僧繇，并称"六朝三杰"。世人曾这样评价3人的作品："像人之美，张得其肉，陆得其骨，顾得其神，神妙无方，以顾为最。"顾恺之还著有《论画》《魏晋胜流画赞》等绘画理论作品，提出并阐发了"以形写神""迁想妙得"的理论观点，对中国画的发展产生重大影响。由于他在绘画方面的卓越成就，国画界尊崇他为画祖。

展子虔和《游春图》

展子虔（约550~604年），隋朝著名画家，渤海（今属山东省）人，人物、车马、楼阁、山水等，都是他的长项，但最擅长的还是人像。据说他画的人物描法细致，生动逼真；画马则站立者有走动之势，伏卧者呈起跃之状；画山水，则有方寸中尽显天地的气概。《游春图》解决了以往山水画"人比山大，水不容泛"的问题，准确地把握住了山、水、人物、舟车的比例关系，大大促进了山水画的发展。

在中国美术史上，展子虔影响最大的是他的山水画。他尤其善于表现自然山水的深远空间感，能充分表现出山水的美和气势。在中国目前存世的山水卷轴画中，展子虔的《游春图》是人们迄今发现的年代最早、保存最完整的一幅。展子虔的《游春图》，描绘的是贵族们游春时的情景。图中展现了水天相接的情形，上有青山叠翠，湖水融融，也有士人策马山径或驻足湖边，还有美丽的仕女泛舟水上，令人感到熏风和煦，水面上微波粼粼，岸上桃杏绽开，绿草如茵，美不胜收。整个画面显得场景阔大、视野辽远，这就是画史中所说的"咫尺千里"。展子虔在山水画上所达到的成就及绘画方法之精妙在当时无人能及，开创了青绿山水派，被唐代李思训、李昭道所仿效学习。展子虔被后世誉为"唐画之祖"。

阎立本兄弟

提到唐代书画，不能不提阎立本兄弟。唐代的评论家张彦远曾说："阎则六法该备，万象不失。"他所说的阎实际上是指阎立本、阎立德兄弟，在这弟兄二人中，阎立本得到的评价更高。

阎立本（约601~673年）唐朝著名的画家和书法大家，无论书画，均得美名。他的画的特点是极其形似，取材甚广，宗教人物、山水、动物无不涉足，他最为擅长的是人物画。著名代表作有《步辇图》《历代帝王图》等，其中《历代帝王图》是中国古典绘画中最重要的作品之一。这幅画描绘了自汉到隋的13位帝王形象，画中用精细的笔法表现出了各位帝王各自的性格特征，其中寓含着作者或褒或贬的强烈的感情色彩。阎立本所画的宫女，形象多曲眉丰颊，线条优美而且神采如生。阎立本的画作描法富于变化，有粗有细，有松有紧，极富表现力。

阎立德不仅是画家，还是当时优秀的建筑师。他曾受命营造唐高祖陵，负责监督建造翠微、玉华两宫，此外还参与营建昭陵，也曾主持修筑唐长安城外郭和城楼等。阎立德在工艺美术和绘画方面都造诣颇深，曾担任御用服装设计师，主持设计帝后所用服饰。他的绘画才能方面，以人物、树石、禽兽见长。

画圣吴道子

吴道子（约685~758年），原名吴道玄，画史尊称吴生，阳翟（今河南禹县）人。幼年家境贫寒，起初为民间画工，年轻时就已经小有名气了。后来漫游洛阳，开始从事壁画创作，名声更显。当时人将张旭草书、裴旻舞剑、吴道子作画称为"三绝"。开元年间被唐玄宗召入宫中，以后一直为宫廷服务。

吴道子擅长画佛道、神鬼、人物、山水、鸟兽、草木、楼阁等，尤其是佛道、人物。吴道子的一生，主要从事宗教壁画的创作。他曾于长安、洛阳两地寺观中绘制了300多幅壁画，而且没有雷同，其中以《地狱变相》最为著名。他的山水画也很著名。唐玄宗曾派他去画四川的山水，他没有打一张草稿，回来一气呵成。他的画具有独特风格，所画人物衣褶飘飞，潇洒秀逸，被人们称为"吴带当风"。《天王送子图》是吴道子的代表作。这幅画描写的是佛祖释迦牟尼降生以后，他的父亲净饭王和母亲摩耶夫人抱着他去大自在天神庙朝拜，诸神向他行礼的故事。现存的是宋人李公麟的临摹本。

李公麟

李公麟（1049~1106年）北宋著名画家。字伯时，号龙眠居士。曾任中书门下省删定官、御史台检法、朝奉郎。后因病辞官，隐居桐城龙眠山庄。李公麟博学多才，富文辞，有建安风格；工书法，得晋宋人韵致；家富收藏书画古器，精于鉴赏，为修养全面的文人画家。他擅道释、人物、鞍马、宫室、山水、花鸟等，亦精于临摹。其画初学顾恺之、陆探微、吴道子，后广泛师法历代名家。他师古能化，以为己有。他将过去的线描粉本（草稿）加以发展提高，使其成为独立的具有高度概括力与表现力的艺术形式——白描。他重视对客观物象的观察与体验，所画人物能成功地表现其不同地区、民族、阶层的特点，且各具神态形貌，性格突出。画道释人物，将观音、维摩诘描绘成人间少女和现实中的文人士大夫，使宗教绘画进一步世俗化。有《五马图》《临韦偃牧放图》《维摩诘像》等传世。

张择端

张择端（1085~1145年），北宋著名画家，字正道，早年游学汴京（今开封），宋徽宗时在翰林图画院任职。他擅画风俗画，尤擅绘舟车、市肆、桥梁、街道、城郭等，是北宋末年杰出的现实主义画家。其作品大都失传，存世的《清明上河图》《金明池争标图》为中国古代的艺术珍品，现存北京故宫博物院。

《清明上河图》描绘了当年汴京近郊清明时节社会各阶层的生活景象，真实生动，是一件具有重要历史价值的优秀风俗画。《金明池争标图》描绘的是皇帝带领近臣到金明池观水战、赛龙舟的热闹场面，画面紧凑，结构严谨，主题突出。

马远

马远（1140~1225年），南宋光宗、宁宗时任画院待诏，出身绘画世家，擅山水、花鸟、人物画，其山水师法李唐，多画江浙山水，树木杂卉多用夹笔，用大斧劈皴带水墨画山石，方硬严整；构图取自然山水之一角，山峦雄奇峭拔，或峭峰直上而不见顶，或绝壁直下而不见其脚，或近山参天而远山则低，或孤舟泛月而一人独坐，风格独特，富有诗意。其花鸟作品善于在自然环境中描绘花鸟的神情野趣。所画人物，取材广泛，多画佛道、贵族、文人雅士、渔樵、农夫等，娴雅轩昂，神气盎然。

马远在当时影响极大,有独步画院之誉,与李唐、刘松年、夏圭并称"南宋四家",又与夏圭并称"马夏"。有《踏歌图》《水图》《梅石溪凫图》等传世。

▍唐寅

唐寅(1470~1523年),字伯虎,号六如居士、桃花庵主,自称江南第一风流才子。明代画家、文学家。少时读书发愤,青年时中应天府解元,后赴京会试,因舞弊案受牵连入狱,出狱后又投宁王朱宸濠幕下,不久返回苏州,从此绝意仕途,潜心书画,形迹放纵,性情狂放不羁。擅山水、人物、花鸟,早年随周臣学山水画,后师法李唐、刘松年,又加以变化,画中山重岭复,以小斧劈皴为之,雄伟险峻,而笔墨细秀,布局疏朗,风格秀逸清俊。人物画多为仕女及历史故事,师承唐代传统,线条清细,色彩艳丽清雅,体态优美,造型准确;亦工写意人物,笔简意赅,饶有意趣。其花鸟画长于水墨写意,洒脱随意,格调秀逸。有《骑驴思归图》《山路松声图》《王蜀宫妓图》《秋风纨扇图》等作品传世。

▍徐渭

徐渭(1521~1593年),明代杰出书画家,字文长,号天池,晚号青藤,山阴(今浙江绍兴)人,青年时屡试不第,曾在胡宗宪府中任幕僚,一度发狂,自杀未遂,后因失手杀妻而入狱。徐渭晚年以书画为生,生活贫困。一生潦倒不得志。

徐渭多才艺。其画擅山水、人物,尤长于大水墨写意花鸟,师法林良、周之冕、陈淳,融合前人泼墨、破墨、积墨、简笔、写意手法,挥毫泼洒,随意点染,画面水墨交融、淋漓酣畅、气势豪放、充满激情,充分表达了他孤傲不群的个性和激昂郁愤的思想感情。所绘物象意态生动,简明精练,有《墨葡萄图》《牡丹蕉石图》《榴实图》等传世。其书法长于行草书,兴之所至,笔走龙蛇,狂放恣肆。

▍八大山人

八大山人(1626~1705年),清代画家、僧人。原名朱耷,江西南昌人,明宗室后裔,明亡后出家。他性情孤傲倔强,行为狂怪,以诗书画发泄其悲愤抑郁之情。作为明宗室后裔,身遭国亡家破之痛,一生不与清王朝合作。

朱耷擅花鸟、山水,其花鸟承袭陈淳、徐渭写意花鸟画的传统,发展为阔笔大写意画法。其特点是通过象征寓意的手法,并对所画的花鸟、鱼虫进行夸张,以其奇特的形象和简练的造型,使画中形象突出,主题鲜明,甚至将鸟、鱼的眼睛画成"白眼向人",以此来表现自己孤傲不群、愤世嫉俗的性格,从而创造了一种前所未有的花鸟造型。其画笔墨简朴豪放、苍劲率意、淋漓酣畅,构图疏简、奇险,风格雄奇朴茂;他的山水画初师董其昌,后又兼取黄公望、倪瓒之长,多作水墨山水,笔墨质朴雄健,意境荒凉寂寥。

八大山人亦是元明以来写意派画家中的大师,他的绘画艺术对中国画坛影响很大,后世的大笔写意派画家,或多或少都受了他的影响,如扬州八怪、吴昌硕等。

石涛

石涛（约1642~1707年），本姓朱，名若极，清代画家。石涛工诗文，善书画。其画擅山水，兼工兰竹。其山水不局限于师承，而广泛师法历代画家之长，将传统的笔墨技法加以变化，又注重师法造化，从大自然吸取创作源泉，并完善表现技法。作品笔法流畅凝重，松柔秀拙，尤长于点苔，密密麻麻，劈头盖面，丰富多彩；用墨浓淡干湿，或笔简墨淡，或浓重滋润，酣畅淋漓，极尽变化；构图新奇，或全景式场面宏阔，或局部特写，景物突出，变幻无穷。画风新颖奇异、苍劲恣肆、生趣盎然。

其花鸟、兰竹，亦不拘成法，自抒胸臆，笔墨爽利峻迈，淋漓清润，极富个性。石涛的绘画，对清代以至现当代的中国绘画发展产生了极为深远的影响。有《搜尽奇峰打草稿图》《淮扬洁秋图》《惠泉夜泛图》《山水清音图》等传世。

扬州八怪

"扬州八怪"一般指金农、郑板桥、黄慎、李鱓、李方膺、汪士慎、罗聘、高翔8人，是清代乾隆年间活跃在江苏扬州画坛的革新派画家总称，即"扬州画派"。

"扬州八怪"的共同特点是，他们愤世嫉俗，不向权贵献媚，了解民间疾苦，重视思想、人品、学问、才情对绘画创作的影响。他们画题以花卉为主，也画山水、人物，在于继承宋、元以来等写意的传统，摆脱了画坛上保守派遵从清规戒律的影响，高度发挥了即景写生、即景抒情的创造意志。他们还都擅长书法、文学、印章。因之形成诗、书、画综合艺术的整体，人称"三绝"，为绘画艺术的发展开辟了新的途径，与当时所谓的"正统"画风迥然不同。

西泠四家

丁敬、蒋仁、黄易和奚冈四人，被称为"西泠四家"。他们在当时的影响很大，一直延续到清末，对日本书法篆刻界也有较大影响。

丁敬（1695~1765年），字敬身，号钝丁，别号龙泓山人、孤云石叟、胜怠老人、玩茶叟、砚林等。丁敬画梅能得古趣，尤长于篆刻。他的书法以隶书最受推崇，接近汉隶的朴实淳厚，其字形、用笔略近于《曹全碑》，喜欢夸张撇画的波磔，有时以小隶书作跋尾。所作行草则聚散参差，横斜错落，清奇瘦劲，不拘绳墨。

蒋仁（1743~1795年），于扬州平山得一枚刻着"蒋仁之印"的古铜印，于是改名为仁，字阶平，号山堂、吉罗居士、罨罗溪山院长等。一生风雅清贫，嫌恶权贵。他善画山水，书法则出于米芾而直追二王。

黄易（1744~1802年），字大易，号小松、秋盦等。他精于古拓本、钟鼎、钱、镜的鉴赏，又将《汉石经》《范式碑》《三公山碑》加以双勾而介绍于世，促进了碑学的发展。黄易擅长篆隶，最精于隶书，以沉着闻名。

奚冈（1746~1803年），字纯章，号铁生、萝龛、鹤渚生、蒙泉外史、蒙道士、散木居士等，精于诗词，善行书。山水画宗董其昌，花卉画学恽寿平，能得其风趣。书、画、诗文、篆刻皆精，称为"四绝"。

吴昌硕

吴昌硕（1844~1927年），名俊卿，字昌硕，亦署仓硕、苍石，别号缶庐、老苍、苦铁、大聋、石尊者、破荷亭长等。吴昌硕少时喜刻印，得其父指点；青年时曾四处避战乱，在务农的同时，读书习印，钻研书法；往来于江浙、上海等地，结交文人、画家，临摹书法名画。后定居上海，与叶为铭、丁仁、王提等人发起成立西泠印社，被推为社长。

吴昌硕工诗词，善书法、绘画，精篆刻，其画擅花卉，间作山水，曾得任颐指点，并师法赵之谦、徐渭、朱耷、扬州八怪诸家，以篆书和草书笔法画梅、藤、竹、菊、石等，笔墨老辣，苍劲深厚，富有金石气，设色浓艳鲜丽，注重诗、书、画、印的有机结合，对近现代大写意花鸟画的发展有极大影响。其书法、篆刻亦有很高成就。

篆刻家文彭

文彭，字寿承，号三桥，别号渔阳子或三桥居士，著名书画家，文徵明的长子。文彭曾经担任南京国子监博士之职，因此也被世人称作文国博。他是一个艺术上的全才，能书擅画，尤其善写墨竹，其风骨直追宋代文同。他的山水画也别有韵味，比如《桐荫避暑图》，很有他父亲的画风。但是，作为一个彪炳千古的杰出艺术家，文彭最大的贡献在篆刻。

早期，中国篆刻主要在于实用，宋元时期，虽有了艺术化的苗头，但并未发展起来，到了明中叶，文彭提出一系列的篆刻理论，并积极实践，引导时风，从而使篆刻成为一门与书法、绘画并立的独立艺术。

文彭在篆刻艺术史上的贡献主要在下几个方面：第一，他主张改革时弊，提出"复古出新"的理论，追求高雅古朴，力主恢复秦汉古印简括、空灵、平正、端庄的自然古朴的风格。第二，在具体的方法上，又提出以"六书为准则"的主张，把印章中的"刀"与书法中的"笔"结合起来，意义重大。第三，实践上，文彭继承汉印传统，"直接秦汉之脉"，结字秀丽典雅，简洁圆润，古朴自然；刀法明快自如，既体现笔意，又颇见刀味；章法安排也颇具匠心，并开创了在印侧用双刀法刻边款的先例。第四，治印运用新材。文彭首创以青田冻石为印材进行刻印，使石质印材被广泛使用。总之，文彭的理论和实践，丰富了篆刻艺术的观赏内容和审美标准。由于文彭的影响，篆刻艺术"一时靡漫，畅开风气"，文人治印，风气大盛。文彭也以精湛的技艺和独特风格，开创了印学史上第一个流派"吴门派"。故而，他被奉为文人篆刻流派的开山鼻祖。

徽派篆刻

明代初期，徽州印坛充斥着极为庸俗怪异的风气，经常有篆刻者擅自杜撰篡改篆字形义，使得篆刻艺术和作品极为混乱，作品芜杂。到了明中叶，著名篆刻家何震认为，作篆治印的关键在于用笔运刀的方法，建议篆刻章法要整齐、活泼。他本人能娴熟地把握刀与石的性能，做到刀随意动，意指刀达；他的篆刻作品，刀法猛利，气势宽宏，具有汉印的雄健风貌。此外他还注重刀法与书法、内容与风格的和谐统一，一改当时的怪异风格，使人耳目一新。何震的创新很快得到社会认可，人们开始追捧研习。由此，何震开创徽派篆刻。

何震的篆刻风格流风甚远，后世徽派篆刻名家辈出，其中苏宣的作品典雅雄健，金光先的浑朴静穆，汪关的平和清丽，朱简的生涩刚劲，江皜臣的秀劲苍润，胡正言的端重工稳，但都不失徽派的崇古思想，注重学养并追求雅逸平和的审美意趣。清代中期，徽州人程邃、汪肇龙、巴慰祖、胡唐，继承了前辈篆刻家的诸多优点，并在掌握众家之长的基础上，不断创新，自成一体，人称"歙四子"。晚清时期，黟县黄士陵崛起，并以其深厚的金石学修养，再创新意。

浙派篆刻

浙派篆刻又叫作"浙江印派"，是中国历史上著名的篆刻流派之一。清代乾隆年间，浙派篆刻崛起于中国印坛，与徽派一起成为清代时期主要的两大流派。它有深厚的传统基础和完整精湛的技法，蕴涵着巨大的艺术能量。

丁敬是浙派篆刻的创始人，著有《武林金石录》。他最为擅长篆隶，创造了"古拗哨折"的篆刻风格。他的篆刻艺术在广泛撷取秦汉印章、元明诸家精华的基础上，去除了明人书坛上的不良习气，是入古出新的创举。此外，他在运用篆法、刀法等方面作出了重要的贡献。他的作品篆法繁就简，参以隶法；在印文体势方面，则体现出平方正直和方圆互参的风格，颇显出简古平淡的韵味，高古含蓄，最得汉印精神。这种苍劲质朴、古拙浑厚的风格引领了浙派篆刻的形成，也成为浙派篆刻的主要面目。丁敬稍后，蒋仁、黄易、奚冈、陈豫钟、陈鸿寿、赵之琛、钱松等篆刻名家崛起，因他们与丁敬都是杭州人，篆刻风格相近，所以人们把他们合称为"西泠八家"。再后来，凡是在篆刻艺术上继承这种风格的篆刻家都被称为"浙派"。浙派在篆刻史上传承200多年，影响深远。

国外艺术流派

古埃及雕塑

埃及的雕塑艺术大约始于公元前4000年，建筑业的诞生，孕育了艺术装饰的萌芽。埃及的神话与宗教信仰支配了雕塑的形成和发展过程。

埃及雕刻是为法老政权和少数奴隶主贵族服务的。由于受宗教思想意识支配，严格服从上层社会的审美观点和需要，美术家墨守成规，在圆雕中严格地遵守"正面律"，不论人物站着还是坐着，人体都处在静止中，而且面部表情总是庄严平静地对着观众。立像多数僵直呆立，从头顶经胸腰直到脚跟都在一条垂直线上。直立的男人体，左脚向前，重心落在脚掌上。坐像总是促膝并足地坐着的。

在很长的时间里，古埃及雕像几乎没有什么显著的变化。这些也就形成了古埃及雕像艺术的独特风格：庄严稳重，雄伟大方。

古埃及雕像显现出的平衡和沉静，往往会产生一种奇怪的、令人着魔的魅力，而那庄重威严的造型更具有一种震撼人心的感染力。

古埃及绘画

在人类艺术发展史中，古代埃及最早产生了一流的绘画艺术。古埃及绘画艺术家们创作了大量的绘画作品，主要表现形式是壁画。

古埃及绘画具有鲜明的民族特色。它们是用线条造型，填色；构图有的是平面展开，有的是在一条横线上安排人物、景物，不受透视局限。在一条横线上构图时，人物近者、地位高者画得大，远者、没有地位的人画得小；画面饱满，疏密均匀，空白处配以象形文字，具有强烈的装饰艺术效果。

壁画是埃及陵墓装饰中不可缺少的组成部分。其特点为：横带状的排列结构，用水平线来划分画面；画面构图在一条直线上安排人与物，人物依尊卑和远近不同来规定形象大小，井然有序，追求平面的排列效果；注重画面的叙述性，内容详尽，描绘精微；人物造型程式化，写实和变形装饰相结合；象形文字和图像并用。

拜占廷美术

拜占廷美术是指君士坦丁堡时期（330~395年）的罗马帝国美术和东罗马帝国（395~1453年）美术。源自罗马，确立于5~6世纪的君士坦丁堡，繁荣期延续到1453年奥斯曼土耳其人占领君士坦丁堡。

拜占廷建筑是基督教教会的建筑，绘画作品多取材于《圣经》，其形式和人物表情处理都须遵循神学意义的传统模式。在拜占廷建筑中，大理石镶嵌画、壁画和其他艺术品的缤纷色彩相互辉映，造成一派壮丽华贵的景象。

爱尔兰-撒克逊美术

爱尔兰-撒克逊美术是欧洲中世纪初期由爱尔兰人发展起来的北欧美术，属于所谓"蛮族美术"体系。

爱尔兰-撒克逊美术综合了克尔特和日耳曼人的诸多要素，表现出以下特点：

1. 由曲线母题构成动态组合，如螺旋纹、卷涡纹、波浪纹等，形成充满活力的装饰面。

2. 呈几何形的图案，如钥匙形纹、回龙纹以及各种梯形纹等。

3. 混合采用各类图案，或舒缓或紧凑地加以变化。

4. 整个装饰体系中有动物和鸟类形象，它们常以夸张的躯体或嘴喙呈缠绕状的连续图案，而四肢、蹄爪，或者舌、尾、耳的图案却不完全连续，使纹样更为生动。

5. 有简单的偶像式人形或抽象图解式人像。

学院派

学院派也称"学院主义",起源于17世纪。学院派创作题材大多是基督教传说、神话故事,或是反映权贵生活。他们提倡古典传统美,讲求绘画的技巧与基本功,反对其他艺术学派的标新立异。

意大利文艺复兴后期,美术出现了明显衰落现象,同时,又受到巴洛克艺术的冲击。为了捍卫文艺复兴已有的艺术成果,反对巴洛克艺术的世俗化倾向及其对古典艺术的取代,在官方的支持下,欧洲出现了许多"学院",其中最具影响的是1580年由意大利的美术世家卡拉齐家族的卡拉奇兄弟在波伦亚建立的卡拉齐学院。这些学院十分重视基本功训练,要求极为严格。学院派把古代作品的形式规律和文艺复兴大师的艺术视为永恒的不得稍加超越的规范,反对巴洛克艺术对形式的追求。但由于本身的顽固不化和反对革新,学院派逐渐走上了脱离社会生活、缺乏生气的程式化道路。

巴洛克美术

巴洛克美术是欧洲17世纪的美术样式。发源于意大利,以其热情奔放、运动强烈、装饰华丽而自成一体。巴洛克美术符合当时天主教会利用宣传工具争取信众的需要,也适应各国宫廷贵族的爱好,因此在17世纪风靡全欧,影响到其他艺术流派,使欧洲的17世纪有巴洛克时代之称。

浪漫主义画派

浪漫主义画派是一种充满激情的绘画风格,常以神话为主题,1830年左右处于巅峰时期。

这一画派摆脱了当时学院派和古典主义的羁绊,偏重于发挥艺术家自己的想象和创造,创作题材取自现实生活、中世纪传说和文学名著等。画面色彩热烈,笔触奔放,富有运动感。代表作品有籍里柯的《梅杜萨之筏》、德拉克洛瓦的《自由领导人民》。

洛可可艺术

洛可可艺术是18世纪流行于法国的一种艺术形式,风格纤巧、精美、浮华、烦琐,因其在路易十五时最为流行,故又称"路易十五式"。它是在巴洛克艺术的基础上,融入新的社会思潮、价值观和审美观而形成的一种风格。主要流行于华丽的沙龙内部。

洛可可艺术的特质:

1. 曲线趣味,常用C形、S形、旋涡形等曲线为造型的装饰效果。

2. 构图非对称法则,即构图不讲究对称,而是带有轻快、优雅的运动感。

3. 色泽柔和、艳丽。

4. 崇尚经过人工修饰的"自然"。

5. 人物意匠上的谐谑性、飘逸性,表现各种不同的爱,如浪漫的爱、性爱、母爱等。

古典主义

古典主义是18、19世纪风靡西欧的一种艺术潮流。先后有3种不同的艺术倾向。一是以普桑为代表的崇尚永恒和自然理性的古典主义,主要是对古希腊、罗马古典作品的怀旧与模仿之风。代表作品是《马拉之死》。二是以达维特为代表的宣扬革命和斗争精神的古典主义，或称为新古典主义。三是以安格尔为代表的追求完美形式的和典范风格的学院古典主义。

古典主义主张恢复古希腊和古罗马的艺术传统，追求古典的宁静与庄重，在题材上也采用古典内容，通过复古开创新的艺术风格。在艺术形式上，强调塑造性与完整性，忽视了人物的感情，而更注重理性，重素描而轻色彩。

巴比松派

巴比松是巴黎南郊约50公里处的一个村落，位于枫丹白露森林的入口处，以风景优美著称。

19世纪三四十年代，一些青年画家陆续来到巴比松一带作画，有的还定居下来，后来就形成了巴比松画派。巴比松画派提出面对自然写生的主张，用写实手法来表现自然的外貌，而且致力于探索自然界的内在生命，力求在作品中表达出画家对自然的真实感受。

巴比松派的主要画家是强调科学风景画法的西奥多·卢梭、柯洛、让·弗朗索瓦·米勒和查理·法兰斯瓦·杜比尼。

印象主义

印象主义是19世纪后半期至20世纪初期流行于法国、欧美乃至世界的一种艺术流派和文艺思潮。

19世纪下半叶，法国画界有一部分青年画家反对官方学院派艺术的墨守成规，由于自己的创新作品不能在官方沙龙展出而强烈反对官方的审查制度。他们要求艺术上的革新和创作自由，经常聚集在巴黎的盖尔波瓦咖啡馆自由交换对艺术的见解，共同寻求艺术创新道路。力图客观地描绘视觉现实中的瞬息片刻，主要是表现纯粹光的关系。

主要的印象主义画家有莫奈、马奈、毕沙罗、雷诺瓦、西斯莱、窦加等。

新印象派

新印象派是继印象派之后在法国出现的美术流派。

新印象派的奠基人之一保罗·西涅克在其著作《从E.德拉克洛瓦到新印象主义》中为新印象主义下定义说："他们是自1886年以来发展了分割主义技术的人，分割主义用色彩和色彩进行光的混合，以此来表现自己的意图。"

分割主义技术，是采用光学原理将纯粹的色彩用小点块的方法，彼此相邻近地排列在画布上面。通过光学原理与技术相结合的方法，以求得比在画板上进行色调混合的更高明亮度。所以，新印象主义又叫点彩派。

后印象主义

后印象主义，也称"印象派之后"或"后期印象派"，是法国美术史上继印象主义之后的美术现象。后印象主义一词是英国人和美国人用来描述文森特·凡·高、高更和保罗·塞尚等为代表的一群画家及其画风的。该词是由英国艺术评论家、纽约大都会博物馆馆长福莱提出的。

后印象主义画家既不同于印象派狂热地追求外光和色彩，也不同于新印象派对光色进行分析和运用逻辑思维进行艺术创作。他们主张重新重视美术中形的观念，重视作者的主观个性，注意在作品中表现作者的主观感情和情绪，注意形式的表现力。

纳比派

"纳比"一词出自希伯来语，是"先知"的意思，取此名称的出发点，旨在表明其信念、创作思想同宗教的密切联系。该派1891年出现于巴黎，其主要成员是巴黎朱利安美术学院的学生，主要参加者是法国的画家和雕塑家。他们以革新绘画艺术为标榜，广泛吸收高更、塞尚及日本浮世绘艺术的有益因素，主张在理性和感性的领域里，对自然进行"重新安排"，强调创造诗意的现实，追求平面的装饰效果和象征意义的表达，注重审辨色调及单纯与变形的法则。

抽象派

抽象派又称"非具象派"，是19世纪末流行于西方国家的一种艺术思潮和艺术流派。该派拒绝描绘客观世界的现象。他们"画的画是一种造型的客体，而不是真实的代表"，他们的作品或热情奔放，或安宁静谧，都是以抽象的形式表达和激起人的情感。

艺术评论家罗伯特·寇特兹在1946年第一次将"抽象派"这个词用于艺术领域。

野兽主义

"野兽主义"是自1898至1908年在法国盛行一时的一个现代绘画潮流。它没有明确的理论和纲领，是一定数量的画家在一段时期里聚合起来积极活动的一个画派。

"野兽派"画家热衷于运用鲜艳、浓重的色彩，往往用直接从颜料管中挤出的颜料，以直率、粗放的笔法，创造强烈的画面效果，充分显示出追求情感表达的表现主义倾向。

"野兽主义"得名于1905年巴黎的秋季沙龙展览，当时，以马蒂斯为首的一批前卫艺术家展于同一展厅的作品，引起轩然大波。《吉尔·布拉斯》发现马尔凯所作的一件具有文艺复兴风格的小型铜像，不由得惊叫起来："多那太罗被关在了野兽笼中！"（多那太罗是意大利文艺复兴时期杰出雕塑家。）不久，这一俏皮话便在《吉尔·布拉斯》杂志登出，而"野兽主义"的名称也很快被广泛地认同了。

表现派

表现派是20世纪初至30年代盛行于欧美一些国家的文学艺术流派。第一次世界大战后在德国和奥地利流行最广。

它们的美学目标和艺术追求与法国的"野兽主义"相似，只是带有浓厚的北欧色彩与德意志民族传统的特色。

表现主义受工业科技的影响，善于表现物体静态的美。反对艺术模仿自然，主张艺术表现画家的主观感受和体验，用过分夸张的形体和色彩来宣泄内心的苦闷。其题材多是表现孤独的人生，反映压抑在内心的悲悯和难以忍受的痛苦，画面主人公常常没有前途和出路，感情颓废。

达达主义

达达主义艺术运动是1916年至1923年间出现于法国、德国和瑞士的一种绘画风格。达达主义是一种无政府主义的艺术运动，它试图通过废除传统的文化和美学形式发现真正的现实。达达主义由一群年轻的艺术家和反战人士领导，他们通过反美学的作品和抗议活动表达了他们对资产阶级价值观和第一次世界大战的绝望。

原始派艺术

原始派艺术是20世纪产生于法国的画派，又称"稚拙派"。此派画家受柏格森"直觉论"的影响，将处于早期发展阶段的各族人民的复杂的艺术视为样板，在创作中极力主张返回原始艺术的风格中去，追求原始艺术的那种自然天成的表现形式，努力表达直接的、朴素的印象。

在代表画家卢梭的影响下，后来又出现了被称为"新原始主义"的一大批追随者，代表人物有维万、博尚、邦布瓦等。

立体派

立体派又称立方派，是20世纪初在法国画坛出现的一个现代艺术流派。它主要追求一种几何形体的美，追求形式排列组合所产生的美感。

立体主义的艺术家追求碎裂、解析、重新组合的形式，形成分离的画面——以许多组合的碎片形态为艺术家们所要展现的目标。艺术家以许多的视角来描写对象，将其置于同一个画面之中，以此来表达对象最为完整的形象。物体的各个视角交错叠放造成了许多的垂直与平行的线条角度，散乱的阴影使立体主义的画面没有传统西方绘画的透视法造成的三度空间错觉。背景与画面的主题交互穿插，让立体主义的画面呈现出一个二度空间的绘画特色。

立体派代表人物及作品主要有：毕加索的《亚维农的少女》《格尔尼卡》，乔治·布拉克的《埃斯塔克的房子》，莱热的《三个女子》，格里斯的《吉他与乐谱》等。

行动派绘画

20世纪40年代中期出现于纽约，也称抽象表现主义、塔希主义，50年代风靡美国画坛并波及欧洲。它是无形式的、即兴的、动感的、有生命力的、技巧自由的艺术，是用来刺激观察力，而非满足传统艺术欣赏的趣味性。抽象表现主义豪放、粗犷、自由的画风，反映美国人崇尚自由、勇于创新的精神，却也隐含现代人内心焦虑和苦闷的悲剧情调。

波洛克为创始人。画家作画时用颜料洒滴在铺地的画布上，抛弃一般的绘画工具，以枝条、泥铲和滴漏颜料、掺沙的碎玻璃等作涂抹，以"满幅画"的新的线条和节奏来寻求全新的画面，无焦点透视关系，可以说是以线和色彩的偶然性的重叠和渗透来对传统绘画的反抗。

代表画家有波洛克、戴·库宁、克莱恩等。

超现实主义画派

超现实主义画派是20世纪20年代超现实主义文艺思潮中的重要组成部分，1924年产生于法国。由法国作家布列顿发起。他在巴黎先后发表两次《超现实主义宣言》，形成了超现实主义画派。认为"下意识的领域"，如梦境、幻觉、本能等是创作的源泉，主张从潜意识的思想实际中求得"超现实"。

该派反对艺术反映现实生活，反对美术上的一切传统。他们的作品荒诞不经、光怪陆离，给人梦中之感。代表人物有米罗·恩斯特等。

照相现实主义

照相现实主义又名"超级现实主义"，20世纪70年代在西方尤其是美国最为流行的一种美术流派。它主张艺术的要素是"逼真"和"酷似"，必须做到客观地、真实地再现现实，反对艺术家离开客观对象的任意发挥。

照相现实主义作品尺幅巨大，注重表现生理细节。所作雕塑与真人一般大小，涂以肤色，配以衣服道具，极度逼真。代表人物有克洛斯、汉森等。

日本浮世绘

浮世绘，也就是日本的风俗画、版画。它是日本江户时代兴起的一种有独特民族特色的艺术奇葩，是描写风俗人情以及俳优、武士、游女、风景等的民间绘画。浮世，就是现世，是佛教用语，含有人生无常的意思。浮世绘色彩艳丽，线条流畅，表现手法细腻，受到世界各国人民的喜爱。

浮世绘的根源可追溯到安土桃山时代流行的风俗画和美人画。到了江户时代，其题材扩大为表现市井生活与风俗习惯、游乐活动、风景名胜，以及歌舞伎艺、力士相扑、美人画、花鸟画等，由起初的毛笔画发展成为木版画。17世纪后半期的木版画是墨色印刷。到了18世纪，铃木春信创造了多色印刷的木版画，浮世绘进入了黄金时代。

随着浮世绘艺术的发展，涌现出许多著名画师，除了创始人菱川师宣外，比较著名的还有揭开浮世绘的黄金时代帷幕的铃木春信、美人绘大师鸟居清长与喜多川歌麿、戏剧绘巨匠东洲斋写乐，还有写实派大师葛饰北斋，以及将风景绘技巧推向顶峰的一立斋广重等名师。以上六人被称为"六大浮世绘师"。

浮世绘艺术占据日本画坛260余年，直至明治维新拉开序幕前逐渐消退。这颗跨越三个世纪的东洋艺术明珠，在世界美术史上占有它光辉的一页。

日本漫画

"漫画"这个叫法始于日本，据说包含着"随意"画的意思。日本漫画界一直把12世纪的鸟羽僧正觉犹（1053~1140年）当成祖师爷，他所画《鸟兽戏画》被日本政府列为四大国宝绘卷。12世纪，绘卷戏画流行，《信贵山缘起》《地狱草纸》《饿鬼草纸》《病草纸》《天狗草纸》《绘师草纸》之类的作品形成日本独特的绘画形式。室町时代《福富草纸》《百鬼夜行图》等杰作就是当时流行的创作。

17世纪江户时代初期，京都、大阪的绘师画了一些身材修长的鸟羽绘，引领了下一波浮世绘的画风。"鸟羽绘"是以鸟羽僧正觉犹的名字为头衔,可见承袭祖师爷的企图。

1760年,日本伟大的浮世绘师葛饰北斋诞生。他的《北斋漫画》闻名世界,甚至对欧洲绘画界造成震撼。一般认为,他是将"漫画"一词用在画作上的第一人。事实上在1769年,风俗画名家英一蝶出版了《漫画图考群蝶画英》一书,最早用到了"漫画"一词,之后北尾政演在《四时交加》绘本上的序文又提到"漫画"一词。

水粉画

水粉画是以水作为媒介。水粉画是以水加粉的形式来出现的,干湿变化很大。它的表现力介于油画和水彩画之间。水彩画的特点是颜色透明,通过深色对浅色的叠加来表现对象,而水粉画的表现特点是处在不透明和半透明之间。画家往往就是利用它的这种特性来表达水粉色彩自身特有的艺术魅力。

油画

油画起源于欧洲,至今已有600多年的历史了。早期的油画以鸡蛋黄融合矿物原料为颜料作画,然后将薄而透明的油层敷于画面上,形成如瓷器色釉一般的效果。早期的油画作品画面均匀,有光泽,看不见笔触,工细严谨,富有装饰趣味。

到了15世纪,被称为欧洲油画创始人的尼德兰画家凡·爱克兄弟在总结前人作画经验的基础上,创造出亚麻油与核桃油相互融合的理想调料,用起来不但颜色易于调和,便于运笔,而且可以层层敷设,画面透明鲜亮,富有真实感。同时,用这两种油调色作画,画面干燥时间不快不慢,颜色干透后附着力强,色彩既有光泽又不易褪去。从此,这种新材料和新技法很快传遍全欧洲,成为欧洲各国绘画的主要形式。

版画

古代版画主要是指木刻,也有少数铜版刻和套色漏印。独特的刀味与木味使它在中国文化艺术史上具有独立的艺术价值与地位。

中国版画的起源,有汉朝说、东晋说、六朝以至隋朝说。在西方,16世纪的丢勒以铜版画和木版画复制钢笔画,到17世纪,伦勃朗则把铜版画从镂刻法发展到腐蚀法,并进入到创作版画阶段。

漆画

漆画是以天然大漆为主要材料的绘画,依据其技法不同,漆画可分成刻漆、堆漆、雕漆、嵌漆、彩绘、磨漆等不同品种。

中国是世界上产漆最多、用漆最多的国家,漆画具有悠久的历史。浙江余姚河姆渡发掘的朱漆碗,已有7000年的历史。河南信阳长台关出土的漆瑟,彩绘有狩猎乐舞和神怪龙蛇等形象的漆画,也有2000余年的历史。著名的还有湖南长沙马王堆出土的汉代漆棺上的漆画、山西大同司马金龙墓漆屏风画以及明清大量的屏风漆画等。

水彩画

水彩画是艺术实践的一种手法。水彩画本身的清爽神俊、浓淡相宜，都具备潇洒风雅的格调。水彩画颜色的透明性，重色彩技法，干湿技法运用，使画面显得水乳交融，带着令人陶醉的特殊风韵。

作为艺术创作活动的一种形式，水彩画具有两个基本特征：一是画面大多具有通透的视觉感觉；二是绘画过程中水的流动性。由此造成了水彩画不同于其他画种的外表风貌和创作技法的区别。颜料的透明性使水彩画产生一种明澈的表面效果，而水的流动性则会生出淋漓酣畅、自然洒脱的意趣。

国外艺术名人名作

文艺复兴中的"美术三杰"

文艺复兴时期的艺术，绚丽多彩，成果辉煌，出现了前所未有的繁荣。其中达·芬奇、米开朗琪罗和拉斐尔就是这个时代的巨人，被誉为"艺术三杰"。在他们身上，最充分、最完美地体现了那个时代的艺术理想。他们的作品代表了文艺复兴时代最成熟、最辉煌的艺术成就。

达·芬奇（1452~1519年），多才多艺、知识渊博，他不仅是杰出的画家，还是雕塑家和建筑师、解剖学家和博物学家。他的代表著作有《最后的晚餐》和《蒙娜丽莎》。

米开朗琪罗（1475~1564年），著名的雕塑家。他的绘画和雕刻作品，都雄伟有力，充满着旺盛的战斗精神。其代表作有《大卫》和《摩西》。

拉斐尔（1483~1520年），绘画风格秀美，以绘出无数圣母像而见著。他把基督教的神与古典的美统一起来，创造出的圣母形象已远非中世纪那种威严的女王，而是典范的温柔母性。其代表作是《西斯廷圣母》。

提香

提香（1477~1576年），意大利文艺复兴时期的肖像画大师，威尼斯画派代表人物。他师从乔凡尼·贝里尼，并受乔尔乔涅的影响。1533年，神圣罗马帝国皇帝查理五世封他为"皇帝的画像师"，并授以贵族称号。

青年时代，提香在人文主义思想的主导下，继承和发展了威尼斯派的绘画艺术，把油画的色彩、造型和笔触的运用推进到新的阶段，画中所含的情感饱满而深刻。作为乔尔乔涅的助手协助其完成《睡着的维纳斯》后面的风景。在宗教画《纳税银》和《圣母升天》中反映了新兴资产阶级的道德观念。《爱神节》《酒神与阿丽亚德尼公主》等神话题材的作品，洋溢着欢欣的情调和旺盛的生命力。

提香的肖像画能揭示人物内心世界。其中年时画风细致，稳健有力，色彩明亮；晚年则笔势豪放，色调单纯而富于变化。在油画技法和绘画风格上对后期欧洲油画的发展有较大影响。其代表作有《天上的爱与人间的爱》《圣母升天》《基督下葬》《酒神祭》等。

瓦萨里

瓦萨里（1511~1574年），文艺复兴时期意大利的画家和雕刻家。

瓦萨里年幼即被派往佛罗伦萨学艺，晚年任大公爵科西莫一世的宫廷建筑师及画师时影响巨大。他博闻强识，绘画、建筑兼工，艺术上崇拜米开朗琪罗，但他的艺术风格杂芜，追求形式主义，属于样式主义流派。

1550年，瓦萨里发表了西方第一部艺术史专著——《艺苑名人传》，长达100余万言，详述了自契马布耶以来的画家、建筑师及雕刻家的成就和创作风格；书中正式使用"文艺复兴"一词，并提出可按14、15、16世纪划分新美术发展的3个阶段，是有关意大利文艺复兴美术的最重要的理论，对后世影响很大。因此，人们称瓦萨里为"西方艺术史之父"。

尼古拉斯·普桑

尼古拉斯·普桑（1594~1665年），17世纪法国巴洛克时期重要画家，17世纪法国古典主义绘画的奠基人，"学院派"的先驱者，他在法国17世纪画坛的至高无上的地位无与伦比，被称为"法国绘画之父"。《阿卡迪亚的牧人》为其重要代表作。

普桑的艺术生涯几乎是在意大利度过的，他的一生有过欢乐，也有过绝望，但不管是在哪一个时期，他始终是理性的。普桑的理想是崇高的，但和严酷的现实是矛盾的。他采用寓意和曲折的古典艺术表现手法去谴责一切非理性和丑恶现象，作品具有积极意义，但他的艺术创作也有不可避免的局限性。他的艺术对后代的法国画家产生巨大的影响，塞尚说："每次我从普桑那儿回来，我便更了解我是谁。"

塞尚

塞尚（1839~1906年），后期印象画派的代表人物，是印象派到立体主义派之间的重要画家。塞尚认为"线是不存在的，明暗也不存在，只存在色彩之间的对比。物象的体积是从色调准确的相互关系中表现出来的"。他的作品大都是他自己艺术思想的体现，表现出结实的几何体感，忽略物体的质感及造型的准确性，强调厚重、沉稳的体积感，以及物体之间的整体关系。被尊称为"现代艺术之父"。毕生追求表现形式，对运用色彩、造型有新的创造，被称为"现代绘画之父"。

凡·高

凡·高（1853~1890年），后期印象画派代表，19世纪人类最杰出的艺术家之一。他大胆创新，在广泛学习前辈画家伦勃朗等人的基础上，吸收印象派画家在色彩方面的经验，并受到东方艺术，特别是日本版画的影响，形成了自己独特的艺术风格，创作出许多洋溢着生活激情、富于人道主义精神的作品，表现了他心中的苦闷、哀伤、同情和希望，至今享誉世界。代表作有《星月夜》《向日葵》等。

毕加索

西班牙画家，西方现代画派的主要代表。1881年10月25日出生于西班牙一个美术教师家庭。他自小在父亲指导下画画，8岁完成第一件油画作品。14岁进巴塞罗那美术学校学习，颇有神童之风。16岁进入马德里圣费南多美术学院就读。19岁时他来到巴黎。20岁时毕加索以蓝色调作画，开始蓝色时期。21岁完成"蓝色自画像"。1904年定居于巴黎，创作《洗衣船》，开始粉红色时期。24岁以马戏团题材创作《卖艺人家》等。26岁创作《亚维农的少女》。1937年创作《格尔尼卡》。1944年加入法国共产党。1950年获列宁和平奖章。1973年4月8日逝世。毕加索是一位最富有创造性的艺术家，除去绘画以外，还涉及雕塑、陶艺、书籍装帧等方面。他的作品约达6万件，仅油画就有1万件以上。他对20世纪的艺术家都产生过很大的影响。

《维纳斯的诞生》

《维纳斯的诞生》是波提切利的代表作。表现女神维纳斯从爱琴海中浮水而出，风神、花神迎送于左右的情景。

构图单纯，全画以裸体的维纳斯女神为中心。画面上人物的体态和衣纹表现十分出色，人物与自然背景也达到巧妙的统一和谐，维纳斯是那样无动于衷地以羞怯和幽怨的感情对待一切，她对于生活的未来不是充满乐观的信心，而是感到惆怅和迷惑，整幅画强调了秀美与清纯的风格，同时也具有含蓄之美。

《最后的晚餐》

《最后的晚餐》是达·芬奇最负盛名之作。作品题材取自圣经故事。犹大向官府告密，基督在即将被捕前，与十二门徒共进晚餐，席间基督镇定地说出了有人出卖他的消息。此作就是基督说出这一句话时的情景。

画面利用透视原理，使观众感觉房间随画面作了自然延伸。为了构图，达·芬奇画笔下的人物坐得比正常就餐的距离更近，并且分成四组，在耶稣周围形成波浪状的层次。越靠近耶稣的门徒显得越激动。耶稣坐在正中间，他摊开双手镇定自若，和周围紧张的门徒形成鲜明的对比。耶稣背后的门外是祥和的景象，明亮的天空在他头上仿佛一道光环。他的双眼注视画外，仿佛看穿了世间的一切。

《蒙娜丽莎》

《蒙娜丽莎》是意大利画家达·芬奇的名作。500多年来，这幅油画成为西方女性肖像画的经典之作。

它代表达·芬奇的最高艺术成就。画中人物坐姿优雅，笑容微妙，背景山水幽深茫茫，淋漓尽致地发挥了画家那奇特的烟雾状"空气透视"般的笔法。画家力图使人物丰富的内心感情和美丽的外形达到巧妙的结合，对于人像面容中眼角、唇边等表露感情的关键部位，也特别着重掌握精确与含蓄的辩证关系，达到神韵之境，从而使蒙娜丽莎的微笑具有一种神秘莫测的千古奇韵，那如梦似的妩媚微笑，被不少美术史家称为"神秘的微笑"。

《日出·印象》

《日出·印象》是著名的印象派画家莫奈的代表作，也是印象主义绘画的开山之作，它标志着印象派绘画的产生。

《日出·印象》是莫奈于1872年在阿弗尔港口画的一幅写生画。描绘的是日出时，在晨雾笼罩中的港口景象。在由淡紫、微红、蓝灰和橙黄等色组成的色调中，一轮生机勃勃的红日拖着海水中一缕橙黄色的波光，冉冉升起。海水、天空、景物在轻松的笔调中，交错渗透，浑然一体。近海中的3只小船，在薄雾中渐渐变得模糊不清，远处的建筑、港口、吊车、船舶、桅杆等也都在晨曦中朦胧隐现。

莫奈在同一地点还画了一张《日落》，在送往首届印象派画展时，两幅画都没有标题。一名新闻记者讽刺莫奈的画是"对美与真实的否定，只能给人一种印象"。莫奈于是就给这幅画起了个题目——《日出·印象》。它作为一幅海景写生画，整个画面笼罩在稀薄的灰色调中，笔触非常随意、凌乱，展示出一种雾气交融的景象。日出时，海上雾气迷蒙，水中反射着天空和太阳的颜色。岸上景物隐隐约约，模模糊糊看不清，给人一种瞬间的感受。

《向日葵》

荷兰画家凡·高，后印象主义代表作家之一，一生画有800幅油画，700幅素描，可生前只出售过一幅《红色的葡萄园》。

《向日葵》是凡·高在法国南方时画的。南方阳光的灿烂令画家狂喜，他用黄色画了一系列静物，来表达内心的感受，《向日葵》便是这时的代表作。

画家以短暂的笔触把向日葵的黄色画得极其刺眼，每朵花如燃烧的火焰一般，细碎的花瓣和葵叶像火苗一样布满画面，整幅画尤如燃遍画布的火焰，显出画家狂热般的生命激情。

凡·高画有7幅同样题材的《向日葵》油画，一幅比一幅辉煌。分别被慕尼黑的美术馆、伦敦的国家画廊、阿姆斯特丹的凡·高博物馆、费城博物馆等博物馆收藏，只有一幅在私人手里。

六

建筑、园林

中国建筑与园林

天坛

为明清两代皇帝祭天、祈祷丰年的场所。位于北京市区东南隅永定门内东侧。建于明永乐十八年（1420年）。坛内古柏参天，气氛肃穆，建筑造型优美。分北坛与南坛两大部分，南坛有圜丘坛、皇穹宇，北坛有祈年殿等建筑。附属建筑有祈年门、皇乾殿、神库、神厨、宰牲亭等。西南有斋宫。天坛面积约270万平方米，为我国现存最大的祭坛建筑群，是古代建筑艺术的珍贵遗产。

殿堂

中国古代建筑群中的主体建筑，包括殿和堂两类建筑形式。"堂"字出现较早，原意是相对内室而言，指建筑物前部对外敞开的部分。"殿"字出现较晚，原意是后部高起的物貌，用于建筑物，表示其形体高大，地位显著。作为单体建筑，殿和堂都可分为台阶、屋身、屋顶。殿一般位于宫室、庙宇、皇家园林等建筑的中心或中轴线上，其平面多为矩形，也有方形、圆形、工字形等。殿的空间构件的尺度往往较大，装饰做法比较讲究。堂一般作为府邸、衙署、宅院、园林中的主体建筑，其平面形式多样，体量比较适中，结构做法和装饰材料等也比较简洁，且往往表现出更多的地方特征。

楼阁

中国古代建筑中的多层建筑物。楼是指重屋，阁是指下部架空、底层高悬的建筑。阁一般平面近方形，两层，在建筑组群中居主要位置。楼则狭长，在建筑组群中常居于次要位置。中国古代楼阁多为木结构，有多种构架形式。

亭

一种开敞的小型建筑物，多用竹、木、石等材料建成。平面一般为圆形、方形、六角形、八角形、扇形等，常设在园林中和风景名胜处。供游客眺望、观赏和休息。设在路边的称凉亭、长亭。此外，还有井亭、碑亭等。

廊

屋檐下的过道或独立有顶的通道，如走廊、廊庑、游廊等。

园林

一种模仿自然山水风景，将山石、湖水、植物与建筑物综合起来的建筑艺术。其精华所在是利用有限的面积创造出无限的空间以及丰富的景观。通过采取曲折而自由的布局，用景物划分景区与空间，以及借景和巧妙穿插等造园手法，将具有浓厚民族风格的亭、台、楼、阁、榭、轩、馆、桥与自然的花木、湖水、山石融于一处，组成一幅幅富有意境和审美情趣的画面。北京颐和园、苏州拙政园等堪称典范。

四大碑林

西安碑林：建于宋元祐五年（1090年），现存碑石1700多块，汉魏及唐代著名书法家的碑石多集中于此，其中《开成石经》是一座大型石质书库。

曲阜孔庙碑林：集碑石2000多块，其数量居世界碑林之首。碑石大者逾丈，小者却不过盈尺，其中2000多年前的史晨、乙瑛、礼器等3块汉碑是名闻中外的碑石珍品。

高雄市南门碑林：集碑石1000多块，其碑刻书法深厚谨严，气势磅礴，是书法艺术的至宝。

四川西昌市地震碑林：有碑石100余块，专门记载西昌、冕宁、甘泉、宁南等地地震资料，明、清时西昌发生过的3次地震均有记载。

四大古桥

中国的四大古桥是河北的赵州桥、北京的卢沟桥、福建的洛阳桥和广东的湘子桥。

赵州桥：赵州桥又名"安济桥"，位于河北省赵县城南的洨河上，为隋代开皇大业年间李春创建。桥梁全长50.82米，桥面宽约10米，跨径37.02米，券高7.23米，由28条并列的石条组成，弧形平缓，上设4个小拱。

卢沟桥：位于北京至周口店的公路与永定河的交汇处，始建于金代大定二十九年（1189年）。该桥全长265米，宽约8米，由11孔石拱组成。桥旁建有石栏，其上共有精刻石狮485个。"卢沟晓月"是著名的"燕京八景"之一。

洛阳桥：位于福建省泉州市东约10公里的洛阳万安渡口，为著名的梁式古石桥，始建于北宋皇祐五年（1053年），历时6年零8个月，由北宋名臣蔡襄主持修建。

湘子桥：湘子桥又名广济桥，坐落在潮州城东，横跨韩江，全长500多米，因传有韩愈的侄孙韩湘子手书"洪水止此"的石碣竖于桥畔，故名。湘子桥始建于南宋，历时57年建成，东西两段共18墩，桥墩用花岗岩块铆榫砌成。东西桥墩之间江水湍急，未能合拢，只能用小舟摆渡。到明代中期增筑一墩，缩短了未合拢部分的距离，改用18艘梭船联成浮桥，贯通东西，便成了"十八梭船扩四洲"。

中国三大殿

中国三大殿指北京紫禁城的太和殿、曲阜孔庙的大成殿和泰山岱庙的天贶殿。

北京故宫的太和殿俗称"金銮殿"，位于北京紫禁城南北主轴线的显要位置，明永乐十八年（1420年）建成，称奉天殿。明嘉靖四十一年（1562年）改称皇极殿。清顺治二年（1645年）改今名。自建成后屡遭焚毁，又多次重建，今天所见为清代康熙三十四年（1695年）重建后的形制。太和殿是中国现存最大的木结构大殿。太和殿"建极绥猷"匾，为乾隆皇帝御笔。

大成殿位于曲阜城区的中心，是祀孔庙堂中建造年代最早、规模最大的一座，又称至圣庙。大成殿为曲阜孔庙的主殿后设寝殿，仍是前朝后殿的传统形式。前庭中设杏坛，此处原是孔子故宅的讲学堂，后世将它改为孔庙正殿。

天贶殿为岱庙的主体建筑，位于岱庙仁安门北侧，元称仁安殿，明称峻极殿，民国始称今名。"天贶"即天赐的意思。相传北宋大中祥符元年（1008年）六月初六有"天书"降于泰山，宋真宗即于次年在泰山兴建天贶殿，以谢上天。

四大古塔

中国四大古塔为河南登封嵩岳塔、山西应县佛宫塔、山东济南四门塔和河南开封铁塔。

嵩岳寺塔位于登封市西北，建于北魏孝明帝正光元年（公元520年），距今已有近1500年的历史，是中国现存最古老的多角形密檐式砖塔。

佛宫寺释迦塔位于山西省应县城内西北佛宫寺内，俗称应县木塔，是中国现存时代最早的木结构高层建筑。建于后晋天福年间，辽清宁二年（1056年）重修。

四门塔位于济南南部山区，是中国现存最早的全石结构佛教塔，全以青石砌成，是中国现存最早、保存最完整的单层庭阁式石塔，也是现存最早的亭式塔，建于隋大业七年（公元611年），距今已有1400年。

开封铁塔又名"开宝寺塔"，坐落在开封城东北，因塔身全部以褐色琉璃瓦镶嵌，远看酷似铁色，故称为"铁塔"。建于北宋皇祐元年（1049年），距今已有900多年的历史。

四大道教名观

道教四大名观指北京白云观、山西永乐宫、南阳玄妙观、陕西楼台观。

北京白云观，始建于唐，名天长观。金世宗时，大加扩建，更名十方大天长观，是当时北方道教的最大丛林，并藏有《大金玄都宝藏》。金末毁于火灾，后又重建为太极殿。

永乐宫是中国道教三大祖庭之一，是为纪念八仙之一吕洞宾而建，是现存最大的元代道教宫观。始建于1247年，1358年竣工，历时111年。

玄妙观位于南阳故城外西北角，奉全真道清净派，明天启七年（1627年）重修庙宇碑记："上古所建，历汉、唐、宋，其代远矣。"

陕西楼台观位于陕西周至县毗邻西安，交通便捷，区位优越。历史上，楼台观是中国道教的祖庭圣地，盛唐时为国内著名的道观,历史悠久,闻名遐迩。

洛阳白马寺

白马寺坐落于河南省洛阳市东 12 公里处,北依邙山,南望洛水。始建于东汉永平十一年(公元 68 年),是佛教传入中国后建造的第一座寺院。它对中国佛教的传播和发展,以及中外文化交流,有着重要的意义,在中国佛教史上具有特殊的地位,被尊为"释源"和"祖庭"。

它的营建与中国佛教史上著名的"永平求法"紧密相连。相传汉明帝刘庄夜寝南宫,梦见金神头放白光,飞绕殿庭。次日得知梦中之物为佛,遂遣使臣蔡愔、秦景等前往西域拜求佛法。蔡、秦等人在月氏(今阿富汗一带)遇到了在该地游化宣教的天竺(古印度)高僧迦什摩腾、竺法兰。蔡、秦等于是邀请佛僧到中国宣讲佛法,并用白马驮载佛经、佛像,跋山涉水,于永平十年(公元 67 年)回到京城洛阳。汉明帝敕令仿天竺式样修建寺院。为铭记白马驮经之功,遂将寺院取名"白马寺"。

少林寺

河南嵩山少林寺是中国的佛教圣地,因其在佛教禅宗中的重要地位和少林武术而著名。少林寺创建于北魏孝文帝太和十九年(公元 495 年),距现在已有 1500 多年的历史了。当时印度沙门和尚长途跋涉来到中国北方,受到笃信佛教的北魏孝文帝的敬重,给他设立禅林。后来他随帝南迁,在洛阳复设静院,敕以居之。他见嵩山很像一朵盛开的莲花,有意在"花"中立寺。孝文帝便充登封知县在少室山阴,五乳峰下松柏叠翠的幽谷茂林之中,依山辟基,修建寺院。"少林者,少室之林也。"因而取名"少林寺"。

圆明园

圆明园位于北京海淀区,原为清代的一座大型皇家园林,与附园长春、绮春(万春)合称圆明三园。1860 年,被英法联军焚毁。

圆明园始建于清朝康熙四十八年(1709 年),乾隆九年(1744 年)完工。附园长春和绮春两园分别建成于乾隆十六年(1751 年)和乾隆三十七年(1772 年),时间长达 150 多年。圆明园不仅是清朝皇帝休息的地方,也是他们会见大臣、接见外国使节、处理政务的地方,与紫禁城同为当时的全国政治中心,有"御园"之称。全园占地 347 万平方米,有建筑 150 多处,其中凿湖造山,遍植奇花异草,集中外园林建筑之精华,构筑有圆明园四十景。三园的平面布局呈一个"品"字形,有园门相通。全园以福海为中心,海中有"蓬岛瑶台"等三个小岛,象征道家"一池三仙山"之说。另外,长春园还有海晏堂、远瀛观等西洋风格的建筑。它还是一座大型的皇家博物馆,藏着许多珍宝、图书等,被誉为万园之园。1860 年,英法联军攻入北京,抢劫了园中珍宝,并纵火焚毁,现仅有遗址存在。

颐和园

颐和园位于北京市西北郊,原为清朝皇帝的行宫御苑,原名清漪园,是保存最完整的一座行宫御苑,始建于清乾隆十五年（1750年），咸丰十年（1860年）被英法侵略军焚毁，光绪十二年至二十一年（1886~1895年），慈禧挪用海军经费进行了重建，光绪十四年（1888年）改名颐和园。

颐和园以杭州西湖为蓝本，吸取了江南园林的设计手法和意境建造而成。全园占地面积约290万平方米，分为宫廷区和苑林区。宫廷区以仁寿殿为主，是政务活动区。苑林区以万寿山、昆明湖为主体。万寿山东西长约1000米，高60米，山上建有排云殿、德辉殿、佛香阁、智慧海等。昆明湖约占全园面积的78%，湖中有一模仿杭州西湖的苏堤而建的西堤。湖中有南湖岛，又称龙王庙，与东岸一座长150米的十七孔桥相连。湖北岸有一条东西走向的"长廊"，全长728米，共273间，是中国园林中最长的长廊。万寿山东麓的谐趣园原名惠山园，是一座园中园，是模仿无锡寄畅园而建的。

苏州园林

私家园林是古代官僚、文人、富商、地主所拥有的私人宅院。中国的私家园林以江南的私家园林数量最多、艺术价值最高，其中又以苏州园林最具代表性。

与皇家园林相比，江南私家园林的规模较小，一般只有几亩至几十亩，最小的仅一亩半亩，但造园家却能在这有限的空间内，运用多种艺术技巧，造成一种好像深邃不尽的景象，给人一种空间很大的感觉。院子以水面为中心，四周散布着精美的建筑，构成一个个小的景点，几个小景点又围合成大的景区。

院子的主人一般都具有较高的文化素养，能诗善画，善于品评，园林追求超凡脱俗、清高淡雅的风格。院子主要供主人修身养性、闲适时自娱自乐所用。苏州的古典园林极具特色，建筑布局、结构、造型、风格，都运用了巧妙的衬托、对景、借景、尺度变换、层次配合、小中见大等种种造园艺术技巧和手法，将亭、台、楼、阁、泉、石、花、木有机地融合为一体，浑然天成，毫无斧凿的痕迹。

苏州拙政园是私家园林中的经典之作，它始建于明朝正德四年（1509年），之后几经雕琢，现存的园貌主要形成于清朝末期。全园分为西、中、东三部分，以中部为主。中部的园子呈矩形，水面较多，也呈横长的矩形，水池内建有东、西两座假山，又有几条小桥和堤坝把水面分成几个部分。水池的南岸有较大面积的平地，建筑物多集中在此，由宅入园的小门就开在南岸的院墙上。入园以后，迎面有一座假山挡住视线，使园内景物不至一览无余，这种手法称之为"障景"。岸西有一座名叫"别有洞天"的凉亭，透过清澈的水面，东岸有一座方亭与之遥相呼应，水中的荷香四面亭和曲折的小桥更增加了景观的层次感，这种手法称之为"隔景"。北岸以土为主，遍植柳树、芦苇，别有一番风趣。东岸有梧竹幽居亭，由此西望，透过水池亭阁，在树梢上可遥见远处的苏州报恩寺塔，将塔景引入园内，称为"借景"。院内粉墙、绿水、几处怪石、数竿细竹，不尽的美景组合成一幅完美的画卷。

拙政园与沧浪亭、狮子林、留园分别代表着宋元明清四个朝代的艺术风格，被称为苏州"四大名园"。其他名园还有网师园、环秀山庄、艺圃、耦园、退思园等。

江南三大名楼

江南三大名楼指的是黄鹤楼、岳阳楼和滕王阁。黄鹤楼位于湖北武汉长江边的蛇山上，始建于公元223年，传费文伟在此驾黄鹤成仙而得名。现楼为1986年重建，高51.4米，共5层，黄瓦红柱，层层飞檐。咏黄鹤楼的诗文以崔颢的《黄鹤楼》和李白的《黄鹤楼送孟浩然之广陵》最为著名。

岳阳楼位于湖南岳阳的洞庭湖畔，原是三国时期吴国的阅兵台，唐开元四年（公元716年）建岳阳楼，现在的岳阳楼为1984年重修。主楼平面呈长方形，宽17.24米，深14.57米，高19.72米，楼顶为黄色琉璃瓦，金碧辉煌。主楼右有"三醉亭"，左有"仙梅亭"。楼内陈列着杜甫的《登岳阳楼》诗、范仲淹的《岳阳楼记》和历代名人的对联。

滕王阁在江西南昌赣江边，是唐太宗之弟滕王李元婴于公元675年所建，故名，为三大名楼之首。现楼为1989年重建，楼高57.5米，共9层，主体建筑面积为1.3万平方米，是一座仿宋建筑。咏滕王阁的诗文以王勃的《滕王阁序》和《滕王阁》诗最著名。

福建土楼

福建土楼包括福建省龙岩市永定区的高北土楼群、洪坑土楼群、初溪土楼群和衍香楼、振福楼，南靖县的田螺坑土楼群、河坑土楼群与和贵楼、怀远楼，华安县的大地土楼群，主要分布在福建西部和南部崇山峻岭中，以其独特的建筑风格和悠久的历史文化著称于世。

福建土楼产生于宋元时期，经过明代早、中期的发展，明末、清代、民国时期逐渐成熟。福建土楼是世界上独一无二的山区大型夯土民居建筑，是生土建筑艺术的杰作。福建土楼依山就势，布局合理，适应聚族而居的生活和防御的要求，是一种自成体系，具有节约、坚固、防御性强的特点，又极富美感的生土高层建筑类型。

北京四合院

四合院指的是四座单体房屋分别在东、南、西、北四面，中间围合成一个露天庭院的建筑组合。在历史发展过程中，四合院得到了中国人的钟爱，宫殿、庙宇、官府包括各地的民居都广泛使用这种形式。

在诸多类型的四合院中，北京四合院卓尔不群，经过数百年的营建，北京四合院从材料选择、平面布局到内部结构、细部装修都形成了特有的京味风格。

四合院属砖木结构建筑，门窗栋梁等均为木制，周围以砖砌墙。门窗及檐口椽头的油漆彩画，虽没有宫廷的华丽辉煌，但也颇有意趣。习惯用磨砖、碎砖垒墙，变废为宝，所谓"北京城有三宝——烂砖头垒墙墙不倒"。屋瓦大多用青板瓦，正反互扣，或者不用铺瓦，直接青灰抹顶，称为"灰棚"。

除了一些小规模的单院形式外，北京四合院多数分为前（外）后（内）二院。外院横长，从东南角的大门进入，迎面就是一座筑砖影壁，与大门组成一个小小的过渡空间。由此西转进入外院。大门之西正对民居中轴的南房，称"倒座"，用来供客人休息，外院还有男仆室及厨房、厕所；由外院通过垂花门式的中门，便进入宽阔的庭院，这就是全宅主院。

主院中，北面正房称"堂"，大多为三间，遵守着"庶民庐舍不过三间五架，不许用斗拱，饰彩色"的明清规定。正房的开间和进深要比厢房为大，左右两边各接出耳房，由尊者长辈居住。耳房前有小小的角院，十分安静，所以也常用作书房。这种一正房两耳房的布局称作"纱帽翅"。正房前面，院子两侧有厢房陪衬，作为后生晚辈的居室，营造了良好的空间感觉。

正房、厢房朝向院子都有前廊，用"抄手游廊"把垂花门与这三座房屋的前廊连接起来，沿着游廊穿行，不必经过露天场地。廊边还有栏杆和凳子，可在廊内欣赏风景。这是四合院的一大风情。

四合院的房屋都采用青瓦硬山顶。正房之后有时有一长排"后照房"，或作居室，或为杂屋。也有的民居在房后或者一侧再接出一座四合院，以居内眷，也有的在一侧接出宅园。

四合院的每一处都很有讲究，开在前左角的民居大门称"青龙门"，根据后天八卦，北为坎，东南为巽，故此种布局称坎宅巽门，象征吉祥平安。（王府的宅门则放在中轴线上，人们认为以王侯之尊不需要坎宅巽门也可以免除外邪侵害）而从实际效果来看，宅门不设在中轴线上，使得进入四合院必先通过一个小小过院，有利于保持民居的私密性，

营造"曲径通幽"的氛围。在全国各地的民居中，坎宅巽门也十分流行。

门的大小和规格也很讲究，等级最高的是广亮门，它和再小一些的金柱大门、蛮子门都用于官宦人家。虽非官宦而相当殷富的人家用如意门。最小的是墙门，没有进深，门上有小屋顶，有的砌通天柱，颇有西洋气息。

作为民居，北京四合院最直接的感觉是浓厚的生活气息，庭院方阔，大小合宜。院中还栽花置石，一树海棠花配以石榴盆景，大缸养的金鱼寓意吉利，自然亲切，把天地拉近人心。可在院内临时搭建大棚，举办婚丧大事，以待宾客。尤其是抄手游廊，把庭院分成几个自然的空间，但分而不隔，虚虚实实，家庭成员在这里进行亲切的交流，其乐融融。

北京四合院内环境优雅，花木扶疏，丁香、海棠、山桃花争奇斗艳，枣树、槐树则是孩子玩耍的好去处。盆栽花木最常见的是石榴树、夹竹桃、金桂、杜鹃、栀子等。阶前花圃中的草茉莉、凤仙花、牵牛花、扁豆花，更是四合院的日常点缀。清代有句俗语形容四合院："天棚、鱼缸、石榴树、老爷、肥狗、胖丫头"，可以说是四合院生活比较典型的写照。

四合院历史悠久，自元代正式建都北京时就出现了，至明清逐渐完善，最终成为北京城的象征。

四合院的结构，在中国传统住宅建筑中非常典型。院落宽绰疏朗，四面房屋彼此独立却又有游廊连接，起居方便。对外只有一个街门，关起门来是封闭式的住宅，自成天地，具有很强的私密性，非常适合家居。院落宽敞，植树

栽花，饲鸟养鱼，叠石造景。这里不仅是舒适的住房，更是大自然赐予的一处美好天地。

安徽民居

安徽传统的民居建筑多为各种造型的二层楼房，有的依山傍水，有的参差起伏，有的层楼叠院，精致朴素、堂皇俊秀。

明代以楼上宽敞为特征。清代以后，多为一明（厅堂）两暗（左右卧室）的三间屋和一明四暗的四合屋。一屋多进。大门饰以山水人物石雕砖刻。门楼重檐飞角，各进皆开天井，通风透光，雨水通过水枧流入阴沟。俗称"四水归堂"，意为"财不外流"。各进之间有隔间墙，四周高筑防火墙（马头墙），远远望去，犹如古城堡。

窑洞式民居

窑洞是中国北方黄土高原上特有的民居形式。窑洞民居可分为地坑式、沿崖式和土坯式三种。地坑式窑洞在地面挖坑，内三面或四面开凿洞穴居住，有斜坡道出入。沿崖式窑洞是沿山边及沟边一层一层开凿窑洞。土坯拱式窑洞以土坯砌拱后覆土保温。

西方环境建筑学家认为，地坑式窑洞建筑是完美的不破坏自然的文明建筑。整体上看，窑洞是自然图景和生活图景的有机结合，渗透着人们对黄土地的热爱和眷恋之情。

傣家竹楼

傣家人的竹楼是坝区类型，由于天气湿热，竹楼大都依山傍水。村外榕树蔽天，气根低垂；村内竹楼鳞次栉比，竹篱环绕，隐蔽在绿荫丛中。云南景洪县的曼景兰寨和橄榄坝就是坝区傣家竹楼的标准型。

过去，傣家竹楼按社会阶级分为官家（召）竹楼和百姓竹楼两种。官家竹楼宽敞高大，呈正方形，屋顶带三角锥状，颇类西方的"哥特式"建筑，用木片复顶。整个竹楼用20~24根粗大的木柱支撑，木柱建在石墩上，有的横梁上雕刻花纹呈弓形，特别是缅寺和亭阁都有这种花纹，这是受佛教文化影响的结果。屋内横梁穿柱，结构简单。上木梯后即为"掌房"，正屋为客室，中置火塘，侧旁分隔为2~3间，是主人夫妇和孩子的卧室。

土家族吊脚楼

吊脚楼为土家族人居住生活的场所，多依山就势而建，呈虎坐形，以"左青龙，右白虎，前朱雀，后玄武"为最佳屋场。

依山的吊脚楼，在平地上用木柱撑起，分上下两层。吊脚楼上有绕楼的曲廊，曲廊还配有栏杆。吊脚楼还有鲜明的民族特色，优雅的"丝檐"和宽绰的"走栏"使吊脚楼自成一格。这类吊脚楼比"栏杆"较成功地摆脱了原始性，具有较高的文化层次，被称为巴楚文化的"活化石"。

开平碉楼

开平碉楼位于广东省开平市，源于明朝后期，是融中西建筑艺术于一体的华侨乡土建筑群体，现存1833座，被誉为"华侨文化的典范之作""令人震撼的建筑文艺长廊"。

开平碉楼主要用于防匪、防涝及居住，其建筑风格既有中国传统的硬山顶式、悬山顶式，也有国外不同时期的建筑形式、建筑风格，如希腊式、罗马式、拜占庭式、巴洛克式等，千姿百态，异彩纷呈。开平碉楼突出的历史文化艺术和科学价值日益被国内外所关注和认同。

畲族传统民居

畲族人将房子称为"寮"，多建于山坡上向阳、避风、有水源的地方。木结构瓦房两层的较少，多平房，为方形，房顶呈金字状，有厅堂、边房。室内一般都是一厅、左右厢房，中间厅堂又分前后庭，中有木屏间隔，两旁留两个小门，左门顶上设神位，右门顶上设祖神位，后庭放置日用杂物。左右两厢房各分隔两间为卧室，室内陈设简单。右厢房后段多为厨房，厨房一般不设烟囱。

藏族民居

藏族民居极具特色，藏南谷地的碉房、藏北牧区的帐房、雅鲁藏布江流域林区的木构建筑风格各异。

宗教聚落的形成与发展增添了西藏民居的魅力，如拉萨的八廓街民居群是围绕大昭寺发展起来的，是城镇宗教聚落的典型代表。农牧区民居聚落的形成多以寺院为中心，自由分布，彼此错落，形成不相联属的格局。

外国建筑

罗马式建筑

罗马式建筑是10~12世纪欧洲基督教地区流行的一种建筑风格，多见于修道院和教堂。

罗马式建筑一般是在窗、门和拱廊上广泛采用半圆形拱顶，以这种桶状拱顶和交叉拱顶作为内部支撑，可使建筑物牢固而美观。这种建筑艺术风格广泛用于桥梁、高架渠、大圆形竞技场以及凯旋门等建筑中。罗马广场附近的君士坦丁凯旋门就是一座很有代表性的拱形建筑。

欧洲中世纪初期，基督教建造的教堂也广泛采用拱门圆顶，因为它可以使建筑达到柱梁结构不能达到的跨度。罗马式建筑风格在11世纪前后发展到高峰，曾传播到德意志、诺曼底和英格兰。著名的罗马式建筑有意大利比萨主教堂建筑群、德国沃尔姆斯主教堂等。

哥特式建筑

哥特式建筑是12~16世纪初期欧洲出现的一种以新型建筑为主的艺术。

"哥特"一词来源于古代欧洲的哥特族。哥特式教堂保持了罗马式的十字形建筑平面，但它用尖的和斜脊的屋顶代替了罗马式的圆顶，在墙壁外面用大石柱强固墙壁，以承受斜脊屋的横推力。教堂内部是框架式的结构柱，窗子占满了支柱间的整个面积，而支柱又全部由垂直线条组成，几乎没有墙面。哥特式建筑的表形高而直尖，显得巍峨飞耸，直刺青天，具有强烈的向上动势。反映了基督教盛行的时代观念和中世纪城市发展的物质文化面貌。代表作品有法国的巴黎圣母院、德国的科隆教堂、英国的林肯教堂、意大利的米兰教堂等。

洛可可建筑

洛可可建筑是继法国古典主义建筑之后出现的一种建筑风格。是在巴洛克式建筑的基础上发展起来的。

洛可可一词由法语 ro-caille（贝壳工艺）演化而来，原义为建筑装饰中一种贝壳形图案。1699年，建筑师、装饰艺术家马尔列在金氏府邸的装饰设计中大量采用这种曲线形的贝壳纹样，由此而得名。

洛可可建筑不追求所谓的捧场而求实惠，关心的是方便和舒适。室内装饰上采用了自然主义的倾向，喜欢在墙上嵌大量镜子，铺绸缎，挂晶体玻璃的吊灯，陈设瓷器，大量使用金色，使室内闪烁着光泽。法国洛可可艺术的杰出范例是法国巴黎苏比斯府第和德国波茨坦无愁宫。

文艺复兴建筑

文艺复兴建筑是欧洲建筑史上继哥特式建筑之后出现的一种建筑风格。意大利文艺复兴建筑在文艺复兴建筑中占有最重要的位置。起源于意大利佛罗伦萨。在理论上以文艺复兴思潮为基础；在造型上排斥象征神权至上的哥特建筑风格，提倡复兴古罗马时期的建筑形式，特别是古典柱式比例、半圆形拱券、以穹隆为中心的建筑形体等。

它在建筑技术、规模和类型，以及建筑手法上都有很大的发展，无论是建筑空间、建筑构件还是建筑外形装饰，都体现一种秩序、一种规律、一种统一的空间概念，一切都被理性的精神统治着。当时，意大利及欧洲各国先后涌现了许多名师巧匠，代表建筑有佛罗伦萨主教堂、圣彼得大教堂等。

巴洛克式建筑

巴洛克式建筑产生于17世纪的意大利。

巴洛克一词的原义是奇异古怪，这种风格在反对僵化的古典形式、追求自由奔放的格调和表达世俗情趣等方面起了重要作用。

它突破了文艺复兴和后来古典主义的常规，采取了双柱或三柱为一组的、节奏不规则的跳动的形式，开间变化很大，突出垂直分划，墙面上做出深深的壁龛，有意造成反常出奇的新形式。并且喜欢大量地使用壁画和雕刻，常常将人体雕刻渗透到建筑中去，以显示富丽堂皇的形象。代表建筑有罗马耶稣会教堂、罗马圣卡罗教堂、罗马圣伊沃教堂等。

帕特农神庙

帕特农神庙建于公元5世纪，是为雅典城邦守护神雅典娜而建造的祭殿。神庙背面朝东，长近100米，宽约30米，耸立在3层台阶之上。整座庙宇由46根有雕槽的巨大石柱环绕，柱间大理石砌成的92堵殿墙上，雕刻着栩栩如生的各种神像和奇珍异兽。神庙主殿是祭殿和女神殿。其中女神殿中墙上雕有智慧女神雅典娜从宇宙之王宙斯头里诞生的情景和雅典娜与海神波塞冬争当雅典守护神的场面。

神庙里原来还供奉着一尊高12米、由黄金宝石制成的雅典娜女神像，后遭劫失落。神庙几经天灾人祸，如今庙顶已坍塌，雕像荡然无存，浮雕剥蚀严重，但从巍然屹立的柱廊中，还可以看出神庙当年的风姿。

▎亚历山大灯塔

世界公认的古代七大奇迹有两个在埃及，一个是名列七大奇迹之首的吉萨金字塔，另一个就是名列第七位的亚历山大灯塔。亚历山大灯塔不带有任何宗教色彩，纯粹为人民实际生活而建，它的烛光在晚上照耀着整个亚历山大港，保护着海上的船只，另外，它亦是当时世上最高的建筑物。亚历山大灯塔的遗址在埃及亚历山大城边的法洛斯岛上。公元前330年，不可一世的马其顿国王亚历山大大帝攻占了埃及，并在尼罗河三角洲西北端即地中海南岸，建立了一座以他名字命名的城市。这是一座战略地位十分重要的城市，在以后的100年间，它成了埃及的首都，是世界上最繁华的城市之一，而且也是整个地中海世界和中东地区最大最重要的一个国际转运港。

▎卢浮宫

卢浮宫是世界上最古老、最大、最著名的博物馆之一。位于法国巴黎塞纳河畔，是一组非常宏伟壮丽的宫殿建筑群。其旧址原为中世纪一个城堡，16世纪改建为皇宫。1793年法国大革命中，卢浮宫改为国立美术博物馆，是世界上最大的美术博物馆。占地19.8公顷，全长680米。

藏品中有被誉为世界三宝的《维纳斯》雕像《蒙娜丽莎》油画和《胜利女神》石雕，更有大量来自希腊、罗马、埃及及东方的古董，还有法国、意大利的远古遗物。陈列面积5.5万平方米，藏品2.5万件。

▎大英博物馆

大英博物馆位于英国伦敦新牛津大街北面的大罗素广场。1753年，英国博物学家汉斯·斯洛安爵士将自己收藏的8万件珍稀古董和书画捐献给国家，要求国家建造博物馆。1756年，英国政府购买了蒙塔古宫作为馆址，建立了大英博物馆，并于1759年1月15日正式开馆。大英博物馆是世界上历史最悠久、规模最宏伟的综合性博物馆，也是世界上规模最大、最著名的博物馆之一。其与纽约的大都会艺术博物馆、巴黎的卢浮宫同列为世界三大博物馆。

大英博物馆划分为埃及文物馆、东方文物馆、西亚文物馆、希腊罗马文物馆、英国文物馆、钱币和徽章馆、书籍绘画馆等。收藏了世界各地的许多文物和图书珍品，藏品之丰富、种类之繁多，为全世界博物馆所罕见。

▎克里姆林宫

享有"世界第八奇景"美誉的克里

姆林宫位于俄罗斯首都莫斯科，曾是俄国历代沙皇的宫殿，自1917年十月革命胜利后，便成为国家党政领导机关所在地。

克里姆林宫包括寺院教堂、皇宫、钟楼和办公大楼。700年前，这里还是一座城堡，相传，伊凡三世企图以莫斯科取代土耳其的君士坦丁堡，成为东正教的中心，不惜重金聘请意大利巨匠设计。宫墙为三角形，上有20座塔楼，其中斯巴斯基塔最漂亮，塔尖镶着红色五角星，下面有直径6米的大钟，字盘以黄金铸成，每一刻报时一次，12时鸣奏鸣曲。西大门的托洛尼兹雅塔高80米，被誉为俄国的"凯旋门"。

宫内教堂广场四周绕有4座教堂：十二使教堂、圣母升天堂、天使报喜堂及圣弥额尔堂。最美的教堂是与斯巴斯基相对的华西罗·伯拉仁内教堂，它有"石头描绘的童话"之称。

悉尼歌剧院

歌剧院位于澳大利亚悉尼大桥附近的奔尼浪岛上，是悉尼港的标志。歌剧院建在距海面19米的花岗岩基座上，占地1.8公顷，最高的壳顶距海面60米，总建筑面积8800平方米。

悉尼歌剧院的外观为3组巨大的壳片，耸立在南北长186米、东西最宽处为97米的现浇钢筋混凝土结构的基座上。第一组壳片在地段西侧，四对壳片成串排列，三对朝北，一对朝南，内部是大音乐厅。第二组在地段东侧，与第一组大致平行，形式相同而规模略小，内部是歌剧厅。第三组在它们的西南方，规模最小，由两对壳片组成，里面是餐厅。其他房间都巧妙地布置在基座内。

悉尼歌剧院坐落在悉尼港湾，三面临水，环境开阔，以特色的建筑设计闻名于世，它的外形像三个三角形翘首于河边，屋顶是白色的形状犹如贝壳，因而有"翘首遐观的恬静修女"之美称。

歌剧院由丹麦建筑师伍重设计，1959年破土动工，历时17年建成，耗资为原估价的14倍。歌剧院落成时，英国女王伊丽莎白二世专程来此揭幕。现在，歌剧院不仅是表演艺术中心，也是著名游览胜地。

比萨斜塔

比萨斜塔位于意大利托斯卡纳省比萨城北面的奇迹广场上。广场的大片草坪上散布着一组宗教建筑，它们是大教堂（建造于11~13世纪）、洗礼堂（建造于12年~14世纪）、钟楼（即比萨斜塔）和墓园（建造于1174年），它们的外墙面均为乳白色大理石砌成，各自相对独立但又形成统一罗马式建筑风格。比萨斜塔位于比萨大教堂的后面。

比萨斜塔始建于1173年，设计为垂直建造，但是在工程开始后不久便由于地基不均匀和土层松软而倾斜，1372年完工，塔身倾斜向东南。

比萨斜塔是比萨城的标志，1987年它和相邻的大教堂、洗礼堂、墓园一起，因对11~14世纪意大利建筑艺术产生了巨大影响，而被联合国教育科学文化组织评选为世界遗产。

埃菲尔铁塔

埃菲尔铁塔位于法国巴黎市塞纳河南岸，是法国最高建筑，也是巴黎的标志之一。

1884年，法国政府为了纪念1789年法国资产阶级大革命100周年，决定举办万国博览会，并修建一座纪念塔，评选会最后选择了著名建筑家居斯塔夫·埃菲尔的设计方案。

埃菲尔铁塔高327.7米，相当于100层楼高。塔身全部是钢铁，重达9000吨，由1.2万个金属构件焊接而成。塔上有上、中、下3个瞭望台，可同时容纳1万人。从地面到塔顶有电梯，人们也可以沿着1710个台阶步行登上塔顶。最高层瞭望台离地276米，面积350平方米；中层台离地115米。从塔上望去，整个巴黎尽收眼底。

埃菲尔铁塔历时26.5个月，花费了80多万金法郎，于1889年3月完工。它的设计非常精确、严密、周到。在两年多的工程施工中，从来没有发生过任何伤亡事故。在组调部件时，钻眼都能准确合上，这在建筑史上是一个了不起的奇迹。

巴黎凯旋门

巴黎凯旋门位于法国巴黎爱丽舍田园大街西角，是拿破仑一世为纪念他在奥斯特利茨战役中大败奥俄联军的功绩，于1806年2月下令兴建的。它是欧洲100多座凯旋门中最大的一座。

凯旋门全部由石材建成，高约50米，宽约45米，厚约22米。四面各有一门，中心拱门宽14.6米，门上有许多精美雕刻。内壁刻的是曾经跟随拿破仑东征西讨的数百名将军的名字和宣扬拿破仑赫赫战功的上百次胜利战役的浮雕。

所有雕像各具特色，同门楣上花饰浮雕构成一个有机的整体，俨然是一件精美动人的艺术品。正面有4幅浮雕——《马赛曲》《胜利》《抵抗》《和平》。这其中最吸引人的是刻在右侧（面向田园大街）石柱上的"1792年志愿军出发远征"，即《马赛曲》的浮雕，是世界美术史上的不朽艺术杰作。

凡尔赛宫

凡尔赛宫位于法国巴黎凡尔赛镇，是欧洲大陆上最宽大、最辉煌的皇家宫苑，始建于1661年。

1660年，法王路易十四参观财政大臣富凯的沃子爵城堡，为其房屋与花园的宏伟壮丽所折服。当时，王室在巴黎郊外的行宫等无一可以与其相比。于是，路易十四以贪污罪将富凯投入巴士底狱，并命令沃子爵城堡的设计师勒诺特和著名建筑师勒沃为其设计新的行宫，即现在的凡尔赛宫。

凡尔赛宫长580米，气势磅礴，结构严谨协调。外墙雕塑着许多大理石人物像，栩栩如生。500多间大殿小厅内，处处金碧辉煌，内壁装饰以雕刻、巨幅油画及挂毯为主，配有17~18世纪名贵家具精品。宫内还有许多长廊，其中最负盛名的是镜廊，长76米、宽10米，长廊一面是朝花园而开的17扇巨大的窗门，另一面与窗门相对的是17面镜子，廊顶是伦勃朗的巨幅油画。宫外有面积100万平方米的"法兰式"大花园，花园内有草地、花坛、喷泉和雕像等，景色绚丽。

自由女神像

自由女神像是1884年7月6日法国人民赠给美国人民的礼物，她是自由的象征。女神像高46米，连同底座总高约100米，是当时世界上最高的纪念性建筑，其全称为"自由女神铜像国家纪念碑"，正式名称是"照耀世界的自由女神"。

创造这一艺术杰作的是法国雕塑家巴特尔迪，女神的形象源于他在17岁时亲眼看到的激动人心的一幕：1851年，路易·波拿巴发动了推翻法兰西第二共和国的政变。一天，一群共和国党人在街头筑起防御公事，与政变者展开巷战。暮色时分，一位忠于共和政权的年轻姑娘，手持燃烧的火炬，跃过障碍物，高呼"前进"的口号向敌人冲去，不幸中弹牺牲。从此，这位高擎火炬的勇敢姑娘就成了雕塑家心中追求自由的象征。

女神双唇紧闭，戴光芒四射的冠冕，身着罗马式宽松长袍，右手高擎象征自由的几米长的火炬，左手紧握一铜板，上面用罗马数字刻着《美国独立宣言》发表的日期——1776年7月4日。女神脚上散落着已断裂的锁链，右脚跟抬起做行进状，整体为挣脱枷锁、挺身前行的反抗者形象。女神气宇轩昂、神态刚毅，给人以凛然不可侵犯之感。而其端庄丰盈的体态又似一位古希腊美女，使人感到亲切而自然。

吴哥窟

吴哥窟（又称吴哥寺）修建于柬埔寨吴哥王朝苏耶跋摩二世（1113~1150年）在位时，位于今柬埔寨北部暹粒市。

吴哥窟是高棉古典建筑艺术的高峰，它结合了高棉寺庙建筑学的两个基本的布局：祭坛和回廊。祭坛由3层长方形有回廊环绕须弥台组成，一层比一层高，象征印度神话中位于世界中心的须弥山。在祭坛顶部矗立着按五点梅花式排列的5座宝塔，象征须弥山的5座山峰。寺庙外围环绕一道护城河，象征环绕须弥山的咸海。

吴哥窟建筑构思巧妙、布局匀称、雕刻精细，寺内的浮雕艺术既富有印度色彩，又具有民族特色，雕刻技艺精湛绝伦，是石结构建筑和石刻浮雕的艺术宝库。被誉为东方四大建筑奇迹之一。

神秘的巨石阵

巨石阵又称索尔兹伯里石环、环状列石等，是欧洲著名的史前时代文化神庙遗址，位于英格兰威尔特郡索尔兹伯里平原，约建于公元前4000~前2000年，属新石器时代末期至青铜时代。

这个巨大的石建筑群位于一个空旷的原野上，占地大约11公顷，由许多整块的蓝砂岩组成，每块约重50吨。巨石阵的主轴线、通往石柱的古道和夏至日早晨初升的太阳在同一条线上。另外，其中还有两块石头的连线指向冬至日落的方向。

巨石阵的主体由几十块巨大的石柱组成，这些石柱排成几个完整的同心圆，巨石阵的外围是直径约90米的环形土沟与土岗，内侧紧挨着的是56个圆形坑，由于这一些坑是由英国考古学家约翰·

奥布里发现的，因此又叫"奥布里坑"。

巨石阵最不可思议的是石阵中心的巨石，这些巨石最高的有 8 米，平均重量近 30 吨，而且有不少重达 7 吨的巨石是横架在两根竖着的石柱上的。

早在 20 世纪 50 年代，考古工作者就推断，巨石阵至少已有几千年的历史。几个世纪以来，没有人知道巨石阵的真正用途，也没有人知道是谁建造了巨石阵，而古老的传说和人们的种种推测，更为巨石阵增加了神秘的氛围。

▎复活节岛石像

复活节岛是南太平洋上一个面积仅 117 平方公里的三角形小岛。

在复活节岛的四周海岸边，屹立着 600 多尊巨人石像。这些石像一般高 7~10 米，重 50~60 吨，有的重达 90 吨。石像竖立在 100 多座石台上，石台由巨大的石块砌成，最大的高 4 米左右，长 90 米，每座石台一般都安放 4~6 尊石像，最多的放了 15 尊。石像的头部都有用红色岩石雕刻的重达几吨的圆柱形帽子，可以戴上去，也可以卸下来。

另外，在小岛东南部的山里，还横七竖八地躺着 300 多个未完工的石像，其中最高大的达 22 米，重 400 多吨，看上去整个工作像是在匆忙中突然停顿下来。从山里通向海边的路上，还零零散散地乱放着几十个已完工的石像，不知为什么，这些成品没有运到目的地，就被抛弃在途中。

石像虽然不太合乎比例，但有一种粗犷质朴的美。经过长年的风雨侵蚀，石雕的脸形有些模糊，但仍不失其诱人的魅力：长脸、高鼻、长耳垂肩、嘴唇紧闭、下巴有点突出，双臂平放在腹部。每尊石像都以独特的方式表达着各种情感：高傲、愤怒、快乐、忧伤、自在。

这些神秘的石雕像是什么人创作的？为什么目的而作？石像又代表什么？对于这些疑问可谓众说纷纭，谁也没有确切的答案。

▎米兰大教堂

米兰大教堂又名"多姆大教堂""圣母降生教堂"，位于意大利米兰市中心，是世界上最大和最有气派的教堂之一。

米兰大教堂始建于 1368 年，直到 19 世纪才告竣工。主教堂呈拉丁十字架形，长约 168 米，宽 92 米，全部由白色大理石构成。离地面 100 多米的尖塔之巅，是裹以金叶的圣母玛利亚的塑像。教堂顶上有 135 个尖塔直指苍穹，每个尖塔上都有和真人一般大小的雕像。堂内大厅有 4 根巨大的圆柱，它同 62 根小圆柱一起，支撑着沉重的拱形屋顶。

教堂共有 5 扇铜门，左边第一个铜门于 1948 年完成，表现的是君士坦丁皇帝的法令；第二个铜门是 1950 年所作，讲述的是圣·安布罗吉奥的生平；第三个最大的铜门是 1906 年完成，描绘的是圣母玛利亚的一生；第四个铜门是在 1950 年完成的，讲的是从德国皇帝菲德烈二世灭亡到莱尼亚诺战役期间米兰的历史；第五个铜门 1965 年完成，表现的是从圣·卡罗·波罗梅奥时代以来大教堂的历史。

▎科隆大教堂

科隆大教堂位于德国科隆市中心、

莱茵河畔，始建于1248年，直到1880年才全部建成。科隆大教堂是欧洲北部最大的教堂，它以法国兰斯主教堂和亚眠主教堂为范本，是德国第一座完全按照法国哥特盛期样式建造的教堂。

科隆大教堂以轻盈、雅致著称于世，是中世纪欧洲哥特式建筑艺术的代表作，也可以说是世界上最完美的哥特式教堂建筑。它与巴黎圣母院和罗马圣彼得大教堂并称为欧洲三大宗教建筑。

科隆大教堂教堂东西长145米，南北宽86米，占地8000平方米，教堂中央的两座双尖塔楼，高达161米，像两把锋利的宝剑，直插苍穹。中央大礼拜堂穹顶高达43.35米。教堂钟楼上装有巨钟，最重的圣彼得钟，重达24吨。整个教堂内有10个礼拜堂，全部由磨光石砌成，四壁上方有总数达一万多平方米的窗户，彩色玻璃上均绘有《圣经》人物，在阳光反射下，绚丽多彩。教堂内还收藏有许多珍贵的艺术品。

巴黎圣母院

巴黎圣母院是一座哥特式的教堂，是古老巴黎的象征。它矗立在塞纳河中西岱岛的东南端，位于整个巴黎城的中心。为欧洲早期哥特式建筑和雕刻艺术的代表。集宗教、文化、建筑艺术于一身的巴黎圣母院，原为纪念罗马主神朱庇特而建造，随着岁月的流逝，逐渐成为巴黎圣母院早期基督教的教堂。它的地位、历史价值无与伦比，是历史上最为辉煌的建筑之一。

巴黎圣母院是一座石头建筑，在世界建筑史上，被誉为由巨大的石头组成的交响乐。虽然这是一幢宗教建筑，但它闪烁着法国人民的智慧，反映了人们对美好生活的追求与向往。

圣保罗大教堂

圣保罗大教堂一直是伦敦主教堂所在地，并以伦敦的保护神——圣保罗的名字命名。圣保罗大教堂是世界第三高的教堂，以其悠久的历史、壮观的外形和别具一格的建筑特色而闻名于世。

圣保罗大教堂最早建于公元604年，1666年遭遇大火后被重建，1710年最后完工。其主体建筑是两座长150米、宽39米的两层十字形大楼。十字楼的中间，拱托着一座高达111米穹隆的穹隆圆顶建筑。穹隆顶盖的上端，安放着一个镀金大十字架。教堂的正门朝西，门外不远处有个广场，门前还有一条由6对高大圆柱组成的走廊。教堂正面建筑的两端，有一对互相对称的钟楼，其中西南角的钟楼里吊着一具重达17吨的大铜钟，是英格兰最大的铜钟。

圣彼得教堂

1506年，教皇朱利奥二世下令拆毁始建于4世纪20年代的旧圣彼得大教堂后，委任布拉曼特为总建筑师重建圣彼得堡大教堂，先后参加设计和主持建造的有帕鲁齐、米开朗琪罗等人。教堂于1626年完工。圣彼得大教堂是现在世界上最大的教堂，总面积2.2万平方米，主体建筑高45.4米，长约211米，最多可容纳近6万人同时祈祷。教堂保存有米开朗琪罗、拉斐尔、贝尔尼尼等文艺复兴时期著名艺术大师的大量壁画和雕刻。

七

音乐、舞蹈

中国古典音乐

古琴

琴又称瑶琴、玉琴、绿绮，现代一般称为古琴、七弦琴。琴历来被认为是高雅的艺术，古人常以"琴、棋、书、画"并称，把它看作是君子必备的文化修养，因此中国文人多擅弹琴，如孔子、嵇康、欧阳修等。

琴在中国至少已有3000多年的历史，现在考古发现的最早实物，是湖北随州市出土的战国初期的10弦古琴和湖南长沙马王堆出土的7弦汉琴。琴的全身为扁长共鸣箱，面板多用梧桐木制作。琴头有承弦的岳山，琴尾有承弦的龙龈和护琴的焦尾，整个显得宽头窄尾。在面板的外侧有13个圆点状的徽，它是音位和泛音的标志，一般由贝壳制成。琴上有7弦，古代用丝弦制成。琴的声音清脆悦耳，表现力强。传说伯牙志在山水的时候琴声能"峨峨兮若泰山，洋洋兮若江河"。遇雨心悲的时候还能"为霖雨之操，更造崩山之音"，琴的表现力可见一斑。琴有独奏、琴箫合奏、琴歌、雅乐合奏4种传统的演奏形式。著名的琴曲有《流水》《酒狂》《广陵散》等。

编钟

编钟又叫歌钟，是中国古代一种重要的打击乐器，是钟的一种，由若干个大小不一的钟按照音阶有序地排列悬挂在木架上而构成的，每个钟的音高各不相同。编钟的历史能够上溯到3500年前的商代，但当时编钟较为简单，多见的是三枚一套。后来整套编钟的数量开始不断增加，形成较大的规模。

古代的编钟是帝王和贵族专用的乐器，是等级与地位的象征，多用于宫廷演奏。每逢重大事件如征战、朝见或祭祀等活动时进行演奏。1978年从湖北省随州市西郊曾侯乙墓出土了一套曾侯乙编钟。这套编钟的音域可以达到5个八度，音阶结构基本上与现代的C大调七声音阶接近。它规模宏大，制作精美，整套共65件，其中有19件钮钟，45件甬钟以及一件镈钟，总重达2500多千克。

全套钟保存完好，可随意拆卸。钟上有大量关于音乐知识的篆体铭文，这些铭文是研究先秦音乐史的珍贵文字资料。经专家演奏测试，曾侯乙编钟的音响已构成倍低、低、中、高4个色彩区，能演奏任何音阶的乐曲，同时能够胜任采用和声、复调以及转调手法的乐曲，称得上是音乐奇迹。编钟是中国古代音乐艺术和青铜铸造工艺的完美结合，令世人无法不为中国古代音乐辉煌的成就而惊叹。

磬

磬是一种中国古代的石制打击乐器，通常悬挂在架子上，演奏时用木槌敲击，可发出悦耳动听的鸣响。磬的历史非常悠久，出现年代可追溯到母系氏族社会，也叫作"鸣球"。当时的人们常常会在猎取劳动成果后，敲击石头，以其清脆悦耳的声音来烘托气氛。这就是磬最初的原型。磬出现以后，被广泛用于历代统治者的各种宫廷场合的音乐中。

磬拥有非常古朴的造型和精美的外观。按照它的使用场所和演奏方式，可分为特磬和编磬两种。特磬专门用于皇帝祭祀时的演奏，编磬由若干个磬编成一组而成，挂在木架上进行演奏，主要在宫廷音乐中使用。寺庙中也使用磬。在出土曾侯乙编钟的曾侯乙墓中，出土了有古代楚文化特点的编磬32枚。这套完整的编磬是用石灰石、青石和玉石制成的，悬挂在青铜磬架上，共分两层，具有清脆响亮的音色。相关部门曾经制作出曾侯乙编磬的复制品，严格按照原件的规格和形制进行制作，验证了编磬动听的音色。磬是中国音乐史上独特的一种乐器，古老而优美。

箜篌

箜篌历史悠久，是中国古老的弹拨乐器，又称"坎侯"。早在春秋战国时期，就已经出现了箜篌的雏形。盛唐时期，箜篌的演奏技艺随着经济文化的飞速发展达到了相当高的水平。古代的箜篌既是宫廷乐队使用的乐器，也是深受民间喜爱的乐器，一度广为流传。箜篌还曾经传入日本、朝鲜等邻国，并受到人们的喜爱。在日本东良大寺的寺院中，至今还保存着两架中国唐代的箜篌残品。中国古代流传的箜篌主要分为卧式箜篌和立式竖箜篌两种，后来又出现了雁柱箜篌。竖箜篌的形状像半截弓背，在向上弯曲的曲木上设曲形共鸣槽，整体结构中还有脚柱和肋木支撑着20多条弦。演奏时演奏者将箜篌竖抱于怀，从两面用双手的拇指和食指同时弹奏，这个弹奏姿势，唐人称之为"擎箜篌"。新型的雁柱箜篌是仿照古代立式竖箜篌的基本造型，在其基础上改进研制而成。其外形近似于西洋竖琴，不同的是它有两排琴弦，每排有36根弦，每根弦都是由人字形的弦柱支撑，看上去，这种箜篌的形态比较像天空中飞翔的雁阵队形，所以得名为"雁柱箜篌"。箜篌拥有宽广的音域和柔美的音色，表现力丰富，既能演奏旋律，也能很好地演奏和弦。

古筝

古筝是中国一种具有优美音色和丰

富表现力的民族拨弦乐器。它有着悠久的历史，早在战国时期，古筝就在秦国流行，所以它又被称为"秦筝"。古筝的流传甚广，从岭南至内蒙古，几乎遍及整个中国。最初的古筝是从战国时期一种竹制的五弦乐器演变而来，秦汉时期，五弦发展为12弦，隋唐时期为13弦，元明时期为14弦，清代时期为16弦。后经改良，由17、19弦不等而发展到21~25弦，筝弦也由原来的丝弦改为钢丝弦等。这样，古筝的音域和表现力得到很大提高，深受人们欢迎。它既可用作独奏、重奏、合奏，也可用作戏曲、曲艺和舞蹈等的伴奏。古筝的音色清越、高洁、典雅，委婉动听，具有一种幽远的神韵。轻拂宛如行云流水，重扫势若山崩海啸。它既能细致微妙地刻画人们的内心感情，也能描绘激动人心的壮观场面；无论是如泣如诉，还是慷慨激昂，或是激越高歌与浅声吟唱它都可以表现得淋漓尽致。左手的揉、按、点等手法尤能体现古筝的音韵特色。

古筝在长期的流传过程中，与当地戏曲、说唱和民间音乐相融汇，形成了各种具有浓郁地方风格的流派。传统的筝乐被分成南北两派，其中以陕西、山东、河南和客家筝曲最为著名。《渔舟唱晚》和《汉宫秋月》是古筝中的名曲。

琵琶

琵琶是一种历史悠久的常用弹拨乐器。秦朝时，在民间流传着一种圆形的、带有长柄的乐器。弹奏这种乐器主要有两种方法：向前弹叫"批"，向后挑起叫"把"，当时人们就把它叫作"批把"，后来改称为琵琶。当时的琵琶形状为直颈，圆形音箱，音位和弦数不固定。南北朝时，从西域地区传入一种曲项琵琶，其形状为曲颈，梨形音箱，有四柱四弦。人们就把它和中国的琵琶结合起来，制成了一种新式曲颈琵琶。到了唐代，琵琶从制作到演奏上都得到了很大的发展。琵琶构造方面的改变是把原来的4个音位增至16个，同时把琵琶颈部加宽，下部共鸣箱变窄。在演奏方法上改横抱演奏为竖抱演奏，改拨子演奏为手指直接演奏。此后，琵琶的制作和演奏技法不断得到改进，最后形成如今的四相十三品和六相二十四品两种琵琶。

琵琶音域广阔，演奏技巧丰富繁多，具有丰富的音乐表现力。适合琵琶演奏的曲风有多种，基本上有文曲、武曲、大曲3种。文曲以抒情为主，曲调柔美，代表曲目如《春江花月夜》《汉宫秋月》等。武曲则风格豪放，《十面埋伏》《霸王卸甲》等都是其代表作。大曲的曲调以活跃、欢畅为主。

笛子

笛是中国最古老的乐器之一，早在8000年前的远古时期，中国就已经出现了用鸟禽肢骨制成的竖吹骨笛。横笛大概在汉朝时出现，相传是在汉武帝时张骞从西域传入，当时叫作"横吹"，是鼓吹乐的重要乐器，以竹制成。秦汉后，笛子成为竖吹的箫和横吹的笛的共同名称，这种状况一直延续到唐代。宋元时期，笛成为词曲和曲艺伴奏的重要乐器。

笛子的声音具有悠扬、婉转的特点，容易给人以一种缠绵思乡的感觉。唐代诗人李白曾经写过这样的诗句："谁家玉笛暗飞声，散入春风满洛城。此夜曲中闻折柳，何人不起故园情。"李益也有诗云："回乐峰前沙似雪，受降城外月如霜。不知何处吹芦管（芦笛），一夜征人尽望乡。"充分显示了笛声动人的艺术魅力。

笛的品种有很多，其中使用最为普遍的是曲笛和梆笛。曲笛又叫苏笛，因伴奏昆曲和盛产于苏州而得名。曲笛管身粗长，音色柔和，善于表现江南的柔婉情致。梆笛以伴奏梆子类戏曲得名，管身细短，音色明亮，善于表现北方的刚健气质。

箫

"黄河远上白云间，一片孤城万仞山。羌笛何须怨杨柳，春风不度玉门关。"这是著名诗人王之涣的《出塞》，也是唐代七绝的压卷之作。诗中幽怨的羌笛，就是现在人们所说的箫。箫原称"洞箫"，是中国古老的吹奏乐器之一。箫和笛一样，都是源于远古时期的骨哨。因此很长一段时间人们把箫称作笛，直到唐代，两者才开始分离，横吹为笛，竖吹为箫。箫的音量较小、音色轻柔，比笛声更有一股缠绵不尽的幽怨之意，因此箫比较适于独奏和重奏。著名的独奏曲目有《鹧鸪飞》《妆台秋思》《柳摇金》等，另有琴箫合奏曲《梅花三弄》《平沙落雁》等。

二胡

二胡是唐代由西域胡人传过来的弦乐器，来自北方的奚部落，因此又称"胡琴"。后来，胡琴发展出了二胡、中胡、京胡、坠胡、板胡等十几个品种，二胡就是其中比较重要的一种。二胡基本上都是木质的，整体由琴杆、琴筒、琴轴等基本部件构成。二胡的琴筒有圆形、六角形等多种形状，琴筒的一端蒙有蛇皮或蟒皮，另一端则设置雕花的音窗。在乐队中，二胡作用很大，它既能独奏，也适合合奏。既能演奏风格细腻深沉、柔美抒情的乐曲，也能够演奏风格欢快活泼的乐曲，有非常丰富的表现力和艺术感染力。无锡民间艺人阿炳创作的《二泉映月》，是中国著名的二胡曲，这首乐曲饱含着作者悲伤的命运和内心的疾苦和希望，具有强烈的艺术感染力。

《乐律全书》

明朝著名的音乐家朱载堉是明代开国皇帝朱元璋的九世孙，明宗室郑恭王朱厚烷的儿子。他早年学习天文、算术，后来在历学和数学方面取得了很大的成就。同时，朱载堉还具有非凡的音乐才华。嘉靖年间，朱载堉由于家庭遭遇变故，被迫离开王府，在一间土屋里独居了19年，一心钻研音乐、数学和历学，并写成了集乐律、乐谱、乐经、舞谱、数学和历学为一身的综合性巨著《乐律全书》。

《乐律全书》中的《律吕精义》内外两篇，详细地阐述了他所创造的新法密率。新法密率也叫"十二平均律"，是一种将音乐中的八度音程均分为12个半音的中国古代律制。它在理论上解决了历代在旋宫问题上存在的矛盾，是音乐史上最早用等比级数音律系统阐明十二平均律的科学巨著。直到100多年后，德国音乐家威尔克迈斯特才提出相同的理论。

朱载堉在音乐上的另一成就是发明了校正律管（即用于定律的标准器）管口的方法——"异径管律"，它对解决管乐器的管口校正具有重要的意义。此外，朱载堉还改编了不少戏曲史料和民间曲调，在乐器的制作上也取得了一定的成就。

《高山流水》

《高山流水》大概是中国起源最早、影响最大的一首琴曲，取材于"伯牙鼓琴遇知音"的故事。文献如《列子·汤问》《吕氏春秋·本味》中对此事都有记载，且经常为世人引用。故事说的是春秋战国时期的俞伯牙善于弹琴，而钟子期善听。伯牙弹琴志在高山，子期就说："妙啊，就像雄伟的泰山一样！"伯牙志在流水，钟子期就说："妙啊，就像烟波浩渺的江河一样！"每次伯牙弹奏，子期必能洞悉其心意，因此被伯牙视为知音。后钟子期不幸去世，俞伯牙非常悲痛，于是破琴绝弦，不再弹琴。

这个故事对后世的知音观念影响很大，更重要的是，它直接孕育了《高山流水》这首不朽的千古绝唱。不过现存的《高山流水》已经一分为二，变为《高山》和《流水》。在明清以后多种琴谱中，以清代唐彝铭所编《天闻阁琴谱》中所收川派琴家张孔山改编的《流水》最有名。他增加了以"滚、拂、绰、注"手法作流水声的第六段，成为最流行的谱本，后琴家多据此演奏。除琴曲外，《高山流水》还有筝曲。它同样取材于"伯牙鼓琴遇知音"的故事，只是风格与琴曲迥然不同。

《梅花三弄》

《梅花三弄》，又名《梅花引》《玉妃引》，中国著名的古琴曲。明代朱权的《神奇秘谱》中记载，《梅花三弄》最早是东晋桓伊所奏的笛曲《梅花落》："桓伊出笛吹三弄梅花之调，高妙绝伦，后人入于琴。"在唐诗中也有对笛曲《梅花落》的描述，后改为琴曲。《梅花三弄》表现的主题因时代而有所不同。南朝至唐的笛曲《梅花落》大都表现离愁别绪，明清时的琴曲《梅花三弄》表现的是梅花傲雪凌霜、坚贞不屈的节操与品质。"梅为花之最清，琴为声之最清，以最清之声写最清之物，宜其有凌霜音韵也""三弄之意，则取泛音三段，同弦异徵云尔。"后一句的意思是《梅花三弄》的结构采用循环再现的手法，重复整段主题三次，每次重复都采用泛音奏法，故称为"三弄"。

《阳关三叠》

《阳关三叠》是唐代著名的歌曲，又称《阳关曲》《渭城曲》。歌词根据唐代著名诗人王维诗《送元二使安西》谱写而来："渭城朝雨浥轻尘，客舍青青柳色新。劝君更尽一杯酒，西出阳关无故人。"因为歌词要反复咏唱三遍，所以又称作《阳关三叠》。

《阳关三叠》传至后代，有多种曲谱和唱法，现存最早的谱本是明代初年龚稽古所编《浙音释字琴谱》（1491年）。另有其他琴歌谱共30多种，它们在曲式结构上有些差别，曲调则大同小异，都是简单纯朴，带着一丝挥之不去的淡淡离愁，并用反复的咏叹深化对友人的依依惜别之情，因此成为历来送别友人的经典曲目，而"阳关"也因此曲，成为送友酬唱的代名词。流传至今的《阳关三叠》琴歌，出自清末张鹤所编《琴学入门》，全曲3大段，即3次迭唱。每次迭唱除原诗外，加入若干词句。《阳关三叠》除作为歌曲演唱外，亦经常作器乐演奏，其中以琴曲、筝曲、二胡曲较有影响。

《秦王破阵乐》

《秦王破阵乐》，属武舞类，由唐初乐歌《破阵乐》发展而来，为唐朝宫廷乐舞，是最著名的歌舞大曲之一，最初用于宴享，后来用于祭祀。据《旧唐书·音乐志》记载，唐高祖武德三年（公元620年），秦王李世民击破叛将刘武周，解除了唐朝的危局，河东（山西永济）士庶歌舞于道，军人利用军中旧曲填唱新词，欢庆胜利，遂有"秦王破阵"之曲流传于世。李世民即位后，诏魏征等增撰歌词7首，令吕才协律度曲，订为《秦王破阵乐》。贞观七年（公元633年），李世民又亲制《破阵舞图》，对舞蹈进行加工：左圆、右方、先偏、后伍、鱼丽、鹅贯、箕张、翼舒，交错屈伸，首尾回互，往来刺击，以像战阵之形，舞凡三变，每变为四阵，计十二阵，与歌节相应，共用乐工120（又说为128）人，戎装演习，擂鼓呐喊，声震百里，气壮山河，而后又调用马军两千人入场，景象极为壮观。后来，唐高宗时的《神功破阵乐》和唐玄宗时的《小破阵乐》，都是在《秦王破阵乐》的基础上改编而成的。《秦王破阵乐》不仅在国内流行了300年之久，而且还传播到了印度和日本。这支乐谱后来在国内失传，但却在日本保存下了琵琶谱、五弦琵琶谱、筝谱、笙篥谱、笛谱等多种谱本。

《霓裳羽衣曲》

《霓裳羽衣曲》是唐代最负盛名的歌舞大曲之一，对于它的创作来历，众说纷纭。比较可信的是《霓裳羽衣曲》是由唐玄宗吸收西凉都督杨敬述所献的印度《婆罗门曲》创作而成。但是在歌舞的结构方面则遵循中原传统的相和大曲、清商大曲的三段式，分为散序、中序、破三个部分。因此《霓裳羽衣曲》是中外音乐相交融的结晶。

此曲的音乐以古老的《长安鼓乐》为素材，舞蹈则以敦煌壁画飞天的舞姿为借鉴，采用唐大曲结构形式精心排演而成。《霓裳羽衣曲》是女子舞蹈，表演者穿着孔雀毛的翠衣和淡彩色或者月白色的纱裙，肩着霞帔，头戴着"步摇冠"，身上佩戴许多珠翠，宛如美丽典雅的仙子。在表演舞蹈之前，先是一段"散序"，乐队的金、石、丝、弦等乐器次序发音，以独奏、轮奏等方式，演一段悠扬动听的旋律。在接着的"中序"的慢拍子中，装饰华美的舞者才开始上场。中序的节奏疏换，舞姿主要是轻盈的旋转、流畅的行进和突然的回身，尤其是柔软清婉的"小垂手"舞姿，行动轻灵又迅急，衣裙像浮云般飘起，宛若仙子踏云而来。到"曲破"之后，节奏就加快了，急剧的舞蹈动作使身上环佩缨珞叮当碰撞，这时，还有整齐的合唱，富有表情的说白，极富感染力。最后是"尾声"，节拍又慢下来，最后在一个拖长的音阶中终结。《霓裳羽衣》的演出方式并不完全固定，杨玉环表演过独舞形式的，也有双人舞形式的，后来也有用百名宫女组成的大型舞队表演成群舞。

《春江花月夜》

《春江花月夜》又名《夕阳箫鼓》《浔阳琵琶》《浔阳夜月》。它主要描绘的是月夜春江的迷人景色，赞颂了江南水乡的优美风姿。

它原是一首著名的琵琶传统大套文曲，明清时广为流传。乐谱最早见于鞠士林（1820年前）的手抄本，1895年李芳园在编集《南北派十三套大曲琵琶新谱》时收入此曲，曲名《浔阳琵琶》。后人将此曲改为丝竹合奏，并根据《琵琶记》中的"春江花朝秋月夜"改名为《春江花月夜》。改编后的乐曲用二胡、琵琶、古筝、洞箫、钟、鼓等乐器演奏。全曲中没有一件乐器是从头演奏到底，但又一气呵成，毫无断线之感。全曲分为10段，按照中国古典标题音乐的传统，每段都有一个小标题。它们是江楼钟鼓、月上东山、风回曲水、花影层叠、水深云际、渔歌唱晚、回澜拍岸、桡鸣远濑、欸乃归舟和尾声。《春江花月夜》旋律古朴、典雅，节奏平稳、舒展，意境深远，具有很强的艺术感染力。

《汉宫秋月》

《汉宫秋月》是中国十大古曲之一，原为清代崇明派的琵琶曲，后来被改编为多种版本，现在流传的演奏形式在琵琶曲之外还有二胡曲、筝曲、江南丝竹等。乐曲得名于元代马致远的杂剧《汉宫秋》，《汉宫秋》讲述的是王昭君出塞和亲的事迹，《后汉书·南匈奴传》记载："昭君入宫数岁，不得见御，积悲怨，乃请掖庭令求行。"这支乐曲表达的就是古代宫女所怀有的那种深居宫中寂寞清冷而又无可奈何的哀怨悲愁的情绪，曲调细腻、幽雅、隽永、悲咽，一咏三叹，情景兼备，具有很深的艺术感染力。

《渔樵问答》

《渔樵问答》是一首古琴曲，为中国十大古曲之一，曲谱最早见于明代萧鸾撰写的《杏庄太音续谱》，其中记有这样的评语："古今兴废有若反掌，青山绿水则固无恙。千载得失是非，尽付渔樵一话而已。"这支琴曲表达的是隐逸之士对不为凡尘俗事所羁绊的渔樵生活的向往。清代陈世骥在《琴学初津》中说："《渔樵问答》曲意深长，神情洒脱，而山之巍巍，水之洋洋，斧伐之丁丁，橹歌之欸乃，隐隐现于指下。迨至问答之段，令人有山林之想。"乐曲正是采用渔者和樵者问答的方式，以上升的曲调表示问句，下降的曲调表示答句，通过飘逸而优美的旋律，精确而形象地渲染出渔夫樵夫在青山绿水间怡然自乐的情趣和悠然自得的神态。

《胡笳十八拍》

《胡笳十八拍》原是一首琴歌，相传为汉魏时期著名的女诗人蔡文姬所作，是由18首歌曲组合的声乐套曲，由琴伴唱。"拍"在突厥语中即为"首"。"笳"则是中国古代北方民族的一种吹奏乐器，有点像笛子。起"胡笳"之名，想必是由于琴音融入了胡笳哀声的缘故。

今存曲谱有2种：一是明代《琴适》中与歌词配合的琴歌；二是清初《澄鉴堂琴谱》及其后各谱所载的独奏曲。后者影响尤大，全曲共18段，运用宫、徵、羽3种调式，音乐的对比与发展层次分明，前十来拍主要倾诉作者对故乡的思念；后几拍则抒发作者惜别稚子的隐痛与悲怨。全曲始终萦绕着一种缠绵悱恻、凄婉哀怨的思念之情，让人听了不禁肝肠寸断。李颀的《听董大弹胡笳》诗中云："蔡女昔造胡笳声，一弹一十有八拍。胡人落泪沾边草，汉使断肠对客归。"形象地说明了此曲非同一般的艺术感染力。

《广陵散》

《广陵散》又名《广陵止息》，东汉末至三国时已流行。"散"有散乐之意，是指有别于宫廷雅乐的民间音乐。对于它的内容取材，一直有两种说法。一是战国时聂政刺韩相的史实，见于《战国策》和《史记·刺客列传》，说的是韩国大臣严仲子与宰相侠累有仇。严仲子认为聂政是个勇士，遂请其刺杀韩相侠累。于是聂政只身前往韩国，刺杀了韩相侠累，然后自毁容貌，屠肠身亡，体现了一种"士为知己者死"的高尚情操。另外一种说法就是《广陵散》是《聂政刺韩王曲》的异名。东汉蔡邕的《琴操》中是这样说的：聂政的父亲奉命为韩王铸剑，因为误了期限，结果被韩王所杀。聂政为父报仇行刺失败，但他知道韩王好乐后，遂自毁容貌潜入深山，苦心学艺10余年。在学成之后，他进宫为韩王弹琴，然后趁机从琴腹内抽出匕首，刺死韩王，然后自杀。

这两种说法虽然略有不同，但都说明了《广陵散》讲的是一个有关刺客的悲壮故事，因此全曲始终贯注着一股慷慨不平的激烈之气。现存的曲谱主要有三种：明朱权《神奇秘谱》本；明汪芝《西麓堂琴统》甲、乙两种谱本。其中以《神奇秘谱》本最为完整。全曲共分45段，每段都有与之相应的小标题，如取韩、发怒、冲冠、投剑等。全曲反复表现沉郁悲愤和慷慨激昂两种情感，具有震撼人心的力量。在追求中和之美的古典音乐作品中，富有战斗精神的《广陵散》显得独树一帜。

《平沙落雁》

著名古琴曲，又名《雁落平沙》，作者不详。这首琴曲最早的记载是明代《古音正宗》（1634年），后有多种琴谱流传。对于本曲的曲意，各种琴谱的解题不尽相同。《古音正宗》中说此曲："盖取其秋高气爽，风静沙平，云程万里，天际飞鸣。借鸿鹄之远志，写逸士之心胸也……通体节奏凡三起三落。初弹似鸿雁来宾，极云霄之缥缈，序雁行以和鸣，倏隐倏显，若往若来。其欲落也，回环顾盼，空际盘旋，其将落也。息声斜掠，绕洲三匝，其既落也，此呼彼应，三五成群，飞鸣宿食，得所适情；子母随而雌雄让，亦能品焉。"全曲委婉流畅，隽永清新，至今深受人们喜爱。

《十面埋伏》

《十面埋伏》是中国古代琵琶曲，作者不详。这是一首历史题材的大型琵琶曲，描写了公元前202年楚汉两军在垓下最后决战的情景。汉军用十面埋伏的阵法击败楚军，最终迫使项羽霸王别姬、乌江自刎，汉军大获全胜。

关于《十面埋伏》产生的时间，至今没有定论。唐代白居易曾写过《琵琶行》，诗中有"银瓶乍破水浆迸，铁骑突出刀枪鸣。曲终收拨当心划，四弦一声如裂帛"的诗句，可以看出当时白居易曾听到过表现激烈战斗场面的琵琶曲。

明末清初人王猷定所著《四照堂集·汤琵琶传》中曾记载了当时著名音乐家汤琵琶演奏《楚汉》的情景，与《十面埋伏》在情节及主题上是一致的。可见早在16世纪以前，此曲已在民间流传。但是，它的曲谱最早见于1818年华秋苹所编《琵琶谱》，分13段：开门放炮、吹打、点将、排阵、埋伏、小战、呐喊、大战、败阵、乌江、争功、凯歌、回营。这首著名的琵琶古曲，描绘了战前的准备、激烈的战斗场面，以及悲壮惨烈的结局。整首乐曲具有壮丽辉煌的风格，气势雄伟，曲风激昂，使人心潮澎湃。

西方音乐

多来咪发梭拉西

"多来咪发梭拉西"是舶来品。在中国古代，记述音乐是采用宫、商、角、徵、羽五音记法。

11世纪的欧洲，教会里唱赞美诗，只有"1、2、3、4、5、6"这6个音。后来，意大利僧侣音乐家归多把圣乐的一首赞美诗每行歌词的第一音节依次排列起来，恰好是"六声音阶"，因此，他就用每行歌词的第一个音节"乌来咪发梭拉"来代表六声音阶。不久，七声音阶问世，才把原来弃掉的那些赞美诗最后一句"圣约翰"几个字的第一音节拼起来，成为第7个唱名"7"，发音为"西"。17世纪时，意大利音乐家布隆契认为第一音名"乌"不响亮，建议换用"多"音，他的意见被许多音乐家采纳，于是"1、2、3、4、5、6、7"就正式成为今天的唱法。

五线谱

五线谱是一种国际上通用的记谱法，几乎所有的国家都使用它。

远在10世纪时，一位名为古罗的法国音乐家开始用四条横线表示音的高低，又把当时流行的一种表示音的长短的符号放在四条横线里来记载乐曲，由此发明了最初的五线谱，也叫"四线谱记谱法"。这在当时是一个很了不起的发明，在整个欧洲音乐界引起了不小的轰动。到了12世纪，有人把表示音的高低的四条横线改成五条横线，但这样的五线谱仍不完善，如小节线、拍号等符号，还没有出现。直到16世纪，五线谱才逐渐完善，和我们现在使用的差不多。

简谱

所谓简谱，是指一种简易的记谱法，

有字母简谱和数字简谱两种。一般所称的简谱，系指数字简谱。数字简谱以可动唱名法为基础，用1、2、3、4、5、6、7代表音阶中的7个基本音级，读音为多、来、咪、发、梭、拉、西，休止以0表示。每一个数字的时值名相当于五线谱的4分音符。

简谱的发明人是法国的苏埃蒂。1665年，苏埃蒂写了一本名叫《学习素歌和音乐的新方法》的书，公布了他所发明的数字简谱，稍后，法国著名的思想家、教育家和文学家卢梭等对其进行了加工完善，使之成为一种完整的记谱法。在中国，简谱的发明者是李叔同。

音乐指挥

在记谱法尚未发明的时代，欧洲的音乐都是用口头传授的。在祭祀舞蹈进行中，领头的歌手成了最早的指挥，他为了向众歌手提示旋律的进行方向，便用手在空中"画"出旋律线来。指挥的功能主要是给大家指出旋律的由低音到高音，或由高音到低音的变化。

希腊时代的指挥，有的人用脚，也有的人用头；有的人喜欢用单手指挥，也有的人惯用双手指挥；有人将手绢系在木棒上指挥，也有人在风琴旁边钉上一块铁板敲着指挥的。

专职的指挥大约出现在19世纪初，那时，指挥合唱队的人手里拿着一卷谱纸，依照歌曲的旋律而挥动。这卷谱纸当时被称为"梭法"。指挥乐队的人则大多数使用铁质手杖敲击地板。

1867年，法国一位音乐家在为法王路易十四的演奏中，由于指挥时忘乎所以，竟以铁杖击伤脚背，不治而死。于是，人们便淘汰了这种可怕的指挥方式。直到1894年，德国作曲家威柏首先创用了指挥棒，音乐界大为认可，逐步推广开来，并一直沿用至今。

钢琴

钢琴被称为"乐器之王"，它是由古钢琴和羽管键琴发展演变而来的。

18世纪初期，意大利的乐器制造家巴托洛梅奥·克里斯托弗利发明了钢琴。他在羽管键琴的基础上加以改进，将皮革包裹在木槌上，发明了键盘机械槌击式钢琴，从而奠定了现代钢琴的基础。这一改进弥补了古钢琴和羽管键琴几乎无法调节音量的严重缺陷，弹奏者可以通过敲击琴键力度的变化来随意改变音量的大小，其音量也比古钢琴和羽管键琴大得多，因而大大地增强了钢琴的表现力。

1821年，塞巴斯蒂安·埃拉尔将击弦机械改进为复震奏机械，使弹奏者能够以更快的速度重复敲击键盘，弹奏出复杂的乐曲。

1825年，阿尔菲斯·巴考克首次采用铸铁弦架，增加了其对琴弦拉紧后产生巨大张力的承载能力，使紧张的琴弦不致因为弦架变形而发生松弛，这一改进为钢琴的音准稳定和使用寿命的提高创造了良好的条件。

1850年，支撑结构、弦列的交叉排列和复震奏式击弦机三要素相结合，确立了现代钢琴结构最理想的基本形式。

经过300多年的发展和改进，现代钢琴在品种和性能等方面已经得到了不断的丰富和完善。

管风琴

在西方音乐历史上，管风琴是键盘乐器家族中历史最为悠久的乐器。最早的管风琴可以追溯到公元前3世纪，到今天已有2000多年的历史。提起管风琴，人们总会联想到庄严神圣的教堂音乐。然而，直到公元9世纪，管风琴才被允许进入教堂担任人声伴奏。文艺复兴时期以后，管风琴作为宗教音乐乐器的地位日益显赫起来。

最古老的管风琴是出现在古埃及亚历山大城的"水力管风琴"，这种原始的管风琴声音嘹亮刺耳，常用来为古代罗马人的戏剧表演和竞技活动伴奏助兴。在随后的1000年中，管风琴制作工艺发展缓慢，体积却日渐庞大。这样的管风琴需要有将近百人的合作才能完成演奏，其声音震耳欲聋，无论对于演奏者还是听众，享受音乐的意义已经不存在了。

吉他

吉他是一种西洋弹拨乐器，扁平形状，呈腰形。中国流行的是六弦吉他，故又称"六弦琴"。

吉他起源于阿拉伯，最早的名叫作维忽拉，14世纪以前，由摩尔人把它带到了西班牙。早期的吉他有八弦、十弦、二十弦以至二十四弦。16世纪，在西班牙和法国宫廷，吉他已风靡一时，到了18世纪才出现了六弦吉他，19世纪中期，西班牙制造家托雷斯完成了古典吉他的标准化。从此，西班牙古典吉他便在欧洲广泛地流传，后又传入了亚、非、拉美各国。随着现代电子技术和电声学的发展，又产生了电吉他。

小提琴的诞生

2000多年前，有一个名叫美尔古里的埃及人在尼罗河畔的沙滩上散步，无意中踩在一个干枯的龟壳上，突然，那龟壳发出了美妙的铿锵声。他反复试验，确认龟壳能发出美妙的声音。回家后，他就模仿龟壳的形状制出了一种四弦琴般的乐器，并为其起名"列里"。后来，这种乐器就在埃及广泛地流传开了。到了11世纪，"列里"经过改良，更名为"微奥列"，按指的地方设有音阶的格子。到了15世纪，意大利人把音阶的格子除去，在光木头上装上四条琴弦。这样，第一把小提琴便诞生了。

手风琴

手风琴是一种既能够独奏，又能伴奏的簧片乐器。其声音宏大，音色变化丰富。演奏者通过手指与风箱的巧妙结合，能够演奏出多种不同风格的乐曲。

德国人德里克·布斯曼在1821年制造了用口吹的奥拉琴，1822年又在琴上增加了手控风箱和键钮，后来，奥地利人西里勒斯·德米安在布斯曼的基础上，成功地改良创制了世界上第一架手风琴。

双簧管

双簧管是吉尼斯世界纪录大全中最难的乐器。音色柔和软丽，有芦笛声，适于表现田园风光和忧郁抒情的情绪。由于音色甜美，被称为"公主"。双簧管最初形成于17世纪中叶，18世纪时得到广泛使用。双簧管在乐队中常担任主要旋律的演奏。

铜鼓乐

铜鼓是现代乐器中不可缺少的一部分。它声音洪亮激越，热情奔放。铜鼓乐诞生于第二次世界大战后的特立尼达和多巴哥。

"二战"结束的喜讯传到位于拉丁美洲的岛国特立尼达和多巴哥，人们载歌载舞，兴高采烈地涌上街头，他们敲打着所有带响的东西。

由于当地盛产石油，汽油桶特别多，于是体积庞大、发音洪亮的汽油桶就成了人们敲击的对象。后来，有人发觉，油桶的不同位置可以发出不同的声音，略加改动便能击打出一些简单的旋律。这一发现奠定了铜鼓的地位。以后不断改进、完善，现在已可以按交响乐队的正规编制组成二管、三管、四管的大型乐队。

萨克斯

萨克斯是由比利时人阿道夫·萨克斯于1840年发明的。阿道夫是一位锐意的乐器制造者，擅长黑管和长笛演奏。他将低音单簧管的吹嘴和奥菲克莱德号的管身结合在一起并加以改进，以自己名字命名了这种新型乐器。

法国作曲家柏辽兹说："萨克斯的主要特点是音色美妙变化，深沉而平静，富有感情，轻柔而忧伤，好像回声中的回声。在寂静无声的时刻，没有任何别的乐器能发出这种奇妙的声响。"

管乐队

管乐队即木管、铜管与敲击乐器合奏的组称，始于15世纪的德国，是军队生活的常备部分；后传至法国、英国和新大陆。15~18世纪，欧洲许多城镇都有自己的乐师或歌唱队，在特别的节日表演时，木管乐队常加入肖姆管和长号两项乐器。18、19世纪时英国业余的铜管乐队包含许多新的铜管乐器。

古典音乐

古典音乐的艺术手法讲求洗练，追求理性地表达情感。是1750~1820年的欧洲主流音乐，又称维也纳古典乐派。最著名的作曲家有海顿、莫扎特和贝多芬等。

另外，也有人认为古典音乐是指能承载厚重内涵的西洋古典音乐，它们是从西方中世纪开始、在欧洲主流文化背景下创作的。这是从广义的角度说的。

浪漫主义音乐

浪漫主义乐派是继维也纳古典乐派后出现的一个新的流派，产生于19世纪初。

这个时期，艺术家的创作上表现为对主观感情的崇尚，对自然的热爱和对未来的幻想。它承袭古典乐派作曲家的传统，在此基础上，提倡一种综合艺术；提倡标题音乐；强调个人主观感觉的表现，作品常常带有自传的色彩；作品富于幻想性，描写大自然的作品很多，因为大自然很平静，没有矛盾，是理想的境界；重视戏剧，研究民族、民间的音乐文学，从中吸取营养，作品具有民族特色。

交响曲

交响曲也称交响乐，其含义源自希腊文"一起响"。据载，中世纪时，这个词也曾表示两个以上音的和谐结合。

16~18世纪上半叶，一切多声部的声乐曲结合都泛指为交响曲。18世纪中叶意大利歌剧演出盛行，剧中的序曲特别是其快—慢—快的结构为促进交响曲的发展奠定了基础。18世纪中后期，交响曲逐渐从歌剧中独立出来而变为自成一格的器乐演奏形式。在当时的意大利，涌现出了不少有3个乐章的交响曲：快板、慢板和小步舞曲。出生于奥地利的作曲家海顿被人们誉为"交响乐之父"。他一生致力于这类体裁的创作，曾写下了120余部交响曲，并逐步把4个乐章的交响曲作为规范形式固定下来。

圆舞曲

对中国来说，圆舞曲是一种外来的音乐体裁，英文是waltz，所以有时也音译为"华尔兹"舞曲。

圆舞曲一般起源于农村，是随着社会的发展，在城市中发展起来的，尤其是在维也纳，因此有些圆舞曲也叫维也纳圆舞曲。追根溯源，圆舞曲的前身是奥地利民间的"兰得勒舞曲"，这也是一种农村舞曲。圆舞曲在"兰得勒舞曲"的基础上渐渐发展成一种三拍子舞蹈，跳舞时一对对男女舞伴，随舞曲的节奏旋转打转，动作轻快、优美、情绪热烈、欢快。

摇滚乐

摇滚乐又称摇摆舞音乐或滚石乐，是由一种称为"布鲁斯"的爵士乐演变而来的，它源于美国，是当今西方世界极其盛行的流行音乐。

20世纪30年代至50年代，"布鲁斯"仅流行于黑人地区。美国的一些黑人乐师在演奏时，将黑人教堂音乐、西部乡土音乐及民间音乐的演奏技巧和风格融入其中，综合而成了摇摆乐。这种音乐节奏强烈、音响丰富，是一种非常活跃的两拍节奏的音乐，其在演奏乐器和歌唱方面也有异于其他传统的流行音乐。

摇滚乐以一套独特的演奏技巧，以别出心裁的方式运用人声，达到了新的表现水平。它还以电子乐器取代了以往的器乐队，并把最早期的各种爵士乐风格的魅力同现代电子乐器结合在一起，形成了一种有强大吸引力的音乐风格。由于它在创作过程中糅合了其他许多音乐的因素，所以，摇滚乐的种类相当多，如迷幻摇滚乐、乡村摇滚乐、民歌摇滚乐、拉加摇滚乐和爵士摇滚乐等。

爵士乐

爵士乐，是英文jazz的音译。它是20世纪初产生于美国新奥尔良的一种舞曲性质的音乐。

爵士音乐源于非洲黑人音乐。17世纪初，大批黑人被贩卖到美洲做奴隶，与此同时，他们也把自己热爱的故乡音乐带到了美洲。爵士音乐是作为穷苦黑人的"娱乐音乐"发展起来的。演奏这种乐曲，最初只限于黑人聚居地区的小酒吧、小舞厅，那些"高等白人"是不屑于到这种场所来的。但是，随着爵士音乐的流行，许多白人乐队也开始模仿这种曲调，并发展出一种被称为"狄克斯兰"的舞曲，但仍以黑人音乐作为基础。

据考证，"爵士"是密西西比河流域家喻户晓的一位黑人江湖音乐家的名字，他的全名叫爵士波·布朗。传说他常在黑人居住区的咖啡馆里演奏，听众总是叫嚷道："再来一个，爵士波！再来一个，爵士波！"爵士音乐因而得名。

爵士乐在中国的历史可追溯到半个多世纪之前。20世纪三四十年代的上海是爵士乐在中国的栖息地，曾出现过相当规模的爵士乐演出和一些颇具水准的爵士乐音乐家。当时的爵士乐主要是为舞厅伴舞。

几十年的沧桑变迁，爵士乐在中国几乎销声匿迹，出现了近半个世纪的断层，而这期间正是爵士乐重要的发展阶段。爵士乐早已摆脱了四平八稳的伴舞的音乐形式，融合了丰富的音乐风格、文化特质和演奏技巧，最具音乐自身的魅力、表现力和感染力，早已置身于高雅艺术的行列。

近年来，爵士乐在中国复兴，并赢得越来越大的发展空间。

协奏曲

16世纪意大利的协奏曲多指有乐器伴奏的合唱曲，以别于无伴奏合唱。17世纪后半叶起，指由几件或一件独奏乐器，与一小型弦乐队互相竞赛的器乐套曲。用几件乐器者称"大协奏曲"。意大利作曲家托莱里和科莱里是大协奏曲的创始者。

奏鸣曲

一种多乐章的器乐套曲。由三到四个相互形成对比的乐章构成，用1件乐器独奏或1件乐器与钢琴合奏。其中各乐章的基本特点和曲式结构一般为：

第1乐章：快板，用奏鸣曲式。

第2乐章：慢板，用变奏曲式、复三段式或自由的奏鸣曲式。

第3乐章：小步舞曲或谐谑曲，用复三段式。

第4乐章：快板或急板，用奏鸣曲式或回旋曲式。

进行曲

进行曲是一种富有节奏步伐的歌曲。最初产生于军队的战斗生活，用以鼓舞战士斗争意志，激发战士的战斗热情。其基本特点是雄劲刚健的旋律和坚定有力的节奏。著名的有《拉德斯基进行曲》等。

小夜曲

小夜曲起源于欧洲中世纪骑士文学，原是中世纪欧洲行吟诗人在恋人的窗前所唱的爱情歌曲，旋律优美、委婉、缠绵，常用吉他或曼陀林伴奏。流行于西班牙、意大利等国家。

奥地利作曲家莫扎特的歌剧《唐·璜》第二幕里的小夜曲，是在少女的窗前弹着曼陀林歌唱的典型小夜曲。其他代表作品还有《舒伯特小夜曲》等。

德累斯顿国立交响乐团

德国德累斯顿国立交响乐团，成立于1548年，是世界上最古老的交响乐团。该团在18世纪前以演奏意大利歌剧为主。经著名音乐家瓦格纳和理查·施特劳斯的指挥排演，创造出了辉煌的历史。

德累斯顿交响乐团最擅长歌剧演奏；在交响作品方面，该团拥有跟西欧乐团所不同的独特音响，而且声部平衡很好。它所演奏的德奥古典音乐格调高雅、音响丰满，具有美妙的德国古老传统色彩。

维也纳爱乐乐团

奥地利维也纳爱乐乐团，是世界闻名的音乐之都——维也纳的象征性乐团。从1860年起，这个乐团由团员自主经营，在德索夫的指挥下举办定期音乐会。1870年，里希特担任该团指挥后，该团声誉渐起。维也纳爱乐乐团不设常任指挥。马勒、理查·施特劳斯、勃拉姆斯和布鲁克纳等著名作曲家或指挥家，都曾指挥过该团演出。据统计，指挥这个乐团灌制过唱片的指挥家达36位之多。

维也纳爱乐乐团的演奏有一种独特的美感，一直保持着鲜明的德奥音乐的传统风格，典雅而庄重，弦乐音色华丽优美。该团演奏的曲目比较保守，以传统的德奥作品为主。

纽约爱乐乐团

纽约爱乐乐团是美国最早的交响乐团，由希尔创立于1842年。1928年，该团跟纽约交响乐协会合并，形成今天的规模。

从1928年到1936年间，托斯卡尼尼就任音乐监督，该团进入了黄金时代。1958年，当代著名指挥家伯恩斯坦开始指挥该团，使该团进入了第二个黄金时代。该团自建团以来灌录了数量众多的唱片，其演奏成员中著名的演奏家比比皆是，不胜枚举。

波士顿交响乐团

波士顿交响乐团是现今所有美国乐团中最具贵族气息的乐团。波士顿交响乐团创立于1881年，由亨谢尔任指挥。该团从创立至1918年的历任指挥都是德国人。1919年，法国作曲家拉波接任该团指挥。1924年俄国著名指挥家库塞维斯基就任音乐监督后，波士顿交响乐团进入了黄金时代。1972年，乐团又进入小泽征尔时代，再度重振威风。

柏林爱乐乐团

德国柏林爱乐乐团成立于1882年，著名指挥家尼基什曾任该团指挥达27年之久，他在任期间为乐团打下了牢固的基础，使之成为全世界首屈一指的交响乐团之一。

同欧洲许多传统的乐团相比，柏林爱乐乐团的历史较短，但担任该团指挥职务的大多是最伟大的指挥家，这就使他们的演奏曲目无限扩大，合奏技能精彩绝伦，并具备了优异的反应能力。

捷克爱乐乐团

捷克爱乐乐团于1894年以布拉格国民剧院管弦乐团为中心组建，两年后在捷克著名作曲家德沃夏克指挥下第一次举行演奏会。1918年，著名指挥家陶利希担任该团的音乐监督后，该团成为捷克斯洛伐克首屈一指的乐团。1950年后的安杰尔时代，使该团拥有了世界性的实力与声誉。

捷克爱乐乐团的演奏曲目十分广泛。

有古雅的情调和捷克式的独特音响，在演奏本民族的作品时情韵尤其优美。该团的众多音乐家中，以德沃夏克的音乐成就最高。

▍费城管弦乐团

美国费城管弦乐团创立于 1900 年。1921 年，在第三任音乐监督斯托科夫斯基的训练下，该乐团很快成为全美的"三大乐团"之一。

费城管弦乐团以辉煌的音响和多彩的音色闻名于世，被誉为"费城音响"，在美国冠盖群雄，堪称 20 世纪世界性的"超级交响乐团"。

▍多伦多交响乐团

加拿大多伦多交响乐团创建于 1908 年。1931 年，马克米兰就任该团的音乐监督，使乐团有了长足的进展。1965 年，小泽征尔担任该团的音乐监督，确立了该团世界一流的地位。该团演奏富有朝气，音色明亮、华丽。

▍圣彼得堡爱乐交响乐团

圣彼得堡爱乐交响乐团是俄罗斯历史上最悠久、实力最强的管弦乐团。它的起源可以追溯到 18 世纪的圣彼得堡宫廷乐团，20 世纪开始举行公开演出。1938 年，苏联著名指挥家穆拉文斯基就任音乐监督，此后的 40 多年，该团声誉渐高，成为"穆氏的亲兵"而进入黄金时代。

圣彼得堡爱乐交响乐团的演奏风格充满激情、富有力度感，充分反映出彼得堡这个古老城市的文化特性，在合奏上显示了俄罗斯式的洗练特色。

舞蹈

▍迪斯科

迪斯科，来自法语，原意为唱片舞会，起先是指黑人在夜总会按录音跳舞的音乐。20 世纪六七十年代兴起，开始流行于美国黑人聚居区和拉丁美洲下层社会，很快风靡全世界。70 年代，迪斯科实际上成了对任何时新的舞蹈音乐的统称。迪斯科音乐以夸张的强弱力度交替反复诱发人体内在的节奏冲动，舞步更为自由，可根据个性发挥。

▍现代舞

现代舞是 20 世纪初在西方兴起的一种与古典芭蕾相对立的舞蹈派别。它反对古典芭蕾的因循守旧、脱离现实生活和单纯追求技巧的形式主义倾向，主张摆脱古典芭蕾舞过于僵化的动作程式的束缚，以合乎自然运动法则的舞蹈动作，自由地抒发人的真实情感，强调舞蹈艺术要反映现代社会生活。

现代舞创始人美国舞蹈家伊莎贝拉·邓肯认为古典芭蕾的练习会造成人体的畸形发展。她向往原始的纯朴和自然的纯真，主张"舞蹈家必须使肉体与灵魂结合，肉体动作必须发展为灵魂的自然语言"，真诚地、自然地抒发内心的情感。匈牙利人鲁道夫·拉班系统地为现代舞派建立起一套较为完整的理论和训练体系，他创造了一种被称为自然法则的训练方法，把人体动作的构成归纳为"砍、压、冲、扭、滑动、闪烁、点打、飘浮"等8大要素，认为正确处理各要素之间的关系，就能组成各种动作。

伦巴舞

伦巴舞起源于古巴，音乐为4/4拍，速度每分钟27小节左右。伦巴舞的特点是：音乐缠绵，舞态柔美，舞步动作婀娜多姿。

恰恰

恰恰起源于墨西哥，音乐为4/4拍，速度每分钟31小节左右。恰恰舞音乐有趣，节奏感强，舞态花俏，舞步利落紧凑，在全世界广为流行。

桑巴舞

桑巴舞起源于巴西，音乐为4/4或2/4拍，速度每分钟51小节左右。桑巴舞音乐热烈，舞态富有动感，舞步摇曳多变，深受人们的喜爱。

斗牛舞

斗牛舞起源于法国，发展于西班牙，它的音乐为2/4拍，速度每分钟62小节左右。斗牛舞音乐雄壮，舞态豪放，步伐强悍振奋，人们对它情有独钟。

牛仔舞

牛仔舞起源于美国，是由一种叫"吉特巴"的舞蹈发展而来，其音乐节拍为4/4拍，速度每分钟43小节左右。它音乐欢快，舞态风趣，步伐活泼轻盈的特点，得到了越来越多人的认可。

狐步舞

狐步舞起源于美国黑人舞蹈，是由美国舞厅舞专家维隆·凯萨贤伉俪模仿马走路的情形而创编的，舞步简单，当时十分流行。1913年，哈利·福克斯在这个基础上编创含着美国新黑人爵士节奏的舞蹈，推出了自行设计的滑稽歌舞。这种歌舞在纽约电影院的屋顶花园首次公演，由福克斯与燕奇·杜丽主演，出乎意料地获得成功，在美国及欧洲一些国家风行，其称为"福克斯"舞。1928年进入中国，由于"福克斯"英文翻译是狐狸的意思，中国人便称其为狐步舞。

狐步舞的风格特点是流动感强，动作轻盈，舒展流畅，平稳大方，悠闲从容。

华尔兹

华尔兹是英文waltz的音译，起源于奥地利北部的农民舞蹈"连得勒"，通常被称为"圆舞"。17世纪末在维也纳宫廷里开始出现，后来演变成"维也纳华尔兹"。维也纳华尔兹在风格上华丽高雅，情绪上活泼流畅，节奏多为3/4拍。

华尔兹深受西方人宠爱自有其原因：它的旋律流畅和谐，舞姿优美，舞步舒展，犹如波涛起伏，飘然欲仙，令人陶醉。直到今天，华尔兹舞在交谊舞中的地位仍然没有动摇。

探戈舞

探戈舞的步伐刚劲有力，进退成直

线。节奏顿挫有致，被称为舞中之王。大约1880年左右，探戈舞从阿根廷布宜诺斯艾利斯下层的居民跳的米隆加舞演变而来。到了20世纪初期，探戈舞开始被社会公众认可，1915年，这种舞风靡欧洲上层社会。早期的探戈舞活泼欢快，到大约1920年，音乐和歌词都变得忧郁感伤，舞步也由原先的充满活力变为平稳的交际舞步。如今探戈舞已成为阿根廷的标志之一，和足球、烤肉列为本国人民的三大爱好。

霹雳舞

霹雳舞起源于美国，创始人是美国东海岸黑人歌星詹姆斯·布劳德。他于1949年在电视演唱是时创作了一种稀奇古怪的动作，青年们竞相模仿，并在街头进行跳舞比赛。这种舞蹈传到西海岸洛杉矶后，又出现了模仿木偶机器人动作的舞蹈。

美国东西两岸两大派街头舞蹈结合起来，深受青年们的欢迎，因这种舞蹈大都在街头表演，故又称"街头舞蹈"。它的动作主要分为旋转、跳、滑、浮、刷腿、空翻、踢几类。其特点是以身体各个部位为支点，身体旋转或腾跃。

芭蕾

芭蕾，一种舞台舞蹈形式，即欧洲古典舞蹈，通称芭蕾舞。由法语ballet音译而来。芭蕾舞孕育于意大利文艺复兴时期，17世纪后半叶开始在法国发展流行并逐渐职业化，在不断革新中风靡世界。19世纪以后，芭蕾舞技术上的一个重要特征是女演员要穿特制的脚尖舞鞋用脚趾尖端跳舞，所以也有人称之为脚尖舞。在近400年的发展过程中，芭蕾对世界各国影响很大，流传极广，至今已成为世界各国都努力发展的一种艺术形式了。代表作品有《天鹅湖》《仙女》《胡桃夹子》等。

拉丁舞

拉丁舞是国标舞即国际标准交谊舞的两大系列之一，它包括伦巴、桑巴、恰恰、斗牛、牛仔5个舞种。拉丁舞在风格上更加热情洋溢、奔放欢快。拉丁舞的节奏快，速度快，以肩、背、腰、腹、腿部的运动为主，而其利用最多的部位是骨盆，要求舞者的胯部相当的灵活。

拉丁舞的5项舞蹈各有风格，桑巴的激情，恰恰的活泼，伦巴的婀娜，斗牛的强劲，牛仔的逗趣。风格的不同，最主要的是内涵的把握。

歌舞伎

歌舞伎是日本典型的民族表演艺术，起源于17世纪江户初期，并发展为一个成熟的剧种，其演员只有男性。歌舞伎与能乐、狂言一起保留至今。

歌舞伎的始祖是日本妇孺皆知的美女阿国，她是岛根县出云大社巫女（即未婚的年轻女子，在神社专事奏乐、祈祷等工作），为修缮神社，阿国四处募捐。她在京都闹市区搭戏棚，表演《念佛舞》。这本是表现宗教的舞蹈，阿国却一改旧程式，创作了《茶馆老板娘》。阿国女扮男装，身着黑衣，缠上黑包头，腰束红巾，挂着古乐器紫铜钲，插着日本刀，潇洒俊美，老板娘一见钟情，阿国表演时还即兴加进现实生活中诙谐情节,演出引起轰动。阿国创新的《念佛舞》,又不断被充实、完善,从民间传入宫廷,渐渐成为独具风格的表演艺术。

格塔克里舞

格塔克里舞是印度四大古典舞蹈之一。格塔克里舞实际上是一种故事性很强又独具特色的颂神舞。其一大特点是把故事、诗歌、音乐、舞蹈、表演和绘画巧妙地结合起来。大诗人瓦拉多尔称格塔克里舞为"艺术的皇后"。

格塔克里舞通常在庙会期间的夜晚演出,剧中所有角色均由男子扮演。表演的形式是哑演,但有敲打乐器伴奏。舞中的故事情节,用朗诵诗的形式表达。诗句都是梵语化的马拉雅拉姆语,一个人在幕后朗诵。演员身躯的姿态和手势,都有一定的象征意义。通过双脚跳动的快慢,两手和十指的各种动作以及眼睛、鼻子和嘴唇等的不同动作来表现诗句的内容。

克塔克舞

克塔克舞产生于印度北方邦的首府勒克瑙,是印度四大古典舞蹈之一。

克塔克本是一个种姓,专门从事舞蹈,以卖艺为生,他们所跳的舞就叫克塔克舞。克塔克舞原是一种宫廷艳情舞,内容主要是表现克里希纳与拉塔的爱情故事。演员的脚上系有许多小铜铃,演员随着鼓声的变化而发出不同响声,时而铿锵有力,繁音流泻;时而细碎悦耳,娓娓动听。演员要随着鼓点和音乐用身体各部分的动作和面部表情表现各种感情。

肚皮舞

肚皮舞是一种带有阿拉伯风情的舞蹈形式,起源于中东地区,并在中东和巴基斯坦、印度、伊朗等其他受阿拉伯文化影响的地区取得长足发展,19世纪末传入欧美地区,至今已遍布世界各地,成为一种较为知名的国际性舞蹈。

肚皮舞阿拉伯原名为"Raks Sharki",意指东方之舞,因此肚皮舞又称"东方舞蹈"。一般认为,肚皮舞是中东、中亚、埃及的古老的传统舞蹈。

肚皮舞所表现的扭胯、摆肩等动作能显示女性曲线的妩媚和健美,体现妇女的勤劳、喜悦和欢乐。肚皮舞多为体态丰腴、臀部发达的女子进行独舞。当舞乐声起,便有一位妙龄女郎身披白纱,手持金属镲,身佩响环、项链等饰物,胸部高耸,半遮半裸。舞娘张开双手,舒展腰身,扭动胯臀,动作欢快明朗。随着音乐旋律的加快,腰、胯、臀的扭摆加速。舞娘从上至下颤动腰、臀和胸部肌肉,技艺高超者,还可随意颤动腰、腹的某一块肌肉。配合手的动作和双脚移动,尽情地表现女性美,给人以优美欢乐的感受。

八

电影、电视

基础知识

蒙太奇

"蒙太奇"本来是法语的音译，原义是"构成"和"装配"。影视剧作借用这个词是"剪辑""组合"的意思。现在"蒙太奇"是人们常常用在影视剧作中的一种表现手法。

电影或电视剧是根据导演事先的构思，将一个镜头一个镜头拍摄录制的片段，按照一定的要求组接起来成为完整影片。导演为了使影片产生对比、悬念等艺术效果，常常有意识地把单独看来是毫无联系的镜头连接在一起，反映特定的生活内容，这种表现方法就是"蒙太奇"。蒙太奇主要指画面与画面的组合，同时也包括画面与音响、色彩相互之间的组合，这种表现手法最早出现在1900~1901年英国电影家斯密士拍摄的《小医生》中。

画外音

画外音指影片中声音的画外运用，不是由画面中的人或物体直接发出的声音，而是来自画面外的声音。

旁白、独白、解说是画外音的主要形式。旁白一般分为客观性叙述与主观性自述两种，前者是影片创作者（或借助故事叙述者）以客观角度对影片的背景、人物、事件直接进行议论或抒发感情，后者是影片中某一人物（一般为影片主角）的自述，以主观角度追溯往事、叙述所忆所思或所见所闻。

独白是画面中人物的心理活动的语言表述，是揭示人物内心世界的重要手段。

解说是介绍、解释画面内容，阐述影片创作者思想观点的表达方式。

画外音摆脱了声音依附于画面视像的从属地位，充分发挥声音的创造作用，打破镜头和画面景框的界限，把电影的表现力拓展到镜头和画面之外，强化了影片的视听结合功能。

立体电影

世界上最早的立体电影《爱的力量》

是美国帕费克特·皮克丘斯公司在1922年拍摄的。为了获得立体感，放映时，观众必须戴上装有红色和绿色镜片的眼镜。1945~1946年，在黑海沿岸，苏联拍摄的《鲁滨孙漂流记》是世界上第一部彩色有声立体电影，这部影片由安德烈耶夫斯基导演，1947年2月在莫斯科首次放映。

特技摄影

特技摄影是法国的著名电影大师梅里爱发明的。

自从电影诞生后，梅里爱就狂热地爱着电影摄影技术。1898年的一天，他在巴黎一条街上拍片。当他正在拍摄一辆行驶的公共汽车时，摄影机突然出了故障。这时，正好远处开来一辆灵车，梅里爱没注意到灵车到来，迅速排除故障后，又马上继续拍摄。

可是，在放映这段影片时却发现了一串奇特的镜头——行驶着的公共汽车忽然变成了一辆灵车。

梅里爱从这个偶然的发现中得到了启示。于是，他开始研究与改装摄影机。经过反复的实验，他终于发明了"复摄法"，即将一个形象叠拍在另一个形象的上面，这就是目前"多次曝光摄影法"的前身。

水幕电影

水幕电影是通过高压水泵和特制水幕发生器，将水自上而下高速喷出，雾化后形成扇形"银幕"，由专用放映机将特制的录影带投射在"银幕"上形成。

水幕电影出现于20世纪80年代，由激光演示系统、放映机系统、水幕发生器、音响系统组成，当观众在观摩电影时，扇形水幕与自然夜空融为一体，当人物出入画面时，好似人物腾起飞向天空或自天而降，产生一种虚无缥缈和梦幻的感觉，令人神往。

法国印象派电影

从1918年到1929年间，为了抗衡好莱坞和追求艺术创新，一群被电影公司所力捧的法国导演，在为电影公司拍制商业影片的过程中，进行了一系列电影美学上的创新，这就是后人所谓的"印象派电影运动"。受到印象派绘画理念和其他因素的影响，印象派导演们在其影片中探索了心理化叙述、主观镜头、主观化摄影技巧、剪辑节奏、摄影光线、电影布景等形式和风格以及技术上的创新。

随着印象派电影的风格化技巧越来越普遍和流行，作为一次运动的印象派电影逐渐走向终结。

左岸派电影

左岸派电影是20世纪50年代末出现在法国的一个电影导演集团，因成员都住在巴黎塞纳河左岸而得名。他们是亚兰雷内、安妮华妲、克里斯马克、亚兰罗布格利叶、玛格丽特·杜拉斯和亨利科尔皮等。他们的影片着重于探讨现代人的迷惘和心理过程本身，热衷于进行各种心理实验，向体现存在主义和弗洛伊德主义方面进了一大步，并吸纳了伯格森的直觉主义与布莱希特的戏剧技巧。

代表作品有雷内的《慕里爱》（1963年）和《战争终了》（1967年），罗布格利叶的《不配的女人》（1963年）、《欧洲特快车》（1966年）等。

室内剧

室内剧指一种制作方式中连贯表演的方式制作的电视剧。常使用罐装笑声，其中，情景喜剧会在现场安排观众。20世纪80年代以后流行于世界各国。

室内剧的特点是：以家庭生活为素材，写人物的伦理道德；写生活琐事，普通人的悲欢离合；人物活动局限在一定的生活场景内，主要通过对话交代故事的发展、人物的命运；拍摄时往往采用基地化作业、室内搭景、多机拍摄、同期录音、现场切换的电视制作工艺，成本低，生活周期短。

布莱顿学派

布莱顿学派是成立于1900年英国的电影先驱团体，首创特技摄影和简单的蒙太奇，并实验各种彩色技术。

布莱顿学派是世界电影史上有据可考的第一个学术流派，因起源于英国的海滨城市布莱顿而得名。

该学派不仅重视对现实生活的体现，尤其对重大社会问题予以了充分的关注和表现。在表现形式和拍摄节奏方面，布莱顿学派给电影带来了早期蒙太奇，从而通过电影画面的有机组合，使得电影开始具备了属于自己所独有的叙事语言。

该学派的代表人物和作品有：乔治·阿尔培特·斯密士的《祖母的放大镜》《望远镜中所见的景象》《玛丽珍妮的灾难》，詹姆士·威廉逊的《中国教会被袭记》，埃斯美·柯林斯的《汽车中的婚礼》，西赛尔·海普华斯的《义犬救主记》等。

电影眼睛派

"电影眼睛"是苏联纪录电影导演吉加·维尔托夫于20世纪20年代初提出，在创作中付诸实践的理论，以该理论为指导进行创作的导演群体即"电影眼睛派"。

电影眼睛派否定故事影片，而推崇新闻片，认为电影的作用在于如实地纪录现实。他们研究了用电影摄影机观察生活的多种方式方法，认为电影眼睛比人的眼睛更为完善。他们总是通过对镜头的选择、剪接、配加字幕等方式，赋予生活素材以特定的含义。代表作有《带摄像机的人》《在世界六分之一的土地上》《关于列宁的三支歌曲》《前进吧！苏维埃》等。

作者电影

法国新浪潮运动曾提出"作者电影"的口号，即"拍电影，重要的不是制作，而是成为电影的制作者"。

秉承这一口号的电影从业人员主张电影采用低成本制作：启用非职业演员；不用摄影棚而用实景拍摄；不追求场面刺激和戏剧化冲突。影片在表现方法上，广泛使用能够表达人的主观感受和精神状态的长镜头、移动摄影、画外音、内心独白、自然音响，甚至使用违反常规的晃动镜头，打破时空统一性的"跳接""跳剪"等。电影带有强烈个人传记色彩。代表作品有特吕弗的《四百下》、戈达尔的《精疲力竭》等。

黑色电影

"黑色电影"一词，是从黑色文学、黑色幽默转用过来的，法国作家和影评家N·法兰克首先使用了这一词汇。主要是指调子阴郁、情绪悲观，表现愤世嫉俗和人性危机的影片样式。

黑色影片在艺术手法上的特征是悬念多、惊险、影调阴暗忧郁，规定情景总给人一种恐怖莫测的危机感。黑色电影的代表作有《卡萨布兰卡》《邮差总按两次铃》《巴黎警察局》《杀人犯的面孔》《死神手中的情侣》《密西西比河的美人鱼》等。

太阳族电影

太阳族，是日本当代作家石原慎太郎1955年出版，并获得当年芥川奖的小说《太阳的季节》中主人公的统称。他们是富裕家庭的青少年，自幼娇生惯养，不学习、不劳动，生活奢侈、放荡，不遵守社会秩序，不讲道德伦理，藐视一切，醉生梦死，是纯粹的家庭与社会的寄生虫。因此，人们称这种内容的日本作品为"太阳族文学"，同类内容的日本电影为"太阳族电影"。

代表性的太阳族电影有《太阳的季节》《疯狂的果实》《处刑的房间》《日蚀的夏天》等。

英国自由电影

英国自由电影是英国国家电影院于1956年至1959年的一次电影运动。期间，一批青年导演联合发表声明，宣布他们的创作目的是向社会上和电影界内部的保守观念挑战；强调艺术家的社会责任，要求重视日常生活题材和创作中的个性表现。代表作有汤尼理查逊和莱兹联合导演的《妈妈不答应》、安德森的《每天除了圣诞节》、莱兹的《我们是兰倍斯区的小伙子》等。

瑞典四十年代学派

瑞典40年代学派是瑞典文艺界文艺创作的一种美学思想流派。它反映了知识分子对战争、战后的欧洲局势和资本主义社会失望的情绪。1944年，导演斯约堡拍摄的《折磨》被称为40年代学派的宣言作品。该学派的代表作有伯格曼的《雨中情侣》、莫兰德尔的《没有脸面的女人》、艾克曼的《伴随月亮流浪》等。

波兰电影学派

20世纪从50年代中期起，波兰电影创作进入了新阶段。在表现第二次世界大战题材时着重表现战争给人们带来的创伤，表现人民在抵抗运动中蒙受的灾难和损失、个人在历史中的地位与价值；赋予英雄主义以新的解释，表现个人在历史事件中是自觉参加或被动卷入。

这些作品不仅在剧作原则、造型与风格处理上略具特点，而且它们也反映了创作者不同的艺术观念和创作思想。这些创作者和作品被称为"波兰电影学派"。

代表作有《世界大战的真正结束》《渣滓与钻石》《铁轨上的人》《水中刀》等。

德国青年电影

20世纪60年代，在电视、外国影片的冲击下，联邦德国的电影事业经历了一场危机。1962年，在举行奥伯豪森国际短片电影节之际，以克鲁格和赖茨为首的26位年轻的电影工作者签署了一份"奥伯豪森宣言"，宣称反对旧的电影样式，要寄希望于新的电影。他们一方面积极拍摄短片、纪录片，以锻炼自己，一方面又主动培养新的人才，创立了乌尔姆电影艺术学院。1965年又倡议成立了"德国青年电影董事会"。政府通过该机构提出一项在3年内以500万马克资助青年导演拍摄20部影片的计划。1966年，青年导演们拍出他们第一批影片。这些影片和商业片完全不同，它们涉猎了资本主义社会的危机问题和"经济奇迹"的内幕，被称为"德国青年电影"。

代表作有克鲁格的《向昨天告别》、赖茨的《垃圾桶孩子的故事》、赫尔措格的《人人为自己，上帝为大家》等。

替身

替身是代替影片中原演员表演某些特殊的、高难度的动作和技能，或原演员所不能胜任的惊险动作的特殊演员。一般选聘具有影片所需要的特殊技能的人员担任。

替身一般分为3类：

文替：主要工作是拍摄大牌明星"不露脸"的戏码。

武替：主要工作是代替演员拍摄打斗、飞车等高难度的动作场面。

光替：主要工作是代替演员站位，以便灯光师调整灯光。

译制片

译制片，又称"翻译片"。把影片的对白或解说，从一种语言译成另一种语言，重新配音复制的影片；或者将本国影片从一种民族语言（或方言）译成另一种民族语言（或方言）的影片。

制作译制片时，先将原版影片的对白译成另一种需要的语言；再由配音演员按照原版片画面中人物的思想感情，用逼真的语调、口型，录成一条对白声带；然后与原版片的音乐、音响效果声带混录成为一条完整的译制声带，用以印制供放映用的拷贝。

故事片

故事片是综合文学、戏剧、音乐、美术诸艺术因素，以塑造人物为主，具有故事情节（反映生活）并由演员扮演人物的影片。

故事片取材范围广泛，包括各种题材，如惊险片、舞台艺术片、科学幻想片、美术片等。这些影片有的取材于现实生活，有的反映历史，有的描写神话或幻想等等。无一不是经过集中概括等艺术手法塑造人物、组织结构、提炼情节、表达一定的主题思想。世界第一部故事片《月球旅行记》。

纪录片

纪录片是以真实生活为创作素材，以真人真事为表现对象，以展现真实为本质，并用真实引发人们思考的电影或电视艺术形式。

中国纪录电影的拍摄始于19世纪末20世纪初，第一部是1905年的《定军山》。

科学教育片

科学教育片是运用电影技术手段传播科学文化知识的片种。由于电影手段具有鲜明的形象性、直观性，因此用来传播科学技术和文化知识能收到很好的效果。科教片可分为：科学普及片、技术传授片、教学片、科学研究片、科学杂志片、军事教育片、社会教育片。

西部片

西部片作为好莱坞电影特殊的类型片，是关于美国人开发西部的史诗般的神话，影片多取材于西部文学和民间传说，并将文学语言的想象幅度与电影画面的幻觉幅度结合起来。

西部片有着极易辨认的图像符号，情节和人物的处理也是完全模式化、公式化的，托马斯·沙兹曾这样描述道："一个孤独的西部人骑马来到一个田园般的河谷，并被一名焦虑不安的农民指控为受雇于无政府的牧场主的枪手；孤独的骑者在山腰上停下来观看铁路工人在他上面炸隧道，在他下面则是一批匪徒在抢劫一辆驿车；远处传来一声火车汽笛声，一条黑蛇般的火车在平原的广阔空间里蜿蜒而行。"西部片的开头段落便会明显地看到它那将要展开的叙事冲突和基本叙事特征。

电影广告片

电影广告片诞生于19世纪末。1897年，在法国、英国、美国都出现了电影广告片，其中英国的广告片《海军上将西加雷特》最为著名，流传至今。

有关资料对这部广告片做了如下描述："这个胶片上写着《海军上将西加雷特》，以很大的广告画式的垂幕作为背景，穿着漂亮衣服的年轻妇女出来了，她横穿画面，从坐着的男人们面前走过，把手上的香烟递给男人们，升起了长条旗。长条旗上写道：'大家都爱吸烟'。"起初广告片主要宣传的是酒和小商品，数量不多并且制作简单，后来随着现代商品经济的大发展和市场化程度的提高，广告片广泛用于各种商品宣传，不但数量越来越多，制作也越来越精美。

广播剧

1922年5月28日，英国广播公司别开生面地在它的播音室里演播了根据莎士比亚原作改编的《第十二夜》，并向全国进行了转播，还请了许多评论家收听了这次演播。

1924年1月，在《第十二夜》中担任角色的波里费埃，邀请23岁的剧作家理查德·休斯编写专门为广播电台播出用的剧本。经过商量，决定以威路斯矿塌方事件作为素材，创作一部在黑暗中发生的故事——人们只能听见声音看不见形象的剧作，并定名叫《危险》。理查德·休斯从听觉出发，运用声音构思剧情和安排人物。

《危险》播出后，引起了强烈的反响，各大报纸发表长篇评论，积极介绍这个剧目。此后，许多国家都相继播放了广播剧，于是，这种艺术形式成为世界性的剧种。理查德·休斯也作为广播剧的开山鼻祖而被载入史册。

卢米埃尔兄弟

卢米埃尔兄弟是法国电影发明家、导演。1895年，他们获电影放映机的发明专利。1895年，他们第一次在公众场合（巴黎大咖啡馆的印度厅）放映了自己拍摄的影片《工厂大门》《火车到站》等，这一天被认为是电影的诞生日。从1896年起，他培训了大批放映员在世界各地巡回放映，使电影迅速流传全世界。

1897年，卢米埃尔兄弟将原先独立反映的4部影片《火龙出动》《水龙救火》《扑灭火灾》《拯救遇难者》连成一部来放映。得到观众欣赏，由此形成最初的剪辑。

爱森斯坦

爱森斯坦（1898~1948年），苏联电影导演。1922年发表《杂耍蒙太奇》，引起了长期的争论，并对整个电影艺术的发展产生了深远的影响。

爱森斯坦在1924年导演的第一部影片《罢工》被《真理报》看作是"第一部真正无产阶级的影片"。他用"杂耍蒙太奇"、群众场面、类型演员、外景拍摄代替了先前电影中一般的"情节"、个别主人公、明星表演和布景，体现了他的纪实风格。影片《战舰波将金号》中的石狮子、敖德萨阶梯等一系列场面，成为世界电影的经典。在1958年布鲁塞尔国际电影节上，《战舰波将金号》被评为电影问世以来12部最佳影片之首。

黑泽明

黑泽明（1910~1998年），出生在日本东京的一个武士家庭。26岁时，一次偶然的选择让他进入影坛，开始了自己的电影人生。

1943年，黑泽明执导的第一部电影《姿三四郎》，在日本一炮走红。电影《罗生门》于1951年入选威尼斯电影节，并获得金狮奖。

1990年，80岁高龄的黑泽明在奥斯卡颁奖礼上获得奥斯卡终身成就奖。1999年被美国时代周刊评选为"20世纪亚洲最有影响力的人物"之一。黑泽明一生导演的电影超过了30部，获得了30多个著名的奖项。他独特的电影表现手段、触及人类情感秘密的电影主题，令西方影人心醉神迷，影响了斯皮尔伯格、卢卡斯、科波拉等一代西方导演。代表作有《罗生门》《七武士》《蜘网宫堡》和《乱》等。

伯格曼

伯格曼（1918~2007年），瑞典电影导演，20世纪电影大师之一。1945年执导第一部影片《危机》。

《夏夜的微笑》《第七封印》《野草莓》《魔术师》等一系列经典让他迅速跻身世界名导行列。他的影片的主题大多是在探讨生命的价值和意义、生的痛苦、死的恐惧、社会与人的矛盾、人与人的隔阂等。将电影艺术带进深不可测的内心世界，用弗洛伊德的心理分析、丰富的视觉意象、闪回和极端特写等手法，展现心灵深处的憧憧幽影，以及人和上帝或人和死亡的关系。

戈达尔

戈达尔（1930~），法国电影导演。新浪潮电影的代表人物之一。他有句名言:"电影就是每秒24格的真实。"1960年,戈达尔发表了第一部长篇电影作品《筋疲力尽》,成为新浪潮的代表作。这部电影在世界电影界引起了轩然大波,其完全无视传统电影理论的拍摄手法带来了褒贬不一的评价。戈达尔成为全球最受注目的导演之一。

法斯宾德

法斯宾德(1946~1982年),德国新电影大师,兼导演、编剧、演员、制片、剧场经理、编曲、设计、剪接和摄影等职务于一身,他14年的拍片生涯总共执导过41部电影,死时仅37岁。

他被称为"新德国电影运动的心脏""新德国电影最有成果的天才""德国电影的神童""德国的巴尔扎克""与戈达尔和帕索里尼比肩的电影巨人""当代西欧最有吸引力、最有才华、最具独特风格和独创性的青年导演"。代表作有《玛丽·布朗的婚姻》《萝拉》《维洛尼卡·福斯的欲望》等。

电影奖及电影节

电影金鸡奖

"金鸡奖"是中国电影家协会于1981年起举办的一年一次的专业性评奖活动。由于创办的1981年为农历鸡年,此次活动又以金鸡啼晓象征百家争鸣,所以取名"金鸡奖"。该奖由电影专家投票评选,奖品为铜质镀金的金鸡。

电影百花奖

电影"百花奖"是中国电影业的一个重要大奖,是《大众电影》编辑部根据周总理指示的精神和群众的强烈要求在1962年设立的,百花奖是群众性影片评选活动,即由刊物读者投票选出自己最喜欢的影片和演员。

香港国际电影节

"香港国际电影节"是亚洲声誉最佳的电影交流平台之一。

"香港国际电影节"于1977年创立,每年为期16天的电影节为观众带来超过200多部新片及多个经典回顾节目。从第29届开始,"香港国际电影节"正式由独立慈善团体香港国际电影节协会举办。

戛纳国际电影节

戛纳国际电影节开始于1946年,如今已成为世界最有声望的电影节之一。戛纳国际电影节于每年的5月份在法国南部小城戛纳举行。该节除设有比赛项目外,还有"导演15天""评论周""一瞥""金摄影机奖"以及电影交易等多项活动。

该电影节的宗旨是评价世界各国有艺术价值的优秀影片;鼓励各国电影工作者的合作与交往;促进商业性的发行放映。该电影节大奖为"金棕榈奖",分别授予最佳故事片和最佳短片,此外还有银狮奖、评委会特别奖、最佳导演奖等。

威尼斯国际电影节

威尼斯国际电影节是世界上第一个国际电影节，被誉为"国际电影节之父"。1932年8月6日在意大利名城威尼斯创办，主要目的在于提高电影艺术水平。

随着电影节的发展和变化，现在其主要目的是奖励世界各地有价值、有创造性的并符合意大利发行放映条件的优秀影片，促进世界各地电影工作者之间的交往与合作，为发展世界各地的电影贸易提供方便条件。同时根据形势的不同，每届电影节还提出不同的口号。中国自1971年开始选送影片参加威尼斯国际电影节。

柏林国际电影节

柏林国际电影节是20世纪50年代初由阿尔弗莱德·鲍尔筹划发起的，得到了当时的联邦德国政府和电影界的支持和帮助，1951年6月底至7月初在西柏林举行第一届。每年一次，原在6~7月间举行，后为与戛纳国际电影节竞争，提前至2~3月间举行，为期两周。其目的在于加强世界各国电影工作者的交流，促进电影艺术水平的提高。

奥斯卡金像奖

奥斯卡金像奖的正式名称是"电影艺术与科学学院奖"，1929年设立，每年在美国洛杉矶举行，由美国电影艺术与科学学院颁发。

关于"奥斯卡"这个名称的由来还有一个有趣的故事。1931年的一天，艺术与科学学院图书馆管理员玛格丽特·赫丽克在仔细端详了金像奖后，便大声惊叫起来："啊！这塑像看上去多么像我的舅舅奥斯卡呀！"正巧，一位新闻记者听到了玛格丽特·赫丽克的惊呼声，便在报道里介绍了镀金塑像，并写上了一句："艺术与科学学院的工作人员称呼他们的金塑像为'奥斯卡'。"

当金塑像成为电影奖的标志时，"奥斯卡"的名字也同时在世界各地传开。

奥斯卡奖可分成就奖和特别奖及科学技术奖3大类。成就奖主要包括最佳影片、最佳剧本、最佳导演、最佳表演（男女主角和配角）、最佳摄影、最佳美工、最佳音乐、最佳剪辑、最佳服装设计、最佳化妆、最佳短片、最佳纪录片、最佳外国语影片等。特别奖则有荣誉奖、欧文·撒尔伯格纪念奖、琼·赫肖尔特人道主义奖、科技成果奖和特别成就奖。在上述众多奖项之中，最具影响的为最佳影片奖，而最佳男女主角奖属表演奖，获奖人有"影帝"与"影后"之称，是男女演员们渴求的殊荣。

东京国际电影节

东京国际电影节于1985年创办，是当今世界9大A级电影节之一。该电影节由东京国际映像文化振兴会和东京国际电影节组委会主办，每年10月下旬至11月上旬举行。旨在发掘新人和奖励青年导演，是一个获得国际电影节联盟承认，和戛纳、威尼斯等著名电影节齐名的、亚洲最大的电影节。

里约热内卢国际电影电视录像节

里约热内卢国际电影电视录像节是拉丁美洲较重要的国际电影节，1984年创办，每年11月下旬举办，为期10天左右。旨在促进和发展巴西与拉丁美洲电影事业，增进同世界各国电影工作者的交流和友谊。

凡未参加过其他国际电影节正式比赛、未在巴西商业性发行的近一年内生产的影片，均可参加正式比赛。1987年在第4届电影节上，中国的《末代皇后》获评委会特别奖；1988年在第5届电影节上，中国的《人、鬼、情》获最佳影片奖金鸟奖。

蒙特利尔世界电影节

蒙特利尔世界电影节，1977年由加拿大魁北克省文化事务部在蒙特利尔首办。该电影节不对国家和区域进行限制，欢迎各国选送优秀影片参加电影节的比赛或会外放映，在影片数量和长度上也不加限制。比赛设"美洲大奖"和"蒙特利尔大奖"，分别授予最佳故事片和最佳短片，以及最佳男女演员等。

迦太基国际电影节

迦太基国际电影节，突尼斯的重要国际电影节，非洲三大电影节之一。1966年创办，两年一次，10月至11月举行，为期10天左右。旨在促进阿拉伯国家和非洲国家民族电影事业的发展，提高突尼斯电影艺术和技术的水平。

迦太基国际电影节上，只有非洲和阿拉伯国家才能参加正式比赛，其他国家只能参加会外映出。主要奖品有"塔妮特奖""朱居尔奖"。各分金、银、铜3种，分别授予优秀影片和电影艺术家。

纽约国际电影节

纽约国际电影节，世界声望极高的电影节之一。1963年创办，每年9月底至10月初举行，为期两周。旨在正确评价世界各地优秀影片的艺术成就，发现人才，鼓励有价值的新片，促使这些新片在电影院作商业性发行放映。该电影节不举行比赛，也不发奖。

卡塔赫纳国际电影节

卡塔赫纳国际电影节，1960年创办于哥伦比亚共和国玻利瓦尔省，被称为"南美洲唯一正式的国际电影节"，也是拉丁美洲地区首屈一指的电影节。

伊比利亚半岛国家和拉丁美洲国家的影片可以参加比赛；其他国家和地区的影片可以参加会外放映。原来每年3月举行，1980年起改在6月举行，为期一周左右。主要设"印第安卡塔丽娜金像奖"，分为金像奖、银像奖、铜像奖3种。

莫斯科国际电影节

莫斯科国际电影节，1959年由苏联电影委员会、苏联电影工作者协会联合举办，每两年举行一次。旨在"为了电影艺术的人道主义，为了各国人民之间的和平和友谊"。

莫斯科国际电影节规定每个国家仅可选一部故事片、一部儿童片、一部短片参加比赛，但送电影节会外放映的影片不受数量的限制。电影节设有金质奖、银质奖、最佳导演奖、最佳男女演员奖等奖项。

伦敦国际电影节

伦敦国际电影节，英国最重要的国际电影节之一。1957年创办，每年11月底至12月初举行一次，原来为期3周，1978年起改为2周。旨在评价在其他国际电影节上得过奖的影片，因此被称为"电影节的电影节"。

圣塞瓦斯蒂安国际电影节

圣塞瓦斯蒂安国际电影节，西班牙第一个、也是最大的国际电影节，被称为"西班牙国际电影节之父"，在欧洲有相当影响。1953年创办，每年9月举行一次，为期10天左右。旨在支持世界各国电影界人士进行合作，以促进世界电影艺术和电影事业的发展。

主要奖品有"金壳奖""银壳奖"评委会特别奖。分别授予最佳影片、导演、男女演员、摄影等。

印度国际电影节

印度国际电影节是印度第一个国际电影节，亚洲最早的电影节之一。1952年创办后，不定期举行，1978年才定期举行。每年1月举行一次，为期2周。奇数年在首都新德里举行，是比赛性的，评奖。偶数年在全国各个邦的首府轮流举行，非比赛性的，不评奖。

主要奖品有"金孔雀奖""银孔雀奖""铜孔雀奖"。分别授予最佳影片，导演，男女演员等。

爱丁堡国际电影节

爱丁堡国际电影节，是英国举办的第一个国际电影节，也是世界上连续举办时间最长的国际电影节。1947年创办，每年的8月至9月举行，为期2周。旨在集中地展览年度内在世界各主要国际电影节上得奖的优秀影片。凡选中放映的影片，电影节颁发一张荣誉证书以作纪念。

洛迦诺国际电影节

洛迦诺国际电影节是瑞士举办的最早、最大的国际电影节，在世界影坛上也是历史较长的国际电影节之一。1946年创办，每年7月和8月之间举行，为期2周。世界各国参加该电影节的影片，必须在电影节举行的前一年内完成，并尚未在瑞士公映过。主要奖项有"金豹奖""银豹奖""铜豹奖"和"评委会特别奖"等。

九

戏剧、曲艺

戏曲的四功五法十要

戏曲艺术将表演技巧概括为四功、五法与十要。

四功是戏曲演员的4种基本功夫：唱功、做功、念白与武打。

五法，指的是手、眼、身、法、步。手指手势，眼指眼神，身指身段，步指台步。至于法，则解释不一。一说是"身法"应作为一项；一说是应称"手眼身步"法。这样，五法就变成四法了。还有认为"法"是"发"之误，指的是"水发"技术，但是"发"已包括在十要之中。按程砚秋的见解，"法"则应改为"口"，"口法"是为了练好唱念功夫。

十要包括水袖、髯口、翎子、扇子、靴子、帽翅、马鞭、筅板、牙和甩发。

唱念做打

唱、念、做、打是戏曲表演中的4种艺术手段，同时也是戏曲演员表演的4种基本功，通常被称为"四功"。"唱"指歌唱，"念"指具有音乐性的念白，二者构成歌舞化戏曲表演艺术两大要素之一的"歌"；"做"指舞蹈化的形体动作，"打"指武术和翻跌的技艺，二者结合，构成另一大要素"舞"。

唱、念、做、打是戏曲表演的特殊艺术手段，四者有机结合，构成了戏曲表现形式的特点，是戏曲有别于其他舞台艺术的重要标志。

江湖十二角色

江湖十二角色是清中叶时昆山腔角色行当体制。据《扬州画舫录》记载："梨园以副末开场，为领班、副末以下，老生、正生、老外、大面、二面、三面七人，谓之男角色；老旦、正旦、小旦、贴旦，谓之女角色；又有打诨一人，谓之杂。此江湖十二角色。"

毯子功

戏曲表演基本功之一，是戏曲演员各行当（如生、旦、净、丑）均需掌握的表演技艺。

毯子功的内容包括翻、腾、扑、跌、滚、摔等各项技艺的基本功。由于这些强度高、难度大、技术条件复杂的训练，均需在毯子上进行，以保护练习者不受伤害，故而称之为"毯子功"。

通过毯子功的练习，使演员的形体动作更为协调，还可以增强其身体的柔韧性以及对各种动作的控制能力，从而在表现特定情节（如翻腾跳跃、腾云驾雾、凌空跌扑等场景）时，可以自如地运用形体进行艺术创作。

把子功

戏曲表演武功的组成部分，指训练戏曲演员掌握和运用把子技术的基本功。在表演上又分为庄重把子和滑稽把子，前者要求庄严威武、雄健肃穆，如《长坂坡》中赵云和曹营诸将的武打；后者则诙谐逗趣，引人发笑，如《闹天宫》中孙悟空与巨灵神，龟、虾二将等的武打。

翎子功

戏曲表演基本功之一。翎子是插在盔头上的两根长约2米的雉鸡翎，借舞动翎子的技巧及优美身段，表现人物的心情和神态，俗称耍翎子。生、旦、净、丑各行角色都用，以小生用得最多。

翎子功包括单掏翎、双掏翎、单衔翎、双衔翎、绕翎、涮翎、抖翎、摆翎等多种，借以表达喜悦、气急、惊恐、沉思、忧虑等各种情感。蒲剧、晋剧等梆子剧种的翎子功尤称一绝。

甩发功

戏曲表演基本功之一。生、净、丑等角色在头顶上扎束一绺长发，称甩发；旦角在"大头"右边分出一绺头发叫发绺，演员舞动甩发或发绺表现人物的激动感情。

甩发分通梢、倒栽两种。前者发梢成尖状，后者较为齐整。男角色的甩发又叫梢子，故又称梢子功。京剧常用的甩发功包括甩、扬、带、闪、盘、旋、冲等多种甩法，方向又有左、右、前、后和绕圆圈等。

髯口功

戏曲表演基本功之一。戏曲人物所戴的假须，统称髯口。戏曲表演中，常借助舞弄髯口的动作来展示人物的心情，俗称耍髯口。

耍髯口的技巧有搂、撩、挑、推、托、摊、捋、抄、撕、捻、甩、绕、抖、吹等多种，与舞蹈身段密切配合，才能表达人物的思想情绪，如撩髯多表现思忖和自叹；抖髯多用于惊怕；捋髯多展示安闲；推髯多反映慨叹；搂髯多用于昂首观望与低头俯视；吹髯则反映生气等。

水袖功

戏曲表演基本功之一。戏曲服装中的蟒袍、官衣、褶子、帔等多在袖口上缝有一段白绸，称水袖。

演员可以利用水袖的舞动以表现剧中人的感情和增加形象的美感。水袖技巧的基本要领在于肩、臂、肘、腕、指等各个部位的协调配合，熟练掌握水袖的性能，运用时才能得心应手。

扇子功

戏曲表演基本功之一。戏曲演员常

借助手中的扇子做出种种动作，用以表现人物的感情。生、旦、净、丑各行角色皆有此功，但以小生、花旦、闺门旦等使用最多，技巧更为丰富。戏曲舞台上使用的扇子，有大折扇、小折扇、团扇（宫扇）、羽扇、蒲扇、竹扇、鹅毛扇、芭蕉扇等多种。基本动作大体有挥、转、托、夹、合、遮、扑、抖、抛等。为避免纯技术的卖弄，传统表演中又有"有扇如无扇，用扇不见扇"的要求。

手绢功

手绢功源于二人转，吉剧又有所发展。手绢有四角和八角的两种。四角手绢有里外翻花、里外挽花、抖花等，手绢不出手；双层八角手绢，发展出转绢、叼绢、托绢、踢绢、抛绢、弹绢等30多种手绢出手。手绢既能耍出许多美妙的舞姿，形体动作生动活泼，烘托戏剧气氛；又可代替各种道具，作为刻画人物性格和内心世界的手段。

起霸

起霸是京剧表演中常见的程式动作，源于明代沈采所作传奇《千金记》中有起霸一折。集中了基本功中很多动作和技巧，有机地组合成一套连续的舞蹈，并赋予这些动作以鲜明生动的内容，用以表现古代武将在出征前整盔束甲，准备上阵厮杀的情景，充分表现武将的威武气概，以烘托渲染舞台的战斗气氛。

起霸可分为男霸、女霸、整霸、半霸、正霸、反霸、倒霸、单人起霸、双人起霸、蝴蝶霸、通用霸（宫中霸）、专用霸等。

女霸

京剧中女角色扎靠表演的起霸程式，统称女霸。女霸动作要刚健妩媚，婀娜多姿，在矫健敏捷中涵蕴着柔秀威武的气质。女霸由出场亮式、云手、塌步圆场、鹞子翻身、整袖、正冠、掏翎、紧甲等动作组成。

男霸

京剧中男角色（武老生、武生、武小生、武净）所表演的起霸程式，统称男霸。男演员起霸时气势轩昂，雄武有力，要显示出大将的英雄气概。包括准备动作、出场亮相、抬腿亮靴底、云手、踢腿、跨腿、整袖、正冠、紧甲、扎带、骑马蹲裆式、亮相转身、双提甲亮式、归位按拳亮式等。

打出手

京剧表演特技之一。又称"踢出手"，俗称"过家伙"。以一个角色为中心，称上把，另有几个抛扔武器者为下把，相互配合，作抛、掷、踢、接武器的特技表演。如拍枪、挑枪、踢枪、虎跳踢枪、前桥踢枪、后桥踢枪、乌龙绞柱踢枪以及连续起跳踢枪等，形成种种丰富繁难的舞蹈性的惊险场面。

俊扮

俊扮，是指演员本身面部底色基础上略施粉彩、轻画眉眼，改变了原貌，突出了眉、眼、唇、腮各部位的视觉色彩，显现出人物英俊的气势。一般生、旦行所扮演的人物，都采用俊扮。

髯口

髯口，戏曲中各式假须的统称。又称"口面"。髯口式样上的改进同演员注意利用髯口做种种身段动作以刻画人物的情绪、性格有关，并由此而形成"髯口功"。

各式髯口的色彩，一般有黑、灰、白三种，以区别角色的年龄。少数形貌怪异或性格暴烈的人物及神怪，也有戴红髯、紫髯、蓝髯、黑红二色髯的。

假发

中国戏曲中，假发是"行头"中"头面"的一部分，属于"软头面"之一。

男角的假发有全顶（将整个头部全包住）、半顶（头顶齐耳往后部分），半顶假发外剩下的部分称为"头片"，指两鬓和美人尖的发片，靠脸颊的地方会黄胶加以粘贴，靠头顶的地方则用发夹或簪固定。

旦角有一种叫"大头"的假发，会用到一种分成一绺绺、称为"片子"的假发，贴上前要用束发带把本身的头发束起，把片子蘸刨花水梳平，沿着束发带贴，一端呈椭圆形的几片用作刘海，尾端尖削的两片置于两鬓，脸宽的向内贴，脸小的向外贴，可以把脸型修饰成瓜子脸。

戏衣

戏衣泛指传统戏曲服装。宋杂剧、金院本的演出已有为舞台演出而专备的戏衣。至明代中叶昆剧兴起而逐步完善。戏衣的特点有：一、有丰富的表现力。无论文武、男女、老幼、贫富、贵贱、善恶、神鬼等角色，都可以在戏衣中找到相应的服装。二、丰富多彩。每一件服装都有独立的品格，相互辉映，使舞台形象更加美观。三、严格的规范。戏曲舞台讲究"宁穿破，不穿错"。

一桌二椅

戏曲舞台上的演出用具，对剧情的地点和人物关系具有一定的表现或暗示作用。桌椅的摆列样式，主要有如下几种：

大座：桌在舞台正中，椅在桌子后面。又称"正场桌""内场椅"。皇帝临朝用黄色绣龙桌围椅披，设金色香炉；官员升堂用红色桌围椅披，设印盒、签筒等。桌围椅披和桌上陈设，依据剧情而有若干变化。

双大座：桌子摆法与大座相同，桌后设双椅。又称"内场双椅"。多用于老年夫妇接受儿女拜贺的宴庆场面。

大座跨椅：以大座为基础，在桌子两旁再各加一椅。如在大座一侧加椅，则称"大座单跨椅"。

斜场大座：大座斜设于舞台一侧，另一侧设其他演出用具。

八字桌：舞台两侧各设一大座。主要用于宾主宴会场面。

三堂桌：舞台正中和两侧各设一大座。用于宴会、会审等大场面。

骑马桌：舞台正中竖设一桌，两侧各设一椅。店房、书斋、卧室、船舱等不同场合均可运用，一般用来表现夫妻、兄弟、朋友等之间的亲近关系。

斜场骑马桌：骑马桌斜设于舞台一侧，另一侧配以其他演出用具。

小座：桌在舞台正中，椅在桌子前

面。又称"正场椅""外场椅"。一人独坐，不需桌子时，多用小座。

八字跨椅：桌在舞台正中，两侧各设一椅。主要用于内厅议事、接待宾朋、家庭闲叙等场面。

八字椅：又称"外八字跨椅"，遇有大段唱做，需要演员靠近观众时，即采用此种摆法。如《铡美案》包拯劝陈世美的场面。

旁椅：在小座或八字跨椅的基础上，一侧或两侧所加之椅。多为辈分、职位低一等的人坐。

门椅：椅子设在台口，表示在门外或帐外。如《辕门斩子》中绑出帐外的杨宗保，即坐门椅。

站椅：剧中人物登高瞭望或表示神怪腾云驾雾时用。

倒椅：将椅子放倒，多用于非正常的临时坐处。

大高台：两桌相叠，上面设小帐。两桌之后又设一竖桌，桌上有椅子。桌旁再设一椅，供演员上下、表示将台等。

小高台：两桌前后并列，上设一椅。桌旁又设一椅，供演员上下。表示楼船、将台、山坡等。

帅帐：舞台正中设大座，大座后设两椅，椅背朝外，椅上架设大帐。用于元帅升帐等场面。摆帅帐的大椅，一般为红缎金花，有的在帐额上绣"三军司令"四字。

楼帐：舞台正中架设大帐，帐后设桌椅，演员登高，即表示彩楼或绣楼。

床帐：舞台正中架设大帐，内设椅子。用于表现闺房、洞房。摆床帐、楼帐用的大帐，色彩很多，一般彩绣翎毛、花卉。

上述各种摆列样式，为长期演出过程中所积累，成为运用桌椅的基本程式。但在具体戏中，摆法也不是一成不变的。

检场

检场指的是在戏曲演出过程中，如果遇到换场需要更换道具时，由戏曲人物以外的工作人员上台搬换道具。它是介乎演员和道具之间的一种存在。

以前的舞台为突出的三面有观众的台子，演员上下场是从底幕两侧"挖"出的上下场门上下，而现在的舞台则变成了只有前面对着观众，舞台上有了两道幕，道具需要更换时可以拉上幕进行，所以检场也就取消了。

火彩

中国戏曲舞台上表现火焰、烟云各种特技的统称。

始于汉代百戏的"吞刀吐火"，宋代傩戏和目连戏中广泛应用。明代戏曲演出中，火彩用于渲染鬼神，表现战争场面。

火彩主要有两类：演员口吐、检场人员施放，后者在川剧中叫撒粉火，通称撒火彩。花式甚多，如绕成大圈的叫月亮门，连接不断的叫连珠炮，劈空飞出的叫过梁，飞焰落入台口盆中以引燃盆内酒火的叫钓鱼等。

勾栏

勾栏，是宋元戏曲在城市中的主要表演场所，相当于现在的戏院。

在北宋时，由于市民阶级的不断扩大，他们文化娱乐的需要也日益提升，因而出现了"勾栏"。勾栏，可供艺人演出杂剧及讲史、诸宫调、傀儡戏、影戏、杂技等，可容纳观众数千人。勾栏的出现，对中国戏曲的形成，具有重要意义。在此，各种技艺之间可以互相交流、吸收。演出可以经常化、固定化。

畅音阁

畅音阁，全称故宫宁寿宫畅音阁大戏楼，为清宫内廷演戏楼，位于故宫博物院内养性殿东侧。乾隆三十七年（1772年）始建，乾隆四十一年（1776年）建成。

畅音阁三重檐，台基高1.2米，通高20.71米，总面积685.94平方米，卷棚歇山式顶，覆绿琉璃瓦、黄琉璃瓦剪边，一、二层檐覆黄琉璃瓦。阁面阔三间，进深三间，与南边五开间扮戏楼相接，平面呈凸字形。上层檐下悬"畅音阁"匾，中层檐下悬"导和怡泰"匾，下层檐下悬"壶天宣豫"匾。内有上中下三层戏台，上层称"福台"，中层称"禄台"，下层称"寿台"。

畅音阁为紫禁城中最大的一座戏台，与京西颐和园内的德和园大戏楼（仿畅音阁规制建造）、承德避暑山庄的清音阁大戏楼并称清代三大戏楼。

楔子

元杂剧的专用术语，它是指四折戏之外的过渡段落，主要是用来介绍情节和人物，加强情节之间的联系，位置比较灵活，可以放在剧首。一般是一本四折一楔子，如果有特殊需要，还可以有两个楔子。

科班

戏班以演戏为主，科班以学戏为主。科，即品类、等级之意，因自汉以来，学人经科试以定次第等级，因此旧时投师学艺也称为入某一科，同年入学者为同科。考入或经人介绍加入某一学戏的班子的某一科，即称为进班入科，亦可称加入某一科班。如富连成班就分为喜字科、连字科、富字科、盛字科、世字科、元字科、韵字科、庆字科等8科。

科班均供奉唐明皇为祖师爷，并每日朝拜，凡入科班一定要立字据，如同定下卖身契约，不仅要打骂体罚，而且科满后要效力3年，因此旧时学戏称为打戏，坐科7年称为7年大狱。

行头

行头是金、元时起对戏具的统称。《扬州画舫录》称"戏具谓之行头，行头分为衣、盔、杂、把四箱"。

衣箱，分大衣箱、二衣箱、三衣箱。大衣箱包括各种长短袍服，二衣箱包括各种武装人员的装束，三衣箱即演员所穿内衣及塑形用品。盔头箱，主要是盔、帽、冠、巾4种。杂箱指彩匣子、水锅和梳头桌。把箱即旗把箱，包括各种兵器、文房四宝等道具。

一套完整的行头，在演出时均有一定的使用章程和规范，如衣箱上的十蟒十靠都必须按上五色和下五色，即红、黄、绿、白、黑、蓝、紫、粉、古铜、秋香十色的顺序摆放；后场桌上的道具必须根据戏码的变换而变换。以保证演员穿、扎、戴、挂、拿，有条不紊地进行。

跑龙套

戏台上四人一组扮演兵士或衙役的角色,叫龙套。龙套由所穿的龙套衣得名。这几个人代表了千军万马。龙套在舞台上的活动有一定程式,如升帐或坐堂分站两厢的叫"站门";引导主人前行并开路的叫"圆场";在上下场门附近斜列两行候主人上场或下轿的叫"斜门";在双方交战从兵刃下穿过叫"钻烟笼";分从两边上场叫"二龙出水"等。

龙套表演讲究"站如钉,走如风"。龙套在站堂助威时要像岩石一般,伫立不动;一旦动(跑)起来,犹如燕子掠过水面。舞台的气氛,有时是靠龙套跑出来的,所以又叫"跑龙套"。龙套以头旗为主,二、三、四旗为副,要听头旗的指挥。他们常打着红门旗、飞虎旗、月华旗,演神话还打着风旗、水旗、火旗、云牌等,所以也有人称其为"打旗的"。

票友

会唱戏而不专业以演戏为生的爱好者,即对戏曲、曲艺非职业演员、乐师等的通称。相传清代八旗子弟凭清廷所发"龙票",赴各地演唱子弟书,不取报酬,为清廷宣传,后就把非职业演员称为票友。票友大多数是为自唱自娱。

京剧

京剧作为中国的"国粹"已有200年历史了,它以其高超的表演艺术和深厚的文化内涵著称于世。

京剧的前身是安徽的徽剧,俗称"皮黄戏"。清朝乾隆五十五年(1790年)起,原在南方演出的三庆、四喜、春台、和春四大徽班相继进入北京演出,他们把汉调、秦腔、昆曲的曲调及表演方式融入了徽剧,并将其演变成一种更为美妙的声腔,称为"京调"。清代末期民国初期,京班掌控着上海的全部戏院,于是"京调"正式被称为"京戏"。

京剧音乐属于板腔体,唱腔以徽调的二黄和汉调的西皮为主,称为"皮黄"。经过无数艺人的长期舞台实践,京剧在文学、表演、音乐、唱腔、锣鼓、化妆、脸谱等各个方面,形成了一套规范的程式。京剧在表演上歌舞并重,融合武术技巧,多用虚拟动作,节奏感强,技艺高超,唱腔悠扬委婉,念白也带有音乐性,形成了中国戏曲"唱念做打"有机结合的表演艺术体系。

京剧脸谱

中国传统戏曲的脸谱,是演员面部化妆的一种程式。一般应用于净、丑两个行当,其中各种人物大都有自己特定的谱式和色彩,用来突出人物的性格特征,具有"寓褒贬、别善恶"的艺术功能,使观众能观其外表,辨其善恶。因而,脸谱又被称为角色"心灵的画面"。

据史料记载,脸谱是由唐代乐舞大面(传统戏曲角色行当之一,是京剧和某些地方戏中净角的别称)所戴面具和参军戏副净(参军戏,唐宋时流行的一种表演形式,主要由参军、苍鹘两个角色作滑稽的对话和动作,以引人发笑,有时用以讽刺朝政或社会现象。参军戏中的副净,等于现在京剧中的"架子花脸",一般都表演性格粗犷莽撞的人物,如《三国演义》戏里的张飞)的涂面逐渐演变而来的。

生旦净丑

"生、旦、净、丑"是中国传统戏曲中的四种角色。它们是一台戏剧演出的四大台柱。"生、旦、净、丑"的取名和这四个字的反喻之意有关。

"生"是在剧中扮演男子的角色，有老生、小生、武生之分。过去老生是各行当之首，也就是整出戏成败的关键，要求生角的演出团必须老练娴熟，唱做俱佳，故反其意取名为"生"。

"旦"是在剧中扮演女性人物的角色，有青衣、花旦、老旦等之分。"旦"的本义是指旭日东升，也是阳气最盛的时候，旦角表演的是女性，女属阴，故反名之为"旦"。

"净"是在剧中扮演性格刚烈或粗暴的人物，通称花脸，有铜锤花脸、架子花脸、武花脸等之分。"净"本意是清洁干净，而剧中净角都是涂满油彩的大花脸，看起来很不干净，不干净的反面就是净，因而得名。

"丑"是在剧中扮演滑稽人物的角色，有文丑、武丑之分，在十二属相中，丑属牛，牛性笨，因此，丑就是笨的代名词。而演丑角的人，则要求活泼、伶俐、聪明，故相反取名为"丑"。

梨园

梨园是对中国戏曲界的称呼，旧时常将戏曲行当叫作"梨园行"，将戏曲艺人称为"梨园子弟"，一直沿用至今。据传说，唐玄宗李隆基是个戏曲、音乐的爱好者，他自己不仅爱听、懂欣赏，还能唱上两口，玩玩乐器，指挥排练。他最爱大型歌舞。于是，唐玄宗主持选拔了3000名乐师，常亲自光临指导，将艺人集中于皇宫中的梨园演练。后来，人们把皇上提供的演练场地"梨园"称代戏曲音乐行当。

除了"梨园"之外，还有人称戏曲界为"菊部"，这一称呼来自另一位皇帝的故事。北宋的徽宗、钦宗被金人俘虏之后，北宋灭亡。徽宗第九子高宗赵构称帝，重建宋朝，史称南宋。国难深重，宋高宗赵构的压力颇大，内宫有位菊夫人能歌善舞精通音律，常为高宗演出歌舞消遣，宫中称此女子为"菊部头"。所以，戏曲行当也有"菊部"的特别称谓。

梨园界对戏曲还有"雅部"和"花部"之称，这是始于乾隆年间的叫法。"雅部"指当时被认为是雅乐的昆腔；"花部"指昆腔之外的地方戏曲。后来这两部通指戏曲了。

京剧各主要流派的创始人

须生：谭派——谭鑫培；汪派——汪桂芬；孙派——孙菊仙；汪派——汪笑侬；王派——王鸿寿；刘派——刘鸿声；余派——余叔岩；言派——言菊朋；高派——高庆奎；马派——马连良；麒派——周信芳；新谭派——谭富英；杨派——杨宝森；奚派——奚啸伯；唐派——唐韵笙。

小生：程派——程继先；姜派-姜妙香；俞派——俞振飞；叶派——叶盛兰。

武生：李派——李春来；俞派——俞菊笙；杨派——杨小楼；盖派——盖叫天。

旦角：陈派——陈德霖；王派——王瑶卿；梅派——梅兰芳；程派——程砚秋；荀派——荀慧生；尚派——尚小云；筱派——筱翠花；黄派——黄桂秋。

花旦（青衣）：张派——张君秋。

老旦：龚派——龚云甫；李派——李多奎；孙派——孙甫亭。

净角：何派——何桂山；金派——金秀山；裘派——裘桂仙；金派——金少山；郝派——郝寿臣；侯派——侯喜瑞；裘派——裘盛戎。

丑角：王派——王长林；萧派——萧长华；傅派——傅小山；叶派——叶盛章。

梨园三怪

梨园三怪都生活在清朝末年。

跛子孟鸿寿。孟鸿寿幼年得了软骨病，身长腿短，身体纤弱。他苦学苦练，扬长避短，后来，成为戏院竞相邀请的丑角大师。

瞎子双阔亭，自幼学戏，双目因疾失明，更加勤学苦练。在台下走路要用人搀扶的他，上台表演却寸步不乱，终于成为名须生。

哑巴王益芬，出身艺人家庭。平日在后台看父母演戏，一一默记于心。每天早贪黑练功，长年不懈，终成为有名的二花脸。

京剧"四大名旦"

梅兰芳（1894~1961年），出身于京剧世家，在他从艺的50多年里，对旦角的唱腔、念白、舞蹈、化妆等各方面都有创造性发展。他在《宇宙锋》《贵妃醉酒》《霸王别姬》《穆桂英挂帅》等戏中创造了姿态各异的古代妇女形象，在国内和国际上享有很高的声望。

程砚秋（1904~1958年），他的戏路极广，不仅有《玉堂春》等青衣戏，也有《游龙戏凤》《刺红蟒》等花旦、刀马旦和武旦戏。另外他在《窦娥冤》中饰窦娥，《青霜剑》中饰申雪贞。他主演的《贺后骂殿》《锁麟囊》等戏都盛极一时。

尚小云（1900~1976年），曾被评为"第一童伶"。他在《二进宫》《祭塔》《昭君出塞》等戏中塑造了一批巾帼英雄和侠女烈妇，在京剧表演艺术上也是独树一帜。

荀慧生（1900~1968年），他能使梆子旦角艺术融青衣、花旦、刀马旦的表演于一炉，在唱腔方面，他从昆曲、梆子、川剧中吸取精华，与京剧老生、小生、老旦的旋律融合，创造自己独特的唱腔。他擅长扮演天真、活泼、温柔的妇女，以演《红娘》《钗头凤》《荀慧娘》等剧著名。

京剧"四大须生"

马连良（1901~1966年），他形成的"马派"是继余叔岩后京剧老生中最有影响的流派。他饰演的《借东风》中的诸葛亮、《四进士》中的宋士杰、《甘露寺》中的乔玄等角色活灵活现，栩栩如生，风靡一时。

谭富英（1906~1977年），出身于京剧世家。他的唱腔酣畅淋漓、朴实大方，代表剧目有《定军山》《空城计》《群英会》等，都使观众为之倾倒。

杨宝森（1909~1958年），出身于京剧世家，他的唱腔清纯雅正、韵味浓厚，做功稳健老练，代表剧目有《伍子胥》《击鼓骂曹》《洪羊洞》等。

奚啸伯（1910~1977年），自幼爱好京剧，学谭派先生，代表剧有《白帝城》《宝莲灯》《苏武牧羊》等，以《马龙院》最负盛名。

▌京剧"四小名旦"

1927年梅、程、荀、尚确立"四大名旦"之后，青年旦角演员不断涌现。为了选拔优秀人才，1936年秋天，由北京《立言报》主持，专门接待各界投票评选"四小名旦"。投票结果前四名是：李世芳得票5800张，毛世来得票5000张，张君秋得票4800张，宋德珠得票3600张，成为当年轰动一时的京剧"四小名旦"。

1940年，北平《立言画刊》在长安剧场组织四小名旦合作演出《白蛇传》，李世芳、宋德珠合演《金山寺水斗》；毛世来演《断桥》《合钵》；张君秋演《祭塔》，"四小名旦"遂成定论。

"四小名旦"演艺超群但风格各异：李世芳唱做俱佳，有"小梅兰芳"之称；毛世来深得"花旦大王"筱翠花的真传，擅演《十三妹》等剧；张君秋博采众长，创立了"张派"艺术；宋德珠工刀马旦、武旦，以武功和"出手"见长，世称"宋派"。

▌同光十三绝

"同光十三绝"是徽班进京后由演唱徽调、昆腔衍变为京剧的13位奠基人，又都是技艺非凡的表演艺术家。当时的画家沈蓉圃参照清朝中叶画师贺世魁所绘《京腔十三绝》戏曲人物画的形式，把这13位前辈画在一幅画面上，挂在北京前门廊房头条东口听诚一斋店铺里，流传很广。

画中绘老生4人：程长庚饰《群英会》之鲁肃，卢胜奎饰《战北原》之诸葛亮，张胜奎饰《一捧雪》之莫成，杨月楼饰《四郎探母》之杨延辉。

武生1人：谭鑫培饰《恶虎村》之黄天霸。

小生1人：徐小香饰《群英会》之周瑜。

旦角4人：梅巧玲饰《雁门关》之萧太后，时小福饰《桑园会》之罗敷，余紫云饰《彩楼配》之王宝钏，朱莲芬饰《玉簪记》之陈妙常。

老旦1人：郝兰田饰《行路训子》之康氏。

丑角2人：刘赶三饰《探亲家》之乡下妈妈，杨鸣玉饰《思志诚》之闵天亮。

▌傩戏

傩戏，也称为傩舞，是在民间祭祀仪式基础上吸取民间戏曲而形成的一种戏曲形式，于康熙年间在湘西形成后，由沅水进入长江，向各地迅速发展，形成了不同的流派和艺术风格。广泛流行于安徽、江西、湖北、湖南、四川、贵州、陕西、河北等省。

傩戏的演出剧目有《孟姜女》《庞氏女》《龙王女》《桃源洞神》《梁山土地》等。

▌弋阳腔

弋阳腔以弋阳为中心，属于南戏范畴，是在南戏的基础上形成和发展起来的剧种。

弋阳腔有徒歌、帮腔、滚调等演唱形式，配以锣鼓，气氛热烈，粗犷、豪放、激越、明快。主要在江西省内的贵溪、万年、乐平、鄱阳、浮梁、上饶等一些地区传承延续，明代前中期曾流布于安徽、江苏、浙江、福建、广东、湖南、湖北、云南、贵州及北京等地。

青阳腔

青阳腔因形成于青阳县而名；又因古时青阳县属池州府，还称"池州调"。青阳腔与徽州腔驰名于明清两代，被誉为"徽池雅调"。

青阳腔拙朴、高昂、刚健、原始，它不用管弦伴奏，一般是用锣鼓伴唱，一唱众和，杂白混唱，腔滚结合（滚调），唱腔灵活多样，曲调清秀婉转，戏曲语言、唱词通俗易懂。

海盐腔

海盐腔是一门古老的戏曲唱腔，因其形成于浙江海盐而得名。它是元代海盐澉浦人杨梓受戏曲音乐家贯云石启发，将当时流行的南北歌调加工而成的。海盐腔由明代开始盛行并成为南戏的四大声腔之首。

海盐腔的音乐为曲牌联套体结构，分生、旦、净、末、丑诸行当。演唱时，以鼓、板及铜器等打击乐器伴奏，不用管弦。如若是清唱，则只用拍板或以手击节伴之，腔调清柔、委婉。海盐腔在发展过程中，对弋阳腔、昆山腔的演变起到了一定的影响，至明万历年间以后日趋衰落而渐绝迹。

余姚腔

余姚腔因形成于余姚而得名，宋元时期，余姚戏曲十分昌盛，已成时尚，涌现出了一批"戏文弟子"，至明朝，余姚梨园弟子遍及长江南北，闻名遐迩，到了清朝中叶依然演出不辍。余姚腔声腔是"调腔"，又是高腔，运用"滚唱"手法，采用联体结构，念白兼用，仅用鼓板，无管弦伴奏，在曲调前后常穿插杂白混唱。

沪剧

沪剧属江、浙、长江三角洲吴语地区滩簧系统，兴起于上海。因上海简称沪，故名沪剧。主要流布于上海、苏南及浙江杭、嘉、湖地区。主要有长腔长板、三角板、赋子板等。曲调优美，富有江南乡土气息，擅长表现现代生活。优秀剧目有《罗汉钱》《芦荡火种》《一个明星的遭遇》等。

越剧

越剧是中国传统戏曲形式之一。清末起源于浙江嵊县，由当地民间歌曲发展而成。主要流行于浙江、上海、江苏、福建等地，越剧长于抒情，以唱为主，声腔清悠婉丽，优美动听，表演真切动人，极具江南地方色彩。越剧演员初由男班演出，后改女班或男女混合班。越剧有影响的剧目有《梁山伯与祝英台》《玉堂春》《打金枝》等。

婺剧

婺剧，俗称"金华戏"，因金华古称婺州而得名，浙江省地方戏曲剧种之一。

婺剧是高腔、昆腔、乱弹、徽戏、滩簧、时调6种声腔的合班。它以金华地区为中心，流行于金华、丽水、临海、建德、衢州、淳安，以及江西东北部的玉山、上饶、贵溪、鄱阳、景德镇等地。

目连戏

目连戏为专演《目连救母》而命名，是中国戏曲史上第一个有证可考的剧目，因此被视为戏曲的鼻祖。

目连戏集戏曲、舞蹈、杂技、武术于一身，有锯解、磨研、吞火、喷烟、开膛破肚带彩特技，以及盘叉、滚叉、金钩挂玉瓶、玩水蛇、挖四门等舞蹈动作，还有金刚拳、武松采花拳、五龙出动拳等诸多拳路，服装、道具、化装、表演均有独特之处。既可登台演出，又可扎场表演。

山东梆子

山东梆子是流行于鲁西南及鲁中地区的地方戏曲剧种，又名"高调梆子"，简称"高调"或"高梆"，因其高昂激越的特点，还被人称为"舍命梆子腔"。主要流行于山东西南部的菏泽、济宁、泰安等地，以及聊城、临沂等地区的广大城镇乡村。因流行区域的不同，群众对其称呼亦有别。如以菏泽为中心的，习称"曹州梆子"；以济宁、汶上为中心的，称为"汶上梆子"或"下路调"，总称"高调"，以区别于流行在鲁西南、豫北、冀南的"平调"。1952年，定名统称为"山东梆子"。

吕剧

吕剧是山东省地方戏曲剧种之一，曾名"化装扬琴""琴戏"。早在清代中叶，山东南部农村出现了一种名叫"小曲子"的小曲连唱体曲艺形式。因其主要伴奏乐器为扬琴，故又称"扬琴"。在发展过程中，受到不同地区的语言、风俗的影响，逐渐形成为南路、北路、东路琴书三大流派。1933年邓九如在天津电台播音时，定名山东琴书。1953年定名吕剧。

吕剧最为突出的特点是：既是"戏曲"又是"曲艺"。其唱腔以板腔体为主，兼唱曲牌。曲调简单朴实、优美动听、灵活顺口、易学易唱。

潮剧

潮剧又名潮州戏、潮音戏、潮调、白字戏，主要流行于潮州方言区，是用潮州话演唱的一个古老的地方戏曲剧种。

潮剧是宋元南戏的一个分支，由宋元时期的南戏逐渐演化，吸收了弋阳、昆曲、皮黄、梆子戏的特长，结合本地民间艺术，最终形成自己独特的艺术形式和风格。

潮剧传统剧目可分为两大类：一类来自南戏传奇和杂剧，如《琵琶记》《荆钗记》《白兔记》《拜月记》《珍珠记》《蕉帕记》《渔家乐》等。另一类取材当地民间传说故事或实事编撰的地方剧目，如《荔镜记》《苏六娘》《金花女》《柴房会》《龙井渡头》等。

川剧

川剧是起源于四川，长期流行于四川、云南、贵州等几个西南省份，是人们喜闻乐见的一种地方戏剧。

明末清初，陆续有大批各地移民进

入四川，以及各省在四川的会馆纷纷建立，全国各地的南腔北调也相继被移植到四川各地，这些剧种在长期的发展过程中，相互融合、相互借鉴，又结合当地的风俗、方言以及各种民间戏曲，逐步形成了一种具有四川特色的剧种，就是川剧。

川剧的声腔主要由昆曲、高腔、胡琴、弹戏以及灯腔等5种声腔组成，其中除灯腔发源于四川本地以外，其他4种腔调都来自外地。这5种声腔再加上为这5种声腔伴奏的各种乐器，形成了形式多样、曲牌丰富而又风格迥异的川剧音乐形式。

高腔，是川剧中最重要的一种腔调。川剧高腔拥有众多的曲牌数量，剧目广、题材多、适应性强，兼有南曲和北曲中高亢激越、婉转抒情的特点。川剧中的昆曲来源于江苏的昆曲，川剧艺术家利用昆曲长于歌舞的特点，往往将昆曲中的单个曲牌融入其他唱腔中演出，形成独具特色的川剧昆腔，简称"川昆"。胡琴是西皮和二黄的统称，因为二者的主要伴奏乐器都为"小胡琴"，所以这样统称。川剧胡琴来源于湖北汉调和安徽徽调，吸收了陕西汉中二黄和四川扬琴唱腔中的优秀部分发展而成，其中川剧西皮腔善于表现激昂、高亢或者欢快的感情，而川剧二黄则长于表现沉郁、悲凉的感情。川剧的弹戏来源于陕西的秦腔，属于梆子系统，故俗称"川梆子"。川剧弹戏以盖板胡琴为主要伴奏乐器，用梆子敲击节奏。曲调有善于表现喜感情的"甜平"和善于表现悲感情的"苦平"两种。灯腔，来源于四川本地，是川剧唱腔中最具本地特色的一种。灯腔是由四川传统的灯会歌舞演化过来的，乐曲短小、节奏明快、轻松活泼，所演的多数是民间小戏，唱的也都是民间小曲，具有浓厚的生活气息。另外，川剧中还有许多具有浪漫主义色彩的表演特技，如吐火、藏刀、顶油灯等，其中影响最大、最具特色和最常见的是变脸，演员往往能在极短的时间内变换出十多张面孔，表现角色情绪和心理的突然变化，极具观赏性。

琴书

琴书，因演唱时用扬琴为主要伴奏乐器而得名。琴书的表现形式不一，有一人立唱，两人或多人坐唱或走唱，也有分角色拆唱。唱词也根据其乐曲，有七字句、十字句和长短句之分。有说有唱，一般以唱为主，以说为辅。伴奏乐器除扬琴之外，也兼用三弦、二胡、筝、坠胡等。

琴书种类很多，有北京琴书、翼城琴书、武乡琴书、徐州琴书、安徽琴书、山东琴书、贵州琴书、四川琴书、云南琴书等。

相声

相声，中国北方曲种。它是一种源于民间的以语言为主要表演手段的喜剧性曲艺艺术。含有相声艺术因素的文学形式，可以追溯到先秦时的俳优，后来经过复杂曲折的发展历程，吸收了其他表演艺术的积极因素，如魏晋时的笑语、唐代参军戏以及宋金杂剧里滑稽含讽的表演等。到了明代，隔壁戏与笑话艺统称为"相声",这两种艺术形式的普及与发展,为相声艺术的产生奠定了基础。兼备说、学、逗、唱艺术形式的相声形成于18世纪中叶(清乾隆时期)之前。咸丰年间,北京有一位朱绍文先生(别号"穷不怕"),是最早说相声的人。

小品

小品一词最早始于晋代,本属于佛教用语。《世语新说·文学》"殷中军读小品"句下刘孝标注:"释氏《辨空经》有详者焉,有略者焉。详者为大品,略者为小品。"鸠摩罗什翻译《摩诃般若波罗蜜经》,将较详的二十七卷本称作《大品般若》,较略的十卷本称作《小品般若》。可见,"小品"与"大品"相对,指佛经的节本。因其篇幅短小,语言简约便于诵读和传播而受到人们的青睐。20世纪80年代初喜剧小品这种艺术形式被搬上荧幕,它汲取了话剧、相声、二人转、小戏等剧目的优点。

双簧

双簧戏起源于清朝末年,主要流行于北方各地。

据说,慈禧太后当权时,常常把外面的著名戏剧、杂曲演员找到宫里为她演唱。唱单弦的艺人黄辅臣是众名角之一,慈禧太后很喜欢他演唱的滑稽戏。有一次,慈禧太后传黄辅臣速到内廷,恰逢黄辅臣喉咙痛,本不能去,但又不能抗旨,于是他带了儿子一起进宫。上场时,老黄弹弦子做面,小黄藏在椅子后面演唱做里,谁知给慈禧太后看穿了,黄辅臣父子吓得不敢抬头。不料慈禧太后见他父子俩的配合天衣无缝、妙趣横生,不但没有怪罪,反而开玩笑道:"你俩这叫双黄啊!"从此"双黄"(以后写成"双簧")就成了一门独立的曲艺形式。

秦腔

秦腔发源于古代陕西、甘肃等地的民间小曲,成长壮大于历史文化名城西安,历经各朝各代的艺术家反复锤炼、创造,而逐渐形成。古时陕西、甘肃一带属秦国,所以称之为"秦腔"。因为早期秦腔演出时,常用枣木梆子敲击伴奏,故又名"梆子腔"。秦腔成形后,流传全国各地,因其一整套成熟、完整的表演体系,对各地的剧种产生了不同程度的影响,并直接影响了梆子腔剧种的发展,成为梆子腔剧种的始祖。

秦腔的表演技艺朴实、粗犷、豪放,富有夸张性,生活气息浓厚,技巧丰富。其身段和特技有:趟马、吐火、喷火、担子功、翎子功、水袖功、扇子功、鞭扫灯花、顶灯、咬牙、耍火棍、跌扑、髯口、跷工、獠牙、帽翅功等。秦腔的唱腔分为欢音和苦音两类,欢音善于表现轻快活泼、喜悦的感情,而苦音则长于表现悲愤、凄凉的感情,丰富多彩的唱腔能够很好地表现各种感情。秦腔的主要伴奏乐器为板胡。秦腔的角色分类有"十三门二十八类"之说,即角色分为四生、六净、二旦、一丑等13门,而这13门又可细分为28类。各门各类都有其特色,都有著名的演员、著名的戏剧段落。

秦腔的传统剧目数以万计,其中以取材于"三国""杨家将""说岳"等英雄传奇或者悲剧故事的剧目居多，剧目无论在数量还是题材的广度都居全国300余种戏剧之首。其中经常演出的曲目有《春秋笔》《八义图》《紫霞宫》《玉虎坠》《和氏璧》《麟骨床》等。

黄梅戏

发源于湖北黄梅的黄梅戏原称黄梅调或采茶调，它起源于湖北黄梅一带的采茶歌。清朝道光年间，在湖北、安徽、江西三省毗邻地区，形成以演唱"两小戏""三小戏"为主的民间小戏。后来逐渐融入了青阳腔和徽剧的音乐和表演艺术以及民间音乐，形成了大戏。由于长期流行于以怀宁为中心的安庆地区，形成了以当地方言讲唱的独特风格，所以曾被称为"怀腔"。

黄梅戏以抒情见长，韵味丰富、曲调悠扬，如行云流水。它的唱腔分花腔和平词两大类，花腔以演小戏为主，富有浓厚的生活气息和民歌风味，平词是正本戏中最主要的唱腔，常用于大段叙述、抒情，听起来委婉悠扬。

秧歌戏

秧歌戏是中国北方地区广泛流行的一种民间戏曲，主要分布于山西、河北、陕西，以及内蒙古、山东等地。它起源于农民在田间地头劳动时所唱的歌曲，后与民间舞蹈、杂技、武术等表演艺术相结合，在每年的正月社火时演唱带有故事情节的节目，逐步形成戏曲形式。

昆曲

昆曲是中国传统文化艺术中的珍品，是中国传统戏曲中最古老的剧种之一，已经有六七百年历史。它起源于元朝末年的昆山地区，又叫作"昆剧"，是由元代末年的顾坚创立的，最初叫昆山腔。

明朝嘉靖年间，戏曲音乐家魏良辅对昆山腔进行改进，立足南曲，吸取北曲长处，促成了集南北曲优点于一体的"水磨调"的形成，这就是昆曲。后来，昆曲不断传播，成为传奇剧本的标准唱腔，并最终发展成为全国性剧种。到清朝乾隆年间，昆曲达到鼎盛。原本以苏州的吴语语音演唱的昆曲因广泛传播，难免带上流传地的特色，故而流派众多。

昆曲音乐的结构属于联曲体结构，也可以称之为"曲牌体"。昆曲常用的曲牌有上千种，包括唐宋时期的词调、词牌、民歌等在内，可谓是采众家之长。昆曲的创作是以南曲为基础的，同时也使用北曲的套数，常常使用"犯调""借宫""集曲"等方法。昆曲主要以笛子为伴奏乐器，以笙箫、唢呐、琵琶等作为辅助。昆曲字正、腔清、板纯，唱腔极富韵律感，抒情性强，表演优美细腻，歌舞结合巧妙。

在长期的演出实践中，昆曲积累了大量优秀演唱剧目。其中脍炙人口的有王世贞所写的《鸣凤记》、汤显祖所写的《牡丹亭》《紫钗记》等。

豫剧

豫剧，原名"河南梆子""河南高调"等，流行于河南、陕西、甘肃、山西等地，是中国最重要的地方剧种之一。豫剧发源于陕西的梆子腔，即所谓的秦腔。清朝初期，秦腔传入河南，入乡随俗，开始用河南口音演唱，吸收了河南本地的民间小调等民间艺术形式的精华，并受到了昆曲、弋阳腔、皮黄腔等外省剧种的影响，在乾隆年间正式形成具有河南特色的剧种。乾隆嘉庆年间，豫剧迅速发展壮大，成为河南省重要的剧种。

豫剧的音乐分为四大流派，分别是：以开封为中心的"祥福调"，以商丘为中心的"豫东调"，流传于洛阳的唱法"豫西调"，流传于河南东南部沙河流域的唱法"沙河调"等。其中影响最大的是豫东调和豫西调。豫剧的各种流派虽然有诸多不同，但是共性大于个性，作为统一的一个剧种，豫剧具有以下特点：首先，豫剧注重唱功，演出中常有大段的唱词，相对来说动作少一些；其次，豫剧具有较大的自由性，唱词、说白、动作等都没有固定的模式，演员可以根据自己的理解，做一些创造；再次，豫剧与民间艺术结合紧密，常常把杂技、武术等技艺的动作融合到舞台表演中来，显得粗犷火爆；最后，豫剧的唱词通俗易懂，好学好唱。

豫剧的角色行当分为"四生四旦四花脸"，即老生、红生（大、小红脸）、小生等四生；老旦、小旦、正旦、帅旦等四旦；黑脸、大花脸、二花脸、三花脸等四花脸。豫剧的伴奏乐器分文武戏，文戏用三弦、板胡、月琴伴奏，武戏用板鼓、堂鼓、大锣、小锣、手镲、梆子、手板等伴奏。

豫剧的传统剧目有600多个，其中经典曲目有《对花枪》《三上轿》《提寇》《铡美案》《十二寡妇征西》《花木兰从军》等。

川剧变脸

相传"变脸"是古代人类面对凶猛的野兽，为了生存把自己脸部用不同的方式勾画出不同形态，以吓唬入侵的野兽。川剧把"变脸"搬上舞台，用绝妙的技巧使它成为一门独特的艺术。

变脸的手法大体上分为3种：抹脸、吹脸、扯脸。此外，还有一种"运气"变脸。

抹脸是将化妆油彩涂在脸的某一特定部位上，到时用手往脸上一抹，便可变成另外一种脸色。吹脸只适合于粉末状的化妆品，如金粉、墨粉、银粉等。扯脸是事前将脸谱画在一张一张的绸子上，剪好，每张脸谱上都系一把丝线，再一张一张地贴在脸上。丝线则系在衣服的某一个顺手而又不引人注目的地方。随着剧情的进展，在舞蹈动作的掩护下，一张一张地将它扯下来。

评剧

评剧是流传于中国北方的一个戏曲剧种，习称"蹦蹦戏"或"落子戏"。产生于河北省东部，系由流行于滦县、迁安、玉田、三河及宝坻（今属天津）一带农村的曲艺莲花落发展而成。

1935年，蹦蹦戏在上海演出时，因为上演剧目多有"惩恶扬善、评古论今"的新意，采纳名宿吕海寰的建议，改称"评剧"。1936年，白玉霜在上海拍影片《海棠红》时，新闻界首次把"评剧"的名称刊载于《大公报》，从此，评剧的名字广泛传播于全国。

评剧的艺术特点是：以唱功见长，吐字清楚，唱词浅显易懂，演唱明白如诉，表演生活气息浓厚，有亲切的民间味道。

著名的评剧艺术家有白玉霜、新凤霞等。《小女婿》《刘巧儿》《小二黑结婚》等是评剧曲目中的优秀代表。

二人转

二人转是诞生于东北劳动人民中间的综合艺术，产生并盛行于东北三省，受到东北群众、特别是农民的喜爱。它是一种有说有唱、载歌载舞、生动活泼的走唱类曲艺形式，迄今大约已有200年的历史。

它的音乐唱腔是以东北民歌、大秧歌为基础，吸收了东北大鼓、莲花落、评戏、河北梆子等曲调而构成，高亢火爆，亲切动听。它的舞蹈是来自东北大秧歌，并吸收了民间舞蹈及武打成分，以及耍扇子、耍手绢等技巧。

在长期的艺术实践过程中，二人转逐渐形成了独有的技巧——"四功一绝"，即唱、说、拉（做）、舞功的绝技。其演出形式，大体可分单、双、群、戏4类。

弹词

弹词，也叫"南词"。明、清两代流行的说唱曲艺形式。主要流行于南方，用琵琶、三弦伴奏。

弹词的文字，包括说白和唱词两部分，前者为散体，后者为七言韵文为主，穿插以三言句。弹词的演出二到三人、几件乐器即可。

木偶戏

木偶戏叫"傀儡戏"，以前俗称"耍鼓傀子"，经常出现在城乡街头。

木偶戏在中国具有悠久的历史。传说，周穆王到昆仑（今甘肃省酒泉市西南）打猎返回时，有一位工匠名叫偃师，邀请穆王与盛姬观赏他用木头和皮革制作的木偶人表演歌舞。表演结束后，木人忽然眼珠一转，向穆王左右招手，穆王大惊失色，欲将偃师斩首。偃师大惊，只好把木人拆卸了。

另据《事物纪原》记载：公元前200年左右，汉高祖刘邦率领的汉军在平城（今山西大同东北）被匈奴大军重重包围，匈奴带兵的主将是冒顿的妻子阏氏。当时汉军内无粮草，外无救兵，形势十分危急。刘邦的谋士陈平知道阏氏天性极为妒忌，于是派出能言善辩的使者带着许多金银财宝以及一幅美女图，去见阏氏。使者见到阏氏说："这些财宝是送给您的礼物，另外还有一个美女，她现在正在军中起舞，是我们送给匈奴冒顿的，希望您能笑纳。"阏氏向远处望去，果然有许多倩影在翩翩起舞。阏氏醋意大发，心想如果攻下城池，丈夫冒顿一定会纳美女为妾，到时候自己必然失宠。于是，便故意撤去一支队伍让刘邦带着大军轻松突围。其实，阏氏所看到的并不是真正的美女在跳舞，而是陈平事先制造了几个木偶美女，并用机关操纵使它们起舞于城墙上。

由此可见，中国制造木偶的历史由来已久。此后，这种戏传到了民间，成为人们十分喜爱的一种剧种。

皮影戏

皮影戏是一种观众通过白色布幕观看平面皮质偶人表演的灯影的戏剧形式。皮影戏中的平面假人以及场面和道具的景物，通常是民间艺人用皮革手工刀雕并彩绘而成，所以叫皮影。

皮影是中国最早的剧种之一，后来的不少新的地方剧种，就是从各路不同的皮影唱腔里派生出来的。皮影艺术源于西汉，兴于陕西，唐宋时代在秦晋豫一带逐渐成熟，清代则盛行于河北。在元代，统治者常常把影戏作为宫廷和军中娱乐，当时成吉思汗远征到欧亚大陆的广大地区，中国的影戏也因此被传播到波斯等阿拉伯国家，后来又辗转传入土耳其，在东南亚一些国家也有流传。明朝的时候，影戏继续在都市和乡村小镇流行，从艺术接受上来讲，它不只是受到广大下层民众的喜爱，也受到许多文化人的推崇。从清军入关至清末民初，中国皮影艺术的发展达到了其鼎盛时期。很多皮影艺人子承父业，数代相传，人才辈出，无论从皮影造型制作、影戏演技和唱腔，还是流行地域上讲，都达到了历史发展的巅峰。许多官第王府、豪门望族、乡绅大户，都请名师刻制影人，蓄置精工影箱、私养影班。在民间乡村城镇随处可见大大小小皮影戏班。无论逢年过节、喜庆丰收、祈福拜神，还是嫁娶宴客、添丁祝寿，都要搭台唱影。

口技

口技是民间的表演技艺，是杂技的一种。表演者用口模仿各种声音，能使听的人产生一种身临其境的感觉。在清代属"百戏"之一，表演者多隐身在布幔或屏风后边，俗称"隔壁戏"。

口技作为表演艺术不晚于宋代。宋人《杂记》中说在京城的游艺场里，有"学乡谈"和"百鸟鸣"，可能都是口技。宋元戏剧中的犬吠、鸡叫之类的舞台效果，大都是口技者在后台完成的。

魔术

魔术的雏形产生于古人祭天、祈年等游艺色彩较浓的习俗活动中，面对自然灾害，古人们束手无策，因此，他们相信天地相通。于是，出现了号称自己能来往于人和神之间的巫、觋及后来的方士。这些人为了使人相信他们能够通灵，大都有些验证的办法，这就是原始的魔术师。

魔术作为具体节目表演，出现于2000多年前。西汉元封三年（公元前112年），汉武帝举行百戏盛会，盛会上既有中国的传统魔术《鱼龙蔓延》等节目，又有罗马来的魔术师表演了《吐火》《吞刀》《自缚自解》等西域魔术。魏晋南北朝时，出现了《凤凰含书》《拔井》等多个魔术节目。隋炀帝时出现《黄龙变》，变来满地的水族。唐玄宗时流行的《入壶舞》，表演者从左面缸中钻进去又从右面缸中爬出来，这些都是令人拍案叫绝的魔术杰作。到了宋代，出现了专业魔术师组成的民间社团——云机社。

宋代著名魔术家杜七圣，擅长杀人复活的把戏，名噪一时，称为"七圣法"。各式魔术戏法节目在明清时期十分盛行，中国著名的《九连环》《仙人栽豆》《古彩戏法》等，均在世界魔坛上产生过巨大的影响。

话剧

话剧指以对话为主的戏剧形式。话

剧虽然可以使用少量音乐、歌唱等，但主要叙述手段为演员在台上无伴奏的对白或独白。

中国的话剧是向外国学来的。19世纪末，半殖民地半封建的中国迫切需要社会变革，具有民主进步思想的知识分子急切地寻求有助于社会变革的新的文艺武器，于是，在20世纪初，西方戏剧形式的舞台表演在上海出现了。这种以对话为主要手段的舞台剧在当时被称为新剧，后又统称文明戏。李叔同、欧阳予倩等人创办的春柳社于1907年春在东京演出了法国小仲马的名剧《茶花女》的第三幕，演出"全部用的是口语对话，没有朗诵，没有加唱，还设有独白、旁白"。不久他们又演出了根据斯托夫人的小说《汤姆叔叔的小屋》改编的话剧《黑奴吁天录》，在内容上很有现实性，采用分幕方法，以及对话的动作演绎故事的特点，有接近生活真实的舞台形象，确立了中国前所未有的新剧形态，即后来的话剧艺术形式。

世界十大古典悲剧

《普罗米修斯》——埃斯库罗斯（古希腊）

《俄狄浦斯王》——索福克勒斯（古希腊）

《美狄亚》——欧里比德斯（古希腊）

《奥赛罗》——莎士比亚（英国）

《万尼亚舅舅》——契诃夫（俄国）

《大雷雨》——奥斯特洛夫斯基（苏联）

《阴谋与爱情》——席勒（德国）

《哀格蒙特》——歌德（德国）

《安德洛玛刻》——拉辛（法国）

《熙德》——高乃依（法国）

世界十大古典喜剧

《鸟》——阿里斯托芬（古希腊）

《一仆二主》——哥尔多尼（意大利）

《威尼斯商人》——莎士比亚（英国）

《伪君子》——莫里哀（法国）

《贫穷与傲慢》——霍尔堡（丹麦）

《钦差大臣》——果戈理（俄国）

《破瓮记》——克莱斯特（德国）

《费加罗的婚礼》——博马舍（法国）

《造谣学校》——谢立丹（英国）

《温德米尔夫人的扇子》——王尔德（英国）

印度梵剧

梵剧即印度古典戏剧。印度进入奴隶社会的所谓"史诗时代"后，出现了民间夜神赛会时的戏剧性表演，是印度戏剧的正式萌芽。公元元年前后，印度古典戏剧步入成熟期。公元1~2世纪，佛教戏剧家马鸣创作的《舍利弗传》等剧本，标志着古典戏剧的成熟。约公元4~5世纪，印度古典戏剧的杰出作家迦梨陀娑创作了《摩罗维迦》《广延天女》《沙恭达罗》等剧本。其中《沙恭达罗》至今享誉世界。

印度古典戏剧，从题材上看，一是取材于史诗和传说故事，这类题材是印度古典戏剧的主要部分，如以描写宫廷生活为中心的《摩罗维迦》，在传说故事中融入新意的《沙恭达罗》。二是取材于现实生活，以刻画都市世态人情为主，如《小泥车》等。

音乐剧

音乐剧是由喜歌剧及轻歌剧演变而成的,是19世纪末起源于英国的一种歌剧体裁。

音乐剧熔戏剧、音乐、歌舞等于一炉,富于幽默情趣和喜剧色彩。

音乐剧中的幽默、讽刺、感伤、爱情、愤怒作为动人的组成部分,与剧情本身通过演员的语言、音乐和动作以及固定的演绎传达给观众。因此很受大众的欢迎。著名的音乐剧有《俄克拉荷马》《音乐之声》《西区故事》《悲惨世界》《歌剧魅影》等。

歌剧

歌剧是将音乐、戏剧、文学、舞蹈、舞台美术等融为一体的综合性艺术,通常由咏叹调、宣叙调、重唱、合唱、序曲、间奏曲、舞蹈场面等组成。

早在16世纪末意大利的佛罗伦萨,一些受文艺复兴思想影响的、进步的知识分子如诗人里努契尼、歌唱家兼作曲家培里和卡契尼等,尝试综合音乐和戏剧的特点,模仿古希腊悲剧,创造出一种新的艺术形式,这就是歌剧。

中国歌剧可以说萌芽于20世纪20至30年代的儿童舞剧《麻雀与小孩》《小小画家》(黎锦晖作曲),配乐剧《扬子江暴风雨》(聂耳作曲),它们都将歌曲与对白并重。

优剧

"优剧"在公元前6世纪兴盛于希腊的殖民地西西里岛以及南意大利,那时它还没有固定的形式与内容。它或许只是一个可供阅读的短篇,并没有表演,又或许只是一个即兴表演,并没有文字。当然,它也可以先是短篇,后又由人表演。假如有文字,它可以是散文或者诗;文字可以粗俗,也可以典雅。假如有表演,它可以只有一个人,也可以是多个人。总之,在没有确定其形式和内容之前,统而言之叫作"优剧"。

优剧传到希腊本土以后,内容仍是变化多端,说学逗唱、跳舞唱歌、表演短剧应有尽有。但不论表演什么,相对于戏剧,优剧有几个特点:它有女演员;有些演员是以演出为生的职业演员,所以他们到处巡回表演;有的演员不带狄奥尼索斯面具。这三点,在欧洲都开风气之先。至于表演的性质,主要是讽刺嘲弄,对象最初是神祇,后来是悲剧英雄,最后是当代的市井小民。内容不外调情说爱、嗜酒贪吃、嬉笑打斗、使诈行窃等。

哑剧

哑剧,顾名思义,是一种不说话的剧。从专业角度讲,哑剧是一种没有台词,只凭借形体动作和面部表情来表达情节的戏剧形式。哑剧表演通常是一些身体动作与手势的组合。虽然哑剧可以是一种想象的、情感的、故事性的沟通方式,但是哑剧所传达的内容不会超出文字可以传达的范围。哑剧并不用语言,而是用身体传达。哑剧的基本手段是形体动作,哑剧形体动作的准确性和节奏性不仅具有模仿性,还应富于内心的表现力和诗意。

早在公元前3世纪的罗马,哑剧表演已经开始出现。在英国和法国,许多大型戏剧演出之前，通常进行一些丑角的无声表演，也可以看作是哑剧的一种形式。现代意义上的哑剧源于法国表演大师德布洛，他创造了一个叫彼埃罗的人物形象，围绕彼埃罗，德布洛编演了一系列哑剧作品。著名哑剧表演艺术家有卓别林、马尔索、莫尔肖等。在当代哑剧表演中，既有独角戏，也有集体哑剧，哑剧演员在表演时大都勾画着白色脸谱。中国较早以前已有哑剧表演的片段，但作为一种独立的戏剧形式，则是20世纪80年代初才开始出现的。

马戏

马戏起源于古罗马竞技场。据记载，1768年，以表演马术为业的英国退伍军官阿斯特利发现，借助于马转弯时产生的离心力，立在马背上表演不会摔倒。于是，他便开办了圆形跑马场，这便是近代马戏的开始。

马戏在中国的历史悠久。西汉桓宽的《盐铁论》中，就有"马戏斗虎"的记载。这一时期，马戏的伎艺之一叫作"骗"，"骗"字，《汉书》注称为"戏马之术"。到了宋代，马戏技艺更为成熟，表演技巧，精湛高超。就有引马、立马、骗马、跳马、倒立、拖马、飞仙膊马、镫里藏身、赶马等多种多样的马上功夫。

小丑

小丑表演艺术已经存在数千年的历史，约在公元前2500年的古埃及国第五朝代，就已经有身材矮小的小丑在宫廷内给法老王表演。

在16世纪，意大利的喜剧开始萌芽，不久之后，便在欧洲的剧场占据了领导地位。其中有3种典型的仆人喜剧角色：第一小丑，第二小丑及空想小丑。第一小丑是男仆人，是个聪明、捣蛋、不诚实的人；第二小丑是愚蠢的男仆人，他经常被第一小丑戏弄，而成为恶作剧的牺牲品；空想小丑是柔弱的女仆人，她是在故事中参与和分享那些诡计的成果及提供浪漫的人。

哲学、思想

基本概念

"哲学"一词的由来

"哲学"一词源于古希腊文,由"爱"和"智慧"两个单词所组成,意思就是"爱智慧",这是一门使人聪明、给人智慧的学问。黑格尔认为,古希腊哲学家毕达哥拉斯首次使用"哲学"一词。后来,哲学的"爱智慧"的含义在世界各国中得到广泛的认可和使用。

百家争鸣

从春秋末年到战国时期,是中国社会由奴隶社会向封建社会过渡的时期,从政治到经济都发生了剧烈的变化。这种变化带来了学术思想的空前活跃,不同阶段、不同阶层的各个学派,展开了激烈的论争,形成了百家争鸣的局面。

据记载,至汉代初期,以著作形式表述自己学术观点的有一百八十九家。汉代史学家将它们分门别类,归为十家,即儒家、道家、名家、法家、墨家、阴阳家、纵横家、杂家、农家和小说家。在这十家之中,杂家、农家、小说家所讨论的问题很少涉及哲学。在这些学派中尤以儒、墨、道、法家四家影响最大。在这十家之外,对《周易》的研究当时已经形成了一种独特的哲学,可以称为易家;对军事和兵法的研究当时也已形成了一种含有丰富哲学思想的学说,可以称为兵家。

道家

道家是春秋战国时期最主要的学派之一。道家学派以春秋时期老子关于"道"的学说为理论基础,并以此说明宇宙及社会万象的本质、根源、构成及其变化。道家学说的核心内容,是以老子的"道法自然"为基点,主张人们在思想上遵循"生而不有,为而不恃,长而不宰""清静无为"的"道"理;政治上"无为而治""小国寡民""不尚贤,使民不争";伦理上主张"绝仁弃义",认为"夫礼者,忠信之薄,而乱之首";行为上主张顺乎自然、守雌守柔、以柔克刚。由于各自阐发重点不同,战国时期的道家分化成若干派,其中以杨朱学派、宋尹学派和黄老学派最为著名。道家学派对后世影响极深，并成为中国传统文化的基干之一。

儒家

儒家是春秋末期、战国时期的主要学派之一。其创立者为孔子，他以六艺为法，借助对传统伦理制度的发掘，推进人文精神文明建设，以大同社会为理想目标。学说核心以"仁""礼"为两端，反对偏执与极端，主张中庸与义、恕。强调教育的重要性，主张"有教无类"，通过教育使全社会都成为道德高尚的人。据史书记载，孔子有弟子三千，身通六艺（礼、乐、射、御、书、数）的有七十二人。

法家

法家是战国时期诸子百家中重要的思想流派之一，法家的前期代表人物除了商鞅之外，还有李悝、申不害、慎到这三位思想家。法家后期的代表人物主要有两位：韩非和李斯。

法家主张以君主为核心，法制为手段，强调君主要用自己的力量控制臣民，推行耕战策略管治国家。对秦王朝的统治影响极大。

名家

名家也称辩者、察士或刑（形）名家。代表人物为惠施与公孙龙。名家分为两大派，一派是以惠施为首的合同异派，该派认为事物不论性质上的同异，都可在大同的基础上，不计小异而混合于一。另一派是以公孙龙为代表的离坚白派，该派认为事物的概念可以脱离事物本身而独立，有著名的"白马非马"辩。名家的学术活动，极大地促进了中国古代逻辑学的发展。

黄老学派

黄老学派是战国时期道家学派的一个分支，代表人物有慎到、田骈、环渊等。他们以老子天道自然、无为而治的道本体思想为立足点，融合儒家德治思想、法家法治思想，形成一种以清静无为、爱民惠民、刑名法术为核心的新学说体系。该学派奉黄帝为始祖，以老子为近祖，因而被称为黄老学派。

仁

中国古代一种含义极广的道德范畴。孔子把"仁"作为最高的道德原则、道德标准和道德境界。形成了以"仁"为核心的伦理思想结构，它包括孝、弟(悌)、忠、恕、礼、知、勇、恭、宽、信、敏、惠等内容。

礼

礼是社会的典章制度和道德规范。夏、殷、周三代之礼，因革相沿，到周公时代的周礼已比较完善。孔子主张"道之以德，齐之以礼"的德治，荀子在《礼论》中，论证了"礼"的起源和社会作用，认为礼使社会上每个人在贵贱、长幼、贫富等的等级制中都有恰当的地位。

忠恕

儒家处理人际关系的基本原则之一。忠者，心无二心，意无二意；恕者，了己了人，明始明终。忠恕之道简言之即将心比心，推己及人。最早将忠恕联系起来的是曾子，他在解释孔子"吾道一以贯之"时说："夫子之道，忠恕而已矣。"

智

"智"是理智、理性、智慧，儒家实现其最高道德原则"仁"的重要条件之一。孔子认为，有智慧的人才能认识到"仁"对他有利，才能去实行"仁"。他们要实现"达德"，而要实现"达德"必须经过博学、审问、慎思、明辨、笃行五个步骤。

勇

儒家的伦理范畴，指果断、勇敢。儒家认为"勇"是施"仁"的条件之一。"勇"必须符合"仁、义、礼、智"，而且不能"疾贫"，才能成其为勇。《论语》有云："知者不惑，仁者不忧，勇者不惧。"

孝悌

历朝历代统治者都"以孝治天下"，"孝悌"之道成为封建伦常名教体系以及宗法家族制度的重要内容。孝，指对父母还报的爱；悌，指兄弟姊妹的友爱，也包括了和朋友之间的友爱。儒家非常重视孝悌，认为孝悌是做人、做学问的根本。

三不朽

"三不朽"，是中国仁人志士孜孜以求的一种凡世的永恒价值，是中国伦理思想史上的一个命题。由春秋时鲁国大夫叔孙豹首先提出，他称"立德""立功""立言"为"三不朽"。"立德"，即树立高尚的道德；"立功"，即为国为民建立功绩；"立言"，即提出具有真知灼见的言论。

内省

在内心省察自己的思想、言行有无过失。儒家很注重内心的道德修养，孔子要求人们"内省""自论"。孟子则提出"存心"，也叫"求放心"。宋明理学家程颐的修养方法为"诚敬""致和""集义"。王守仁则为"致良知"。

内圣外王

"内圣外王"一词最早出现在《庄子·天下篇》，"是故内圣外王之道，暗而不明，郁而不发，天下之人各为其所欲焉，以自为方。"指的是个人修养与政治主张。"内圣"是指将道藏于内心、自然无为；"外王"指道显于外，推行王道。两者合一即是内有圣人德，外施王者之政的意思。

慎独

"慎独"是儒家的自我修身方法。指的是人们在独自居处的时候，也能严于律己，谨慎地对待自己的所思所行，防止有违道德的欲念和行为发生，从而使道义时时刻刻伴随主体之身。

四端

"四端"说是孟子思想的一个重要内容。他认为这是人应有的四种德行，即恻隐之心，仁之端也；羞恶之心，义之端也；辞让之心，礼之端也；是非之心，智之端也。

中庸

"中庸"是中国古代哲学思想上的一个重要内容。

关于"中庸"的含义,朱熹引用程颢"不偏之谓中,不易之谓庸。中者,天下之正道,庸者,天下之定理"之观点解释。

"中庸"之道主要是教育人们自觉地进行自我修养、自我监督、自我教育、自我完善,把自己培养成为具有理想人格,达到至善、至仁、至诚、至道、至德、至圣、合外内之道的理想人物,共创"致中和天地位焉万物育焉"的"太平和合"境界。

《中庸》中的"天命之谓性,率性之谓道,修道之谓教",这句话言简意赅地揭示了"中庸"之道的核心是自我教育。"天命之谓性"是指人的天性是善良的。"率性之谓道"是说人们自我教育之道就是按照人们的善良的天性办事情。"修道之谓教"是说自我教育就是按照人道原则去进行修治。作为标准的"中"不是一成不变的,而是随着时间和条件的变化而变化。

义利之辩

中国哲学史上关于道义和功利相互关系的争论。

孔子、孟子认为义和利是矛盾的,强调要贵义贱利;荀子则主张先义后利。而墨子主张义和利是一致的。西汉董仲舒概括孔孟的义利观,强调道义和功利不能并存。程颢、程颐、朱熹等坚持董仲舒的观点,认为道义和功利是互相排斥的。陈亮、叶适则认为道义和功利并不矛盾,功利体现在道义之中,离开功利就无所谓道义。

礼义廉耻

古人认为礼定贵贱尊卑,义为行动准绳,廉为廉洁方正,耻为有知耻之心。

春秋时的管仲把礼义廉耻称为国之"四维"。他认为"礼"就是不能越出应有的节度,即思想行为不能超出道德规范;"义",就是自己不推荐自己,即使自己的思想行为符合道德标准;"廉",就是不隐瞒自己的缺点错误;"耻"就是不与不正派的人在一起,即要知羞耻。他认为"礼、义、廉、耻"比法更为重要,把它们认作支撑国家大厦的四根柱子。

形而上、形而下

出自《易经·系辞上》:"形而上者谓之道,形而下者谓之器。"是描述抽象和具象两种性质的哲学范畴。

具体来说,"形"指形体、形迹,"形而上者"即无形迹的抽象存在,就是"道";"形而下者"为有形迹的具体存在,即"器"。清代王夫之认为,"形而下"产生"形而上","器而后有形,形而后有上","形而上"不可能脱离"形而下"独自存在。

无为而治

"无为"是老子提出的政治思想,主要是针对政治上的"有为"而言的。在他看来,"有为"政治带来的祸害非常严重。防禁越多,人民越陷入贫困;法令越森严,盗贼越增加。统治者征收大量赋税,造成人民饥饿;统治者越是强作妄为,人民越是难以管理。

老子对"有为"政治进行了激烈的批判。他说道："大路很平坦，君主却喜欢走斜径。朝政腐败了，弄得农田全都荒芜，仓库十分空虚；统治者还穿着锦绣的衣服，佩带锋利的宝剑，吃厌了精美的饮食，搜刮更多的财货。"怎样解决这个问题呢？老子提出统治者应该"无为而无不为"。"无为"指的是，统治者在表面上应该少一点欲望，少一点作为，对人民顺其自然，这样做，统治才能得到巩固。

米利都学派

米利都位于爱琴海东岸，是希腊人在亚细亚殖民地的一个城市。大约公元前6世纪，这个城市孕育的一批哲学家以及他们的哲学思想，被称为米利都学派。

米利都学派的主要代表人物有泰勒斯、阿那克西曼德和阿那克西米尼。

他们把自然作为研究对象，探索宇宙万物的本原。把某种有形体的东西，如水、气作为万物的始点，宇宙之本原。自然中的一切东西，软的、硬的、冷的、热的，都是通过转化从同一个本原中派生出来的。他们第一个提出宇宙本原问题，所以他们不仅是古希腊哲学中的第一个学派，而且也被公认为西方第一代哲学家。

毕达哥拉斯学派

毕达哥拉斯（约公元前572~约前500年）是古希腊著名哲学家，古代作家常把他描绘成一个半人半神的形象。他在南意大利学派招收门徒，成立了一个集哲学、宗教和政治于一体的团体，被称为毕达哥拉斯学派，亦称"南意大利学派"。

毕达哥拉斯学派的主要哲学思想是数本原说和灵魂不死论。他们认为一切皆源于"数"，一切可以认识的事物都包含着数，没有数，任何事物都不可能被思考或被认识。

他们还认为，灵魂是一种永恒运动的自动的实体，所以它是不朽的，并类似于神，而且灵魂能够转移到其他生物体中。当人的肉体死亡后，他的灵魂则进入正在此时降生的另一人体内。另外，毕达哥拉斯学派还是西方美学史上最早探讨美的本质的学派。

毕达哥拉斯学派的影响广泛而久远。毕达哥拉斯之后，该学派分为数理派和信条派。

麦加拉学派

创立者为麦加拉人欧几里得。该派深受苏格拉底和爱利亚学派的影响，认为善是唯一的存在，是永恒不变的"一"，除此之外都是非存在。"善"就是美德。该派长于辩论，提出了"说谎者"（一个说谎的人说"我在说谎"，他是在说谎还是说真话？）、"秃头"（拔去一两根头发不能为秃头，拔多少根可以是秃头？）、"谷堆"（一两粒谷不能成为堆，多少粒可以？）3个著名的悖论，从中揭示了事物内在的矛盾性。

学园派

以古希腊柏拉图所创办的学园为中心而形成的唯心主义哲学学派。该学派的发展大体可以分为3个时期。

1. 老学园派（约公元前347~前247年），主要代表是斯彪西波，其特点是重视柏拉图学说中的毕达哥拉斯主义因素。

2. 中期学园派（约公元前247~约前81年），主要代表是阿尔克西劳，其特点是引入皮浪派的怀疑论。

3. 新学园派（约公元前81~公元529年），主要代表是普鲁塔克，其特点是提倡新柏拉图主义。

斯多阿学派

约于公元前300年，由基底恩的芝诺创立于雅典城内的斯多阿画廊，故称斯多阿学派。主要是宣扬服从命运的泛神论思想，带有浓厚的宗教色彩。

该学派早期在哲学认识论等方面带有唯物主义倾向；中期注重道德等方面的实际问题和宗教问题；晚期则只重视伦理学，宣扬服从命运，完全成了道德说教的学派。

理念论

理念，即各种具体事物的一般形式。柏拉图把这种存在于人们主观世界的一般的东西称为理念。理念论是柏拉图哲学的核心，是他研究一切哲学问题的出发点。

他认为只有理念才是真实的存在，因为它独立于人们的认识和事物之外，构成了一个客观独立存在的理念世界，任何个别事物只是理念的"分有"。它们之所以存在，是因为它们分享了理念，是理念的"影子"，是"分有"理念的结果。其主要特征有：第一，绝对实在。只有理念是真实存在且不变的。第二，多中之一。理念是许多个别事物之共同本质。第三，事物的目的。理念是绝对完满的、纯粹的，是具体事物追求的目标。第四，知识的对象。具体事物是感官的对象，从中只能获得意象，只有从理念中才能获得知识。第五，真理的标准。事物真实性的评判视距离理念的远近而定。越近者越真实，越远者越虚幻。

柏拉图主义

柏拉图主义是古希腊哲学家柏拉图建立的以其"理念论"为基础的哲学思想。其基本理论是：

1. 理念是独立于个别事物和人类意识之外的实体。

2. 各种理念构成客观上独立存在的理念世界。

3. 具体事物构成的现实世界是理念世界的"影子"或"摹本"。

4. 人性由各有其德行的三个部分组成，即情欲、意志和理性。

5. 为了不使这三个部分互相冲突，需要有正义的美德在意志的作用下控制情欲，这也是受教育者应该具有的基本禀性。

犬儒主义

"犬儒主义"一般认为是苏格拉底的弟子安提斯泰尼创立的，另一人物第欧根尼则因为住在木桶里的怪异行为而成为更有名的犬儒主义者。当时奉行这一主义的哲学家或思想家，他们的举止言谈、行为方式甚至生活态度与狗的某些特征很相似，他们旁若无人、放浪形骸，不知廉耻，却忠诚可靠、感觉灵敏、敌我分明、敢咬敢斗。于是人们就称这些人为"犬儒"，意思是"像狗一样的人"。至于这个称谓是不是肯定来源于此，学界的观点并不一致。

犬儒学派的主要教条是，人要摆脱世俗的利益而追求唯一值得拥有的善。犬儒学者相信，真正的幸福并不是建立在稍纵即逝的外部环境的优势。每人都可以获得幸福，而且一旦拥有，就绝对不会再失去。人无须担心自己的健康，也不必担心别人的痛苦。犬儒学派对之后的斯多噶学派产生了深远的影响。

怀疑论

希腊哲学的一个流派，大约创立在公元前3世纪初。

怀疑论对人能否发现真理既不加以肯定，也不加以否定，而是持一种怀疑的态度。所以怀疑论是对客观世界和客观真理是否存在、能否认识表示怀疑的学说。18世纪英国哲学家休谟怀疑知觉是由外物引起的，德国哲学家康德怀疑人能够认识物自体。现代西方的怀疑论者承袭休谟和康德的思想，拒绝研究感觉之外的实在。

原子论

原子论是古希腊早期自然哲学的最高成就。它认为万物的本原是原子和虚空，通过具有不同形体的不可分割的原子和虚空的组合，解释自然现象的五光十色和千变万化，是西方哲学史中唯物主义观点的最早代表。原子论的奠基人分别是留基伯和德谟克利特。

原子论者认为充实和虚空是本原。充实是存在，虚空是不存在的。这二者一起构成了万物的质料因。原子间的区别是生成不同事物的原因。这种区别共有三种，即形状、次序和位置。原子非常小，以至于它们不能为感官所感知。它们在数量上是无限的。

无神论

在古希腊无神论哲学家伊壁鸠鲁证明神的不存在之前，整个世界早期人类的思想几乎都被有神论支配着。

伊壁鸠鲁认为：神或是愿意但没有能力除掉世间的丑恶；或是有能力而不愿意除掉世间的丑恶；或是既有能力又愿意除掉世间的丑恶。如果神愿意而没有能力除掉世间的丑恶，那就不算是万能的，而这种无能力是和神的本性相矛盾的。如果神有能力而不愿意除掉世间的丑恶，那么这就证明神的恶意，而这种恶意同样是和神的本性相矛盾的。如果神愿意又有能力除掉世间的丑恶（这是唯一能够适合于神的本性的一种假定），那么为什么在这种情况下世间还有丑恶呢？因此，神根本不存在。

逍遥学派

公元前335年，亚里士多德在雅典创办了一所学校，从事教学十多年。他常和学生一起在林荫道上边散步边讲学，因此被称为"逍遥学派"。因该学派为亚里士多德所创立，因此又称亚里士多德学派。

亚里士多德死后，其学生继承了他的思想，其中许多人能够独立思考，"逍遥学派"兴盛一时。公元前269年,吕科接替斯特拉图作为领导人以后,"逍遥学派"失去了重要地位,亚里士多德的著作被人忽视。到公元前1世纪,该派继承者安德罗尼科重新开始了对亚里士多德学说的研究,对亚里士多德著作进行校勘、整理、编纂和注释。6世纪初,拜占廷皇帝尤斯底年下令禁止亚里士多德学说的传播,该派因而瓦解。

我思故我在

"我思故我在"是笛卡儿形而上学的理论基础。

笛卡儿认为,只要不违反逻辑,一切都是可怀疑的。但是怀疑本身已表明了一条无可怀疑的真理,即"我在怀疑"这个事实本身是不可怀疑的。我在怀疑即是我在思考,因此"我在思想"是一个毋庸置疑的事实。"我在思想"必须有一个有思想的"我"存在,因为有思想而无思想者的说法在逻辑上是矛盾的,怀疑必定是怀疑者的怀疑,思想必定是思想者的思想,这不说自明的道理表明,即便把一切都想象为假的,而这个想象着的"我"却不可能是假的。因此,"我思故我在"乃是一条确实可靠、不可怀疑的真理。

笛卡儿这一命题中的"我"指的是一个不依赖任何物质,甚至也不依某人的身体的独立精神实体,他称之为"心灵",而并非指人的身体。

自因

"自因"是西方哲学史中表明自身是自身存在原因的哲学概念。最先由笛卡儿提出,后来荷兰哲学家斯宾诺莎批判地继承和发展了他的思想,把自因作为他哲学体系中的一个重要范畴。

斯宾诺莎指出:一个实体不能是另一个实体的原因,或者一个实体不能为另一个实体所产生,所以实体是自因,即它的本质便包含着存在。它是它自身的原因,不依赖任何其他的东西,当然也不是上帝创造的。因此,自然界作为一个无限的实体,是不生不灭的独立存在,它就是自己存在的原因,自然界中的一切事物互为因果,相互作用,处于无尽的因果联系链条中。

"自因"学说对后世哲学,特别对黑格尔的辩证法思想影响极大。

社会契约说

"社会契约说"是一种主张国家和法起源于社会契约的政治学说,解释了国家的起源,规定了统治者及被统治者相互间的权利和义务。

社会契约的学说可以追溯到古希腊哲学,近代自然法学派的一些思想家详尽地论述了社会契约说,其代表人物有霍布斯、洛克、卢梭。其中,尤以卢梭最为著名。他在《社会契约论》中认为,国家及公共权力起源于人们的契约。在自然状态中,人人平等,社会上并不存在国家或其他公共权力。后来随着社会生产技术的发展,生产力的提高,社会出现了剩余财产,进而出现了私有制和不平等,人类脱离了自然状态而展开激烈竞争与倾轧。人们为了维护各自的利益和社会秩序就缔结契约,制定法律,把自己权利中的一部分交给集体或公共部分，组成公共权力以换取对个人权利的保障，这样就产生了国家，出现了权力集中的君主和平等享有权益的臣民，社会由此走上了文明的道路。

"社会契约说"是针对"君权神授说"而提出的，并主张"从理性和经验中而不是从神学中引申出国家的自然规律"，对后来的资本主义政治思想影响极大。

美国的《独立宣言》和法国的《人权宣言》及两国的宪法均体现了《社会契约论》的民主思想。

唯意志论

唯意志论是一种主张意志是宇宙的本体，意志高于理性的唯心主义和非理性主义哲学。19世纪20年代由德国的叔本华最先提出。

叔本华用"意志"代替了康德的"物自体"，认为意志是整个世界的基础，是终极的实在，一切事物都是意志的表现，思想也是意志的派生物。这个意志无所不在，永恒存在。唯意志论用意志解释宇宙万物，完全否定了自然界和人类社会独立于主观意志之外的客观存在及其规律性，同时也否定了理性思维认识世界的可能性。叔本华认为意志不仅是万物产生的根源，也是世上一切罪恶和痛苦的根源，所以痛苦也永无终结。

唯意志论中的非理性主义倾向，对19世纪末20世纪初流行于德、法等国的生命哲学和历史哲学，尤其是柏格森的直觉主义，以及存在主义和实用主义等都产生了极大影响。

一元论

"一元论"一词是德国唯心主义哲学家沃尔夫创造的。19世纪末德国动物学家、哲学家海克尔开始将它作为哲学用语。他把基于物种保存原则和进化论的世界观称作一元论，并著有《作为宗教和科学之间的纽带的一元论》一书。

一元论有两大类：凡肯定这种本原是物质的，是唯物主义的一元论，凡肯定这种本原是精神的，是唯心主义的一元论。

二元论

一种企图调和唯物主义和唯心主义的哲学观点，认为世界的本原是意识和物质两个实体。哲学史上典型的二元论者是17世纪法国哲学家笛卡儿。他认为，意识和物质是两种绝对不同的实体，意识的本质在于思想，物质的本质在于广袤；物质不能思想，意识没有广袤；二者彼此完全独立，不能由一个决定或派生另一个。

多元论

主张世界是由多种本原构成的哲学学说。

希腊恩培多克勒以"四根"即水、火、土、气的结合与分离说明万物的产生和消灭；中国古代哲学家将万物的本原归结为"五行"，即金、木、水、火、土。这是唯物主义的多元论。近代德国的莱布尼茨认为世界由无数独立的精神性的"单子"所组成，是无数单子的和谐的体系。这是唯心主义的多元论。

感觉论

强调感觉是认识的唯一来源的学说。唯物主义感觉论者,肯定感觉的内容来自客观物质世界,是外界事物作用于人的感官而引起的结果。唯心主义的感觉论者则认为感觉是主观自生的,否认感觉内容的客观性。

自然神论

自然神论是出现于17到18世纪的英国和18世纪的法国的一个哲学观点。

自然神论者推崇理性原则,反对蒙昧主义和神秘主义,否定迷信和各种违反自然规律的"奇迹";认为上帝不过是"世界理性"或"有智慧的意志";上帝作为世界的"始因"或"造物主",它在创世之后就不再干预世界事务,而让世界按照它本身的规律存在和发展下去;主张用"理性宗教"或"自然宗教"代替"天启宗教"。17世纪英国思想家赫尔伯特被誉为"英国自然神论之父"。著名代表有托兰德、哈特利、普里斯特利等。

泛神论

认为整个宇宙本身具有神性,万物存在于神内,神是万物的内因。这个神不同于基督教信奉的人格神,也不同于自然神论者所主张的第一因的神,它没有类似人的属性,不是凌驾于世界之上,而是存在于世界之内。

最早提出并使用"泛神论"一词的是17世纪英国哲学家托兰德。

价值论

价值哲学形成于19世纪末20世纪初。首先明确采用价值哲学这个术语的是法国哲学家拉皮埃和德国哲学家哈特曼,他们认为,诸如愿望、目的、效用、善、正义、德行、道德判断、审美判断、美、真理等等,都同价值或应当是什么有关,因而可以建立起包括经济学、伦理学、法学、美学、认识论甚至神学等领域的价值在内的一般价值理论。这种一般价值理论叫作价值哲学。

快乐主义

又称享乐主义。源于古希腊哲学家德谟克利特的道德哲学,伊壁鸠鲁将其发展为理论体系。该学说倾向于用纯粹生物学的或心理学的观点来解释人的行为与需要,认为人们以求得快乐为生活目的,快乐包括肉体与心灵的快乐。趋乐避苦、追求快乐是道德的基础和内容,是人类一切行为的动因,也是人生的目的。

禁欲主义

禁欲主义是要求人们严酷节制肉体欲望的一种道德理论。那些实践禁欲主义生活方式的人,通常会感到他们的所作所为具备高尚的道德情操,他们不断地追求这种生活,以达到更高的精神层次。

禁欲主义源于古代人忍受现世生活困苦的宗教教义和苦行仪式,公元前6世纪后,通过东西方的宗教教义和道德哲学的概括逐渐形成为一种理论。认为人的肉体欲望是罪恶之源,强调节制肉体欲望和享乐,甚至弃绝一切欲望,如此才能实现道德的自我完善。

人道主义

人道主义是起源于欧洲文艺复兴时期的一种思想体系,提倡关怀人、爱护人、尊重人,做到以人为本、以人为中心的这样一种世界观。

人道主义主张每一个人是一个独立的实体,尊重个人的平等和自由权利,承认人的价值和尊严,把人当作人看待,而不把人看作人的工具。在反封建中起过巨大的进步作用。

个人主义

个人主义是一种道德的、政治的和社会的哲学,强调个人自由和个人的重要性,是自由主义的基础。个人主义反抗权威以及所有试图控制个人的行动,尤其是那些由国家或"社会"施加的强迫力量。

利己主义

利己主义的基本特点是以自我为中心,以个人利益作为思想、行为的原则和道德评价的标准。

近代西方资产阶级革命时期,利己主义被发展成为一种系统完整的道德学说。资产阶级的思想家霍布斯、孟德维尔、爱尔维修等人,从抽象的人性论出发,把"人不为己,天诛地灭"的道德观念,看作是人的不变的利己本性,并作为一种普遍的道德原则。

利他主义

利他主义泛指把社会利益放在第一位,为了社会利益而牺牲个人利益的生活态度和行为原则。

19世纪法国哲学家和伦理学家孔德首先把这个概念引进道德理论,并以它作为伦理学体系的基础。孔德认为,人类既有利己的冲动,又有利他的冲动。所谓道德,就是使前者从属于后者。利他又必然以利己为基础。

弗洛伊德主义

弗洛伊德主义产生于19世纪末20世纪初,创始人是奥地利的精神病学家弗洛伊德。在心理学界,这个理论是指精神分析和无意识心理学体系,也称为精神病学和深蕴心理学。

弗洛伊德认为,在人的正常意识背后,还隐藏着另外一种强有力的心理能量,因而,人的心理结构是由意识、前意识、无意识三个不同的层次构成的。

无意识是人类精神中最原始的因素,是先天的本能、欲望,总是按照"快乐原则"寻求发泄的出路以满足自身。因此,它是人类行为最根本的动力和源泉,这种强大的内驻力决定着人的全部精神生活。

从根本上说,无意识的心理能量是性的本能冲动,人体内与生俱来的"利比多"(性冲动)随着人的成长而发展。如果"利比多"在某一发展阶段上遇阻受挫,出现停滞或倒退,就会引起性变态,这就是歇斯底里的病因。但是人类为了维持社会的稳定发展,又不得不对个人的本能欲望施以限制以至于压抑。如果被压抑的性本能转变为科学文化领域中的创造力,就表现为社会所能接受的方式——升华。

精神分析学说对无意识的探讨,开

拓了一个全新的认识领域。尤其是从个体心理发展史的角度对世人讳莫如深的性心理活动的研究，对精神科学和实用医学都是有价值的。

新康德主义

新康德主义产生于19世纪60年代的德国，是从康德哲学体系的内在矛盾出发向右转的，是一种主观唯心主义的哲学派别。70年代以后，发展为许多学派，其中最主要的是马堡学派和弗赖堡学派。

新康德主义的主要特征是打着"回到康德那里去"的旗号，利用当时数学、物理学、神经心理学等自然科学的成果，从先验的"心理—生理""先验逻辑"或先验的"普遍价值"等角度对康德哲学进行诠释，使其彻底唯心主义化。

物竞天择

"物竞天择"是英国著名生物学家达尔文的进化论观点。物竞天择、适者生存是自然和人类社会共同的规律。"物"是指各种生物，"天"是指自然界。达尔文认为，自然界的各种动植物为了自身生存，势必争夺生存必需的空间、阳光和食物。在种与种、群与群的相互竞争中，优胜劣汰，具有良好品质的、适应自然环境的物种得以生存繁衍，反之则被淘汰，直到灭绝。

"物竞天择"不仅是生物进化的规律，而且适用于人类社会。在世界各国、各民族之间同样存在竞争和淘汰，同样是适者生存。

中国哲人

周公

周公姓姬，名旦，又称叔旦，因以周地（今陕西岐山北）为其采邑，故又称周公。生年不可考，卒年约为公元前1095年。他是周朝的创立者武王姬发的弟弟，周公是西周初期的政治家和思想家，可以说是中国古代的第一位哲学家。

孔子非常推崇周公，认为他是古代最伟大的圣人。孔子反复说："如有周公之才之美，使骄且吝，其余不足观也已。"孔子到了晚年，还感叹："甚矣吾衰也！久矣，吾不复梦见周公！"后来的儒者也和孔子一样，把周公奉为古代最伟大的圣人。

老子

老子（约公元前580~前500年之后），姓李名耳，字聃，春秋时期楚国人，道家学派创始人。曾在东周国都洛邑（今河南洛阳）任守藏史（相当于国家图书馆馆长）。他博学多才，晚年乘青牛西去，在函谷关前写成《道德经》。

老子主张"无为而治"，他的理想政治境界是"邻国相望，鸡犬之声相闻，民至老死不相往来"。"道"是老子哲学思想的理论基础，是由人生论、社会论和政治论上升到本体论的高度概括。"德"则是道的展开，以及在人生、社会与政治生活中具体的指导和应用。

老子认为"道"是无状之状、无物之象,独立于任何其他东西之外。而且,它不断地发生变化,周而复始。道不仅创生万物,使万物发育成长,还对其进行爱护调养、使其开花结果。并且不据为己有,不自恃己能,不为其主宰,强调复初、归根、守静、复命。

"德"最本初的意义似乎是一套重大的政治行为,是道的显现,道的作用。"道"和"德"是体与用之间的关系。道是指未曾渗入一丝一毫人为因素的自然状态,德是指参与了人为的因素而仍然返回到自然的状态。

孔子

孔子(公元前551~前479年),名丘,字仲尼。鲁国陬邑(今山东曲阜)人,祖先为殷商后裔。春秋末期思想家、政治家、教育家,儒家学说创始者。

孔子曾任司寇,摄行相事,后率弟子周游列国。晚年在鲁国致力于教育事业,并编订《诗》《书》《易》《礼》等文献。孔子及其弟子的言行被编录为《论语》一书。

孔子思想以"仁"为核心,认为"仁"即"爱人"。他提出"己所不欲,勿施于人""己欲立而立人,己欲达而达人"等论点,提倡"忠恕"之道,又以为推行"仁政"应以"礼"为规范,"克己复礼为仁"。政治上主张"正名",以为"君君、臣臣、父父、子子",都应实副其"名"。自西汉以后,孔子学说成为中国两千余年封建社会的文化正统,影响极大。

墨子

墨子(约前468~前376年),名翟,战国时期著名的思想家、教育家、军事家,墨家学派的创始人。墨家学派创建了中国第一个逻辑思想体系。

墨子的主要哲学观点是"实"与"名",主张"实"是第一性,"名"是第二性,他以"耳目之实"的直接感觉经验为认识的唯一来源。这一观点是人类认识发展史上一个很大的进步。他认为,判断事物的有与无,不能凭个人的臆想,而要以所看到的和所听到的为依据。从这一朴素唯物主义经验论出发,墨子提出了检验认识真伪的标准,即三表:"上本之于古者圣王之事","下原察百姓耳目之实","废以为刑政,观其中国家百姓人民之利"。墨子把"事""实""利"综合起来,以间接经验、直接经验和社会效果为准绳,努力排除主观成见。在名实关系上,他提出"非以其名也,以其取也"的命题,主张以实正名,名副其实。

孟子

孟子(公元前372~前289年),山东邹城人。名轲,字子舆,战国时期儒家代表人物之一。有"亚圣"之称,与孔子并称为"孔孟"。其言行以及政治主张集中于《孟子》一书。

孟子继承和发展了孔子的"仁"的思想,提出了"仁政"学说。"民为贵,社稷次之,君为轻"。

孟子"仁政"学说的一个重要的理论基础就是"性善论"。他认为"恻隐之心,人皆有之;羞恶之心,人皆有之;恭敬之心,人皆有之;是非之心,人皆有之。恻隐之心，仁也；羞恶之心，义也；恭敬之心，礼也；是非之心，智也。仁义礼智非由外铄我也，我固有之也。"性善可以通过每一个人都具有的心理活动加以验证。既然这种心理活动是普遍的，因此性善就是有根据的，是出于人的本性、天性的，孟子称之为"良知""良能"，也就是肯定人性生来是善的。

在主客观作用方面，他强调人的主观精神作用，断言"万物皆备于我"，在儒家哲学中形成一个唯心主义的理论体系，对宋儒影响尤深。

庄子

庄子（约公元前369~前286年），名周，战国时期宋国蒙人，道家学派的代表人物，老子哲学思想的继承者和发展者，后世将他与老子并称为"老庄"，他们的哲学称为"老庄哲学"。

庄子认为"道"是"先天地生"的，强调事物的自生自灭。他认为，儒家所宣扬的仁、义、礼、智恰恰是违背"民之常性"，即人的自然本性的，应当全部抛弃，以使人们能按本性生活。庄子在《逍遥游》中描述了超越"有所待"，不为俗累，宛若大鹏神鸟，遗世独立，飘然远行，背云气、负苍天、翱翔太虚样的人生境界。

荀子

荀子（约公元前313~前238年），名况，战国时儒家重要代表人物之一。荀子五十岁时游学于齐，曾三任祭酒。后赴楚国，任兰陵令，著书教学。韩非、李斯均为其学生。著有《荀子》一书。其学说总结先秦诸子学术思想，对古代唯物主义的发展起到了重要作用。

荀子认为"天"就是客观存在的自然界，自然界具有不以人的意志为转移的规律性，"天行有常，不为尧存，不为桀亡"，从而进一步提出了"天人相分"的观点，在主张尊重自然规律的基础上，提出发挥人的主观能动性，征服自然的思想。

荀子反对神秘主义思想，重视人为的努力。重视社会秩序以及人的行为规范，提出"礼"的主张。他认为人与生俱来就想满足欲望，若欲望得不到满足便会发生争执，因此主张人性本恶，须要由圣王及礼法的教化来"化性起伪"，使人格提高。他重视环境和教育对人的影响，把道德意识、道德行为看作是后天人为的结果，要有"师法之化，礼义之道"，才可以为善。

韩非子

韩非子（约公元前280~前233年），战国晚期韩国人，出身贵族，法家思想的集大成者。他不善言谈，而善于著述。韩非与李斯同是荀卿的学生，他博学多能，才学超人。他多次向韩王提出富强的计策，但未被韩王采纳。公元前234年，韩非作为韩国的使臣来到秦国，上书秦王，劝其先伐赵而缓伐韩。李斯妒忌韩非的才能，进谗加以陷害，韩非被迫服毒自杀。

韩非子"喜刑名法术之学"，并"归本于黄、老"。他认为历史是不断发展进步的，主张"不期修古，不法常可""世异则事异""事异则备变"，要根据今天的实际来制定政策。

韩非子主张"法治",并提出了"法、术、势"相结合的封建君主统治术,为封建中央集权奠定了理论基础。

董仲舒

董仲舒(公元前179~前104年),西汉哲学家。曾任博士、江都相和胶西王相。

董仲舒非常重视天人关系的问题。在他看来,天人并非不相干,而是相互交涉、相互影响的,阴阳五行、自然现象及人类社会都是根据天意构成的一个相互制约、动态协调的大系统。

为了论证一统专制的合理性,董仲舒把君主说成"天命"或"天意"的执行者。他认为一个人成为君主,并非人力所能决定,而是自然如此的,这就表明那个人是由于禀受了天命才成为君主;君主执掌生杀大权,发号施令,统治天下,他的权力是"天意之所予";君主居于上天和人民之间,上天的意思通过君主而贯彻到人间;君主号称为"天子",上天与天子就如同父亲和儿子,儿子遵从父命,君主服从天命;君主和人民的关系也是一样,天下之人都要服从于君主,这就好比孩子归顺父母。这种"君权神授"的思想成为中国封建社会的正统思想,影响中国两千多年。

王充

王充(27~99年),字仲任,东汉上虞人,唯物主义思想家和哲学家。他倾毕生精力写成巨著《论衡》。全书85篇,共20余万字,内容涉猎天文、物理、史地、文学艺术等各个方面。王充是一个富有批判精神的思想家。在东汉前期谶纬神学猖獗的年代里,他以"重效验""疾虚妄"的求实精神,对"天人感应"、谶纬神学等迷信思想进行了尖锐的揭露和抨击。在哲学上,他提出了以"天道无为自然"为基本特征的一系列唯物主义的观点,根据客观事物的真实情况和当时自然科学研究的成果,否定了天有意志,揭露了封建统治阶级宣扬的"天人合一"的欺骗性。他还抨击了"人死为鬼,有知,能害人"的迷信邪说,对后世产生了很大的影响。

范缜

范缜(约450~约515年),字子真,南朝齐梁间著名哲学家、思想家。他出身寒微,幼年丧父,少孤家贫,却养成了朴实直爽、"好危言高论"、不畏权贵的品格。他曾同佛教有神论者进行了两次公开的论战,并著有《神灭论》。

范缜反对佛教的因果报应,认为因果报应是虚构的,人生的富贵贫贱完全是一种偶然的遭遇,同善恶没有必然联系。

范缜认为,形神不能分离,"神即形也,形即神也"。因此,形和神是同一实体的不同表现。也就是说,形与神是既相区别又相联系的不可分离的统一体。"形存则神存,形谢则神灭"。这就明确肯定了形体是第一性的,精神是第二性的,属于唯物的形神一元论,这是范缜"神灭论"的出发点。

他还说"形者神之质,神者形之用",就是说,形是实体,而神只是实体的作用,不能离开实体而独立存在。精神不是实体，但又依赖于形体，不能脱离形体这个物质实体而存在。"形质神用"的观点是中国唯物论无神论发展的重大成就。

朱熹

朱熹（1130~1200年），字元晦，号晦庵，别称紫阳，世称朱子，徽州婺源（今属江西）人。他是南宋最博学的哲学家、教育家和学者，是程朱理学最有代表性的人物。

朱熹专心儒学，成为程颢、程颐之后儒学的重要人物。他的学问渊博，于学无所不窥，在先秦诸子、佛道思想、史学文学、天文地理、文字音韵、训诂考据、典章乐律乃至自然科学等许多方面，都有相当深入的研究及不小的成就。朱熹哲学发展了程颐等人的思想，集理学之大成，构建起了一个规模庞杂而又不失缜密的思想体系。他认为"理""气"不相离，但"理在先，气在后"，"理"是物质世界的基础和根源。

外国思想家

苏格拉底

苏格拉底（公元前469~前399年），出生于雅典一个普通公民的家庭，他早年继承父业，从事雕刻石像的工作，后来研究哲学。在欧洲文化史上，他一直被看作是为追求真理而死的圣人，几乎与孔子在中国思想史上所占的地位相同。

苏格拉底可以说是古代希腊哲学的一个分水岭。在他之前，古代希腊的哲学家都偏重对宇宙起源和万物本体的研究，如泰勒斯、毕达哥拉斯等，对于人生并不多加注意。苏格拉底扩大了哲学研究的范围，他将哲学引到对人心灵的关注上来。他引用德菲尔阿波罗神庙所镌刻的那句神谕来呼吁世人"认识自己"，旨在希望人们能通过对心灵的思考关怀而追求德行。可以说，苏格拉底把哲学的领域扩展了，对后来的西方哲学和宗教，乃至社会和民主制度的发展产生了不可磨灭的影响，也为基督教的欧洲化奠定了人文基础。

亚里士多德

亚里士多德（公元前384~前322年），古希腊思想家。马克思和恩格斯曾称他为"最博学的人物""古代最伟大的思想家"。他在柏拉图的学院里潜心学习了20年，在吸收和批判了苏格拉底和自己的导师柏拉图的思想基础上，形成了自己的理论体系。

代表作有《工具论》《物理论》《形而上学》《伦理学》《政治学》等。

伊壁鸠鲁

伊壁鸠鲁（公元前341~前270年），古希腊哲学家、无神论者，伊壁鸠鲁学派的创始人。伊壁鸠鲁从小就对世界的起源有着浓厚的兴趣，一生致力于探求世界的本原。他认为，世界上不存在混沌或者虚无的东西，世界是由原子组成的，而原子是不能被分裂成更小粒子的物质性微粒。宇宙中除了我们这个世界外还存在着其他世界，那些世界和地球一样，也有着自己美丽的大海和高山，有着自己的人类和飞禽走兽。

西塞罗

西塞罗（公元前106~前43年），古罗马著名政治家、雄辩家和哲学家。出身于古罗马的奴隶主骑士家庭，从事过律师工作，后进入政界。从政开始时期倾向平民派，以后成为贵族派。

他的哲学主张综合各派的学说，因此被认为是古代折衷主义最典型的代表。在政治上，他认为国家是人民的事务，是人们在正义的原则和求得共同福利的合作下所结成的集体；君主、贵族和民主三种政体都是单一政体，理想的政体应是"混合政体"，即以当时罗马元老院为首的奴隶主贵族共和国。

奥古斯丁

奥古斯丁（354~430年），古罗马帝国时期基督教思想家，欧洲中世纪基督教神学、教父哲学的重要代表人物。

奥古斯丁生于罗马帝国，幼年时即加入基督教。387年复活节，他接受安布罗斯洗礼，正式加入基督教。395年升任主教。在任职期间，他以极大的精力从事著述、讲经布道、组织修会、反驳异端异教的活动。其思想体现在《忏悔录》《上帝之城》等著作之中。

奥古斯丁把哲学用在基督教义上，使哲学与宗教结合，创立了基督教哲学，后来成为经院哲学依据的权威。

哥白尼

哥白尼（1473~1543年），出生于波兰维斯杜拉河畔的托伦市一个富裕家庭。他从小丧父，由担任教士的舅父抚育长大。1506年，哥白尼大学毕业回国，被批准加入了教士团。这使他享有了一定的社会地位和物质保障，并获得充裕的时间来从事自己最喜欢的天文学研究。在长期的科学观测和研究过程中，哥白尼发现了教会所宣扬的"地心说"（即地球是整个宇宙的中心）存在着无法解释的疑问。他用了大量时间来进行科学实践活动，并整理自己的研究成果，他终于写成了长达六卷的天文学巨著——《天体运行论》，大胆地提出，地球是围绕太阳转动的，太阳才是宇宙的中心。这就是著名的"日心说"。

哥白尼的学说不仅改变了那个时代人类对宇宙的认识，而且从根本上动摇了欧洲中世纪宗教神学的理论基础。正如恩格斯所说的，"从此自然科学便开始从神学中解放出来"，"科学的发展从此便大踏步前进"。

布鲁诺

布鲁诺（1548~1600年），意大利思想家。他出生于那不勒斯附近的诺拉镇。17岁进入圣多米尼加修道院，但他非常拥护哥白尼的"天体运行论"。28岁时，因反对罗马列教会的腐朽制度而离开修道院，流亡西欧，曾用演讲、讲课、文章等不同形式反对"地心说"，宣扬新思想。他认为："为真理而斗争是人生最大的乐趣。"1592年，布鲁诺被骗到威尼斯并遭逮捕，在囚室八年中他英勇不屈，据1599年10月21日的档案记载，布鲁诺宣布无可招供，他没有做任何可以反悔的事情。他说："在真理面前，我半步也不退让！"最后以"异端分子和异端分子的老师"的罪名，于1600年2月17日被烧死在罗马鲜花广场。后人为纪念这位坚强不屈的学者，于1889年在鲜花广场上塑起布鲁诺铜像。

培根

弗兰西斯·培根（1561~1626年），近代英国唯物主义哲学家。培根出生于伦敦一个新贵族家庭，12岁时便进入剑桥大学学习，学业完成后被任命为英国驻法使馆随员。1582年，培根在获得律师职务的同时被选为国会议员，此后又接连担任副检察长、检察长、掌玺大臣等职。由于被指控受贿，他不得不辞职，随后致力于哲学与科学研究。培根研究的主要内容是认识论，在唯物主义基础上，他创立了经验论，提出了经验论的基本原则和方法，对科学研究的发展产生了很大的影响。被马克思称为"英国唯物主义和整个现代实验科学的真正始祖"。

霍布斯

霍布斯（1588~1679年），早期著名的启蒙思想家，代表了英国资产阶级革命期间资产阶级上层的利益。他认为世界上本没有神，宗教不过是人类无知和恐惧的产物，但有助于维持社会秩序。

霍布斯的代表作是《利维坦》，开宗明义宣布了彻底唯物主义自然观，声称宇宙是由物质的微粒构成，物体是独立的客观存在，物质永恒存在，既非人所创造，也非人所能消灭，一切物质都处于运动状态中。

约翰·洛克

约翰·洛克（1632~1704年）是英国经验主义的创始人，同时也是第一个全面阐述宪政民主思想的人。

洛克认为世界是由物质构成的，人类所有的思想和观念都来自或反映了人类的感官体验，主张感官的性质可分为"主性质"和"次性质"。

洛克的哲学思想对后来的哲学家产生很大的影响，贝克莱、休谟等人继续发展了他的理论，使其成为欧洲的主流哲学思想。

斯宾诺莎

斯宾诺莎（1632~1677年），荷兰哲学家，西方近代哲学史重要的理性主义者。

斯宾诺莎认为宇宙间只有一种实体，即作为整体的宇宙本身，而上帝和宇宙就是一回事。因此，斯宾诺莎提出我们应该"在永恒的相下"看事情。

在伦理学上，他认为，一个人只要和上帝达成一致，就能获得相对的自由，从而摆脱恐惧，否则就要受制于外在的影响，处于奴役状态。同时他还主张无知是一切罪恶的根源。代表作是《几何伦理学》（即《伦理学》）。

孟德斯鸠

孟德斯鸠（1689~1755年），出生于法国波尔多附近的拉伯烈德庄园的贵族世家。不仅是18世纪法国启蒙时代的著名思想家，也是近代欧洲国家比较早的系统研究古代东方社会与法律文化的学者之一。1728年任法兰西文学院院士。

孟德斯鸠的哲学思想承认物质世界的存在与运动有其自身的规律，它既不以人的意志为转移，也不受上帝的干预。但他又认为上帝是物质运动的最后根源。在政治思想上，他提出"三权分立"学说，主张开明的君主立宪制与信仰自由，要求宗教改革，对封建制度和天主教会进行了激烈批判。他还提出地理环境决定政治制度的理论。代表作有《波斯人的信札》《论法的精神》。尤其是《论法的精神》这部集大成的著作，奠定了近代西方政治与法律理论发展的基础。

伏尔泰

伏尔泰（1694~1778年），法国启蒙思想家、哲学家，有"法兰西思想之王""法兰西最优秀的诗人""欧洲的良心"之称。他提倡天赋人权，认为人生来就是自由和平等的，人人都具有追求生存、追求幸福的权利，这种权利是天赋予的，不能被剥夺，这就是天赋人权思想。雨果曾评价说："伏尔泰的名字所代表的不是一个人，而是整整一个时代。"代表作有《哲学辞典》《形而上学论》等。

休谟

休谟（1711~1776年），18世纪英国哲学家。

休谟的哲学受到经验主义者约翰·洛克和乔治·贝克莱的深刻影响，首倡近代不可知论，对感觉之外的任何存在持怀疑态度，对外部世界的客观规律性和因果必然性持否定态度。在伦理观上，主张功利主义，认为快乐和利益是一致的。代表著作有《人性论》等。

卢梭

卢梭（1712~1778年），法国著名启蒙思想家、哲学家、教育家、文学家，是18世纪法国大革命的思想先驱，启蒙运动最卓越的代表人物之一。在哲学上，卢梭主张感觉是认识的来源，坚持"自然神论"的观点；强调人性本善，信仰高于理性。在社会观上，卢梭坚持社会契约论，主张建立资产阶级的"理性王国"；主张自由平等，反对大私有制及其压迫；提出"天赋人权说"，反对专制和暴政。在教育上，他主张教育的目的在于培养自然人；反对封建教育戕害、轻视儿童，要求提高儿童在教育中的地位；主张改革教育内容和方法，顺应儿童的本性，让他们的身心自由发展，反映了资产阶级和广大劳动人民从封建专制主义下解放出来的要求。主要著作有《论人类不平等的起源和基础》《社会契约论》《爱弥儿》《忏悔录》等。

狄德罗

狄德罗（1713~1784年），18世纪法国唯物主义哲学家，百科全书派代表。

狄德罗把世界设想为一个大系统，认为其中存在的只有时间、空间与物质；物质本身具有活力，能够自行运动，不需要它以外的神秘力量参与。同时强调感觉论，认识出现在理智之中的，必然首先导源于感性认识，主张感性认识与理性认识两条轨道相辅相成，共同推进人类认识。其代表作有《哲学思想录》《论盲人书简》等。

康德

伊曼努尔·康德（1724~1804年），启蒙运动时期最重要的思想家之一，德国古典哲学创始人，著有一系列涉及广阔领域的有独创性的伟大著作，如《纯粹理性批判》《实践理性批判》《判断力批判》等。

在《判断力批判》中，康德把人理解为"完整的生命"，并由此出发把人的"理论理性"和"实践理性"通过审美判断联结起来。在审美鉴赏中，"事物自身"向鉴赏者"显现"出"自己"的意义，鉴赏者在"现象"中"看"到"本质"，从经验中的"有"中"看"到了"无"，召唤那个"无—本体—事物自身"到我们面前来。"无—非存在"并非人主观强加给"自然"的，"世界"作为"整体"存在于"作为整体的自然"之中，世界有一个"无""在"。哲学正是在"整体"尚未"完成"时，"看"到了"整体"，提前进入"整体"。"整体论"可以理解为哲学的目的论，它使世界万物有始有终，有"自己"。"理性"将"自然"作为人们"生活世界"的有机组成部分，使它不仅仅是我们的工具，而且将其"评鉴"为"事物自己"。"自己"就是"自由"，"自由"的意义只向"人""开显"。人必须是理性者，是自由者，是目的。

费希特

费希特（1762~1814年），德国唯心主义哲学的主要奠基人之一。

在《自然法学基础》中，他认为自我意识是一种社会现象。任何客体的自我意识，其必要条件是所有其他理性的客体存在。这些客体共同影响并召唤起每个单个个体其自身的自我意识。这一观点最终发展成了费希特绝对自我，自我设定自己本身的认识论。

黑格尔

黑格尔（1770~1831年），德国著名哲学家，古典唯心主义哲学的最杰出代表。黑格尔在康德哲学思想的基础上，发扬并创立了庞大的客观唯心主义哲学体系。

他的哲学体系第一次对辩证法的基本内容进行了全面系统的阐述，其中以矛盾学说为核心。他认为辩证法贯穿于每一个研究领域，并认为整个自然、历史和精神的世界为一个过程。在这种学说的基础上，最后得出了逻辑学、认识论和辩证法三者统一的基本结论。黑格尔以"绝对精神"为标准，将哲学分为逻辑阶段、自然阶段和精神阶段三个由浅入深的阶段，认为它是一个肯定、否定、否定之否定的辩证发展过程，这种理论成为黑格尔哲学的顶点。

黑格尔一生著述颇丰，其代表作品有《精神现象学》《逻辑学》《哲学全书》《法哲学原理》《哲学史讲演录》《历史哲学》和《美学》等。

谢林

谢林（1775~1854年），德国古典哲学的主要代表。在早期，谢林把康德与费希特的主观唯心主义转变为客观唯心主义，把他们的主观辩证法推广到外部世界，为黑格尔哲学体系的建立创造了条件；晚期的思想则走向天主教神学。

代表作《自然哲学体系初稿》《先验唯心论体系》，作为"同一哲学"的两个部分，确立了他作为德国古典哲学改造者的历史地位。

叔本华

叔本华（1788~1860年），悲观主义代表，诞生于波兰但泽。1819年发表重要哲学著作《作为意志和表象的世界》。

叔本华在《作为意志和表象的世界》一书中，开篇就宣称：世界是我的表象。这是一个真理，是对于任何一个生活着和认识着的生物都有效的真理；不过只有人能够将它纳入反省的、抽象的意识。他认为人们不能把精神归于物质，只能通过精神认识物质。人类不能靠先考察物质，再考察思想来发现现实的奥秘。人类绝不能从外面得到事物的真正本质，只能得到印象和名称。探索心灵的深处，才可能获得开启外部世界的钥匙。因为凡已属于和能属于这个世界的一切，都无可避免地带有以主体为条件的性质，并且也只是为主体而存在。世界即是表象。

费尔巴哈

费尔巴哈（1804~1872年），德国旧唯物主义哲学家。费尔巴哈批判了康德的不可知论和黑格尔的唯心主义，恢复了唯物主义的权威；肯定自然离开人的意识而独立存在，时间、空间是物质的存在形式，人能够认识客观世界。他认为，认识的唯一对象是自然界，认识就是思维对客观对象的反映。主张思维与存在具有同一性，客观世界是可知的。在感性认识与理性认识关系上，认识始于感觉，但不能停留在感觉上，而必须从感觉上升到理性思维，但他又未区分开感性与理性之间质的差别。

尼采

尼采（1844~1900年），德国著名哲学家。西方现代哲学的开创者。他最早开始批判西方现代社会，然而他的学说在当时却没有引起人们重视，直到20世纪，才激起深远的、调门各异的回声。后来的生命哲学、存在主义、弗洛伊德主义、后现代主义都以各自的形式回应尼采的哲学思想。其代表作有《查拉图斯特拉如是说》《权力意志》《悲剧的诞生》。

《悲剧的诞生》是尼采第一部较为系统的美学和哲学著作，写于1870~1871年间。从书名来看，本书是对作为文学形式之一的悲剧的探讨，但实际上包含着比较丰富的内容，阐述了作者的许多哲学思想，因而可说是他的哲学的诞生地，是一本值得重视的著作。

《悲剧的诞生》一书的主要目的不在于对悲剧进行纯理论的探讨，而是从人生哲学的角度探讨了悲剧与人生的关系，提倡一种审美的人生态度，建立起一种悲剧人生观。

十一

中外民俗、节庆

中外节日

春节

春节是中国的传统节日，又叫阴历年，俗称"过年""新年"，时间是农历正月初一。它是中国所有节日中最隆重的节日，汉、壮、布依、侗、朝鲜、仡佬、瑶、畲、京、达斡尔等民族都过春节。春节的历史很悠久，它起源于商朝时年头岁尾的祭神祭祖活动。正月初一古称元日、元辰、元正、元朔、元旦等，俗称大年初一。民国时期改用公历，公历的1月1日称为元旦，农历的正月初一叫春节。

据《史记》《汉书》记载，正月初一为四始（岁之始，时之始，日之始，月之始）和三朝（岁之朝，月之朝，日之朝）。在古代，人们在这一天迎神祭祖，举行各种娱乐活动，占卜气候，祈求丰收。春节的各种活动各地略有不同，其内容大致都有：除夕，俗称大年三十，这时家人团聚，吃团年饭，进行守岁；贴门神和春联（汉代的习俗是在门户上画鸡、悬苇，或画神荼、郁垒二神像于桃板上，意在驱逐瘟疫恶鬼，后演变为门神和年画）；正月初一，人们走亲访友，俗称走喜神方，互致祝贺，称为拜年。另外，各地还要放爆竹，以驱祟迎祥。

人日

人日节又称人胜节、人庆节、七元节。此节今天虽已消亡，但在古代却是一个大节。人日节最早的记载是汉东方朔的《占书》："岁后八日，一日鸡，二日犬，三日豕，四日羊，五日牛，六日马，七日人，八日谷。其日清明，则所生物育，阴则灾。"这是以天气的阴晴来预测一年的物产与人事：那一天晴，则相应的人畜两旺，阴则有灾。但岁后八日为什么与这些家禽家畜相联系呢，并且还与人相联系呢？这可能与中国远古神话的女娲造人说有关。

《风俗通义》载："俗说天地开辟，未有人民，女娲抟黄土作人，剧务，力不暇供，乃引绳泥中，举以为人。"中国的神话认为，人是女娲娘娘用黄土所造，因捏泥捏不过来，于是用绳子甩泥浆以为人。《太平御览》转引《谈薮》注云："一说，天地初开，以一日作鸡，七日作人。"从古籍的记载中可以看出，中国古人的确相信女娲造人说，并且在岁后的第一天至第八天，分别造出了鸡、狗、豕、羊、牛、马、人与谷。从神话的角度来说，人日就是人的生日，也是家庭的生日。正月初七正式成为人日节可能在晋代。《荆楚岁时记》记载："正月七日为人日。以七种菜为羹。剪彩为人，或金箔为人，以贴屏风，亦戴之头鬓。又造华胜相遗，登高赋诗。"当时，人日的各种习俗已经形成，如吃七菜羹、剪彩人、互相赠送华胜（妇女的头饰）、登高踏青等，这标志着古人已经把人日当成了节日。

立春

立春是二十四节气的第一个节气，时间大约在农历正月上旬，公历2月3日至5日之间。这时严冬已尽，春天开始，应是温阳和煦、吹面不寒杨柳风的时节，不过偶尔也会有春寒料峭的时候。立春在古代就是今天的春节，从汉代开始，所谓春节就专指立春节，并且这种以立春为迎春之节的传统一直到清代都在持续。现在正月初一的春节古代称之为元旦，是一年的岁首。将春节固定到正月初一，是辛亥革命以后的事。中华民国采取了公历，以公历的1月1日为元旦，为区别起见，这才将旧历正月初一专称为"春节"。这样的命名，也是因为春节常在立春前后的缘故。

再从迎春的主题来看，立春和春节是一致的，是古已有之的传统。自古以来，中国人就十分重视立春节，旧《农历》云："斗指东北维立春，时春气始至，四时之卒始，故名立春。"就节气而言，一年的岁首是立春。民间有谚云"一年之计在于春"，可见立春此日之重要。中国以农业立国，农业收成关系到国计民生，因此，古代的帝王为了表示对立春的重视，常常率领群臣举行隆重的迎春大典。

元宵节

元宵节又叫上元节、元夕节、灯节，是汉族传统节日，时间是农历正月十五日。正月是农历的元月，古人称夜为"宵"，正月十五是一年中第一个月圆之夜，所以称正月十五为元宵节。早在西汉汉文帝时，就已经下令将正月十五定为元宵节。汉武帝时，"太一神"的祭祀活动定在正月十五（太一：主宰宇宙一切之神）。东汉明帝提倡佛教，他因听说佛教有正月十五僧人观佛舍利、点灯敬佛的做法，就下令在正月十五这一天夜晚在皇宫和寺庙里点灯敬佛，并下令民间也都挂灯。后来这种佛教节日逐渐形成民间的节日。元宵节经历了由宫廷到民间，由中原到全国的发展过程。

后随着时间推移，元宵节的内容不断变化。唐玄宗时规定观灯为3夜，元宵夜出现杂耍技艺，北宋延长到5夜，出现了猜灯谜活动。明朝时规定正月初八张灯，正月十五落灯，又增加了戏剧表演。元宵节的一个重要的活动就是吃元宵（又称汤圆），有团团圆圆之意。一般认为元宵节是春节活动的结束。

二月二

"二月二"，指的是农历二月初二，

是中国农村的一个传统节日。有关"二月二"的习俗很多，其中俗语"二月二，龙抬头"可谓家喻户晓。"龙抬头"一说，最早见于明人刘侗《帝京景物略》："二月二，龙抬头，蒸元旦祭余饼……"至于抬头的为何是龙，又为何只与"二月二"有关，说法和故事就多了。在民间认为，龙是一种吉祥物，主管天上的云雨，"龙抬头"，意味着风调雨顺，是人们心中美好愿望的充分体现。由于中国大部分地区受季风气候影响，所以在农历二月初，气温便开始回升，日照时数也逐渐增加，气候已经适宜进行田间农事活动。所以，会有这样的农谚："二月二，龙抬头，大家小户使耕牛。"但也有一些地方或某些年份，因为春旱较严重而导致春雨贵如油。倘春雨充沛，则预示着一年的丰收。所以又有农谚说："二月二，（若）龙抬头，大仓满，小仓流。"

"二月二"敬土地神这一习俗，盛行于中国台湾地区。每逢"二月二"，人们把纸钱系在竹枝上，然后插立田间，以奉献给土地神。鄂西鹤峰一带的土家族人在敬土地神时，还要点香烛，摆上酒菜，然后磕头请愿。

这一天，其他习俗也有很多，比如有的地方在起床前，先念："二月二，龙抬头，龙不抬头我抬头。"起床后还要打着灯笼照房梁，边照边念："二月二照房梁，蝎子蜈蚣无处藏。"有的地方在这一天妇女不动针线，说是怕伤了龙的眼睛；还有的地方这一天禁止洗衣服，怕伤了龙皮等等。

上巳节

上巳，是指农历三月的第一个巳日，故又称元巳（一个月中有3个巳日，还有中巳、下巳）。三月上巳的风俗最早可能起源于周朝。《周礼·春官·女巫》载："女巫掌岁时祓除衅浴。"郑玄注："岁时祓除，如今三月上巳，如水上之类；衅浴谓以香薰草药沐浴。"可见周朝已经有上巳日祓禊、沐浴的风俗，作用是驱疫辟邪，除去旧年的不祥。但上巳的名称最早见于南朝古籍中汉代的事迹。

农历三月上巳每年都不固定，为了方便和统一，魏晋后将上巳节定在了三月初三，又称重三或三月三。节日固定以后，节日的仪式和活动就有了更大的规模且更为规范，从宫廷到民间，上巳日出城踏青、祭祀宴饮、于水边沐浴已是普遍的活动。此外，上巳节在上古还有在河边解神的活动。解神即还愿谢神，这大概是一种巫术仪式。随着时代的发展，人们在水边不仅仅举行沐浴祓除的仪式，还把它当成宴饮游玩的好时光，于是，魏晋以后又普遍流行曲水流觞、列坐赋诗等文人的雅事，其巫术意义的祭祀则越来越淡化了。

社日

社日节是祭祀社神的日子。关于社神的由来，《礼记·祭法》载："共工氏之霸九州也，其子曰后土，能平九州，故祀以为社。"以后土为社神还有一个神话：后土原名叫勾龙，是水神共工的儿子。共工长得人脸蛇身，满头红发，脾气暴烈。有一天，他和天神打仗，一怒之下竟把撑天的柱子撞折了，这一下天崩地裂，洪水泛滥。于是，女娲只好炼五色石才把破了的天补好。勾龙见父亲闯了大祸，心里非常难过。当女娲将天补好之后，他就把九州的大裂缝填平了。黄帝见勾龙贤明，便封他一个官叫后土，让他拿着丈量土地的绳子，专门管理四面八方的土地，也就成了人们所称的社神。

社日分为春社和秋社。春社一般为立春后第五个戊日，约春分前后。古人在秋天祭祀社神，则是报答社神给人间带来的好收成。秋社在立秋后第五个戊日，约在秋分前后。社日的主题是春祈而秋报，其活动除了祭社神以外兼有乡邻会聚宴饮的性质。在古代，社日颇受人们重视。每逢春秋二社，朝廷与各级政府要举行正规的社祭仪式，民间则要举行社祭聚会，进行各式各样的社祭表演，并集体欢宴，非常热闹。

▍清明节

清明节是中国传统节日，也是最重要的祭祀节日，大概在每年的4月4日至6日之间。同时，清明又是二十四节气之一。

清明节大约始于周朝，已有2500多年的历史。因清明与寒食（民间禁火扫墓的日子）的日子接近，后两者合二为一，寒食成为清明的别称，也成为清明的一个习俗。清明那天不动烟火，只吃凉的食品，并且去给祖先扫墓（俗称上坟）。北方和南方在清明节的活动侧重不同。北方重视扫墓，人们带着酒食果品、纸钱等物品到墓地，将食物摆在亲人墓前，焚烧纸钱，给坟墓培上新土，插上几枝嫩绿的新枝插，叩头祭拜，最后吃掉酒食回家。南方则侧重踏青，借此出去郊游。另外，清明节时还有插戴柳枝、放风筝、取新火、画蛋、斗鸡、荡秋千等活动。直到今天，清明节仍是祭拜祖先、悼念亲人的重要节日。除汉族外，白、苗、蒙古、纳西等少数民族也过清明节。

▍端午节

端午节又称端阳节、重午节、端五节等，俗称五月节，中国汉族民间的传统节日，时间是农历五月初五。

关于端午节的起源，流传最广的是纪念伟大诗人屈原。楚国大臣屈原遭奸臣陷害，被流放到汨罗江一带。他听说楚国首都郢被秦军攻破，悲痛万分，投汨罗江而死。江边的人民怕鱼吃屈原的尸体，就向江中投米，并划龙舟驱散江中的鱼，后来演化为吃粽子和赛龙舟活动。除了吃粽子和赛龙舟外，端午节的习俗还有佩香囊（辟邪驱瘟），悬挂菖蒲、艾草，喝雄黄酒，挂荷包和拴五色丝线，挂钟馗像等习俗。除了汉族外，满、朝鲜、白、苗、哈尼、纳西、瑶、蒙古、布依等少数民族也过端午节，但风俗和汉族不一样。端午节那天，满族拜天、射柳、击球；朝鲜族荡秋千、踏跳板；瑶族在家门口挂葛藤，以驱邪避鬼。

▍七夕

七夕节又称"乞巧节"或"女儿节"，时间是农历七月初七，这是中国传统节日中最具浪漫色彩的一个节日，也是过去女子最重视的一个节日。乞巧节起源于汉代。东晋葛洪的《西京杂记》有"汉彩女常以七月七日穿七孔针于开襟楼，人俱习之"的记载，这是古代文献最早的关于乞巧的记载。乞巧节来源于牛郎织女的故事：织女是天帝之女，后下凡与牛郎结婚，生下一男一女。后王母娘娘派人抓走织女，并在两人之间划了一道天河，只允许两人每年七月七在鹊桥相会一次。传说织女是一个心灵手巧的仙女，所以每逢七月七，凡间女子就会在这一天晚上向她乞求智慧和巧艺，并求她赐给美满姻缘，这就是乞巧节的由来。传说在七夕的夜晚，人们抬头可以看到牛郎织女在银河相会，在瓜果架下还能偷听到两人的情话。它与孟姜女传、白蛇传、梁祝并称中国四大传说。

中元

中元节又称鬼节、盂兰盆会，是汉传佛教于每年农历七月十五日举行的施斋供僧超度先灵的法会。

盂兰盆是梵文的音译，意为"救倒悬"，它源于目连救母的传说。据《盂兰盆经》记载，释迦弟子目连在母亲死后非常痛苦，如处倒悬。因此求佛祖为其母亲超度，佛祖让他在僧众夏季安居终了之日（七月十五日）供养十方僧众，终使其母解脱。从此，佛教徒开始兴办盂兰盆会。佛教传到中国后，南朝梁大同四年（公元538年），梁武帝首次设盂兰盆斋。到了唐朝，盂兰盆会更加盛行，除了设斋供僧外，还增加了拜忏、放焰口、放灯等活动。中元节一般是7天，到了晚上，各家都要备下酒菜、纸钱祭奠死去的亲人。死去的亲人又有新亡人和老亡人之分。3年内死的称新亡人，3年前死的称老亡人。新老亡人会在中元节回家看看，新亡人先回，老亡人后回，因此要分别祭奠。烧纸钱先用石灰洒几个圈儿，防止孤魂野鬼来抢，最后还要在圈外烧一堆，这是烧给孤魂野鬼的。在中元节最后一天，各家都要做一餐好饭菜敬亡人，这叫"送亡人"。

中秋节

中国汉族传统节日，又称团圆节、八月节。时间在农历八月十五日，这正是一年秋季的中期，所以称为中秋节。中秋节与元宵节、端午节并称三大传统佳节。农历把一年分为四季，每季又分孟、仲、季三部分，所以中秋也称仲秋。八月十五的月亮是一年满月中最圆、最亮的，所以中秋节又叫作"月夕""八月节"。中秋节在两汉时已经出现，但时间是立秋日。唐朝时，中秋季的活动日益增多，出现了观月、赏月、饮酒对月等活动。北宋宋太宗把八月十五日定为中秋节。中国一直是一个农业社会，而八月正是农作物的收获季节，庆祝丰收、祝贺团圆便成了中秋节的主题。每当夜幕降临，明月东升，人们献月饼、瓜果以祭月，这种风俗一直延续到今天。八月十五，人们仰望夜空中的明月，期盼家人团聚。他乡的游子，也会寄托自己对故乡和亲人的思念，所以中秋节又称"团圆节"。

除汉族外，傣、苗、白、哈尼、纳西、蒙古、瑶、布依等少数民族也过中秋节。

重阳节

重阳节又称重九节、茱萸节，是中国汉族传统节日，时间在农历九月初九。

《易经》认为九为阳数，两九为"重九"，两阳为"重阳"，古人认为这是个值得庆贺的吉利日子。九九重阳，因为与"久久"同音，九在中国古人的观念里是最大的数字，所以有长久长寿的含意，而且秋季也是一年收获的黄金季节，所以人们对重阳节有着特殊的感情。历代文人也有不少祝贺重阳的诗词佳作。

重阳节起源很早，在战国时的《楚辞》中就已经提到。屈原的《远游》里写道："集重阳入帝宫兮，造旬始而观清都"。三国魏文帝曹丕在《九日与钟繇书》中，描写了重阳节的饮宴："岁往月来，忽复九月九日。九为阳数，而日月并应，俗嘉其名，以为宜于长久，故以享宴高会。"到了唐代，重阳节被正式定为民间节日。明朝重阳节时，皇帝要亲自到万岁山登高，皇宫里要一起吃花糕以庆贺。在重阳节这天，人们登高、赏菊、插茱萸、放风筝、饮菊花酒、吃重阳糕等。

冬至

冬至是中国的一个传统节日，也是农历中一个非常重要的节气，现在中国不少地方仍有过冬至节的习俗。冬至俗称"冬节""长至节""亚岁"等。早在2500多年前的春秋时代，冬至已经在中国用土圭观测太阳而测定，它是二十四节气中最早被制定的一个，时间在每年阳历的12月22日或23日。

中国古代对冬至相当重视，曾有"冬至大如年"的说法，而且有庆贺冬至的习俗。冬至过节源于汉代，盛于唐宋，相沿至今。经过数千年的发展，冬至形成了它独特的节令食文化。很多地方都把馄饨、饺子、汤圆、赤豆粥、黍米糕等作为过节时的食品，在北方的一些地区还流传着冬至不吃饺子会被冻掉耳朵的传说。以前较为时兴的"冬至亚岁宴"的名目也有很多，如吃冬至肉、献冬至盘、供冬至团、馄饨拜冬等。

冬至一种较为普遍的风俗是吃馄饨。南宋时，临安人就在冬至吃馄饨，开始是为了祭祀祖先，后逐渐盛行开来。民间还有"冬至馄饨夏至面"之说，意思是在冬至时要吃馄饨。馄饨的名号繁多，北方以及江浙等大多数地方称馄饨，广东称云吞，湖北称包面，江西称清汤，四川称抄手，新疆称曲曲等等。冬至的另一传统习俗是吃汤圆，这种风俗在江南尤为盛行。"汤圆"在江南是过冬至必备的食品，冬至吃汤圆又叫"冬至团"，民间有"吃了汤圆大一岁"之说。在北方的不少地方，在冬至这一天有吃狗肉和羊肉的习俗。因为冬至过后天气进入一年当中最冷的时期，中医认为狗肉羊肉都有壮阳补体之功效，所以民间至今有冬至进补的习俗。在中国台湾地区，则流传着冬至用九层糕祭祖的传统，人们用糯米粉捏成鸡、鸭、龟、猪、牛、羊等象征吉祥如意福禄寿的动物，然后用蒸笼分层蒸成，用来祭祖，以示对老祖宗的怀念。

腊八

腊八节是中国汉族传统节日，又称腊八。因时间在农历十二月（腊月）初八，故名。腊八节起源很早，早在先秦时，人们就在腊八这天祭祀祖先和神灵，祈祷来年丰收和吉祥。这天也是佛教创始人释迦牟尼的成道之日,因此腊八也是佛教徒的节日,称为"佛成道节"。在腊八这天,僧人们在寺庙里诵经礼佛,并效法释迦牟尼得道前,牧羊女为他献乳粥的传说,用香谷和干果熬成粥,供奉佛祖,称腊八粥,又称七宝五味粥。随着佛教传入中国,这一佛教节日也逐渐世俗化,成为民俗。

在这一天最重要的活动就是吃腊八粥。中国吃腊八粥的时间很早,大概在1000多年前的宋朝就开始了。南宋人周密著《武林旧事》言:"用胡桃、松子、乳蕈、柿蕈、柿栗之类做粥,谓之'腊八粥'。"《燕京岁时记》云:"腊八粥者,用黄米、白米、江米、小米、菱角米、栗子、红豇豆、去皮枣泥等,合水煮熟,外用染红桃仁、杏仁、瓜子、花生、榛穰、松子及白糖、红糖、琐琐葡萄,以作点染。"腊八节这天,家家户户都要熬腊八粥,先祭祀祖先,然后合家团聚一齐食用,还馈赠亲朋好友。

小年

小年又称小年下、小年节,时间是腊月二十三。这天主要是送灶神上天言事,称送灶、辞灶、醉司命。灶神称东厨司命定福灶君,俗称灶君、灶王、灶王爷,它主管人间的饮食,是一家之主。中国在秦汉时期就开始祭祀灶神。魏晋以后,灶神有了姓名。隋朝杜台卿《玉烛宝典》称,"灶神,姓苏,名利,妇名搏颊"。唐李贤注引《杂五行书》又称:"灶神名禅,字子郭,衣黄衣,披发,从灶中出"。清代的《敬灶全书》称,灶君姓张,名单,字子郭,男神。现在民间供奉的灶神,是一对老夫妇并坐,或是一男两女并坐,这就是灶君和灶君夫人的画像。一般贴在锅灶墙上,有"上天言好事,回宫降吉祥"之类的对联,横批是"一家之主"。

祭祀灶神在晚上进行。祭祀时,摆上果品甜点,先磕头烧香,然后揭掉旧灶神画像烧掉,这就是送灶神上天。祭祀灶神时,应多摆设甜和黏的食品或把糖粘在灶神嘴上,传说这样可以黏住灶神的嘴,使他嘴甜,只能说好话。有的还在灶神上抹酒,称"醉司命"。

除夕

除夕,又称"除日""除夜""岁除""岁暮""岁尽""暮岁",俗称大年夜(除夕的前一天为小除,称小年夜。除夕为大除),旧称"年关",是农历岁末的最后一晚,即大年三十,是中国的传统节日。除夕的"除"是"去、易、交替"的意思,除夕就是"月穷岁尽"的意思。

相传古时候有一个猛兽叫"年",每到岁末就出来吃人。一次偶然的机会,人们发现年害怕红色的东西、火光和巨响。于是每到岁末,人们都穿上红色的衣服,燃放鞭炮,吓得年再也不敢出来了。人们互相祝贺道喜,张灯结彩,饮酒摆宴,庆祝胜利。后来人们逐渐把穿红色衣服演变成贴红色春联。过除夕,各地的风俗略有不同,北方人包饺子,南方人做年糕。水饺状似"元宝",年糕音似"年高"(一年比一年高),都是吉祥如意的好兆头。除夕之夜,全家人都要吃"团年饭"。吃团年饭时,桌上一定要有"鱼",象征"富裕"和"年年有余"。饭后,长辈要给晚辈发"压岁钱",接下来就是全家人守岁到凌晨,到了大年初一去拜亲访友。

母亲节

5月的第二个星期日是母亲节,这一天,世界各地都举行庆祝活动,以颂扬母爱的伟大。

古时母亲节起源于希腊,古希腊人在这一天向希腊神话中的众神之母赫拉致敬。在17世纪中叶,母亲节流传到英国,英国人把封斋期的第四个星期天作为母亲节。在这一天里,出门在外的年轻人将回到家中,并送给母亲一些小礼物。

现代意义上的母亲节起源于美国,由安娜·贾薇丝（1864~1948年）发起,她终身未嫁,一直陪伴着自己的母亲。1876年,她的母亲安娜·查维斯夫人在礼拜堂讲授美国国殇纪念日的课程,讲到南北战争中捐躯的英雄故事时,她祈祷时说:"但愿在某处、某时,会有人创立一个母亲节,纪念和赞扬美国与全世界的母亲。"查维斯夫人为她的礼拜堂服务超过25年,当她72岁逝世时,41岁的女儿安娜,立志创立一个母亲节,来实现母亲多年前祈求的心愿。于是她和朋友开始写信给有威望的部长、商人、议员来寻求支持,以便让母亲节成为一个法定的节日。

1908年5月10日,第一个母亲节在西弗吉尼亚和宾夕法尼亚州举行,在这次节日里,康乃馨被选为献给母亲的花,并从此流传下来。

1914年5月7日,美国国会通过决议,规定每年5月的第二个星期日为母亲节,并在5月9日由威尔逊总统颁布施行。现在,母亲节已经在很多国家流传了。

父亲节

父亲节是表达对父亲敬意与爱意的节日,在世界各国广泛流传。

据说第一个提出这种建议的是华盛顿的约翰·布鲁斯·多德夫人。多德夫人的母亲早亡,其父独自一人承担起抚养教育孩子的重任。

1909年,多德夫人感念父亲养育之恩,准备为他举行庆祝活动,同时,想到所有的父亲对家庭和社会的贡献,于是给当地一家教士协会写信,建议把6月的第三个星期日定为父亲节。该协会将建议提交会员讨论,获得通过。1910年6月,多德夫人所在地区的人们庆祝了第一个父亲节。当时凡是父亲还健在的人都在胸前佩戴一朵红玫瑰花,以表达对父亲的敬意;而父亲已故去的人,则佩戴一朵白玫瑰花,以此表达对父亲的无限怀念和哀思。

1934年6月,美国国会统一规定6月的第三个星期日为父亲节。现在越来越多的国家都加入纪念父亲节的行列。

情人节

传说公元3世纪时,古罗马有一位暴君叫克劳多斯。

这一时代,古罗马一直战事连连,暴君克劳多斯征召了大批公民前往战场,为了保证人们忠于战争,他下令禁止人们在此时结婚,许多年轻人就这样告别爱人,满怀悲愤地走向战场。

修士瓦伦丁对克劳多斯的暴行感到不满。当一对情侣来到神庙向他请求帮助时，瓦伦丁在神圣的祭坛前悄悄为他们举行了婚礼。事情传开后，很多人来到这里，在瓦伦丁的帮助下结成伴侣。克劳多斯暴跳如雷，命令士兵将瓦伦丁从一对正在举行婚礼的新人身旁拖走，关入地牢。公元270年的2月14日，瓦伦丁受尽折磨而死。

为了纪念瓦伦丁，人们把每年的2月14日定为"情人节"。

万圣节

每年的11月1日是西方传统"鬼节"——万圣节。

关于万圣节由来，最流行的版本认为，那是源于基督诞生前的古西欧国家，主要包括爱尔兰、苏格兰和威尔士。这几处的古西欧人叫德鲁伊特人。德鲁伊特的新年在11月1日，新年前夜，德鲁伊特人让年轻人集队，戴着各种怪异面具，拎着刻好的萝卜灯（南瓜灯系后期习俗，古西欧最早没有南瓜），游走于村落间。这在当时是一种丰收的庆典。

古西欧时候的爱尔兰异教徒们，相信在新年前夜鬼魂会群集于居家附近，接受设宴款待。因而，在"宴会"结束后，村民们就自己扮成鬼魂精灵，游走村外，引导鬼魂离开，辟邪免灾。与此同时，村民们也都注意在屋前院后摆放些水果及其他食品，款待鬼魂而不至于让它们伤害人类和动物或者掠夺其他收成。后来这习俗一直延续下来并发展成为今天的万圣节。

感恩节

感恩节是北美洲独有的节日，始于1621年。

据记载，17世纪初，英国的清教徒遭到迫害。1620年9月，102名清教徒登上"五月花"号帆船，于12月26日到达了北美洲的普利茅斯港，准备开始新的生活。然而，这些移民根本不适应当地环境，第一年冬天过后，只有50人幸存。第二年春天，当地印第安人送给他们很多必需品，并教会他们如何在这块土地上耕作。这一年秋天，移民们获得了大丰收，11月底，移民们请来印第安人共享玉米、南瓜、火鸡等制作成的佳肴，感谢他们的帮助，感谢上帝赐予了一个大丰收。自此，感恩节变成了他们直至后来美国的固定节日。

1863年，美国总统林肯将感恩节定为国家假日，并且规定每年11月的第四个星期四为美国的感恩节。感恩节有4天假期。

火鸡是感恩节的传统主菜，通常是把火鸡肚子里塞上各种调料和拌好的食品，然后整只烤出。食用时由男主人用刀切成薄片分给大家。此外，感恩节的传统食品还有甜山芋、玉蜀黍、南瓜饼、红莓苔子果酱等。

复活节

复活节通常在春分月圆以后第一个星期日，其日期不固定，是纪念耶稣基督在十字架受刑死后复活的节日，西方信基督教的国家都过此节。

《新约全书》记载，耶稣被钉死在十字架上后，第三天便复活。复活节由此而来。关于耶稣基督之死，按基督教教义，是为了赎世人的罪。因此，在欧美各国，复活节是仅次于圣诞节的重大节日。根据西方教会的传统，在春分日（3月21日）当日见到满月或过了春分日见到第一个满月之后，遇到的第一个星期日即为复活节。东方教会则规定，如果满月恰好出现在这第一个星期日，则复活节再推迟一周。因此，节期大致在3月22日至4月25日之间。和圣诞节一样，随着社会的发展，复活节民俗节日的特征也越来越明显。

平安夜

平安夜，即圣诞前夕，在大部分基督教社会是圣诞节庆祝节日之一，目前，已成为世界性的一个节日。在这一天，全家人会团聚在客厅中，围绕在圣诞树旁唱圣诞歌曲，互相交换礼物，彼此分享一年来生活中的喜怒哀乐，表达内心的祝福及爱。

传说，在耶稣诞生的那一晚，一群在旷野看守羊群的牧羊人，突然听见有声音自天上传来，向他们报耶稣降生的好消息。根据《圣经》记载，耶稣是来作世人的王的，天使是透过这些牧羊人把消息传给更多的人。

后来人们就效仿天使，在平安夜的晚上到处传讲耶稣降生的消息。今天，报佳音已经变成圣诞节不可缺少的一个节目。

通常，佳音队是由大约20名青年人，加上一名装扮成天使的小女孩和一位圣诞老人组成。平安夜晚上大约九点过后，佳音队开始一家一家的去报佳音。每当佳音队到一个家庭时，先会唱几首大家都熟悉的圣诞歌曲，然后再由小女孩念出《圣经》中的话，让该户人家知道今夜是耶稣降生的日子，之后大家一起祷告，再唱一两首诗歌，再由慷慨大方的圣诞老人派送圣诞礼物，整个报佳音的过程就完成了。一般来说，报佳音的活动都要持续到第二天凌晨四点左右才结束。

圣诞节

每年的12月25日是基督信教徒纪念耶稣诞生的日子，称为圣诞节。从12月24日到翌年1月6日为圣诞节节期，是西方国家一年中最盛大的节日。

"圣诞节"这个名称是"基督弥撒"的缩字。弥撒是教会的一种礼拜仪式。圣诞节这一天，全世界所有的基督教会都举行特别的礼拜仪式。

据基督教的《马太福音》和《路加福音》的说法，上帝决定让他的独生子耶稣基督投生人间，从罗马帝国手中、罪恶中拯救以色列。玛利亚已和木匠约瑟订婚。可是，在他们同居之前，约瑟发现玛利亚已怀孕。于是约瑟想悄悄地和她分手。这时，上帝的天使出现在他的梦中："把玛利亚娶回家。她怀的孩子来自圣灵。她将生下个男孩子，你们给孩子起名叫耶稣，因为他将从罪恶中拯救人们。"当玛利亚临产的时候，罗马政府下了命令，所有人务必到伯利恒申报户籍。约瑟和玛利亚只好遵命。他们到达伯利恒时，天色已昏，无奈两人未能找到旅馆借宿，只有一个马棚可以暂住。耶稣就出生在马棚里。

在公元后的前 300 年间，耶稣的生日是在不同的日子庆祝的。最后，在公元 354 年，教堂的领导人把 12 月 25 日定为耶稣基督的生日。

风俗礼仪

贴春联

大年三十这天，家家户户都会贴春联、敬门神、挂年画，以此增加过年的气氛。春联，也叫对联、门对、门贴。

春联源于古代的桃符。桃符是挂在大门两旁的长方形的桃木板。上面写上"神荼"，"郁垒"二神名，以驱鬼避邪。每逢春节，人们总要用新桃符替换旧挑符。王安石"千门万户曈曈日，总把新桃换旧符"的诗句，说的就是这件事。

公元 964 年，后蜀主孟昶先是叫学士辛寅逊在桃板上题词，又嫌他写得不工稳，便自己动手写了"新年纳余庆，佳节号长春"。从此，题桃符便演变成写春联了。后来，由于纸张大量生产，人们逐渐用纸代替桃木板。这便是贴春联的开始。

春联普及盛行于明朝。据《簪云楼杂说》载："春联之设，自明太祖始。帝都金陵，除夕忽传旨，公卿士庶门上须加春联一副。太祖微行出观，以为笑乐。"由于皇帝身体力行，再加上文人墨客的喜爱，广大群众的传播，春节贴春联便作为风俗习惯流传下来。

贴门神

门神的前身是桃符，又称"桃版"。古人认为桃木是五木之精，能制百鬼。门神传说是能捉鬼的神荼、郁垒。

班固《汉书·广川王传》中记载：广川王的殿门上曾画有古勇士成庆的画像，短衣大裤长剑。到了唐代，门神的位置便被秦叔宝和尉迟敬德所取代。

据说，唐太宗李世民在玄武门事变中，杀了自己的哥哥弟弟，心里总是疑神疑鬼的，整夜不得安宁。为消除李世民心中的恐惧，秦叔宝和尉迟敬德二人披盔带甲，连续几夜站在宫门外守护。李世民心里踏实了，便安心地入睡。

这使李世民满心欢喜，称赞秦叔宝和尉迟敬德说："两位将军真是门神啊！"

随后，又找来画师给他们画像，并把画像悬挂在宫门左右。于是，这一习俗开始在民间广为流传。

守岁

除夕不睡的习俗名叫"守岁"。人们为什么要"守岁"呢？

"守岁"又叫"熬年"。相传，古代有种叫"年"的怪兽，每到大年三十晚上它都要出来作祟。原本辞旧迎新的喜庆日子，成了人们最不愿意过的时间。到了大年三十，家家户户早早地料理完家务，门窗紧闭。因为害怕年来为祸，所以没有人敢睡觉。为了消除"年"即将到来的恐惧，人们便准备出一年里最丰盛的晚餐，一家人齐聚餐桌前，说笑逗乐，畅想未来美好生活，借此挨到天明。三十晚上一过，人们便张灯结彩，燃放鞭炮，庆祝自己躲过"年"的毒手，熬过了"年"关。后来，民间就逐渐形成了除夕守夜的习俗。

早在西晋，就有文献记载有关守岁的事宜。《风土志》中说，除夕晚上，大家互相赠送礼物，预祝对方新的一年财运当头，讨个好彩头，这叫"馈岁"；准备丰盛的酒席，祭神祈福，这是人们告别旧的一年的方式；一家人其乐融融地聚在餐桌前，互相沾点福气，这是所谓的"分岁"；彻夜不眠，欢声笑语一直到天明这就是"守岁"。

俗话说"一夜连双岁，五更分二年"。也就是说，除夕这天晚上，人们不仅要告别旧的一年，辞旧迎新，同时，人们年龄也要再长一岁，所以就有了"此夜守岁惜年华"的说法。

压岁钱

相传，古代有种叫祟的小怪兽，性情十分古怪，专喜欢在过年的时候摸小孩子的头，偷取他们的思想。八仙听说了，便化身为八枚铜钱来到人间，此时恰逢年关。

有一家穷人，夫妻俩老来得子，喜欢得不得了。除夕这天，老两口怕祟来偷孩子的思想，便哄着孩子玩，不让他睡。孩子小，困了便要吵，夫妻俩实在没办法了，便将家里仅有的八枚铜钱，拿出来给孩子当玩具玩。夜深了，孩子玩累了攥着铜钱睡着了，夫妻俩也不知不觉地进了梦乡。

祟看见这家人都睡了，便偷偷地溜进他们的家。它伸出手刚想去摸孩子的头，便被八束金光击得连连后退。从此，祟再也不敢来偷小孩的思想了。原来，夫妻俩给孩子的这八枚铜钱正是八仙所化。

后来人们听说，只要在孩子手里放些钱，祟就不敢靠近孩子了，便纷纷效仿。于是，民间就流行起了过年给孩子压"祟"钱的习俗。压祟，意味着辟邪、避晦气。渐渐地，"压祟钱"谐音作"压岁钱"，成了老人们表达对小辈们祝福的一种形式。

据史料记载，最早的压岁钱，并不是普通的流通货币，而是一种专门铸造出来，用以压鬼辟邪的钱形佩饰品。在汉代出土的文物里，一些钱币形状的佩饰上，刻有龙凤、斗剑、双鱼等吉祥图饰；有的佩饰上甚至还印有诸如"去殃除凶"的字样，人们把这种压岁钱称为"压胜钱"。

还有一种说法认为，压岁钱认为由古代的春日散钱风俗演变而来。据《燕京岁时记》记载，在民间，人们通常会用彩线将铜钱串联起来，再编成龙形，将这种东西放在床角，作为护身符。这种钱串，俗称压岁钱。一般情况下，长辈会直接把编好的铜钱给晚辈，希望压岁钱能给孩子带来一年的平安吉祥。这种做法，在明清时期最为盛行。

到了近代，压岁钱逐渐地成了人们表达美好祝愿，祈愿大吉大利的一种形式。比如，送小孩子几张新的连号纸币，意为"连连发"；晚辈给长辈包个红包，意为压岁，"长命百岁"。压岁钱也就成了另一种文化内涵的载体。

做满月

婴儿出生一个月叫满月,在民间,庆贺满月的仪式和活动多种多样,丰富多彩。其中,喝满月酒和剃满月头是延续至今最为重要的。

婴儿满月的礼俗流行于唐朝。到了南宋,几乎所有官宦和富有的人家要为婴儿举办"洗儿会",这是一种很隆重的风俗。主人家要在婴儿出生满一个月的日子发请帖宴请亲友,亲朋好友会在这一天携带各种礼品前来向婴儿表达祝福。到了近代,婴儿满月时的庆祝方式有了不同,满月时外婆要为婴儿准备一份丰盛的礼物,包括面条、粽子、馒头和一只活鸡,有的还会送婴儿用的帽、鞋、袜、衣服等,俗称"拿满月"。中午时分,亲朋好友聚在一起,觥筹交错,祝福声此起彼伏。这种情景就是历代相沿的"满月酒"。

"剃满月头"是婴儿满月的另外一项重要仪式,在民间也叫落胎毛。在中国,不同的地方剃满月头的习俗是不一样的,有不同的说法和讲究,但其中有一个共同点是胎毛不能剃光。一般情况下是在头顶心或近脑门处留下一撮,俗称桃子头、桶盖头、米囤头等。另外,还有一些地区的习俗是把落胎毛的仪式放在婴儿出生满百天时举行,称为剃百日头,留一撮毛和郑重处理落发的习俗与剃满月头基本一致。

关于珍藏剃下胎毛的意义,也有众多讲法。有些地方的风俗是将其搓成一个圆球挂在床檐正中,意在孩子长大离家后,胎发团还挂在母亲的床上,可以永远受到母亲的护佑;有些地区的习俗是用线绳将胎发吊在窗台上牢牢系住,说这样就可以使小孩经受风吹雨打,有利于小孩的成长;有的地方则是将胎发盛入金银小盒,或用彩色的线结成绦络,认为这样做可以起到辟邪的作用;还有的地方是将胎发用红布包起来,缝进小孩儿的背心或夹袄中,认为如此便能使小孩儿顺利成长。

抓周

婴儿出生满一年,古称"周",现称周岁。周岁这天,全家人不仅要庆贺,而且还要举行隆重的抓周仪式。抓周,也叫试儿、试周、揸生日。它是周岁礼中一项很重要的仪式,最早见于南北朝时期的古俗,在民间流传至今。

在我们熟悉的古典名著《红楼梦》里,也曾写到过"抓周"这个礼仪。贾宝玉在周岁那天抓了胭脂钗环,因为这些都是妇女用品,所以父亲很不高兴,还说他将来一定不会好好读书,是一个酒色之徒。

民间的"抓周"仪式一般都在中午吃"长寿面"之前进行。在古代,讲究一些的富户都要在床(炕)前陈设大案,摆上一些代表各种职业的器具,比如笔、墨、纸、砚、印章、算盘、账册、首饰、花朵、吃食、玩具等,如果过生日的是女孩,则还要加摆勺子(炊具)、剪子、尺子(缝纫用具)、绣线等等。然后在没有任何诱导的情况下,小孩由大人抱着来选这些东西,家长根据小孩先抓什么,后抓什么,来测卜孩子的志趣、前途以及未来要从事的职业。比如小孩先抓了文具,则意味着长大以后必定是个文人;

先抓了印章，则意味着长大以后可以官运亨通；如果小孩抓到的是算盘，则说明他长大后善于理财，是个生意人。如果女孩先抓剪、尺之类的缝纫用具或勺子之类的炊事用具，则说明她长大后心灵手巧，善于料理家务。反之，假如小孩先抓了吃食、玩具，众人千万不能当场斥之为"好吃""贪玩"，而是把它圆成一个美好的祝愿，比如说成"孩子长大之后，必有口福，善于享受生活"等等。总之，长辈们对小孩的前途寄予厚望，在一周岁之际，对小孩祝愿一番而已。

长命锁

长命锁又名"寄名锁"。它是一种挂在儿童脖子上的装饰物，在明清时尤为流行。按照迷信的说法，只要佩挂上这种饰物，就能帮小孩避灾祛邪，"锁"住生命。所以许多小孩从出生不久就挂上了这种饰物，一直挂到成年。

长命锁是由"长命缕"演变而来的。佩戴长命缕的习俗最早可追溯到汉代。在汉代，每逢五月初五端午佳节，家家户户都在门楣上悬挂五色丝绳，取辟邪纳福之意。到了魏晋南北朝时，这种丝绳被许多妇女戴到手臂上，逐渐成为妇女和儿童的一种臂饰。当时由于战争频繁，瘟疫、灾荒不断，广大人民渴望平安，所以就采用这种佩戴五色彩丝的方式来辟邪去灾、祛病延年。这种彩色丝绳，就是我们所说的"长命缕"。到了宋代，这种风俗不仅流行在民间，还传入宫廷，除妇女儿童之外，男子也可佩戴。"长命缕"的制作也渐渐变得复杂，除丝绳、彩线外，有的还会穿上珍珠等物。到了明代，由于风俗变迁，成年男女佩戴"长命缕"的风俗渐弱，通常只有儿童佩戴，于是"长命缕"渐渐演变成为一种只为儿童佩戴的颈饰——长命锁。

长命锁一般多用金银宝玉制成，它的造型多被做成锁状，锁面上常镂有"长命富贵""长命百岁""玉堂富贵"等吉利的祝福，另一面则雕有"麒麟送子""五子登科"等中国的传统图案。按老规矩，小孩佩戴的长命锁，要等到结婚时才能取下来。

取名

姓名学是中国的国粹，渊源于中国古代诸多先贤的哲学思想。孔子曾说，"名不正则言不顺"，苏东坡也说，"世间唯名实不可欺"，都道出了姓名对人的重要性。因此，取名之事实乃人生之大事，轻视不得。所以，在民间流传着多种多样的关于取名的传统习俗。

主要的取名习俗有以下几种：

节令法：根据孩子出生时的节令与花卉取名。如春花、夏雨、兰贞、雪梅等，常见于女性。

地名法：比如沈申（上海）、袁晋（山西）、黄云生（云南）等。也有从祖籍及出生地中各取一字，缀联成名，主要是以纪念为主。

盼子法：父母连连产下女婴，盼子心切，便会在为女儿取名时用一些谐音字，如根（跟）弟、玲（领）弟、招弟、盼弟等。

抱子法：夫妇膝下无子，从外地或外姓抱养一个孩子。此类孩子的名字中，常有一个"来"字，如来宝、来娇等。

体重法：鲁迅的小说《风波》中描绘："这村庄的习惯有点特别，女人生下孩子，多喜欢用秤称了轻重，便用斤数当作小名。"如"九斤老太"，这是流行于浙东民间的一种特殊取名风习。

排行法：兄弟双名，其上字或下一个字相同，叫排行。如我们熟悉的《水浒传》中的阮氏三兄弟：阮小二、阮小五、阮小七。

五行法：根据五行缺行取名。旧时民间取名，要请算命卜卦者推算小孩的"五行"和"八字"。假如某人命中五行缺少某一行或二行，那就得用缺行之字，或用缺行作偏旁的字取名补救，否则孩子会命运多舛。如鲁迅小说《故乡》中闰土名字的由来：因为他是"闰月生的，五行缺土，所以他的父亲叫他闰土"。

百日礼

"百日礼"，又称"百岁礼""过百天"，指的是在婴儿出生100天的时候所举行的一种纪念仪式。100天是孩子出生后的一个非常重要的日子，在这一天父母会邀请亲朋好友会聚，一同为小儿祝福，而婴儿在这天则要穿"百家衣"、戴"百岁锁"。百家衣是由各种色彩的小布块缀成的，样子仿佛僧人所穿的一拼一块的百衲衣，而用来做衣服的布块、布条则是由多个亲戚朋友凑成的。在众多的颜色中以紫色最为贵重，也最难寻，因为"紫"与"子"同音，人们一般不愿把"子"送给别人。孩子穿百家衣有着两种蕴意：一是象征长命百岁，一是象征先苦后甜。百岁锁，又叫"长命锁""百岁链"，常常是姥姥家或舅舅家送的，也有的是父母购置的，一般是用银做成的，外面镶金，少数有钱人家会用纯金的，锁的两面分别刻有"长命百岁""富贵平安"等吉祥语。戴长命锁的寓意是把婴儿的生命给"锁"住，这样妖魔就抢不走了，孩子就会平安。有时百岁锁并不是姥姥家送的或自己家买的，而是要"凑份子"，也就是孩子的父母将白米、茶叶、枣、栗子等含有吉祥蕴意的食品取少许包在红纸包里，要包很多包，最好是能够达到一百包，然后将这些红纸包分送至亲戚朋友家，而对方在接受后则在红纸里放上若干钱返还回来，父母再用这些凑起来的零钱到金银匠那里铸制"长命锁"，人们认为这样得来的锁是最吉祥的。

成年礼

成年礼是为承认年轻人具有进入社会的能力和资格而举行的人生仪礼。中国传统成年礼称为冠礼、笄礼，早在周朝就有了。

男子行加冠礼，即在男子20岁时，由主持仪式者为男子戴3次帽子，称为"三加"，分别为"缁布冠""皮弁""爵弁"，象征冠者从此有了治人的权利、服兵役的义务和参加祭祀活动的资格。传统冠礼中还有"命字"，即由嘉宾为冠者取新的字号，冠者从此有了新的名字。女子在15岁时要行笄礼，但是规模比冠礼要小得多。主要是由女性家长为行笄礼者改变发式，表示从此结束少女时代，可以嫁人。

举行成年礼，地点选在宗庙神圣之地，日子需经卜筮而定。行礼当天，主人须邀请亲朋好友来观礼才算正式。秦汉以后的成年礼仪，大多遵守《仪礼》的规范进行，唐宋以后，成年礼已逐渐式微，部分成年礼仪式举办大多依附着民间信仰。

在世界上许多原始民族中，成年礼是一个人由个体走向社会的一道必不可少的程序，有的过程十分隆重而且带有考验的性质，中国一些少数民族的成年礼仪也有着比较明显的保留。比如，穿裙子、穿裤子是云南永宁的纳西族、普米族的成年礼。男女在13岁以前只穿麻布长衫，到了13岁方可穿裙子、裤子。女孩由母亲穿裙子，男孩由舅舅穿裤子。穿完以后，长辈向他们赠送礼物，表示祝贺，从此他们可以参加各种社交活动，同时也要下地劳动了。此外，不同少数民族的成年礼的仪式各有不同。比如黎族、高山族是黥面文身，在面部或身体的一些部位用骨针之类刺上花纹，涂上颜料。而布朗族、傣族等则是以染牙齿作为成年的标志。

十二生肖

十二生肖或十二属相，是中华民族特有的民俗文化，世代相传。十二生肖就是人们出生年份的属相，以12种动物与十二地支相搭配，每12年循环一次。即：子鼠、丑牛、寅虎、卯兔、辰龙、巳蛇、午马、未羊、申猴、酉鸡、戌狗、亥猪。这是民间推算年龄的方法，除了龙，其他的都是常见动物。

1975年在湖北省云梦县发掘出土的秦墓竹简，证明了公元前3世纪或更早的时间，中国就开始使用十二生肖。结合考古学、历史学、民族学的研究成果，学者们推测：中华民族的祖先选择这12种动物作为自己的象征，显然是因为它们与人类有密切关系；龙、虎、蛇，是远古氏族的图腾，而马、牛、羊、鸡、狗、猪则是先民所饲养的家畜，即古人说的"六畜"。中国许多少数民族如蒙古族、壮族和部分彝族的十二生肖受汉族影响，与汉族基本一致。但有的民族在接收汉族生肖文化的同时产生了一些变异，比如哀牢山彝族同胞在十二生肖系列中，以穿山甲占据了龙的位置；新疆柯尔克孜族十二生肖中以鱼代龙，以狐狸代猴；海南黎族同胞以十二生肖纪日，其次序以鸡起首，猴煞尾；生活在西双版纳地区的傣族以黄牛代替牛，以山羊代羊，亥的属相不是猪而是象。

从以上变化中我们大致可以看出，各民族在选择十二生肖动物时，由于生存环境的不同、物种的不同，选择了最亲近的动物作为生肖动物，从而给生肖文化带来了一定的差异。除了在生肖动物选择上有所变异外，少数民族还形成各自不同的纪年、纪日方法，同时产生了许多与生肖有关的民风民俗。

三书六礼

三书六礼指的是中国古代婚嫁礼仪的程序。三书指的是聘书、礼书和迎亲书。聘书就是定亲书，即男女双方正式缔结婚约，纳吉（过文定）时用。礼书就是过礼之书，即礼物清单，书中详列礼物种类和数量，纳征（过大礼）时用。迎亲书指迎娶新娘之书，用于结婚当日（亲迎）接新娘过门时。

六礼指的是纳采、问名、纳吉、纳征、

请期和亲迎。纳采，男方家请媒人去女方家提亲，女方家答应议婚后，男方家备礼（通常以活雁作礼，表示忠贞不贰）前去求婚。问名，俗称"合八字"。即男方家请媒人问女方的名字和出生年月日，并将女方的生辰八字放在祖先灵案上观察。如果家中平安无事，就把男方生辰八字送给女方。女方家把男方的生辰八字放置在佛像前。如果三日家中无事，就同意缔结婚姻。纳吉，又称小定或文定，也就是订婚。男女双方家平安无事后，男方备礼通知女方家，告知决定缔结婚姻，送给女方金戒指。纳征，又称纳币，大聘或完聘，即男方家送聘礼给女方家。请期，又称择日。即男家择定婚期，并征得女方家同意。亲迎，即新郎到女家迎娶新娘。

迎娶

结婚佳期在即，男女两家都会杀猪宰鸡，准备喜宴，请好厨师、傧相、伴娘、轿夫、账房以及勤杂人员。按照传统婚礼，在婚礼那天，一般是女家早晨摆"出嫁酒"，男家中午摆喜筵。早晨，男家鸣炮奏乐，发轿迎亲。媒人、新郎、伴娘、花轿、乐队、礼盒队等一齐前往女方家。女家在花轿到来之前，要准备好喜筵。女方要由母亲或姐姐梳好头，化好妆，用丝线绞去脸上的绒毛，称之为"开脸"，然后戴上凤冠霞帔，蒙上红布盖头，等待花轿。

花轿一到，女家奏乐鸣炮相迎。新郎叩拜岳父岳母，并呈上写好的大红迎亲简帖。随后女家动乐开筵。早宴之后，新郎新娘向新娘的祖宗牌位和长辈行过礼后，伴娘就搀着新娘上花轿了。上轿时，新娘应放声大哭，以示对父母家人的依恋。新娘上轿后，奏乐鸣炮，迎亲队伍回新郎家。乐队在前，乐队后面是骑马的新郎，接着是花轿和送亲的人员。迎亲队伍快到新郎家门口时，要鸣炮动乐相迎。花轿停在新郎家的堂屋门前，伴娘上前掀起轿帘，将新娘搀下轿来，宾客向新郎、新娘身上散花。

丧礼

丧礼是古代凶礼的一种，指的是安葬和悼念死者时所必须遵循的一整套礼仪制度。中国汉族丧礼，根源于上古社会的丧葬习俗，与灵魂不灭的观念有关。由秦汉及隋唐，丧礼臻于完备。主要包括丧葬仪规、丧服制度、祭祀活动3个方面。

汉族丧礼的传承，由于时代的不同、地域的差异而有所变化，加上宗教等因素的影响，因而产生无数多姿多态、风格各异的丧葬习俗，反映出不同的文化心理。出殡是汉族丧礼最后一项重要仪式，其时间一般人家是在"大殓（即将死者放入棺材）"的次日或人死后的第七日，而官宦富贵之家则在"七七"（49天）以后甚至更长时间，才在事先择定好的日子出殡。出殡前一天晚上，死者至亲好友都来到丧家，晚饭后祭奠烧纸，称为"辞灵"，而且整夜留在丧家，俗称"伴宿"或"守夜"。次日清晨，撤去灵前所供诸物，"孝子"将"丧盆"摔碎，执领魂在他人搀扶下前导，灵柩随后起行，还要带上一只公鸡，到墓地后释放，给死者"引路"。

出殡的规模一般没有固定标准，因贫富而异，少则二三十人，多则百人以上。按规矩，棺材必须用人抬步行，而不能用车拉。抬棺材的人在农村多是由亲友帮忙，而在城市可以雇人。出殡的队伍中还要有相应的"仪仗"，包括铭旌、纸制冥器和用柳枝糊白纸做成的"雪柳"和祭幛等，以及沿途吹打的鼓乐班子，边走边撒纸钱。

归葬之处，一般都是在本家族的墓地。棺入穴后，先由孝子用衣襟捧土覆盖，然后众人填土成坟，于坟前焚烧冥器摆供祭奠后返回。下葬后第三天，家人要到墓地给新坟填土、祭奠，称为"圆坟"。死者去世后每隔七天都要有祭奠仪式，俗称"办七"或"烧七"，一般至七七而止。死者去世后第一百天、周年、二年、三年的"整日子"也要祭奠。另外，清明、七月十五、十月初一以及除夕等，都是民间烧纸上供、祭奠亡灵的日子，一直延续至今。

女士优先

"女士优先"的原则起源于欧洲中世纪的骑士之风，是传统欧美礼节的基础，后来成为国际社会公认的重要礼仪原则。它主要适用于成年的异性进行社交活动之时。

"女士优先"的含义是：在一切社交场合，每一名成年男子，都有义务主动自觉地以自己的实际行动，去尊重妇女、照顾妇女、体谅妇女、关心妇女、保护妇女，并且还要想方设法、尽心竭力地去为妇女排忧解难。倘若因为男士的不慎而使妇女陷于尴尬、困难的处境，便意味着男士的失职。人们一致公认，唯有尊重女性的男子，才会被视为具有绅士风度。反之，则会被认为是一个没有丝毫修养的粗汉莽夫。

吻礼

吻，在西方是较为流行的大众礼节。关于"吻"的由来，西方传说不一。

比较流行的看法认为，吻始于古罗马严禁妇女饮酒。当男子外出归来后，先要闻一闻妻子有没有饮酒，假如妻子无酒味，丈夫就要亲昵地吻上一口，这就是由"闻"到"吻"的过渡。

吻在非洲某些国家和地区，不只限于表示男女之恋，它还寄寓尊敬和关心之意。非洲土著居民视酋长为"父母官"，人们争相亲吻酋长走过的地面，以此表示祝福和对酋长的推崇。

古罗马时期，皇帝允许最高级的贵妇人和宠臣吻他的嘴唇，次者吻他的手，庶民只能吻皇帝的膝盖和脚背。

吻手礼

吻手礼由生活在8~10世纪的维京人发明，维京人有一种风俗，就是向他们的日耳曼君主"手递礼物"，"吻手礼"也就随之出现。当封建领主离开后，他走过的门、他摸过的锁和他碰过的门闩上，都要求臣民们亲吻，而且，对每样东西的吻都相应地被授予名称：门之吻、锁之吻、门闩之吻等。

吻手礼是流行于欧美上层社会的一种礼节。英法两国喜欢"吻手礼"，不过在英国和法国，行这种礼的人也仅限于上层人士。吻手礼的受礼者，只能是女士，而且应是已婚女士。

碰鼻礼

新西兰最早的主人毛利人，至今还保存着一种远古留传下来的独特见面问候方式：碰鼻礼。

如果有客人来访，毛利人必定要为来宾组织专门的欢迎仪式，安排丰盛的宴席。最让客人满意的是男女老幼，倾巢出动，一边引吭高歌，一边兴致勃勃地拉着客人手舞足蹈。这一切过去以后，一定要举行毛利人传统的最高敬礼——"碰鼻礼"。主人与客人必须鼻尖对鼻尖连碰两三次或更多次数。碰鼻的次数与时间往往标志着礼遇规格的高低；相碰次数越多，时间越长，即说明礼遇越高；反之，礼遇就低。

鞠躬礼

中国商代有一种祭天仪式"鞠祭"，祭品（猪、牛、羊等）不切成块，而将整体弯蜷成圆的鞠躬形，再放到祭处奉祭，以此来表达祭祀者的恭敬与虔诚。这种习俗一直保持到现在，不少地方逢年过节，祭拜祖宗天地时，人们总把整鸡整鸭蜷成圆形，或把猪头猪尾放在一起，表示其头尾相接。这就是由鞠祭演变而来的。

人们在现实生活中，逐渐援引这种形式来表达自己对地位崇高的人、长辈等的崇敬，于是，弯一弯腰，象征性地表示愿把自己作为鞠祭的一个牺牲品而奉献给对方。这就是"鞠躬"的由来。

生日吹蜡烛的由来

过生日吹蜡烛已为人们熟悉，这一习俗据说源于希腊。

在古希腊，人们都信奉月亮女神阿尔忒弥斯。在她的一年一度的生日庆典上，人们总要在祭坛上供放蜂蜜饼和很多点亮的蜡烛，形成一片神圣的气氛。后来，古希腊人在庆祝孩子的生日时，也总爱在餐桌上摆上糕饼等物，而在上面，又放上很多点亮的小蜡烛，并且加进一项新的活动——吹灭这些燃亮的蜡烛。他们相信燃亮着的蜡烛具有神秘的力量，如果这时让过生日的孩子在心中许下一个愿望，然后一口气吹灭所有蜡烛的话，那么这个孩子的美好愿望就一定能够实现。于是吹蜡烛成为生日宴上有着吉庆意义的小节目，以后逐渐发展成过生日吹蜡烛的习俗。

订婚戒指

有关订婚、结婚戒指的由来，据说是由古代抢婚演绎而来的结果，当时，男子抢来其他部落的妇女就给她戴上枷锁。经过多年的演变，枷锁变成了订婚、结婚戒指。男子给女子戴戒指表示她已归我所有。

传说，世界上第一个把戒指当作订婚信物的人是奥地利王麦士米尼。1477年，麦士米尼在一次公开场合认识了一位叫作玛丽的公主。她的美丽容貌和优雅举止使麦士米尼为之倾倒。麦士米尼虽然知道玛丽早已许婚于当时的法国王储，但是为了赢得她的爱情，麦士米尼还是决定试试运气。他命人专门打造了一枚珍贵的钻石戒指，送给玛丽。面对这只精雕细刻、闪闪发光的钻石戒指和麦士米尼的热烈追求，玛丽终于改变了初衷，与麦士米尼幸福地结合了。从此，以钻石戒指作为订婚信物，便成为西方的一种传统。

婚纱的由来

穿婚纱的习俗可以追溯到公元前10世纪，当时两河流域就已盛行女子戴头纱。在古希腊，举行结婚仪式时不仅新娘要戴亚麻或毛织成的头纱，而且一对新人都要戴上花冠。到了罗马时代，不同宗教信仰的人要戴不同颜色的头纱以示区别。

婚礼虽是世界各国自古以来就存在的仪式，但新娘在婚礼上穿婚纱的历史却不到200年时间。新娘所穿的下摆拖地的白纱礼服原是天主教徒的典礼服。由于古代欧洲一些国家是政教合一的国体，人们结婚必须到教堂接受神父或牧师的祈祷与祝福，这样才能算正式的合法婚姻，于是，新娘便穿上白色的典礼服向神表示真诚与纯洁。

蜜月

新婚夫妻柔情蜜意，如胶似漆。新婚后的一个月内被称为"蜜月"。那么"蜜月"是怎样来的呢？

"蜜月"一词产生于公元前500年的英国。当时的英格兰还处于较原始的蛮荒社会。在多顿族中流行"抢婚"，即任何一个多顿青年男子都可以抢一个自己中意的姑娘为妻。为了避免这种尴尬，于是不少男子一将妻子抢到手，就迫不及待地携新人外逃，过一段隐居生活后再回来。

当时的英国野蜂窝随处可见，蜂蜜唾手可得，旅途中的人们纷纷吸吮蜜汁来充饥。这一发现逐渐被流传开来后，抢婚外逃进入山野的青年男女，便纷纷以蜂蜜充当食物，终生厮守。

到了公元前4世纪左右，多顿人"抢婚"的风习危及社会秩序，迫使多顿首领不得不做出规定：凡成婚30天以上者，不得卷入抢婚之列，并发给新婚对牌，以备查验。从此以后，外逃的新婚夫妇多在30天以后自动回到了家乡，过上平安的家庭生活。而他们在外面度过靠吸吮蜜汁为生的30天，久而久之就被人们称为"度蜜月"。

日本茶道

在日本，茶道是一种通过品茶艺术来接待宾客、交谊、恳亲的特殊礼节。茶道不仅要求有幽雅自然的环境，而且规定有一整套煮茶、泡茶、品茶的程序。

日本人把茶道视为一种修身养性、提高文化素养和进行社交的手段。待客人入座后，由主持仪式的茶师按规定动作点炭火、煮开水、冲茶或抹茶，然后依次献给宾客。客人按规定须恭敬地双手接茶，先致谢，尔后三转茶碗，轻品、慢饮、奉还。点茶、煮茶、冲茶、献茶，是茶道仪式的主要部分。饮茶完毕，按照习惯，客人要对各种茶具进行鉴赏，赞美一番。最后，客人向主人跪拜告别，主人热情相送。

十二

科学、技术

计算机与网络

电脑

处理信息或数据的电子装置。当电脑接收了一组数据后，就能将数据加以处理并得出结果，电脑还可储存数据和结果。个人电脑或微电脑是指每次只限一人使用的电脑。主机电脑是可同时让许多人操作的大型电脑。超大型电脑是用来执行复杂任务（例如天气预报或设计新型汽车等）的高效率电脑。

即时

指立即得到结果。有些电脑需要几秒钟甚至几分钟才对一组指令作出反应。而能即时工作的电脑是输入信息后，就能立即得出结果。即时工作对于那些必须将不断涌入的信息作出即刻反应的电脑（例如专为飞机导航的电脑）来说是非常重要的。

并行电脑

一种新型高效率的电脑。电脑将一个任务分解成许多小任务的操作。大部分电脑是一个接着一个地完成这些操作，而并行电脑能同时完成所有各组操作，使它的工作速度快得多，效率更高。

人工智能

电脑具有像人一样的思维和工作能力。具有某种程度人工智慧的电脑能评估自己的行为并加以改善。举例来说，电脑可按照设定的程序下象棋，而一个智慧型电脑可从每次下棋中学习改进，使往后的棋艺能更好。现阶段的电脑还不具备完善的人工智能。这方面的研究在语言识别和专家系统上已有些成果。

硬件

电脑由硬件系统和软件系统组成，缺一不可。硬件是电脑中看得见、摸得着的机械、电磁设备。电脑的硬件由以下几个主要部件组成：运算器、控制器、存储器、输入设备、输出设备。运算器对数据进行算术运算或逻辑运算；控制器是电脑的司令部，它控制着运算器、存储器、输入部分和输出部分的工作。运算器和控制器组成CPU（Central Processing Unit），即中央处理器；存储器是用来存储数据信息的器件；输入设备有键盘、鼠标、扫描仪等；输出设备有显示器、打印机等。

软件

软件是电脑中看不见的程序和文档。没有软件的电脑被称为裸机，什么事情也干不成。

电脑的软件，可分为系统软件、应用软件、工具软件等。

系统软件包括操作系统软件，如MS-DOS（Microsoft Disk Operating System 微软磁盘操作系统）和Windows95（视窗95）；编译系统软件，如将高级语言程序译成机器内部语言的软件等。它们是所有计算机都必须有的。

应用软件是人们为了完成某一具体任务而使用的软件，如文字处理软件、电子表格，以及多种辅助教学软件、游戏软件等。

工具软件是电脑的辅助工具，如文件压缩软件，杀病毒软件，工具软件包等。

人工智能语言

能在计算机上支持开发应用人工智能系统的语言。自然语言如果写出来则是一组符号模式。凡是能支持符号模式处理的语言也就可以支持处理人类自然语言。绝大部分人工智能语言实际上是处理符号模式的支持性语言。LISP（LIST Processor 链表处理语言）是美国人工智能界的主要开发语言。另一流派则为欧洲在20世纪70年代联合开发的PROLOG（Programming in Logic）语言。但实际上有很多推理是不能用单一逻辑解决的。

模式识别

感觉特定物理模式并能认清其中包含的信息（例如判别对象、字符、指纹、过程等）。"模式"原意是图案。在人工智能中，模式指的是"方式或过程"。目前，模式识别技术被用于军事侦察、医学诊断、指纹识别、文献的自动阅读、机器人对工件的识别等，用途十分广泛。

机器翻译

由机器进行推理，按每种文字语言自身的词法和句法规律，将一种文字翻译成另一种文字。目前，多半用光扫描输入文献，用人工智能中自然语言理解技术分析词法、句法，然后作推理将其转化为另一种文字的符号、词法、句法的输出。技术先进国家的政府、军方、情报部门等都采用这种软件。

建筑智能化

主要指的是一种设计智能化。最早用在集成电路设计智能化上。但其原理是一样的。目前在建筑领域用于小区规划上（规划智能化）和对建筑、室内装修进行自动设计。现代语言如ICAD（Intelligent Computer Aided Design 智能计算机辅助设计）可以支持这种设计并可产生图形显示。在建筑设计中，它也可以作基础工程设计，特别是高层建筑。也可以进行桥梁设计。

程序

电脑使用的一套指令。程序包含了电脑完成特定任务（如文字处理或玩游戏）所需要的全部指令。这些指令表现为电信号，它们控制电脑的操作。组成程序信号储存在磁盘片或微晶片上。流程图是表示指令在电脑程序中如何安排的图解。

程序设计

设计、编制和调试程序的过程。它是目标明确的智力活动。由于软件的质量主要是通过程序的质量来体现的，程序设计工作在软件研究中的地位就显得非常重要，内容涉及有关的基本概念、规范、工具、方法以及方法学。

程序设计的工具主要包括用以书写程序的语言和为了便于程序设计而提供的各种专用程序等。语言影响程序设计的功效，以及软件的可靠性、易读性和易维护性。专用程序为软件人员提供合适的环境，便于进行程序设计工作。

档案

电脑使用的一组信息。档案可以是一组名单、一份文件、一幅图画、一些电脑音乐等。每个档案都有它自己的名称。

电脑语言

用来编写程序的代码。控制电脑的指令由一串长长的数码组成，这些数码称为机器码。用机器码写下电脑程序很困难，所以程序设计师采用比较容易的代码，这就是电脑语言。组合语言是用简短的缩写使电脑执行动作。高级语言使用完整的字来描述电脑动作，如使用 REPEAT（重复）和 NEXT（下一个）。高级语言包括 BASIC（Beginner's All-purpose Symblic Instruction Code 初学者通用符号指令代码）、帕斯卡语言、C（Combined Language 组合语言）和 COBOL（Common business Oriented Language 面向商业的通用语言）等。编译程序或解释程序，再把用高级语言写成的指令转变为机器码指令。

文件处理

帮助写书信和档案的电脑程序。将文字用键盘输入电脑后，文件处理会把文字排列成栏并检查拼写错误。当一切都完成后，文件可以打印出来。桌面出版程序能制成高品质的文件。

资料库

装配信息集合的程序。资料库包含特定的信息集合。例如买到的所有图书资料。它储存在磁盘或只读光盘中。电脑有好几种方法提取资料库中的信息，例如列出某特定主题的所有书目或某作者的著作。

目标导向程序设计

写出较佳电脑程序的方法。许多电脑程序使用很长的一组指令，其中很可能出现某些错误，使电脑无法正常执行。目标导向程序设计是一种编写电脑程序的方法，程序设计师必须描述真实的对象和事件。它有助于设计师指出程序中的任何错误。

专家系统

包含特定主题知识的程序。专家系统可以利用它所拥有的资讯来回答有关的问题。如医学专家系统可从出现的症状来诊断疾病。

展开表

在数字表格上完成计算的程序。展开表表现为一个行与列的表格。电脑根据行与列中的数字进行运算。若有一数改变，电脑就重算，以显示此一改变对其他数据的影响并算出新的结果。展开表主要用在商业上，可以预测销售量和利润。

微电脑

压缩的电脑。微电脑基本上由键盘、显示器（屏幕）和包含记忆体与处理单位的盒子组成。打印机等周边外接装置可与微电脑相连接。微电脑也称为个人电脑。折叠型或笔记型是方便携带的微电脑。

存储系统

电脑中存储数据和信息的系统。

磁盘

储存资讯和电脑程序的装置。磁盘表面通常涂有磁性材料，可记录资讯并以二进制码的磁信号编制程序。磁盘放入磁盘驱动器中，驱动器内的读写磁头能移动至磁盘的不同位置，在磁盘上储存或"写入"新的资讯。软盘是个有弹性的单一磁盘，装在塑胶或纸盒内。硬盘是一组质地坚硬的磁盘，装在密封的盒内。光盘是另一种电脑磁盘，是利用激光束检索资讯，有时也用激光在盘上记录资讯。只读式光盘是一种压缩磁盘，用于储存巨量的资讯，包括图像和声音。

显示器

即电脑屏幕。显示器接收电脑的信号并形成图像，作用方式如同电视接收机。有些电脑屏幕采用液晶显示。电脑屏幕又称视觉显示器。

键盘

由一组字键组成的装置，可将资讯键入电脑，大多数键盘是英文数字式键盘，键上标有字元，如字母、数字和"？""&"之类的标点符号。按键即可将字母和数字输入电脑。功能键可使电脑执行一组任务。任务由所采用的程序决定。概念型键盘利用图形代替字母、数字和符号。

介面

连接电脑和其他设备的电子组件。介面传送电脑的信号，以操纵打印机等外部装置。串列介面沿着单独的导线一个接一个地传送信号。平行介面沿着一组导线同时传送几组信号。埠是电脑上的插座，可插一电缆连接打印机或其他外部设置。当电脑开始与其他设备互通时，就称为连机交换。

存储器

电脑中储存资讯和程序的地方。如果用键盘将一组人名和地址输入电脑里，就将名单储存在电脑的记忆体里，此后随时可从记忆体里检索这份名单重新使用。记忆体由微晶片和磁盘组成，它也可储存使电脑执行任务的程序。

打印机

输出由电脑所产生的资讯的打印装置。撞击式打印机与打字机类似，其打印头是凸起的字母和数字。当打印头击打在色带上时，字就印到纸上。点阵式打印机的打印头是一组隆起的针，当针击打色带时就打印出由色点组成的字母或数字。喷墨式打印机则透过一些小喷嘴喷射油墨打印。激光打印机是用激光形成图像，然后如影印机般打印。

鼠标

操作电脑的手持装置。当用手在鼠标垫上移动鼠标时，它使电脑屏幕的游标往同一方向移动。鼠标内有一个球，每当鼠标在垫上移动时，球就跟着转动并向电脑传送信号，使游标作相同的移动。屏幕上显示许多图像代表档案、程序或其他作业的小图形。当游标移动到某图像时，按一下鼠标按钮，就开启一档案或开始一程序。

资料收集

将资讯输入电脑。键盘只是用来输入资料的装置之一。光学字元识别用一光学扫描器来"读入"如书本或期刊中的一页文章等档案，并将它输入电脑。数位转换器输入照片和图书之类的图片。所有这些装置都能将资讯转换成二进码。

电脑网络

指相连接的一群电脑。网络内的电脑可交换资讯或利用强大的中央电脑或资料库。终端机是连接网路的一组键盘和屏幕。

数据机

将电脑连接到电话系统的装置，可使相距很远的电脑经由电话线交换资讯。数据机可将电脑信号转换为电话信号，也可将电话信号转换回电脑信号。数据机是指调制解调器。

作业系统

使电脑运转的指令。为了使电脑开始运转需要一个作业系统。它是一种使电脑执行其基本任务的特殊程序，例如使电脑由键盘接受资料，将它储存在记忆体中并显示在屏幕上。然后电脑能够执行其他程序。作业系统可储存在电脑的微晶片中或磁盘上，通常称为磁盘作业系统。

缓冲器

电脑中暂时储存资料的微晶片。缓冲器储存的资料是准备让电脑或电脑部分设备提取使用的。例如以键盘输入微电脑的指令通常是先存在缓冲器中，直到按下"enter"（回车键）键时才进入其中。打印机等其他设备也有缓冲器，当档案要打印时，电脑送到打印机的指令和资讯先存在缓冲器中。这可使电脑在打印档案的同时也能执行其他任务。

微处理机

电脑执行任务和计算结果的部分。所有电脑都有一种称为中央处理器（CPU）的微晶片。在微电脑中，中央处理机就称为微处理机。中央处理器接收来自电脑键盘或记忆体的资料，按照程序指令处理，并将结果显示出来。

只读文件

电脑记忆体的一部分，其内容不能更改。只读文件是一种永久记忆体，电脑关机后它仍保留资讯。它由电脑内的微晶片组成，一旦资料记录在晶片上，就不能轻易改动或消除而只能读出。只读记忆体晶片的内容通常在电脑制造时就已固定。在微电脑中只读记忆体可储存重要程序，如作业系统。有一种只读文件可编写程序，称为可程式规划。只读文件的资料由使用者写在空白的文件上，此后就不能再进行更改。有一种只读文件可拭除资料，称为可抹规划只读文件，其晶片的内容可由使用者更改。

时钟

电脑中发出电子控制信号的部分。电脑中的微晶片是由控制信号操作的。时钟能产生这种信号，信号由以一定速率传送的电脉冲组成。时钟可确保所有的电脑元件互相协调工作。信号以兆赫（MHz）为单位，1兆赫即每秒100万次脉冲。

随机存取文件

电脑记忆体的一部分，其内容可以改动。随机存取文件由电脑中的集成电路或微晶片组成。这些微晶片储存经由磁盘输入或是以键盘键入的资料和程序，其资料可以更改，新的资料和程序随时可以加入。它能依任何次序检索任何部分的资料。动态随机存取文件是一片需要恒定信号来维持资料和程序的微晶片。静态随机存取文件则不需要恒定的信号。随机存取记忆体可以是依电性的，也就是说，当电脑开机时记忆体的内容就消失。

二进制

电脑使用的代码。多种不同类型的资料进出电脑，如文字、数字、图片和音乐。电脑必须将这些资料（它们尚未具有数字形式）转换成数字码，如字母A变成65，然后将这些代码转换成二进制数。65的二进制数是：01000001。二进制码由通（1）和断（0）的电脉冲组成。数字13变成二进码后为通—通—断—通，因为它的二进制数是1101，接着电脑中的微晶片处理和储存这些电码信号。

大型计算机

一般指字长为32位至64位，运算速度为每秒100万次至1000万次，主存储器容量为0.5兆字节至8兆字节的电子计算机。

巨型计算机

一般是指处理能力极强的拥有64个、1024个乃至100万个中央处理机的规模巨大的计算机。早期的巨型机最多也就有1024个处理机。后期的均是巨型机。现在由于计算机技术在集成电路上及在自适应构造技术上的进步，其自动化程度非常高。巨型计算机的主要特点是功能上的超高速、高度自适应的串并联，既可作数据处理又可作知识处理。

第一代电子管计算机

1946年到20世纪50年代末的计算机主机采用电子管器件，主存储器主要采取磁鼓和磁芯存储器，都是单机系统，以纯粹的科学计算为主，采用机器语言和符号语言编程。最早的数字电子计算机是1946年2月由美国建成的，重30吨，计算速度只有每秒5000次。

第二代晶体管计算机

指20世纪50年代末到60年代的计算机。主机采用晶体管等半导体器件，以磁鼓和磁盘为辅助存储器，采用算法语言（高级语言）编程，并开始出现操作系统。由于采用晶体管代替电子管，所以很轻，且运算速度比较快，达到每秒几十万次。

第三代集成电路计算机

即20世纪60年代到70年代的计算机。主机和主存储器都采用集成电路，使机体进一步缩小，重量更轻，以硬盘、软盘或磁带作辅助存储器，操作系统已经很完善。它促进了软件工程的发展，并随着软件工程而有了更大的应用领域。

计算机辅助设计

用计算机及其图形设备辅助我们进行设计的系统。主要用来作计算机印刷线路板布线、集成电路布线、机械设计、建筑设计等。当前人工智能与计算机辅助设计技术交叉点正在占领的高峰是ICAD，即智能化计算机设计系统。其工作过程是用户输入设计要求，提出设计的限制，机器启动推理，作出技术解决，再画出图形。计算机辅助设计能够减轻设计人员的劳动，缩短设计周期和提高设计质量。

计算机辅助制造

利用电子计算机操控机床和其他设备自动完成产品的加工、装配、包装等制造过程。也有人把企业生产信息管理、计算机辅助设计和计算机辅助生产制造这三方面都归入计算机辅助制造中，以便最大限度地把计算机技术有效地应用于企业管理、控制和加工操作各方面。总之，计算机辅助制造可以提高加工速度和生产自动化水平，降低生产成本，提高生产质量。

汉字信息处理技术

主要研究汉字的编码、生成、检索，汉语的机器翻译与汉字的自动识别等技术。该技术主要是在计算机应用中解决如何利用最简捷易学的编码方式来快速检索到由点阵组成的各个"汉字图形"的问题。拼音码、五笔字型码、区位码、首尾码等都是汉字信息处理技术的具体应用。汉字信息处理技术的发展必将为中文文件的计算机化和汉字的词与句的计算机识别作出更大的贡献。

电子出版系统

运用电子计算机处理图文的输入、编辑设计、排版和输出等工艺的印前系统。其优点是快速高效、灵活方便、可多次利用。该系统的核心是在微机操作下通过多种输入输出设备，并利用各种软件来完成排版、编辑设计、美术加工、制版等印前工艺。

数据处理

用计算机收集、记录数据，经加工产生新的信息形式的技术。数据指数字、符号、字母和各种文字的集合。数据处理涉及的加工处理比一般的算术运算要广泛得多。数据处理系统已广泛地用于各种企业和事业，内容涉及薪金支付、票据收发、信贷和库存管理、生产调度、计划管理、销售分析等。它能产生操作报告、金融分析报告和统计报告等。

图像处理

使用计算机对图像进行一系列加工，以达到所需的结果。常见的处理有图像数字化。虽然某些处理也可以用光学方法或模拟技术实现，但它们远不及数字图像处理那样灵活和方便，因而数字图像处理成为图像处理的主要方面。

公告牌系统（BBS）

配备一个或多个调制解调器或其他网络访问手段的计算机系统，远程用户可以拨号访问。通常，BBS（bulletin board system）集中于某些特定的关注点或主题，可以免费或收费访问。用户拨号进入BBS后，在特定区域将信息投递给其他BBS用户，许多BBS都允许用户进行联机聊天、发送电子邮件、下载或上载免费软件或共享软件，以及访问Internet（因特网）。

宽带网络

一种高速、高容量的数字式网络，它将逐步取代传统的模拟电话网络。信息高速公路的基础之一就是要建立发达的带宽非常高的网络。

浏览器

一种可在Internet上任何地方查找和访问文件的程序。浏览器软件是在超级链接基础上开发出来的，用户用鼠标点击，可以根据自己希望的顺序从一个文档跳至另一个文档。大多数的浏览器软件还能够下载和传输文件、提供访问新闻组、显示嵌入在文档中的图片、播放音频和视频文件，通常使用插件或ActiveX组件，还可以执行更多的功能。

聊天

指多个用户通过计算机网络尤其是Internet进行的实时对话。

聊天室

用户在通过计算机网络进行聊天时，通常是共同连接到某个提供网上聊天服务的服务器上进行，在这个服务器中往往设有不同主题的多个通道，用户可根据通道的主题选择加入，这些通道通常就被称为聊天室。

拨号

使用公共交换电话网络的连接方式，而非通过专用电路或其他类型的专用网络。

域名系统

域名系统可以使Internet上的主机既具有域名地址，也具有IP地址（Internet protocol 网际协议地址）。域名由用户使用并可由域名服务器自动转换成对应的IP地址。

域

在Windows NT（Windows New Technology 视窗新技术）服务器中，共享一个公共数据库和安全协议的计算机的集合。其中每一台计算机都有该域中唯一的名字。

域名

网络连接中的一个地址，以层次结构确定地址的拥有者。

域名地址

连接到Internet或其他TCP/IP（Transmission control poltocol /Internet Protocol 传输控制协议/因特网互联协议）网络上的设备的地址。在层次结构中采用单词表示服务器、组织和类型。

下载

将数据从另一台计算机或电子邮件系统传送到自己机器的过程，可通过Modem、信号电缆或者网络进行这种传输。与它对应的是"上载"或"上传"，表示将数据从自己的机器传送给另一台计算机或电子邮件系统。

动态IP地址

用户每次拨号通过ISP（Internet Service Provider 互联网服务提供者）上网，所获得的IP地址都可能不同，称为动态IP地址。

动态HTML

设计用来增加Web（万维网）页的交互性和令人感兴趣的图形的一种技术。这种技术使得Web页能够动态地自我改变和更新，无须不断从服务器下载便可以响应用户的动作。动态HTML（Hyper Text Mark-up Language 超文本标记语言）允许用VBScript（Visual Basic Script VBS 脚本语言）或JavaScript之类语言编写的客户脚本，借助HTML标签控制和操作字体和图形等元素。

电子邮件炸弹

这是被一些黑客所采用的技术，能够将目标放置在大量的邮件列表上，邮件列表中其他用户发送到接收方的邮件就会阻碍网络的传送和存储。

电子商务

指在Internet上通过计算机进行业务通信和交易处埋。按照严格的定义，电子商务通过数字通信进行商品的买卖和服务以及资金的转账。实际中的电子商务还包括公司间和公司内可实现的商务活动以及利用电子邮件、文件传送、传真、视频传输等技术实现的所有商务活动。

电子邮件

一种通过计算机网络尤其是Internet

网络传送的电子文件。文件中一般包含接收者和发送者的电子邮件地址、邮件的正文，还可以将别的文件作为邮件的附件一并发送。

电子邮件过滤器

一种电子邮件处理程序，可以根据电子邮件中包含的信息自动地将收到的电子邮件进行归类并将其放入相应的文件夹中，也可以按照用户的定义自动拒收某些邮件或直接将收到的某些邮件删除。

电子期刊

一种可以在 Internet 或其他联机服务上获得的电子版本期刊，通常采用多媒体技术，大多免费。

主页

在超级文本系统中作为起始点的文件，也泛指各种机构、组织和个人在 Internet 上建立的"万维网"页面。

超级文本标记语言

这种标记语言用于编写"万维网"页面的文档。HTML 是 SGML（Standard Generalized Language 标准通用标记语言）的一个应用程序，它用标签标记文档中的文本及图像等元素，来指示网络浏览器如何显示这些元素，以及如何响应用户的行为。

网络集线器

网络中将通信线集中在一个中心地点的设备。它为网络上所有设备提供了通用的连接方式。

超链接

某超文本文档中的元素，与另一个超文本、文件或脚本的不同元素之间的连接。用户可以通过点击被链接的元素来激活这些链接，通常在被链接的元素下有下划线或者以不同的颜色显示来进行区分。在超文本文档中，超链接用标记语言的标签指出。

超媒体

将文本、图像、声音和视频的组合集成到一个信息存储辅助系统中，用户可以从一个主题跳到另一个相关主题以搜索有关信息。超媒体提供一个与人的思维方式相似的环境，即用户可以在不同主题之间建立联系，而不像在按字母顺序排列的列表中那样一个个地查找。如果信息主要是文本的，则被视为超文本，如果还包括视频、音频、动画等，则被视为超媒体。

国际互联网

一个由世界范围内的网络和应用 TCP/IP 协议集相互通信的网络所构成的网络集合。Internet 的核心是一个高速数据通信骨干网，连接着数以千万计的商业、政府、教育和其他部门的计算机，它们作为主要节点或宿主计算机负责数据和消息的选择。由于不是单一计算机或网络对 Internet 进行控制，因此断开一个或多个节点不会对 Internet 的完整性造成危害，或造成 Internet 通信的中断。

IP 地址

32 位二进制数值，用于唯一标识

与Int-ernet网络或另一台Internet主机相连接的一台主机，其目的是以交换的方式进行通信。IP地址用"点分四级"的格式表示，每一段以十进制表示其四字节中的一个字节，段间用句点分隔。其中IP地址的前三个字节由InterNIC注册服务中心分配，标识了主机所属的网络，余下的一个字节用来标识该主机本身。

国际互联网协会

一个国际性非营利组织，寻求保持和拓宽国际互联网的可用性，创建于1992年，由选举产生的理事会管理，成员包括个人和组织（包括Internet服务提供商、产品提供商、Internet企业经营者、教育机构、计算机专业机构、国际组织及政府机构等）。该组织协调Internet体系结构委员会、Internet工程专门工作组、Internet工程指导小组、Internet工程与规划小组、Internet号码分配管理委员会以及Internet注册管理委员会的活动。

邮件头

位于电子邮件的开始部分，包括发信人和收信人地址、发信时间和日期、发送时使用的地址和邮件主题等信息的一个文本块。信头由电子邮件的客户程序使用。

信息交换

在某些通信网络中，一条带有适当的地址的信息，通过一个或多个中间交换站，最终到达目的地，这种技术就叫信息交换。在典型的信息交换网络上，中央计算机接收信息、存储信息、决定目的地地址，然后传送消息。

网络打印机

与计算机网络或一组计算机连接的打印机。鉴于各公司由依赖于大型机转为依赖于局域网，因此就需要能与它们所服务的各种计算机相连通和相适配的网络打印机。不同厂家的激光打印机可与网络连接，以服务于像小企业或大公司内一整个部门这样的用户群。网络打印机一般是激光打印机，具有打印速度快和进纸量大的特点。

垃圾邮件

同时发往许多人，但是对方没有要求的电子邮件，或同时张贴在许多新闻组中的消息。这种邮件的内容通常是商业广告或是一些无聊的消息。

TCP/IP协议

美国国防部开发的用于计算机之间通信的一种协议。UNIX（操作系统）系统内置了这种协议。目前已经成为网络尤其是Internet上进行数据传输的事实标准。

语音邮件

一种在计算机的存储器中记录并存放电话邮件的系统。与简单的电话应答机不同，语音邮件系统可以为多个用户设定不同的信箱，每个用户都能复制、存储或转发邮件。

电子信息技术

数字通信

传送离散数字信号的通信方式。其传送的数字信号可以代表数字、文字及各种数据，也可以代表语音、图像等模拟信号。数字通信系统中还必须包括一个同步系统，它保证收发两端的各种信号同步工作。数字通信抵御干扰的能力强，有很高的信息传输可靠性，数字信号便于加密，它使用现代计算机技术进行处理、加工、存储和交换，性能良好且成本低。数字通信正逐步发展成为主要的通信手段。

综合业务数字网

能够把各种信息综合在一起，以统一的数字信号进行传送、交换、处理、存储、检索和显示的智能化通信网。它的优点是经济成本低和适应能力强。这是因为将各种业务合并后进行综合传输和交换，比单独传输和交换经济得多。而且在综合业务数字网中，用户不仅可以传递电话、电报、数据、图像等信息，而且还可以向社会各个部门索取所需的各种信息，这将极大地提高通信业务的工作效率，并促使各种通信手段发生根本性的变革。

程控交换技术

利用电子计算机技术，以预先编制好的程序来控制接续的电子自动交换技术。它的技术成熟于20世纪70年代的程控数字交换技术，通过硬件和软件相互配合，完成对交换的控制。

该技术的主要特点是系统体积小、接续速度快、杂音小、系统适应性强，便于和各种不同方式的系统配合，还可以组成综合通信网，以交换电话、电报、数据和图像等。系统灵活性大，只需变换或增加相应的程序，就可以改变系统的性能或开展多种新业务，如缩位拨号、呼叫转移、自动回叫等。

全球卫星定位系统

一个以太空为基地的导航系统，可以在全球范围内全天候地为海上、陆地、空中的各类用户连续不断地提供高精度的三维位置、三维速度和时间信息，是世界上精度最高的一种太空无线电导航系统。

全球信息系统

全球规模的各种信息系统的总称。按应用领域可划分为全球医疗信息系统、全球教育信息系统等。通过这个系统可以迅速、准确和方便地进行全球信息传送、交换，提高事务处理的效率。

长波通信

利用波长在 1000~10000 米之间的无线电波进行的通信。其优点是传播距离远、穿透土壤和海水的能力较强、受气象变化影响小。其不足是设备较复杂、成本高、通信容量小。长波通信主要应用于地下通信、水下通信和越洋通信等。

超长波通信

利用波长为 10000~100000 米的无线电波来进行的通信。其优点是地波传播距离远、传播稳定可靠（特别是在磁暴、太阳黑子爆发、核爆炸的情况下），超长波穿透海水和土壤的能力强（一般能穿透海水 15~30 米深）。其不足是超长波通信需要庞大的发射天线，成本高，频带窄，通信容量小。超长波通信适合于对水下潜艇的通信以及地下通信等。

中波通信

波长在 100~1000 米之间的无线电通信方式。中波的地波传播距离近，长波则可达较远的距离。中波通信主要用于海洋、航空的无线电通信等。

微波通信

利用波长在 30 厘米以下的无线电波来进行的通信。其优点是频带范围宽，通信容量大（所以微波通信一般都是多路通信），微波传播相对稳定。其不足是微波天线有很强的方向性，微波一般只能进行视距内的通信。对于长距离通信，则需采用微波中继站、卫星等工具进行接力的通信方式来完成，即微波中继通信和卫星通信。

移动通信

通信双方或至少有一方处在运动中的通信。移动通信系统包括地面移动通信系统、航海通信系统和航空通信系统。和我们日常生活关系最紧密的是地面移动通信系统，它包括公用移动电话系统、调度系统、寻呼系统、局部专用系统、无绳电话系统等。

移动通信集中了现代通信的最新技术成就，已广泛应用到经济、军事等领域。未来移动通信的基本趋势是采用数字传输，开放多种业务，发展便携电话，实现人－人通信，并利用卫星中继扩大服务范围。

地面站

设置在地球表面用以进行空间通信的设备。通信卫星与地面站的距离远，无线电波在空间传输时损耗大，地面站一般采用大口径天线、大功率发射机和高灵敏度低噪声接收机以及大容量多路通信设备，以便准确地发射或接收信息。

现在由于人造卫星制造技术的成熟，如发射功率增大和采用高增益天线，使地面站有了较大的机动能力，因此也被航空和航海部门用作通信和导航设备。目前，卫星通信地面站的通信业务种类日趋多样。

比特

信息量的单位。比特（bit）是二进制单位(binary unit)或二进制数字(binary digit）的缩写，它代表从一个二进制数组中选出一元（0 或 1）所提供的信息量（若此二元出现的概率相等）。在实际场合，常把每一位二进数字称为一比特，而不论这两个符号出现的概率是否相等。

十三

文化、教育

科举

科举制

科举制度是中国自隋至清1400年间实行的一种选官制度。科举制度可以说是中国古人经过不断摸索所创立的制度。中国官员的来源，先是经过商周时期的世袭制，后又经历汉代的举荐制，再到魏晋的九品中正制，均因其弊端而终止。至科举制，才算固定下来，成为中国长时间的一种官员选拔制度。在1000多年的时间里，大体而言，科举制度经历了一个发端、完善到僵化的历程。隋朝是科举制度的初建时期，当时的隋文帝鉴于魏晋南北朝的九品中正制已不再适用，为加强中央集权，将选官权力收到中央手中，首开科举制度。但科举制度尚未建立完善，隋朝便亡；至唐代，科举制度才得到了进一步的完善，根据朝廷需要的不同人才类型被分为众多科目，武则天时还添加了武举；到宋代，科举进一步规范化，正式形成三年一次、分三个等级（乡试、会试、殿试）的考试制度；明代由于朝廷的重视，科举考试到了繁盛期；清代在科举繁盛的同时，由于满、汉不平等以及晚清卖官现象的泛滥，也成了科举制度的衰败乃至灭亡期。就不同时期科举制的优劣而言，大体上，科举制在唐代时比较健康，当时的科举氛围比较宽松，不唯考试论人。考官往往在考前已经大体知晓哪些考生比较有才华而准备录取，也允许考生经别人推荐或自荐在考前向考官"推销"自己。至宋代，试卷实行糊名制，开始产生仅以一考定终身的弊端。至明清两朝，科举繁盛的表象之下，八股文的考试内容彻底僵化，逐渐弊大于利，终至废止。

总体而言，科举制度可以说是一项相当高明的官员选拔制度，不仅为历代政权源源不断地输送了总体上质量说得过去的官员，而且不以出身、门第、财富，而以学问作为官员选拔标准的做法使得中国长期以来存在尊重学问和读书人的风尚。可以说这是中国文化得以长期维系并不断创新的重要原因。另外，儒家思想之所以长期以来得以传承，科举考试可以说是其载体。

常科

唐代科举考试名目繁多，总体分为常科和制科。常科，即是常设的、有固定日期的考试科目。具体包括秀才、明经、进士、俊士、明法、明字、明算等50多种。其中明法（考法律知识）、明算（考数学知识）等绝大多数科目不为人们所重视；秀才一科，则难度极高，很少有人敢报名，逐渐废弃。诸常科中最为人们所重视的是明经、进士两科。其中明经是考查考生对于儒经的记忆和理解情况；进士则主要考诗赋和策论，对考生的文学才能和政治见识有相当高的要求。明经科相对简单，录取率也高，达到1/10；而进士科则非常难，录取率仅有1/60，因此时有"三十老明经，五十少进士"的谚语。但进士科前途远大，仕途光明，唐朝中后期的宰相半数为进士出身，成为当时读书人入仕的首选途径。常科考生的来源有两个，一是生徒，一是乡贡。由京师及州县学馆出身，而送往尚书省受试者叫生徒；不由学馆而先经州县考试，过关后再送尚书省应试者叫乡贡。宋代王安石任宰相时，罢黜明经等科，之后的常科便只剩下进士科。

制科

唐代科举在常设的常科之外，又有非常设的制科。制科又称大科、特科，是皇帝根据特殊需要临时下诏安排考试。具体科目和结束时间均不固定，其目的在于有针对性地选拔某一类特殊人才。应试人的资格，初无限制，官员和布衣主要觉得自己有自信，均可自荐应考。后限制逐渐增多，需公卿推荐方可应考；布衣还要经过地方官审查。制科考试虽然由皇帝亲自主持，考中者往往也能获得不错的官职，但总体而言，在唐人眼中非是正途，在官场遭到轻视。唐代制科比较盛行，宋代渐趋衰微，整个宋代仅录取41人而已。至元、明，制科完全废弃。清代时，制科又开始设立，清初，康熙沿唐制重开博学鸿词科，其后雍正、乾隆又一度开此科；清末因政府财政困难，光绪又开经济特科。

恩科

恩科，顾名思义，是于常规科举考试之外因皇家开恩而举行的考试。恩科首开于宋代，当时对于屡试不第又有些才能的考生，允许他们在皇帝策试时，报名参加附试。为表示皇恩浩荡，朝廷对这类考生的录取率很高，甚至有时会出现在常规的状元之外另有恩科状元的情况。不过恩科并不经常举行。元代科举制度时断时续，更无恩科。明代沿用宋代恩科制度，不过开科不多。到清代，恩科制度起了不小的变化，针对的对象不再是个别考生，而是全体考生。按常规，科举考试每三年举行一次，清代恩科即是在皇家遇到喜庆之事（皇帝娶妻、册封太子、过大寿等事）时，特别加开一次考试，意思便是皇家开恩，多给读书人一次入仕的机会。比如，中国于1904年所举行的最后一次科举考试便是因当年慈禧太后过七十大寿所开的恩科。

进士科

进士科是古代科举考试的一个科目。隋炀帝时初设进士科，到唐代时，在多达50多种科举考试科目中，进士科最受重视，被读书人视为科举正途。其考试内容，刚开始为时务策五道，另外帖一大经（当时将《易官义》《诗经》《书经》《周礼》《礼记》称为大经，《论语》《孟子》称为小经），即5个关于时事政治的论述题，另外则是考察其对于儒家经典的掌握情况。永隆二年（公元681年），为考查考生对学问的实际应用能力，又加两篇诗赋，这对考生的文学才能提出了更高的要求。事实上，诗赋本对个人灵感的依赖性比较大，在考场上强迫考生作诗赋，效果并不理想，往往逼考生造就大量浮薄忸怩之辞。北宋时，王安石改革科举制度，罢其他诸科，唯留进士一科作为科举科目。针对进士考试中的虚浮现象，王安石罢诗赋，仍用经义、策论取士。之后进士科又具体分为两个层级，仅考中乡试者，虽算及第，有做官资格，但称举人，不称进士；殿试考中，才称作进士。其后的元、明、清的常规科举考试，也仅有进士科，其内容仍以经义为主，但明、清时的八股文制度则使其严重僵化。

明经科

明经科是唐宋时期科举考试的一个科目。唐代根据不同类型与层次的人才需求，设置了众多的考试科目，考生可根据自己特长自由选报。因进士科比较难考，录取率低，不太自信的考生一般便报考明经科，明经科题相对简单，先是帖文，主要考查考生的对于儒家经典的记忆和理解能力；接下来也有少量的策论，类似于现在的论述题。明经科录取率颇高，达到1/10左右，考中称为及第，便有了做官机会。宋初仍开有明经科，后王安石担任宰相后，认为明经考试空乏无益，不切实用，废之。

翰林院

翰林院听上去像个学术机构，实际上是个官署，这个官署可以说在其存在的历代都是清贵之所。翰林院初建于唐代，最有学问者方有资格入中，称作翰林官，简称翰林。翰林刚开始只是作为皇帝顾问，后在皇帝身边待多了，权力也逐渐大起来。安史之乱后，翰林学士作为皇帝信得过的近臣，逐渐开始分割宰相之权，乃至后来的宰相经常从翰林学士中挑选。唐后，有时名称小有变动，翰林院这个机构本身为历代所沿设。宋代设学士院，也称翰林学士院。翰林学士充皇帝顾问，宰相多从翰林学士中遴选。明代翰林院虽名义上仅是五品衙门，其权力却发展至顶峰，尤其由翰林学士入值的文渊阁，是明朝的权力枢纽机构，其头目内阁首辅则是事实上的宰相。清代翰林院同样是人人想进的清贵之所，翰林不仅升迁较他官容易，而且由于经常主持科举考试，得以收取天下士子为门生，其影响延至各个领域。因此，翰林院可以说是古代政府中学问与权势都达到顶点的一个机构，翰林也就是传统社会中层次最高的士人群体，能入院者首先是一种荣耀。鉴于翰林院的特殊地位，因此历代能入院者都是当时饱学之儒，年轻后进则至少要进士资格才能入内。明代定制，状元、榜眼、探花可直接入翰林院，其他进士则要经过考察方可入内。

武科

科举考试一开始并无武举，武则天时，为选拔册封武将，培养为自己的势力，首开武举。其后武举成为科举考试的重要部分，考试的侧重点历代有所变化。唐代武举主要考骑射、步射、举重、马枪等技术，此外对考生外貌也作了要求，要"躯干雄伟，可以为将帅者"。宋代，因宋太祖赵匡胤定下"以文立国"的国策，武举考试除考武力外，还要"副之策略"。武艺考"步射""骑射"两场，合格后再参加文化考试，考一些诸如兵法、布局类的知识等。总体上以武艺为主，以策略为辅。元朝科举制度兴废无常，没有武举制度。到了明代，则更进一步，武举考试以考察谋略的笔试为主，而以武艺为辅了。并且先进行谋略考试，如果不及格，就直接淘汰，武艺再高也不予录用。清朝，尚武的统治者又将个人武艺考试放在了前面，首先考骑射、力气、武艺等，合格者再参加笔试。

历史上武举一共进行过约500次，宋神宗时，设立武状元。历史上有案可稽的武状元有282名。总体而言，相比于文科考试，武举一直是受到歧视的。首先，历朝的武举制度时而设置，时而废弃，取士人数远远少于文举。并且武人考中武举后，只授出身，并不马上授官职。因此武举人的地位也低于文举人，以至于一些武举状元还有再考取文举人的念头。

翻译科

翻译科是清代才有的科举考试科目。翻译科的报考者限于满族人以及八旗军中的蒙古族人和汉族人（清政府后来以满族人八旗为核心又建立了蒙古族八旗和汉族人八旗）。考试时，能将满文译为汉文，并以满文写文章者，为满洲翻译；能将满人翻译为蒙文者，则为蒙古翻译。顺治时期，翻译科仅录取秀才；雍正时，开始录取翻译举人；乾隆时则辞进士出身。满文翻译可以到六部任职，乃至成为候选翰林，前途无量。蒙古翻译则分配到清代民族事务机构理藩院任职。简而言之，翻译科的设置是清代在科举中优待满人的诸多不公平举措之一。但即使是为满人量身定做的进身之阶，有些满人子弟也不愿参加，以至于其质量不断下降，并常因报考人数不足而取消。

八股文取士

明清时期是中国科举考试的嬗变期。首先，从国家对其重视程度、考试制度的严谨、报考人数以及录取数量来说，明清时期是中国科举考试的繁盛期。但同时，在繁盛的表面之下，其通过八股文取士的考试模式却又使科举考试进入了僵化与没落期。股，即对偶之意。所谓八股文，又称制义、制艺、时文，是一种说理的韵体赋文，有严苛的程式要求。在格式上，要求考生严格遵循所谓破题、承题、起讲、入手、起股、中股、后股、束股这种死板的结构模式，并且要求句与句之间要讲究对偶，整篇文章的字数也是严格限定，不得增减一字。另外，其命题也陈旧不堪，明清500多年间，命题不离"四书五经"内已经说烂了的话题，援引事例也必须出自遥远的古代，不涉时事，考生毫无抒发己见的空间。简而言之，八股文是严重形式主义并脱离现实的一种陈腐文体。八股文最早出现于宋代，但其时并没有形成程式。明代时，朱元璋将八股文推向全国，虽然仍考一些诗赋、策问、经义等，但已不重要，八股文才是关键的取士标准。后来清承明制，将八股文更推向死板严苛。

关于八股文的危害，清人徐大椿在讥刺士人的《道情》中说得很透彻："读书人，最不齐。烂时文，烂如泥。国家本为求生计，谁知道变做了欺人技。三句承题，两句破题，摆尾摇头，便道是圣门高弟。可知道，'三通''四史'是何等文章，宋皇、汉祖是哪一朝皇帝？案头放高头讲章，店里买新科利器。读得来肩背高低，口角嘘唏。甘蔗渣儿，嚼了又嚼，有何滋味？辜负光阴，白白昏迷一世。就教他骗得高官，也是百姓、朝廷的晦气。"明末清初学者顾炎武则称"八股之害，甚于焚书。"八股文的死板程式使得明清两代知识分子钻入八股这种无实用价值的文字游戏中，既疏于时事，又疏于学问，甚至疏于经义，思想严重被束缚，缺乏创建。

童试与乡试

童试并非正式的科举考试，而是取得参加科举考试资格的考试。其在唐宋时称县试，明清时称郡试。清代的童试3年举行2次。童试总共分3个阶段，分别为县试、府试和院试。其中，县试一般由本县知县主持，考试内容为八股文、诗赋、策论等，考试合格方可参加府试。府试由知府或知州主持，考试内容与县试差不多，合格者参加院试。院试由主管一省教育的学政主持，院试合格，就是秀才了，也叫"生员"，秀才便具有了到政府公立学校学习和参加科举考试的资格。

乡试是正式科举考试的第一关，在各省省城和京城举行，每3年举行一次，遇皇家有喜事则加恩科。考试通常在八月举行，因此又名"秋闱"。由皇帝钦命正副考官主持，凡秀才、贡生（生员中成绩优秀者）、监生（国子监学生）均可参加，考试内容分3场，分别考四书五经、策问、诗赋，每场考3天。在乡试中，每个考生只是和本省内的考生展开竞争，类似于现在的高考。乡试考中，称为举人，第一名举人称为解元。举人便具有了做官的资格，并且还可以进一步到京城参加会试，考取进士。因此，考中举人，古人读书做官的梦想就算基本实现了。但因举人名额有限，乡试这一关是相当不容易过的，不知有多少读书人将一生耗费在了这场考试上，写出了不朽名著《聊斋志异》的清代小说家蒲松龄就一直未能跨过这道坎儿。

会试

会试是科举考试中第一场国家级的考试，考生们的对手不再局限于本省之内，而是和全国范围内的才俊们展开角逐。因为会试之后的殿试基本上只是排定名次，不再淘汰，因此会试可以说是一场选拔进士的考试。明清时期的会试每3年在京城举行一次，在乡试次年举行。如遇乡试开恩科，则会试同样随着在次年开恩科。会试只有各省举人和国子监监生才有资格参加，主、副考官均由皇帝钦点。因为由礼部负责主持，又在春天举行，因此又称"礼闱"或"春闱"。会试考3场，每场3天。考中者称为贡士，第一名称为会元。考中了贡士，基本上就是未来的进士了。明初只按排名录取，仁宗时规定会试按地域分配名额。因南方富庶，文气盛于北方，按照南六北四的比例录取进士。后来比例偶有调整，但按地域分配名额的制度一直沿用至清末。这种制度保障了文化相对落后的边远省份（如云南、甘肃、广西等）在科考中有一定数量的进士，进入国家政治中心地带，这有利于保持落后地区的发展和对朝廷的向心力。

殿试

殿试是古代科举考试中的最后一级，由皇帝亲自主持。殿试最早由武则天设置，但并没有形成制度。后来宋太祖赵匡胤鉴于唐末出现科考官员结派的"牛李党争"的教训，在原来两级考试的基础上又加了一级由自己亲自主持的殿试。这样，取士的最终决定权便转移到了皇帝手中，新科进士都变成了"天子门生"。这便有效地防止了官员尤其是宰相利用科举考试认门生，进而结党营私的事情。自此，殿试制度确定下来，为后世历代所沿用。

殿试是科举考试的最后一级，由皇帝亲自主持和出题，并定出名次。参加殿试的是通过了会试的贡士。殿试只考一题，考的是对策，为期一天。相比于前面的考试，殿试的内容是相对轻松和简单的，并且殿试一般都不再淘汰人，能参加者基本上都已是进士，殿试只是将所有人排出次序。至于排名如何，除才华学识外，给皇帝一个好印象至关重要，因此还看点运气。殿试结果的录取名单称为"甲榜"，又称"金榜"，所谓"金榜题名"即指此。具体分为三甲，一甲只取3人，第一名为"状元"，第二名为"榜眼"，第三名为"探花"，剩下的分在二甲三甲。

朝考

朝考是清代针对新科进士进行的用以作为分配官职的参考的考试。清代时，给新科进士们安排官职时，朝廷并不简单根据他们的殿试成绩，而是要对他们再进行一场考试。这场考试一般在保和殿进行，由皇帝特派大臣监考并阅卷。其内容经常有所变化，无外乎论疏、奏议、诗赋等，与科举考试差不多。乾隆年间，爱作诗的乾隆曾要求新科进士们作一首诗，并且不准多作。朝考成绩分列一、二、三等，一等第一名称为朝元。吏部官员根据新科进士的朝考成绩并结合以前会试、殿试成绩对他委以官职，其中综合最优秀者委以庶吉士（短期职务，升迁潜力很大，有"储相"之称），其余则委以主事、中书、知县等职。

状元及第

状元及第，即中状元，意思是在科

举考试中考得进士第一名，是古代读书人的最高荣誉。

科举考试开始于隋朝，其时进士排名不分先后，没有状元一说。到唐朝，科举考试开始正式化，士子先在地方考中贡生（相当于后来的举人）后，才有资格参加在京城举行的考试，进一步考取进士，进士第一名称为"状元"。之所以称为"状元"，据说是因为进京考试的贡生先要到礼部填写包括自己的身世和近况的个人资料，名曰"书状"，或者"投状"。因此后来考得进士第一名的就是这些"投状"中的第一名，故称之为"状元"，或者"状头"。唐代的状元并没有太多的象征意义。到宋代，状元又不再指进士第一名，而是对于殿试三甲中一甲的统称，即进士前三名均可称为状元。明清之际，殿试一、二、三名，分别称为状元、榜眼、探花。自此，状元成为名副其实的第一名，其地位也日益特殊，自古有"天上麒麟子，人间状元郎"的说法。中状元也有了"独占鳌头""大魁天下"等听上去霸气十足、睥睨天下的说法，并成为中国读书人"一朝成名天下知"的象征。因此在古代许多文艺作品中，往往都以书生考中了状元作为剧情发展的高潮。另外在民间，传统的吉祥图案中也有大量"状元及第"类的图案，反映了人们对于状元及第这种事情的崇拜。

据史书记载，从唐代科举考试开始，至清光绪三十年（1904年）最后一次科考，其间历代王朝有名有姓的文状元654名，武状元185名。其中历史上比较有名的有唐代的贺知章、王维，宋代的文天祥，明代的杨慎，清代的翁同龢、张謇等，而历史上最后一名状元，是清光绪三十年（1904年）的刘春霖。

榜眼、探花

"榜眼"是古时人们对科举考试中第二名进士的称呼。

在北宋之前，第一名称状元，第二、三名都称为榜眼。原因是填进士榜时，状元的姓名居上端正中，二、三名分列左右，如其两眼。到北宋末年，只以第二名为榜眼，第三名则称探花。

"探花"一词则比"榜眼"出现得早，在唐代便有，但其时并非进士第三名的意思。唐代中进士者会游园庆祝，并举行"探花宴"。由进士中的年龄最小者作为"探花使"，到各名园采摘鲜花，迎接状元，这本是一种娱乐。至北宋末年，"探花"成为进士第三名的专门称呼。

"状元""榜眼""探花"都只是一种俗称，在正式发放的金榜之上，只会称进士一甲第一名，一甲第二名，一甲第三名。

进士

进士是中国古代科举考试最高一级的功名。隋唐时期，设有诸多科目，其中进士科最为人们所重视，视为入仕正途。宋代，科举的三级考试制度正式形成，乡试中榜者称举人，会试中榜者称贡士，殿试中榜者则称进士。之后历代，进士功名成为古代读书人科考金字塔的塔顶部分，同时也最难考，得中进士是古代无数读书人的终极梦想。其中，进士又具体分为三甲，一甲3人，赐进士及第，分别俗称状元、榜眼、探花；二、三甲，分赐进士出身、同进士出身。得中进士者一般都前途光明，一甲立刻可授官职，二、三甲则参加翰林院考试，学习三年再授官职。明清时期的官吏主要由举人和进士充任，其中举人基本上充任了县级官吏；而进士则一般都是备作中央官员，即使发放到地方上做小官，也都只是历练一下，将来自有比较好的升迁前景。每次科考进士录取人数，各朝不一，唐代较少，一次仅录取二三十人乃至几人；宋代较多，一般几百人，多时上千（当时举人无做官资格）；明清时期，因举人有了做官资格，进士录取人数下降到100人左右，且为平衡各地发展，往往按地域分配名额。

自隋唐至清，在中国1400多年的科举制度史上，考中进士的总数大约有10万上下。总体而言，这是一个才能卓著的群体，古代许多大政治家、文学家、学者都是进士出身，如唐代的王勃、王昌龄、王维、岑参、韩愈、刘禹锡、白居易、柳宗元、杜牧等，宋代的范仲淹、欧阳修、司马光、王安石、苏轼兄弟等，明代的张居正、徐光启等。

举人

"举人"一词最早得名于汉代的察举制度，被举荐者称为举人。唐代时，报考进士科的考生均称举人。宋代，举人方才成为乡试考中者的称呼。但宋代的举人只是具有了参加京城会试的机会，并无做官机会。并且，举人的资格仅是一次性的，如果在接下来的会试中没有被录取，则参加下次科举时，还要重新参加乡试，再次取得举人资格方可参加会试。而到了明清时代，举人的含金量才高起来，进退都比较从容。进，可参加京城会试，乃至殿试，向进士出身冲刺，且举人资格终身有效，这次不中，下次科举可直接参加会试；退，举人则已经具备了做官的资格，一旦朝廷有相应官职出缺，举人便可顶上。一般举人所任官职都是知县、候补知县，或者教谕、训导等县级教育长官，也有个别任知府的。因此，明清时期的读书人一旦中举，也便是基本上实现了读书做官的愿望。即便是不再参加会试也暂时没官做，也会像《儒林外史》中中举的范进那样自有人前来巴结，送上银子，生活水准步入富贵阶层。总体上，举人构成了明清两代低级官员的主要来源。

秀才

"秀才"一词最早出现于春秋时期，原本并非属于科举功名的范畴，也不特指读书人，而是相当于现在的"俊才""英才"。汉武帝时期，朝廷推行官员选拔制度改革，"秀才"与"孝廉"一起成为地方官员举荐的两种优秀人才。东汉光武帝时期，为避光武帝刘秀名讳，"秀才"改称为"茂才"，三国曹魏时期，又改回"秀才"。至隋朝科举制度开科取士，最初也称为"取秀才"，这时的"秀才"成了考中功名者的指称。唐初，科举考试中设立秀才科，刚开始时秀才科第最高，因要求非常高，很少有人敢于问津。后来秀才科被废除，"秀才"一度成为读书人的统称。宋代时，凡是参加科举府试的人，无论考中与否，都称为"秀才"。

明清之际，秀才的意思逐渐固定下来。这时的秀才有一定门槛，参加科举考试的读书人，经过院试，取得入学资格的"生员"才可称为秀才。考中秀才之后，可以说是十年寒窗初步获得成果。进，可以去考取举人，一旦考中，便正式进入为官的士大夫阶层；退，则可以开设私塾。秀才虽然没有国家俸禄，但可以获得一定的特权，比如免除赋税、徭役等。

当代各类教育

幼儿园

幼儿教养机构。1771年法国牧师奥贝兰于孚日创办幼儿学校。1802年欧文在苏格兰新拉纳克为2~6岁的工人子女创办幼儿学校。1837年福禄培尔创办幼儿园。19世纪后半期，各资本主义国家相继设立。中国1904年《奏定学堂章程》规定设蒙养院，收3~7岁幼儿。最先设立的为武昌模范小学堂的蒙养院和京师第一蒙养院。1912~1913年改称蒙养园。1922年定名为幼稚园。以游戏为主要活动，逐步进行有组织的作业，如语言、认识环境、图画、手工、音乐等，并注重培养良好生活习惯。为了便利教养，按照年龄划分为小班、中班、大班。农村人口分散，则采取单班分组办法。根据条件和需要，有全日制、寄宿制等形式。1981年教育部颁发《幼儿园教育纲要（试行草案）》，规定幼儿园的任务是向幼儿进行体、智、德、美全面发展的教育，使他们的身心健康活泼地成长，为入小学打好基础。

小学

对学龄儿童实施初等教育的学校。西方国家小学起源很早，19世纪末推行义务教育，始有较大的发展。中国西周时即有小学，其后各代继续设立，名称不一。近代小学创设于清末，上海正蒙书院的小班（1878年设）、沪南三等学堂（1896年设），是它的萌芽。1897年南洋公设外院（后改称"南洋公学附属小学"），为公立小学之始。1951年根据《政务院关于改革学制的决定》，小学学习年限为五年。1953年《政务院关于整顿和改进小学教育的指示》决定仍沿用四二制，学习年限为六年，分初（四年）、高（两年）两级。以后也有实行五年制的。任务是给儿童以全面的基础教育，为社会主义建设事业培养劳动后备力量和为高一级学校培养合格的新生。

中学

实施中等普通教育的学校。1526年德国梅兰希顿创设的广科中学为近代中学之始。中国清光绪二十三年（1897年）中西学堂所设的二等学堂。1897年南洋公学所设的二等学堂即中院为中学性质。根据学制设立中学，始于1902年壬寅学制。新中国成立后，根据1951年《政务院关于改革学制的决定》，中学学习年限为六年，分初、高两级，各三年，均单独设立；分别招收小学毕业生、初中毕业生或具有同等学力者，以后有初、高两级设于一校的，按三、三分段，有实行五年制的，按三、二分段，也有实行五年一贯制，不分段，在试行五四三学制的部分省市、中学按四、三分段。

专科学校

实施高等教育的学校之一。按不同学科、专业设校，如农林专科学校、冶金专科学校、医学专科学校、师范专科学校等。在中国，招收高级中学及同等学校毕业生或具有同等学力者，学习年限为二至三年。

大学

实施高等教育的学校，分综合大学、专科大学或学院。中国大学以本科为基本组成部分，有的设专修科和研究生机构。大学本科根据社会主义建设需要和学校性质分设若干专业，以几种相近的专业合组成系，招收高级中学及同等学校毕业生或具有同等学力者，学习年限一般为四年，医科及某些专业为五年或五年以上。近代大学在中国的设立，始于清光绪二十四年（1898年）的京师大学堂。此后由政府，外国教会和私人陆续建立了一些大学。在外国，古老的大学迄今还存在的有859年创于摩洛哥非斯城的加鲁因大学，970年创立的开罗爱兹哈尔大学等。欧洲最早的大学建于12世纪，具有代表性和影响较大的有意大利萨莱诺大学、博洛尼亚大学、法国巴黎大学、英国牛津大学等。

义务教育

国家法律规定，儿童在一定年龄须接受某种程度的学校教育，又称强迫教育、免费教育或普及义务教育。义务的含义包括父母与家庭有使学龄儿童就学的义务，国家有设校兴学以使国民享受教育的义务，以及全社会有排除影响学龄儿童身心健全发展的种种不良因素的义务。

实施义务教育的年限长短，由该国的经济发展水平和文化教育程度决定。1986年4月12日第六届全国人民代表大会第四次会议通过的《中华人民共和国义务教育法》规定，国家实行九年制义务教育，并要求省、自治区、直辖市根据本地区经济、文化发展状况，确定推行义务教育的步骤。该法于同年7月1日起施行，成为我国义务教育制度确立的标志。

中等教育

在初等教育的基础上继续实施的中等普通教育和中等专业教育。实施中等教育的各类学校统称中等学校，中学是承担中等教育的主要教学单位，其他还有中等技术学校、中等师范学校，担负着为国民经济各部门培养中等专业技术人员的任务。

成人教育

通过业余、脱产或半脱产的途径对成年人进行的教育。18世纪出现于欧洲。19世纪中叶后推广普及。中国有组织的成人教育始于19世纪末20世纪初。现行学制设立一系列业余学校，如职工大学、夜大学、广播电视学校、函授学校、短期培训班、职业补习学校、各种讲座及自学考试等。

职业教育

以就业为目的的培训或教育。它是近现代经济和社会发展的产物,其目标是使学生具有从事某种特定职业所必需的知识和技能,毕业后具有从事某种特定职业的能力。职业教育依水平的不同可划分为初、中、高三个层次。

世界各国由于经济发展水平不同,职业教育的发展状况也不相同。现阶段我国的职业教育已有了很大的提高,在探索符合我国国情的职业教育发展道路方面进行了许多新尝试,取得了显著成绩,职业教育的规模得到扩大,职业教育改革日益深化,职业办学水平逐步提高,职业教育服务体系建设步伐也迅速加快。目前,我国现已建成的中等职业学校中,在校学生人数均已达到相当规模,对经济和社会的高速发展作出的贡献也越来越大。

师范教育

专门培养师资的教育体系。1952年教育部颁布了《关于高等师范学校的规定(草案)》,规定师范学院修业年限为4年,培养中等学校师资;师范专科学校修业年限为2年,培养初级中等学校师资。高等师范院校设有研究生部,并授予硕士、博士学位。

世界各国师范教育的发展有逐步减少中等师范学校,发展、提高高等师范教育的趋势,同时,对在职教师进修以及对中小学教师资格的要求也随之进一步提高。

高等教育

建立在中等教育基础之上的各种专业教育。分专修科、本科和研究生班。担负着培养各种专门人才和开展科学研究的双重任务。通常由大学、学院和专科学校等机构来实施。大学一般分文、理、法、教育、农、工、商、医等学院。教学组织形式有全日和业余,面授和非面授,学校形式和非学校形式。

1951~1953年,高等学校被分为两种类型:一是综合性大学,一是独立学院和专科学校。综合性大学分文理两科,直接设系,取消了学院一级;独立学院和专科学校按专科性质分设若干系科。此外,还专设外语学院、体育学院和音乐、戏剧、美术、电影等各类艺术院校。

终身教育

终身教育是贯穿于人的一生的多种教育形式的有机统一。它是法国著名教育家保罗·朗格朗首先提出的。终身教育以发现和发挥人的潜力、培养全面发展的新人为目标,要求实现教育的民主化,实现教育机会均等,解决教育机会不平等的问题。它所依存的理论与实践支柱是:学会认知,将掌握足够广泛的普通知识与深入研究少数学科结合起来,从终身教育提供的种种机会中受益;学会做事,不仅获得专业资格,而且要获得能够应付许多情况和集体工作的能力;学会共同生活,以尊重多元性、加强相互了解和促进价值观的平等为出发点,增进对他人的了解和对相互依存问题的认识;学会生存,充分发展自己的人格,不断增强自己的自主性、判断力和责任感；综合开发和发挥人的记忆力、推理能力、美感、体力和交往能力等潜力。

在另一方面，终身教育要求和体现着教育与社会、教育与科技、教育与经济、教育与人生的互渗、互动和协调发展，要求深刻地改革传统的学校教育制度，改革学校教育的内容和方法，改革现行的学校考试制度及其他制度；要充分利用现代科技手段及其提供的可能方式组织和实施多种形式的学校教育、家庭教育和社会教育。这就体现出终身教育是一个由多种多样的教育形式有机地统一在一起的教育系统，它不仅贯穿于人的一生，而且能满足人的全面发展和社会健全发展的多种多样的需要。总之，终身教育理论的提出和发展，是教育思想和教育观念上的重大发展和深刻变革。

函授教育

运用通讯方式进行的教育。学员利用业余时间，以自学函授教材为主，由函授学校给予辅导和考核，并在一定时间进行短期的集中学习和就地委托辅导。它为社会成员提供了继续受教育的机会。

高等学校举办函授教育，在学习内容、课程安排和修业年限等方面比较灵活多样。可以办本科、专科、培养高级专门人才，也可以设若干单科，供学员选学，还可以开设一些新技术学科，为在职人员提供新的科学技术教育的机会。

本科和专科的修业年限可长可短，可实行学年制，或实行学分制，函授生所在单位最好把组织职工参加函授学习同培训本单位干部的规划结合起来，保证函授生的学习时间和必要的学习条件，并帮助他们解决一些实际困难。

素质教育

素质教育是培养学生全面发展的教育形式，是一种与当今社会发展、科技进步和经济全球化相适应的教育理念与模式。它以提高国民的素质为根本宗旨，以培养学生的创新精神与实践能力为重点，尊重学生的身心发展特点和规律，使学生生动活泼、积极主动地得到发展。

继续教育

继续教育是为适应和满足工作中的新需要而进行的进一步的培训或进修。它是学校后教育，是终身教育的一种形式。我国于1987年发出的《关于开展大学后继续教育的暂行规定》中指出，我国大学后继续教育的对象是"已具有大学专科以上学历或中级以上专业技术职务的在职专业人员和管理人员"，指出了逐步建立和完善我国大学后继续教育制度的要求，有力地推动了我国继续教育的发展。继续教育的形式有全日制或非全日制，可以脱产培训也可在职进修，教育内容丰富，而且富有针对性。

中外著名大学

北京大学

前身为京师大学堂。成立于1898年12月。1912年改名为北京大学。1917年，著名教育家蔡元培出任北京大学校长，他实行"兼容并包"的方针，对北京大学进行了卓有成效的改革，促进了思想解放和学术繁荣。陈独秀、李大钊、毛泽东以及鲁迅、胡适等一批杰出人才都曾在北京大学任职或任教。

1937年卢沟桥事变后，北京大学与清华大学、南开大学南迁长沙，共同组成长沙临时大学。不久，临时大学又迁到昆明，改称国立西南联合大学。抗日战争胜利后，北京大学于1946年10月在北平复学。

新中国成立后，全国高校于1952年进行院系调整，北京大学成为一所以文理基础教学和研究为主的综合性大学，为国家培养了大批人才。据不完全统计，北京大学的校友和教师有400多位两院院士，中国人文社科界有影响的人士相当多也出自北京大学。

2000年4月3日，北京大学与原北京医科大学合并，组建了新的北京大学。两校合并进一步拓宽了北京大学的学科结构，为促进医学与人文社会科学及理科的结合，改革医学教育奠定了基础。近年来，在"211工程"和"985计划"的支持下，北京大学进入了一个新的历史发展阶段，在学科建设、人才培养、师资队伍建设、教学科研等各方面都取得了显著成绩，为将北大建设成为世界一流大学奠定了坚实的基础。今天的北京大学已经成为国家培养高素质、创造性人才的摇篮、科学研究的前沿和知识创新的重要基地和国际交流的重要桥梁和窗口。

清华大学

前身是清华学堂，始建于1911年，曾是由美国"退还"的部分"庚子赔款"建立的留美预备学校。1912年，清华学堂更名为清华学校。1925年设立大学部，开始招收四年制大学生。1928年更名为"国立清华大学"，并于1929年秋开办研究院。清华大学的初期发展，虽然渗透着西方文化的影响，但学校十分重视研究中华民族的优秀文化瑰宝。以国学研究院四大导师王国维、梁启超、陈寅恪、赵元任为代表的清华学者，主张中西兼容、文理渗透、古今贯通，对清华的发展产生了深远的影响。

抗日战争时，与北京大学、南开大学在昆明组成西南联合大学。1946年，清华大学迁回清华园原址复校。1952年国家高等教育院系调整后，清华大学成为一所多科性的工业大学，重点为国家培养工程技术人才。1978年以来，清华逐步恢复了理科、经济管理和人文社会科学等学科。1999年，原中央工艺美术学院并入，成立清华大学美术学院。在国家和教育部的大力支持下，经过"211

工程"建设和"985计划"的实施，清华大学在学科建设、人才培养、师资队伍、科学研究以及整体办学条件等方面均跃上了一个新的台阶。目前，清华大学设有14个学院，56个系，已成为一所具有理学、工学、文学、艺术学、历史学、哲学、经济学、管理学、法学、教育学和医学等学科的综合性、研究型大学。

浙江大学

浙江大学是1998年由原浙江大学、杭州大学、浙江农业大学和浙江医科大学等四所高校合并组建而成，是目前中国规模最大，学校门类最齐全的综合性大学。1995年正式列入国家"211工程"和"九五"建设规划，成为首批进入"211工程"的若干所重点大学之一。

学校位于浙江省杭州市。学校设玉泉、西溪、华家池、湖滨、之江5个校区，占地面积5.18平方千米，分布于杭州市区不同方位。浙江大学前身是创建于1897年的求是书院。1928年定名国立浙江大学。抗日战争期间迁至贵州，1946年复校，中华人民共和国成立后发展成为多科性理工科大学。

浙江大学的学科涵盖哲学、经济学、法学、教育学、文学、历史学、理学、工学、农学、医学、管理学等十一大门类。学校现有112个本科专业，47个博士后流动站，具有一级学科博士学位授权点41个，二级学科博士学位授权点242个，二级学科硕士学位授权点317个，另有临床医学专业博士学位授权点以及14个专业硕士学位授权点。学校现有一级学科国家重点学科14个，另有二级学科国家重点学科21个。国家重点（专业）实验室14个，国家工程（技术）研究中心5个，国家人文社科重点研究基地3个。国家基础科学研究和教学人才培养基地7个，国家工科基础课程教学基地4个，国家战略产业人才培养基地3个，国家大学生文化素质教育基地1个和国家动画教学研究基地1个。

学校师资力量雄厚，现有教职工8400余人，其中中国科学院院士13人，中国工程院院士12人；教授及其他正高职人员1200余人，副教授及其他副高职人员2400余人。全校有全日制在校学生39000余人，其中硕士研究生9500余人，博士研究生6600余人，本科生22900余人；另有攻读专业研究生学位6200余人，外国留学生1700余人。

南开大学

南开大学是教育部重点综合性大学，位于天津市。从1994年12月起成为天津市政府与国家教委共同建设的大学。

南开大学已有近80年的历史，学校前身是由著名的教育家张伯苓和严复在1904年创建的南开学校。1919年建立私立南开大学。抗日战争时期，与北京大学、清华大学在昆明组成西南联合大学。1946年复迁回建改为国立南开大学。

南开大学占地144.3万平方米，建筑面积125万平方米，校园网络设施先进，图书馆藏书325万册。除主校区外，还建有迎水道校区（天津市内）、泰达学院（天津经济技术开发区）。按照"独立办学、紧密合作"的原则，与天津大学全面合作办学。

南开大学是国内学科门类齐全的综合性、研究型大学之一。在长期的办学过程中，形成了文理并重、基础宽厚、突出应用与创新的办学特色。有22个专业学院（系），设有研究生院、继续教育学院、现代远程教育学院。学科覆盖文、史、哲、经、管、法、理、工、农、医、教、军全部12个门类，是一所覆盖全部学科门类的研究型大学。

南开大学具备培养学士、硕士、博士和博士后的完整教育体系。现有全日制在校学生22989人，其中本科生12677人，硕士研究生7148人，博士研究生3230人。此外，有留学生2397人，成人教育学生6019人，远程教育学生12659人。

牛津大学

在欧洲历史上影响深远的英国最古老的大学。12世纪创办于英国牛津城，为英国上层社会造就人才的最高学府。本科学制3年，实行导生制，以人文和社会科学方面的成就闻名于世。其化学、生命科学（包括医学）和数学等学科，是该校的精华。提倡独立思考的教育方式。培养了许多融会贯通、见多识广的领导人才。

剑桥大学

始建于13世纪，是英国最古老的大学之一。实行导生制。数学、物理学研究处于世界领先地位，其他如天文学、地质学、生理学、冶金材料学等学科也很著名。共设25个系，下辖31个学院。校内有著名的菲茨威廉博物馆。牛顿曾在该校担任数学教授达30年之久。著名物理学家卢瑟福担任物理实验室主任，在实验物理领域取得了重大进展。剑桥大学图书馆为英国的版本图书馆。良好的人文环境使该校在700年间始终人才济济，对英国的政治、经济及科学文化的发展都有较大的影响。

哈佛大学

1636年创建，为美国最早的私立大学之一。前身为哈佛学院。1780年扩建为大学。现拥有医学、法律、商业、神学、教育、行政、管理、牙医、设计和公共卫生等研究生院。其法学院、医学院在全国声名昭著。哈佛为美国培养出肯尼迪、奥巴马等7位杰出总统，还有很多杰出的文学家和科学家。

哥伦比亚大学

1754年创建于美国纽约，为美国著名私立综合性大学。前身为"皇家学院"，1784年改为哥伦比亚学院，1912年改用现在的名称。下设哥伦比亚学院（大学本科男生部）、伯尔拿学院（大学本科女生部）以及哲学、文理、法律、工程和应用科学、建筑设计、新闻、商业、艺术、医学、国际事务、图书管理、师范等院系。

麻省理工学院

创办于1861年，为美国私立综合大学，作为从事科学、技术方面教学和研究的中心，这所学院为国家培养了许多高级科技人才和管理人才。学院原为单纯技术性质的专科学校，后增设人文社会科学。其办学方向是把理论科学和应用科学研究相结合。学院设建筑、城市规划、工程、人文学科，有社会科学、管理、理科等5个分院、24个系、70多个专业实验室。在通讯、计算机技术、惯性制导系统等方面的研究成果显著，对美国军事技术的改进起了极大的作用。

▍加利福尼亚大学

加利福尼亚大学是美国州立加利福尼亚大学的九所分校中历史最久、最著名的一所。1868年创建于奥克兰市，1873年迁至伯克利市。该校的研究生部是美国最大的研究生部，研究生占学生总数的1/3。该校的劳伦斯辐射实验室、劳伦斯科学馆、古生物学、动物学与人类学等博物馆，以及可容纳1万名观众的希腊式赫斯特剧场等设施较为著名。

▍柏林大学

柏林大学是德国著名大学，1810年正式开学。以洪堡提出的"学术自由"和"教学与研究相统一"的办学思想为指导方针。该校学术空气活跃，培养了很多有真才实学的理论家和科学家。马克思和恩格斯曾在这里就读；著名哲学家黑格尔、自然科学家洪堡、物理学家爱因斯坦等曾在这里任教。第二次世界大战后，柏林大学属德意志民主共和国，改名为柏林洪堡大学。1948年，原柏林大学的部分师生在西柏林又成立了另一所柏林大学，命名为柏林自由大学。

▍东京大学

东京大学是日本著名的国立综合性大学，建于1877年，是日本近代第一所大学。以"适应国家需要、传授学术理论和技艺，进行深奥的学术研究"，"注意陶冶人格和培养国家主义思想"为办学方针。现设有法学院、文学院、理学院、工学院、医学院、药学院、经济学院、教育学院、农学院和基础学院等10个学院，学院下面设学科（相当于系）。该校是日本最有社会影响的大学，有很多政府官员、参议员、众议员和日本一流企业的管理人员出自该所学校。

▍早稻田大学

是日本著名的私立综合性大学，建立于1882年，原为东京专门学校。该校创始人大隈重信以"学问的独立""知识的实际运用"以及"造就模范国民"为办校方针，主张自由探讨学术，提倡独创的钻研精神，培养具有实际应用知识，并在国际事务中具有广泛活动能力的人才。该校现设有大学本科和研究生院。100多年来，为日本培养出众多的政界、经济界和文化界的著名人士。

▍耶鲁大学

耶鲁大学是美国历史最悠久的私立大学之一，创办于1701年。建校初期受公理会教派控制，课程着重古典学科。19世纪初，当美国东部许多高校纷纷设立实用学科时，该校抛出著名的《耶鲁报告》，极力为古典学科辩护。19世纪中期，开始拓宽课程设置和科研方向。1861年在美国首次授予哲学博士学位。

在任教师均有博士学位。现有神学、建筑、艺术、戏剧、音乐、法学、管理、医学等专门学院。本科生与研究生之比为1：1。

巴黎大学

巴黎大学是法国国立大学。欧洲最古老的高等学府之一，建于12世纪后半叶。法国大革命时期，巴黎大学曾被撤销，直到19世纪末才得以恢复。第二次世界大战后，随着经济的恢复和民主运动的发展，巴黎大学不断扩大，到20世纪60年代已有10多万学生。1968年后，法国政府将旧大学以大化小，并新建了一些大学。目前，巴黎地区有13所独立的综合性大学，各校在专业设置方面有所侧重，如巴黎第一、四大学侧重文学、艺术专业；巴黎第三大学侧重外国语言文学专业；巴黎第二、九大学侧重经济、法律专业；第十一大学侧重自然科学专业等。

普林斯顿大学

普林斯顿大学是美国私立大学，建于1746年，创办初期以传统文科和理科为主。后逐渐发展工程与应用科学、建筑学、政治学、艺术等学科。办校以来，培养了大批知名人士和政治家。著名物理学家爱因斯坦曾在该校任教。毕业生中有两人曾任美国总统，近千人担任过政府高级官员。该校的历史、哲学、数学、物理等系最为著名，物理系教授有3人获诺贝尔奖。

康奈尔大学

康奈尔大学最早是由美国政府赠的资金和私人捐款建立的。1870年，该校在美国最早开始实行男女同校。至19世纪末，该校逐渐形成以通用课程、理科与应用课程并重、广泛开展学术交流、通过科学研究向社会提供服务为基本特征的"康奈尔大学计划"，成为当时美国许多大学（尤其是赠地学院）学习的榜样。"一校两制"（即兼具公立和私立双重性质）是该校的一大特色。该校有3个公立学院：农业与生物、人类环境、工业与劳工学院；4个私立学院：艺术科学、建筑艺术与规划、工程、旅游管理学院。

斯坦福大学

斯坦福大学是创办于1885年的美国私立大学。现为全美最著名的综合性大学之一。二战以后，该校注重应用研究和开发，强调教授要与科研、企业界保持密切联系。工程科学后来成为该校的一大特色。1951年又率先成立斯坦福高技术工业区，80年代发展成为闻名世界的"硅谷"。该校建有世界一流的理论物理粒子直线加速器实验室，基础研究名扬海外。1939年起在美国率先开设西方文明课程。该校对全体本科生提出人文社会科学和艺术教育的明确而严格的要求。该校研究生与本科生的比例为1：1，外国留学生中90%是研究生。

约翰·霍普金斯大学

约翰·霍普金斯大学是美国私立大学，创办于1876年。办学模式完全模仿德国的研究型大学，是美国第一所以研究生教育为主的大学。曾培养出24名诺贝尔奖得主和包括特纳、杜威、卡特尔、威尔逊在内的大批著名学者。现有文理学院、音乐学院、高级国际问题研究学院、医学院、工学院和一批高水平的实验室、研究中心。

莱顿大学

莱顿大学是荷兰著名的综合性高等学校。成立于1575年，曾是中世纪欧洲最著名的大学之一。在17~18世纪就曾以医学和数学上的成绩闻名于世。1901~1920年诺贝尔物理学奖最初的24名获得者中，有4位出自该校。现设有神学院、数学、自然科学院、医学院、法学院、文学院、社会科学院、中心混合专业联合学院、地理学、历史学混合学院等8个学院。现拥有大批优秀学者和一批具有世界一流水平的实验室和研究所。该校众多的学生团体的活动十分活跃。

伦敦大学

伦敦大学1836年以英国大学学院和国王学院为基础建立而成，现已成为由43所院校联合组成的大学，校园分布英国各地，学生数万人，图书馆藏书百万余册。大学校部的主要任务是组织考试和授予学位。学校现有文、理、工、医、经济、教育、音乐和神学等9个学部。英国国内及英联邦的任何未经特许成为高等学校的学生均可报考该校的校外学位。校外学位制度是该校的一大特色。

巴黎理工学校

巴黎理工学校成立于1794年。19世纪初被拿破仑改为军事学校。该校在法国高等学校中地位特殊。学制3年，第一年军训，第二、三年理论学习。毕业生颁发综合理工学校工程师文凭。毕业生一般还需要进入诸如矿业、桥梁等应用性工程师学校学习两年。毕业生经过两个学校学习并获得双重工程师资格后，很受社会欢迎。国家规定毕业生须在公立机构服务十年，否则要偿还全部培养费用。办学200多年来，已为法国培养了大批科研、技术与管理人才。

博物馆、图书馆、美术馆

中国国家博物馆

中国国家博物馆，是在原中国历史博物馆和中国革命博物馆的基础上于2003年正式组建成功。是一座以历史与艺术为主、系统展示中华民族悠久文化历史的综合性博物馆。馆藏文物100万件以上。

中国美术馆

位于北京市，是中国最主要的美术馆，1963年建成使用。馆内展览面积6000余平方米，有14个展厅，以收藏、研究、陈列我国近代、现代的优秀美术作品为主，同时也举办国内外重要的美术展览及其他展览。自建馆以来，已收藏美术作品计10万余幅。

美国自然史博物馆

位于纽约曼哈顿区中央公园西侧，

是美国大型历史专门性博物馆，创建于1869年，占地面积7万多平方米，有19幢楼房、50多个展厅，并附有天文馆和图书馆。

不列颠博物馆

即"大英博物馆"，英国最大的综合性博物馆。1753年建于伦敦，由博物馆和图书馆两部分组成。博物馆分埃及艺术、希腊罗马艺术、西亚艺术、欧洲中世纪艺术和东方艺术等部门。并藏有中国敦煌古代经卷和佛教艺术珍品。图书馆则藏有大量的珍贵图书资料。

德累斯顿绘画陈列馆

是德国最大的造型艺术博物馆。藏有乔尔乔内、提香、拉斐尔、鲁本斯、丢勒、贺尔拜因、委拉斯开兹和伦勃朗等著名画家的作品。以意大利文艺复兴时期的作品收藏最多，成为拥有西欧各国名画的最丰富的宝库之一。

勃拉多美术馆

1819年建于西班牙首都马德里。馆内陈列着历代西班牙皇宫收藏的绘画作品和委拉斯开兹、戈雅的大部分名画，还有15~17世纪佛兰德斯派、威尼斯派画家的一些精品。勃拉多美术馆是世界上最著名的美术馆之一。

纽约大都会艺术博物馆

美国最大的博物馆，又称"都市艺术博物馆"，建于1870年。分埃及艺术，希腊、罗马艺术、东方艺术、西欧艺术、美国艺术等部门，藏有世界各国的艺术珍品。

卢浮宫博物馆

是法国最大的博物馆，又称"卢佛尔美术馆"，位于巴黎的塞纳河畔。分为古代艺术馆、埃及古物馆、东方艺术馆、中世纪和近代雕刻馆、油画馆、素描馆等。藏品共40余万件。

乌飞齐美术馆

位于意大利的佛罗伦萨市。馆中珍藏有意大利12~16世纪文艺复兴时期各派著名画家的代表作，古希腊、罗马的雕塑和法国、佛兰德斯等西欧国家的绘画作品。

巴黎现代艺术博物馆

法国"蓬皮杜文化艺术中心"的组成部分，建于1970~1977年。包括工业创造中心、公共参考图书馆、国立现代艺术博物馆和音乐、声乐协调研究所四大部门。主要展出20世纪以来两千多幅西方造型艺术作品。

伦敦国家美术馆

英国最大的造型艺术博物馆。建于1824年。所藏艺术品以英国绘画为主，包括18和19世纪英国画家的优秀作品。外国藏品中还有达·芬奇、拉斐尔等著名画家的艺术珍品。

雅典考古学博物馆

位于希腊首都雅典，以收藏从新石器时代到罗马时代的陶器、雕塑等各类希腊艺术品为主。

纽约现代艺术博物馆

位于纽约的曼哈顿区，是美国收藏现代艺术的重要场所之一。建于1929年。藏有19世纪末至现代的包括绘画、雕塑、版画、摄影、工业设计、建筑设计、舞台美术、电影片等内容的大量欧美现代艺术作品。

不列颠图书馆

英国国家图书馆。1973年建立于伦敦，由5个图书馆合并而成。以收藏英国文学、古版书、珍本书为特色。经费80%由英国议会拨给。到1992年底藏书达1500万册（件）。

法国国家图书馆

欧洲历史最悠久的国家图书馆，是法国从事人文科学和社会科学研究的科研机构之一，设在巴黎。前身是建立于14世纪的皇家图书馆。1789年法国大革命后改为国家图书馆。是世界上最早接受国内出版物呈缴本的图书馆（始于1537）。承担着编制《法文出版物总目》、图书联合目录等任务。1992年底该馆藏书2000余万册（件）。1987年以数据库的形式向公众开放。

美国国会图书馆

美国国家图书馆，世界上最大的图书馆。1800年建立，位于华盛顿。由国家科学基金会资助。对公众开放。社会科学和政治科学文献是馆藏重点，尤以收藏美国历史和文化方面的书籍为最。1971年开始实行在版编目，向出版商提供编目资料。《美国国会图书馆分类法》和《美国国会图书馆标题表》在图书馆界有广泛影响。

纽约公共图书馆

美国最大的公共图书馆。1992年底馆藏1647万册（件），其中图书410万册，期刊2万种，手稿、地图、图片等共有1000万件。包括英美文学名著的最早版本、知名作家的手稿及其他珍贵的古籍资料。分馆的藏书总数也超过了300万册。出版物有《纽约公共图书馆通读》《科技新书》等。

日本国立国会图书馆

日本的国家图书馆，主要是为国会议员提供政治、经济、外交、文化等各种资料，同时也为一般读者提供新闻资料和咨询服务。由中央馆、国会分馆、上野图书馆、东洋文库以及各行政司法部门的36所图书馆组成。到1987年3月底，共有藏书480余万册，以及大量的期刊、地图、唱片、论文等。

中国国家图书馆

原名北京图书馆，主要服务对象是中央党、政、军领导机关、重点科研部门和生产建设单位，同时也为一般读者提供一定范围的阅览服务。馆内共藏书2500万册（截至2005年）。主要有阅览、外借、咨询服务、缩微复制、展览、报告会等服务方式。

十四

人体、生物

人体

人体元素

在自然界目前已发现的化学元素中，人体必不可少的元素有 26 种。其中主要的有 11 种，如碳、氢、氧、氮、硫、钙、磷、钾、氯和镁等。

有趣的是，人体内的各种元素的含量与自然界中元素的总值是相对应的，并以此平衡关系维持着人类的生存和健康。

矿物质

人类必须适量摄取各种矿物质来维持健康。矿物质不仅能增强骨骼和牙齿，保持免疫系统的功能，还可帮助维生素发挥作用。这些矿物质对于人体的生长或生殖都至少具有一种功能。就重量来说，这些矿物质仅占人体重量的 3%~4%。人体对常量矿物质（如钙、镁、钠和钾）所需的数量相对较多，而对微量矿物质（如铁和锌）所需的数量相对较少。此外，人体对某些矿物质（如硒、锰和碘）所需的数量极少，它们因此被称为"微量元素"。

维生素

即维持机体正常生存所必需的一类复杂的化合物。可分为脂溶性（A、D、E、K）和水溶性（B、C）两种。如果饮食中缺乏维生素，就会引起营养缺乏症，例如缺乏维生素 C，会导致坏血病；缺乏维生素 A，会导致干眼病。但某种维生素过多也是危险的，如过多的维生素 A 会导致脱发、嗜睡。

人体防卫系统

由皮肤、毛发、皮脂腺、人体免疫系统、淋巴系统构成。

免疫系统

能识别和排斥外源性物质，比如移植的器官，还能识别和破坏癌细胞。当致病的细菌、病毒、真菌和其他微生物开始在人体繁殖时，免疫系统就开始发挥作用。免疫系统包括免疫器官（骨髓、胸腺、淋巴结、脾)、免疫细胞和免疫分子。这三者一般是相互协调、统一的。

白细胞中的淋巴细胞是免疫系统的重要成分之一,它随血液进入胸腺,在这里成熟为T淋巴细胞。一旦成熟,T淋巴细胞便分布到淋巴组织的其他一些部位,如脾的一个功能是从血液中过滤除去循环的微生物,脾内的淋巴细胞随时准备对出现的外源性微生物做出反应。

淋巴在淋巴管中聚集,最后返回血液。它首先通过淋巴结,滤出微生物和癌细胞。如果存在感染,淋巴细胞呈现增殖性反应,表现为淋巴结肿大。

免疫分子是由免疫细胞分泌的,以加强整个免疫系统对机体的保护。

抗原和抗体

抗原是任何外源性物质,例如细菌的蛋白质外壳。当T细胞遇到抗原时,它们通过增殖和分裂做出反应,释放能刺激免疫系统其他细胞(包括其他T细胞)生长的分子,以利尽早消除体内抗原。

一旦受到刺激,B细胞增殖,其后成熟变为能分泌抗体的浆细胞,抗体是特异性分子,能与抗原结合,帮助免疫系统的其他部分清除外源性颗粒。抗体潜在的多样性是无限的,可对应每一个可能的抗原。一旦一个B细胞被刺激,结果是出现一种克隆浆细胞,它们都生成识别相应抗原的抗体。

免疫和记忆

B细胞应答抗原分裂时产生的一些细胞被称为记忆细胞,这些细胞一旦产生便终生存在。当该个体再次遇到相同的抗原时,记忆细胞便迅速应答,而且比前次更加强烈。

免疫接种便是遵循这种原则发挥作用。疫苗的目的是使免疫系统做好识别病原微生物的准备,以便与相应的微生物遭遇时迅速做出反应。一些疫苗由已被杀死或减毒的细菌或病毒组成,它们能唤起保护性免疫应答,但疫苗本身已不再具有致病能力。

淋巴系统

由淋巴管、淋巴结和淋巴组织构成。淋巴液来源于组织液,经过淋巴结后获得大量的淋巴细胞,它在淋巴管内是单向流动的,最后在锁骨下静脉汇入血循环。淋巴液结分散在全身各处的淋巴液的回流通路上,是淋巴液回流的重要滤器,也是机体产生免疫反应的重要场所。而且淋巴系统还有回收蛋白、运输脂肪、调节血浆与组织间液的平衡、清除侵入机体的细菌等作用。

皮肤

完全覆盖住身体,形成一层防水并具有保护作用的外罩,对入侵人体的微生物构成了第一道屏障。它具有感觉及排泄功能,在调节体温方面发挥着重要的作用。有十多层细胞,最表层为角化层,可被下层细胞不断地更新。真皮是一层活组织,含有毛细血管、淋巴管、感觉神经末梢,同时还有汗腺及毛孔、毛囊和皮脂腺等组织。

皮肤感觉

皮肤感觉具有探查性,它主要包括

冷、热、触、压、痛觉等几方面，不同的感觉，感受器不同。一般由神经纤维构成的感受器都埋藏在皮肤、眼球、口腔等的表层，在某些区域，例如嘴唇、手掌、足底及外生殖器等处更为密集。当它们受到压力、温暖、寒冷与疼痛等刺激时，便产生电冲动，这种冲动沿感觉神经纤维传达到大脑皮质。大脑有特定区域感知皮肤一定区域的触觉或痛觉。当大脑特定区域接收到电冲动后，便会指挥机体做出相应反应。脑对如何处理这些信息能够进行选择，从而对重要感觉迅速做出反应。

毛发

分为露在皮外的毛干和埋于皮下的毛根两部分。毛根（即毛囊）包裹在真皮里，其四周含有丰富的血管和神经，基部增大呈球状，含有不断分裂的细胞。这些细胞转变为角质蛋白并形成毛干。皮肤中有皮脂腺与毛囊相连，生成润滑毛发和皮肤的皮脂或油。

人体呼吸

肺中血液的氧化，各组织使用氧和产生二氧化碳，以及在肺中清除血液中的二氧化碳，所有这些被称为呼吸。

空气通过鼻子或口进入呼吸系统并沿气管下行，气管在肺中分成越来越小的细支气管最后形成肺泡，在肺泡里血液和气体紧密接触，二氧化碳和氧气间可以自由交换。

呼吸运动是由于肌肉收缩引起的。其中膈肌、肋间肌起的作用最大。这些肌肉的收缩增加了胸腔内的容积，肺部扩大，空气进入。肌肉停止收缩时，胸腔容积缩小，压缩肺部再次缩小，排出空气。

人体循环系统

人体的血液、淋巴和组织液及其借以循环流动的管道组成的系统。循环系统分为心脏和血管两部分，又叫作心血管系统。循环系统是人体的运输系统，它将消化道吸收的营养物质和由肺吸进的氧输送到各组织器官并将各组织器官的代谢产物通过同样的途径输入血液，经肺和肾排出。它还输送热量到身体各部分以保持体温，此外，还有其他功能，如机体的保护作用、输送人体储存的脂肪和糖等。

呼吸和血液循环

人体的每个细胞都需要氧气和营养物质不断地供给。这是由呼吸系统、循环系统和消化系统共同完成的。对每一个细胞而言，这些物质的直接来源是组织间液，血液不断为组织间液提供氧气和营养物质，并从中运走细胞产生的二氧化碳和其他废物。

每升血约有 5×10^{12} 个含有血红蛋白的红细胞，血红蛋白在肺中与氧结合并将氧运送到各组织，使氧与二氧化碳在各组织中交换。如果一个人红细胞数减少或红细胞中血红蛋白减少了，就是患了贫血症，没有足够的氧运送到各组织，所以人会感到疲乏和气喘。

循环

心脏和血管组成一个封闭的系统，

血液不停地在这个系统中循环。这个系统的循环包括肺循环、体循环两大部分。其中心是心脏，它通过搏动来推动血液流向身体的每一部分。右心房从身体各部分接受血液并送到右心室，然后，右心室将血液泵到肺部（肺循环）。富含氧气的血通过肺静脉返回到左心房并进入左心室，左心室将血液泵到身体的各个部分（体循环）。

为确保血液流动只朝一个方向通过心脏，心房和心室间以及心室和血管之间的开口都有瓣膜防止逆流。当动脉远离心脏时，血管分叉变成更小的动脉。在剖面中，动脉看似环形，有着很厚的肌壁。小动脉最后变成毛细血管，通过它发生血液和组织间液之间氧和其他物质的转移。

与此同时，二氧化碳和其他废物离开组织间液进入血液，再被毛细血管收集，汇入静脉。静脉壁上有静脉瓣，使血液抵抗重力影响，从身体下半部分向上运动。最终，所有静脉合并成两条大静脉——上腔静脉和下腔静脉，并最终将血液送回右心房。

心脏

由心肌构成，其大小近似于人的拳头，成人心脏约有 300 克。心脏是循环系统的中心，它的工作就是将血液送到身体的各个角落。为了使血液充分循环，一天内心脏送出的血液量高达 4370 升。心脏位于胸腔内，在两片肺叶的中间，心底与横膈膜相邻。心脏被胸骨和肋骨牢牢地保护着。

心脏以一定的节奏反复收缩和舒张，将血液不断地送出去，这种规则的律动称为心跳。心跳次数依据活动水平每分钟 60~200 次不等。人睡觉的时候，心跳最慢。运动的时候，由于肌肉需要大量的血液，因此心跳次数会增加。此外，吃饭中和饭后，为了输送血液到消化器官，心跳也会加快。体温升高的时候，因为人体需要更多的氧气，所以心跳次数也增加。

人体运动系统

由骨骼和骨骼肌组成。运动系统在人体中所占的比例很大：骨骼大约占体重的 1/6，骨骼肌则高达 2/5。骨骼、肌肉和关节是人体的支架，支撑着身体。骨骼间由韧带相连接，肌肉有的直接附着在骨骼上，有的靠肌腱连接，骨骼和关节由肌肉控制，做出各种动作。

运动原理

人的运动是由骨骼、关节、肌肉和神经协调动作的结果。不同的人有几乎相同的神经、骨骼、肌肉等解剖结构。

人运动的速度、控制力及身体的柔韧性等素质部分地取决于他是否从父母那里获得了健全的遗传基因。其中，肌肉的长度和厚度，关节韧带的疏松度在很大程度上于出生前就确定下来了，但是有规律的锻炼能使肌肉变得有力并使运动技能提高。

骨骼

除支撑我们的身体，协助我们运动之外，骨骼还起着许多重要的作用。颅骨、肋骨、椎骨包住并保护脑、肺、心脏及脊髓等维持生命的重要器官，使它们不受损伤。

我们血液的重要成分——红细胞也是由包括肋骨、骨盆、胸骨在内的一些骨骼中所含有的红骨髓所产生的。骨骼还负责储藏钙和其他一些机体所需的矿物质。

关节

骨骼相互间连接形成关节。人体有6种主要关节。关节的活动度取决于骨末端表面、关节腔以及充盈在关节腔内的液体的情况。

髋关节是杵臼关节，在这个关节处，两根骨的末端有大面积被软骨覆盖的光滑表面，两骨之间有滑液润滑。运动可在各个方向进行。

指间关节及膝和肘是屈伸关节，运动多在一个平面上。拇指和掌之间的关节是鞍状关节，使运动能在许多方向上进行。脊椎底部与骨盆之间的骶髂关节是一个平面关节，几乎不能活动。

第一块颈椎寰椎与其下的枢椎间形成一个寰枢关节。运动发生在寰椎的环与枢椎的齿状突之间，使头能自由转动而回顾。

肌肉的种类

肌肉基本有两种。我们的意识能控制的肌肉，称为随意肌或骨骼肌；我们不能控制的，称为平滑肌或不随意肌，主要包括血管壁的肌肉。虽然心脏肌肉也不受我们意识的控制，但通常因其独特的结构而单独归入一类——心肌。

随意肌

由包在外膜中的细长细胞或纤维组成，在显微镜下纤维呈深浅交错的色带，因此有时被称为横纹肌。深色带含有肌凝蛋白，浅色带含有肌动蛋白。

当脑通过神经向肌肉发出运动信息或者向肌纤维施以电刺激时，肌纤维就收缩，主要是浅色带变短，肌动蛋白和肌凝蛋白互相滑过。成千上万条的肌纤维的收缩的宏观体现就是我们四肢、躯干等的动作。

虽然我们能直接使随意肌收缩，但我们很少有人能意识到这种情况，通常是一个动作，如上楼梯，大脑发出的动作命令指挥整个肌群完成一个协调的动作。在一些肌肉完成屈腿、屈膝这类的明显动作的同时，其他肌肉稳定身体平衡。

不随意肌

是结构最简单的肌肉，由纺锤形纤维组成，每根纤维含一个细胞核。位于消化道壁、呼吸系统、泌尿生殖系统中。不随意肌是小动脉的主要组织并且可以根据具体情况，调节这些血管的直径。通过调节小动脉的阻力，不随意肌控制着血液向不同组织和器官的分配。

在眼部，不随意肌通过调整瞳孔大小来控制进光量以保护视网膜。在皮肤中，不随意肌在人们感觉寒冷和恐惧时，使毛发竖立。有的不随意肌也能够进行强有力的收缩，如在分娩中，子宫的平滑肌通过强有力的收缩产出胎儿。

心肌

是人体中最特殊的肌肉，由成片和

成束排列的圆柱状长纤维组成。心肌中的某些特殊纤维组成传导系统，电冲动通过这个系统传递给其他纤维并引起持续而有节律的收缩和舒张，这些节律性极强的动作将血液泵向全身器官组织。

人体内分泌系统

是人体内全身功能调节系统之一。内分泌腺设有导管，腺体的分泌物直接进入毛细血管或淋巴管，通过血液循环送至全身，选择性地作用于相应的细胞或器官。人体内主要的内分泌器官，有位于两个肾脏上方的肾上腺等。内分泌的作用主要涉及生殖和生长发育，维持内环境的稳定，调节机体的新陈代谢过程，增强机体对有害刺激和环境条件急剧变化的抵抗和适应能力。

内环境

为了使细胞能够更好地新陈代谢，人体内由水、蛋白质和矿物质组成的内环境是相对稳定的。这种动态平衡是众多的激素共同参与调节的结果。例如，来自脑垂体后叶的抗利尿激素和来自肾上腺皮质的醛固酮调节肾脏水和盐的排泄，甲状旁腺激素和维生素 D 一起控制血液中矿物质钙和磷的水平。

代谢与激素

发生在生物活细胞中的所有生物化学反应过程，都称新陈代谢。它包含合成代谢和分解代谢两个过程。人体必须把食物转化成可用的能量，与此同时，人体储存部分能量以便空腹的时候使用。胰腺分泌的胰岛素和胰高血糖素在这方面起重要作用。另外，甲状腺素能促进物质与能量代谢，增加耗氧量和产热量。所以甲状腺机能减退的人，会遭受多种新陈代谢紊乱之苦，包括对寒冷极度敏感，以及头脑迟钝。而在甲状腺功能亢进时，新陈代谢率增长，病人会出现消瘦、感觉热、活动过度和焦虑不安等症状。

激素分泌

激素的分泌量是受到反馈调控的，以便能对生物学上的需要做出反应。激素浓度足够高时，通常会抑制同种激素的分泌量。许多激素是应激时分泌的。如促肾上腺皮质激素和肾上腺皮质激素表现为 24 小时的节律，分泌高峰出现在清晨，这其实是在大脑的支配下，为使身体适应起床造成的紧张而做好准备。

腺体和激素

多细胞生物体，细胞间建立彼此之间的联系，是通过两个基本机制完成的，即神经系统和内分泌系统。内分泌系统是由遍布全身的内分泌腺组成的，而激素是由分泌腺分泌的高效能的有机化学物质。内分泌激素通过血液运送到远处的组织（靶组织）并调节它们的活动。激素在 4 个生物领域发挥作用，即生殖、成长与发育、体内环境的控制以及能量调节。

脑垂体

人体内最重要的内分泌器官。脑垂体位于颅骨的一个窝内，在脑的下面，由前叶和后叶组成。尽管脑垂体很小，直径不到1厘米，重不到0.5克，但它在内分泌系统中却起着关键作用。它分泌的激素，可以控制调节全身其他腺体激素的分泌。脑垂体前叶分泌的激素在控制生殖及新陈代谢方面起着最基本的作用。下丘脑是脑中接收有关内环境信息的区域，调整脑垂体激素分泌量。

人体神经系统

人体神经系统是一个巨大复杂的网状系统，控制着人的精神活动和行为的每一方面。这个系统交织遍布全身，接收、破译并对从外界及自身得到的信息采取行动。

控制这一网状系统的是中枢神经系统，它包括脑和脊髓以及它们之间的连接成分。中枢神经系统的作用主要与感觉和主动行为有关。传入和传出中枢神经系统的信息，是通过一直到达身体各个末端的周围神经系统逐渐分枝的纤维传导的。

神经细胞

神经系统的基本功能单位是神经细胞或称神经元。神经元包括大多集中在中枢的胞体和突起两部分。突起有两种，分为扩大与其他神经元联系的树突和将胞体的神经电冲动传出去的轴突。神经系统通过一个个树突可以从中枢神经系统一直延伸到手指或脚趾，并控制肌肉。轴突有一个类似电话电缆的中央电导体。神经元主动地更新信号为开或闭的电冲动，使其不断地被更新并在整个传导过程中保持。

脑

脑是由大量高度发达的神经细胞团构成的，位于中枢神经系统上端。成年人的脑平均重达1400克，大约相当于人体重的2%。大脑半球表面为灰质，即大脑皮层；其下是白质，功能是联系不同区域的灰质。

神经组织由两种类型的细胞构成：一种是神经元，它是神经系统的基本功能单位；另一种是参与信息传递的胶质细胞（或称神经胶质），它负责供养和支持神经元。脑和脊髓被三层脑膜包围以进行深层保护。脑脊液在脑室内循环使脑组织浸在其中，有利于缓和外力对脆弱的神经组织的冲击。

脑的划分

脑有三个主要部分，包括大脑、脑干和小脑。其中小脑位于大脑两半球下方，是负责调节人体姿势和协调动作的基本结构。脑干，跟脊髓顶端融合，内含重要的生命中枢，可维持身体的重大功能，如呼吸、心血管运动等。

大脑

人类脑的大部分由大脑构成。大脑被一个很深的裂分割成两个大脑半球，在其底部通过一个起联络作用的桥状物，即胼胝体把这两个大脑半球联系起来。每个大脑半球具有其特定的功能。

大脑是神经系统复杂的器官，负责控制语言、记忆及智力等智商层次的功能。而且大脑的特定区域控制特定的功能。大脑皮层（或称灰质）位于大脑表面，具有许多沟裂，是处理从丘脑和其他低级中枢传来的信息的主要部位。

高级中枢

大脑中进化最复杂的部分是大脑皮层，它分为4个叶：额叶、顶叶、颞叶和枕叶，它们分别以覆盖其上的颅骨各部位的名称而得名。把各感受器接收到的各种信息进行筛选、分类并了解其意义，并把这些信息整理为进行日常生活所必需的图像、声音、印象和思想，人由此感知并理解发生的事情。大脑皮层也是发动者，因为它能对各种刺激做出反应并指导身体各器官实施。

从额部和颞部向后延伸的额叶是4叶中最大的一叶，它担当着最重要的责任，进行最高深的智力活动。额叶负责各种随意运动，从最简单的身体动作到复杂的思维、语言和交谈活动。顶叶内有接收触觉的主要功能区和与空间感觉有关的功能区。颞叶与耳大致处在同一水平位置上。大脑皮层后部的枕叶是4叶中最小的一叶，接受并处理视觉图像。

单独的一种感觉信息不能提供完整的图像，大脑必须对所有传入的信号同时处理并且相互补充，使之成为一个整体。这个过程由大脑皮层联合区完成，使我们对周围的环境有一个完整的认识。

嗅觉

是挥发性物质作用于嗅觉器官而产生的感觉。自大脑底部的嗅觉神经穿过筛板直到潮湿的鼻黏膜上，形成嗅觉感受器。鼻黏膜有上万个细小的腺分泌黏液。挥发性物质被吸入人体时，部分被溶入鼻神经黏液中，嗅觉感受器受到刺激，产生神经冲动。冲动一直被传到脑部的嗅叶和嗅脑。

低等动物的嗅叶非常大，有时占脑体积的一半以上。毫无疑问，这些动物以嗅觉"图像"来觅食和寻找配偶。举例来说，狗非常重视用气味标明它的地盘。

适应性是嗅觉极为显著的特点，对一种气味的适应是感觉不到它。

味觉

舌表面充满了称为味蕾的微小突起，它们含有味觉感受器，对咸、甜、酸、苦这4种基本味觉进行区分。舌的不同部位对味觉刺激的敏感性不同。如舌尖对甜、舌根对苦敏感等。

视觉

视觉接收的信息占一个正常人信息量的90%以上，所以视觉是人体最重要的感觉。眼球成对发挥作用，可以构成三维或立体视觉，这对判断距离和正在移动物体的速度尤为重要。

眼球壁分三层，巩膜是一层坚韧的膜，构成了眼球的外层。在眼前部，它与角膜接续。角膜是一层透明并凸起的膜，能折射光线并使之聚焦于视网膜上。

脉络膜、睫状体、虹膜构成第二层，对入眼光线的调节主要在这一层。泪腺位于眼上方的隐窝内，分泌由水、盐及有杀菌作用的溶菌酶组成的泪液。眼睑覆于眼球之上形成一对防护性的闸门，两者共同保护角膜及结膜囊免受感染。睫状体从脉络膜延出，含有肌纤维，与悬韧带连接，而悬韧带另一端连接着能折射光线的晶状体。虹膜为眼中调节入射光线量的肌性物质，位于角膜之后晶状体之前，其中央圆孔称瞳孔。瞳孔依据光线强度的不同而改变大小。在强光下，瞳孔缩小，在暗光下瞳孔扩大。晶状体后的空间填充着胶状物质，即玻璃体。

视网膜对光敏感，是眼球的内层。它含有神经纤维、特异性的视椎和视杆细胞。视杆细胞大约有12.5亿个，主要负责在弱光中的视觉。视椎细胞有600万~700万个，在强光中发挥作用，主要负责精细视觉。它们主要集中在视网膜上的中心凹上。

眼球能通过一套复杂的动眼肌在眼窝中转动。因为眼眶内有6块肌肉调节双眼上、下、左、右的转动，使我们能观察到更多的情况。

脑和视觉

人眼在结构上与照相机相似，并且视觉原理可用物理中光学基本理论解释。被晶状体聚焦于视网膜的光学图像被转换为电冲动，随之通过视神经传导到脑。一旦传入脑，便要求大脑根据过去的经验来解释眼所注视事物的电图像，直到图像能被"辨认"。例如，眼看到一张桌子，脑会接到电信息：一个有水平表面和4个竖直腿的物体。大脑对所见过的类似于这种物体的所有其他图像进行整理分类——4条腿的动物、床等等——最终，觉得它与过去见过的一张桌子相符合并将它标识出。

听觉

听觉是人体接受外部信息的一种重要感觉。听觉包括两要素：机械要素和电神经冲动要素。声音通过耳廓（耳的可见部分）进入，耳廓扇形的轮廓保证了尽可能多的声音被反射到耳内。

声音在耳内沿外耳道传播，直到它碰到一层薄薄的称为鼓膜的皮肤上。声波的机械力量使鼓膜振动。然后这种振动由鼓膜另一侧先后经锤骨、砧骨、镫骨传过鼓室，进入耳蜗。

耳蜗是一个充满液体的管，内壁布满神经末梢，如同许多乐器。耳蜗稍宽的一端用来接收低音，而另一端略窄，用来接收高音。振动会在耳蜗内被转化为神经冲动传递至大脑，形成真正的听觉。

如果进入耳的振动在某一部位被阻挡了，那么这个人的这只耳将会部分或完全耳聋。老年人因为听神经细胞的退化，也常会患轻微的耳聋。助听器被用来加强声波振动，从而有利于接收更多的声波振动以形成听觉。

人体生殖系统

生殖系统是用以分泌性激素及繁衍后代的器官系统。生殖器官包括主性器官和附性器官。在男性，主性器官是睾丸；在女性，主性器官是卵巢。主性器官主要产生生殖细胞，男性为精子，女性为卵子。此外，还兼有内分泌性激素的功能，所以也称性腺。附性器官是完成生殖过程所必需的，男性附性器官有附睾、输精管、前列腺、精囊等；女性附性器官有输卵管、子宫、阴道等，它们主要是使精子和卵子会合，并为胎儿生长发育提供必要的场所。

生殖

生殖是人类生命延续的第一步。如果用形象比喻的话，那么，一个人的生命始于只有字母"i"上方圆点大小的单细胞，之后成长为有6万亿个细胞的人。这么多的细胞全是由母亲的卵细胞和父亲的精细胞结合而成的受精卵发育而成的。受精卵中有遗传物质脱氧核糖核酸（DNA），这种物质决定人的一切，从眼睛的颜色到脚的大小。精细胞和卵细胞各携带23条染色体，结合而成的细胞就含有46条染色体，因为其中藏有父母的遗传物质，所以婴儿与父母有相似性。

两性的生殖功能

生殖是人类生命得以延续的唯一手段。两性的生殖功能是由脑垂体前叶分泌的促性腺激素以及卵巢和睾丸的类固醇激素控制的。

对女性来说，激素的波动控制月经周期，刺激排卵，使子宫为怀孕做好准备。分娩之后，催乳素和催产素控制奶水的产生及排出。对男性来说，脑垂体前叶分泌促性腺激素负责刺激精子的产生及生育能力。性类固醇激素会刺激第二性征的发育——男性胡须的生长，女性乳房的发育。

卵子和精子

卵子是女性所特有的。一名女婴在出生前就有了贮存在卵巢中待发育的全部卵子。卵巢在成人体内是两个鸽卵大小的腺体。成千上万个卵子中，只有少数卵子能够成熟并被排出。而只有被排出的卵子与精子结合才能受精。

精子是男性所特有的，状似蝌蚪，男婴生来就带有能在成人期产生精子的细胞。精子以每秒钟1000个的速度生成并储存在睾丸里。

精子成熟时，最初都有46条染色体，然后有一半会脱落。其中男性性染色体XY中，如果脱落的是Y染色体，然后使一个卵子受精成功，生出的将是女孩，如果脱落的是X染色体，生出的就是男孩。

男性生殖器官

男性的生殖器官基本在体外。阴茎是男性最明显的生殖器官，由能勃起的海绵体构成。中间有尿道贯通。尿道具有排尿和排精两种功能。阴茎末端最敏感的部位，包有一层可活动和伸展的皮肤称为包皮。生殖系统的主要器官——两个睾丸藏在阴囊内，每个睾丸都有几百条细小的管子，产生睾酮和精子。

女性生殖器官

女性生殖器官的体外部分由阴蒂和外阴组成。阴蒂是有丰富的神经分布的高度敏感组织，可勃起。外阴由大阴唇和小阴唇构成。外边是一对大阴唇，里边是一对小阴唇。大阴唇是一对纵行隆起的皮肤皱襞，有大量脂肪组织，富于弹性。小阴唇在大阴唇内侧，含脂肪少，表面光滑，没有阴毛，富于弹性。

阴道是外阴的一部分，位于体内，是一条由肌肉构成的管道，长10~15厘米，通向子宫颈和子宫。在阴道口周围环绕的一层薄膜称为处女膜。

排卵和月经

成熟女性一般每 28 天都有一个卵子成熟，从起保护作用的卵泡中脱离并被输卵管的穗状端抓起，再用 4 天时间，通过输卵管下行到子宫。卵子在这 4 天中只有几个小时是处于一种准备受精的状态。未受精的卵子被排出女性体外。在此过程中形成的供血丰富的子宫内膜也随之脱落，这种血液的流失叫月经。

受精

阴茎射出精液，精子就浸在含有营养的精液中，并做类似于蝌蚪游泳的运动，精子的头部含有大量的葡萄糖，为它一次游向卵子提供了能量。一次射精中排出的 200 万~300 万个精子中第一个到达卵子的将和卵子结合，这个过程叫作受精。

细胞分裂和着床

在受精的最初几个小时里，受精卵，即合子便开始分裂。4 天后，经 4 次分裂，形成了一个由 16 个细胞组成的卵裂球，同时，受精卵到达子宫。

卵裂球到达子宫后 3 天逐渐融入子宫内膜，称着床。这时卵裂球长只有 0.1 毫米，其细胞已分化成两种：胚层细胞最终将发育成婴儿；滋养层细胞将形成胎盘为胎儿成长提供营养。经扩展、凹陷、内褶等运动，胚层细胞很快形成内外两层。

胚胎发育

受精卵在子宫着床后第 3 周，胚层的内层细胞已形成一个梨形，外层细胞生出一道裂缝，使第 3 层得以在两层中间发育。最终，每一层细胞都将形成人体结构的特定部分。

形成心脏的雏形是在第 4 周，心脏已通过小动脉和静脉将血泵至开始形成内脏器官的内层细胞。胚胎已长到 4 毫米长。各细胞群或聚或散为形成特定器官或肢体做准备。

到第 7 周后，身长 10 毫米的胎儿已经能曲肘和移动手，手已有了清晰的手指。头部正在形成清晰可辨的眼睛、嘴和耳朵。脑已分化为负责思考、记忆、反射和情感的不同部分。整个胚胎的软骨也开始转变成骨。

到第 14 周，胎儿完全形成。此后，胎儿的机体不断成熟，体重不断增加，直到第 40 周胎儿出生。

出生

来自胎盘的营养不能满足胎儿的生长时，胎儿便会主动触发分娩过程。分娩有三个界定的阶段。在第一阶段，子宫壁逐渐加大收缩的强度和频率，与此同时，将已变薄、变软的子宫颈向上拉使子宫口开全。分娩的第一阶段时间最长，初产妇平均需要 8~10 小时。第一阶段结束时，胎膜破裂，在子宫内包着胎儿的羊水流出，称为破水。

第二阶段时间较短（0.5~2 小时），但宫缩更剧烈。在这个阶段，母亲在不自主的宫缩和自主的腹肌协助下将胎儿沿产道娩出。第三阶段是胎盘的娩出。

身体发育

受精卵在子宫着床后，在前 6 个月

以递增速度生长。分娩后经过婴儿期和儿童期，人的生长速度慢慢降低，在青春期生长速度又有短暂增加。身高的增长在20岁时基本停止。早期的生长多数是通过细胞分裂实现的，但当分裂获得全部细胞后，细胞的质量、体积的增长就成为身体发育的主要方面。正因如此，发育中的胎儿受到伤害，对其以后的生长会造成长期而严重的后果。

生长

个体的组织器官的发育生长是在多种激素的调节下完成的。例如，生长激素对儿童时期骨骼的生长尤为重要，而甲状腺激素对中枢神经系统的成熟起关键作用。如果在婴儿期缺乏甲状腺激素，身体和心理就不能完全发育，导致身材矮小，心理发育迟滞。成年人生长激素过多，会导致骨骼和软组织异常增厚，称作肢端肥大症。

儿童期的生长

儿童期，指人自胎儿28周到青春发育开始（多在7~12岁前）。儿童期的生长主要依靠生长激素的调节。生长激素是由脑垂体分泌的，儿童的生长速度取决于它所分泌的生长激素的量，同时也受是否得到足够的营养的控制。儿童期的生长以一个逐渐降低的速度继续，直到被青春期的开始打断。

青春期

青春期，是从儿童发育到成人的过渡时期，一般从7~12岁起至20岁左右止。男子的青春期的开始和结束都较女子晚

2年时间。在青春期，第二性征在女孩和男孩身上显示出来。这些特点包括女孩乳房的发育、男孩睾丸的增大，声音变得低沉，以及两性都出现的腋毛和阴毛的生长。

女性青春期的最早变化是卵巢开始分泌足够的雌激素促进乳房增大，与此同时，生长激素的分泌增加了。身高会增加约20厘米。并且在前18个月的时间里生长速度越来越快，之后生长速度开始下降。到这个时候，卵巢排卵发生，女孩血液中雌激素周期性增加，子宫内膜也随之明显增厚和脱落，并从阴道流出一些血液（月经）。到15岁时，97%的女孩已经出现月经。在第1次月经后，排卵的间隔没有规律，至少18个月后排卵才有规律。

男孩的第二性征的出现比女孩的乳房发育要晚一些。但由于睾酮对生长有着更好的刺激作用，因此，男孩生长速度的高峰要高于女孩。最终身高比女孩平均高12.6厘米。这主要是由于男性儿童期的延长，而不是由于青春期的急剧生长。在急剧生长过程中，男孩的身高只比女孩多增长了一点儿。睾酮还可促进男孩内外生殖器的进一步发育，并且对骨骼和肌肉的发展都有促进作用。

绝经期

发育的女性在出生时就拥有一生所需要的全部100万个卵泡，卵子在卵泡中发育。卵泡消失的速度与剩下的卵泡数成正比，开始快，然后越来越慢。每次月经周期大约需要20个卵泡成熟，但只有一个卵泡破裂排出卵子。普通育龄

妇女每年需要大约250个卵泡。

绝经期平均年龄是51岁,这时女性的卵巢中存在大量多余卵泡。因此,妇女的绝经不是由月经期卵泡的使用数目多少决定的,而是由影响卵泡消失的因素决定的。在某种程度上,这个过程受环境的影响。比如,吸烟妇女与不吸烟妇女比,其绝经期年龄要小。

泌尿系统

泌尿系统由肾脏、输尿管、膀胱、尿道组成。它们将细胞摄取养分及热量之后的代谢废物和水分一起排出体外。肾是重要的排泄器官。肾动脉进入肾脏之后变成细小的血管,形成微血管束。肾小管的前端形成袋状,将血管球体包起来,这个袋子称为肾小囊。肾小管从肾小囊延伸下来,然后连接输尿管。血液中的废物在肾小球过滤。进入肾脏的血液在流经肾小球时,血液中的水分、尿酸、盐分、糖等等各种物质就会进入肾小囊过滤,过滤后的液体称为原尿。原尿经过肾小管的重吸收,经集合管到达肾盂,成为终尿。

尿液经输尿管下来后进入膀胱。膀胱是一个位于骨盆前方的袋子,膀胱壁上的平滑肌富有弹性,可以伸缩自如。每当膀胱贮满尿液时,膀胱壁内的末梢神经会受到刺激,将神经的兴奋通过知觉神经、脊髓传到大脑,因而产生尿意。膀胱通往尿道的出口由内侧和外侧的两块括约肌控制,大脑传达排尿命令后,膀胱壁的肌肉收缩,括约肌舒张,于是尿液便流出尿道。

人体消化系统

消化系统是机体消化食物和吸收营养素的器官的总称,由消化道和消化腺组成。消化道包括口腔、咽、食道、胃、小肠、大肠及肛门。口腔主要负责咀嚼食物。食道专门将食物向胃输送。胃是一个柔软的肌肉组织,它不停地蠕动,对食物进行机械性和化学性加工。消化腺有唾液腺、胃腺、肝、胰等。它们能分泌各种消化液,促进食物分解成可吸收的营养物质。

食物与营养

动物,包括人类在内,必须从食物中获得所需的营养是蛋白质、碳水化合物、脂肪和维生素。这些食物中含有的营养被分解成适当的人体所需的成分,进而被人体吸收。水不是营养物,但我们需要吸收足够的水以补充每天通过皮肤、呼吸以及从大小便中失去的水。

蛋白质

蛋白质可以构成细胞,辅助抗感染,负责运输体内多种物质形成酶和激素,是生命的基础。它由许多种氨基酸组成。氨基酸约有20种,可以任意排列产生多种不同的蛋白质。其中8种氨基酸必须由饮食提供,称为必需氨基酸。蛋白质也提供能量。肉、蛋、奶、豆类都富含蛋白质。

碳水化合物

碳水化合物是人体各种生理活动所需能量的主要来源,由碳、氢、氧三种元素构成。碳水化合物可分为简单、复合两种。简单碳水化合物是单糖（葡萄糖、果糖和半乳糖）和双糖（蔗糖、乳糖和麦芽糖）。双糖由两个分子的单糖组成。例如蔗糖是葡萄糖分子和果糖分子的化合体。简单碳水化合物的主要来源是水果、蜂蜜、奶和食用糖。复合碳水化合物（多糖）含有几百个单糖。淀粉是葡萄糖组成的多糖。复合碳水化合物的主要来源是面粉、米和马铃薯等。

人体消化和吸收

消化和吸收是由整个消化系统共同作用完成的。食物在嘴里咀嚼与唾液混合，通过食道进入胃。胃作为临时的储存库将食物混合、挤压直到食物变成半液体的食糜。食糜慢慢进入十二指肠，多数消化作用在十二指肠中进行。胰腺分泌的酶，将蛋白质分解成氨基酸；在肝脏分泌的胆汁的参与下，将脂肪分解成脂肪酸和甘油；将多糖分解成葡萄糖、果糖。接下来，这些物质透过回肠（小肠的一部分）壁吸收。葡萄糖、果糖、氨基酸被吸收进入血液并运到肝脏。脂肪酸和甘油被吸收进入淋巴系统。不能消化的物质进入结肠（大肠的一部分），结肠里的细菌使一些化合物发酵后合成维生素B、K等，另一些化合物成为粪便通过直肠排出。

营养的储存和利用

餐后，血液将从肠道中吸收的营养物运送到肝脏。肝脏通过激活各种酶清除血液中的葡萄糖和氨基酸，阻止血中葡萄糖和氨基酸浓度上升太多。一部分葡萄糖被作为糖原储存起来，并能在血液中葡萄糖的水平开始下降时再被转化回葡萄糖。另一部分葡萄糖转化成甘油三酯并贮存在脂肪组织（结缔组织，其中充满了脂肪细胞）中。

氨基酸作为蛋白质被贮存，在需要时蛋白质可以分解释放氨基酸。通过去氨基作用，过剩的氨基酸可转化成碳水化合物并用做能量来源。被代谢的氨基酸中的氨基转化成尿素在尿中被排出。

脂肪酸也是一种能量来源。当葡萄糖的供应不足时，甘油三酯在肝脏和脂肪组织中分解，脂肪酸进入血液，被其他细胞吸收。

能量由葡萄糖和脂肪酸的氧化而产生并储存在高能量分子ATP（三磷酸腺苷）中。随后，ATP可以释放这种能量推动细胞内其他化学反应。脂肪酸氧化所产生的ATP分子是葡萄糖氧化所产生的分子的两倍。每克碳水化合物和蛋白质提供4千卡（1.7万焦耳）的热量，每克脂肪提供9千卡（3.9万焦耳）的热量。

中国传统医学

中医

中医有广义和狭义之分。狭义的中医又称"汉族医学"，是中国传统医学的一部分，它与一些少数民族医学共同构成广义的中医。所有这些民族医学，都是中华民族在长期的医疗、生活实践中，不断积累、反复总结而逐渐形成的具有独特理论风格的医学体系。

在3000多年前的殷商甲骨文中，已有中医的记载。在2000年前它的理论体系已具雏形。几千年来，中医在中国人民的医疗保健方面一直占有主导地位。直至19世纪西方医学传入中国并逐渐普及以后，中国的民族医学才被称作"中医"，以此有别于西方医学（即西医）。

中医的基础理论主要包括阴阳、五行、藏象、经络等学说，以及病因、病机、诊法、辨证、治则和治法、预防、养生等内容。

中医诊法

包括"望、闻、问、切"四个不同的内容，简称四诊。通过观察病人的面、舌形态，询问病情，嗅闻病人分泌物和排泄物的气味，以及切按脉搏等手段来了解病情。但"四诊"不是孤立的，而是相互联系的。

中药

中药包括植物药、动物药、矿物药等。其中以植物药为主，长期以来人们习惯把中药称为本草。中药按照药性分为许多类型，每一类型的药物都具有许多功能及主治。中草药多用水煎汤口服，也可制成各种药丸、药片、药粉等服用，有的还可直接外用。

针灸

针是"针刺"，灸是"艾灸"，合称针灸。是中医外治法之一，它是根据患者的病情，用各种针具、燃着的艾绒作用于身体腧穴来治疗疾病的方法，是中医特有的治疗手段。其最直接的理论依据是经络学说，即外邪有病，可沿经络内传脏腑；脏腑有病，可以沿经络达于体表，所以针灸体表可以治疗脏腑的疾病。

推拿

推拿又称按摩，是中医外治法之一，指在人体体表经络腧穴及一定部位上运用各种手法，以及做某些特定的肢体活动来防治疾病的治法。具有疏通经络、滑利关节，调整脏腑气血功能，增强人体抗病能力等作用。

根据治疗疾病的不同，推拿可分为几类，其中小儿推拿以小儿疾病为治疗范围，并有独特的诊察手段、治疗穴位及操作方法。正骨推拿是以骨伤疾病为治疗范围。运动推拿是以体育运动员为对象，帮助其调整竞技状态、消除疲劳。

根据手法的不同，推拿也可以分为几类，其中指压推拿是以按、压、点、掐为主要手法治疗疾病，其中以背部穴位作为治疗部位的指压推拿，称为点脊法，以胸部穴位作为治疗部位的指压推拿，称为胸部指压疗法。

经络和穴位

经络是人体内气血运行的通路，其中主干叫经，分支叫络。经与络纵横交错，沟通表里遍布全身，形成一个纵横交错的联络网，把人体的五脏六腑、体表腧穴及皮肉筋骨等联结成一个统一的有机整体。

经脉分为正经和奇经两大类，它们是经络的主要部分。正经有12条，即手足三阳经和手足三阴经，合称十二经脉。奇经有8条，合称奇经八脉。络脉有浮络、别络、孙络之分。此外，经络系统还有十二经别、十二经筋、十二皮部。经络理论有指导治疗的作用。

穴位也称腧穴，是脏腑经络之气输注于体表的部位。分布于人体的腧穴很多，大体可分为3类：一是经穴，又称十四经穴。分布于十二经脉和任、督二脉上的腧穴，是全身腧穴的主要部分。二是奇穴。有一定的穴位名，又有明确的部位及治疗作用，但未归入十四经脉系统的腧穴，称为奇穴。三是阿是穴，又称压痛点。是以压痛点或其他反应点作为腧穴用以治疗的。腧穴虽有分类，但它们之间又相互联系，构成了腧穴体系。腧穴的主要生理功能是输注脏腑经络气血，沟通体表与体内脏腑的联系。经络和穴位是中医针灸和推拿等疗法的主要施术部位。

生物工程

生物工程

又名生物工艺学。是利用有生命物质来影响或改变无生命现象，或用自然科学的方法和技术来影响或改变有生命现象从而达到为人类服务的自然过程。生物工程的范围非常广，可以划分为分子水平的酶工程、基因工程，细胞水平的细胞工程，以及发酵工程。仿生学虽然不是利用生物作为手段，但也是通过深入了解生命现象的规律来解决工程技术问题，也属于广义的生物工程学范畴之内。通过生物工程学的研究，能够充分合理地利用生命物质为人类造福。

生物技术

即将生物科学研究获得的进展应用于其他行业的技术。现在已用它来制造包括人类干扰素（一种抗病毒物质）、人类胰岛素和人类生长激素等在内的许多价廉物美的药品。利用它，人类还制造出了能降解油污和有毒废料的细菌。

生物地理学

是生物学的一个分支。主要研究动植物的地理分布及影响动植物分布的各种因素。科学家们发现，动植物的分布模式是由过去和现今众多因素造成的。这些因素包括现今气候及地理条件、陆块的地质历史及气候，以及有关动植物分类单位（如属、种）的进化等。

生物物理学

即应用物理科学的原理和方法研究生物学问题的学科。其主要研究范围包括三个方面：1.依赖物理因子的生物学功能，如神经传递的电脉冲；2.生物体与光、声和离子辐射等物理因子之间的相互作用；3.生物体与其环境之间的相互作用，如导航和通信等。

微生物工程

即通过现代工程技术，利用微生物的特殊性质来进行工业化生产的一种现代生物技术。其应用可分为：1. 微生物菌体的生产和应用，如饲料蛋白的生产。2. 微生物代谢产物的应用，如抗生素等生理活性物质的生产。3. 微生物机能的利用，如利用微生物对废水进行处理等。

细胞

是生物体的结构和功能的基本单位。一般由细胞核、细胞质以及细胞膜组成。在细胞质内还有许多小器官，称细胞器。植物细胞在细胞膜之外还有一层较厚的细胞壁。细胞通常很微小，必须用显微镜才能见到，但大型的卵细胞，肉眼可见，如禽类的蛋，有的神经细胞的突起可长达1米以上。细胞以分裂法繁殖，有些细胞器官也能分生繁殖。在多细胞生物中，细胞的形状可以随其生长、分化和功能而有很大的变化，有卵圆形、柱形、鳞形、梭形或树枝形等。

细胞核

是细胞内遗传信息的储存、复制和转录的主要场所。它是英国科学家布朗于1831年发现并命名的。大多呈球形或椭圆形。通常一个，也有两个或多个的。借双层多孔的核腊与细胞质分隔。核内含有核液、染色质（或染色体）和核仁。

原核细胞

指没有真正细胞核的细菌和蓝藻等低等生物体。此类生物只有一个基因带（或染色体），为环状双股单一顺序的脱氧核糖核酸分子，称为原核或拟核。脱氧核糖核酸没有组蛋白结合。外层原生质中有70S核糖体与中间体，缺乏高尔基体、内质网、线粒体和中心体等。转录和翻译同时进行，四周质膜内含有呼吸酶。无有丝分裂和减数分裂，脱氧核糖核酸复制后，细胞随即分裂为二。

细胞融合

指在融合剂的作用下，两种细胞彼此融合并形成杂交细胞的技术。动物的体细胞融合以病毒为媒介，多种微生物的细胞融合，可以采用酶法消化。细胞融合在开始时，两个细胞核并不融合，这就是所谓异核体，以后逐渐与细胞核融合，形成真正的杂交细胞。细胞融合基本上是在细胞水平上进行的，无须对基因进行分离、提纯、剪接等基因操作，因此大大提高了转移率。

染色体

即细胞有丝分裂时出现的、容易被碱性染料着色的丝状或棒状小体。由核酸和蛋白质组成，是遗传的主要物质基础。各种生物的染色体都有一定的数目、形状和大小。体细胞通常是双倍体，有两组染色体。精子和卵子都是单倍体，只有一组染色体。在雌雄异体的个体中，染色体均分为两类：性染色体和常染色体。

常染色体

指除性染色体以外的染色体。人有23对染色体，其中一对染色体与性别决定直接相关，因而称为性染色体。其余的22对染色体统称为常染色体。

性染色体

指能携带专一基因、能部分地决定个体性别的染色体。在大多数动物中，通常有X和Y两种，其中包含同质和异质两个区域，前者可以互相配对交换，后者则不能。通常一种性别有一对相同的性染色体，因而产生的配子是相同的。而另一性别则有两个不同的性染色体，能产生两种不同的配子。由雌雄配子结合产生的后代个体中，两种性别的数目大致相等。雌性哺乳动物的两X之一的异染色体质化，在上皮细胞核中呈巴氏小体，在多核血白细胞中形成鼓槌；雄性的Y在核内呈强荧光Y小体。由此可以判断个体的性别。

蛋白质

又称"朊"。是生命活动的基础，是生物体的主要组成物质之一。它是由多种氨基酸结合而成的长链状高分子化合物。按分子形状可分为纤维状蛋白和球状蛋白，按溶解度可分为白蛋白、球蛋白、醇溶蛋白和不溶的硬蛋白，按组成可分为简单蛋白和复合蛋白。1965年，我国首先人工合成具有生物活力的蛋白质——牛结晶胰岛素。

氨基酸

指含有氨基的有机酸。它是组成蛋白质的基本单位。它的溶点很高，溶于水成两性离子。其类别有：1.脂肪性侧链——甘氨酸、丙氨酸、缬氨酸、亮氨酸、异亮氨酸和脯氨酸；2.羟基脂肪性侧链——丝氨酸和苏氨酸；3.芳香族侧链——丙苯氨酸、酪氨酸和色氨酸；4.碱性侧链——赖氨酸、精氨酸和组氨酸；5.酸性侧链——天冬氨酸和谷氨酸；6.酰胺侧链——天冬酰胺和谷氨酰胺；7.含硫侧链——半胱氨酸和甲硫氨酸。人体所需的氨基酸中，必须由食物中蛋白质供给的"必需氨基酸"有甲硫氨酸、缬氨酸、亮氨酸、异亮氨酸、赖氨酸、苏氨酸、色氨酸和苯丙氨酸。"非必需氨基酸"有甘氨酸、丙氨酸、天冬氨酸、天冬酰胺、谷氨酸、谷氨酰胺、脯氨酸、组氨酸、酪氨酸、精氨酸和半胱氨酸。

核酸

高分子化合物的一类，是生命的最基本物质之一。由许多（至少几十）个核苷酸通过磷酸二酯键连接而成，存在于所有动植物细胞、微生物和病毒、噬菌体内，对生物的生长、遗传、变异等现象都起着决定作用。根据所含成分，可分为核糖核酸（RNA）和脱氧核糖核酸（DNA）两类。核酸与遗传、肿瘤的发生、病毒的感染性、射线对机体的作用都有重要关系。

核苷酸

核酸的基本结构单位。分子结构由碱基与糖、磷酸基相连接组成的一类有机化合物。还可以进一步分解生成碱基和戊糖。核酸中的碱基分两类：嘧啶碱和嘌呤碱。常见的嘧啶碱有三类：胞嘧啶（C），尿嘧啶（U）及胸腺嘧啶（T）。RNA中常见的嘌呤碱有两类：腺嘌呤（A）及鸟嘌呤（G）。

根据其组成中的戊糖的不同，将其分为两大类：核糖核苷酸（RNA）及脱氧核糖核苷酸（DNA）。

RNA 主要由 A、G、C、U 四种碱基组成，DNA 主要由 A、G、C、T 四种碱基组成。从碱基组成来看，DNA 与 RNA 之间仅差一个碱基，DNA 中的 T 代替了 RNA 中的 U。

脱氧核糖核酸

属核酸的一种。因分子中含有脱氧核糖而得名。英文缩写 DNA。其主要的组成物核苷酸为脱氧腺苷酸、脱氧鸟苷酸、脱氧胞苷酸和脱氧胸苷酸。存在于细胞核、线粒体、叶绿体中，也可以游离状态存在于某些细胞的细胞质中，大多数已知噬菌体、部分动物病毒和少数植物病毒中含有脱氧核糖核酸。它是储藏、复制和传递遗传信息的主要物质基础。动物胸腺和精子含脱氧核糖核酸较多，常用为制备这类核酸的材料。

核糖核酸

核酸的一类。因分子中含有核糖而得名，英文缩写 RNA。存在于一切细胞核中，也存在于大多数已知的植物病毒和部分动物病毒以及一些噬菌体中。是由许多个核苷酸通过磷酸二酯键连接而成，组成核苷酸的主要是腺苷酸、鸟苷酸、胞苷酸和尿苷酸四种。细胞内的核糖核酸，又可因其功能的性质不同，主要分为三种：转移核糖核酸、信使核糖核酸、核糖体核糖核酸。病毒和噬菌体的核糖核酸也起着极为重要的作用，它们的感染力和遗传信息是由核糖核酸所决定的。1981 年中国科学家在世界上首次人工合成了与天然分子完全相同的由核苷酸组成的核糖核酸——酵母丙氨酸转移核糖核酸，具有全部生物活性。

遗传与变异

遗传学中，遗传是指遗传物质从上代传给下代的现象。一般指亲代的性状又在下代表现的现象。当同一起源的个体间的性状出现差异，环境相同而遗传不同时，会出现变异；遗传相同而环境不同时，也会产生变异。前者称遗传变异，后者称非遗传变异或环境变异。通常看到的变异可属两者之一，或为两者的总和。遗传变异可因遗传物质的改变，包括基因突变和染色体畸变，也可因基因的分离而产生。

中心法则

指生命活动中，遗传信息由 DNA 经 RNA 流向蛋白质的过程。其基本过程为遗传信息从 DNA 生物大分子"转录"到信使 mRNA，再经"转译"成一定序列的氨基酸，从而"翻译"构成特定的蛋白质，这种传递方式，称为生物学遗传的中心法则。比较特殊的是致癌病毒的 RNA，也能通过反转录酶转录成 DNA，说明遗传信息可以倒流，它丰富了中心法则的内容。

基因

生物体携带和传递遗传信息的基本单位。一个基因是一段苷酸序列编码蛋白质，也就是说决定特定蛋白质一级结构的是结构基因。生物体的一切性状几乎都是许多基因与周围环境的相互作用的结果。基因首先在真核生物中发现，而真核生物的染色体都在细胞核中，因而基因是核基因或染色体基因的同义词。在线粒体、叶绿体等细胞器中也存在着编码某些蛋白质的遗传因子。为了区别于核基因,这些基因统称"细胞质基因"。

基因工程

又称DNA重组技术。采用类似工程设计的方法,人为地转移和重新组合生物的遗传基因,从而改变生物性状和功能,创造新的生物品种的技术活动。于20世纪70年代兴起。它是指在生物体外将不同来源的DNA进行剪切和重组,然后将之导入宿主细胞,从而使之获得新的遗传特性,形成新的基因产物。其理论和实际意义是极其深远的。

遗传工程

利用现代分子生物学技术定向改造生物性状的一种先进技术。主要是通过改变生物体的基因组成,来改变生物的遗传特性,因而可使生物的性状发生改变,使之有利于人类利用。

克隆绵羊

克隆的意思是无性繁殖。克隆绵羊"多利"是英国罗斯林研究所的科学家们用成年绵羊的体细胞繁育而成的。他们从一头白种成年绵羊身上取出足够的乳腺细胞,在实验室内将其培养成一个细胞系,然后将这些培养细胞核一一取出,又逐一将细胞核转移到一头苏格兰黑绵羊的胞核卵子细胞内。此后,研究人员利用适当的电流刺激植有培养细胞核的卵子细胞,使之融合并诱发卵子细胞开始发育,最后将试管中的卵子细胞移植到另一头代母绵羊的子宫内。于是培养出的细胞基因在代母羊体内孕育成另一头遗传特征与白绵羊完全相同的胚胎。

克隆绵羊的诞生在国际上引起极大反响,专家们认为这将会引起生物学界的一次革命,它将帮助人类培养出众多的优良作物和家畜品种,从而带来巨大的经济效益。在医学和拯救濒危动物方面也能得到极为广泛的应用。而另一方面,克隆绵羊的问世,也给人类提出了十分严峻的法律及伦理道德问题。因为从理论上讲人类是可以"克隆"的,克隆培育法一旦被用于人类,将给社会带来无法想象的严重后果。因此许多国家已决定拟定有关法律,严禁"克隆人"的研究。

核移植

指通过移植细胞核改变生物性状的细胞工程。其方法是在显微镜下,将一个生物细胞的细胞核移植到另一个除去细胞核的细胞中去,形成杂交细胞。优良家畜的无性繁殖和对濒临绝迹的珍贵动物的保护都是这一技术的重要应用。

性决定

又称生物性别决定,主要是由生物体的性染色体决定的。生物中性染色体普遍存在的类型有两种:XY型和ZW型。属于XY型的,其中含有XX性染色体的合子发育成雌性个体,含有XY型性染色体的合子发育成雄性个体。属于ZW型的,其中含有ZW染色体的合子发育成雌性个体,含有ZZ性染色体的合子发育成雄性个体。性别除了受生物体的性染色体决定外，还受环境和生理因素的影响。

返祖现象

是祖先的某些性状隔若干代之后，在后代中出现遗传现象。

返祖现象不单见诸人类，在其他动物体上也会出现。这种隔几代出现的与祖先相似性状的现象，通常是由于物种演化过程中已经分开的、产生这一特性所必需的两个或多个基因重新结合在一起所造成的。

返祖现象是偶然出现的，因为控制与祖先相似性状的基因在物种形成的历史时期里已经分开，在父母双方体内同时出现的概率非常低，而产生这个特性所必需的概率就更低。

酶

即一种大分子蛋白质。是生物体进行新陈代谢、物质合成、分解、转化的必不可少的生物催化剂。由于它的存在，使生物体内的各种化学变化得以顺畅地进行。它除具备一般催化剂的特点之外，还具备高效率、专一性以及温和的作用条件等特点。这些特点使它在生物体新陈代谢中发挥强有力的作用，酶的调控使生命活动中各个反应得以有条不紊地进行。

酶工程

指利用酶的特异催化功能，快速、高效生产出生物制品的技术。酶的分离、提纯和应用是这一技术的难点和重点。酶工程利用酶的催化作用使我们要利用的化学反应过程呈现出反应条件温和、速度快、效率高等特点。固相酶反应器应用很广，它是人们利用酶在反应中自己不被消耗的性质，利用提纯蛋白质的方法纯化的酶固定在载体上做成的。利用它可使催化效率大大提高，使产品的提纯、回收工艺大大简化。

糖类

又称碳水化合物，是一类有机化合物。分为单糖、双糖和多糖。葡萄糖是单糖，麦芽糖、蔗糖、乳糖是双糖，植物细胞中最重要的糖是淀粉和纤维素，动物细胞中最重要的多糖是糖原。植物淀粉是植物细胞中储存能量的物质，糖原是动物细胞中储存能量的物质。以上各种糖都是由碳、氢、氧3种元素组成的，它们的分子结构和性质也都有共同特点。

食用糖类被吃掉后经过一系列的化学变化，最后都要变成单糖——葡萄糖，葡萄糖氧化分解时释放的能量可以供给生命活动的需要。糖类是生物体进行重要活动的主要能源物质，也是构成细胞的一种成分。

脂肪

又称"真脂""中性脂肪"；学名"三酰甘油""甘油三酯"。由甘油和脂肪酸构成。生物体的储能物质，每克提供的能量，超过蛋白质或糖类两倍有余。是食油的主要成分。动物脂肪含大量饱和脂肪酸，呈固态；植物油中不饱和脂肪酸占较大比例，呈液态。脂肪对动物体有保护和支持的功能。也是人体内不可缺少的能源物质。

脂肪酸

链状羧酸的总称。同甘油结合生成脂肪，是构成生物膜的重要成分。一般从脂肪水解制得，也可人工合成。自然界的脂肪酸多含偶数碳原子，分布最广的有软脂酸、硬脂酸和油酸三种。前两者属饱和脂肪酸类，后者为不饱和脂肪酸。亚油酸、亚麻酸和花生四烯酸三种必需脂肪酸碳链中分别含有两个、三个和四个双键。也有带支链的、环状的和含氧的脂肪酸。

淀粉

是由许多葡萄糖分子缩合而成的多糖。分子式（C6H10O5）n。是植物细胞中贮存能量的物质。成粒状，广泛存在于植物谷粒、果实、块根、块茎、球茎等中。不溶于冷水，和水加温至50℃~60℃，膨胀而变成具有黏性的半透明胶体溶液。分为直链淀粉和支链淀粉，一般是二者的混合物。除供食用外，常用于发酵、纺织等工业。

维生素

又称"维他命"，生物的生长和代谢必需的微量有机物。已知的20余种维生素大致可分为脂溶性维生素和水溶性维生素两类。一般人们比较熟悉的有维生素A、B、C、D、K等。人和动物缺乏维生素时不能正常生长，并发生特异性病变。病人、特殊工种劳动者、儿童和孕妇等的需要量比常人高。许多维生素现在已可提纯或人工合成，另外，只要在饮食上稍加注意便能保证各种正常生理活动的需求。

激素

又称"荷尔蒙"，是指人和动物的内分泌腺器官直接分泌到血液中去的对身体有特殊效应的物质。消化道器官及胎盘等组织也分泌激素。各种激素的协调作用对维持身体的代谢与功能是必要的。有些激素是酚类衍生物、有些是多酞蛋白质，有些是类固醇化合物。许多激素制剂及人工合成产物在医学上及畜牧业中都有重要用途。

内分泌

即体内某些细胞、组织、器官产生的激素，经体液传至其他细胞后发挥刺激或抑制作用的过程，用以调节细胞机能。如胰岛素分泌后直接进入血液，调节糖类代谢。

新陈代谢

是维持生物体的生长、繁殖、运动等生命活动过程中化学变化的总称。生命的基本特征之一。通过代谢，生物体同环境不断地进行物质和能量的交换。其方向和速度受着各种因素的调节，以适应生物体内外环境的变化。生物体将从食物中摄取的养料转换成自身的组成物质，并储存能量，称为"同化作用"或"合成代谢"。反之，生物体将自身的组成物质分解以释放能量或排出体外，称为"异化作用"或"分解代谢"。代谢由酶所催化，具有复杂的中间过程，新陈代谢失调会产生疾病；代谢一旦停止，生命就终止了。

十五

经济、贸易

经济

经济

主要指人类创造财富的社会活动，即人们在一定的经济关系的前提下进行生产交换、分配、消费以及与之有密切关联的活动。有6个比较重要的意义：1.节约、节省。2.个人或家庭的收支状况。3.适应于一定社会生产力发展阶段的社会生产关系的总和。4.物质财富的生产、分配、交换、消耗及再生产。5.非物质资料生产部门及其活动。6.一个国家或多个国家国民经济的总称。

自然经济

自然经济是以自给自足为特征的经济形式。生产只是为了直接满足生产者自身（包括家庭或经济单位）的需要，而不是为了投入社会进行交换。生产的东西不进入流通领域或只有极小部分进入流通领域，产品不具有商品的性质。自然经济的重要特点是，农业和手工业结合十分紧密。这使各个经济单位之间孤立分散、很少相互往来。自然经济是不发达社会（如原始社会）的经济。在人类社会经济发展史上，自然经济曾长期占据着统治地位。

商品

用来交换的劳动产品，具有使用价值和价值两种属性。使用价值是商品的自然属性，是商品价值的物质承担者；价值是商品的社会属性，是体现在商品中无差别的人类社会劳动。

货币

货币是商品交换的媒介，是用来固定地充当一般等价物的特殊商品。货币具有五种职能：价值尺度、流通手段、贮藏手段、支付手段和世界货币。其中，价值尺度和流通手段是货币的基本职能。在人类历史发展过程中，牲畜、毛皮、食盐、贝壳、布帛、铜、铁等都充当过一般等价物，这就是早期的货币。随着商品生产和商品交换的发展，一般等价物最终固定在自然属性最适宜充当货币的贵金属（金和银）上。各国都有自己的货币，现今一般是纸币。纸币是由国家发行并强制流通的价值符号。一个国家发行的纸币量是以该国的黄金储备为基础的。

价格

商品价值的货币表现形式。商品价值不可能从商品本身得到表现，只有当一种商品同其他商品进行交换时才能表现出来。此外，商品价格的变化还受市场供求关系变化的影响。供不应求时，商品价格上涨；供过于求时，商品价格下跌。因此商品价格总是在供求关系的影响下围绕价值上下波动。

价值规律

商品经济中存在的一种基本规律，反映商品经济过程中内在的、本质的、必然的联系，体现着商品经济运行过程的必然趋势。商品的价值量取决于生产商品的社会必要劳动时间；商品必须按照价值量相等的原则进行交换。价值规律是通过价格围绕价值上下波动（即供需关系）的形式得到实现的。当商品供过于求时，生产者为卖出商品而降价，使价格偏离到价值以下；当商品供不应求时，购买者为获得商品而抬价，使价格偏离到价值之上。其作用一般概括为3个方面：1.调节社会劳动在各个生产部门之间的分配，优化资源配置。2.刺激社会生产的发展。3.促进优胜劣汰。

计划经济

以社会化大生产为前提，在生产资料公有制的基础上，由中央政府对国民经济进行统一计划管理、协调资源配置、实现生产与需求之间的联系，以使国民经济有计划按比例发展的经济体制。原则是统一计划、分级管理。通常把计划价格和计划调拨作为两种重要的调控手段。

商品经济

商品经济是直接以交换为目的的一种社会经济活动方式，是商品生产和商品交换关系的总和。商品经济产生的条件，一是社会分工，二是生产资料和产品属于不同的所有者。社会分工是商品生产存在的前提，但有社会分工，不一定就有商品生产。当社会分工中处于不同地位的生产者以产品的不同所有者身份出现，其劳动产品作为商品来生产和交换时，才产生商品经济。在不同社会中，商品经济有着不同的特点和表现形式。奴隶社会和封建社会的商品经济是简单商品经济。资本主义社会的商品经济是发达的商品经济，这个时期，不仅一切劳动产品成为商品，而且连劳动力也变成了商品。社会主义社会所发展的是以生产资料公有制为基础的社会主义市场经济。

市场经济

市场经济是以市场为资源的主要配置者，以市场为经济活动的主要调节者，以市场的自发调节为机制的一种商品经济形式。市场经济的基本特征主要有：自主性、平等性、开放性、竞争性、分化性。市场经济并不是资本主义专有的，社会主义尤其是在其初级阶段也需要市场经济这种经济形式，而且是不可逾越的一个阶段。

通货膨胀

指物价水平普遍持续上涨导致货币购买力下降。其形成原因概括为以下几种：1.需求拉动型通货膨胀。2.成本推进型通货膨胀。成本推进型通货膨胀又可分为工资推进通货膨胀和利润推进通货膨胀。3.结构型通货膨胀。

经济危机

通常指资本主义经济发展过程中周期性爆发的生产过剩的危机。其主要特征是：企业纷纷倒闭，生产大幅度下降，工人失业人数剧增，信用关系遭到破坏，物价下降，整个国家的经济生活处于极端混乱和瘫痪中。经济危机产生的根本原因在于生产社会化与生产资料资本主义私人占有形式之间的矛盾。经济危机期间最明显的两个反常现象是通货膨胀和物价上涨，即所谓"滞胀"。经济危机是资本主义矛盾激化的产物，只有社会主义制度代替资本主义制度，才能最后消灭经济危机。

货币资本

以货币形式存在的资本。在资本主义社会，货币资本主要用来购买生产资料和劳动力，以进行剩余价值的生产。随着资本主义的发展，货币资本从产业资本的循环中分离出来，形成独立的借贷资本，但仍从属于产业资本并参与瓜分剩余价值。

经济全球化

即国际经济一体化。通常指国家间的经济一体化。一般表示两个或两个以上国家在社会再生产的某些领域内实行不同程度的经济调节和经济联合。随着生产力的调整发展和科学技术的不断进步，生产社会化、国际化的程度得到了进一步的提高，经济全球化得到更进一步的发展。

经济全球化主要表现在国际分工、国际商品交换和国际资本流动等方面。国际分工是在社会生产力发展到一定水平时产生的，并随着社会生产水平的提高而发展。随着国际经济的发展、产业结构调整的强化和跨国公司的崛起，发达国家与发展中国家之间的国际分工也得到发展。国际分工的不断深化极大地促进了国际商品交换的发展。随着国际分工和国际商品交换规模的扩大，资本国际流动的规模也迅速扩大。

国际分工的深化、国际商品交换的发展和国际资本流动规模的扩大，对经济全球化提出了更高的要求。这一要求促进了区域经济一体化和国际经济组织的作用的强化。一些国际组织如：世界贸易组织、国际货币基金组织、世界银行等在经济全球化当中起着相当重要的作用。

国际质量认证体系

质量管理中的组织机构、责任、程序、过程和资源构成的有机整体。其国际标准ISO9000系列，由第三方认证机构对标准的实施进行审核和认证。ISO9000系列标准由"质量管理和质量保证"的

5个标准构成，在质量体系审核和认证规程管理方面为认证机构提供指导。其中3个质量保证模式分别为：ISO9001为开发设计、生产、安装和服务的质量保证模式；ISO9002为生产和安装试验的质量保证模式；ISO9003为最终检验的质量保证模式。另两个非合同环境模式是：质量管理与质量体系要素指南和ISO9004。

ISO9000系列为基础的质量体系的建立，有利于改良产品设计、改进产品质量、提高生产效率、增强用户信心、健全企业质量文化、树立企业良好信誉、提高竞争力、增加出口份额。全世界越来越多的企业积极参与国际质量认证，并建立起自身的质量体系。

经济学

经济学是一门研究经济关系和经济活动规律及其应用的科学。最早出现于奴隶时代。在封建社会末期商品经济发展到资本主义生产关系阶段出现了资产阶级经济学。到19世纪中叶，马克思主义政治经济学诞生了。马克思主义政治经济学的基本原理与中国国情的结合，进一步推动了社会主义革命和建设。而毛泽东等马克思主义者也极大地丰富了马克思主义经济学说。经济学的主要内容包括：财政学、货币学、国际经济学、劳动经济学、工业经济、农业经济、经济增长和发展、数理经济学、计量经济学等。

生产力

人类在与自然界的物质变换过程中，把自然物改造成为适合人类需要的物质资料的力量。又称社会生产力。

生产力的要素有：劳动者、劳动资料和劳动对象等。具有一定生产经验和科学知识及劳动技能的劳动者，是生产力的主体，在生产过程中发挥着主导作用。劳动资料是劳动者置于自己和劳动对象之间，用来把自己的活动传导到劳动对象上去的物件或物件的综合体，它主要由生产工具，以及土地、厂房、道路及其他辅助设施构成。广义的劳动资料还包括动力系统、运输系统和信息系统。在生产力要素中，科学技术是最重要的因素之一。

生产力是一个复杂的系统，是各要素有机组合的一个整体。生产力是生产中最活跃最革命的要素，它不断变化、提高，从而推动人类社会从低级向高级发展。

生产关系

人们在物质资料生产过程中形成的相互关系。它是生产方式的一个方面，是物质生产的社会形式，经济关系指的是与一定的社会生产相适应的生产关系的总和，它是人类社会存在和发展的基础。

生产关系有狭义和广义之分。狭义的生产关系指直接生产过程中人与人的关系。广义的生产关系则包括再生产过程中的一切经济关系，其中有直接生产过程中的关系、分配关系、交换关系和消费关系，也包括作为一定的生产的前提和基础的社会条件。

生产方式

人们生产生活资料和生产资料的方

式，生产方式的范畴包括：人们使用什么样的生产资料进行生产，生产中采用什么样的劳动方式，生产资料和劳动力在技术上和社会形式上如何结合，人们在什么样的生产关系下进行生产等。

生产方式包括生产力和生产关系两个方式，生产力是社会生产的物质内容，生产关系是它的社会形式。生产力决定生产关系，生产关系又对生产力发生积极的反作用。生产力发展导致生产关系变革，生产关系变革进一步促进生产力的发展。作为生产力和生产关系相统一的生产方式，决定着人们的政治生活和精神生活。

价值

凝结在商品中的一般的无差别的人类劳动或抽象的人类劳动。价值是构成商品的因素之一。

价值是商品经济的特有范畴，由生产商品所耗费的相同的人类或抽象劳动所创造。一个物品虽然凝结了人类劳动，是人们通过劳动创造的，但如果不是商品，它的劳动就不形成价值。相反，如果没有凝结人类劳动的东西，即使具有使用价值，也没有价值。如空气和阳光等。因而，必须是具有使用价值和交换价值并由人类劳动所创造的商品才有价值。

生产者通过商品的价值形式，把他们的劳动当作等同的人类劳动来互相发生关系。他们互相交换商品。比较其价值，实际是在互相交换和比较其劳动。通过这种劳动交换使社会上不同的商品生产者发生经济联系，形成商品生产者之间的社会生产关系。

劳动

劳动力的使用和消费。它是人以自身的活动来引起、调整和控制人和自然之间的物质变换的过程。劳动是人类最基本的社会实践活动，是人通过有目的活动，改造客观对象，并在这一活动中改造人自身的过程。

劳动是人类自下而上最基本的条件，通过劳动，人类使自然物发生形式变化，使之适合自己的需要。通过劳动，人使自己与外部自然之间交换物质与能量，使人的生命得以维持和延续，并不断改善和改变自己的身体，劳动过程又是人类的再造过程。劳动使猿手变成了人手，促使猿脑转变为人脑，导致了语言的产生，使人类从动物界中提升而成为人。劳动说明人不是消极地适应自然界，而是能动地支配自然界，这是人和动物的基本区别。劳动是社会过程，人类所特有的劳动只有在一定的社会关系中才能实现，这是人和动物活动的又一区别。随着劳动的发展，人们之间的社会关系愈来愈密切，形成日益丰富的社会关系体系。

工资

劳动力价值或劳动报酬的一种形式。工资既存在于资本主义社会，也存在于社会主义社会，但它的根本性质却不同，资本主义社会资本家付给工人的工资实质上是劳动力价值的货币转化形式，即劳动力价格。这种工资掩盖了工人的必要劳动和剩余劳动，有酬劳动和无酬劳动之间的区分，掩盖了资本家对工人的剥削实质。

而社会主义工资是指国家或集体经济组织根据按劳分配原则，以货币形式分配给劳动者的那部分价值。在社会主义社会中，劳动者是生产资料的主人，工资是按劳分配的主要实现形式，体现着国家、企业和劳动者之间根本利益一致的关系，在社会主义条件下，劳动者在工资分配上的差别大体与人们的劳动差别一致，技术高、劳动贡献大的工资就高。必须反对分配上的平均主义。

在中国，构成工资总额的项目有：标准工资、加班加点工资、各种奖金、各种津贴，其他工资等。

竞争

不同个人或群体为了争先获得同一目标而进行的争夺，竞争的发生要具备以下条件：1.必须有争夺的目标。没有共同的争夺目标就不会形成竞争。2.追求的目标必须是比较稀少和难得的，一个人或一些人夺取或达到这一目标，就意味着其他人失去达到目标的机会。3.竞争多按照一定的规范进行，如体育竞争要按照体育规则进行，经济竞争要在法律允许的范围内进行等。竞争是一种普遍的社会行为，它的激烈程度依争夺目标或事物对于竞争双方的价值而不同，目标或事物对双方的价值越大，争夺就越激烈。竞争可能是直接的，也可能是间接的，竞争的结果是胜者获得某种利益，败者蒙受损失，但是，竞争总会使双方集中各自的力量来努力，从而使得团体或社会充满活力，因此可以说竞争是进步的杠杆。

垄断

指少数大企业为了共同控制某个或若干部门的生产，销售和经营活动，以获取高额垄断利润而实行的一种联合，又译独占。

垄断是从自由竞争中成长起来的，资本家为了在追逐利润的竞争中取得胜利，必须采用新的技术设备，扩大生产规模，以提高劳动生产率和降低生产成本，这就需要不断地进行资本积聚，即通过剩余价值的资本化来不断地扩大资本。在资本积聚的基础上，竞争又引起资本集中，这主要是通过大资本并吞小资本或建立股份公司方式来实现的，资本积聚和资本集中的结果，使生产日益集中于少数企业。当生产集中发展到一个部门已被少数大企业所控制的阶段，必然会形成垄断。

常见的垄断形式有：1.托拉斯。其英文原意为"信托"，指受托人替委托人管理资产，进行经营。十九世纪后美国有人利用信托形式在工业中建立垄断。托拉斯作为垄断的组织形式，主要通过兼并相同类型的竞争对象，在没有竞争的条件下由共同的总部，对市场实行垄断。2.卡特尔。与托拉斯不同，卡特尔在组织形式上没有共同的总部，也不需要通过兼并来实现。卡特尔指在竞争对手间，通过协议或默契，进行结盟，从而对市场实行垄断。

产业

产业

把原材料变成产品或提供有用服务的所有的工农业和服务行业的总称。产业部门生产或提供社会所需要的所有产品和服务,并把这些送达消费者。一个国家的财富主要以其产业为基础,产业效率越高,国家的财富越多。一个国家的生活水平,可用其产业所生产的产品数量、成本和质量来衡量。我国产业的划分一般是农业为第一产业,包括农、林、牧、渔各业和采掘业;第二产业为工业,包括制造业、能源业和建筑业等。第一、二产业以外的为第三产业,包括流通和服务等部门。

传统产业

利用传统技术进行生产的产业,在西方发达国家又称"夕阳产业"。一般是生产技术和生产装备比较落后、产品技术含量不高、劳动生产率水平较低、经济效益较差的产业,如纺织产业、钢铁产业等。随着科技的高速发展,传统产业面临巨大的挑战,需要进行大规模的调整,甚至有一些将被新兴产业所取代。然而,传统产业所提供的产品和服务仍是经济发展和人类生活所需求的,大部分传统产业仍将具有强大的生命力。但是这些传统工业必须用先进的技术对落后的生产工艺进行改造,以提高资源的利用率、劳动生产率和市场竞争力,满足市场、社会的需求和产业自身发展的要求。经过彻底的技术改造和结构调整的传统产业有可能成为全新的产业,并对国民经济和人民生活做出新贡献。

高技术产业

技术含量相对较高的产业。高技术产业是在研究开发的基础上通过技术创新形成的新的产业,具有高增长率、高附加值、强烈的出口导向和高技能劳动密集等特点,如计算机、微电子、现代通信、生物工程、智能机器人、新材料、原子能发电、太阳能利用、海洋采矿、飞机制造、太空利用等产业。而高技术是指高技术产业中的主导技术,如信息技术、生物技术、新材料技术、新能源技术、空间技术和海洋开发技术等。

劳动密集产业

投资较少、劳动力较多、装备落后、技术落后状态的产业。其特点是投资少、技术操作要求较低、劳动工具简单、能够吸收较多的劳动力,以及活劳动消耗比重高、物化劳动消耗比重低。比较典型的劳动密集型产业有服装产业、家具工业、玩具工业、皮革工业、工艺手工业等。

社会生产力的发展和现代科学技术的广泛应用,要求劳动密集型产业生产的机械化程度和自动化程度以及对资本、技术和劳动力素质的要求不断提高,逐步向资本密集型产业和技术密集型产业的方向转化。

资本密集产业

投资较多、技术装备程度较高的产业。资本密集型产业具有资本投入比劳动力投入对产业的贡献大、工艺过程比较复杂、设备相对比较庞大、原材料消耗量大、单位投资能容纳的劳动力相对较少、劳动生产率较高的特点。如冶金工业、汽车工业、石油开采业、石油化工工业和重型机械制造业等大型工业都属于资本密集型产业，在国家经济发展和社会进步中有着举足轻重的作用。资本密集型产业除需要较大的资金外，对社会生产力水平以及原材料、产业技术、基础设施、劳动力素质、管理水平、市场容量和发育程度等基本要素也都有较高的要求。

技术密集产业

运用先进的科学技术进行生产的工业部门。其特点是知识性劳动的投入取代简单体力劳动投入和资金投入，产品的附加价值高，科技人员比例较大等。技术密集产业对现代科学技术有很高的需求，一般需要投入较多的研究开发经费和较多的研究开发人员。此外，由于其产品和生产工艺的技术密集程度高，生产装备的精密程度高，因而需要较大的投资规模。技术密集产业所使用的技术通常都是较为先进的技术，因此，也称作高技术产业。技术密集产业的每项技术都有自己的生命周期，随着时间的推移，必将被更新、被更高水平的技术所取代，成为传统技术并逐步被淘汰。因此，不同的历史时期有不同的技术密集产业。

农业

农业是耕耘土地、种植和收获庄稼、饲养牲畜的科学和技术。农业、林业和渔业是人类最古老的和最重要的产业。大约半数的世界劳动力从事农业生产。耕作方法和所种植的农作物各国不尽相同。许多不发达国家的农业仅处于维持生存的水平，农民生产的粮食仅够养活他们自己和家人。先进国家的农业机械化程度较高，从而生产率也较高，农民种植作物在市场上出售，是商业的初级阶段。

矿业

矿业是自远古以来人类所从事的一个基本行业。矿山提供矿石用以提炼金属和化学品，提供金银用以制造首饰，提供盐供人食用。世界上的能源大都必须加以开采，如煤、石油、天然气以及用于核动力的放射性矿石。工业所需要的许多原材料必须从地下取得。

矿产资源是不可再生的，必须保护不能再生的资源。采矿业保护自然资源的方式是采用更为有效的和浪费程度较低的方法开采和加工自然资源。采矿是一种危险的工作，目前机械已取代了许多井下作业的工人，而且使劳动生产率大大提高了。

建筑业

建造基础设施的产业，是第三产业的一种。基础设施是人民生活不可缺少的因素。这些基础设施包括办公室、工厂、住房、道路桥梁、港口及运输系统的其他部分基础设施，还包括电站、电力分配系统以及通讯网。几乎工业的所有生产中枢都是基础设施。发展中国家应优先考虑建立基础设施，以及为迅速增长的人口建造住房。活跃的商品经济中所得到的利润绝大部分被用于修建桥梁、港口和工厂，以及工业设施。

建筑业是经济活动变化的晴雨表。在繁荣和扩展时期，建筑业发展迅速。当经济发展速度放慢时，建筑业的发展也相应减缓。建筑业由于未能全面机械化，所以还是劳动力的主要雇佣者。

制造业

把原材料变为制成品甚至商品的产业。制造业由于增加了原材料的功用而使其增值。制造业的产出通常用所增加的价值计算，即投入生产中的原材料的价值和它的销售品价值之间的差额。工厂既生产生活资料又生产生产资料。

现在，发达国家主要的制造业为非电子机械、运输（包括汽车）、食品、化学制品以及电力和电子设备。而发展中国家的工业一般是提供吃、穿、住等必需品的基本产业。随着经济的发展，这些工业也必然会从生产基本的必需品发展到制造先进的生活资料和生产资料方面。这成为一种发展模式，许多国家的发展实践已经证明这一点。

制造业的发展与变更，充分体现了产业的生命周期——开始时是快速发展的新兴产业，之后成为经济的主要产业，最后成为逐渐衰落的产业。这种生命周期由经济结构调整需要所决定。

运输业

为制造业和农业等提供运输服务的产业。人们必须把商品和原材料从工厂和农场运到市场和其他制造中心，这是原料和产品流通必不可少的环节。产业革命之前，运输很困难，把商品运到市场上去的费用很高，运输成本占产品最终成本的比重很高。产业革命带来运输的快速发展，现已大大减少了运输的时间和成本。运输成本的下降，降低了许多商品的价值，使更多的消费者可以有能力购买到自己所需的物品。

各产业的发展使运输业的产生和发展成为可能，更加密切了与运输业之间的联系，而日益发展的运输业也促进了各产业发展。另外，运输业也同国际贸易有密切关系，较低的运输成本为更多的国家进入世界市场提供了可能。

通讯业

使用先进的技术，完成信息的传递与交流的产业。多通过光纤电缆、激光光束或卫星传送出来。半导体的广泛应用，曾在通信设备中引发了一场革命。而今计算机存储和传递信息，并同其他的计算机进行联网对话，使办公室通讯对书籍、纸张、电话和邮政的依赖大大减少。随着工业时代的逐步发展与完善，商品经济的日益繁荣，人类将完全置身于一个高速运转的商品和信息社会。商品与信息的交流打破了地域限制，扩展到国际领域的各个重要角落。通讯业的发展已经是经济生活与交流必不可少的一部分。

服务业

提供服务的行业。主要包括商业服务、卫生保健、教育、休闲服务以及批发贸易和零售贸易。

同农业和采矿业相比，服务业是最后发展的经济部门。服务业目前是所有国家的基础行业。工业化过程产生了制造业，而制造业又需要金融和通讯等方面的服务。制造业部门的发展，给服务业等第三产业部门创造了更多的发展机会。在经济发达国家，服务业已成为发展得最快的经济部门，它所创造的价值不仅在国民经济中占重要地位，而且它所提供的就业机会已逐渐居各行业之首。

金融与商业

金融

货币流通与信用活动的总称，是商品经济发展到一定阶段的产物，货币的经营促使银行业的诞生，资本的发展又使信用逐步成为金融的主体，使商业信用、银行信用、证券信用都获得了较快的发展。

金融与融资密切相关，金融活动本身就是融资的过程。它是一种以所有权和增值价值索取权为背景的资金借贷行为。通过货币资金的重新组合与集中，增加实物生产要素的积累力量，并通过非生产性货币向生产性货币的转化，为再生产提供资金来源。它与信用结合会使社会资金更快更自由的运转，不仅对扩大再生产有益，而且对整个国家的经济都起着重要的推动作用。

商业

随着商品经济的发展而发展起来的商品交换活动的总称。在商品流通过程中产生了买和卖的分离，也产生了商人。当商品流通再进一步扩大时，便出现了商业，以至于后来出现批发商业以适应商品经济和需求的发展。

商业是专门从事商品流通的国民经济部门，是与生产相分离的专门行业。商业的基本职能是媒介商品交换，商品经过这个媒介才能由生产领域转向流通领域。另外，商业还承担诸如商品的运输、保管、分类、编配以及其他为商品经营活动服务的业务活动。总之，商业作为一个独立的社会经济部门，对国民经济的发展有着不可低估的促进作用。对完善社会分工、提高生产率、提高经济效益、促进生产力发展都有着积极的影响。

金融国际化

金融活动从地区性传统的业务活动发展为全球性的、创新性的业务活动的过程。通过一国在海外设立金融机构，形成信息灵敏、规模适宜、结构合理的金融网络，并允许外国金融进入本国，使国内金融与国际金融在更广泛的范围内得到优化配置。金融国际化主要形式有：金融机构的国际化、金融市场的国际化、金融资产和收益的国际化等。金融国际化是随着世界经济一体化及金融自由化程度的不断加深而发展起来的。它的发展有利于促进各国金融业提高经营效率，促进行业竞争，降低流通费用，推动金融新产品的开发，并推动整个国际金融与经济秩序的发展与完善。

▌风险资本

高科技公司在创业期所融通的、用于开发研究高技术产品的投资资金。这类公司由于无法准确测定高技术产品的消费需求，以及新产品研究项目能否取得成功，因此往往有相当高的风险，但潜在收益却可能超出平均水平。风险资本一般来源于富有的个人投资者、银行子公司、小企业投资公司、投资银行集团、创业基金或创业资本有限合伙实体。投资者可在利润、优先股票、销售特许权以及普通股的资本增值部分获得收益。风险资本融资是创业者弥补自有资金不足的有效手段，投资者以资本为股份，工程师、科学家等专业技术人员以技术为股份，双方均分股票额。为了分摊和减少风险，风险资本家在选择项目时极其慎重，并且通常联合承担一项投资项目的投资。有的还亲自参加到风险企业的管理之中。

▌债券

表明债权、债务关系的一种凭证。是由公司或政府发行的有偿还义务的借款契约。它证明持券人有按约定的条件取得利息和到期收回本金的权利。债券主要包括公司债券和公债券。

公司债券是由公司发行的一种信用契约，常存在于发行债券的公司及被信托人之间。一般都有期限，到期公司偿还本金，赎回债券，并按事先规定利率付给持券人利息。公司债券的种类很多，有记名债券和无记名债券；抵押债券和信用债券；可兑换债券和赎债券；保证债券和承担债券；收益债券和分息债券等。

公债券是由政府发行的债务凭证。它以发行债券的政府部门的课税能力予以支持或用于特定的收益项目，如收费道路、机场等。债券上附有息票的称作分次取息债券；债券没有息票，到期按票面金额计算还本付息的称作一次取息公债券。由中央政府发行的公债券叫国家公债券，由地方政府发行的叫地方公债券。

▌现货交易和期货交易

现货交易是指买卖成交后卖方立即付货收款，或者先付货延期收款的一种交易方式。在现货市场上，零售企业的现货交易一般采取一手交货一手收款、银货两清的方式。批发企业的现货交易，除了采取一手交货一手收款的方式外，还通过银行收款付款，在期限内结算的方式。

期货交易是指事先通过签订合同或协议而达成交易，并约定一定日期后交货的交易方式。在期货市场上从事交易的一般是大宗商品的批发贸易。这样，买方可以得到稳定的货源，卖方有可靠的销路保证，对稳定市场，发展生产有积极的作用。但是，由于期货交易中，双方并不真正进行证券的买进和卖出，而是根据有价证券行市的涨落进行结算差额，因而会出现投机者买空卖空、从中牟利的现象。

储蓄

把当前的部分收入留出来供将来使用的过程，还指在一时期内积累资金的流程。银行储蓄一般可以分为活期储蓄和定期储蓄。活期储蓄是一种可以随时存入和取出的储蓄。定期储蓄是规定了取出期限的储蓄形式，它有整存整取、整存零取、零存整取和存本取息4种形式。储蓄可以将分散在人们手中的货币集中起来，用于发展生产和各项经济事业，对稳定经济、调节货币流通起着重要的作用。有的邮局也能开展储蓄业务。

利息

使用货币的费用。也就是借款人因使用借入货币而支付给贷款人的报酬。利息本身有数量上的限制，不能为零，更不能为负数。利息的多少受平均利润率、市场竞争、借贷资金供求情况、借贷风险的大小、借贷时间、商品价格水平、国家利率、经济与货币政策等因素的影响。通常分为年息、月息、日息三种，有存款利息、贷款利息和各种债券利息之分。一定时期内利息量和本金的比率叫利息率。

利润

利润是剩余劳动在价值上的具体体现。是现代企业经营和追求的目标。企业取得利润的多少，决定于劳动者提供的剩余劳动的多少。它以工作时间充分利用，采用新技术、新的管理方法，采取科技手段提高劳动生产率等指标为前提。另外，企业还必须适应市场需求的变化，生产适销对路的商品满足消费者的需要，提高产品质量，增强企业竞争力，才能获得更高的利润。

税收

国家根据法律法规预先制定标准，无偿强制取得财政收入的一种方式，是国家进行经济管理的主要手段。税款通过国家的预算安排，用于发展科教、文化、卫生等各项事业。带有强制性、无偿性和固定性等特征。它是人类社会发展到一定阶段的产物，它的性质和内容随社会生产力与生产关系发展而变化。

我国的税收原则是取之于民，用之于民，采用税收基本用于国家经济建设、科学文化教育建设和政权建设的基本思路。国家运用税收杠杆来调整经济结构和产业结构，使社会资源优化配置。依法纳税是公民应尽的义务。

支票

支票是存款户向银行支取其活期存款账户上一定金额的凭证。在银行开立支票存款账户，银行才给予空白支票簿，存款户在存款的数额内签注一定的金额付款给指定人或持票人。

现在，许多国家采用的支票主要形式有：即期支票和定期支票；记名支票和不记名支票；现金支票和转账支票。在中国，支票是向银行或信用社提取现金或办理转账结算的一种凭证，采取记名方式，不准流通转让。支票的运用减少了货币流通量，节约流通费用，有利于经济的运行。

经纪人

在市场的洽谈和交易中为买卖双方充当中介的中间商人。经纪人可以分为一般经纪人和交易所经纪人。一般经纪人是指受企业雇佣或委托的中间商人。交易所经纪人是依法取得一定资格，并向交易所缴纳保证金，代顾客进行买卖，取得佣金的中间商人。经纪人的收入主要是买卖双方支付的佣金。在市场经济条件下，经纪人作为商人的组成部分，起着越来越重要的作用。

信用

信用是指经济生活中的一种借贷活动，是以偿还为条件的价值运动形式。在信用交易中债权人以有条件让渡的形式赊销商品或贷出货币，债务人按约定的日期偿付贷款或偿还借款，并支付利息。

在目前的经济活动中，个人使用赊购购买房子、汽车、电器、家具等商品或劳务；企业利用赊购扩充存货，建造新工厂；政府利用赊购弥补税收和行政费用的支出差额等等，这些都是信用的体现。许多行业，如果没有信用就没有现在的规模。银行的工作几乎完全是信用的分配。

信用的主要形式有：商业信用、银行信用、国家信用和消费信用。它不仅是聚集资金的可靠保证，而且能实现资金的合理流动，促进经济发展，是调节国民经济运行的有效手段。

信用卡

消费信用的一种形式，是银行或其他专门机构发行的消费信贷凭证。持卡人凭卡到指定的商店、旅馆等处购买商品或支付劳务费用时，不必支付现金，只要在有关单据上签字即可。商店、旅馆等单位凭持卡人签过字的单据向发卡单位的结算中心收款。结算中心按期向持卡人结算。部分信用卡还可以透支小额现金，甚至赊购。顾客用信用卡购物后有两种付款方式，一是一个月内全部付清，不收利息、不加计费用；二是延迟付款几个月需收利息和加计费用。现在，信用卡在发达国家发行数量不断增加，流通范围很广，有的已成为跨国的信贷工具。我国有部分银行和其他机构也开始发行信用卡，并办理信用卡国际间的兑付业务。

国际货币制度

货币制度是指国家用法律或法令规定的货币流通制度。它的主要内容包括货币金属（币材）、货币单位（货币名称、价格标准）、各种通货的铸造、发行和流通程序、货币偿付能力的限度和准备制度。国际货币制度包括国家之间支付的一切安排、规章、具体做法和执行机构等方面的内容。它所涉及的重大问题，集中在以下三个方面：1.国际收支的调整，包括收支不平衡时使用信贷或外汇储备来支付的问题。2.汇率的确定和改变。3.有关国际储备的问题。因此，凡是各国货币制度的类别、性质、作用和有关汇率、货币兑换、国际结算、国际收支、国际储备、国际金融机构及国际金融市场等事项都属于国际货币制度。

国际金本位制度

金本位制是指一国的本位币用一定量的黄金表示的货币制度；而本位币就是作为一国货币制度标准的货币。英国于1816年制订《金本位制度条例》，1821年实行金本位制度，这是世界各国实行金本位制度的开始。自十九世纪后半期至二十世纪初，金本位制度发展成为世界性的货币制度。在世界大多数资本主义国家都实行金本位制度的情况下，黄金就具有国际货币的机能，而且普遍用作国际清算的手段，国际金本位制因而成立了。根据货币与黄金的联系标准，金本位制度可区分为金币本位制度、金块本位制度和金汇兑本位制度三种。金币本位制度是金本位制度的最初形态，也是纯粹金本位制度。

第一次世界大战前各国实行的金本位制，都属于金币本位制。第一次世界大战后，在1924~1928年资本主义相对稳定时期，一些资本主义国家，在名义上恢复了金本位制，但实际上都无力恢复金币本位制，而是改行金块本位制。金块本位制，除不发行金币外，其他情况完全与金币本位制相同。所以它也能发挥自动调节的功能，促使黄金价格和汇率的稳定。

金汇兑本位制也称虚金本位制。在金汇兑本位制下，在国内既不铸造和行使金币，又不一定要有黄金储备；但必须与一金币本位制或金块本位制国家的货币密切联系，使本位货币对于该金币本位国的货币保持一定的比率，并须存储准备金于这有密切联系的金币本位国。

黄金输送点

在金本位制度下，汇率只在一定的界限范围内变动；在金本位制下的国际结算，有使用外汇和运用黄金两种办法可供选择。黄金的运送，需要各种运送费用，如包装费、运费、保险费，以及运送期间的利息、化验、铸造等费用。这样，汇率的变动，如果以负担运送费用运出黄金比以外汇作为国际结算手段为有利时，就会把黄金运出国外，进行结算。因此，金本位制下的汇率变动不会超出一定的界限，超过此界限，人们宁愿运黄金出国作为支付手段；可见黄金的运送费用，就是构成汇率变动界限的因素。假设运送黄金不需要支付任何费用，那么金本位制下的汇率就应该等于黄金平价，而不会发生变动。但实际上，运送黄金一定要支付若干费用，所以汇率必然会发生变动。这么一来，这种汇率变动的最高界限或上限，等于黄金平价加上黄金运送费用之和；其最低界限或下限，等于黄金平价减去黄金运送费用之差。前者称为黄金输出点，后者称为黄金输入点。

金平价

在金本位制度下，汇率的决定和变动有一种基准，这就是金平价，又称为法定平价或铸币平价。金平价是根据各国的法律规定，各国本位货币所含有的黄金纯量之比；这也是金本位制度下各国货币的交换比率。第二次世界大战后，国际货币基金协定规定成员国对各自的货币以黄金或美元计算外汇平价；即金平价。例如 1952 年 12 月 17 日瑞士法郎含金量为 0.2032258 克，美元含金量为 0.888671 克，两种货币的比价为 4.37282 瑞士法郎等于 1 美元。1978 年 4 月 1 日国际货币基金组织关于第二次修改协定条例的决议，取消了有关平价的规定。但同时又规定，当 85% 的投票权同意时，可重新采用平价，这时平价可用特别提款权或基金组织所规定的类似的共同计值单位来表示。这种共同计值单位不应是黄金或某一国家的货币。

特别提款权

1969 年 9 月 28 日国际货币基金组织在其 24 届年会上通过创设"特别提款权"。这是一种新国际储备资产，也是国际货币基金组织的记账单位。但在本质上仍然具有"融通便利"的性质。特别提款权的单位价值等于 0.888671 克纯金，即与 1971 年 12 月美元贬值前，每 1 美元所含的纯金相等。美元两次贬值后，含金量降至 0.73662 克，但特别提款权的含金量未变，因此，1 特别提款权等于 1.20635 美元。特别提款权的创立，事实上并未解救美元危机和其他资本主义货币危机，更谈不到解决资本主义货币制度的改革问题。

外汇

外币汇兑的简称。它具有两种含义：一是动态的，指把一个国家的货币兑换成另一个国家的货币，借以清偿国际间债权债务关系的一种专门性的经营活动；二是静态的，指它是一种以外币表示的用于国际结算的支付手段。现在，国内普遍使用的外汇的意义，也是指的这第二个含义。具体地说，外汇包括：1. 外国货币：包括钞票、铸币等。2. 外国有价证券：包括政府公债、国库券、公司债券、股票、息票等。3. 外币支付凭证：包括外币票据、银行存款凭证、邮政储蓄凭证等。4. 其他有外汇价值的资产。此外，黄金在国际支付和结算中是最后手段，执行世界货币职能，所以也应当是外汇。

汇率

汇率是两国不同货币之间的交换比率，换句话说，是一国货币用另一国货币表示的价格。因此汇率也称汇价。汇率有两种标价法：一是直接标价法，即以一定单位（一、百、千、万等）的外国货币为标准计算应付若干单位的本国货币。例如 100 美元等于若干人民币。假设外国货币数量不变，所折合的本国货币数量多了，这表示本国货币价值下降，外币价值上升。另一是间接标价法，即以一单位（一、百、千、万等）的本国货币为标准计算应收若干单位的外国货币，例如 100 元人民币等于若干美元。假设本国货币数量不变，所折合的外国货币数量多了，这表示外国货币的币值下跌，本国币值上升。现在世界大多数国家都采用直接标价法，少数国家如美英两国则采用间接标价法。

浮动汇率制度

是固定汇率制度的对称。在固定汇率制度下，黄金虽仍具有作为国际清算手段的职能，但是作为各国汇率基础的黄金平价和变动界限的黄金输送点，都已不存在。在这种情况下，汇率是由外汇市场上的外汇供需情况决定的，而且随外汇供需情况的变动而波动。这种汇率任由市场上的外汇供需情况而决定的制度，就叫作浮动汇率制度，或自由波动汇率制度。在理论上，浮动汇率制度有以下几种优点：1.汇率的自由波动，可调整国际收支的不平衡。2.浮动汇率可减少如黄金和外汇等国际储备的需求。3.容易发现合理的汇率水平。4.浮动汇率制度下的外汇投机，有时可促进外汇市场的安定。但是，此项制度也有其缺点，主要为：1.汇率的自由波动使国际经济交易处于不安定的状态。2.汇率的不安定，会引起大量投机性资本的国际移动。3.汇率缺乏客观的标准。4.各资本主义国家利用汇率下浮，加剧相互间的货币战。

固定汇率制度

外汇汇率长期间保持不变，这种汇率就叫作固定汇率。在各种形式的金本位制度下，汇率的决定基础是两种货币含金量之比，只要其含金量不变，汇率也能保持不变。所以在金本位制度下的汇率都是固定汇率。也可以这么说，自从19世纪中期到20世纪初期，金本位货币制度在各资本主义国家相继设立以来，一直到1973年初（两次世界大战间的短期除外），绝大多数国家的汇率制度，基本上均属固定汇率制度。在不同的货币制度下，固定汇率制度的表现形式也随之而异，因而对其利弊也不能一概而论。在固定汇率制度下，一国有维持汇率规定波动界限的义务，因此，当一国国际收支恶化时，为稳定汇率，就需要大量黄金、外汇储备供应市场，困难很大，容易引起货币贬值。

外汇市场

国际金融市场的组成部分之一。它是各种经营外汇业务的机构和个人汇合在一起或通过各种现代化的通信手段，进行具有国际性的外汇买卖的场所。外汇市场是自由买卖外汇的地方，外汇管制的国家，并无外汇市场存在。按有无固定场所区分，可分为有一定交易场所的和无具体交易场所的两类外汇市场。前者如巴黎、法兰克福、阿姆斯特丹、米兰等外汇市场，经营外汇业务双方在每个营业日的规定时间进行交易；后者如伦敦、纽约、苏黎世等外汇市场，是通过电传、电报、电话、电子网络与各种外汇机构进行联系来达成外汇交易。参加外汇交易者的资格，主要参照其长期财务状况和信誉等情况给予正式和非正式的承认。外汇市场的基本作用是：通过即期外汇、远期外汇等各种外汇交易，国际间的相互结算、信贷融通和资本流动。外汇市场的业务可分为：1.现汇业务。2.期汇业务。3.套汇业务：包括地点套汇、时间套汇、套利交易等。至于外汇市场的交易范围则包括：1.外汇指定银行与外汇经纪人或顾客之间。2.同一市场各银行之间。3.国际市场的各银行之间。4.中央银行与外汇指定银行之间。5.各国中央银行之间。外汇指定银行在外汇市场的交易方式一般是汇总或集合其客户所提供的和所需求的外汇资金在外汇市场进行交易。

套算汇率

又称交叉汇率。指两种货币通过各自对第三种货币的汇率计算得出的汇率。例如A国货币对B国货币的交换比率为1∶2，B国货币对C国货币的交换比率为1∶3，则A国货币对C国货币的交换比率应该是1∶6。在上例中，B国货币与C国货币之间的汇率就叫作交叉汇率，也就是套算汇率，A国货币对B国货币的汇率则称为基本汇率。

市场汇率

资本主义国家在外汇市场上买卖外汇的实际汇率。官方宣布的汇率往往只起中心汇率的作用。在外汇市场上按供求关系另外形成市场汇率。由于政府有关部门常用各种手段进行干预，市场汇率不致脱离官方汇率过大，如两者相差过大，政府又无力干预时，就不得不宣布货币法定贬值。

国际金融市场

国际金融市场是指各种国际金融业务活动的场所，也就是由国际间资金的借贷、结算，以及证券和黄金、外汇的买卖所形成的市场。在这意义上，国际金融市场可分为国际货币市场（短期资金交易市场）、国际资本市场（包括中长期资金借贷和国际债券市场）、外汇市场和黄金市场。狭义国际金融市场仅指国际资金借贷交易，即国际资金融通的场所。按照资金融通期限的长短，分为国际货币市场和国际资本市场。国际金融市场是随着资本主义向垄断阶段发展和国际经济发展的需要，在具备一定条件的国内金融市场的基础上形成和发展起来的。第二次世界大战后生产国际化、市场国际化、资本国际化成为金融市场国际化的客观基础，国际化的金融市场如欧洲货币市场正是适应这种客观的要求产生和成长起来的。

欧洲货币市场

经营欧洲货币借贷业务的市场。它是指集中存放在伦敦或其他欧洲金融中心的境外美元和其他境外欧洲货币，用于国际货币投放的国际资金市场。由于欧洲货币市场借贷的货币主要是美元，所以欧洲货币市场主要是指欧洲美元市场。西方金融界和一些报刊习惯上把欧洲货币市场简称为欧洲市场。这里所谓"欧洲"一词，实际上是"境外的""非国内的""离岸的"或"化外的"的意思。

欧洲美元

指存放在美国境外各国银行（包括美国银行的国外分行和附属机构）中的美元。这些美元原来是美国国内存款，通过非现金结算流往国外，被存入美国以外的，主要是欧洲的商业银行，而成为当地的外币存款，这就是欧洲美元。这种存款自50年代后期逐渐增多，不久就成为欧洲金融市场上一种重要的国际短期资金，并出现了以伦敦为中心的欧洲美元市场。欧洲美元并不一定是存在欧洲各国的生息美元存款，实际上其分布遍及世界各地。

伦敦金融市场

伦敦金融市场是资本主义世界最早的和最重要的金融市场，虽经历两次世界大战，发生了巨大的变化，但由于它具有悠久的历史，有广泛的外部联系和便利的市场条件，迄今仍不失为仅次于纽约金融市场的重要金融市场之一。伦敦金融市场主要包括：1.英镑短期资金市场。2.伦敦长期资金市场（包括英国政府债券市场、公司新证券市场、房地产抵押贷款市场、银行中长期贷款市场）。3.伦敦外汇市场：长期以来，由于英国是国际金融、贸易中心，所以伦敦外汇市场也成为世界重要的外汇市场。伦敦外汇市场并没有具体的交易场所，外汇指定银行可以通过电话、电传、电报与国外同业进行交易。4.伦敦黄金市场：第二次世界大战前是资本主义世界最大的黄金市场。第二次世界大战发生后，英国实行外汇管制，黄金市场随之关闭，直至1954年3月22日重开。5.伦敦欧洲货币市场：伦敦金融市场的重要组成部分，也是资本主义世界的国际资金市场的中心。

纽约金融市场

第二次世界大战后，纽约金融市场的地位有了进一步的提高。参加纽约金融市场活动的有纽约联邦储备银行、商业银行、储蓄银行、投资银行、保险公司、外汇经纪人和股票经纪人等等。其中商业银行占重要地位。纽约联邦储备银行是纽约州的中央银行，在纽约金融市场中居于领导地位，是联邦储备局各项政策的执行和监督机关。

纽约股票市场

纽约金融市场组成部分之一，包括纽约股票交易所和美国股票交易所。美国股票的交易方式有两种：一种为现金交易，即投资者用现金购买股票，直接占有这批股票；另一种为保证交易，许可顾客先交一部分现金即可买进股票，其差额由股票行号垫付并以所购股票为担保从银行取得抵押贷款。进入交易的股票有上市的和不上市的之分。只有取得了注册资格的股票才能正式上市，否则只能在"场外交易市场"进行交易。

企业

战略管理

战略管理是指对一个组织的未来方向制定决策并付诸实施的过程。它包括组织制定和实施战略的一系列管理决策与行动，并在大体上分为战略规划和战略实施两个阶段。

战略管理是一种循环往复，不断发展的全过程的总体性管理。它的实施有利于组织提高竞争力和促进长远发展。

生产管理

生产管理是对企业生产活动的计划、组织和控制工作，它把企业的生产活动过程作为一个有机整体和系统，实行全面、有效的管理，以实现企业生产和预期目标。企业通常采取最适合自己的组织机构来完成生产管理工作，而且还根据需要适时调整，以保持其适应性与灵活性。生产管理是企业管理的重要组成部分，其水平的提高，可以合理组织企业的生产活动，充分利用各项资源，降低成本，提高效率。这既是增加企业利润的重要前提，也决定了生产管理在整个企业管理体系中的重要地位。

▌人力资源管理

人力资源管理就是对人力资源的取得、开发、保持和利用等方面进行的计划、组织、指挥和控制等一系列的管理活动。它通常的工作是在一定的组织内进行人与人、人与事关系的协调，以充分挖掘人才潜力，调动其积极性，提高工作效率，更好地实现组织目标。由于劳动者受教育水平和综合素质的提高，对于自我实现的需求也变得更为显著。这就要求企业或组织加强对人力资源管理的研究，提高人力资源管理的水平，以便使企业或组织长远地发展下去。

▌零库存管理

使库存数量达到零的管理模式。这样既可以避免库存积压，减少资金占用，还可节省仓储费用，它是20世纪80年代在日本盛行的一种管理方式。在这种思想指导下制定了一种较为先进的管理制度，即准时生产制度。该制度中最重要的管理方式是看板管理。它要求企业在全部生产工序上严格按照既定的数量标准配置原料和零部件，去除生产工序之间、车间之间不必要的零件和中间制品库存，使原材料、零部件、在制品以及制成品接近于"零库存"，以求用最少的流动资金，使企业获得最高的经济效益。

▌企业文化

是企业在长期的生产经营活动中形成的，并经全体企业成员认同信守的企业群体理想目标、价值观念和行为准则的综合。它对企业的规章制度具有导向作用，能把全体成员团结起来，激发出积极性和创造精神并能为员工创造良好的环境与氛围。企业文化需要不断向社会辐射，以起到宣传企业、产品与人文风貌的作用。

▌企业形象设计

通过科学的、有计划有步骤的、持续连贯的一系列活动，全方位树立企业形象的过程。通常所采用的形式有：标志、注册商标、产品、装潢和广告以及各种印刷品的设计工作，并以此唤起人们对企业及其产品的好感、兴趣和信赖，从而在消费者心中立起对企业整体、对企业产品或服务的良好印象和高度信誉，增加企业的影响力，并使其获得较好经济效益和社会效益。

企业形象设计越来越受到企业的重视。20世纪初发展起来的企业形象识别系统如今已经在世界范围得以推广和应用，并已成为当前形象设计的重要环节。同时，形象性战略也成为企业公共关系工作的重要方面，对提高企业信誉、完善企业形象、搞好企业经营有着不可估量的作用。

公司

经国家注册批准、以经营工商业为目的而组建的一种法定组织。公司的投资人称为股东。公司的财产为公司所有，不因股东个人的债务和退股而受影响。按股东对公司债权人所负责任的不同可分为无限公司、有限公司、股份有限公司等。按其从属性可分为子公司和母公司。按股份情况可分为封闭公司和开放公司。按国籍可分为本国公司、外国公司和跨国公司。

公司投资人一般只负有限责任，在蒙受损失时只以其投入的资本额为限；公司股票可以转让；公司本身具备法人资格，享有法律地位，可以以公司名义起诉、签订合同和拥有财产；公司具有无限持续期，不会受创办人参加时间的限制。公司由于其灵活性而适于聚集巨额资本进行投资大规模的经济活动。它在社会和经济生活中的影响越来越大，特别在西方发达国家，在发展中国家的重大产业中也起着举足轻重的作用。

跨国公司

跨国公司是资本国际化的产物。它是指在两个或多个国家进行投资或设立分支机构从事制造或销售活动的公司。它以世界市场为经营目标，追求全球战略和实现跨国界的一体化，通过参与、控制的方式，加速资本的积聚和生产的集中，从而获得高额利润。跨国公司在国际经济中起着很重要的作用。

跨国公司有横向型、垂直型和混合型3种形式。它们之间的经营方式各有不同，横向型公司生产和经营单一产品，垂直型公司母子公司生产和经营相互关联的不同产品，而混合型公司的产品和行业则互不关联。跨国公司的活动在很大程度上促进了社会生产力的发展，但也不可避免地会与东道国的民族利益发生矛盾，应当在各方面进行更进一步的规范。

超级市场

零售商业的形式之一。是一种以自选方式经营的综合性大型商场。随着工作、生活节奏的加快和对生活质量要求的提高，大多数消费者乐于惠顾那些快速、方便、商品齐全而价格又相对便宜的超级市场。超级市场一般设在人口相对集中、交通比较便利的地段。在超级市场上出售的商品，一律实行明码标价，商品的包装上都详细注明了商品的作用、用法、注意事项和生产日期等，按品种分别摆放在不同的货架区上。顾客进入商场内，可以随便选购商品。然后到商场的出口处检点付款，并获得价目单。由于其自身特点所限，超级市场中的商品基本上是家庭日常生活用品。

连锁商店

连锁商店是由一个零售商业管理中心，在各个地区或地段设立的使用同一个店名的零售商店总体。管理中心统筹安排各个商店的资本周转、进货、定价、市场预测和商品推销。连锁商店的店面装饰有统一的装潢色彩和模式。连锁商店的经营成本较低，一般在各个地区（地段）

都设有销售点,为顾客提供了购物方便,有着很大的潜在市场。但在某种程度上也缺乏灵活性,有待于进一步完善。

经济核算

经济中常用的一个术语,它本身包括两种含义:1.对生产过程(或经营过程)中的生产耗费和生产成果进行记录、计算、分析和对比的活动,即通常所说簿记和算账。2.指社会主义经济组织自由经营,用货币来比较经济活动的耗费和成果,以收抵支,保证赢利的经营管理制度。实行经济核算的国有企业具有法人地位,独立与其他经济组织发生经济关系,有权运用归其支配的奖金,按照社会需要组织生产经营,同时对国家承担完成生产任务、促进资产增值的经济责任。实行经济核算有利于调动职工的积极性,改进生产技术和经营管理,提高经济效益。

经济信息

反映经济活动特征及其发展变化情况的各种消息、情报、资料、数据等的统称。关于生产、销售、市场、价格、信贷等各方面资料都属于经济信息,可以通过多种途径来传递,现代科技的发展,经济信息传递的速度也越来越快。利用互联网,经济信息可以几分钟内由源地传递到地球的任何一个角落。经济信息是国民经济决策和计划的基础,也是控制、监督经济活动的依据和手段。作为"特种经济资源"和"无形的财富"的经济信息,它的传递也要求更加精确和快速。

破产

债务人全部财产不能偿还债务的一种状态,它以法律的形式解决债权和债务人之间的关系,将可供清偿的财产公平地分配给债权人,并免除债务人继续偿还其未清偿债务的责任。破产的目的是保护债权人以及债务人的合法利益。它的一般程序为:由债务人或债权人提出破产申请;由法院宣告破产并指定专人对破产人财产进行清理;清算后的全部财产,公平地分给债权人抵债;经破产程序后仍未清偿的债务,债务人不再负责。

重要经贸组织

欧洲银行

11世纪,随着城市的逐渐兴起,欧洲形成了以意大利为中心和波罗的海与北海两个主要的商业区,世界上早期的银行最早出现在意大利,而后银行业又以上述欧洲南北的两大商业区为中心逐渐扩展开来。

当时的欧洲货币种类繁多,国与国之间、各个封建领地之间,甚至各个城市之间的货币都不相同,而且铸造货币还成为攫取暴利的一种手段。一些人在货币中掺杂大量的杂质,使得市集上的币质低劣,伪币流行。因此,商人在做买卖之前,必须首先分辨其货币的真伪和质量。于是，在市场上就出现了专门以鉴定、估量、兑换货币为职业的钱商，称为兑换人。

最初，这些兑换人只负责兑换业务，收取各种货币，衡量货币的真假，按比例兑换成当地流通的货币。可是，商人携带大批硬币极不方便，于是，他们就采取一个变通的方法，把大批货币交给兑换人，由兑换人开出凭据，商人据此到预定经商地点兑换他所需要的当地货币。这就是现代汇票制度的起源。

随着贸易的发展，一些兑换人还开展了借款业务，借款人出具期票给兑换人，按规定的日期归还，并付出利息。这样，兑换人通过经营汇兑和借贷业务而获得高额利润，久而久之就变成了银行家，银钱兑换业逐渐发展成银行。

世界银行

世界银行是根据1944年美国布雷顿森林会议上通过的《国际复兴开发银行协定》成立的。它是联合国下属的一个专门机构，是为经济发展提供融资的主要国际金融机构。世界银行是世界上最大的政府间金融机构之一，总部设在华盛顿。

目前，世界银行将利用其资金、高素质的人才和广泛的知识基础，把帮助发展中国家走上稳定、持续、平衡发展之路作为其贷款政策的目标。

世界贸易组织

世界贸易组织的前身是关税与贸易总协定。

关贸总协定是关税和贸易政策的国际性多边协定，1947年由美国等23个国家在日内瓦制定，宗旨是减少关税和贸易障碍，取消歧视待遇，充分利用世界资源，促进各国生产，扩大国际交换，创造就业机会。

1993年12月15日，乌拉圭回合谈判结束后，各国部长在1994年4月发表《马拉喀什宣言》，正式同意乌拉圭回合谈判重要成果——建立世界贸易组织取代关贸总协定，促进世界经济的发展并带来世界范围内的贸易、投资、就业及收入的更大增长。

国际货币基金组织

国际货币基金组织是世界上最重要的经贸金融组织。1945年12月27日成立，1947年11月15日成为联合国的专门机构。其宗旨是：稳定国际汇兑，消除妨碍世界贸易的外汇管制，在货币问题上促进国际合作，并通过提供短期贷款，解决成员国国际收支不平衡时的资金需要。最高权力机构为理事会，由各成员国组成，每年开会一次，各国投票权由所缴的基金份额多少决定。执行董事会负责处理日常业务，由22名执行董事组成，其中出资最多的美、英、法、意、日和沙特阿拉伯6国各1人，其余16名按地区选举产生。总部设在美国华盛顿，负责人为总裁。中国是该组织的创始国之一。1980年4月中国恢复在该组织的代表权，并参加历届会议。

经济学名词

跳蚤市场

"跳蚤市场"实际上就是旧货市场,它起源于19世纪末的法国。1884年,巴黎市政府为了保持市容整洁,立法禁止沿街乱倒垃圾,并颁布法令让3万名靠捡破烂为生的贫民把市区堆积的垃圾搬运到郊区一个废弃的练兵场上。

贫民们在垃圾堆里挑拣有用的东西,并就地出售。到1886年,圣旺这个地方就形成了一个固定的市场。因为在这里出售的旧衣物上常带有跳蚤,巴黎人就给它起了个名字,叫"跳蚤市场"。

如今,跳蚤市场已并非法国专有,凡是卖旧货的地方一般都叫跳蚤市场。随着网络的发展,还出现了"网上跳蚤市场"。

欧元

1957年3月25日,比利时、法国、联邦德国、意大利、卢森堡和荷兰6国签署《罗马条约》,建立欧洲经济共同体,扩大了共同市场这个概念。

1969年3月,当时的欧共体六国领导人聚会荷兰海牙,提出建立欧洲货币联盟的构想,并委托时任卢森堡首相的皮埃尔·维尔纳就此提出具体建议。1971年3月,被后人称为"维尔纳计划"的方案得以通过,欧洲单一货币建设迈出了第一步。

1979年3月,在法国和德国的倡导和努力下,欧洲货币体系宣告建立,同时欧洲货币单位"埃居"诞生。

1992年9月,欧盟各成员国于马斯特里赫特签署的《欧洲联盟条约》中做出实行单一货币的决定。该条约所附的议定书允许英国和丹麦游离于单一货币体系之外。

1995年12月15日至16日,在马德里召开的欧洲理事会上,15个成员国的首脑一致决定,"Euro"被选为欧洲未来货币名称,汉译为"欧元",取代欧洲货币单位"埃居",并一致同意单一货币于1999年1月1日正式启动,2002年1月1日开始进入流通领域。

银行

英语中"银行"(bank)一词源出拉丁语"banco",本义指的是货币兑换人坐的长板凳。在欧洲,最早从事信贷和高利贷业务的,基本上是意大利人,被称为"伦巴底人"。他们创立的信贷方法,成为欧洲信贷制度的渊源和基础。因为开始时兑换人坐在一条长板凳上办公,所以商人们称他们为"banco",意思是坐长凳的人。兑换人通过经营汇兑和借贷业务而获得高额利润,由此积累了大量的货币资本。久而久之,兑换人就变成了银行家,成立了银行这一机构来开展业务。

史学界的一些学者认为,1177年建立于意大利的威尼斯银行,是世界上最早的银行。

交易所

在中世纪和文艺复兴时期，商人们如果想做生意，就必须见面。由于道路状况较差又缺乏通讯手段，商人们为了谈生意就必须商定一个固定的地点定期会见。

其中，佛兰德的布鲁日对经济发展有过特殊的意义。早在14世纪，有一个叫范德·布尔斯的家族在布鲁日开了一间旅店，接待参加交易会的各地商人。在这家旅店里，人们可以聚会，可以收集情报，可以得到新商品信息，也可以知道哪些商人可靠，哪些不可靠。如果人们想开辟新的商务途径，就得去找"布尔斯"。渐渐地，这个说法成了人们的口头禅，到了后来，商人们即使在其他城市定期举行交易会，也称其为"布尔斯"，它在德文中是交易所的意思。1531年，安特卫普修建了第一座真正的交易所，向世界各国的商人开放，标志着交易所的正式诞生。

彩票

彩票起源于西班牙。西班牙原来是世界上老牌的帝国主义国家，由于大搞扩军备战，导致财政收入江河日下，入不敷出，国力日衰。为了填补国库的空虚，除了增加各种课税外，西班牙政府还发行一种奖券（彩票）来增加财政收入。当时西班牙政府规定把所出售彩票收入的25%上缴国库，每年收入约500万比赛塔（西班牙货币名），成为国家一大财源。其余收入，除了发行成本费用外，分为5个等级奖给中奖者。由于这种彩票透明度高，没有舞弊现象，而且又迎合彩民们中彩的侥幸心理，因而买彩者非常踊跃。

后来，这种西班牙奖券得到了世界上很多国家的认可，被很多国家借鉴，分别发行销售内容不一的奖券，于是，彩票就成了各种奖券的通称，一直流行至今天，可谓久盛不衰。

股票

股票至今已有约400年的历史。在17世纪初，资本主义工业的迅猛发展，使企业生产经营规模不断扩大，资本短缺、资金不足便成为制约资本主义企业经营和发展的绊脚石。于是，股份制公司应运而生。它以股份公司的形态，由股东共同出资经营达到集资的目的，再将筹集资本的范围扩展至社会，于是产生了以股票这种表示投资者投资入股，并按出资额的大小享受一定的权益和承担一定的责任的有价凭证，并向社会公开发行，以吸收和集中分散在社会上的资金。成立于1602年的荷兰东印度公司制定了世界上最早的股份有限公司制度。

股份有限公司这种企业组织形态出现以后，很快被资本主义国家广泛利用，成为资本主义国家企业组织的重要形式之一。伴随着股份公司的诞生和发展，以股票形式集资入股的方式也得到发展，并且产生了买卖交易转让股票的需求。这样，便出现了股票市场。据文献记载，早在1611年就曾有一些商人在荷兰的阿姆斯特丹进行荷兰东印度公司的股票买卖交易，形成了世界上第一个股票市场，即股票交易所。

期货

期货的英文为 futures，是由"未来"一词演化而来，其含义是：交易双方不必在买卖发生的初期就交收实货，而是共同约定在未来的某一时候交收实货，因此中国人就称其为"期货"。

1848 年，美国 82 位商人发起组织了芝加哥期货交易所，最主要的目的是改进运输与储存条件，为会员提供信息，这是现代期货交易的雏形。1865 年，交易所推出第一张标准化合约，同时实行保证金制度（不超过合约价值的 10%），这是具有历史意义的制度创新。1882 年，交易所允许以对冲方式免除履约责任，增加了期货交易的流动性。

国际期货市场的发展，经历了由商品期货到金融期货、交易品种不断增加、交易规模不断扩大的过程。

20 世纪 70 年代以来，期货交易的品种结构发生了重大变化，金融期货发展迅速。期货选择权交易出现并得到了迅速发展。1982 年 10 月 1 日，美国长期国债期货期权合约在芝加哥交易所上市，引发了期货交易的又一场革命。目前，国际期货市场上的大部分期货交易品种都引进了期权交易方式，其基本态势是商品期货保持相对稳定，金融期货后来居上，期货期权方兴未艾。

保险

现代意义上的保险，最初产生于海上运输的需要。

远在公元前 2000 年，航行在地中海的商人在遭遇海难时，为避免船只和货物同归于尽，便往往抛弃一部分货物，损失由各方分摊，形成"一人为大家，大家为一人"的共同海损分摊原则，成为海上保险的萌芽。

最早的保险单，是热那亚商人勒克维伦于 1347 年 10 月 23 日开立的承担"圣克维拉"号船从热那亚马乔卡的航程保险单。

1676 年成立的汉堡火灾保险社是最早的专营保险的组织。

18 世纪后，保险业迅速发展，保险种类增加。到了 19 世纪，保险进入现代时期，保险对象和范围不仅包括传统的财产损失和人身伤亡，而且扩展到生存保险、责任保险、信用保险和再保险等业务。

最早在中国出现的保险机构，是英国商人于 1805 年在广州开设的广州保险公司。

金本位制度

金本位制是以黄金作为标准货币的制度，它指黄金作为价值的标准及主要的支付工具。

英国于 1821 年首先实行金本位制度。19 世纪 70 年代以后欧美各国和日本等主要资本主义国家相继仿效，金本位制由一国制度变为国际制度。金本位制分为三种类型：金币本位制；金块本位制；金汇兑本位制。

"道－琼斯"指数

道—琼斯指数全称为"道－琼斯工业股票平均数"，也有人称之为"道－琼斯蓝筹股平均数"（"蓝筹股"原文为 bluechips，意思是买卖最活跃的热门股票）。

道－琼斯指数是美国金融新闻出版商、《华尔街日报》的出版者道—琼斯公司每天计算和公布的纽约股票交易市场上市的30种工业股票价格的平均数，对股票市场有非常大的作用，它反映了美国股票市场的行情趋势。

各国货币的名称

货币名称为"元"的国家有：中国、美国、日本、朝鲜、缅甸、马来西亚、新加坡、利比里亚、埃塞俄比亚、圭亚那、澳大利亚、新西兰、特立尼达和多巴哥。

货币名称为"第纳尔"的国家有：伊拉克、科威特、约旦、突尼斯、阿尔及利亚、利比亚。

货币名称为"镑"的国家有：英国、土耳其、塞浦路斯、埃及、尼日利亚、苏丹。

货币名称为"先令"的国家有：索马里、坦桑尼亚、肯尼亚、乌干达、奥地利。

货币名称为"法郎"的国家有：布隆迪、卢旺达、比利时、法国、瑞士。

货币名称为"克朗"的国家有：捷克、瑞典、挪威、丹麦、冰岛。

货币名称为"卢比"的国家有：印度、巴基斯坦、尼泊尔。

货币名称为"马克"的国家有：德国、芬兰。

另外，罗马尼亚为"列依"；伊朗、沙特阿拉伯为"里亚尔"；泰国为"铢"；俄罗斯为"卢布"；荷兰为"盾"；意大利为"里拉"；墨西哥、多米尼加为"比索"。

十六

理财、投资

理财常识

年轻人要学理财

在西方，18 岁的年轻人已开始自立，独立养活自己，不伸手向父母要钱。他们从年轻时就逐步理财，到中年时已是市场主要的竞争对象。而在中国，绝大部分年轻人仍然依赖父母，到中年时才开始学习理财，此时由于家庭、孩子的影响，精力已经有限。随着年龄的增长，又面临退休，手中有点儿钱又想到为自己退休后经济来源做准备，根本无力再让自己的钱投入较大规模进行投资，最后也只能碌碌无为。

年轻就是财富，每个人都羡慕青春年华。我们可以用简单的复利公式得出这样的结论。假如年轻时有 1 万元创业基金，10 年后，1 万元可变成 200 万元；而年老时同样的 1 万元，10 年后只能成长为 6 万元甚至倒贴亏空，因此青春年华是黄金时代，这句话一点儿也不过分。

同样的，年轻也是理财最重要的本钱。名人常对大学在校生说："年轻人，你的名字是财富！"因为由复利公式可明显看出，时间就是金钱，年轻就是财富。复利图给我们一个明确的理财生涯规划：年轻时应致力于开源节流，并开始投资，因为年轻时省下的钱对年老时的财富贡献度极大。

事实上，等到年老之后，手中有些资金再开始理财，已因时间不够而来不及。正确的观念是：投资是年轻人的工作，而老年后的工作是如何善用财富。然而许多年轻人往往只注重眼前的生活享受，一有钱就买一辆跑车、一套高级音响或出国旅游，总认为年轻时尽情享乐，年老时再来担心理财。

大家若已了解时间在理财活动中所扮演的角色，就不难理解，这样的人注定一生庸碌。现实社会中，因年轻时注重享受，而导致年老时贫穷的例子数不胜数。关键在于你们忽略年轻时开始理财的重要性，等到年岁渐增觉悟时，不只是事倍功半而已，且为时已晚。

越没钱越要理财

在我们的日常生活中，总有许多工薪阶层的年轻人抱有"有钱才有资格谈投资"的观念。普遍认为每月固定的工资收入应付日常生活开销就差不多了，哪来的余财可理呢？事实上，越是没钱的人越需要理财。举个例子，假如你身上有10万元，但因理财错误，造成财产损失，很可能立即出现危及你生活保障的许多问题，而拥有百万、千万、上亿元"身价"的有钱人，即使理财失误，损失其一半财产亦不致影响其原有的生活。必须先树立一个观念，不论贫富，理财都是伴随人一生的大事，在这场"人生经营"过程中，对理财更应严肃而谨慎地去看待。

财富能带来生活安定、快乐与满足，也是许多人追求成就感的途径之一。适度地创造财富，不要被金钱所役、所累是每个人都应有的小庸之道。要认识到"贫穷并不可耻，有钱亦非罪恶"，不要忽视理财对改善生活、管理生活的功能。谁也说不清，究竟要多少资金才符合投资条件、才需要理财呢？

从多年从事金融工作者的经验和市场调查的情况来看，理财应"从第一笔收入、第一份薪金"开始，不要低估微薄小钱的聚敛能力，1000万元有1000万元的投资方法，1000元也有1000元的理财方式。绝大多数的工薪阶层都从储蓄开始累积资金，应将每月薪水拨出10%存入银行，而且保持"不动用""只进不出"的情况，这样才能为积累财富奠定一个初级的基础。

投资不是一夜暴富

投资不是一夜暴富。投资要求做到未雨绸缪，在力求财务安全的基础上，实现财产持续稳定的增长，这同一夜暴富没有关系。那些妄想一夜暴富的人们，最终的结果往往是上当受骗，严重亏损，甚至血本无归。所以要保持平常心。投资是一种生活方式，"长期投资，分享收益,规避风险"是每个人都应保持的心态。

另外，投资的范围很广，股票、基金、保险、黄金等等，但是最终不要忘了一项最根本的投资：投资自己。自我增值，是终身理财的第一步。人对于财富的向往是无穷尽的，其根本目的是提高生活品质。在筹划好基本的生活需求后，积极投资，充分投资，将理财纳入生活的步伐中才能真正享受生活。

个人理财的范围

理财可以说是围绕着"钱"字在做文章，我们用"钱"来表达理财的范围，可以概括为：赚钱、用钱、存钱、借钱、省钱、护钱。

1.赚钱：赚钱是指收入。收入包括工作收入和理财收入。工作收入是以人赚钱，工作收入包括薪资、佣金、工作奖金、自营事业所得等。理财收入是以钱赚钱，理财收入包括：利息收入、房租收入、股利、资本利得等。

2.用钱：用钱是指支出。支出包括生活支出和理财支出。其中生活支出包括衣、食、住、行、育、乐、医疗等家庭开销。理财支出包括贷款利息支出、保障型保险保费支出、投资手续费用支出等。

3. 存钱：存钱是指资产。当期收入大于支出时就产生了储蓄，而累积下来的储蓄就是资产，这些就是可以帮你产生投资收益的本金。

4. 借钱：借钱是指负债。当现金收入小于现金支出时就会有借钱的行为产生。主要有：消费负债、投资负债、自用资产负债。

5. 省钱：省钱是指节税。收入除了支出外，还需要纳税。如何合法节省赠与税或遗产税，也成为理财中重要的一环。

6. 护钱：护钱是指保险与信托。主要做法是：预先作保险或信托安排，使人力资源或已有财产得到保护，或当发生损失时可以获得理财来弥补损失。

理财如何理性化

要想成为理财高手，每个人首先学会的就是理性的理财，如果你能按下面这六条规则进行理性的理财，相信会得到较大的回报。

1. 坚持存钱计划：如果你每年存2000元，这并不难做到，但如果能坚持10年，每年的回报率按15%计算，10年后的总额将很惊人。良好的投资回报当然起了大作用，但坚持存钱同样重要，总收益中有2万元是你自己存出来的。

2. 早些开始投资：如果你只是存钱，那么10年后的你也许只有2万元（按你每年存2000元计算），假若你在第一年就把钱用于投资，一边存钱一边投资，那你的回报要大得多。

3. 坚持投资多元化：如果你只持有几种股票，你可能会有巨大收益，但同样可能遭受巨大损失。把投资分得广一

些，可以使你免受"覆灭性"打击。

4. 早做计划。尽早作出计划，这样就会心中有数，到时候知道自己离预定值还差很远。

5. 始终如一：任何投资计划在过程中都不会一帆风顺，风波是在所难免的，如果不能"坚守阵地"，很容易造成投资失利。

6. 谨慎冷静：在选择投资项目时要谨慎，在投资不顺利时要冷静。许多完美的策略都毁于某个仓促的决定，只有冷静才能作出准确的判断。

投资理财基本法则

目前，投资理财已逐步成为决定和影响人们生活的重要方面，成为普通百姓生活的必要组成部分，很多人已经认识到投资理财与自己生活的直接关系，开始注意培养自己的投资理财意识，希望使自己能真正成为投资理财的好手。因此要想使自己成为投资理财的好手，必须掌握投资理财的三大法则。

法则一：确定生活目标，合理使用金钱。在投资理财中，你要认真地考虑如何努力安排好家庭生活；如何恰当地支配金钱；确定生活的目标，并确定为之奋斗的目标得以实现，而不会顾此失彼。

法则二：选择恰当的家庭投资理财方案，正确合理地处理各种经济关系。在目标实现的过程中，可能会有很多途径能实现我们的最终目标。然而，不同的道路会有不同的障碍，有的是可以预期的，有的是无法预期的。

法则三：培养处理突发事件的能力，

恰当安排计划外时间的资金使用。突发事件出现之时，作出果断的决定，从容应对、合理分配资金。

这三大法则，是你找到家庭投资理财的支点、培养生活平衡能力、产生推动力的关键。然而，生活却是不可预测的，很多不知或不可控制的因素随时随地会发生变化，我们避免不了，逃避不得，只有积极地去面对。在积极面对的过程中，学会家庭投资理财，合理地使用金钱，变压力为动力，取得人生的巨大成功，在"顾此"的同时，也不"失彼"，"鱼"与"熊掌"兼得之。

理财规划步骤和核心

理财规划主要包括以下几个步骤：

第一步，对自己的资产状况进行盘点。包括存量资产和未来收入的预期，知道有多少财可以理，这是最基本的前提。

第二步，对理财目标进行设定。需要从具体的时间、金额和对目标的描述等来定性和定量地理清理财目标。

第三步，弄清风险偏好是何种类型。不要作不考虑任何客观情况的风险偏好的假设，如有的人把钱全部投入股市，没有考虑到家庭责任，这个时候他的风险偏好偏离了他能够承受的范围。

第四步，对资产进行战略性分配。在所有的资产里作资产分配，然后是投资品种、投资时机的选择。

理财规划的核心：理财规划的核心就是资产和负债相匹配的过程。资产就是以前的存量资产和收入的能力，即未来的资产。负债首先是家庭责任，要赡养父母，要抚养小孩，供他上学。第二是目标，目标也变成了我们的负债，要有高品质的生活，让你的资产和负债进行动态的匹配，这就是个人理财最核心的理念。

做好家庭理财规划

成功的理财讲求理财规划，家庭理财也不例外。做好家庭理财的第一步就是要搞好家庭理财规划。就家庭理财规划的整体来看，它包含三个层面的内容：首先是设定家庭理财目标；其次是掌握现时收支及资产债务状况；最后是如何利用投资渠道来增加家庭财富。

应该说，一个好的家庭理财规划至少应妥善考虑家庭经济生活中的几个重大问题：

1. 适当开源，增加家庭收入，利用各种投资增加资产的价值。

2. 控制预算，倡导节流，削减不必要的支出。

3. 系统地考虑家庭重要支出事项（如高额教育经费），有效积累大额、长期性资金。

4. 保障家庭财产安全，妥善进行家庭资产管理。

5. 处理好家庭风险问题，防患于未然。

当然，在拟定家庭理财规划时，最重要的一点是：所有的目标必须具体、可行。

家庭理财的十二条基本原则

1. 明确人生目标，做好理财规划。

2. 坚持勤俭节约，避免奢侈浪费。

3. 严格收支平衡或收支结余,量入为出,不透支。

4. 坚持储蓄,夯实家庭财务基础。

5. 学会股市投资,寻找机会让家庭资产快速增值。

6. 控制风险,家庭资产配置要多样化,不把所有鸡蛋放在一个篮子里。

7. 多研究现代金融理财产品,善于利用专家理财。

8. 保持足够的现金,维持家庭日常生活的较高质量。

9. 家庭融资要谨慎,避免高成本。

10. 建立购房、子女教育、退休三大家庭基金。

11. 利用社会保障体系,做好家庭投保组合安排。

12. 养成理性、平和、不急于求成的家庭理财心态。

为收入支出做本账

随着财富的积累,很多人会想到理财,而不知钱花到何处的"月光族"更是急于学会理财。但是具体操作起来,许多人又不知从何做起。专家介绍,收支财务状况是达到理财目标的基础,要理财,先要学会记账。

记账贵在清楚地记录钱的来去,每个人生活资源有限,每一方面的需要都要适当满足,平日养成的记账习惯,可清楚得知每一项目花费的多寡,并得知需求是否得到适当满足。

逐笔记录自己的每一笔收入和支出,并在每个月底做一次汇总,久而久之,就对自己的财务状况了如指掌了。同时,记账还能对自己的支出作出分析,了解哪些支出是必需的,哪些支出是可有可无的,从而更合理地安排支出。

家庭理财投资渠道

家庭理财渠道有很多,具体要看个人情况,同时收益是伴随着风险的:

1. 抗风险能力非常强的,可投资黄金、古玩、外汇、期货、字画等。

2. 抗风险能力比较强的,可投资实业、房地产、股票等。

3. 抗风险能力一般的,可投资基金、分红保险、银行理财产品等。

4. 抗风险能力较低的,可投资比较安全,同时收益也比较低的储蓄、保险等。

鸡蛋应该放在一个篮子还是多个篮子

在考虑资产风险时,我们常常会听到这样一种观点:"要把鸡蛋放在不同的篮子里"。然而,在实际运用中,不少投资者由于错误地理解了鸡蛋和篮子的关系,将鸡蛋放在过多的篮子里,使得投资追踪困难,若分析不到位,可能会降低预期收益。

著名的经济学家凯恩斯曾经提出这样一种投资理念,就是要把鸡蛋集中放在优质的篮子中,这样可能会使有限的资金产生的收益最大化。

具体操作时,建议对于资金量较多的客户而言,有必要进行资产分散投资来规避风险,但对于资金不多的投资者而言,把鸡蛋放在过多的篮子里,收益可能不会达到最大化。

由此可见,理财时真正要注意的是:不要将鸡蛋放在一个篮子里,但也不要放在太多的篮子里。

家庭投资理财的禁忌

如今,家庭投资理财正呈现出前所未有的多样化发展趋势。然而每个家庭只有根据自身的实际情况去选择合适的投资方式,应综合考虑多种因素,慎作投资决策,具体地说,应做到"五忌":

一忌不顾及自身实力。例如自身原本资金有限,但为了跟风炒作房地产不惜举债杀入,就属于明显的不自量力的行为,风险一旦降临,后果将不堪设想。

二忌不尊重经济规律。譬如,你在储蓄存款时,如不考虑经济发展的周期性变化,不使自己的存款周期与经济发展周期相一致,就难以实现储蓄存款利率收益的最大值。

三忌不善于扬长避短。家庭投资理财要根据家庭成员的实际情况,充分发挥自身的优势,切忌不考虑自身的职业性质和知识素质。

四忌不计算机会成本。家庭在投资理财中,货币的时间价值同样是不可忽视的一个因素。所谓货币的时间价值是指货币在不同的时间里具有不同的价值,一般说来是随着时间的推移而逐渐升值的。

五忌不考虑长期效益。由于各个家庭的实际情况千差万别,在具体投资理财中,就应立足当前,注重长远。

投资常识

人身保险的可保范围

人身保险是我们最常见的保险类型之一。它是以人的生命和身体为保险对象的一种保险,它是区别于财产保险一类保险业务的总称。根据我国《保险企业管理暂行条例》有关规定,我国的保险企业划分为经营人身保险的保险企业和经营人身保险业务以外的各种保险业务的保险企业两大类。

人身保险的范围很大,它又分为很多小类别,那么你知道人身保险的范围是什么吗?

总的来说,人身保险的范围是保障人的身体或生命,以被保险人的生死、意外伤害、疾病和劳动能力丧失为保险事件的保险。当人们遭受不幸事故或因疾病、年老以致丧失劳动能力、伤残、退休或死亡时,依保险合同约定,保险人对被保险人或受益人给付保险金或年金。

最初的人身保险只限于承保被保险人的死亡,人们曾经以为死亡是最大的人身风险,因而早期的人身保险主要为死亡提供保障,最初的人身保险专指死亡保险。然而人们都希望生存、长寿,由于生存和长寿需要生活费用,所以实际上也是一种风险,为此出现了生存保险以及把死亡保险与生存保险相结合的两全保险。由于一个人不能预知自己寿命的长短,期满时一次性给付保险金的生存保险不能为养老的需要提供充分保障,所以后来又出现了年金保险。

人身保险的投保人和受益人并不一定是同一人

常常有人以为"谁投保,谁受益"。实际上这是个误区,为了解开这个误解,我们先要了解什么是投保人和受益人。

投保人是申请保险的,也是负有缴付保险费义务的人。投保人要求是成年人和有完全民事行为能力的人,未成年人或不具备民事行为能力的人不能做投保人。投保人可以是自然人,也可以是法人。

受益人是指人身保险死亡赔偿金的受领人,对人身保险都需要指定受益人,当被保险人死亡后,由受益人领取死亡赔偿金。

投保人承担缴纳保险的义务,但并不一定就享有领取保险金的权利,受益权的获得是有一定条件的。《保险法》第六十条规定:人身保险的受益人由被保险人或投保人指定。投保人指定受益人时须经被保险人同意。

由此可见,投保人可能是受益人,也可能不是。这要看被保险人是否同意。比如在上面的案子中,如果王某同意了单位的指定,那么投保人就是受益人。否则可能造成没有指定受益人的情况,如果没有在指定受益人的情况下,按照《保险法》的规定,应该将保险金作为被保险人的遗产,由保险人向被保险人的继承人履行给付保险金义务。

选择保险的基本原则

在选择保险种类时应注意以下几个原则:

1. 对症下药:了解本身需求,要有针对性。保险的目的主要有:生命保障、收入保障、养老保障、伤残保障、疾病医疗费用保障等。在确定了相应的需求后即可选择相应的保险种类。

2. 量力而行:根据自己的经济收入状况,确定适当的保险额。一般来讲,寿险的保额确定为一个人的年收入的3倍左右,而意外险的保额一般确定为一个人的年收入的10倍左右。

3. 选择组合式保险计划,通过多个险种的搭配,达到最佳保障效果。所谓组合式保险计划,就是将含有寿险、意外保险、健康保险等多个保险险种以一个保险计划的形式出现,这样既可以使保户获得较周全的保险,也可以节省一定的保险费用。

4. 选择优秀的保险代理人,确保周全的售后服务。

买保险投保前注意事项

第一,要考虑保险公司的经营范围、经营状况、偿付能力和服务水平,选择实力雄厚且服务好的保险公司。

第二,根据自己的年龄、身体状况、家庭情况和经济承担能力,参考保险公司提供的投保建议和服务条款,选择合适的投保险种,千万不要买人情险。

第三,签约前要仔细阅读保单条款,留意须知、注意事项和责任条款的内容,对不清楚和模棱两可的条文一定要问清楚,以免日后得不到赔付。

第四,交付首期保险费时不要委托保险推销员代交,而应亲自去保险公司交款,并当场取得正式收据和生效的合同,同时问清不明事项及以后交款方式、联系人和联系电话。

第五，投保后，消费者仍应多次反复审核保单，并冷静分析利弊。若不满意，可在犹豫期内（一般为10天到1个月）及时更改或退保，避免今后更大的经济损失。

第六，在发生保险纠纷时，消费者可直接向保险公司的客户服务部门反映，并向申诉部门投诉。如果没有效果，可向保险同业公会和消委会投诉。若仍未获妥善处理，则可向法院提出起诉，以保护自己的合法权益。

根据年龄阶段购买相应的保险

1. 22~25岁刚入社会的年轻人：由于此时刚步入社会，收入不高，身体健康，家庭负担小，因而建议考虑意外及医疗综合保险＋重大疾病等健康保险＋万能型理财保险的投资组合。

2. 25~30岁左右未婚人士：此阶段一般自己收入逐渐增加，身体还比较健康，家庭负担小，但交友、旅游、自我再教育等消费支出多，因而可以考虑意外保障及健康保障为主、辅助现金返还型理财保险。

3. 30~35岁左右已婚有孩子的家庭：此阶段一般收入已比较稳定，但工作压力较大，不少在这个年龄段的人处于亚健康状态，同时这个阶段家庭负担加大。这时买保险应着重考虑自身健康保障、子女教育及健康综合保障、养老保险。

4. 40岁以后养老规划：到达此阶段通常收入稳定、丰厚，工作压力依然较大，家庭责任依然重大。这时不但需要为自己上意外以及医疗综合保险、养老保险外，还应开始考虑儿童重大疾病、儿童意外伤害等险种。

商业保险和社会保险的主要区别

社会保险是指国家通过立法手段对公民强制征收保险费，形成社会保险基金，用来对社会中因年老、疾病、生育、伤残、死亡和失业而导致丧失劳动能力或失去工作机会的成员提供基本生活保障的一种社会保障制度。而商业保险是指保险公司对财产因意外灾害或人身伤亡而造成的经济损失提供的补偿。

很明显，社会保险的保险对象是人，商业保险的保险对象既有人，又有物，这是社会保险同商业保险的一个重要区别，除此之外，社会保险同商业保险的主要区别有以下几个方面：

1. 社会保险是强制性的，商业保险是自愿的。

2. 社会保险的目标是覆盖全社会，具有无选择性。而商业保险则有较强的选择性，不愿承保老、弱、病、残者，以及低收入者。

3. 社会保险机构是非营利性的，商业保险公司则具有营利性。

4. 社会保险是政府行为，具有垄断性，商业保险是企业行为，具有竞争性。

5. 社会保险有统一规范性，商业保险则有自主性。

6. 社会保险具有公平性，商业保险则突出效率。

7. 社会保险具有安全性，而商业保险在运营中要进行高回报、高风险的投资，并且自负盈亏。

买保险的误区

买保险就好比是在晴天提前给自己预备了一把雨伞。但不少投保人在"雨季"来临后，忽然发现以前买的"雨伞"不能保障自己。这主要是因为投保人在投保的时候陷入了误区，致使"雨伞"失灵。

误区一：保险等于救济。许多保户以为交了保险费，保险公司就该替自己分担责任。而实际上只有出现保险责任事故，保险公司才必须予以赔偿。

误区二：保险金等于赔偿金。在许多险种的保险责任和保险金额中都明确规定了该险种的最高保险金额为多少，而在具体的理赔过程中，保户得到的实际理赔金额一般都会小于保险金额。

误区三：没出险就白买保险了。保险是现在花钱买未来的安全。人有旦夕祸福，世事难料，水火无情，一旦灾祸来临，再想保险就为时晚矣。

误区四：个人买不起保险。其实我国许多普通险种费用是很低的，如家庭财产保险费率为3‰，人身意外险一般为2‰，大多数人都有能力承担。

人身保险中怎样分清合同生效日和复效生效日

《保险法》第十三条规定："投保人提出保险要求，经保险人同意承保，并就合同的条款达成协议，保险合同成立。保险人应当及时向投保人签发保险单或者其他保险凭证，并在保险单或者其他保险凭证中载明当事人双方约定的合同内容。"《保险法》第十四条规定："保险合同成立后，投保人按照约定交付保险费；保险人按照约定的时间开始承担保险责任。"合同生效日：由这两个条文可以看出，保险合同属于诺成性合同，即只要缔约双方就合同的主要内容达成合意，合同即告成立，不以投保人缴付保险费为生效的必要条件，也就是说，投保人缴费与否是不影响保险合同成立的。保险公司只要同意承保，即使投保人没有及时缴付保险费，保险合同依然成立；投保人缴付了保险费，但保险公司未同意承保，保险合同仍然不成立。保险费的缴付与保险合同的成立与否是没有必然联系的。

复效生效日：如果投保人因某种原因，如忘记缴纳保费、不愿再继续缴费等等，而使保险合同中止。在中止保险合同后又开始后悔，又想恢复原有的保单，一般情况下，在保险合同中止2年内，投保人可申请恢复，与保险公司达成复效协议，但要补交失效期内的保费及利息；有的可能需要被保险人体检合格后方能办理复效，复效生效日，即保险人与投保人协商并达成协议，在投保人补交保险费时为复效日。

如果保单产品已经停止销售，那么就无法复效了。另外，若超过2年未行使复效权利，保险合同永远终止。

怎样选择保险公司

随着我国保险业自身的不断发展壮大，以及对外开放程度越来越高，在我国境内开展保险业务的保险公司数量上已经颇具规模。面对如此多的保险公司，投保人应该如何选择呢？

1.看公司实力：很显然，历史悠久、信誉度高、规模大、资金雄厚、业绩良好的保险公司对投保人来说是更值得信赖的。我国国内的保险业由于发展时间比较短，因此主要参考标准则为公司的资产总值，公司的总保费收入、营业网络、保单数量、员工人数和过去的业绩等等。

2. 看产品种类：一家好的保险公司提供的保险产品应具备这样几个条件：种类齐全；产品灵活性高，可为投保人提供更大的便利条件；产品竞争力强。

3. 看服务水平和质量：保险产品是一种金融服务产品，因此在投保时，要看重服务水平和质量。

指定受益人需注意的三个问题

指定明确，不含糊。不能出现类似"妻子"或"孩子"之类的词语，而是应该明确指出姓名，避免日后产生纠纷。

谁来指定有讲究。受益人应由被保险人或投保人指定，投保人指定受益人时需经被保险人书面同意，所以被保险人才是受益人的真正指定人。

多人可成受益人。受益人可以是多人，并可约定各自受益的顺序和份额。

原始材料丢失怎样索赔

现实生活中，我们很多人都会因为粗心或意外情况而丢失了重要的材料，譬如与出险有关的原始证明材料。当我们没有原始材料时应该怎样索赔呢？

当我们的原始材料丢失后，可以想法拿到一些复印件，用这些复印件去保险公司理赔。保险公司不能像上面故事中的那家保险公司一样拒绝理赔。

虽然我国的法律规定，保险事故发生后，填写保险金给付申请书时，必须提交与确认事故的性质、原因、损失程度等有关的证明和材料。被保险人以什么形式提出给付申请并不重要，关键在于是不是真正发生了保险单上列明的保险责任事件。在这里，发生保险事件是保险索赔的前提。

因此，原始材料的丢失并不意味着我们就拿不到保险金赔付金。只要我们能证明确实发生了保险事故，保险公司不能因为我们不能提供原始材料而拒赔。

被保险人死亡由谁索赔

一般来说，被保险人死亡，索赔权由谁来行使呢？

这要分两种情况：

一般情况下，由受益人行使。

如果受益人故意伤害被保险人，则保险金作为遗产处理；但是如果还有其他受益人，则由其他受益人行使索赔权。

这是因为被保险人在保险公司投了人寿保险，缴纳了保险费，保险合同有效。其中1名受益人故意杀害被保险人，丧失受益权，其他2名受益人对被保险人之死亡没有过错，不能因为3名受益人中的1名有过错，使其他2名受益人也丧失受益权。

所以，当被保险人因保险事故死亡后，受益人应根据实际情况行使自己的索赔权。

分清保险金与遗产的区别

在保险理赔时我们应怎样分清遗产与保险赔付金呢？

我国《保险法》第64条规定："被保险人死亡后，遇有下列情形之一的，保险金作为被保险人的遗产，由保险人向被保险人的继承人履行给付保险金的义务：1. 没有指定受益人的；2. 受益人先于被保险人死亡，没有其他受益人的；3. 受益人依法丧失受益权或者放弃受益权，没有其他受益人的。"

我们来看一下这三种情况：

1. 无指定受益人：如果被保险人明确指定了受益人，则保险金不属于遗产，而是专属于受益人。如果被保险人没有指定受益人，即受益人的指定是采用法定的形式，此时保险金将作为遗产处理。

2. 受益人先死亡：受益人先于被保险人死亡，同时没有其他受益人，一旦发生保险事故，保险金也将作为遗产。为避免此种情况，一旦受益人先于被保险人死亡，被保险人应及时更改受益人，以获得应有的保障。如果受益人与被保险人在保险事故中同时遇难，若没有证据证明受益人晚于被保险人死亡，则法院推论受益人先于被保险人死亡，保险金将作为被保险人的遗产进行分割；若有证据证明受益人晚于被保险人死亡，则保险金作为受益人遗产进行分配。

3. 受益人丧权：受益人依法丧失受益权或者放弃受益权，没有其他受益人的。这在实际生活中主要是指受益人为使其得到保险金而故意制造保险事故或自愿放弃的情况，此时，保险金归于被保险人，在被保险人死亡后，成为其遗产。

由此看来，保险赔付金到底属不属于遗产，需分情况而论。如果有受益人，则不属于遗产；如果没有受益人、受益人先死亡或受益人丧权，保险赔付金就属于遗产。

一旦解除合同就无法申请理赔

在保险理赔实践中，有些人往往没有在合同有效期内申请理赔，等到合同解除了，采取申请，却被保险公司拒绝。因为从法律上来说，一旦合同解除，是不能申请保险理赔的。

这主要是基于以下几个原因：

由于保险合同已被解除，任何当事人或关系人向保险公司索赔已无法提供保险合同凭证，由于缺乏最重要的单证——保险合同，保险公司无法立案，故无须履行给付保险金的义务。

合同的解除与中止是有区别的。虽然保险事故发生在保险期内，但申请理赔给付的依据——保险合同因退保而解除，因而从属于保险合同的保险金请求权同时不复存在。从法律角度上说，合同解除后已不能让合同复效，即不可能恢复原合同项上的权利了。被保险人没有在合同有效期内提出理赔申请，只能视为放弃主张权利，因而保险公司无须给付其保险金。

在什么期限内申请理赔是有效的

买保险以及在保单持有过程中，都有一些类似于"索赔期"的关键时间点。也即受益人向保险公司申请赔偿或给付保险金的权利是有时间限制的，如果超过了这一期限，受益人的权利就会消失，保险公司可以依法拒赔。

如人寿保险以外的其他保险的被保人或者受益人，行使索赔权的期限是自其知道保险事故发生之日起两年内，而人寿保险的索赔权期限是五年。

这就提醒我们，在保险事故发生时，

一定要在索赔权期限内申请索赔。此外，保险事故发生后，投保人、受益人或被保险人应在第一时间向保险公司报案，这样保险公司才能及时核赔，并提醒对方准备理赔所需材料。因为是否及时报案，会直接关系到保险理赔的效率，特别是一些重大赔案，保险公司一般都会要求查看现场。

怎样让理赔更顺利

有的被保险人在家中突然死亡，其家人不知道有保险保障，没有及时向保险公司报案，便将被保险人入殓了，有的家庭甚至会将死者的衣物及各种身份证明销毁掉，这些做法都会导致理赔困难。没有各种证明，保险公司办理理赔会非常麻烦，因为被保险人到底是猝死还是其他原因，直接关系到保险公司的赔付，而这种突发事件又往往没有医院证明，所以要大费周折。

怎样办理理赔手续

对于我们保险客户来讲，最核心的问题便是保险理赔。那么，我们该如何办理理赔手续呢？

1. 通知保险公司

当发生保险事故时，我们应立即通知保险公司或业务员，通知的方式有：电话、信函、传真、上门等。

2. 提交申请材料

在通知保险公司以后，我们应该将保险合同约定的证明文件交给保险公司，也可以书面委托业务员或他人代办。

这些文件主要包括以下这些：

保险合同。

理赔申请书。

被保险人身份证明和出险人身份证明。

门诊病历和处方。

出院小结及诊断证明。

医疗费用原始收据。

住院费用明细清单。

延长住院申请表（条款注明住院超过15天需要申请的）。

重大疾病诊断证明书。

意外事故证明（如：被保人驾驶机动车辆发生交通意外需提供有效驾驶证和行驶证，有交警处理的需要提供相关责任认定材料）。

残疾鉴定报告（需要与理赔部联系）。

授权委托书。

被委托人身份证明。

受益人存折复印件。

受益人身份证明、户籍证明、与被保险人的关系证明。

非定点医院申请。

公安部门或保险公司认可的医疗机构出具的被保险人死亡证明、殡葬证明、事故者户籍注销证明，如：死亡医学证明书、火化证、户口注销等。

与事故性质相关的证明材料：意外、工伤事故证明，医院死亡记录及相关病历资料，司法公安机关出具尸检报告书等。

3. 等待

提交申请材料之后，保险公司审核责任并计算赔款额。此时我们需等待一段时间。

4. 领款

保险公司一旦审核完毕，会将核赔

结论用书面形式通知我们。我们带上身份证和书面通知去领取保险金即可。

保险理赔手续就完成了。

▌哪些因素会影响债券投资的收益

债券的投资收益主要由两部分构成：一是来自债券固定的利息收入，二是来自市场买卖中赚取的差价。这两部分收入中，利息收入是固定的，而买卖差价则受到市场较大的影响。影响债券投资收益的因素有：

1. 债券的票面利率：债券票面利率越高，债券利息收入就越高，债券收益也就越高。

2. 市场利率与债券价格：由债券收益率的计算公式可知，市场利率的变动与债券价格的变动呈反向关系，即当市场利率升高时债券价格下降，市场利率降低时债券价格上升。

3. 债券的投资成本：债券投资的成本大致有购买成本、交易成本和税收成本三部分。购买成本是投资人买入债券所支付的金额，交易成本包括经纪人佣金、成交手续费和过户手续费等。

4. 市场供求、货币政策和财政政策：市场供求、货币政策和财政政策会对债券价格产生影响，从而影响到投资者购买债券的成本，因此市场供求、货币政策和财政政策也是我们考虑投资收益时所不可忽略的因素。

▌如何选择债券投资的时机

债券一旦上市流通，其价格就会受多种因素的影响，反复波动。这对于投资者来说，就面临着投资时机的选择问题。机会选择得当，就能提高投资收益率；反之，投资效果就差一些。债券投资时机的选择原则有以下几种：

1. 一旦确认大量的资金进入市场，债券的价格就已经抬高了。所以精明的投资者就要抢先一步，在投资群体集中到来之前投资。

2. 追涨杀跌债券价格的运动都存在着惯性，即不论是涨是跌都将有一段持续时间，所以投资者可以顺势投资。

3. 在银行利率调高后或调低前投资债券作为标准的利息商品，其市场价格极易受银行利率的影响，因此投资者为了获得较高的投资效益就应该密切注意投资环境中货币政策的变化。

▌投资国债有什么技巧

国债对于那些旨在求稳、求赚的投资者而言是比较好的投资品种。但是，许多人都认为国债投资根本不需要什么技巧，买了放在那儿就可以了。其实，国债投资不需要技巧的观念是错误的。投资学专家们通常将国债投资的策略分为两种：

1. 消极的投资策略：是指投资者在合适的价位买入国债后，始终持有，在国家规定的国债兑换期间不做买卖操作。从某种意义上说，这就是所谓的"没技巧"。

2. 积极的投资策略：是指根据市场利率及其他因素的变化，判断国债价格走势，低价买进、高价卖出，从中赚取买卖差价。

投资国债采用哪一种投资策略，关键看自己的条件。不太熟悉国债交易的投资者应以稳健保值为投资目的，采取消极的投资策略较为稳妥。作为熟悉国债市场，希望获取较大利益的投资者来说，可以采用积极的投资策略，关键是能对市场利率走势有准确的判断。

在投资基金前进行研究

有这样一位人士曾这样问专家："我花了20万元买了一支基金盈利，都半年多了怎么一直不涨，感觉和银行存款似的，这只基金是不是不好啊？"于是专家问他是哪只基金，回答说是某某基金，专家无奈地告诉他："这是一只债券型基金，收益自然偏低，你当时买的时候不知道吗？"这位人士回答说："我以为所有基金都差不多呢。"就因为不肯做一些基本功课，这位投资者白白浪费了基金最火爆的半年时间。

其实，不进行研究的投资，就像打扑克从不看牌一样，必然失败！挑选基金跟买大白菜不一样，我们需要有很多指标来衡量到底什么样的基金值得投资。如果你是购买基金，至少要先知道这只基金的类型，股票型、债券型或者配置型？这个基金经理的以往业绩如何？打算持有多长时间？你的预期收益为多少？能承受的损失有多大……这些问题并不复杂，甚至花不了你10分钟的时间。

当然，个人投资者不必像机构投资者那样，每个月、每个星期都买卖基金，但是他们应该像购买自己的住房一样，集中精力对其所购买的基金进行仔细的研究，而留心身边各行各业拥有良好产品的基金公司，有助于他们获得可靠的第一手资料。从某种程度上说，个人投资者应当比机构投资者拥有"一种难以置信的优势"。

开放式基金的认购

由于开放式基金的规模不固定，可根据投资者的需求追加发行，因此基金的募集分为基金的首次发行认购和基金的日常申购。首次发行，是指基金第一次向社会公开发行基金单位，以完成基金的成立。购买首次发行的基金单位，成为认购（基金成立以后，购买基金单位，成为申购）。

基金的认购并不是一成不变的，投资者在实际操作中应以招募说明书及发行公告书为准。

开放式基金正式发行首日，投资者参与认购分三个步骤进行：

第一步：办理开户。

第二步：认购。

1. 个人投资者认购流程

个人投资者认购基金必须提供以下材料：本人身份证件，基金账户卡（投资者开户时代销网点当场发放），代销网点当地城市的本人银行借记卡（卡内必须有足够的认购资金），已填写好的《银行代销基金认购申请表（个人）》。

2. 机构投资者认购流程

直销中心认购流程：机构投资者认购基金必须提供以下材料：已填写好的《认购申请书》，基金账户卡，划付认购资金的贷记凭证回单复印件或电汇凭证回单复印件，前来办理认购申请的机构经办人身份证件原件。

缴款：机构投资者申请认购开放式基金，应先到指定银行账户所在银行，主动将足额认购资金从指定银行账户以"贷记凭证"或"电汇"方式，按规定划入"基金管理人申购专户"，并确保在规定时间内到账。

代销网点认购流程：机构投资者认购基金必须提供以下材料：已填写好的《银行代销基金认购申请表》，基金账户卡，在代销银行存款账户中存入足额的认购资金，经办人身份证件原件。

第三步：确认。

投资者可以在基金成立之后向各基金销售机构咨询认购结果，并且也可以到各基金销售网点打印成交确认单；此外，基金管理人将在基金成立之后按预留地址将《客户信息确认书》和《交易确认书》邮寄给投资者。

封闭式基金的申购

1. 办理申购

①已有深、沪股票账户或基金账户的投资者可直接进行申购。

②没有深、沪股票账户或基金账户的投资者，需在申购前持本人身份证到当地开户网点办理股票账户或基金账户的开户手续；只买基金的投资者，可以开设证券交易所基金账户。

③投资者根据自己的计划申购量，在申购前向自己的资金账户中存入足够的资金。一经办理申购手续，申购资金即被冻结。

④委托申购上网定价发行基金的申购手续与上网发行股票的申购手续相同。投资者可通过填写申购委托单、电话委托或磁卡委托方式在其开立资金账户的证券经营机构办理申购委托。

2. 确认中签并解冻资金

T日：申购日。

T+1日：将申购资金划入登记结算公司资金专户。

T+2日：验资并出具验资报告，确认为有效申购。

T+3日：摇号抽签。

T+4日：公布中签结果，对未中签的申购款予以解冻。

3. 申购规则

发行方式：上网定价发行。

发行对象：中华人民共和国境内自然人、法人和其他组织（法律、法规及有关规定禁止购买者除外）。

发行面值：1.00元／份。

发行费用：0.01元／份。

申购价格：1.01元／份。

申购地点：深、沪证券交易所。

申购单位：每份基金单位。

申购份数：每一账户的申购量最少不得低于1000份；超过1000份的，须为1000份的整数倍。

申购限制：每一账户申购不设上限，投资者可以多次申购，但每笔申购不得超过99.9万份。同一账户多次申购的，将多次申购的数量全部累加后，对同一账户的申购进行连续配号。

配号方式：分段配号，统一抽签。

4. 注意事项

①已开设股票账户的投资者不得再开设基金账户。

②一个投资者只能开设和使用一个资金账户，并只能对应一个股票账户或基金账户，不得开设和使用一个或多个资金账户对应多个股票账户或基金账户

申购。

③沪市投资者（使用沪市股票账户或基金账户的）必须在申购前办理完成证券交易所指定交易手续。申购委托后，不得撤单。

开放式基金首次认购与日常认购有何不同

开放式基金首次认购指开放式基金第一次发行时投资者参与的申购，与股票首次发行新股相似，投资者在规定的时间内对基金进行认购，认购结束后该基金即进入3个月的封闭期，也就是3个月的时间内该基金不能赎回；3个月后，基金进入开放期，投资者开始日常的认购与赎回。与首次认购不同的是，日常认购的第二天就可以赎回。此外，在首次认购的费用上，与日常认购不同。

购买开放式基金巧打时间差

投资者购买基金的主要目的是为了省去较多的资产配置时间。通过专家理财，来实现既得利益。但在人们实际购买基金时，常常具有时间管理的意识，而缺乏时间管理的方法。主要表现在对基金产品的购买时点、资金组合等缺乏应有的时间观念，不能巧打"时间差"，从而错过了很多获取收益的机会。

1. 认购期和申购期的"时间差"：开放式基金认购期一般为一个月，建仓期却需要三个月。从购买到赎回，投资者需要面临一个投资的时间跨度，这为投资者选择申购、赎回时间点进行套利，创造了"时间差"。因此，对于偏好风险的投资者来说，只要掌握了股票型基金的建仓特点，就能获取较高的基金建仓期收益。

2. 场内与场外转换的"时间差"：在基金的投资品种中，有一种上市型开放式基金和交易型开放式指数基金既可以进行场内的正常交易买卖，还可以进行场外的申购、赎回，并存在多种套利机会。怎样研究分析和把握套利时点，对投资者购买此项基金是十分重要的。

3. 前端和后端收费的"时间差"：为了鼓励基金持有人持有基金时间更长，同时增强基金持有人的忠诚度，各家管理公司在基金的后端收费上设置了一定的灵活费率。即随着基金持有人持有基金时间越长而呈现后端收费的递减趋势。对于资金量小，无法享受认购期大额资金费率优惠的，不妨选择交纳后端收费的方式，作一次长期价值投资。

总之，投资者只要善于把握不同基金产品的特点，捕捉基金产品投资中的机会，就能因巧打"时间差"带来获利机会。

如何赎回基金

基金赎回是买卖基金的最后一个步骤。基金赎回是申购的反过程，即卖出基金单位收回资金的行为。与申购过程类似，投资人可以通过直销和代销机构向基金公司发出赎回指令，进行赎回。虽然各基金管理公司的业务细则会有所差异，但基金赎回大体分为以下几个步骤：

1. 发出赎回指令：客户可以通过传真、电话、互联网等方式，或者亲自到基金公司直销中心或代销机构网点下达基金赎回指令。

2. 赎回价格基准：基金的赎回价格是赎回当日的基金净值，加计赎回费。假定某投资者赎回某基金1万份基金单位，其对应的赎回费率为0.5%，如果当日基金单位资产净值为1.0198元，则其实际可得到的赎回金额为：赎回费用 = 1.0198 × 10000 × 0.5% = 50.99元，赎回金额 = 1.0198 × 10000 − 50.99 = 10147.01元，也就是说投资者赎回某基金1万份基金单位，若该基金当日单位资产净值为1.0198元，则其可得到的赎回金额为10147.01元。

3. 领取赎回款：投资人赎回基金时，无法在交易当天拿到款项，该款项一般会在交易日的三至五天、最迟不超过七天后划出。投资人可以要求基金公司将赎回款项直接汇入其在银行的户头，或是以支票的形式寄给投资人。一般情况下，基金管理人不得拒绝或暂停基金投资者的赎回申请，除非出现以下几种情况：

①不可抗力。

②证券交易场所交易时间非正常停市。

③因市场剧烈波动或其他原因而出现连续巨额赎回，导致本基金的现金支付出现困难时，基金管理人可以暂停接受基金的赎回申请。

④法律、法规、规章允许的其他情形或其他在《基金契约》已载明并获中国证监会批准的特殊情形。

发生上述情形之一的，基金管理人将在当日立即向中国证监会备案。已接受的赎回申请，基金管理人将足额支付；如暂时不能支付的，按每个赎回申请人已被接受的赎回申请量占已接受赎回申请总量的比例分配给赎回申请人，其余部分在后续工作日予以兑付。同时，在出现上述第3款"因市场剧烈波动或其他原因而出现连续巨额赎回，导致本基金的现金支付出现困难时"的情形时，对已接受的赎回申请可延期支付赎回款项，最长不超过正常支付时间20个工作日，并在指定媒体上公告。

基金的赎回有巨额赎回的限制

根据《试点办法》的规定，开放式基金单个开放日中，基金净赎回申请超过基金总份额的10%时，将被视为巨额赎回。巨额赎回申请发生时，基金管理人在当日接受赎回比例不低于基金总份额的10%的前提下，可以对其余赎回申请延期办理。被拒绝赎回的部分可延迟至下一个开放日办理，并以该开放日当日的基金资产净值为依据计算赎回金额。

正确看待基金净值

这几乎是困扰所有"基民"的一个老问题，造成这种混乱的根本原因在于一些基金公司、销售渠道为了某些特殊时点上的短期营销目的，故意进行错误宣传，混淆是非，误导投资者的结果。

由于各只基金成立的时间先后不一样，分红与不分红、多分红与少分红、分红的时间等均有很大的差异，单纯看基金的净值可能会不够准确，尤其是积极分红的基金可能会与净值低的基金混在一起，在这种情况下，查看基金的净值增长率，查看基金的净值增长率排名，就显得非常重要了。

选择基金需要把握哪些原则

不论哪种投资工具,只有适合自己的,才是最好的。投资基金也是这样,在选择适合自己的基金时,应遵循以下三个原则:

1. 确定资金的性质:如果将日常家用的钱全数用来投资,一方面投资者很难保持一份投资的平静,从专业的角度讲,这也是不科学的。

2. 确定资金使用的期限:开放式基金可以每天申购赎回,但投资基金应该考虑中长期,最好是3~5年,甚至更长。例如,如果是为尚年幼的小孩积攒上大学的费用,则可以考虑一只以长期资本增长为目的的股票型基金。

3. 了解自己的理财目标:每个人因年龄、收入、家庭状况的不同在投资时就会有不同的考虑。一般来说,初入社会的年轻人比即将退休者承担风险的能力强,就适于选择高收益、高风险的基金产品。

选择基金有哪些注意事项

牛气冲天的证券市场使越来越多的人开始关注和参与股市、基金。现在很多新基金在发行,很多老基金表现也不错,怎么选择呢?其实在选择基金时,有几个基本要素是投资人应该重点了解和把握的,这样在选择时就能做到心里有数。

1. 不要以偏概全:有些基金公司会刻意挑选某一两段基金表现最好的时期大肆宣传该基金操作业绩优良,投资人最好搜集这些基金更为长期的净值变化资料作为佐证,以免遭误导。

2. 不要忽略起跑点的差异:同类型的基金,因成立时间、正式进场操作时间不同,净值高低,自然有别。

3. 不要忘记"分红除息"因素:基金和股票一样,在分红配息(收益分配)基准日,"红利"必须从净值中扣除。因此在计算基金净值成长率时,必须把除息的因素还原回去。

4. 要避免"跨类"比较:同类型的基金才能放在一起比较业绩,股票型和债券型基金的主要投资标的不同,对应的风险不同,混合在一起评断业绩显失公平。

基金定投的投资策略

实践证明,并非每只基金都适合定期定额投资,只有选对投资标的,才能为投资者带来理想的回报。

1. 定期定额投资最好选股票型基金或者是配置型基金

债券型基金等固定收益工具相对来说不太适合用定期定额的方式投资,因为投资这类基金的目的是灵活运用资金并赚取固定收益。投资这些基金最好选择市场处于上升趋势的时候。市场在低点时,最适合开始定期定额投资。只要看好长线前景,短期处于空头行情的市场最值得开始定期定额投资。

2. 定期定额投资最好选择波动大的基金

一般来说,波动较大的基金比较有机会在净值下跌的阶段累积较多低成本的份额,待市场反弹可以很快获利。而绩效平稳的基金波动小,不容易遇到赎在低点的问题,但是相对平均成本也不会降得太多，获利也相对有限。

3．依财务能力调整投资金额

随着就业时间拉长、收入提高，个人或家庭的每月可投资总金额也随之提高。适时提高每月扣款额度也是一个缩短投资期间、提高投资效率的方式。

4．达到预设目标后需重新考虑投资组合内容

虽然定期定额投资是需要长时间才可以显现出最佳效益，但如果果真投资报酬在预设投资期间内已经达成，那么不妨检视投资组合内容是否需要调整。运用简单而弹性的策略，就能使投资更有效率，早日达成理财目标。

5．要活用各种弹性的投资策略，让定期定额的投资效率提高

投资者可以搭配长、短期理财目标选择不同特色的基金，以定期定额投资共同基金的方式筹措资金。以筹措子女留学基金为例，若财务目标金额固定，而所需资金若是短期内需要的，那么就必须提高每月投资额，同时降低投资风险，这以稳健型基金投资为宜；但如果投资期间拉长，投资人每月所需投资金额就可以降低，相应可以将承受的投资风险增大。适度分配积极型与稳健型基金的投资比重，使投资金额获取更大的收益。

基金定投的七大铁律

根据以往经验的总结，基金定投主要有以下七大铁律：

1．设定理财目标：不同的人生阶段会有不同的需求及目标，一般来说，在校的学生以及初入社会的年轻人，可以设定目标为购房自备款；而已婚夫妇，可以为子女的教育基金以及退休金预做准备。

2．量力而行：定期定额投资一定要做得轻松、没负担。在投资之前最好先分析一下自己的每月收支状况，计算出固定能省下来的闲置资金，3000元、5000元都可以。

3．选择有上升趋势的市场：超跌但基本面不错的市场最适合开始定期定额投资，即便目前市场处于低位，只要看好未来长期发展，就可以考虑开始投资。

4．投资期限决定投资对象：定期定额长期投资的时间复利效果分散了股市多空、基金净值起伏的短期风险，只要能遵守长期扣款原则，选择波动幅度较大的基金其实更能提高收益，而且风险较高的基金的长期报酬率应该胜过风险较低的基金。如果较长期的理财目标是5年以上至10年、20年，不妨选择净值波动较大的基金，而如果是5年内的目标，还是选择绩效较平稳的基金为宜。

5．持之以恒：长期投资是定期定额积累财富最重要的原则，这种方式最好要持续3年以上，才能得到好的效果，并且长期投资更能发挥定期定额的复利效果。

6．掌握解约时机：定期定额投资的期限也要因市场情形来决定，比如已经投资了2年，市场上升到了非常高的点位，并且分析之后判断行情可能将进入另一个空头循环，那么最好先行解约获利了结。如果你即将面临资金需求时，

例如退休年龄将至，就更要开始关注市场状况，决定解约时点。

7.善用部分解约，适时转换基金：开始定期定额投资后，若临时必须解约赎回或者市场处在高点位置，而自己对后市情况不是很确定，也不必完全解约，可赎回部分份额取得资金。若市场趋势改变，可转换到另一轮上升趋势的市场中，继续进行定期定额投资。

▎基金组合要有核心组合

选择3~4只业绩稳定的基金作为你的核心组合。此后逐渐增加投资金额，而不是增加核心组合中基金的数目。这样的方法将使你的投资长期处于一个较稳定的状态。大盘平衡型基金尤其适合作为长期投资目标的核心组合。

▎基金组合要注重业绩的稳定性

制定核心组合时，应遵从简单原则，注重基金业绩的稳定性而不是波动性，即核心组合中的基金应该有很好的分散化投资并且业绩稳定。投资者可首选费率低廉、基金经理在位时间较长、投资策略易于理解的基金。此外，投资者应时时关注这些核心组合的业绩是否良好。

▎基金组合投资可多元化

在核心组合之外，可以再买进一些行业基金、新兴市场基金以及大量投资于某类股票或行业的基金，以实现投资多元化并增加整个基金组合的收益。小盘基金适合进入非核心组合，因为比大盘基金波动性大。如果核心组合是大盘基金，非核心搭配应是小盘基金或行业基金。非核心组合基金具有较高的风险性，需要对它们加以小心控制，以免对整个基金组合造成太大影响。

▎基金组合宜用分散化投资分散风险

在整个投资组合中，以多少只基金为佳？

这虽然没有定规，但要强调的是，组合的分散化程度远比基金数目重要。如果持有的基金都是成长型的或是集中投资于某一行业，即使基金数目再多，也难以达到分散风险的目的。相反，一只覆盖整个股票市场的指数型基金，可能比多只基金构成的组合更能分散风险。

在投资组合确定以后，要定期观察组合中各基金的业绩表现，将其风险和收益与同类基金进行比较。假如在3年之内，一只基金的表现一直落后于同类其他基金，则应考虑更换这只基金。

在当前市场价值整体被高估，系统性风险依然显著的市场中，根据不同的时点，要学会"见风使舵"，选择买入不同类型的基金，开好顺风船。

▎基金投资常见误区

误区一：买新基金，不买老基金。

误区二：高净值恐惧症。

误区三：长期资金，短线买卖；根据股指涨跌进行基金的波段操作。

误区四：缺乏风险意识，全仓投入，仓促赎回。

误区五：分红后投资人的实际收益会减少。

误区六：既然股票能做波段操作，基金也能做。

误区七：像买股票一样买基金。

误区八：过分注重基金发行规模。

误区九：只认现金分红，排斥红利再投资。

误区十：崇拜明星基金及基金经理。

误区十一：只看净值，不看基本面。

青年时期怎样选择基金

对20多岁的年轻人来说，一个非常激进的投资组合是值得考虑的。在这个年龄，有足够多的时间帮助他们平安地越过巅峰，走过谷底；也有足够多的时间让他们打工挣钱。因而，他们的基金组合构成中不仅可以加大股票型基金的比重，而且选择基金时还可以重仓持有高风险的小盘基金，还可以包括大比例的国外股票型基金。投资国际多元化的一大好处就是可以降低风险。由于国与国之间经济活动的周期并非完全同步，所以，国际多元化的投资组合较之于仅仅立足于本国的投资，会为投资者带来更加稳妥的收入。而且，国际多元化的投资还能使投资者分享世界上其他地区经济高速发展所带来的好处。当今中国股市虽然发展势头良好，但其总市值在全球金融市场交易股票总市值中所占的比例并不很大，因此，世界上其他许多地方的增长机会比现在的中国大得多。

此外，年轻人玩高风险投资如果失败，此时仍然承受得起，任何挫折失败也可以承受并从头来过。所以，青年时期是适合利用杠杆投资，玩本小利大金钱游戏的良机。

中年时期怎样选择基金

在50岁左右，人往往处于人生的高峰，此时投资者子女自立，生活不愁，同时投资经验丰富，是最适合累积财富的时期。这个阶段，投资人应该调整财富结构比例，要注重安全性；增加保险支出以更多地积累财富，保障自己和爱人退休后的生活质量和医疗费支出；投资组合应以风险适中的产品为主，如混合型或债券型基金。

50岁的中年人，在投资方面，他们往往更加注重安全性，个人资产的稳定增长是他们追求的投资目标。中高风险投资的比例较年轻人也应有所降低，与此同时，还可以拿出每个月收入的一部分进行定期定投。

老年时期怎样选择基金

当投资者开始步入老年时，他们应逐步远离风险较大的投资，最好选择风险较低、稳定增值的货币型基金或债券型基金，即使想投资股票基金也应该严格控制投资比例。

女性选基金的"三八"法则

基金投资已成为越来越多聪明女性的理财首选。选择基金除了能使家庭财富稳健增长外，还逐步成为她们的一种时尚生活方式。针对女性投资者不断增长的基金投资需求，专家指出，女性投资者完全可以遵照"三八法则"来展开自己的基金投资之路。

1. 三看："看自己""看对象""看组合"

首先是"看自己"，投资前了解自己的情况，包括风险承受能力和投资目标。

其次是"看对象",购买某个基金相当于将自己财富交给对方打理,因此需要更好地了解"对象"的投资管理能力。

再次就是"看组合",组合投资是规避风险的基本措施。应尽量在自己的投资组合里,配置不同风险收益特征的基金产品。

2. 八注意

如果说"三看"是基金投资原则,那么"八注意"主要是一些细节。如坚持长期投资理念、建立核心投资组合、基金数目不宜太多、设定自身的赎回标准、关注费率标准、利用专业评级机构提供的数据、研究基金公司的投策报告、关注市场走势等。

工薪阶层怎样做基金投资

最适合工薪阶层的基金理财方式就是定期定额投资。它是指在固定的时间以固定的金额(如1000元)投资到指定的开放式基金中,类似于银行的零存整取方式。

基金定投的神秘功效就在于其复利效应。从投资学角度看,资金经过长时间的复利,累积的效果会非常惊人。

从历史资料来看,英美股市的长期平均年报酬率高于8%。从一个长期发展阶段看,一国经济总是会逐步增长的。如果投资者每月投资1000元人民币,年回报率为8%,那么经过16年之后,其本利之和将达到387209元。可见,只要一定的时间积累,基金定投就能将复利效果发挥到极致,平均成本法和时间魔力可使投资者获得可观的回报。

如何巧用货币基金搭配信用卡理财

使用信用卡透支消费的人越来越多,但利用信用卡的免息期透支买货币基金,恐怕知道的人就不多了。使用信用卡消费,一般都有20~50天的免息期,在这个免息期内,完全可以将这笔钱投资货币市场基金。

目前货币市场基金的年收益一般在3%~4%左右,略高于现在1年定期存款的税后利息。这些收益虽然不多,但积少成多,良好的理财习惯还能让你受益终生。

需要提醒大家注意的是:赎回货币基金的资金要1~2个工作日才到账,千万要计算好赎回的日期,误了还款就不好了。

十七

地理、名胜

特色地理地貌

大格伦峡谷

大格伦是苏格兰一条天然分界线，以北、以西是西北高地；以南、以东是格兰山和城镇。它是地壳上一条深陷的断层。许多断层近乎垂直，可通过比较断层南侧因弗内斯附近的福耶斯花岗岩露头与断层北侧的威廉堡西部的斯特朗廷花岗岩露头显露出来。断层的延伸方向十分清晰。这种位移所需要的能量，来自一连串地震的推动。实际上大格伦的名声主要是由于尼斯湖神秘怪兽的出现。从6世纪就有人见到，19世纪30年代起，见到的人越来越多。人们已经花了无数的时间探寻传说中的怪兽。

巨人岬

巨人岬是一道通向大海的巨大的天然阶梯，神话传说中是由爱尔兰巨人芬·麦克库尔建造的。他把岩柱一个一个地移到海底，那样他就能走到苏格兰，与对手决战。事实上在大西洋早期，由于北美大陆和欧洲大陆之间新形成的海道依然处在发展之中，北大西洋的边界也正在形成和变化阶段。大约8000万年前，格陵兰的东南海岸与不列颠群岛的西北海岸紧紧相连。6000万年前，这些海岸开始分离，留下关于洪水、高原和玄武岩的记录。喷发出来的玄武岩形成的大块熔岩，遍布整个火山活动区。熔岩遇冷结晶，爆裂成规则的图案，常常是六角形。熔岩由于其裂缝直上直下伸展，水流可从顶部通达底部，形成了独特的玄武岩柱网络。所有的玄武岩柱捆扎在一起，只有极细小的裂缝。这就形成了"柱状玄武岩"。这是巨人岬科学的解释。同时，巨人岬也是这种独特现象的完美体现。

巴伦

巴伦是西欧石灰岩最重要、最壮观的地区，占地面积约376平方千米。许多原始海洋无脊椎动物化石保存在2.5亿年前地体抬升之前的石灰岩中。

在巴伦裸露的石灰岩缝隙间有种类

丰富的植物。植物的组合非常独特，卢西塔尼亚型（地中海型）、温带型以及北极－高山型植物相互混合，而且全是本地种。植物物种十分丰富，有长势缓慢的北极－高山型路边青，有血红色的老鹳草，还有伦兰花等。还有常见于山顶的海石竹紧挨苔藓状的虎耳草生长。那里曾广泛分布着稀有植物，现在分布区已缩减。著名的稀有种包括紫罗兰、委陵菜、百里香等。

巴伦地区的动物也相当闻名，尤其是种类繁多的蝴蝶。这里还是爱尔兰珍珠色边豹纹蝴蝶的唯一产地。

多佛尔的白色悬崖

多佛尔是通往英格兰的重要途径，悬崖高高地耸立于海面上，呈现出耀眼的白色。英格兰南部海岸全为白垩悬崖，悬崖上盛开着鲜花，其中最著名的有海甘蓝、海蓬子、海罂粟和野兰花。

悬崖上以形成于晚白垩纪的白垩地层为主。由无数的微生物和富含碳酸钙的贝壳组成的白垩层，受到海水和风力的侵蚀，引起石灰岩分解。当盐水渗入岩石缝隙并溶蚀了岩石时，悬崖上的易损之处变得更为脆弱。缝隙水也会随温度的变化而热胀冷缩，导致岩石碎裂。当遇到海浪猛击悬崖底部时，海水便进入岩石缝隙，并以巨大能量拓宽着逐步爆裂的岩石。退潮时，波浪携走卵石，在低处刻蚀出悬垂的崖壁和岩洞。这样最终会使上层悬垂的崖壁崩裂。由于这个过程不断地重复，悬崖逐步后退，便形成了著名的多佛尔白色悬崖。

上法涅高地

上法涅高地位于比利时与德国交界处的阿登高原，是一块仅有39.1平方千米的较小保留地，由高位泥炭地组成。周围是橡树、山毛榉和云杉。这里的泥炭矿层中含有最近一次冰期保留在泥炭中的树木躯干化石和各种植物的花粉。而今已被普通席草、紫沼茅、岩高兰、欧洲越橘、牙疙疸和轮生叶欧石楠等熟悉的种类所覆盖。

沼泽水仙、白喙莎草等稀有种以及沼泽龙胆和沼泽马醉木等也时有所见。泥塘和沼泽地区也孕育了许多种类的蜘蛛。在清晨的阳光下，布满带有露珠的蜘蛛网的植被错综复杂，神奇而富有吸引力。上法涅高地的动物包括马鹿、狍和野猪。

这里还是众多鸟类的重要繁殖地，包括黑琴鸟、大灰伯劳、旋木雀以及稀有的黑点啄木鸟和斑点啄木鸟。坦格玛姆猫头鹰、长耳猫头鹰、鹣鹠鸲、苍鹰等各种猛禽也大量生存在这里。

卡马格

卡马格位于法国地中海沿岸罗讷河入口的圣玛丽湾，是一片保持原始完整性的沿海湿地。1970年它被指定为拉萨姆尔遗产地，1977年成为生物圈保留地。

卡马格是由海滩、沙丘、芦苇荡、盐湖、河边森林、牧场以及广阔的盐沼组成的复杂的混合体，是许多鸟类迁徙途中的停留地。每年有以百万计来自西伯利亚和欧洲的鸭、鹅、涉水禽鸟在此停留，而且有一些在此筑巢繁衍。其中著名的有肯特郡鸻、细嘴鹬、领燕鸻。

那里的淡水芦苇是麻鸦、草鹭、黄池鹭、白鹭、牛背鹭以及巨大的沼泽鹞的栖息地。

卡马格的盐沼特别适宜于海虾生长。海虾是一些鸟类尤其是火烈鸟的重要捕食对象。具有盐沼这样的安全巢址和接近丰富的食物源地，因能聚集不计其数的鸟类而闻名。另外，令卡马格享誉世界的还有一种当地繁殖的黑牛，以及一种被看作始祖马直系后裔的白马。所有这些构成卡马格的神奇画面，令人神往。

韦尔东峡谷

韦尔东峡谷位于法国东南部的上阿尔卑斯省的韦尔东河上游，是一个由韦尔东河切割而成的特别的峡谷。峡谷长19千米，从峡谷上缘到河流的最大深度可达700米，是法国最深、最长的峡谷。峡谷两岸是悬崖峭壁，有些地方仅相距200米。陡峭的崖壁高耸入云，下方是水流湍急、怒涛汹涌的河流。许多无畏的探险者，常来这里攀登探险和欣赏造物的神奇。崎岖的淡灰色石灰崖壁与青翠平缓的山林坡地之间的强烈对比一览无遗。

峡谷被切割成的石灰岩地层上有许多溶洞。但迄今为止，没有足够的证据证明峡谷形成的真正原因。

上陶恩

上陶恩是奥地利境内的阿尔卑斯山的最高部分，通常分为三组山群：从西向东分别是韦内迪格山、格拉纳特斯匹茨山和格洛克纳山。有广泛的冰川。

韦内迪格山的最高峰是大韦内迪格峰，高3670米，是一个为冰雪覆盖的金字塔形的山峰。格拉纳特斯匹茨山是很好的登山场所和眺望周围农村的最佳观景点。格洛克纳山雄踞群山之首，大格洛克纳峰高达3797米，狭窄的山脊从峰顶向下陡降，陡峻的冰坡位于山地的四侧，上有斑斑的冰裂隙和下泻的冰瀑。围绕低坡环行的帕斯特泽冰川，长10余千米，是阿尔卑斯山脉东支最长的冰川。河的一侧是该区风景最优美的地方。上陶恩已被奥地利开辟为国家公园，成为专门的动植保护区和地质构造保护区。

马特峰

马特峰位于意大利和瑞士边境，是阿尔卑斯山最引人注目的一个山峰。高约4480米，由坚硬的结晶岩构成，是一个典型的金字塔形山峰，受冰川作用形成。冰斗由冰川磨蚀而成，构成了马特峰难以攀登的四面。著名的马焦雷湖和卢加诺湖就位于冰川凿蚀的凹陷处。自1865年始，已有不少不畏艰险的人登上峰顶。而今，缆绳和人工的立足点让业余的登山者也能登上峰顶，一览雄奇的自然景象。

弗拉萨斯溶洞群

意大利中部地区弗拉萨斯溶洞群地处埃西诺河附近，一直是洞穴学家和旅游者钟爱之处。溶洞群中最精彩的大风洞，不仅巨大，而且连接着周围的隧洞和通道。给人印象最深刻的洞穴是蜡烛宫，其穹顶上垂下成千的钟乳石。还有无极宫，里面的钟乳石和石笋长得相当长，有的已成为雄伟的石柱。

弗拉萨斯溶洞群从一个溶洞逶迤至另一个溶洞，展露出由矿物沉积而成的一碰即碎的地质构造，甚至可以透过光线。巨大厚实的尖塔，像巨龙的牙齿。在许多溶洞中，滴水由于富含矿物质而五光十色，斑斓夺目。另一个壮观的景象是蝙蝠洞，每到黄昏，成千上万只小动物在溶洞口乱成一团，它们在黑夜间捕捉飞蛾和其他昆虫。由于石灰岩沉积受到埃西诺河及其支流森蒂托河的侵蚀，形成深切峡谷。流水不断地刻蚀和溶解隧洞中脆弱的岩石。

里农的土金字塔

博尔扎诺位于马尔莫拉达以西的3200米处，是由一系列山峰组成的山脉。它的东北面是广袤而起伏不平的高原，称为里农。高原由坚硬的结晶岩构成，具有大粒的单晶。高原的顶峰是里特纳霍恩，高2261米。那里可看到多洛米蒂山和奥地利格洛克纳山的壮丽景色。

芬斯托巴克山谷风景如画，掩映在树林中的就是著名的土金字塔，或称为里农土柱。这些土柱本身是群集的土塔尖，许多土柱上还整齐地覆盖着圆石。这奇特的地貌现象与最近的冰期有关，当时该区被厚层冰川所覆盖。冰川退缩留下的冰碛物形成泥砾沉积物。泥砾主要由细泥组成，包含有砾石，裸露的泥砾风化成泥土。由于雨水的冲刷，砾石的周围和下面的泥土被冲走，留下的砾石就停置于塔尖的顶端。当支撑的土柱变得太窄不能支撑砾石，便会倒塌。雨水不断冲刷尖塔的顶端，下一个尖塔便会重新出现。

梅特奥拉

希腊梅特奥拉位于品都斯山东坡河谷中的卡兰巴卡小镇的北面，以其奇特的山峰吸引着人们的视线。山峰的四侧陡峭崎岖，任何一面对攀岩者都是一种挑战。

这里的岩石都是砂岩和砾岩，成水平状沉积，覆盖范围十分广阔。不同的地层对风化和侵蚀的反应方式各不相同，结果形成了岩突和裂隙。相伴随的压实和成岩作用，形成垂直节理，成为天然的线状脆弱带。在成岩过程中，饱含石灰和氧化硅的水会渗透到岩石中，并将某些矿物沉积下来，使岩石变得十分坚硬。

欧罗巴山地国家公园

西班牙欧罗巴山地国家公园位于桑坦德港、奥维耶多和莱昂之间的三角地带，占地77.2平方千米，伴有从原始森林演变过来的高山草甸。山脉都是由石灰岩构成的陡峭山峰。每年12月到第二年5月，都被厚厚的积雪覆盖，冰雪融化时，许多草甸上鲜花盛开，呈现出一片勃勃生机。

欧罗巴山地的较低地区，由栎树和山毛榉混交林组成的天然植被已被开发为草甸牧场。林地的其余地区，以及科瓦东加国家公园和萨亚自然保护区有许多动物种群，最著名的有伊比利亚狼和棕熊，还有野猫、青猫、獭、松貂、野猪和岩羚羊。

山区的食鸟猛禽特别多，包括埃及兀鹫、格里芬兀鹫、短趾金靴鹰、乌灰鹞等。草甸牧场植物种群特别丰富和多样化，大约有550多种显花植物集中在这个小区域内。生长在这里的花卉有大鼻花、绒毛花、日光花、老鹳草和水仙花。各种品种都很丰富，还有石委陵菜和欧洲百合等稀有种。

梅塞塔

梅塞塔高原占据了西班牙中部的大部分地区，平均高度为900~1200米。高原中央的最高点阿尔曼索尔高达2592米。位于瓜达拉马山的佩纳拉峰也有2468米。

梅塞塔的多数地区由坚硬、古老的结晶岩构成，也有石灰岩的分布区。马德里以东的一处石灰岩露头区，从远处看，就像一座城市建筑物耸立于地平线上。由于微酸的雨水侵蚀着各处的石灰岩，形成各种奇特的形状。因而，此处被称为"迷人的城市"。

罗托鲁阿

罗托鲁阿紧靠新西兰北岛的中心，多年来其地热活动吸引了众多的游客。镇上有许多矿泉疗养地，城镇边缘有沃卡雷瓦地热区和弗拉特间歇泉。波胡图"飞溅"间歇泉是新西兰最大的间歇泉，通常每隔20分钟左右就喷射一次，高度约30米。附近有沸腾的含硫水塘。

罗托鲁阿东南是著名的怀曼古湖，这是个死火山口中的热水湖。湖水在深处受热，向上喷涌的过程中溶解了各种矿物质，变成了蓝绿色。每个湖泊从岩石中滤取了不同的矿物质，形成不同的颜色。湖泊周围的低崖上因氧化铁形成反差强烈的红色，黄色则是由含硫沉积物造成的。1900年，怀曼古间歇泉曾出现于此。这是当时世界上最强大的间歇泉。

艾尔斯岩

艾尔斯岩位于澳大利亚北部地区的西南角。这块巨石长2.4千米，宽1.6千米，周长9千米，屹立于沙漠之上，高达348米，是世界上最大的裸露地表的独块石头。巨石的成分主要是长石，还有铁的多种化合物。外表随光线而变化，当光线逐渐暗淡时，巨石则由桔棕色变成深红色。拂晓时分大独石展示出更加美丽而朦胧的色调。

艾尔斯巨石因其庞大的规模让人难忘。同时也赋予了画家、诗人、摄影师以灵感。

奥尔加山

奥尔加山位于澳大利亚艾尔斯岩西部24千米处，以其奇特著称于世。这里有36个圆顶山丘，从沙原拔地而起。当地称之为卡塔朱塔，意思是多头山。其中奥尔加山比周围地面高出457米，海拔高度为1069米。

这里遍布久经暴雨刻蚀而成的深切峡谷与沟壑。尽管外面是灼热的沙漠，峡谷和沟壑内却是一片绿洲，盛开着金合欢、雏菊等植物。每年有8万游人到这里观光，欣赏大自然造物的神奇和巧夺天工的美景。

火地岛

火地岛是南美大陆最南端的一个群岛，总面积72520平方千米。曾经是南极半岛连续延伸的陆地，约在2500万年前开始分离。两地岩石结构和类型以及化石记载均证明了这一说法。火地岛是麦哲伦于1520年发现的，并为它命名。

1832年，达尔文也曾到达这块荒芜孤寂的陆地。那时，大约有3000多个亚冈印第安人生活在那里，有着粗放的生产方式，以贫乏的植物维持生计。他们驾着小舟进出多山的海域。火地岛有着无与伦比的美丽山脉和冰川，英国航海家斐兹罗依给绵延下伸至猎犬海峡的冰雪覆盖的山脉取名为达尔文山。

阿塔卡马沙漠

阿塔卡马沙漠位于智利北部和秘鲁南部狭长海岸带。整个区域异常干燥，温度较低，常年不下雨，是地球上最干旱的地区之一。由于气候恶劣，再加上农业的贫乏，极少有人居住在这里。该地区的主要工业部门是采矿业。硝酸盐矿的产量高达300万吨。铜的产量也相当丰富，安第斯山脉的丘基卡马塔和沿海的帕皮索都已发展了采铜业。

加拉帕戈斯群岛

厄瓜多尔加拉帕戈斯群岛位于东太平洋的赤道上，是世界上最孤独、最美丽的群岛之一。它是由海底抬升的熔岩堆积物形成的一组海岛。由15个大岛、42个小岛和26个岩礁组成。总面积约7800平方千米，其中96.9%的面积现为国家公园。岸边低地贫瘠、干旱，植物以仙人掌科为主。而200~500米的山坡上则生长着茂盛的常绿林，海拔最高的地区是布满苔藓、蕨类植物的旷野。

加拉帕戈斯群岛是地球上唯一有海鬣蜥的地方。海鬣蜥通过发育不完全的蹼足适应了海上生活方式。群岛上另一种著名的爬行动物是巨龟。成熟的巨龟重达135~180千克。

在加拉帕戈斯群岛附近的水域发现两种海生动物。加拉帕戈斯海狗是亚南极属中唯一的热带代表，喜夜间活动；而加拉帕戈斯海狮则在白天活动。

伊瓜苏瀑布

伊瓜苏河在穿越巴拉那高原前有支流汇入而使河水上涨。河流途经70多个瀑布，最大的为伊瓜苏瀑布，落差达40米。伊瓜苏河汇入巴拉那河前不远处，在伊瓜苏瀑布上方直泻而下。此处的伊瓜苏河在壮观的新月形陡崖处倾泻而下。共有275股独立的大小瀑布，其中有些瀑布径直插入82米深的大谷底，另一些被撞击成一系列较小的瀑布汇入河流。这些小瀑布被抗蚀能力强的岩脊所击碎，腾起漫天的水雾，在阳光照耀下呈现出绚丽彩虹。

周围棕榈、翠竹和花边状的树蕨密布。树下秋海棠、凤梨科植物和兰花争奇斗妍。这里还有鹦鹉、金刚鹦鹉及其他鸟类。白水瀑布，绿色丛林，各色小花，各种鸟类构成一个壮观、绚丽、生机勃勃的人间奇境。

巴西和阿根廷两国的国家公园位于两侧，每到雨季，瀑布最为壮观。在一年中任何时间里都有美景。

奥里诺科平原及其三角洲

由奥里诺科河及其主要支流组成的

泛滥平原位于委内瑞拉和哥伦比亚东部。6月至10月间的多雨季节，大草原泛滥成灾，形成面积10万余平方千米的湿地。4月下旬旱季开始，洪水退去，许多小河都变成一系列断断续续的水潭。奥里诺科三角洲面积为36260平方千米，沿岸有红树林、永久性淡水沼泽、棕榈和高地热带常绿林。

这里是水禽鸟极为重要的生息地。有品种繁多的朱鹭、美洲鹳、苍鹭、白鹭和野鸭，以及大量的鹰、鸢、猎鹰和兀鹫。半水生的水豚是世界上现存最大的啮齿目动物。此外还有美洲豹。

三角洲中的淡水湖和河流中也繁衍着许多不同的动物，包括海牛、大水獭、世界上最大的蟒蛇和已被列为濒危动物之一的奥里诺科鳄。

安赫尔瀑布

安赫尔瀑布是世界上落差最大的瀑布，位于委内瑞拉东南部奥丘伦河上。第一级落差807米，第二级落差172米，总落差为979米。

从远处望去，陡崖边缘的细细白线随着水的向下坠落逐渐加宽成一道白而宽的水幕，然后消失在热带丛林的绿色屏障之中。

由于瀑布所处位置的偏僻，长期以来很少有人到达这一地区。1935年美国人安赫尔发现了这一瀑布，就以他的姓氏命名。现在因其声名远扬而促进了旅游事业的开发。人们可以乘坐带马达的独木船或小型飞机，到瀑布区旅行。

沥青湖

沥青湖是一个由灰黑色软泥组成的冒泡的火山口，是目前世界最大的沥青矿产地之一。它位于特立尼达岛的西南海岸，由40%的沥青、30%的黏土和30%的盐水所组成。深达82米，占地面积45公顷。湖面的柏油十分坚固，人可以在上面行走。湖面由厚厚黏黏的沥青褶皱组成，沥青中的油散布在各个水潭，在变幻的光照下，形成熠熠生辉的彩虹颜色。

科学考察表明，大约5000万年以前，大量微小的海洋微生物体死于海底，被分解成油，浸入渗透性岩石中。由于地壳的变动，油返回地表，并受太阳熏烤，成为硬实的地层。沥青湖目前仍处在发展之中，新的沥青不断渗出并向周边扩散。

考爱岛

考爱岛被誉为夏威夷的绿宝石岛，是夏威夷群岛中最葱翠、美丽的岛屿。有着浓密的绿色植被，金色的沙滩和碧蓝的海洋。它由500万年前的火山活动形成的。岛屿中心是一座死火山。怀厄莱阿莱山高1600米，是地球上最潮湿的地方，每年的平均降雨量为11700毫米。

岛屿的传统产业是甘蔗种植业。许多工人是从中国、日本、菲律宾招募而来的，所以，岛上有着浓厚的多元文化背景。考爱岛上最壮观的美景之一是纳帕利海岸，沿岸的悬崖峭壁直落入海。

怀厄莱阿莱山的坡地分布着一些小植物，滔滔不绝的水流从上游流出。附近的怀梅阿峡谷，绿色的火山岩，与一条流速很快的混浊河流沿着基岩打着漩涡。考爱岛还有几千米长的空旷沙滩。

卡尔斯巴德溶洞

美国卡尔斯巴德溶洞发育于2.5亿年以前厚层石灰岩沉积的时候。石灰岩中裂缝渗出的水，溶解了岩石，刻凿出隧洞和洞穴。后来，石灰岩沉积被抬升，形成瓜达卢普山。水从洞穴中流出，并继续下滴，留下的微量矿物质形成的石笋、钟乳石以及其他的滴水岩造型。

卡尔斯巴德溶洞的第一个也是最深的一个洞穴，取名绿湖厅。洞穴里布满了精美的钟乳石。皇后厅有奇异的帷幕，那里的钟乳石形成一道光线能照透的石幕。太阳寺的滴水岩造型呈现出黄色、粉色和蓝色组成的柔和色彩。"忸怩的大象"看起来像一头从背部到尾巴的大象，而著名的"老人岩"是一个巨大的石笋，孤独、雄伟地挺立在黑暗的壁龛中。"巨人厅"中三个巨大的人形石笋在站岗放哨，而"王宫"的天花板上撒下一排炫目的钟乳石。整个岩洞中充满了神奇与梦幻。

石化林

美国石化林国家公园内大部分岩石都是在2.3亿年至7000万年前的中生代沉积的砂岩。大部分地区曾经是地势低下的沼泽化泛滥平原，生长着以针叶树为主的茂密森林。许多树被风暴击倒后被淹埋于沼泽。多层火山灰与沉积物混合在一起，从沉积物中渗滤出来的地下水溶解了某些矿物质，然后将二氧化硅矿物再淀积于树的细胞中，逐渐地取代木质。这样，树就被石化了。随着沉积物的不断堆积，它们就越埋越深，被完整地保存下来。当再次遭受浅海入侵，深厚沉积物对沙和泥加压并使其硬化，变成砂岩和页岩。

在中生代末期，西侧发生了较大的地质变动，东侧的落基山脉开始形成。侵蚀力开始作用于显露的海底。百万年前的沉积岩被逐渐搬移，石化树重又露出地表。

在今天，国家公园内的石化树得到保护，石化树的颜色取决于取代矿物的成分。碧玉产生一种不透明的砖红色，紫晶为净紫色，玛瑙则五彩缤纷。

红杉和巨杉

红杉如今只存在于从美国俄勒冈州南部的克拉马斯山到加利福尼亚州北部的蒙特雷湾的一个狭长地带。长势最好的红杉在加州北部的红杉国家公园里。这种高大的树长在向阳坡和海岸带山谷中，树皮厚实、坚韧而且耐火，树冠非常浓密，能存活3000年以上。

巨杉是2.08亿~1.44亿年前的侏罗纪代表植物。而今生长地域大大缩小，只能在内华达山脉坡地见到。加州中部的国家公园是主要保留地。已知有的巨杉已4900多岁。最大的一株巨杉以南北战争时期的名将命名，叫"谢尔曼将军"，大约4000岁，重达300万千克。

莫哈韦沙漠和索诺兰沙漠

莫哈韦沙漠位于美国加利福尼亚州东南角。大部分地区是由仅160万年的地质沉积物组成的。多年来，风雨侵蚀和长期的干涸使这里形成了世界上最荒凉、最幽美的地方。

莫哈韦沙漠和索诺兰沙漠年平均气温23℃，但是温差特别大。白天的高温可达40℃以上，而夜间气温仅1℃~2℃。这里的平均年降水量为50~150毫米，有些地区甚至多年滴雨不下。

这里的植被是高度特种化的。莫哈韦沙漠以灌木植被为典型，它由约书亚树、杂酚油灌木丛和偶见的仙人掌植物一起组成。索诺兰沙漠生长着广阔的有刺灌木丛，树种有牧豆树属、铁木和一系列肉质植物。除多年生植物外，这里还有许多一年生或短命植物，如罂粟属、半日花和禾本科植物等。当雨降临沙漠时，植物迅速作出反应。短时间内萌芽、生长、开花，沙漠几乎在一夜之间就变得多姿多彩。

和植物一样，沙漠的动物也能适应严酷的条件。这里生活着各种昆虫、蛇、蜥蜴、鸟类以及一些哺乳动物，大部分是夜间活动。

黄石公园

黄石公园是世界上第一个国家公园，也是面积最大的公园。地处美国西北部的怀俄明州、蒙大拿州和爱达荷州交界处的落基山间高原，大部分分布在怀俄明州。占地8956平方千米，因两旁峡壁呈黄色的黄石河而得名。

公园里保持着大自然的原野景色。到处是高大挺拔的黑松。公园的间歇泉是闻名世界的奇景。最具代表的间歇泉叫"老实泉"。它能把大量热水喷向50~60米的高空，而且发出嘶嘶的响声，十分壮观。它每隔65分钟喷发一次，极有规律。

这里的温泉由许多大大小小的热水池组成，池岸呈红、黄、蓝、白、紫、褐等色，相互映照，构成了一幅幅色彩鲜艳的图案。池中的热水从高处跌落，经过一层层凝结着泡沫状的碳酸钙石台阶，流淌到黄石河，汇成了一条条银色大瀑布。纵贯公园北部的是黄石峡谷，峡谷的岩层由橙黄色或橘红色的火成岩和黑曜石构成，就像两条曲折的彩带，当阳光照耀时，与河中的瀑布相映成趣，熠熠生辉。

生活在这里的有美国野牛、大角鹿、黑熊、灰熊等，还有白鹭、天鹅等200多种鸟类。是一个十分优美的旅游风景区和野生动物的保护地。

科罗拉多大峡谷

位于美国亚利桑那州西北部的科罗拉多高原上，全长约350千米，是世界上著名的河流峡谷。由科罗拉多河水深深切割而成。大峡谷深达1830米，两岸是悬崖峭壁，谷壁呈阶梯状，上部开阔，下部陡窄。

当地气候干燥，植物稀少。谷壁上呈现出从古生代到新生代的各期地层。在阳光下，谷壁显示出不同的色彩，景色变幻无穷。进入峡谷，有各种奇形怪状的岩石和千姿百态的山峰。阳光照射下，岩石五颜六色，美不胜收。在悬崖或吊桥上俯瞰科罗拉多河的滔滔洪流，更是一泻千里，气势不凡。这里发现的动物有90余种，鸟类180多种。流泉飞瀑，共有五六处之多。

1919年，风光秀奇的大峡谷被美国划为国家公园。登上公园内的游览车直抵山顶瞭望台，可利用望远镜观赏峡谷风光。每年来这里的观光客达200多万人。

宰恩国家公园

位于犹他州的西南角，在美国西南部的大沙漠地区。公园内有一系列迷人的岩石造型，主要是在主体岩石纳瓦霍岩上雕凿出来的。一组从深红色、淡玫瑰色到粉色排列而成的高耸的峭壁、望而生畏的穹丘和万丈深渊，随着太阳和季节的变化，不断地变幻着颜色。

宰恩国家公园内，棋盘状的平顶山在风和水作用下，表面纵横交叉地被雕刻成许多方块。在佛金峡谷，一个天然的圆穹横跨在两个陡崖中间，而怀特大皇座顶部却平坦而魁伟。国家公园的最高点是威斯特教堂，它高出峡谷底部1158米。维尔京塔峰是一组锯齿状的砂岩峰顶，排列于峡谷的西壁；而锡纳瓦伐教堂的天然圆穹形建筑是环视四周峭壁和穹丘的最佳观测点。

公园的另一个独具特色的是泪水岩。水从高处岩石间流出，沿着地表下淌，就像从悬崖下滴的泪水。宰恩峡谷西缘的灰白色山坡线条清晰，纳瓦霍砂岩分层整齐、规则。湍急的水流在岩石上冲刷出众多洞穴，为各种鸟类、小型哺乳类动物和昆虫提供了避难所。

约塞米蒂国家公园

约塞米蒂谷坐落在加利福尼亚州的内华达山脉中部，这里有许多辉煌壮丽的自然美景。有默塞德河以及许多瀑布，其中约塞米蒂瀑布高达739米，世界高度排名第六。还有世界上最大、最雄伟的花岗岩岩壁，尤其是埃尔卡皮坦岩壁，由谷底垂直向上高达1099米。

约塞米蒂谷实际上只是约塞米蒂国家公园的一小部分。整个国家公园占地3079平方千米。在公园的南入口附近，马里波萨丛林里长有巨大的红杉树，树龄有数千年。其东侧是图奥勒米草甸高地。巨大的石圆丘耸立在郁郁葱葱的草甸上，湖水清澈。

越过图奥勒米草甸是3031米长的泰奥加山隘，它是公园的最高点，有一条险峻的路径向下通过内华达山脉东侧的因约国家森林。其北部是很少有人涉足的约塞米蒂高山区，包括图奥勒米河大峡谷和1913年建造的赫奇水库，它灌溉着一个几乎可与约塞米蒂谷媲美的谷地。

恐龙国家纪念地

流经美国科罗拉多州和犹他州交界处的柏林河和扬帕河的恐龙国家纪念地是恐龙遗迹的理想保存地。1909年，首次在这里发现恐龙骨骼化石。从那以后，共搬走了450多吨恐龙骨骼化石。这是个高12米，宽12米，长122米的巨大恐龙坟地。目前尚无法断定为什么有那么多的死恐龙聚集在这里。

该区也是著名旅游胜地之一。两条河流切穿水平的砂岩，形成深切的河谷和峡谷，显露出层面整齐的峭壁断面。带给旅游者美不胜收的自然奇境，但也伴随着危险性。在纪念地总部有个精致的博物馆，展示许多种标本。有一块名叫"超级蜥蜴"的恐龙肩胛骨,重10吨。除恐龙化石外,博物馆里还有海龟和鳄鱼化石标本。

魔鬼塔

魔鬼塔耸立在美国黑山松林附近的怀俄明州波状平原上,塔基周围林木葱郁。它是方圆数十千米范围内的最高点。从底部矗立,高达265米,底部直径300米,顶部直径85米。大约形成于5000万年前,当时怀俄明州还位于海平面下,沉积了许多砂岩、石灰岩、页岩和石膏等沉积岩层。同时,来自地壳内部深处的压力迫使大量岩浆侵入沉积岩。岩浆冷却结晶、收缩、断裂,形成多边形柱体。

岩浆侵入所形成的火成岩比周围的沉积岩要硬得多,经过数百万年,海底隆起形成坚硬的陆地,侵蚀作用开始蚕食沉积层,即使是坚硬的火成岩,也难免受到侵蚀。

由于水渗进柱体之间的空隙,随温度的变化而膨胀、收缩,迫使一些柱体从岩石主体上坍落下来。碎裂的柱体散布于塔基,形成岩屑斜坡。

尼亚加拉瀑布

尼亚加拉瀑布在北美洲的伊利湖和安大略湖之间的尼亚加拉河上,是世界著名的大瀑布之一。尼亚加拉河从海拔174米的伊利湖流出,流经56千米,注入海拔75米的安大略湖。在美国和加拿大国界线上一陡崖处形成瀑布。它有两个宽大的水帘,左边的属加拿大,宽914米,落差49.4米,称马蹄形瀑布;右边的在美国境内,宽305米,落差50.9米,叫亚美利加瀑布。尼亚加拉瀑布在印第安语中意为"雷神之水",是闻名世界的旅游胜地,每年观光客上千万人。

好望角

好望角在南非共和国境内,是连接大西洋和印度洋的重要交通要道。每年进出的船有几万艘之多。西欧、北美、南美所需的石油,绝大部分要通过好望角运入。西方国家把这条航线叫作"海上生命线"。

好望角由于地处西风带,终年刮偏西风,风力常达11级以上,一年有1/3的风暴天。海浪一般情况下都很高,经常发生海难事故,是海上航行的"鬼门关"。被世人称为"风暴之角"。

芬迪湾

芬迪湾位于加拿大新不伦瑞克和新斯科舍之间,拥有世界上最大的潮差。米纳斯湾前端的伯恩考黑德处平均大潮差达14.5米。这里的海岸线就是悬崖的前缘,一天潮起潮落两次,在有斜坡的沙滩,进潮量巨大。潮水来势凶猛,经常造成意想不到的灾难。当狂风伴随潮水而来时,就会形成比平常更高的高潮。这是一个真正的潮波,在潮波发生的河口,由于其逆流而上,遇到河流流入大海所产生的阻力引起波峰的交汇,就会造成涌潮。与中国著名的"钱塘江涌潮"有着同样的奇观。

伯吉斯页岩

伯吉斯页岩位于加拿大不列颠哥伦比亚省的菲尔德山和沃普塔山之间，这是已发现的最重要的化石沉积。这一岩石露头现已被保护在约霍国家公园内。

伯吉斯页岩使考古学家们可以深入了解5.15亿年前的古生代时栖居于海底和上层水域中的海生无脊椎动物惊人的丰富多样性。这些页岩沉积物是在动物遗体几乎没有坚硬部位的情况下保存下来的。其中有许多动物在化石记录中并不经常出现。

隶属一个广泛种系的动物有120多种，其中许多种系的后裔存活至今，例如海绵动物、腔肠动物、环节动物、棘皮动物、软体动物和节肢动物。这一发现彻底改变了我们对寒武纪海洋生物的看法，揭示了动物的规模和多样性的新信息。

加拿大省立恐龙公园

省立恐龙公园位于加拿大艾伯塔大草原区中部的雷德迪尔河两岸。在省立公园里发现的恐龙化石的丰富性与重要性使其建立起一个世界遗产地。这是世界恐龙化石遗产地中最好的一个。公园较小，占地60平方千米，但它却是个极具魅力的地方。在这里发现了35种恐龙的遗存物，而更多的恐龙种类尚未发现。许多恐龙都被陈列在条件极好的蒂勒尔考古现场博物馆内。沿着公园的小路，来到近处的发掘现场，可以观察到化石是怎样发掘出来的。与原物同样大小的恐龙复制品，对年轻人有特殊的吸引力。

阿克塞尔·海伯格岛化石林

加拿大北极群岛除了地衣和苔藓能在短暂的极地夏季生存几个月外，几乎没有其他植物生长。离北极1094千米的阿克塞尔·海伯格岛上，一些树木被方解石溶液矿化了，而另一些树木则有效地干化了。一些树干和树根保留着原来的生长状态，就像正在从地下长出来那样。已成为化石的昆虫都保存完好。

极地化石林中还发现了一些较大的森林动物的化石。这表明短鼻鳄、海龟、陆龟、蛇、蝾螈、貘、鹤和类似河马的冠齿兽也曾在这里定居过。

桌状山

桌状山高高地耸立于南非开普敦市上方，它经常笼罩在白云中。但云时升时降，唯有残雾像"桌布"一样披挂在桌状山的一端，显露出秀丽的景色。

桌状山位于开普敦与好望角之间的山脉的北端。山脉由覆盖在较古老的花岗岩和页岩之上的砂岩和石英岩组成。"桌布"披挂在桌状山的顶部，而从不到达山坡的低处。山顶的暴雨侵蚀出许多深邃的沟壑，它们沿着悬崖面向下发育，最深的沟壑称为"峡谷"，也是到山顶最短的路线。

奥卡万戈三角洲

博茨瓦纳西北部的奥卡万戈三角洲是一个由非洲最后留存的大片荒原区组成的绿洲。是世界上最大的一个内陆三角洲体系。这里是多种动植物的避难所。上游段分布着以莎草植物占优势的广袤、密集的芦苇荡。生活着鳄鱼和多种羚羊。

奥卡万戈三角洲是最大的残存红驴羚集中分布的家园,至少有2万头红驴羚靠泛滥草地为生。这里还是数量众多的各种鸟类之家,包括一些非洲最稀少的非洲鱼鹰、小蜂虎、冠翠鸟、苍鹰和白鹭。

在下游段,分布着有刺灌木丛和多草的泛滥平原,吸引着斑马、水牛、大象、羚羊以及狮子、豹、鬣狗等动物。

多草平原上居住着当地赫雷罗部落牧牛人。牛群和牧民进入沼泽地带,但缩小了羚羊的活动范围,羚羊数目不断减少,荒原脆弱的整体性受到威胁。目前,莫雷米野生动物保留地已经建立。

莫西奥图尼亚瀑布

非洲最大的瀑布,旧称维多利亚瀑布。位于赞比亚和津巴布韦边境,赞比西河上。当赞比西河水量充足时,水流以每秒7500立方米的流速,从马兰巴和卡塔拉克特之间奔腾而下,响声如雷,腾起的水雾能上升300多米,远达40千米处都可以看到,当地人称之为"霹雳之舞"。

长达1800米的瀑布群分为5段,分别为魔鬼瀑布、主瀑布、马蹄瀑布、彩虹瀑布、东瀑布。其中主瀑布落差122米。

阿尔达布拉环礁

阿尔达布拉环礁位于印度洋中,珊瑚外缘被3个进出口分割,两个深的进出口把环礁分成4个大岛。内含一个由红树林镶边的潟湖,占地面积150平方千米。塞舌尔政府把整个区域列为"严格的自然保护区"。

阿尔达布拉有大量的地方性动植物种群。有273种显花植物和蕨类,其中19种为地方种。该岛有1000多种昆虫,包括127种蝴蝶和蛾,其中36种是地方种。还有陆蜗牛、塞舌尔飞狐、阿尔达布拉大龟以及只生活在雨水池塘中的淡水鱼。

阿尔达布拉是大、小军舰鸟在西印度洋的主要繁殖地,还有大量的红脚鲣鸟和面具鲣鸟以及娇小玲珑的燕鸥。最引人注目的两种鸟是阿尔达布拉薮鸟和白猴秧鸡。阿尔达布拉薮鸟是世界上最珍稀的鸟类之一。白喉秧鸡是此地最后存留下来的不会飞的鸟。

恩戈罗恩戈罗火山口

坦桑尼亚北部的恩戈罗恩戈罗保护区是世界遗产地和野生动物的乐园。8.09万平方千米的保护区内有森林、沼泽、湖泊、河流和广阔的草原。中心部分的恩戈罗恩戈罗火山口是世界第六大死火山口,直径18千米。250万年前火山最后一次爆发,山体被炸飞了至少一半。留下了边缘相当完整的"环形山"。火山口内面积达260平方千米,生活着50多种哺乳动物,包括角马、斑马、瞪羚、旋角大羚羊、河马、长颈鹿、大象和黑犀牛等食草动物,以及狮子、豹、猎豹、斑鬣狗等食肉动物,还有200多种鸟类。

保护区内的奥杜威峡谷以发现170多万年前的南方古猿头盖骨和能人化石残骸而闻名于世。

乞力马扎罗山

乞力马扎罗山是非洲最高的山脉。

山坡较低部位已被开垦，种植咖啡和玉米等作物。热带雨林的上界为2987米。再往上是草地，在4420米处草地被地衣和苔藓取代。在山脉的顶部是永久冰川。但伴随着火山的增温，加速了融冰过程。

乞力马扎罗山实际上有三座火山，通过复杂的喷发过程将它们连接在一起。最古老的火山是希拉火山，它位于主峰的西面。次古老的火山是马文济火山，是一个独特的山峰，附属于主峰的东坡。三座火山中最年轻、最大的是基博火山，是一系列喷发的产物，海拔5899米。顶部是直径2500米、深达300米的火山口。

茂密的热带森林里有大象、黑犀牛、小羚羊、林羚、黑疣猴和丛猴，还有霍加狓、野猪、野牛等，而最著名的栖居动物是山地大猩猩。

东非大裂谷

东非大裂谷是世界上最长的裂谷，位于非洲东部和亚洲西部。它的东支南起赞比西河河口，向北经马拉维湖、坦桑尼亚和肯尼亚一系列小湖和洼地、图尔卡纳湖，纵贯埃塞俄比亚高原，过红海沿岸，至西亚死海—约旦河谷地。西支从马拉维向西北方，经鲁夸湖、坦噶尼喀湖、基伍湖、爱德华湖至艾伯特湖。裂谷一般宽度为50~80千米，最宽处可达200多千米，最窄处只有3千米。东支长达6400多千米。从高空俯瞰就像两道长长的伤疤。因此被形象地称为"地球的伤疤"。

大裂谷深达数百米至2000多米。谷壁陡峭，谷底地势起伏，密布洼地和深湖。两侧是莽莽高原和高峻的山脉。

喀拉喀托火山

爪哇的喀拉喀托火山处在地壳的两大板块的交会处。印度洋板块向亚洲板块下面俯冲时，引起俯冲带震颤，火山爆发。在3281千米长的整个俯冲带沿线有众多火山。1883年8月27日，喀拉喀托火山喷发。喷出物质约有20立方千米，巨大尘柱升空80千米，36000多人丧生。当火山活动平息时，10.5平方千米的火山岛只剩下不到1/3的地盘。成为3个小岛环抱的火山口湖。1928年火山口湖冒出新喀拉喀托火山。20世纪80年代时高达180多米。

富士山

日本富士山地处本州岛，距首都东京西南80多千米。高3776米，是日本最高的山峰，是世界著名的火山，也是日本文化的主要组成部分。富士山的形状非常完美，它祥和、宁静的景象被看作是众神之家。公元781年至1707年共喷发18次。现仍有喷气现象。山顶终年积雪，有温泉、瀑布和湖泊。风景秀丽，是著名游览胜地。

孙德尔本斯

孙德尔本斯是世界上最大的三角洲综合体。现在已划出保护区。三角洲周围大面积的红树林，是世界上现存最大的树林沼泽连续分布区，约有300多种植物生长在这里。孙德尔本斯有丰富多样的动物种群，有35种爬行动物、40多种哺乳动物和270多种鸟类。其中包括700多只孟加拉虎和濒危的大型印度犀牛。

桂林山水

山青、水秀、石美、洞奇的桂林风景,自古就有"桂林山水甲天下"的美誉。漓江两岸的岩石山峰由厚层石灰岩组成,这些石灰岩曾处于古海洋下。几百万年间,陆地抬升,酸雨开始溶解那里的岩石。留下由抗蚀性较强的石灰岩组成的独立的峰林、溶洞等喀斯特地貌。

山林由雨水侵蚀而形成了许多迷宫似的深洞和岩溶通道,其中最著名的是芦笛岩和七星岩,有"大自然艺术宫"之称。洞内有造型奇特的各种景物,形形色色的钟乳石,奇形怪状的石头,有的敲击时还能发出悦耳的声音。

黄果树瀑布

黄果树瀑布是我国最大的瀑布,位于贵州镇宁布依族苗族自治县境内白水河上。高60多米,宽80多米。飞流直泻,水花飞溅,云蒸雾绕,气势磅礴。夏日夕照下常有长虹飞架,蔚为壮观。急流冲击而成一深潭,传说藏有神犀,故名犀牛潭。瀑布对面建有观瀑亭,可一览奇观。据考察,白水河多处断裂、塌陷,形成一系列跌水、瀑布、暗河。其上、下游还有多处瀑布。

兰伯特冰川

南极洲的兰伯特冰川是世界上最大、最长的冰川。宽达64千米,长约708千米。它下泄了南极大陆冰盖1/5的水量,也就是说,地球上约12%的淡水都流经兰伯特冰川。冰川流动缓慢,每年约以230米的速度滑过查尔斯王子山,最后在阿梅里冰锋区加速到每年1000米。

冰川表面的天然冰垄指明了冰川的流向。在冰层表面,由于冰川内部流速不同而形成了梯形排列的冰脊。但是裂隙也可能是不规则的冰川底部,沿途遇到障碍物形成的。由冰面坡度的骤变而形成的冰裂隙区,称作冰瀑。当冰川流入阿梅里冰架时,冰川被迫环绕吉洛克岛流动,于是就在岛的下方形成裂隙,有些裂隙宽达402米,最长达402千米。这些巨大的冰裂隙或冰裂谷以覆雪为桥,但却能相当安全地通过,而不致对行人造成危险。

罗斯冰架

罗斯冰架是南极洲最大的冰架,是一块近乎三角形的浮冰。向海的前缘厚约183米,向大陆一侧厚达300米。其面积达542344平方千米。由于它是漂浮的,并随潮水而起落。大部分冰架破碎成平顶冰山。罗斯冰架靠冰川补给。比尔德莫尔等许多冰川以及从玛丽伯德地流出的冰流都为其提供了大量的冰。

冰架的大部分地区尚未破裂。冰架相对平坦,疏松的雪面只能由人、狗或拖拉机来拉雪橇。风吹而成的坚硬的雪垄是最常见的,其槽沟被疏松的雪填满时,表面就呈现出平坦的现象。

南阿尔卑斯山脉的冰川

南阿尔卑斯山脉沿新西兰南岛西侧形成一道高山屏障。其最高点库克峰,是新西兰的最高峰。从顶峰向西通过海岸带到太平洋只有32千米,向东越过坎特伯雷平原到海岸的距离为129千米。从塔斯曼海刮来的西风携带湿润气流逆山而上，沿途普降大雪，补给最著名的三大冰川：塔斯曼冰川、福克斯冰川和法兰士约瑟夫冰川。

山脉西坡短而陡峻的冰川，直达浓密的亚热带常绿雨林。形成冰川与雨林并存的难得一见的奇观。山脉东坡的冰川上游陡峭而崎岖，形成冰裂隙网络的格局。再往下，冰川流向低海拔地区，几乎远达中部平原。

福克斯和法兰士约瑟夫冰川都位于韦斯特兰国家公园内。国家公园内有高峰、雪场、冰川、森林、河流和湖泊。马锡逊湖与库克峰、塔斯曼峰和拉佩鲁兹峰构成一处别致的风景。从库克峰流淌下来的塔斯曼冰川形成一条27千米长的狭窄冰舌，总面积为52平方千米。有些地方冰川厚达610米，是新西兰最大、最活跃的冰川。流速每天达51~64厘米。一直被人们形容为最难忘的奇景。

世界文化和自然遗产

杜布罗夫尼克老城

杜布罗夫尼克老城位于克罗地亚的达尔马提亚地区。依山傍海，风景秀丽，气候温和，被誉为"亚得里亚海明珠"。杜布罗夫尼克城始建于7世纪初。圣布拉赫被尊为这座城市的守护神，在初建的城墙门内就有圣布拉赫像。城门口的石块上残留的碑文是杜布罗夫尼克崇尚自由的明证："自由是如此宝贵！即使是全世界的黄金也不能买来自由！"城内的国旗悬挂台建于1418年，是市民崇尚自由的标志性建筑。克奈兹宫殿位于卢扎广场附近，始建于12世纪，是城市的政治中心。宫殿北面是巴洛克式的圣布拉赫大教堂。1979年，被联合国教科文组织列入《世界遗产名录》。

波雷奇地区的埃乌普拉希乌斯教堂

埃乌普拉希乌斯教堂位于克罗地亚的伊斯特拉半岛，是波雷奇地区最有价值的文化遗产。这座拜占廷式样的教堂建于6世纪上半叶，以埃乌普拉希乌斯大主教的姓氏命名。当时教堂内外用彩色马赛克装饰，并用石膏镶嵌，其中一部分至今保存完好。教堂里存有大量的艺术作品。1997年，被联合国教科文组织列入《世界遗产名录》。

布拉格历史地区

布拉格历史地区位于捷克首都布拉格。布拉格的历史可以追溯到6世纪。建城于9世纪末。14世纪，布拉格成为神圣罗马帝国的都城，城市由2平方千米扩大到33.2平方千米，成为中欧第一大都市。1348年，这里创立了以查理四世名字命名的查理大学。另外还有第姆圣母教堂、救世主教堂、圣弗朗西斯科教堂等。布拉格王宫中的弗拉斯拉夫大厅华丽壮观。宫殿先是布拉格罕见的洛可可式风格，后来改建为新古典式样。1992年，被联合国教科文组织列入《世界遗产名录》。

库特纳霍拉的朝拜教堂

库特纳霍拉的朝拜教堂位于捷克的摩拉维亚，距首都布拉格东南约 120 千米。建于 18 世纪初。它融合了新哥特式和巴洛克式的建筑风格，是波希米亚地区最重要的建筑之一。朝拜教堂由 5 个椭圆形空间组成。中部的两段呈尖圆顶形。主祭坛上 5 个天使和 3 个小天使拿着 1 张帷幕和 1 个天球仪。天球仪上有大主教涅波姆茨基的全身像。1995 年，被联合国教科文组织列入《世界遗产名录》。

耶林坟丘

耶林坟丘位于丹麦的日德兰半岛中部。耶林是丹麦王国的诞生地。这里保存着教堂、坟墓和石碑等历史遗迹。石造教堂建于 1100 年左右，有 12 世纪初的绘画。正殿下面的祭室可能是哥尔姆老王的坟墓。两座圆锥形的巨型坟墓是国王墓。北面一座建于公元 958 年左右，里面的大宝藏室藏有许多珍贵的艺术品，曾安放国王和王妃的遗体。用如尼字母刻写的石碑耸立在教堂的前面，是丹麦最古老的文字艺术作品。其中哈拉德石碑高 2.4 米，宽 2.9 米，是北欧最大的如尼字母石碑，上面刻有北欧最古老的耶稣像。1994 年被联合国教科文组织列入《世界遗产名录》。

塔林历史地区

塔林历史地区位于爱沙尼亚首都塔林。塔林三面临水，旧城由上城和下城组成，保留着中世纪风格。塔林城的古城墙上 24 座塔至今保存完好。城中著名的建筑有多姆教堂、马戏场、奥列维斯大教堂、尼古拉大教堂和圣米歇尔女修道院等。爱沙尼亚历史博物馆建于 1842 年，馆内有来自世界各地的展品。博物馆有一个永久性的展览，介绍从 13 世纪开始的塔林历史。爱沙尼亚艺术博物馆因为藏有多件艺术珍品而闻名于世。1997 年，被联合国教科文组织列入《世界遗产名录》。

凡尔赛宫和园林

凡尔赛宫和园林位于法国首都巴黎西部的凡尔赛镇。面积 1.11 平方千米，园林面积 1 平方千米。凡尔赛宫由路易十三始建于 1624 年。从 1661 年起，路易十四用 28 年时间把这里扩建为欧洲最宏大、最庄严、最美丽的皇家宫苑。宫殿建筑以东西为轴，南北对称。光彩耀目，金碧辉煌。1979 年，被联合国教科文组织列入《世界遗产名录》。

奥朗日古罗马剧场和凯旋门

奥朗日古罗马剧场和凯旋门位于法国沃克吕兹省奥朗日市。古罗马剧场始建于 1 世纪的奥古斯都时期，是法国保存最完好的古罗马大剧场之一。剧场呈半圆形，正门在一道长 103 米的高墙中央。凯旋门建在城北的亚格里帕大道上，是奥古斯都时期最壮观的凯旋门之一。门上的浮雕描述了当地抵抗外来侵略的斗争历程。1981 年被联合国教科文组织列入《世界遗产名录》。

阿尔勒城的古罗马建筑和罗马式建筑

阿尔勒的古罗马建筑和罗马式建筑位于法国阿尔勒市。阿尔勒是从 1 世纪开始繁荣兴盛的古城，城内建有竞技场、剧场、地下门廊等建筑。建于公元前46年的露天剧场，是罗马帝国最古老的剧场之一。总面积1.2万平方米，能容纳2.6万名观众。地下门廊是一道双层马蹄形拱廊，长190米，宽76米，是罗马帝国时期的粮库。还有建于4世纪普罗旺斯大浴室，浴室有精美的半圆屋顶。1981年，联合国教科文组织将阿尔勒城的古罗马建筑和罗马式建筑列入《世界遗产名录》。

圣玛利亚大教堂、圣莱米教堂和塔乌宫

圣玛利亚大教堂是法国13世纪的建筑技巧与雕塑艺术结合的典范，具有浓郁的哥特式风格。圣莱米教堂体现了法国9世纪的建筑风格，教堂中安放着法国国王加冕仪式的创始人圣莱米大主教的遗体。塔乌宫是大主教的宫殿，常用以举行重大的宗教仪式。1991年被联合国教科文组织列入《世界遗产名录》。

科隆大教堂

科隆大教堂位于德国的北莱茵——威斯特法伦州。最初是卡罗林格朝代建造的，规模较小，具有早期基督教时代风格。后焚于火灾。重建的科隆大教堂全部用磨光的大石块砌成，东西长145米，南北宽86米，占地8000平方米。教堂内有10座礼拜堂，中央大礼拜堂穹顶高43米。教堂中央是两座各高161米的尖塔，四周小尖塔林立。钟楼上装有5座钟，其中圣彼得钟重达2.4吨。钟楼被誉为"欧洲中世纪建筑艺术的精粹"。1996年，被联合国教科文组织列入《世界遗产名录》。

罗马历史中心

罗马历史中心位于意大利的罗马和梵蒂冈。罗马是意大利的首都和最大的城市，古罗马帝国的发祥地，文艺复兴时期的艺术宝库之一。因建立在七个山丘之上，故有"七丘城"之称。罗马始建于公元前753年，由罗慕洛、瑞穆斯双胞胎兄弟中的罗慕洛所建。罗马于公元756~1870年为教皇国的首都，1870年成为统一后意大利的首都。罗马以古城闻名于世，名胜古迹很多。在宽广的帝国大道两旁，矗立着帝国的元老院、宫廷、贞女祠、恺撒庙、君士坦丁大帝凯旋门。帝国大道东边的特拉亚诺市场，是古罗马的商业中心。市场旁矗立着一根高40米的凯旋柱，柱上螺旋形的浮雕，描述了特拉亚诺大帝远征多瑙河流域的故事。还有威尼斯广场上的无名英雄纪念碑、古罗马的露天竞技场、万神殿以及罗马的水道、城墙、浴场、方尖石碑等。罗马还是天主教世界的中心，共有天主教堂300多座，大大小小修道院300多所，以及7座天主教大学。

万神殿，又称潘提翁神殿，位于万神殿广场南面，是罗马帝国的开国皇帝奥古斯都于公元前27~前25年修建的，比斗兽场还要早100多年。至今已有2000多年的历史。后被雷电击毁，公元120~公元125年重建，至今仍保留其历史面目。神殿当时是古罗马唯一的大建筑，门廊呈长方形，有16根巨柱支撑着古希腊式的三角形门顶，每根石柱都是

用整块的花冈岩雕成。主体建筑是圆形结构，上面罩着的圆顶是世界古建筑中最大的。殿内没有一根柱子、一扇窗户，阳光从圆顶中央直径9米的开口处射进来，使神殿显得越发森严、肃穆。除供奉神祇外，殿堂里还有"画圣"拉斐尔和爱麦虞限的墓。

科洛塞奥竞技场，世界八大古迹之一，位于罗马市内的台伯河东岸，是迄今留存的古罗马建筑最卓越的代表，也是古罗马帝国的象征。公元72年由维斯巴西安皇帝开始修建，其子蒂托斯皇帝于80年隆重揭幕。整个建筑占地面积2万平方米，周长527米，外直径188米，内直径56米，围墙高57米，可容纳8.7万观众。竞技场用淡黄色巨石砌成，是斗兽、赛马、竞技、阅兵、歌舞等的场所。外观呈正圆形，俯瞰实为椭圆形。分四层，一、二、三层有半露圆柱装饰，每两根半露圆柱之间即为一座大理石拱门，最上面一层装饰了为数不多的长方形窗户和长方形半露圆柱，极像一个现代化的有多层看台的圆形运动场。

君士坦丁大帝凯旋门，位于科洛塞奥竞技场西面。建于公元315年。凯旋门采取古罗马的传统形式，由4根半露圆柱和3个拱门合组而成，中间的拱门尤为高大。凯旋门上、下、左、右都刻有歌颂君士坦丁丰功伟绩的各种图案和人物浮雕，还用了君士坦丁大帝之前的3位罗马皇帝的文物，包括图拉真广场建筑上的横饰带，哈德良广场上的一系列盾形浮雕和安装在凯旋门上的马克·奥勒留纪念碑上的8块镶板，使凯旋门更加雄伟壮观，且富有文物价值。

威尼斯广场，罗马最大的广场，位于内城中心跑马场街的一端，长130米，宽75米。广场南面有埃马努埃尔二世纪念碑。西边是威尼斯大厦，由巴尔保枢机主教于1455年兴建，为罗马最著名的文艺复兴式宫殿式建筑。巴尔保即后来的保罗二世。1797年起，大厦被奥地利占据长达120年之久，1916年由意大利政府收回后加以整修刷新。墨索里尼上台为其官邸，垮台后，改为艺术博物馆。大厦中间有一狮子，是威尼斯的标记，也是威尼斯保护神——圣马可的象征。

佛罗伦萨历史地区

佛罗伦萨历史地区位于意大利的佛罗伦萨。公元前1000年佛罗伦萨是埃特鲁里亚人的定居地，后来成为罗马军队的兵营。4世纪前发展至最盛。1115年，佛罗伦萨在经过一段衰落期之后重新发展，新建和改建了圣徒教堂、圣彼得·凯斯拉乔教堂、圣米尼亚托·阿本蒙特教堂等。1284年，修建了高大的城墙。14世纪初和16世纪中期，经历了两次城市改造，增建了许多设施，城市面貌焕然一新。1982年，被联合国教科文组织列入《世界遗产名录》。

威尼斯

威尼斯位于意大利东北部，是意大利重要海港和历史名城，是世界上独特的水上城市。180条河道纵横交错，把城市分割成120多座岛屿，400多座桥把岛和岛连接在一起。大运河长3200米，宽37~70米，是威尼斯的主要水道。最著名的桥是大理石单孔拱桥里亚托桥，建于 1592 年前后。莎士比亚曾在《威尼斯商人》中提到它。威尼斯有历史文化名胜 450 多处，其中有 120 座教堂、120 座钟楼、64 座修道院、40 多座宫殿，以及多处博物馆、剧院。市中心的圣马可广场曾被拿破仑称为"世界上最美丽的广场"。广场上建于 15 世纪的钟塔，高达 97 米。圣马可教堂在圣马可广场东侧，建于 1073 年，里面有圣马可墓。教堂东侧的执政宫是意大利最著名的宫殿建筑，始建于 814 年，曾几次遭火灾焚毁，17 世纪修复。1987 年，威尼斯及其港湾被联合国教科文组织列入《世界遗产名录》。

圣吉米尼亚诺历史中心

圣吉米尼亚诺历史中心位于意大利的锡耶纳。圣吉米尼亚诺城坐落在阿尔萨河溪谷高处，由三层构成。最上层是城堡；中层在第一道城墙以内，是建于 13 世纪的市区；下层在第二道城墙以内，是建于 14 世纪的市区。著名的佛兰齐那大街横贯整座城市。圣吉米尼亚诺的贵族们所建豪宅的塔楼成为历史遗迹，如今还存有 14 座。杜莫广场是 13 世纪旧市区的中心，这里建有多种纪念馆。广场南侧是波波洛宫、格罗萨塔和圣玛利亚阿森塔参事会教堂，北侧有神圣罗马皇帝家族的双塔，东侧是波特斯塔宫和洛尼亚则塔，北面残存有旧城墙教皇门的拱形城门。1990 年，被联合国教科文组织列入《世界遗产名录》。

比萨的大教堂广场

比萨的大教堂广场位于意大利的比萨。比萨是意大利中部城市，托斯卡纳省省会。比萨大教堂建于 11~12 世纪，共分 5 个殿。正殿呈半圆形，上面覆盖着橄榄状的穹顶。教堂有 4 层凉廊，用 18 根大理石柱支撑，正面有 3 扇大铜门。教堂内保存着精美的油画、石雕和木雕等艺术品。比萨斜塔是世界闻名的建筑。8 层，高 56 米。它是大教堂的一座钟楼，建于 1174~1350 年。是在倾斜状态下完工的，建成的时候塔顶就偏离垂直线 2.1 米。现在，塔顶偏离垂直线已超过 5 米。1972 年 10 月，比萨发生地震，但比萨斜塔完好无损。1987 年，被联合国教科文组织列入《世界遗产名录》。

那不勒斯历史地区

那不勒斯历史地区位于意大利的那不勒斯。那不勒斯城坐落在那不勒斯湾北岸，已有 2500 多年的历史，城中有许多极具价值的建筑遗址。其中圣雷斯提托塔教堂建于 14 世纪、是那不勒斯最古老的教堂。圣乔万尼·英·芳汀洗礼堂建于 15 世纪，是拜占廷时代的建筑。那不勒斯市老城区中心现在仍然保留着中世纪风格，并存有少量当年的建筑。著名的有霍亨斯陶芬家族城堡、努奥沃城堡、圣杰恩纳大教堂、圣基亚拉教堂、圣劳伦斯·马乔来教堂等。其中圣劳伦斯·马乔来教堂被誉为"哥特式建筑艺术的瑰宝"。1995 年，被联合国教科文组织列入《世界遗产名录》。

庞贝、埃尔科拉诺、托雷安农济亚塔考古地区

庞贝、埃尔科拉诺、托雷安农济亚塔考古地区位于意大利东南部维苏威火

山脚下。庞贝坐落在维苏威火山东南2000米处，是罗马帝国的一座大型商业城市，占地1.8平方千米，周围有长达4.8千米的石砌城墙。城内有街心喷泉，奥古斯都庙宇和农牧之神神殿等建筑。公元79年8月24日，维苏威火山爆发，6米多厚的火山灰吞没了庞贝城和周围许多村庄。从18世纪中期开始，这一地区逐渐被挖掘出来，目前已经清理出庞贝城的3/4。1997年，联合国教科文组织将庞贝、埃尔科拉诺、托雷安农济亚塔考古地区作为文化遗产，列入《世界遗产名录》。

德尔菲的考古遗迹

德尔菲的考古遗迹位于希腊弗吉达州，距首都雅典西北约120千米。传说德尔菲称为"世界之脐"。现在遗迹内有雅典娜女神神庙，这座圆形建筑物是古希腊最优美的建筑之一。山坡上是德尔菲的圣城，公元前8世纪~前6世纪，曾是朝拜者聚集的圣地。圣城的中心建筑是阿波罗神殿。神殿始建于公元前650年左右，曾被火烧毁，重建后又毁于地震。公元前330年，再重建，现在仅存基座和几根圆柱。阿波罗神殿不远处有建于公元前2世纪的保存完好的大剧场和大竞技场遗址。1987年，联合国教科文组织将德尔菲的考古遗迹列入《世界遗产名录》。

雅典卫城

雅典卫城位于希腊首都雅典。坐落在面积约4平方千米的一块高地上。高地海拔152米。除西面外，其余三面都是断崖绝壁。公元前1500年，这里曾是王宫所在地，四周筑有坚固的城墙。从公元前800年开始兴建神庙等祭祀用的建筑物，形成雅典卫城。公元前480年，卫城在战争中遭受严重破坏。修复时将最古老的建筑用城墙包围起来，并进一步扩大了卫城的范围。公元前5世纪大兴土木，还建造了山门、埃雷赫修神庙和帕特农神庙等著名建筑。雅典卫城的山门正面高18米，侧面高13米。山门左侧是画廊，右前方的雅典娜女神庙内，有许多以历史事件为题材的浮雕装饰。埃雷赫修神庙是爱奥尼亚样式的典型代表，最优美的部分是女神像柱。雅典卫城最著名的建筑是帕特农神庙，它是古希腊建筑艺术的纪念碑。神庙祭奉雅典娜女神，神像高达12米，全身饰有黄金和象牙。1987年，联合国教科文组织将雅典卫城作为文化遗产，列入《世界遗产名录》。

奥林匹亚的考古遗迹

奥林匹亚的考古遗迹位于希腊伊利亚州，距首都雅典以西约190千米的克洛诺斯山麓。奥林匹亚是古希腊的圣地，因举办祭祀宙斯主神的体育盛典而闻名于世，是古代奥林匹克运动会的发祥地。奥林匹亚考古遗迹中的许多建筑和设施，都是为体育比赛修建的。如帕拉伊斯特拉遗址是一座四边形建筑，主要供训练用，旁边有浴室、更衣室等。奥林匹亚遗址现存的建筑中，建于公元前600年左右的赫拉神殿是最古老的。现代奥林匹克运动会的圣火点燃仪式，就在这座神殿的祭坛旁边举行。奥林匹亚考古遗迹的中心是宙斯神殿，神殿内安放着全身镶满黄金和象牙的宙斯像。公元475年，巨像被大火烧毁。奥林匹亚竞技场建于公元前2世纪，但现在只有一部分天棚还残存着。1989年，联合国教科文组织将奥林匹亚的考古遗迹作为文化遗产，列入《世界遗产名录》。

迈锡尼和科林斯的考古遗址

迈锡尼和科林斯的考古遗址位于伯罗奔尼撒东北部。迈锡尼是古希腊最伟大的文化传统中心之一，至公元前12世纪达到鼎盛时期。该遗址在荷马史诗中有直接反映。宏伟的宫殿、城堡建筑及圆顶式墓葬，是迈锡尼文明的基本特点。科林斯古城遗址位于科林斯湾东端海拔约90米的台地上，公元前3000年前已有人住。1999年被列入《世界遗产名录》。

迈锡尼卫城，外围由巨大的回形墙所围绕，墙体窄部为3米，宽处为8米。入口的狮子门是最著名的景观之一。卫城以城堡、圆顶墓建筑及精美的金银工艺品著称于世。

城堡，从其入口处的狮子门起，有一条坡道直达宫殿的西南入口。主要由两个建筑群组成，一个原居小山之顶，后被毁；另一个位于南面较低的地方，两端有人工堤围栏。宫殿的特色是类似较早的希腊模式的大厅，叫作正厅，中间有一个圆形的地炉，两旁各有一根圆柱，还有玄关和接待室。正厅形成建筑物的中心。庭院周围其他房间的地面和墙壁都涂有灰泥。墙上有壁画装饰，其中一幅表现的是城堡前战斗的场面。在城堡里还有家臣的房屋。最壮观的"柱房"有3层楼高。另有"坡房""南房""丛塔斯房"等房屋及粮仓等建筑。

圆顶墓，始建于公元前1500年左右，是国王的墓。此时的迈锡尼国家被称为"圆顶墓王朝"。内有大量金器、银器和青铜器，显然为氏族部落首领所有。从墓里出土的器物看，圆顶墓王朝明显受克里特文明的影响。阿卡亚人的线形文字B（希腊文最早的一种写法）出现于克里特的克诺索斯王宫，是迈锡尼取得胜利的标志。这些文字与伊文思在挖掘克诺索斯的过程中所发现的B类线性文字几乎属于同一类型。

拜占廷中期的修道院

拜占廷中期的修道院位于希腊东南部。包括达佛涅修道院、圣卢卡斯修道院、奈亚·莫尼修道院，分别坐落在雅典西郊、雅典西北约110千米处和爱琴海的希俄斯岛。达佛涅修道院内的教堂建于15世纪，供奉的是圣母玛利亚。圣卢卡斯修道院建于11世纪，陈列着修士圣卢卡斯的遗物，圣卢卡斯教堂内有镶嵌画和彩绘壁画。奈亚·莫尼修道院，建于1042年，教堂的后殿和门廊上分别绘有圣母玛利亚和耶稣的画像。1990年，联合国教科文组织将拜占廷中期的修道院作为文化遗产，列入《世界遗产名录》。

韦尔吉纳的古都遗迹

韦尔吉纳的古都遗迹位于希腊马其顿区。公元前7世纪~前4世纪，韦尔吉纳一直是马其顿的宗教、文化中心，并在商业和文化上同爱奥尼亚、雅典、科林斯等保持着密切的联系。在韦尔吉纳南部的丘陵地带，发现了建于公元前

3世纪安提珂王朝的宫殿遗址。后来，在宫殿遗址北侧，还发现了建于公元前4世纪的大剧场和刻有铭文的神殿基座遗址。还掘出300多座古墓，其中有大型的马其顿王墓。1996年，联合国教科文组织将韦尔吉纳的古都遗迹作为文化遗产，列入《世界遗产名录》。

里加历史地区

里加历史地区位于拉脱维亚首都里加，坐落在西德维纳河口，距波罗的海约15千米。1201年建成要塞。13~15世纪里加地区贸易十分繁荣。19世纪时成为重要的经济中心。里加历史地区有狭窄的中世纪街道，还有圣彼得大教堂、多姆教堂、奥尔登古城堡，彼得一世宫等古迹。圣彼得教堂的尖塔高达120米，塔尖上的金色公鸡雕像是里加城的标志。1997年被联合国教科文组织列入《世界遗产名录》。

维尔纽斯历史地区

维尔纽斯历史地区位于立陶宛首都维尔纽斯。维尔纽斯城始建于1323年，其中建于14世纪的哥迪米纳斯塔，是维尔纽斯的象征。1597年建成的耶稣会学校，后来发展成为今天的维尔纽斯大学，是具有巴洛克风格的代表性建筑之一。17~18世纪时贵族们兴建了许多华丽的教堂，现存有28座天主教堂，7座东正教堂，2座新教礼拜堂，1座犹太教的教堂等。1994年，联合国教科文组织将维尔纽斯历史地区作为文化遗产列入《世界遗产名录》。

卢森堡中世纪要塞城市遗址

卢森堡中世纪要塞城市遗址位于卢森堡首都卢森堡中部。卢森堡城建于公元963年，不久就成了要塞。1354年，卢森堡升格为大公国。1443年，勃艮第公国的军队占据要塞。以后的400年间，要塞成为欧洲列强争夺的目标，城堡多次遭到破坏，曾几乎全被大火烧毁。圣玛利亚大教堂于1613~1621年重建。1715年，卢森堡成为奥地利领地，修建了许多纵横交错的地下通道。1867年，《伦敦条约》保证卢森堡永远中立，卢森堡根据条约开始拆除碉堡和地下通道，拆除工程花费了150万法郎，耗时16年，但最终没能完全拆除。1994年，联合国教科文组织将卢森堡中世纪要塞城市遗址作为文化遗产，列入《世界遗产名录》。

基季岛的木造建筑

基季岛的木造建筑位于俄罗斯西部奥涅加湖上的基季岛上。主要包括主显圣容教堂、圣母教堂、八角形钟楼等。主显圣容教堂的大尖顶高达37米，为湖上的船只起了导航作用。1693年，教堂遭雷击被毁，1714年重建后只在夏季用来举行宗教集会。圣母教堂建于1764年，规模略小，风格朴素。八角形钟楼建在两座教堂之间，多次遭受火灾，现存建筑是1862年按原样重建的。1990年，联合国教科文组织将基季岛的木造建筑作为文化遗产，列入《世界遗产名录》。

金德代克-埃尔斯豪特的风车

风车是荷兰的象征，荷兰被称为"风车之国"。世界上第一台风车就是荷兰人于 1408 年发明的。18 世纪中叶，荷兰的风车多达 1 万台，现在所剩不足 1000 台，但仍有 300 多台在使用。每年 5 月的第二个星期六是荷兰的"风车日"，全国所有风车这天都开动起来，供游人参观。1997 年，联合国教科文组织将金德代克–埃尔斯豪特的风车作为文化遗产，列入《世界遗产名录》。

奥尔内斯的木造教堂

奥尔内斯的木造教堂位于挪威中部的松·奥·菲约拉，建于 12 世纪初，是挪威最古老而且保存最完好的木造教堂。它用垂直的柱子和木板支撑，将每根柱子和外壁的厚板分别垂直嵌入底梁和上梁，完全是用拼接，不使用一根钉子或螺钉。教堂内保存有 12 世纪的精美木雕画，是价值极高的古代艺术品。1979 年，被联合国教科文组织列入《世界遗产名录》。

亚速尔群岛的安拉·多·埃罗依斯莫市区

亚速尔群岛的安拉·多·埃罗依斯莫市区位于葡萄牙亚速尔群岛的特尔赛拉岛南部。大西洋上的亚速尔群岛是连接欧洲、美洲、非洲西海岸的航海要道。1450 年，葡萄牙人就在安拉兴建城市，其成为天然良港。1534 年，国王乔安三世授予安拉建城权，同时它成为群岛的政治中心和宗教圣地。之后，葡萄牙人在安拉建造了圣胼力要塞。圣龚塞罗教堂建于 17 世纪，用彩砖装饰，木造的半圆形穹隆吊顶极具特色。1983 年，被联合国教科文组织列入《世界遗产名录》。

里斯本的赫罗尼莫斯修道院和贝伦塔

赫罗尼莫斯修道院和贝伦塔位于葡萄牙首都里斯本西南。贝伦塔是 1515 年为颂扬开辟好望角航线的达·伽马的功绩而建造的，具有葡萄牙独特的曼努埃尔建筑风格。塔身雕刻着与航海有关的图案，中庭耸立着"成功圣母像"。赫罗尼莫斯修道院建于曼努埃尔一世时期，1517 年动工，1551 年竣工。修道院墙壁上的装饰恰好形成一个天然的舞台布景。院中圣玛利亚教堂南门廊柱上的 24 尊巨型圣人像，具有后期哥特式风格。1983 年，联合国教科文组织将里斯本的赫罗尼莫斯修道院和贝伦塔作为文化遗产，列入《世界遗产名录》。

巴塔利亚修道院

巴塔利亚修道院位于葡萄牙莱里亚行政区，距首都里斯本以北约 120 千米。建于 15 世纪初。教堂是院内的主要建筑。门口的侧柱上刻有许多雕像。这座修道院最初是由建筑师多敏凯斯设计的。他还设计了南部的正面、长廊的底座、长老会馆、"王之回廊"和集会厅。多敏凯斯的后继者乌盖特完成了教堂的建造，还新建了"未完成的礼拜堂"和"创立者的礼拜堂"。"王之回廊"是欧洲最美丽的回廊之一，宽 50 米，长 55 米。集会厅整个建筑没有一根支柱，构思大胆。"创立者的礼拜堂"里面安放着阿庇斯王朝的创始人乔安一世和王妃的石棺。1983 年，联合国教科文组织将巴塔利亚修道院作为文化遗产，列入《世界遗产名录》。

弗拉基米尔和苏兹达利的历史建筑群

弗拉基米尔和苏兹达利的历史建筑群位于俄罗斯联邦弗拉基米尔州，距首都莫斯科东北约180千米。弗拉基米尔城建于1164年，有7000米长的城墙和土垒。城西的"黄金之门"是原来4座城门中唯一仅存的。1158年建成的圣母安息教堂，一直是俄罗斯代表性教堂。教堂内存有名画《最后的审判》。近郊的波克洛夫教堂建于1165年，被誉为"俄罗斯建筑中的天鹅"。苏兹达利城与弗拉基米尔城相距约30千米。现存有11世纪以来的城墙和近50座教堂、修道院。1992年，联合国教科文组织将弗拉基米尔和苏兹达利的历史建筑群作为文化遗产，列入《世界遗产名录》。

阿兰布拉和赫内拉利费

阿兰布拉和赫内拉利费位于西班牙的格拉纳达。"阿兰布拉"的意思是"红色城堡"，因为它建在红土山丘上，城墙也是用红土构筑。占地1.4万平方米，是集城堡和王宫于一体的建筑群。阿兰布拉城堡按用途分为卫队防区和王宫等区域。王宫是阿兰布拉建筑和装饰艺术的突出代表，建筑和谐对称。后宫的院落有一个12座石狮背驮水盘的喷泉。宫中的科马雷斯塔是阿兰布拉最高的建筑。诸王祠的中央穹隆镶有历代君主的雕像。赫内拉利费坐落在阿兰布拉附近的小丘上，是国王夏季避暑的离宫。1984年，联合国教科文组织将阿兰布拉和赫内拉利费作为文化遗产，列入《世界遗产名录》。

布尔戈斯大教堂

布尔戈斯大教堂位于西班牙北部的布尔戈斯。1221年开工，14世纪初工程基本结束。布尔戈斯大教堂纵深84米，顶高54米，是西班牙最具代表性的哥特式建筑。教堂的西面有两座塔，尖顶装饰细致，圣母玛利亚像在最上部。大教堂里的元帅礼拜室的雕刻群和祭坛屏风等，都是16世纪初的作品。圣安娜礼拜室是最古老的建筑。访问礼拜室里有用哥特式雕刻装饰的墓。主廊上唱诗班的座席全部用胡桃木制作，并用精美的雕刻装饰。1984年被联合国教科文组织列入《世界遗产名录》。

埃斯科里亚尔修道院

埃斯科里亚尔修道院位于西班牙首都马德里西北50千米处。是一座修道院与皇宫合一的建筑。始建于1563年，1584年落成后，皇宫迁到这里。修道院坐落在山坡上，呈长方形，四个城角尖顶角楼的塔尖各顶着一个直径1.4米的金属圆球。高99米的尖顶塔楼，是修道院内最高的建筑物。主要建筑有王宫、教堂、贵族学校、神学院、图书馆和医院等，还有历代国王的陵墓。其中的图书馆是当时欧洲规模最大的图书馆之一，它的许多珍贵收藏中最古老的是拉丁文《圣经》手抄本，最珍贵的一本是用金纸刻字贴成的"金书"。1984年，被联合国教科文组织列入《世界遗产名录》。

古都塞哥维亚和高架引水渠

古都塞哥维亚和高架引水渠位于西班牙首都马德里以北约70千米处。塞哥维亚城海拔1000米，保存完好的有大教堂和高架引水渠等建筑。大教堂建于1525年，纵深105米，长50米，是在西班牙建造的最后一座哥特式大教堂。西班牙历史上许多重要的事件都同它有关。高架引水渠建于2世纪，是塞哥维亚最古老的，具有纪念碑意义的建筑，全部用花岗岩砌成。1985年，联合国教科文组织将古都塞哥维亚和高架引水渠作为文化遗产，列入《世界遗产名录》。

塔努姆摩崖刻画

塔努姆摩崖刻画位于瑞典哥德堡，形成于公元前1500～公元前500年的青铜器时代。摩崖刻画的主题非常广泛，有各种各样的人物、动物，还有船、树、武器等图案，组合成通俗易懂的生活画。如手执武器、乘着二轮战车的是战争场面；不拿武器的人与牛马在一起，表现的是耕种；射箭的人和鹿在一起表现的是狩猎。1994年，被联合国教科文组织列入《世界遗产名录》。

托莱多古城

托莱多古城位于西班牙首都马德里西南约70千米处。地势险峻，能攻易守，是战略要地。城中有罗马人留下的角斗场、渡槽和排水系统，有西哥特人留下的部分城墙和一些艺术品等。11世纪末，卡斯蒂利亚王国占领托莱多后，建造了城墙、桥梁、圣塞尔万多城堡、教堂、医院和新比萨格拉门。托莱多大教堂耗时266年才建成，是西班牙著名的哥特式建筑。1986年，被联合国教科文组织列入《世界遗产名录》。

汉萨同盟都市维斯比

汉萨同盟都市维斯比位于瑞典哥得兰岛。日耳曼人曾在维斯比修建港口，10世纪随着海上商贸的兴盛，维斯比成为最繁华的港口城市。1241年为确保贸易安全，"汉萨同盟"建立。1280年，维斯比加入汉萨同盟，兴盛一时。1298年之后，同盟内卢卑克的影响越来越大，维斯比日渐衰落。维斯比城墙始建于1270年，长3500米。城墙上建有40座塔，墙外有护城河。城内有3条主干道，道路两侧建造了许多仓库。有17座教堂，其中，圣玛利亚大教堂建于1225年。1995年被联合国教科文组织列入《世界遗产名录》。

圣索菲亚大教堂和别切鲁斯卡娅大修道院

圣索菲亚大教堂和别切鲁斯卡娅大修道院位于乌克兰首都基辅。圣索菲亚大教堂坐落在基辅市中心，是中世纪乌克兰最重要的教堂，也是后来许多教堂的典范。大教堂用砖和石料砌成，布局严谨，气势雄伟，面积2035平方米，教堂内绘制了许多壁画和马赛克画，其中最有名的是《祈祷的圣母》。还有中世纪最早的图书馆。别切鲁斯卡娅大修道院有许多地下洞窟，供修士居住。该院几次遭毁坏，彼得大帝时重建。院内的乌谢夫巴茨卡教堂是18世纪乌克兰巴洛克式建筑的代表作之一。

"巨石阵"、埃夫伯里及周围的巨石遗迹

"巨石阵"、埃夫伯里及周围的巨石遗迹位于英国的威尔士郡。"巨石阵"和埃夫伯里是两座由巨大的青石柱构筑成的石碑圈组成的神庙。"巨石阵"建于公元前3100~前1100年。由一系列的同心圆形状的石碑圈组成。圆形柱上部架着楣石，构成奇特的柱顶盘。这些巨大的青石柱有的重达500吨，都从很远的地方取来。埃夫伯里是欧洲最大的古石碑圈。最外层碑圈由100根青石柱组成，周长1300米，圈内有两个相切的小圆圈。曾经有4条道路从东西南北方向通向神庙。在埃夫伯里附近的锡尔伯里山上，有欧洲最大的史前墓群。1986年，联合国教科文组织将"巨石阵"、埃夫伯里及周围的巨石遗迹作为文化遗产，列入《世界遗产名录》。

坎特伯雷大教堂及其教区建筑

坎特伯雷大教堂及其教区建筑位于英国的肯特郡，已有1500年的历史。是英国人的主要朝圣地之一。坎特伯雷教区在城市的东北部，大教堂是教区的主体建筑，始建于11世纪。各部分是在不同时代逐渐扩建起来的。不同时期的建筑，体现了不同时期的建筑风格。坎特伯雷修道院是英国最大的修道院，包括回廊、会议厅、教堂、寓所、医院、食堂等建筑，可以供150名修道士修行。7~8世纪是神学中心。教区内还有圣马丁教堂和墓地。1988年，联合国教科文组织将坎特伯雷大教堂及其教区建筑作为文化遗产，列入《世界遗产名录》。

底比斯古城及其墓地

底比斯古城及墓地位于埃及尼罗河东岸。底比斯在公元前2040~前1991年曾是埃及首都，公元前1570~前332年成为帝国中心。古迹众多，有供奉太阳神的卡纳克神庙，经几代王朝的修复和扩建，集中了古代埃及建筑艺术的精华。其中的连柱殿建于公元前1300年。王室陵墓所在的帝王谷和王后谷，位于尼罗河西岸的底比斯高地。陵墓全是地下墓室，开凿深度达200米。帝王谷内最宏伟的陵墓是比塞蒂一世墓、拉美西斯三世墓和拉美西斯九世墓。1979年，联合国教科文组织将底比斯古城及其墓地作为文化遗产，列入《世界遗产名录》。

孟斐斯及其墓地和金字塔

孟斐斯及其墓地和金字塔位于埃及东北部的尼罗河西岸。孟斐斯建城至今已有5000年的历史。是上、下埃及首次统一后的都城，是古埃及王国政治、宗教和军事中心。现在仅存拉美西斯三世的巨大石像、阿庇斯圣牛庙和普塔神庙的废墟。金字塔是为保护法老遗体而建的陵墓，墓体由大小不同的平台从下而上逐层缩小而成。胡夫金字塔、哈夫拉金字塔和门卡乌拉金字塔是埃及金字塔建造艺术的高峰。胡夫金字塔是其中最雄伟壮观的一座。据说由30多万人花了30年的时间建成。它的底部为正方形，边长230多米，高146.5米，由于风化侵蚀，现高138米。塔底占地面积5.29万平方米。金字塔用230万块石块砌成，每块石块重2.5~30吨。塔内有3间石砌墓室，两间在地上，第三间在地下。哈

夫拉金字塔是埃及第二大金字塔。塔前的狮身人面像高约20米，长约60米，除前伸约15米的狮爪之外，整座像是用一块巨石雕成的。被西方人称为"斯芬克司"。金字塔的设计有着现代人无法想象的精妙，异常繁重的建筑工程是如何完成的也是令人费解的历史之谜。1979年，联合国教科文组织将孟斐斯及其墓地和金字塔作为文化遗产，列入《世界遗产名录》。

世界名城开罗

开罗位于埃及尼罗河三角洲顶点以南14千米处，横跨尼罗河两岸。是非洲最大的城市，也是世界名城之一。前身是建于公元642年的福斯塔特城。公元969年，法蒂米王朝时命名为开罗。14世纪时开罗已有人口50万，是阿拉伯地区的政治、宗教和文化中心。建于公元972年的爱兹哈尔大学是开罗最古老的建筑之一。1517年，埃及被奥斯曼帝国占领。19世纪，阿里为推动西方化进程，在它的西面和北面，建设了一座具有欧洲风格的新城。1979年，联合国教科文组织将开罗作为文化遗产，列入《世界遗产名录》。

非斯的老城

位于摩洛哥北部的非斯是摩洛哥北部古城和文化中心。一直是摩洛哥历代王国的都城。始建于公元790年，城市分为安达卢区和凯鲁万区。非斯的主要文化遗迹有城墙、城堡、门楼、要塞、桥梁等军事防御设施，还有礼拜堂等宗教建筑，以及各类手工作坊。1981年，非斯的老城被联合国教科文组织列入《世界遗产名录》。

阿伊尔和泰内雷自然保护区

阿伊尔和泰内雷自然保护区位于阿尔及利亚南撒哈拉沙漠中部。面积77360平方千米。泰内雷自然保护区是一望无际的沙漠。但远古时期这里曾是热带草原和浅湖。据考证，公元前4000年，这里的人们已佩戴碧玉，用赤铁矿和火山岩制成箭头，使用陶器。在平均海拔800米的阿伊尔山上，有远古时代的许多岩画，从简单的动物形象到较丰富的生活画面，还刻有祈祷文章和情书。阿伊尔和泰内雷自然保护区内有植物50多种。动物有鸟类165种，爬虫类18种、哺乳类40种。重点保护阿芦羊和特鲁卡斯角马等濒临灭绝的动物。1991年，联合国教科文组织将阿伊尔和泰内雷自然保护区作为自然遗产，列入《世界遗产名录》。

杰姆的古罗马竞技场

杰姆的古罗马竞技场位于突尼斯东部的杰姆城。3世纪，杰姆靠橄榄树种植业而迅速发展，成为北非最富有的城市之一。北非最壮观的古罗马建筑杰姆竞技场就始建于此时。建筑高36米，分为3层，有60座拱门，拱门被林立的石柱支撑着，非常雄伟壮观。可容纳3.5万名观众。6世纪，当杰姆被奥斯曼哈里发的军队包围时，竞技场曾作为柏柏尔人抵抗的重要据点之一。1979年，被联合国教科文组织将其列入《世界遗产名录》。

威兰德拉湖区

威兰德拉湖区位于澳大利亚南部，面积6000平方千米。湖区地层分界非常清晰，在世界范围内也是比较少见的。1969年，考古学家在这里发现了原始人在1.8万年前制成的简单工具和大量的动物骨骼化石。之后还发现了2.6万年前的古人类骨骼化石，轰动世界。截至1989年，考古学家在这里共发现135具原始人骨骼化石，还发现5个3万年前的用火遗迹。1981年，联合国教科文组织将威兰德拉湖区作为文化和自然遗产，列入《世界遗产名录》。

吴哥遗迹群

位于柬埔寨暹粒省金边，是柬埔寨著名的历史古都和寺庙遗址。在面积约45平方千米的原始森林中，分散有各种建筑遗迹600多处，主要有吴哥城和吴哥窟。吴哥遗迹群与中国的万里长城、埃及金字塔、印度尼西亚的婆罗浮屠，并称为"东方四大奇迹"。

吴哥的古建筑始建于公元802年，一直持续了400年，到1201年才完工。1431年，暹罗军队入侵，吴哥遭到严重破坏，从此开始荒废。直到1861年被偶然发现才重见天日。

吴哥遗迹中的重要建筑是吴哥窟，它是柬埔寨的三大圣庙之一，也是创建者奢耶跋摩二世的陵墓。其中最主要的建筑是圣塔，以其精美的建筑和雕刻艺术成为柬埔寨的瑰宝，并被作为国家的象征。吴哥城中有巴云寺、王宫遗址，还有很多精美的寺庙和殿堂建筑，以及巨大的广场、宽阔的街道、拱桥等。

1992年，联合国教科文组织将吴哥遗迹群作为文化遗产，列入《世界遗产名录》。

阿旃陀石窟

阿旃陀石窟位于印度马哈拉施特拉邦北部文达雅山的悬崖上，是印度佛教徒开凿出来的佛殿和僧房。石窟的开凿持续了将近1000年，后来逐渐荒废，被人遗忘。在中国唐代高僧玄奘的《大唐西域记》中有对阿旃陀石窟最早的文字记载。

阿旃陀共有29座洞窟，25座佛殿，4座僧房。石窟内佛殿的壁画与雕像是难得的艺术精品。壁画内容描绘了佛祖释迦牟尼的生平故事和当时印度的社会生活、宫廷生活的情景，构图复杂紧凑，人物表情生动。壁画采用"湿壁画"画法，至今依然非常清晰，具有很高的艺术价值。

建于7世纪的第一号石窟，是大乘佛教建筑的代表作。窟内的释迦牟尼雕像，高约3米。最奇特的是，佛像从正面、左面、右面三个角度看，分别呈现沉思、微笑、庄严凝视三种神态，是不可多得的艺术珍品。

1983年，联合国教科文组织将阿旃陀石窟作为文化遗产，列入《世界遗产名录》。

埃罗拉石窟群

埃罗拉石窟群位于印度马哈拉施特拉邦。共有34座石窟，开凿于5~13世纪。近千年来的漫长时间内，佛教、印度教与耆那教的兴衰体现在石窟的建造艺术中。其中1~12号石窟是5~7世纪佛教兴盛期的作品。13~29号石窟是7~10世纪印度教时期的作品。30~34号是耆那教石窟，建于10~13世纪。

石窟内所有石柱和柱脚都刻着精美的雕花图案，雕工精致，风格各异。其中佛教石窟中最著名的是10号窟。印度教石窟中较为重要的是15号、16号和29号窟。34号石窟则是耆那教石窟中较为著名的。这些石窟分别体现了佛教、印度教和耆那教石窟艺术之精华，是印度古代石窟艺术的精品。

1983年，联合国教科文组织将埃罗拉石窟群作为文化遗产，列入《世界遗产名录》。

戈纳勒格的太阳神庙

戈纳勒格的太阳神庙位于印度奥里萨邦加尔各答西南400千米处。始建于1250年。太阳神庙周围是长约260米，宽约180米的石墙围成的大院。神庙的基座上对称地雕刻有12对直径达3米的车轮，非常精细。寺庙前方雕刻有拉战车的6匹骏马，形象生动。整个造型是太阳神驾驭马车驰骋天宇。壁雕的内容是各式各样的人物，形象多为男女相拥，表现了印度教徒追求的"梵我同一"的境界。太阳神庙内还安放着3尊由绿泥石雕成的太阳神像。1984年，被联合国教科文组织列入《世界遗产名录》。

桑吉佛教古迹

桑吉佛教古迹位于印度中央邦，距首都新德里以南约580千米。包括窣堵波、寺庙、殿堂等佛教建筑古迹约50处。

窣堵波是一种佛教纪念性建筑物，通常收藏与佛陀或其他圣者有关的圣物。桑吉古迹的中心是著名的大窣堵波。这座倒钵状建筑呈半球形，基座直径为36米，顶部平坦，用栅栏围出了一个正方形。据考证，它是用来放置供奉舍利的容器的。大窣堵波前的两根立柱和三根横梁上，密密麻麻地布满了浮雕，内容丰富怪诞。另有2号窣堵波，直径为14米。在顶部发掘出的4个安放舍利的容器上，刻着阿育王时代10位著名僧侣的名字。

桑吉的佛教建筑代表了印度佛教兴盛的整个历史时期，是重要的佛教文化中心。1989年，联合国教科文组织将桑吉佛教古迹作为文化遗产，列入《世界遗产名录》。

胡马雍陵

胡马雍陵位于印度首都新德里的东南郊。陵墓坐北朝南，全部用红砂石砌成。胡马雍陵建于1565年，是莫卧儿建筑早期代表作。它改变印度传统的建筑手法，大量采用尖顶拱门，正面顶部是全白大理石圆屋顶，极为华美。

胡马雍陵位于宽大的正方形庭园中央，陵墓建在边长90米的基坛上，中央墓室则处在四座正方形墓室对角线的中央。高达38米的中央屋顶结构精巧，极具民族艺术风格。1993年，联合国教科文组织将胡马雍陵作为文化遗产，列入《世界遗产名录》。

波斯波利斯

波斯波利斯位于伊朗南部的法尔斯省，是从公元前6世纪至公元前5世纪，经过波斯国王大流士一世等三代人努力而建立的都城。建成后的波斯波利斯包括平台、门楼、觐见厅、议事厅、国王宫殿、寝宫、珠宝库、储藏室等。

波斯波利斯坐落在一座长460米，宽275米，高15米的平台上，气势威严庄重。平台西北入口处的一条石阶路宽阔平缓，可走马车。整体构造恢宏，充分显现了古代希腊与埃及的建筑与雕塑艺术风格。公元前330年，亚历山大率领军队，攻克了波斯波利斯，将王宫烧毁。1979年，联合国教科文组织将波斯波利斯作为文化遗产，列入《世界遗产名录》。

哈特拉古城

哈特拉古城位于伊拉克西北部的尼尼微省苏尔市。建于公元前2世纪。城市中心建有太阳神庙。庙门正面饰有美杜莎的石雕头像，雕像下刻着建城工匠的名字。神庙周围高墙环绕，四周建有宫殿、庙宇、水井、街道等。城内的建筑多采用石灰石材料，精雕细刻，显得既雄伟又精美。

哈特拉古城呈圆形，环城建有双层城墙，城墙上还建有城堡和塔楼。3世纪，波斯萨珊王朝沙普尔一世（公元224~公元241年在位）攻克哈特拉城，使它成为一片废墟。

哈特拉古城圆形城墙的大部分至今保存完好。城内建筑很有特色，尤其是庙宇，综合了希腊后期、罗马与东方三种建筑风格，是帕提亚建筑艺术的典型代表。1985年，联合国教科文组织将哈特拉古城作为文化遗产，列入《世界遗产名录》。

安杰尔考古遗址

安杰尔考古遗址位于黎巴嫩首都贝鲁特东部，是倭马亚王朝哈里发韦立德一世的王宫都城。安杰尔四面城墙的中央部分都设置了大门，城内布局模仿了罗马都市建设的风格。南门至北门、东门至西门的两条大街相交成"十"字，将城市分成4个区。建筑物的地面铺瓦和石块，这种层层叠叠的建筑方法在地震中能起缓冲作用。石块上刻着工匠的名字或记号。

安杰尔城建有许多王宫、公共浴池和清真寺。城北的公共浴池具有鲜明的罗马风格。城东的一些王宫现已复原，两层拱门的遗址展示着昔日灿烂辉煌的文化。1984年，联合国教科文组织将安杰尔考古遗址作为文化遗产，列入《世界遗产名录》。

比布鲁斯

比布鲁斯位于黎巴嫩首都贝鲁特以北约40千米处，是腓尼基王国的都城。公元前2800年左右，由迦南人建城。地理位置优越，是重要的商业都市和著名的宗教城市。宗教建筑众多，有比布鲁斯神殿，后来被战火烧毁。公元前1900~前1600年，在神殿的废墟上建造了一座方尖塔神殿，用来供奉战神。在神殿周围，有好几处小规模的石造神殿，以及9座腓尼基国王的陵墓。出土文物证明，青铜器时代这里有着和古埃及同样辉煌的文明。城中希拉姆王的石棺棺盖上镌刻着用腓尼基文字书写的碑文，这些文字是现在使用的罗马字母的原型。1984年，联合国教科文组织将比布鲁斯作为文化遗产，列入《世界遗产名录》。

素可泰历史名城及有关城镇

素可泰历史名城及有关城镇位于泰国北部素可泰府，距首都曼谷以北约390千米。13世纪，这里是素可泰王朝的都城。已发掘出寺院37座。整个地区可以说是一个露天博物馆。

素可泰近郊塞春那莱城中有象·劳姆寺院、猜提猜泰奥寺院。附近的甘烹碧是泰国唯一一座用硬陶土装饰并保存完好的寺院。摩诃它院寺院是素可泰规模最大、最庄严的寺院。周围壕沟环绕，院内有许多座猜提、圣地和王宫遗址。在某种程度上，摩诃它院寺院是素可泰王朝的精神象征。切杜孟寺院和楚姆寺院中各有一座佛陀像，体现了素可泰艺术重视造型美、讲求个性的特点。兰坎亨国立博物馆有一尊14世纪铸造的青铜像，表现了佛陀从天而降的姿势，是素可泰艺术的代表作。保存得较好的建筑还有萨瓦寺院、斯台·斯里寺院、普拉马依寺院和特拉邦·顿拉姆寺院等。1991年，联合国教科文组织将素可泰历史名城及有关城镇作为文化遗产，列入《世界遗产名录》。

希瓦的伊斯罕·卡拉建筑

希瓦的伊斯罕·卡拉建筑位于乌兹别克斯坦西部的花剌子模州，距首都塔什干约750千米。希瓦位于阿姆河左岸，是一座美丽的绿洲城，被誉为"中亚的明珠""太阳之国"。1643年，希瓦汗国迁都希瓦，希瓦成为政治、经济和宗教中心。希瓦城由两重城墙环绕。伊斯罕·卡拉是由高10米的城墙围成的内城，城墙南北长650米，东西长400米。1740年，波斯人入侵，伊斯罕·卡拉变成一片废墟，到19世纪修复。城中有著名的帕夫拉万·马夫姆德陵、赛德阿拉乌丁陵等，均建造精致，雕刻精美。1990年，联合国教科文组织将希瓦的伊斯罕·卡拉建筑作为文化遗产，列入《世界遗产名录》。

复活节岛国家公园

复活节岛国家公园位于智利瓦尔帕莱索以西的太平洋上。复活节岛是太平洋上的火山岛，面积119平方千米。1722年复活节那天被发现，故名"复活节岛"。1888年成为智利领土，划入瓦尔帕莱索区。

6世纪，复活节岛居民开始用整块火山熔岩雕刻被称为"毛阿伊"的巨大石像。石像一般高7~10米，重50~90吨，整齐地排列在海边约100座用巨石砌成的平台上。这些石像线条简洁粗犷，造型生动奇特，一致面向大海。拉诺拉拉库火山的40多个洞穴中，还有300多座没有完工的石像。在复活节岛南部的圣城奥朗戈，发现了4300多幅岩画作品。另外还发现了科哈乌朗戈朗条板，上面刻着无人能解的象形文字。

1995年，联合国教科文组织将复活节岛国家公园作为文化遗产，列入《世界遗产名录》。

安提瓜危地马拉

安提瓜危地马拉，位于危地马拉南部的萨卡特佩克斯省，距首都危地马拉西南约40千米。因为屡遭地震毁坏而重建过8次。因此，城中大多数是低矮的建筑物，就连教堂也没有附属的高塔。

安提瓜危地马拉始建于 1527 年，在 1541 年大地震中被毁，又移址重建。曾是西班牙统治地区的政治、军事中心。城中央广场叫"国王广场"，周围并排竖立着象征圣界、俗界权力的建筑。广场北侧的市政厅坚固宏伟。早期的大教堂在 1583 年的地震中倒塌，后来重建。

1979 年，联合国教科文组织将安提瓜危地马拉作为文化遗产，列入《世界遗产名录》。

基里瓜考古公园和玛雅文化遗址

基里瓜考古公园和玛雅文化遗址，位于危地马拉东北部的伊萨巴尔省。基里瓜大约建于公元 200 年。由于生产和销售翡翠，而兴盛一时。9 世纪中期衰落。

基里瓜的建筑在技术上和艺术上达到了 8 世纪美洲文化的高峰。大广场和祭祀广场周围曾建有金字塔、神庙和宫殿，但都没有保存下来。仅能靠石碑上刻的日期和数据以及象形文字所记录的玛雅历史，研究当时政治、经济和文化。其中最古老的石碑修建于公元 692 年，最高的石碑有 10.6 米。

1981 年，联合国教科文组织将基里瓜考古公园和玛雅文化遗址作为文化遗产，列入《世界遗产名录》。

科藩的玛雅遗址

科藩的玛雅遗址位于洪都拉斯西部的科藩省，距首都特古西加尔巴约 225 千米。这里曾是古代玛雅人的宗教和政治中心之一。主要有金字塔、石阶、庙宇、祭坛、石碑、雕塑等宗教建筑遗址，外围有 16 组居民住宅的遗址。

金字塔是科藩遗址中最重要的建筑，它由一个宽约 10 米、长约 60 米的石梯直通塔顶。石梯共 62 级，每级石阶都刻着玛雅人的象形文字，被称为"象形文字石阶"。宗教石碑群都是用整块山岩雕凿而成的，上面刻满了具有象征意义的图案和象形文字。其中有玛雅人的首任祭司、玛雅象形文字和太阳历的发明者伊特桑纳的雕像。16 组居民的住宅遗址中，按社会等级排列，离宗教建筑最近的是玛雅祭司的住宅，最远的是平民的住宅。

在科藩遗址中，还发现了一个面积约 300 平方米的长方形场地，地面铺着石砖，两边各有一个斜坡。这是当时玛雅人祭祀之前举行一种球赛的场地和看台。1980 年，联合国教科文组织将科藩的玛雅遗址作为文化遗产，列入《世界遗产名录》。

北京故宫

故宫又叫"紫禁城"，位于北京市中心，是明清两代的皇宫。是世界上现存规模最大、保存最完整的帝王宫殿。占地 72 万多平方米，建筑面积 15 万平方米。周围的宫墙高 7.9 米，长 3400 多米。墙外还环绕着宽 52 米的护城河。整个建筑群金碧辉煌，气势磅礴，布局严整。始建于 1420 年，历代又多次重修。

天安门是皇城的正门，门前有金水河，河上有 5 座汉白玉拱桥，城楼前有华表和石狮。现在，天安门已经成为中华人民共和国的象征。午门是故宫的正门，进去以后以乾清门为界，分为外朝和内廷。外朝以太和殿、中和殿、保和殿三大殿为中心，东西两侧还有文华殿、武英殿，是皇帝处理政事、举行重大庆典活动的地方。内廷是皇帝、后妃生活和起居处，以象征"天地乾坤"的后三宫为中心，两侧建有象征日月的日精门和月华门，和象征十二星辰的东西六宫，俗称"三宫六院"。

紫禁城现有各类房屋近9000间，都是木结构，以黄色琉璃瓦为顶，青白石为底座，用彩画装饰。所有的建筑，都沿着一条南北走向的中轴线对称排列。无论是平面布局，立体效果，还是建筑形式的庄严、雄伟、和谐，紫禁城都是中国古代建筑史上的杰作。

故宫收藏有大量的珍贵文物，约占全国文物总数的1/6。故宫博物院是国内收藏文物最丰富的博物馆，也是世界闻名的古代文化艺术博物馆。

1987年，联合国教科文组织将故宫作为文化遗产，列入《世界遗产名录》。

万里长城

万里长城是中国古代一项雄伟的防御建筑工程。西起嘉峪关，东到山海关，横贯中国的东西。长城主要由城墙、关城、烽火台等三部分组成。城墙是长城的主体部分，平均高7~8米，底部厚6~7米，墙顶宽4~5米。城墙顶部的内侧建有宇墙，外侧建有垛口墙，下部设有射洞和礌石孔。烽火台是用来传递军情的设施。如果有敌情，白天燃烟，夜晚点火，一站接着一站，把消息传到很远的地方。关城是长城上最为集中的防御据点，往往建造在有利于防守的地方。最为著名的有山海关、居庸关、八达岭、嘉峪关等几个关城。

从公元前7世纪开始到清初的2000多年里，历朝历代都不断修建长城，总长度有5万多千米，以"上下两千年，纵横十万里"的惊人宏大，列为"东方四大奇迹"之一。现在长城早已失去防御功能，它因为蕴藏着的深厚的文化历史内涵已成为勤劳、智慧的中华民族的象征。它是举世闻名的旅游胜地。1987年，被联合国教科文组织列入《世界遗产名录》。

平遥古城

平遥古城位于山西省中部，是我国著名的历史文化名城之一。古城始建于公元前827~前782年的周宣王时期。在现存的3997处民居房屋中，就有400多处具有很高的古文物保存价值。古城面积225万平方米，主要街道呈"土"字形分布，有"四大街，八小街、七十四条蚰蜒巷"之说。在古城建筑布局上，充分体现出汉族传统民房建筑特色。商店铺面沿街而建，住宅多为布局严谨的四合院形式，最高处是耸立于城中心的市楼。古城城墙外观呈方形，周长6157.7米，四角各建一座角楼，城墙上垛口有3000个，小敌楼72座，象征孔子的3000弟子，72贤人。古城墙既有完善的防御功能，又有传统的文化内涵，是中国的古建筑代表之作。1997年联合国教科文组织将平遥古城作为文化遗产，列入《世界遗产名录》。

承德避暑山庄及周围寺庙

承德避暑山庄位于河北省东北部的

承德市。占地564万平方米，环绕山庄的宫墙长达10千米，是中国现存最大的皇家园林。山庄建在群山之中，夏天特别凉爽，是清朝皇帝的夏宫。康熙皇帝命名"避暑山庄"。周围寺庙12座，包括汉式寺庙溥仁寺、溥善寺、殊像寺、广缘寺、罗汉堂，藏式寺庙普陀宗乘之庙、须弥福寿之庙和广安寺，以及汉藏结合式寺庙普宁寺、普乐寺、普佑寺、安远庙。气势雄伟、富有民族特色，总计占地面积47.2万平方米。其中有8座是朝廷派驻喇嘛，又叫"外八庙"。

避暑山庄主要分为宫殿区、湖泊区、山峦区和平原区4个景区。山庄内有康熙皇帝以四字题名的三十六景和乾隆皇帝以三字题名的三十六景，合称"避暑山庄七十二景"。避暑山庄及周围寺庙是帝王宫苑和皇家寺庙的完美结合，是中国古代建筑史上的奇观。1994年，被联合国教科文组织列入《世界遗产名录》。

周口店

中国人类遗址博物馆。位于北京市西南房山区周口店。70万~20万年前，北京猿人在周口店居住、生息和繁衍。1929年12月，中国古生物学家裴文中在这里的龙骨山发现第一块原始人类头盖骨。以后又陆续发掘出人类化石、文化遗物和大批脊椎动物化石。1953年在该遗址处建立陈列馆。1972年又建成北京猿人展览馆，包括陈列馆、北京猿人洞和山顶洞。在北京猿人洞和山顶洞遗址中，保存着原生堆积物和灰烬层，还有人类化石、动物化石、文化遗物等各种标本和复原模型。

北京猿人遗址是目前世界上原始文化遗存最丰富的人类文化遗址，1987年被联合国教科文组织列入《世界遗产名录》。

丽江古城

丽江古城位于云南丽江珑山下海拔2400米的高原台地上。丽江古城的纳西语古名为"巩本芝"。水源自北方的玉龙雪山，定期冲洗街道，街道铺五花彩石，光彩斑斓，无尘垢泥泞，清洁美观。在古城内的水网上，有大大小小桥梁354座，以及黑龙潭、五凤楼等名胜古迹。居民有纳西、汉、白、藏等族。丽江纳西族民居的布局、结构和造型方面，有机结合了中原古建筑和白族、藏族的优秀传统，形成独特的风格。1997年联合国教科文组织将丽江古城作为文化遗产，列入《世界遗产名录》。

苏州园林

苏州园林位于江苏省苏州市。苏州是我国著名的历史文化名城。从西汉时起就有皇家园林。南宋时期私家园林十分兴盛。明清两代是园林艺术发展的鼎盛时期，现存的私家园林大部分是这一时期的建筑。

苏州园林包括大大小小几百座，风格各异，精巧雅致、环境清幽，极具山林的意趣。园林的建筑多采用借景手法，即通过建筑的门窗等构成的"画框"，将园林外的山水纳入视野，扩大视觉空间。在有限的空间里包容最大的自然内容。而且，园林建筑和文人书画有机融合，构成浓厚的文化氛围。

苏州园林中比较著名的有留园、拙

政园、网师园、狮子林、怡园、沧浪亭、环秀山庄等。1997年，联合国教科文组织将苏州园林作为文化遗产，列入《世界遗产名录》。

秦始皇陵及兵马俑坑

秦始皇陵及兵马俑坑位于距西安市临潼区以东5千米的下河村。秦始皇陵陵园占地面积近8平方千米，北靠骊山，南临渭水，规模宏大，气势雄伟，是世界上规模最大、结构最奇特、蕴藏最丰富的帝王陵园。

据史书记载，秦始皇嬴政13岁即位时就开始修建陵园。陵园由丞相李斯设计，大将章邯监工。从公元前247年开工，到公元前208年完工，历时39年，动用民夫72万。陵墓设计与建造异常精密奢华。如果要挖掘陵墓，不仅工程浩大，而且会破坏陵墓的结构。因此到目前为止，考古工作者没有对秦始皇陵本身进行发掘。但在秦始皇陵陵园南部已发现了葬马坑、陶俑坑、珍禽异兽坑，以及陵外的人殉坑、马厩坑、刑徒坑和修陵人员的墓室等400多座。

兵马俑坑是秦始皇陵的陪葬坑，位于陵园东侧1500米处。始发现于1974年，现已发现3座。坑内有陶人、陶马8000多件，还有4万多件青铜兵器。一号坑占地面积14260平方米，是由步兵俑和骑兵俑组成的长方形军阵。二号坑面积6000平方米，布阵复杂，兵种齐全。三号坑面积520平方米，可能是军阵的总指挥部。

秦始皇陵兵马俑坑被称为"世界第八大奇迹"，可以与埃及金字塔等相媲美。

1987年，联合国教科文组织将秦始皇陵及兵马俑坑作为文化遗产，列入《世界遗产名录》。

大足石刻

大足石刻是重庆市大足区境内所有石刻艺术的总称。中国著名的石窟。为唐、五代、宋、明、清开凿。分布于该县西南、西北和东北的山区，共23处。其中以宝顶山摩崖造像和北山摩崖造像规模最大，造像最精美，同为全国重点文物保护单位。石窟中有道、佛、儒同一龛窟中的三教造像，为大足石窟一个特点。大足石刻的表现手法多样，有圆刻、高浮刻、浅浮刻、凸浮刻、阴刻五种。石刻具有浓厚的生活气息和多样的处理手法，并富于地方色彩。1999年联合国教科文组织将大足石刻作为文化遗产，列入《世界遗产名录》。

武当山古建筑

武当山，中国名山，道教圣地。位于湖北省西北部，汉江南岸，又称太和山。面积约40万平方米，兼有五岳之雄、奇、险、秀、幽，有七十二峰、三十六岩、十一洞、三潭、九泉及上下十八盘险路等名胜。主峰天柱峰海拔1612米，素有"一柱擎天"之誉。武当山为道教信奉的真武大帝修仙得道飞升之地，也是武当拳术的发源地。武当山奇峰峻秀，名胜古迹众多，有珍贵的文物及宏大的道教建筑，具有很高的艺术和历史价值。主要建筑有玄岳山、元和观、遇真宫、玉虚宫、太子坡等。整个武当建筑荟萃了我国古代优秀建筑法式，体现出道教的玄妙。1994年，联合国教科文组将武当山古建筑群作为文化遗产，列入《世界遗产名录》。

布达拉宫

布达拉宫位于西藏自治区首府拉萨市中心的红山上。"布达拉"的意思是"佛教圣地普陀山"。历史上是西藏地方政权所在地，也是西藏佛教最大的活佛住所。

据文献记载，布达拉宫始建于7世纪。1645年，五世达赖用3年的时间重建，成为达赖进行政治和宗教活动的地方。从1690年开始，布达拉宫不断进行增修和扩建，形成了今天的规模。主楼有13层，高度为117.19米，宫墙厚3~5米，东西长420米，南北宽300米，占地面积约13万平方米，宫内有房屋近万间，是一座集宫殿、佛堂和灵塔殿等为一体的多层建筑群。包括红宫、法王洞、白宫、南北广场和龙王潭等部分，藏有大量佛教艺术品和珍贵文献。是西藏现存最大、最完整的古代宫殿建筑，也是世界上海拔最高的古代宫殿，被誉为"世界屋脊上的明珠"。

1994年，联合国教科文组织将布达拉宫作为文化遗产，列入《世界遗产名录》。

曲阜孔庙、孔府和孔林

孔庙是各地纪念、祭祀孔子的祠庙。山东省的曲阜孔庙是全国最大的孔庙。始建于公元前478年。1961年，曲阜孔庙被列为全国重点文物保护单位。占地面积22万平方米，九进院落，殿堂阁庑466间。大成殿是孔庙正殿，高31.89米，东西长54米，南北宽34米。殿前杏坛，传为孔子晚年讲学的地方。殿东西两庑内陈列有历代碑刻、石刻、石像等，共2000余块。真、草、隶、篆等各家书体皆备，是中国罕见的大型碑林之一。

孔府是孔子直系子孙即历代衍圣公的官署和住宅，位于山东省曲阜市。1961年，孔府被列为全国重点文物保护单位。孔府占地面积16万平方米，楼房厅堂463间，九进院落，三路布局。孔府存有明代嘉靖十三年（1534年）至1948年的文书档案，具有珍贵的史料价值。孔府内收藏大批历史文物，最著名的是商周十器（又称十供），原为宫廷所藏商周青铜礼器，清代乾隆皇帝于1771年赏赐给孔府。另外，还收藏有元、明、清以来数以千计的衣冠剑履、历代名人字画、善本古籍、金石陶瓷、金银珠宝，以及古玩摆设等。

孔林是孔子及其后裔的墓地，又称至圣林，在山东曲阜市城北。作为沿用2400多年家族墓地，其延续时间之长，墓葬数量之多，保存之完好，均属世界罕见。孔林占地面积达2平方千米。四周砖墙高约3米，厚约1.5米，周长达7000多米。门前有长1266米的神道，神道中部立六柱五方门、万古长青石坊。原有墓碑5000多块，汉代墓碑多被移入孔庙，现存宋代以后墓碑刻石等3600多块。1994年联合国教科文组织将曲阜孔庙、孔府、孔林作为文化遗产，列入《世界遗产名录》。

莫高窟

俗称"千佛洞"，位于甘肃省敦煌市

东南 25 千米的鸣沙山东麓。坐西向东，南北长约 1610 米，上下共有 5 层。至今还完好地保存着从北魏到元代的 492 个洞窟，有雕像 2415 尊，壁画 4.5 万多平方米，是我国最大的古典艺术宝库。

莫高窟开凿于 4~14 世纪之间。到唐代，已有石窟 1000 多个。是集建筑、雕塑、绘画于一体的综合艺术。其中的彩塑、壁画都是艺术瑰宝，反映了大量的民俗、民风，其生动的造型与细腻的刻画令人叹为观止。17 窟的"藏经洞"是莫高窟的精华，内有从 4 世纪到 14 世纪的文物图书多件，还有大量的文字写本，包括儒、佛、道家经典、史籍、诗赋、户籍、信札等。但自 1900 年起被外国盗宝者掠走几万件，损失惨重。

敦煌石窟周围还有很多石窟，如榆林窟等。它们与莫高窟一起，组成了庞大的敦煌石窟艺术系统。

莫高窟是世界上历史最悠久、内容最丰富、规模最宏大、保存最完整的文化艺术宝库和佛教艺术画廊。1987 年，被联合国教科文组织列入《世界遗产名录》。

泰山

中国东部山东省泰安市境内的山脉。五岳之一，称东岳。古称岱山，又称岱宗。面积 426 平方千米，是由花岗岩和花岗片麻岩构成的断块山。主峰玉皇顶海拔 1524 米，因周围地势低，相对高度达 1200 米以上，故雄伟险峻、峰奇谷幽，具有拔地通天之势。泰山为游览胜地，文物古迹众多，山上殿、庑、楼、阁、亭、台星罗棋布。主要建筑群有岱庙、王母池、南天门、碧霞祠等 20 余处。泰山是历代帝王朝拜之山，亦是中国历史上唯一受过皇帝封禅的名山。还有众多颇具艺术价值的石刻。1987 年联合国教科文组织将泰山作为文化和自然双重遗产，列入《世界遗产名录》。

黄山

中国名山，位于安徽省南部。秦称黟山。由花岗岩构成，经历不断上升、断裂及外力侵蚀，逐渐形成现今怪石林立、崖壁峥嵘的奇特地貌。自古以来就以奇松、怪石、云海、温泉四绝而闻名于世。黄山松仪态万千，有迎客松、送客松等十大名松。怪石遍布，著名的有蓬莱三岛、松鼠跳天都、猴子观海等。黄山号称有七十二峰，最高的莲花峰海拔 1873 米，天都峰、光明顶海拔也在 1800 米以上。山顶与山麓相对高差达 1500 米，山地巍峨挺拔。黄山植物资源丰富，植被垂直变化明显。珍贵树种有果香树、金钱松、黄山杜鹃、天女花等，其中天女花为世界稀有植物。林中名贵动物有梅花鹿、毛冠鹿、苏门羚、短尾猴等。1990 年联合国教科文组织将黄山作为文化和自然双重遗产，列入《世界遗产名录》。

庐山

中国著名风景游览区及避暑胜地。位于江西省北部的长江南岸，九江市南，东南临鄱阳湖。南北长 25 千米，东西宽 10 千米。庐山为一断块上升的山地，主峰汉阳峰海拔 1474 米。周围地势低平，四周断层很多，形成众多断崖陡壁和深峡幽谷，景色十分优美。庐山植物种类丰富，植被垂直变化明显，辟有植物园。著名的风景区有汉阳峰、五老峰、三叠泉（是庐山最大的瀑布，分3级，共高300多米）、花径、仙人洞、大天池、小天池、龙首崖、含鄱口等。1996年联合国教科文组织将庐山风景名胜区作为文化遗产，列入《世界遗产名录》。

峨眉山

峨眉山是中国佛教四大名山之一，位于四川省峨眉山市西部。有山峰相对，酷似峨眉，故名。主峰万佛顶海拔3099米，高出峨眉平原2500多米。山地东西两侧极不对称，西坡和缓，东坡陡峻，多断崖绝壁。山上气候凉爽宜人，树木丛生，苍翠鲜艳，素有"峨眉天下秀"之称。植物资源丰富，种类繁多，有水青树、珙桐、木瓜红等特有种属，植被垂直变化显著。林中动物种类繁多，著名的有小熊猫、猕猴、弹琴蛙等。有寺庙近100座，主要有报国寺、万年寺、伏虎寺、清音阁、洪椿坪、仙峰寺等，其中报国寺最为著名。云海、日出、佛光为峨眉山三大奇观。

乐山大佛

乐山大佛是唐代佛教石刻造像，位于四川省乐山市的凌云山。依山雕凿的弥勒坐像是世界上最大的石刻佛像。高71米，宽28米。其中，头高14.7米，耳长7米，眼长3.3米，脚背宽8.5米。弥勒像坐东面西，远眺峨眉山，近瞰乐山市。开凿于唐玄宗开元元年（公元713年），并建有7层13檐楼阁加以覆盖（楼阁在元末毁于兵火）。凌云山上有古栈道和唐代凌云寺，灵宝砖塔等古迹。1996年联合国教科文组织将峨眉山和乐山大佛作为文化和自然双重遗产，列入《世界遗产名录》。

武夷山

武夷山自然保护区是中国加入世界人与生物圈保护网的重点自然保护区之一。位于福建省南平市建阳区、武夷山市、光泽县境内。以亚热带森林生态系统及珍稀动植物为主要保护对象。保护区境内山高、坡大、谷深，平均海拔约1200米，年平均气温12℃~15℃，年平均降水量2000毫米。这里有罕见的竹木、奇异的花草、珍贵的鸟兽和名贵的药材，生物资源极为丰富。植物种类3000多种，被列入国家保护的珍稀濒危树种有22种。野生动物400多种。是"研究亚洲两栖和爬行动物的钥匙""蛇的王国""昆虫世界""亚热带动物园""世界生物模式标本的产地"。

武夷山脉北连仙霞岭，南接九连山，呈东北至西南走向，长约500千米。一般海拔为1000~1500米。主峰黄岗山，位于福建省武夷山市西北，海拔2158米。高差悬殊的地势，导致了本区气候、植被和土壤的垂直变化。武夷山是福建第一名山，为著名的旅游胜地，有三十六峰、三十七岩、九曲溪、桃源洞、流香涧、卧龙潭、虎啸岩等名胜。

1999年12月，联合国教科文组织将武夷山作为文化与自然双重遗产，列入《世界遗产名录》。

十八

旅游、生活

旅行常识

制订高效旅行计划

为了能旅行顺利和玩得开心，应该在出发前制订一个完备而高效的旅行计划，以应对新环境、新情况。

一个完整的旅行计划主要应包括以下内容：地点、路线、方式、时间、费用等等。

1. 旅行地点和路线需要根据个人喜好、身体状况和经济能力来确定。

2. 旅行方式包括随团旅行、集体旅行、自助旅行和举家旅行等等。

3. 旅行时间一方面要考虑工作和学习的空闲，另一方面要尽量选择旅行目的地的最佳季节。

4. 旅行中经常会出现一些意想不到的突发情况，因此在制订计划时日程安排不宜过于紧凑。

5. 出行前最好提前了解一下相关的交通、旅游书籍和地图，尤其是对于旅游景点的一些典故、风土人情，这样才能有效提高旅游效率。

6. 要学习一些旅游知识，例如旅游防骗、投诉、野外求救等等。

随团出游应该做好哪些准备

随团出游，最大的好处就是一切可以交由旅行社打理，旅行者在旅途中可以省心省力。但如果旅行者不了解自己的权利义务，简洁方便的随团也可能会给旅行带来许多不必要的麻烦。

1. 知情权。消费者有权要求旅行社向旅游消费者提供真实的服务信息，包括交通、线路、景点、购物等一切有关的信息。如果对旅行社所提供的日程、线路、景点、服务档次及价格等不满意，旅游者有权拒绝签约。旅游者支付团费后，有权要求旅行社开具发票。

2. 对计划行程外的项目有拒绝权。在旅游过程中，旅游消费者有权要求旅行社按照合同的约定提供交通、住宿、游览、导游等服务，有权拒绝参加计划行程以外的项目，是否购物、参加自费项目、支付小费等都是旅游者的自主行为。

3.旅行社如有违约行为，旅游者有权要求赔偿。

最后，为了保证出游的顺利、愉快，旅行者要尽量做到"四不"，即选择旅行社不盲目，签订合同不草率，途中购物不冲动，遇到问题不胡来。

自驾旅游应怎样制订旅行计划

随着我国居民收入水平的提高，私家车的保有量正在迅速增加，而自驾车旅行也逐渐开始流行起来。由于自驾车旅行整个过程都要旅行者自己完成，因此要想充分享受自由旅行的乐趣，一份详尽的旅行计划是非常必要的。

1.选择车辆：以高级越野轿车为佳，其次选择动力、性能稳定、维修方便的大众化家用车。

2.选择路线：购买一份详细的全国旅游地图；控制每天的行程，以免影响旅行质量；注意季节影响，如广东自驾游客应注意避免在有冰雪的路面上行驶。

3.人员配置：对于长途旅行而言，至少要有两名司机以便轮流驾驶；旅行者中最好有人懂得一些医疗知识，有人懂得一些修车知识。

4.必备物品：备胎（两个为佳）、修理工具、铁丝、补胎工具、强力胶、拖车绳、地图、备用纯净水、机油、防爆汽油桶、日常用品、食品。

5.手续证件：购置附加费、养路费、保险费、驾驶本、行驶本。

6.防御装备：电棍、刀具。

7.车辆检修。

相信做好以上这些准备后，一次成功的自驾旅行也就离你不远了。

自助游如何制订旅行计划

自助旅游以其灵活多变的旅游方式和自主控制费用正在吸引越来越多的人特别是年轻人参与进来。然而要想亲自进行一次花费不多、又能达到旅行目的的自助旅游，就一定要制作一份周密的旅行计划。计划越周密，游玩时才能心里有数，玩得开心。

1.收集资料：确定旅行目的地后，可以通过查阅相关的报刊、书籍和网站进行资料收集，包括参考旅行社的方案。收集的主要内容有旅游路线、交通工具的选择、住宿安排、饮食条件、景区服务质量等等。

2.行李重量：主要考虑以下几点：体力和健康状况；旅途距离和时间的长短；游玩的方式（若游玩点集中，可将大件行李放在旅馆；旅游点分散，则应少带行李）；游玩人数（若结伴旅游可共用一些必需品）；目的地情况（若货源充足，价格不贵，则可以少带）。

3.行李内容：把握全而精的原则。衣服最好要通风、保暖、防雨、耐脏、易洗。

如果是自行车自助游，还需要制订一个体能体质锻炼计划。

探险旅游需要注意哪些问题

近年来，越来越多的人开始喜欢探险游这种回归自然的旅游方式，但这项运动带来的风险却让我们不断地付出沉重的代价。在户外探险前，怎样才能将风险降到最低呢？

1. 了解该区域该时间段历年的天气变化情况。

2. 同伴中一定要有人有丰富的相关经验。

3. 充分了解所要探险的地域情况，对各种可能发生的意外情况做好准备。

4. 带足常用药品和急救药品，并掌握相应的急救方法。

5. 出发前就联系好附近的救援单位，以防不测。

6. 根据自身健康状况，最好参与比较成熟的、有组织的、有安全保障的大众化探险旅游项目。

7. 时刻将安全放在第一位，出发前进行专业训练，合理负荷。行进过程中发生任何的身体不适都要立即休息，不能冒险继续前行。

农家乐准备计划

随着生活节奏的加快，一些都市人在繁忙的工作之余，会利用节假日出去旅游，缓解工作压力。于是，看青山秀水，吃地道的农家菜也就成了休闲度假的首选。

农家乐的最大特点就在于其与城市迥异的风光、物价、人情，白天可以采摘、钓鱼、登山，悠闲地享受轻松假日，晚上还能有篝火、烤全羊、住古朴农家小院的欢快与惬意。这些与城市休闲娱乐有着巨大的差别。

然而，人们在具体选择"农家乐"旅游时，有些问题还需要注意，否则可能给旅行带来麻烦和不快。

1. 注意人员的健康状况："农家乐"的人员绝大部分是当地的农民，大都没有经过专门的食品及卫生知识方面的培训，个人卫生健康难以保障。

2. 注意环境卫生状况：看看"农家乐"的厕所有没有任何清洁设施，客房设施是否过于简陋，基本的水电条件怎样，厨房是否干净卫生。

3. 注意安全状况：一旦发生食物中毒、被动物咬伤等情况，附近是否有医疗救助机构。

怎样给旅游做好资金预算

旅游要有资金做保障。出行前做个旅游小预算十分必要，以做到计划周全、心中有数。倘若行前无计划，匆忙出游，造成旅游预算超支，旅游回来后则会影响正常生活；或者旅途过于节俭而影响了旅游质量和享受。旅游的资金预算大致包括以下方面：

1. 交通费：城市间交通费和市内交通费。这部分开支有时要占到整个旅游预算的1/3左右。

2. 房费：预备下榻的饭店及价格和住宿天数。

3. 饮食费用：每天饭菜及饮料开支预算标准。

4. 景点门票：计划游览景点门票总和，一般没有多少弹性。

5. 购物：旅游不可避免地要购买一些旅游纪念品和其他物品。购物可多可少，一定要有计划性，否则会造成资金上的被动，进而影响其他旅游正常开支。

6. 不可预见费：一般在上述预算之外，还要留有一定的余地，即宽余金额，以预防一些意外之事和不可预见的费用开支。

出境游走失怎么办

出境旅游，由于周围的环境比较陌生，即使是非常小心，也会有很多意想不到的问题，尤其是不慎走失。如果真的发生走失情况，游客应该怎么办呢？

1. 不要着急，在原地或是导游约定的地点等候。切忌自作主张回到下车的原地，除非肯定领队说过会在原地上车。

2. 如果脱离队伍已有一段距离，而你知道团队下一站地址，可电话联络领队，再乘出租车马上赶去。

3. 不要轻易相信陌生人，尤其是过于热情的陌生人。由于中国游客有带大量现金或贵重物品在身上的习惯，国外往往有一些"黑导"在路边，专门等候或是诱骗中国旅客。

4. 如果地址不在身边，又不记得所住的酒店和领队的电话，那么可以打电话回国，让亲友和国内旅行社取得联系，从而尽快得知领队的联系方式及团队下一个目的地。

5. 到警察局、使馆或当地旅游观光部门请求援助。如忘记了酒店名称，尽可能回想并描述酒店及其周围建筑特征。

怎样读懂旅行社的旅游报价

旅行社的旅游报价主要有全包价、半包价和小包价。

1. 全包价：包价旅游又可分为团体包价和散客包价。团体包价通常指的是由10人以上组成的旅游团，旅游款项一次性预付给旅行社，各种相关服务全部委托一家旅行社来办理。散客包价是指10人以下的旅游团体，付款方式及委托服务同上。包价旅游主要包括综合服务费、房费、城市间交通费及专项附加费四个部分。

2. 半包价：即在全包价基础上，扣除午、晚餐费用的包价形式，其目的在于降低旅游产品的直观价格，提高产品的竞争能力。

3. 小包价：又称选择性旅游。游客预付的部分仅包括饭店房费、早餐、接送服务、国内城市间交通费及手续费，其余部分在当地现付。小包价游客可根据自己的时间、兴趣和经济情况自由选择导游、风味餐、节目欣赏和参观游览等。因其经济实惠、机动灵活而受到游客的欢迎。

旅途中怎样合理使用背包

背包并不仅仅是旅行者把所有的东西全部塞进去就万事大吉，只有装填合理才能背得舒服，走得愉快。

1. 重量较大的器材应置于上端且紧靠背部，比如：炉具、炊具、重的食物、雨具、水瓶等，帐篷须使用伞带绑于背包顶端，重心点太低或远离背部会使身体弯曲行走。

2. 次重的物品置于背包中心和下方侧带，如备用衣物、个人器具、头灯、地图、指南针、相机等。

3. 轻的物品放在最下面，如睡袋等。其他如三脚架、登山杖等物品可安置在背包的侧袋。

4. 需要注意的是，因为男生的上半身较长、腿较短，而女生的上半身较短但腿较长，身体情况因人而异，所以要谨慎选择自己合适的背包。

5. 在通过急流、陡峭地段时，必须

有绳索保护。在无保护通过时,应放松肩带,打开腰带和胸带,以便万一出现危险时,能以最快速度使人包分离。

攀岩有何注意事项

现代攀岩运动是一项集健身、娱乐和竞技于一体的时尚运动,被称为"岩壁上的芭蕾"。不过攀岩绝非一项轻松的运动,要想一切顺利,除了需要有较为全面的身体素质,还必须注意以下几点:

1. 攀岩前要换上适当的衣服,活动关节,放松肌肉,调节心理,使自己处于灵活的状态。当系上安全绳套后,就必须依靠自己的力量和智慧来挑战绝壁。在攀岩的过程中必须时刻渴望成功,懒惰都将意味着失败。

2. 攀岩前要选择好攀岩路线,不同的高度、角度的岩道,不同位置大小的岩眼,其难易程度都会不同。攀岩时要依靠冷静的判断力、坚强的意志,通过四肢的协调,保持有三点贴稳岩壁,保持身体的重心落在前脚掌,减轻手指和臂腕的负担。登顶下落要注意配合下落趋势,适当地用脚支撑,避免擦伤。

蹦极有哪些益处与挑战

蹦极起源于太平洋的瓦努阿图群岛,当地男子满18岁时,必须用藤蔓绑住双脚从20米高的筑台跳下去,才可以算成人。现在它已成为一种挑战人类意志极限,体验"重生"的现代体育运动,又称"高空弹跳",风靡全世界。

蹦极是对人面对困难和恐惧时的勇气的极大考验。蹦极者先要从高处自由落体,直至蹦极绳索达到其最大拉伸长度,随后蹦极者又被绳索重新拉起,如此反复数次,直到绳索弹性消失最终停下运动。蹦极中人的视野开阔、变换快速,且身体完全不能由自己控制,这些给现代人带来了巨大的刺激,也是蹦极的最大魅力所在。

蹦极跳的高度一般都在40米以上,作为一项勇敢者的运动,蹦极对参加者的身体状况条件有一定的要求,有心脏病、脑病和深度近视的人最好不要参加,以免发生意外。对普通人而言,蹦极前也做好充分的身体准备:

1. 充分活动身体各部分,以免扭伤或拉伤。

2. 着装尽量简练、合身。

3. 跳出后注意控制身体,不要让脖子或胳膊被绳索缠住。

户外定向运动要注意哪些问题

定向运动就是利用一张详细精确的地图和一个指北针,按顺序到访地图上所指示的各个点标,最短时间到达所有点标的人为胜者。定向运动通常设在森林、郊外和城市公园里进行,有时也在大学校园里。一条标准的定向路线包括起点、终点和一系列点标。这些点标已在地图上用阿拉伯数字标明。个人定向运动比赛,其乐趣在于尝试从未尝试过的事。

定向运动智力与体力相结合的双重运动。要想成为优秀的定向运动员,除了体力,良好的运筹能力、计划性、空间感、方向感等智力因素都是非常重要的。

另外,由于定向运动通常都在天气

晴朗、气温较高的情况下进行，因此参加户外定项运动还需要注意以下问题：

1. 防晒。尤其在中午时分，气温高，阳光中的紫外线特别强烈，皮肤长时间暴露在烈日下，会造成灼伤，并会发生中暑现象。参加定向活动要尽量带上太阳帽、墨镜、防晒霜、毛巾，以及一些防暑药品。

2. 饮水。定向运动出汗多，必须及时补充水分，但如果饮水方式不对，会引发不良的后果。饮水时应注意少量多次，每次喝水只喝几口。

3. 衣服。定向运动大量出汗，衣服很快就湿透了，很多人到达目的地以后，往往任凭衣服湿着，企图靠自己的体温把衣服烤干。这样做很容易引发风湿或关节炎等疾病。因此在参加活动前，在背包里最好带上一套备换的贴身干衣服（特别是上衣）和一件外套，到了目的地以后，即刻把湿衣服换下来。

潜水要把握哪些原则

休闲潜水近几年在我国开始逐渐流行，它是在一种类似失重的状态下彻底放松身心，在静谧的海底欣赏和陆地完全不同风光的水下运动。事实证明，潜水运动不但可以增加肺活量，增强主要肌肉群的力量，提高游泳技能，磨炼意志、锻炼体魄，甚至还有减肥的功效。潜水除了能够帮助人们学到许多关于水的物理、生理和海洋知识外，还能让人们掌握急救、溺水抢救等本领。

1. 潜水是一项极其强调团队精神和自律精神的运动。由于难以进行语言交流，因此在潜水过程中，人们要自觉地严格遵守各项潜水规则，一旦同伴或者自己发生危险，一定要保持镇定，坚持团结互助。

2. 如果是两人一起潜水，那么两人从入水到上岸，都必须同进同出，不能任由同伴独自上岸。游在前方的人应常常回头看同伴的状况，并配合其体力技术放慢速度。而游在后方的人则要保持在同伴的斜后方。

3. 有以下病症的人不能潜水：曾经接受过中耳手术，或眼角膜手术；有肺部受伤病史，尤其是自发性气胸；有严重的肺部阻塞性疾病；肺泡有先天性憩室或肺部水疱病；有癫痫或抽筋病史；经常性的晕倒而原因不明的；有心脏冠状动脉疾病的；有胰岛素依赖型糖尿病的；长期酗酒或药物成瘾的。

如何才能玩出漂移运动

漂移是风行于美国、日本等国家的赛车极限运动。它和赛车的速度竞赛有着明显的不同，漂移毫不关注赛车的行驶速度，而是讲究难度、转速和自由转向。

具体而言，从刹车起始，改变前后轮的速度差，使车体在转角时产生重量转移，就能产生漂移了。产生重量转移的方法很多，可以利用加速、减速、刹车等多种手段产生应有的效果。一个成功的重量转移效果要经过减速、转向和加速三个步骤。

理想的漂移车辆是一部后轮驱动的汽车。当它在入弯过程中几乎失去了正常情况下的转向能力时，靠点击刹车获得重量转移的力量转向，发生漂移。需要注意的是，漂移对轮胎要求十分严格，漂移中会给轮胎带来额外沉重的负担。

射箭运动有何益处

射箭是一种用弓把箭射出并射中预定目标的技艺。射箭最初用于打猎和战争，现如今，它已经成为一项娱乐健身活动，广泛地进入人们的休闲生活。

从事射箭运动要求弓箭手具有较好的平衡能力，能注意力集中，同时还有协调把握时间感觉的能力。

射箭运动是锻炼身体的一种有效手段，经常从事射箭运动，不仅能增强臂、腰、腿部的力量，而且可发达胸、背肌肉，提高注意力，增强体质。同时射箭还可以促进运动器官的发展，加强新陈代谢，使骨骼的血液供应得到改善，骨骼变得更加粗壮坚固，同时提高了骨骼的抗阻和支撑的能力，使骨骼结构和性能得到增强。

当然，作为一项竞技项目，射箭还可以考验人们的意志力，培养人顽强、果断、勇于克服困难的意志品质。

漂流的安全事项有哪些

漂流最初只是为了满足人们的生活和生存需要，它成为一项真正的户外运动，是在二战之后才开始发展起来的。一些喜欢户外活动的人尝试着把退役的充气橡皮艇作为漂流工具，逐渐演变成今天的水上漂流运动。

由于漂流一般都是在乘客不明情况的水流段，因此，了解漂流的安全事项是十分必要的：

1. 出发时，最好携带一套干净的衣服，以备下船时更换，同时最好携带一双塑料拖鞋，以备在船上穿。

2. 用作漂流的工具不同，要注意的事项也不一样，因此上船第一件事是仔细阅读漂流须知，听从工作人员的安排，穿好救生衣，找到安全绳。

3. 漂流时不可携带现金和贵重物品上船，若有翻船或其他意外事情发生，漂流公司和保险公司不会赔偿游客所遗失的现金和物品。

4. 漂流时不要做危险动作。一般来说，只要不随便下船、不互相打闹、不主动去抓水中的漂浮物和岸边的草木石头，漂流筏不会翻。一旦"翻船"也不必慌乱，因为救生衣能够帮助乘客脱险。

真人反恐运动的由来

随着电脑游戏"反恐精英"在中国的流行，真人反恐游戏也逐渐成为人们新的娱乐休闲节目。事实上，此种野战游戏最早出现在20世纪50年代，是源自美国中西部牛仔的一种户外活动。早期从事畜牧业的牛仔们，运用压缩二氧化碳气体为动力的色弹枪，发射于不同牲畜的身上作为记号。后来，牛仔们在闲暇的时候用色弹枪做玩耍射击，胜者被称为"生存者"，"生存游戏"因此产生。

目前最流行的当属激光野战项目。它是采用激光对抗设备的一种最新的时尚军事体育运动，通过战斗角色的扮演和团队协作，参与者可以在体验快乐的同时达到健康休闲、团队建设的目的。其主要玩法有：丛林求生、阵地争夺、保护重要人物等等。

时至今日，野战游戏已不仅是军事

发烧友们的专利,在许多国家,野战游戏甚至已成为企业生存的重要课程之一。

野外如何净化饮用水

旅途中如何确保饮水安全是每一个旅行者都要认真考虑的问题。不洁净的水中经常会带有一些致病的物质,如各种病菌,以及腐烂的植物茎叶、昆虫、飞禽、动物的尸体、粪便,有的还可能会带有重金属盐或有毒矿物质等。所以旅行者在找到水源后,最好不要急于狂饮,而应对水源进行必要的净化消毒处理。

1. 将净水药片放入存水容器中,搅拌摇晃,静置几分钟,即可饮用。一般情况下,一片净水药片可对1升的水进行消毒。

2. 如果没有净水药片,医用碘酒、漂白剂、食醋等也可代替净水药片对水进行消毒,只是静置的时间稍长,为20~30分钟。

3. 在海拔2500米以下且有火种的情况下,把水煮沸5分钟,也是对水进行消毒的很好的方法,且简便实用。

4. 如果水中有重金属盐或有毒矿物质,应用浓茶与水同煮,最后出现的沉淀物不要喝。

户外如何防蚊虫叮咬

野外活动,防治蚊叮、虫咬、蜂蜇是很重要的。

1. 为避免蚊子叮咬,可在皮肤上涂上驱蚊剂,也可以用戴防蚊帽的方法避免蚊子叮咬脸部。被蚊子叮咬后,尽量不要用手抓患处,在患处涂上清凉油或风油精,每天涂抹3~5次即可。

2. 若被黄蜂蜇了,可用醋涂抹患处,或找些鲜马齿苋捣汁涂抹。如果被蜜蜂蜇了,应先剔除毒刺。因蜜蜂的毒针有倒刺,最好用小镊子夹住毒刺的根部往外拔。除掉毒刺后,在患处涂抹氨水或肥皂水,疗效较好。

3. 被毛虫蜇伤,皮肤上经常粘有毒毛,清除时可用氧化锌胶布或透明胶带贴在患处拔除毒毛效果很好。

4. 如果被蜈蚣咬伤,在伤口处涂抹肥皂水、氨水或旱烟油。若带有蛇药,用蛇药涂抹患处也很有效。

5. 防止山蚂蟥叮咬可穿一用布缝制的长袜,将裤脚塞入袜内,并扎紧袜口,蚂蟥就钻不进去了。用灭害灵、风油精喷洒在裤管和鞋、袜上,对山蚂蟥也有驱避作用。

生活

如何紧急止血

当发生意外流血情况,尤其是遇到大量出血,很容易让人不知所措。因此,平时就掌握紧急止血的方法,就显得非常实用和必要。

1. 包扎止血

此方法适用于无明显动脉性出血。小创口出血,有条件时先用生理盐水冲洗局部,再用消毒纱布覆盖创口,绷带或三角巾包扎。无条件时可用冷开水冲洗,再用干净毛巾或其他软质布料覆盖包扎。

如果创口较大而出血较多时，要加压包扎止血。

2. 指压法止血

用于处理较急剧的动脉出血。手头一时无包扎材料和止血带时，可用此方。具体做法是：手指压在出血动脉的近心端的邻近骨头上，阻断血运来源。方法简便，能迅速、有效地达到止血目的，但也有一个缺点，就是止血不易持久。

3. 止血带法止血

如果是较大的肢体动脉出血，而且从运送伤员方便考虑，应当使用止血带。没有止血带时，用橡皮带、宽布条、三角巾、毛巾等替代均可。

根据出血部位的不同，止血带上的位置也有所不同：

1. 上肢出血：止血带应结扎在上臂的上1/3处，禁止扎在中段，避免损伤桡神经。

2. 下肢出血：止血带扎在大腿的中部。

上止血带前，先要将伤肢抬高，尽量使静脉血回流，并用敷料垫好局部，然后再扎止血带。

鼻出血的紧急处理

鼻部外伤、鼻炎、鼻腔疾病、高血压或月经代偿性出血等都可能导致鼻子出血不止，处理不善，轻则流血较多，严重者可能出现失血性休克。

处理方法如下：

1. 发生鼻子出血时，应伸长下巴，面稍微上仰，但额头不宜仰得过高，以免血液流向喉部或口中，引起胸闷或恶心。

2. 用拇指和食指捏紧鼻腔5~10分钟，安静地伸长下巴用口呼吸。同时可用冷水在鼻以上的额头部位进行冷敷。

3. 止血后不要在短时间内用力捏擦鼻腔、打喷嚏或做剧烈活动，以免再度流血。

4. 如果以上方法仍未能止血，或是经常鼻出血，应及时到医院进行全面的检查和诊治。

5. 因碰撞引起的鼻腔、鼻骨严重受损，也应尽早接受医生的整复和医治。

触电应如何急救

遇到有人触电昏迷，首先要帮助触电者脱离电源。若在室内，则应立即切断电源；若在室外，电源无法切断，则应用木棍将电线挑开，或用干的衣服将触电者拉开。

当触电者脱离电源后，应根据其不同情况分别采取不同的紧急救护措施：

1. 若触电者尚未失去知觉，还有呼吸和脉搏（心还在跳），则应立即设法把触电者送往附近医院救治。

2. 若触电者已失去知觉，但呼吸、心跳都没有停止，应在通知医院抢救的同时，将触电者放在平坦、空气流通的地方，然后让他嗅阿摩尼亚（可用尿液代替）；同时可向触电者的身上洒些冷水，再摩擦他的全身，使其发热。一旦发现触电者呼吸困难，逐渐变弱，或者断断续续有痉挛现象出现，则应立即为他进行人工呼吸。

3. 若触电者呼吸停止，心脏也停止跳动，急救人员要马上为他做人工呼吸；

否则，触电者会很快死亡。

骨折时的处置方法

发生骨折的处置方法是：

1. 不要急于搬动病人。

2. 开放性骨折或发生出血时，应马上进行止血、消毒和包扎，避免病菌侵入骨髓引起骨髓炎。

3. 用夹板或树枝、木棍等物妥善固定骨折部位，厚纸板、杂志等也可以利用。

4. 固定物不要接触伤处，应该用棉花或布料等柔软物品垫在中间。

5. 颈、脊柱或腰部骨折，要让伤者躺在木板上，再在其颈部或其他受伤部位用软布或毛巾绑扎安定好伤部。

以上几项工作完成后，即可小心安全地将病人送往医院。

有些人在受到撞击或跌落以后，由于能够行走而认为没有骨折，实际上已经出现骨裂或其他各种不同程度的症状。这种情况下应尽快到医院接受X光线检查并接受治疗。

溺水的急救措施

遇到有人溺水时，只要掌握正确的救治方法，一般情况下溺水者都能顺利脱险。具体救治方法如下：

1. 将伤员抬出水面后，立即清除其口、鼻腔内的水、泥及污物，用纱布或手帕裹着手指将伤员舌头拉出口外，解开衣扣、领口，以保持呼吸道通畅，然后抱起伤员的腰腹部，使其背朝上、头下垂进行倒水。

2. 呼吸停止者应立即进行人工呼吸，一般以口对口吹气为最佳。急救者位于伤员一侧，托起伤员下颌，捏住伤员鼻孔，深吸一口气后，往伤员嘴里缓缓吹气，待其胸廓稍有抬起时，放松其鼻孔，并用一手压其胸部以助呼气。反复进行，直至恢复呼吸为止。

3. 心跳停止者应先对其进行胸外心脏按压。具体方法是让伤员仰卧，背部垫一块硬板，头低稍后仰，急救者右手掌平放在其胸骨下段，左手放在右手背上，借急救者身体重量缓缓用力，不能用力太猛，以防骨折。将胸骨压下4厘米左右，然后在手不离开胸骨的情况下慢慢松开手腕，使胸骨复原。反复进行，直到心跳恢复为止。

对酒醉者如何处理

酒精对中枢神经系统的影响是先兴奋后抑制。过量饮酒引起呼吸中枢的抑制甚至麻痹，而且对肝脏也有毒性。一旦酒醉，首先会出现兴奋现象：红光满面，爱说话，语无伦次，行走不稳以致摔倒，继而呕吐、昏睡、颜面苍白、血压下降，最后陷入昏迷，极严重的可造成死亡。因此绝不可忽视醉酒。对酒醉者采取的急救措施为：

1. 浸冷水。当酒醉者不省人事时，可取两条毛巾，浸上冷水，一条敷在后脑上，一条敷在胸膈上，并不断地往口中灌入清水，可使酒醉者渐渐苏醒。

2. 敷花露水。在热毛巾上滴数滴花露水，敷在酒醉者的脸上，此法对醒酒和控制呕吐有奇效。

3. 多喝茶。沏上些较浓的绿茶，凉温后让醉酒者多喝一些。茶叶中所含的单宁酸能分解酒精，减轻酒精中毒的程度。

另外需要注意的是，轻度酒醉的人，经过急救，睡几个小时后，就会恢复常态，不需要太担心。如果已陷入昏迷状态，就应立即请医生处理。

中暑的紧急处理

发现有人中暑倒下时，要根据病人不同的症状给予不同的治疗。

1. 如果是因为在强烈的阳光下或闷热的环境中停留时间过长，表现为面色潮红、皮肤发热的病人，则应迅速将病人抬到阴凉通风的环境下躺下，头稍垫高，脱去病人的衣裤，用电扇扇风。同时用冷水擦身或喷淋，以加快病人体内热量的散发。

为避免皮肤冷却过快引起皮下血管收缩，救助者还应不时按摩病人的四肢及躯干，直至皮肤发红，以促使循环血液将体内热量带到体表散出。若病人昏迷不醒，则可用针刺或用手指甲掐病人的人中穴（位于鼻唇之间中上1/3交界处），促使病人苏醒。

2. 如果是在潮湿闷热的环境中大量活动，致使过度疲劳，表现为面色苍白、皮肤湿冷、心慌、呼吸困难的病人，应尽快将病人抬到凉爽通风的地方躺下，松解衣领、腰带，保持呼吸通畅。用冷毛巾湿敷前额及颈部即可，不要给予其他任何降温处理，以免使症状恶化。对于昏迷不醒的病人，经解救清醒后，必须在凉爽通风处安静地休息，并饮用大量盐水以补充体液。

安眠药中毒如何救助

安眠药属镇静催眠药，通常含有速可眠、氯丙嗪、安定、奋乃静等物质。倘若一次性超剂量服用，则会引起急性中毒。如果发现有人因服用过量安眠药而中毒，此时应保持镇定，迅速采取以下急救处理：

1. 将患者平卧，尽量少搬动其头部。

2. 在患者比较清醒的情况下让患者尽量多喝水。

3. 用汤匙压舌根刺激患者咽喉，帮助患者催吐。同时，应速将中毒者送往医院救治。

腹痛的紧急处置方法

腹痛起病急骤，需要及时送往医院进行救治，否则就有可能危及生命。急性腹痛常常具有以下一些症状：

1. 腹部剧痛，病人流冷汗甚至倒地乱滚，或是抱膝屈蹲难以站立。

2. 意识逐渐模糊，脸色苍白，脉搏变慢，身体发冷。

3. 腹部发硬，甚至变成一块硬板似的坚硬状态。

4. 呕吐。

常用处置方法：

1. 一般的腹痛，可让患者松解衣服，躺在床上休息。

2. 如果一般的急救处置难以见效，必须尽快送医院救治，途中要注意保暖，不要进食和喝水。

3. 如果患者体温升高或是脉搏、呼吸不正常时，要立即送医院治疗。

暴饮暴食、食物中毒、饭后马上运动等均容易引起腹痛，须加以注意。

刀伤如何处理

如果是轻微的小伤口，则可以用清水或生理盐水以伤口为中心稍微冲洗，然后再用干净纱布进行包扎，注意不要使用棉花。

如果是普通的刀伤，则应将双手洗净，以开水清洁伤口，并涂上消毒药水如双氧水。太刺激的消毒或消炎药会伤害伤口的组织，所以要小心使用。最后用消毒纱布盖住伤口，包扎固定。

如果是严重的刀伤，则要先用纱布、手帕或毛巾按住伤口，再用力把伤口包扎起来，这样能暂时使出血速度减缓。如果是严重刀伤血流不止，则应用布条、三角巾或绳子绑在止血点上，扎紧，每15分钟略松开一次，以避免组织坏死。严重刀伤患者最好在40分钟以内送往医院进行急救。

烧伤急救

烧伤分火灾烧伤和化学烧伤，处理办法有所不同。

1. 对火灾烧伤

①烧伤后不要惊慌，尽力保持镇静，立即脱掉着火的衣服或扑灭身上的火源。

②切忌带火奔跑、呼喊，以免呼吸道烧伤或火借风势越烧越旺。

③用湿毛巾等捂住口、鼻，同时身体应放低姿势撤离火场。

④脱离火场后，立即用凉水冲洗或将烧伤处放入凉水中10~20分钟，减轻烧伤程度。

⑤若烧伤口出现了水泡，可在低位刺破，然后再包扎伤口。切忌把皮剪掉，造成感染。

2. 对化学烧伤

①若被生石灰烧伤，忌将受伤部位用水浸泡，应迅速清除石灰后，用大量流动的洁净冷水冲洗10分钟以上，尤其眼内烧伤，更应彻底冲洗。

②凡眼部烧伤，严禁用手或手帕等揉擦，首先应立即用大量流动清水彻底冲洗。

③伤员如口渴，应给予含盐饮料。

④对严重烧伤者应迅速向急救中心呼救，送往医院治疗。

吸气性创伤的急救

吸气性创伤多是胸壁为利器刺穿，或折断的肋骨凸出胸壁外而造成。

1. 让伤者躺下，然后扶起伤者的上身，使其身体倾向受伤一侧。

2. 替伤者止血，先在伤者吸气时，用手按住伤口，继而在伤口处用纱布、毛巾等物堵住伤口。

3. 如发现空气从伤口进出肺部，可先用手迅速将伤口盖住，接着换用纱布、毛巾等敷料；并用胶布贴牢。切勿让伤口再透气，以免伤者肺部缩陷。

4. 将受伤一侧的手臂斜放于伤者的胸部，系三角巾，加以固定。立即将伤者送往医院。

家人噎食的紧急处理方法

噎食是老年人猝死的常见原因之一。发生噎食时常有如下表现：

进食时突然不能说话，并出现窒息的痛苦表情；噎食者通常用手按住颈部或胸前，并用手指口腔；如为部分气道阻塞，可出现剧烈咳嗽，咳嗽间歇有哮鸣音。

有一种简易治噎食的方法，其具体操作方法是：

意识尚清醒的病人可采用立位或坐位，抢救者站在病人背后，双臂环抱病人，一手握拳，使拇指掌关节突出点顶住病人腹部正中线脐上部位，另一只手的手掌压在拳头上，连续快速向内、向上推压冲击6~10次（注意不要伤其肋骨）。

昏迷倒地的病人采用仰卧位，抢救者骑跨在病人髋部，按上法推压冲击脐上部位。这样冲击上腹部，等于突然增大了腹内压力，可以抬高膈肌，使气道瞬间压力迅速加大，腹内空气被迫排出，使阻塞气管的食物（或其他异物）上移并被驱出。如果无效，隔几秒钟后，可再做几次，造成人为的咳嗽，这样就能将食物团块冲出了。

煤气中毒的家庭急救

煤气中毒，实际上是急性一氧化碳中毒。当一氧化碳吸入人体后，与血液内的血红蛋白结合成碳氧血红蛋白，且不易解离，导致人体缺氧而发生中毒。轻度中毒病人意识尚清楚，表现为头晕、头痛、恶心、呕吐、心悸等症状；中度中毒者并发有神志不清、皮肤黏膜呈樱桃红色改变；重者出现昏迷、休克，危及生命。由于煤气中毒的程度与病人在中毒环境中所处时间长短及空气中毒气浓度的高低有密切关系，所以，当发现家庭发生煤气中毒时，应当争分夺秒地进行抢救。家庭急救要做到紧张有序，按照以下4个步骤进行：

1. 打开门窗将病人从房中搬出，搬到空气新鲜、流通而温暖的地方，同时关闭煤气灶开关，将煤炉抬到室外。

2. 检查病人的呼吸道是否畅通，发现鼻、口中有呕吐物、分泌物应立即清除，使病人自主呼吸。对呼吸浅表者或呼吸停止者，要立即进行口对口呼吸。

方法是：让病人仰卧，解开衣领和紧身衣服，抢救者一手紧捏病人的鼻孔，另一手托起病人下颌，使其头部充分后仰，并用这只手翻开病人嘴唇，抢救者吸足一口气，对准病人嘴部大口吹气。吹气停止后，立即放松捏鼻的手，让气体从病人的肺部排出。如此反复进行，频率为成人每分钟14~16次，儿童18~24次，幼儿30次。直到病人出现自主呼吸或明显的死亡征象为止。

3. 给病人盖上大衣或毛毯、棉被，防止受寒发生感冒、肺炎。可用手掌按摩病人躯体，在脚和下肢放置热水袋，促进吸入毒物的消除。

4. 对昏迷不醒者，可以手指尖用力掐人中（鼻唇之间中上1/3交界处）、十宣（两手十指尖端，距指甲约0.1寸处）等穴位；意识清醒的病人，可饮浓茶水或热咖啡。

一般轻症中毒病人，经过上述处理，都能逐渐使症状消失。

人工呼吸法

人工呼吸方法常被用来抢救各种呼吸骤停的病人。要点如下：

1. 使病人仰卧，突出下巴，确保气道流畅。

2. 用手捏紧病人的鼻孔，急救者深吸一口气，然后对着病人的口吹气，直到上胸部鼓起为止。

3. 放开病人口鼻，借病人胸廓和腹壁的弹性回位作用，气体自然从肺部呼出。

4. 如此反复进行，在 1 分钟内，可以做 12~16 次的人工呼吸。

遇到病人同时心脏停止跳动时，可以一起并用胸外心脏按压法。每吹气 2 次，按压心脏 15 次。

▎胸外心脏按压法

当有人突发心搏骤停时，必须立即采用胸外心脏按压法进行现场抢救，方法如下：

1. 让病人仰躺在平坦而坚硬的床板或地面上，将下巴突出以确保气道的顺畅。急救者屈膝跪坐在患者的一边，找到准确的按压部位。

2. 然后再将另一手掌重叠在手背上，伸直手臂，下压使病人胸骨下陷 3~4 厘米为宜，然后放松。

3. 如此反复进行，以每分钟按压 60~80 次为宜。

4. 如果病人同时停止呼吸，则在进行胸外心脏按压的同时，还要进行口对口的人工呼吸。

▎休克、昏迷的急救

1. 让休克者处于平卧位置，脑后不能垫枕头或其他物品，腿部垫高至 30 度。若属于心源性休克，同时伴有心力衰竭、气急，不能平卧时可采用半卧。

2. 注意保暖和安静，尽量不要搬动病人，如必须搬动时动作一定要轻缓。

3. 吸氧并保持呼吸道畅通，用鼻导管或面罩给氧。危重病人根据情况给予鼻导管或气管内插管给氧。

4. 立即通知医生前来或送往医院进行救治。

▎搬运伤员的方法

在搬运前要做好充分准备，包括相应器材和搬运人员。担架是理想的搬运工具，也可用门板、竹竿、绳子、毛毯、毛巾被等制成应急担架。

骨折病人，尤其是脊柱骨折病人必须用担架搬运。抬担架时，要让病人头朝后，以便能够随时观察病人的表情。如果是冬天，还要注意病人的保暖。

搬运脊柱损伤的病人，不能使用布类或竹绳制成的软担架。

如果病人颈椎损伤时，要在其头部两侧垫上衣物，不让头左右摇晃。

在没有担架的情况下，如果病人不是脊柱骨折，也可以视情况采取单人徒手（或用床单、毛毯）搬运或双人或多人徒手搬运的方法。

▎沉着应对突发心肌梗死

急性心肌梗死是由于冠状动脉粥样硬化、血栓形成或冠状动脉持续痉挛，导致冠状动脉或分支闭塞，导致心肌因持久缺血缺氧而发生坏死。

此病多见于老年人，是一种突发而危险的急病，但在发病前多会出现各种先兆症状。如自觉心前区闷胀不适、钝痛，钝痛有时向手臂或颈部放射，伴有恶心、呕吐、气促及出冷汗等。此时要立刻停止体力活动，平息激动的情绪以减轻心肌耗氧量，同时口服硝酸甘油片或亚硝酸异戊酯等速效扩血管药物，部分病人可避免心肌梗死的发生。

当急性心肌梗死发生时，患者自觉胸骨下或心前区剧烈而持久的疼痛，有些患者无剧烈胸痛感觉，或由于心肌下壁缺血表现为突发性上腹部剧烈疼痛，但其他症状会表现更加严重，休息和服用速效扩血管药物不能缓解疼痛。若身边无救助者，患者本人应立即呼救，拨通120急救电话或附近医院电话。在救援到来之前，可深呼吸然后用力咳嗽，其所产生胸压和震动，与心肺复苏中的胸外心脏按压效果相同，此时用力咳嗽可为后续治疗赢得时间，是有效的自救方法。

医学统计资料表明，心肌梗死发生的最初几小时是最危险的时期，大约有2/3的患者在未就医之前死亡。而此时慌乱搬动病人、背负或搀扶病人勉强行走去医院，都会加重心脏负担使心肌梗死的范围扩大，甚至导致病人死亡。

因此，急救时患者保持镇定的情绪十分重要，家人或救助者更不要惊慌，应就地抢救，让病人慢慢躺下休息，尽量减少其不必要的体位变动，并立即给予10毫克安定口服，同时呼叫救护车或医生前来抢救。

在等待期间，如病人出现面色苍白、手足湿冷、心跳加快等情况，多表示已发生休克，此时可使病人平卧，足部稍垫高，去掉枕头以改善大脑缺血状况。如病人已昏迷、心脏突然停止跳动，家人不可将其抱起晃动呼叫，而应立即采用拳击心前区使之复跳的急救措施。

若无效，则立即进行胸外心脏按压和口对口人工呼吸，直至医生到来。

两招搞定落枕

早晨起床后发现脖子僵硬疼痛，不能转动，这多半是由于睡觉姿势不对造成的。太软的枕头和床垫会造成颈背部肌肉持续紧张，刺激神经而产生疼痛，治疗的关键在于肌肉的彻底放松。

急救方案：

1. 淋浴5分钟，要使热水直接落在颈部和背部，可以促进血液循环，缓解肌肉紧张，减轻疼痛。

2. 将下巴顶在前胸，坚持一会儿，然后头向后仰，眼向上看，再坚持一会儿，头再向前伸。最后向两边轻轻转动脖子数次，这套动作对轻微的落枕很有效。

用冷毛巾救"晕堂"

洗澡是一件十分舒服的事，它可以消除疲劳，增进健康。但是，有的人在洗澡时常会出现心慌、头晕、四肢乏力等现象，严重时会跌倒在澡堂，发生外伤。这种现象叫"晕堂"。"晕堂"者多有贫血症状，是洗澡时水蒸气使皮肤的毛细血管开放，血液集中到皮肤，影响全身血液循环引起的；也可能因洗澡前数小时未进餐、血糖过低引起。

急救措施：

1. 出现这种情况不必惊慌，只要立即离开浴室躺下，并喝一杯热水，慢慢就会恢复正常。

2. 如果较严重，取平卧位，最好用身边可取到的书、衣服等把腿垫高。待稍微好一点后，应把窗户打开通风，用冷毛巾擦身体，从颜面擦到脚趾，然后穿上衣服，头向窗口，就能恢复。

异物卡在咽部不要乱捅乱拨

异物卡在咽部时，应立即停止进食，并尽量减少吞咽动作，用手指或筷子刺激咽后壁诱发呕吐动作，以帮助排除咽部异物。若此法无效，救助者可令患者张大口腔，以手电筒或台灯照亮口腔内部，用筷子或勺柄将舌面稍用力向下压，同时让患者发"啊"声，即可清晰看到咽部的全部情况，若发现异物，可用长镊子或筷子夹住异物，轻轻地拨出即可。对于位置较深、探查拨出困难的异物，不要乱捅乱拨，避免发生新的创伤，应立即去医院，交由医生处置。

扎了刺别急着拔

日常生活中，扎刺儿的事情很常见，此时，不要急于拔出，稍不留神，容易将露在外面的一截刺弄断，反而会使它越陷越深。其实，只要掌握较合适的方法，就能顺利地除掉刺。竹、木类刺，如方便筷子、牙签等，扎入肉中，可用微火烧缝衣针，待冷却后，轻轻地挑开刺周围小面积的表皮组织，再用镊子夹住刺头迅速拔出，最后点上风油精即可消炎止痛。当竹、木类刺进肉里较深时，可先在有刺处滴几滴芝麻油，过一段时间，刺会突出，再用镊子去除。

如果鱼刺扎进肉中，可用棉花蘸上陈醋敷。在有刺的部位，用伤湿膏包贴几分钟，鱼刺就容易软化，轻拔就可以将刺除掉。

如果仙人掌刺扎进肉中，可用胶布贴敷，用电吹风吹一会儿，然后快速揭去胶布，刺可去除。

如果刺扎进指甲缝，将甘草用水浸泡变软，然后贴敷在被刺部，刺自然冒起，再用镊子夹出。

小虫钻进耳朵不要慌

春天，气候逐渐转暖，万物复苏，小飞虫也多了起来，耳鼻喉门诊接诊了许多因飞虫入耳的病人。医生提醒：小飞虫飞进耳朵后乱掏最有可能损害听力。

人的外耳道是一条一端开口的管道，长约3厘米。许多小虫尤其是小飞蛾、蚊子容易飞进耳朵里，小虫在耳道内爬行、骚动、挣扎，由于耳道里的肉皮比较娇嫩，神经丰富，觉得耳朵又痒又痛。这些虫子在耳道内爬行或飞动捣乱时，往往会给人们带来难以忍受的轰隆耳鸣声和疼痛。当飞虫触及耳道深处的鼓膜时，还会引起头晕、恶心、呕吐等症状。如果你不断地触动耳道或耳郭，只会使耳道内的虫子乱飞乱爬，更增加痛苦。严重的会引起鼓膜外伤，损坏听小骨，影响听力。

如果小飞虫飞进耳朵里，不妨利用某些小虫向光性的生物特点，可以在暗处用手电筒的光照射外耳道口，小虫见到亮光后会自己爬出来，也可向耳朵眼里吹一口香烟，把小虫呛出来。

如果上述方法不奏效，可侧卧使患耳向上，而向后耳内滴入数滴食用油，将虫子粘住或杀死、闷死。当耳内的虫子停止挣扎时，再用温水冲洗耳道将虫子冲出。我国古代医学书中早有"百虫入耳，好酒灌之"以及麻油滴入耳窍中螕虫的记载。用酒、油的目的是使小虫迅速淹死或杀死，即使不死也使其动弹不得，可以减少些痛苦，然后从容地去医院耳鼻喉科，让医生帮忙。

▎扭伤后怎样应对

关节没有充分准备时，过猛的扭转，超过其正常的活动范围，撕裂附着在关节外面的关节囊、韧带及肌腱，就是扭伤，俗话称为"筋伤"。扭伤的常见症状有疼痛、肿胀、关节活动不利等，痛是必然出现的症状，肿及皮肤青紫、关节不能转动，都是扭伤的常见表现。

扭伤后不要慌，应该沉着应对。

1. 在运动中扭伤手指：最常见于打篮球争球时，末节手指触球的瞬间，有触电样的疼痛而突然停止活动。伤后应立即停止运动，首先是冷敷，最好用冰块。没有条件时，可用冰水代替。将手指泡在冰水中冷敷15分钟左右，然后用冷湿布包敷。再用胶布把手指固定在伸直位置。检查手指的活动度，如果手指的伸直弯曲都受限或者末节手指呈下垂样，可能是发生了撕脱性骨折，一定要去医院诊治。

2. 踝关节扭伤：急救时可以用毛巾包裹冰块外敷局部，48小时后可以用热毛巾外敷（皮肤破损不严重）。首先是要制动休息，用枕头把小腿垫高，促进静脉回流，使淤血消散。另外可用茶水、黄酒、蛋清等调敷云南白药、七厘散等，2~3次/日敷伤处，外加包扎，促进淤血消散，有较好的效果。

3. 腰部扭伤：见于突然的转身或二人抬物时的用力不均，其治疗要点也是要静养。应在局部作冷敷，尽量采取舒服体位，或者侧卧，或者仰平卧屈曲，膝下垫上毛毯之类的物品。止痛后，最好是卧硬板床送医院或找医生来家治疗。

以上扭伤在家都可以口服药物活血止痛，如云南白药胶囊2片，一日三次；或三七片2片，一日三次，并加服止痛药如散利痛1片，一日二次。

▎小腿抽筋时怎么办

小腿抽筋时，用力伸直，用手扳大脚趾，并按摩抽筋部位，或者把脚跟使劲往前蹬，脚尖尽量往回勾，这样即可治疗腿抽筋。除了这种方法外，还可以尝试以下几种方法：

1. 赤脚立地数秒，或用拇指按揉承山穴，抽筋即可消除。

2. 每晚睡觉时，脚下垫一枕头，腿就不易抽筋。

3. 腿抽筋时，可立即用拇指和食指捏住上唇中央的人中穴20~30秒钟，可使肌肉松弛，抽筋消除。

4. 常喝骨头汤预防效果好。

5. 用清凉油，用力摩擦抽筋部位，5分钟后可见效。

▎家中停电怎么办

即使现代城市生活，停电有时也是无可避免的。

如果在家中时遇到停电，许多正常的生活方式都无法进行，此时应该怎么办呢？

1. 经常关注报纸、电台、电视台等媒体，及时获得有关停电信息。

2. 要养成床边放一个小手电筒、客

厅或厨房放一盏应急灯的好习惯，以备不时之需，并且要经常检查手电筒和应急灯的电池是否充足，可多准备一些电池。

3. 如果准备好了蜡烛，应注意远离窗帘等易燃物品，蜡烛最好放在烛台上，以免被碰翻。

4. 遇到大范围停电，如果正在家中，就应尽量避免上街，此时，家里是最安全的。

5. 如果突然发生停电，应拨打电力部门的电话95598了解情况。电话使用的是独立电源，通常不受停电影响。

6. 假如你正在家中，一定要尽可能关闭停电时处于开启状态的家用电器，但冰箱除外。同时至少要开着一盏电灯，这样就可以知道何时恢复供电。

7. 不要关掉冰箱的电源，停电时，食物仍可保存至少12小时不变质，冰箱越满，食物保存得越久，满载的冰箱如果不打开，食物能保存48小时。

8. 停电后要预防火灾、燃气泄漏，注意室内通风。

9. 为确保安全，最好拔掉电源插销，并把电线收好，以免在黑暗中把人绊倒。

食物中毒怎么办

食物中毒多数是由细菌感染引起，少数由含有毒物质有机磷、砷剂、升汞的食物，以及食物本身的自然毒素（如毒蕈、毒鱼）等引起。发病一般在就餐后数小时，表现为呕吐、腹泻次数频繁。如食物中毒发生在家中，我们应视呕吐、腹泻、腹痛的程度适当处理。

主要的急救方法有：

1. 补充液体，尤其是开水。
2. 补充因上吐下泻所流失的电解质，如钾、钠及葡萄糖。
3. 避免制酸剂。
4. 慎服止泻药，等到体内毒素排出之后再向医生咨询。
5. 无须催吐。
6. 饮食要清淡，先食用易消化的食物，避免对胃刺激的食物。

需强调的是，呕吐与腹泻是肌体防御功能起作用的一种表现，它可排除一定数量的致病菌释放的肠毒素，故不应立即服用止泻药。

呕吐、腹泻会造成体液大量流失，引起多种并发症状，直接威胁病人的生命。这时，应大量饮用清水，排除致病菌及其产生的肠毒素，减轻中毒症状。

如无缓解迹象，甚至出现失水明显，四肢寒冷，腹痛、腹泻加重，极度衰竭，面色苍白，大汗，意识模糊，说胡话或抽搐，以致休克，应立即送医院救治，否则会有生命危险。

哪些物质具有解毒作用

由于农药的大量使用，人体内往往聚集一些有毒物质，一旦这些有毒物质达到一定的数量，就会造成对人体的损害，所以我们应该在日常饮食中注意食用一些解毒食物，从而保证身体的健康。

1. 绿豆：对重金属、农药中毒以及其他各种食物中毒均有防治作用，能加速有毒物质在体内的代谢转化，并向外排泄。绿豆汤是最好的解毒水剂。

2. 猪血：猪血有利肠通便、清除肠垢的功效。猪血中的血浆蛋白被人体内的胃酸分解后，能产生一种解毒、清肠的分解物，这种物质能与侵入人体内的粉尘、有害金属微料发生生化反应，然后从消化道排出体外。

3. 海带：海带中的褐藻酸能减慢放射性元素锶被肠道吸收，并能排出体外，因而海带有预防白血病（血癌）的作用，对进入体内的镉也有排泄作用。

4. 茶叶：早在《神农本草经》中就记载过茶叶解毒的作用。而现代医学认为，茶叶具有加快体内有毒物质排泄的作用，这与其所含茶多酚、多糖和维生素C的综合作用是分不开的。

5. 胡萝卜：胡萝卜也是有效的解毒食物。胡萝卜含有大量的果胶，这种物质与汞结合，能有效地降低血液中汞离子的浓度，加速体内汞离子的排除，故有驱汞作用。

异物入眼怎么办

1. 当异物刺入眼球时，应马上安静平卧，不要随便擦拭或清洗受伤的眼睛，更不可挤压眼睛，以防更多的眼内容物被挤出。

2. 用清洁手帕或毛巾进行包扎，松紧适度，一定要双眼一起包扎，因为只有这样才可减少因好的一侧眼睛眼球活动而带动受伤眼的转动，避免伤眼因震动、摩擦、挤压而使伤口加重。包扎时忌滴不洁净的眼药水，以免感染。

3. 不要涂眼药膏，以免给医生检查和手术时带来困难。

烫伤时怎么办

烫伤是生活中比较常见的一种意外伤害，经过多年的实践经验，人们也发现了多种治疗烫伤的方法：

1. 先用凉水把伤处冲洗干净，然后把伤处放入凉水浸泡半小时。一般来说，浸泡时间越早，水温越低，效果越好。但伤处已经起泡并破了的就不能浸泡了。

2. 用淡盐水轻轻涂于灼伤处，可以消炎。

3. 在受伤处擦上酱油或蜂蜜、生姜汁，一般也能缓解伤痛。

4. 用鸡蛋清、熟蜂蜜或香油，混合调匀涂敷在受伤处，有消炎止痛作用。

5. 用生梨片贴于烫伤处可以收敛止痛。

6. 手、足皮肤烫伤后，可立即把酒精倒在盆内或桶内，将伤处全部浸入酒精中，即可止痛消红，防止起泡。

7. 皮肤被油或开水烫伤后，可用风油精、万花油或植物油直接涂于创面，如果伤口皮肤没有破，一般5分钟即可止痛。

8. 小面积烫伤时，可立刻涂些牙膏，不仅止痛，且能抑制起水泡。

怎样预防晕车

晕车是我们在旅途中经常会碰到的问题，那么我们应当怎样预防呢？

首先在上车之前不要吃过饱，过饱容易造成胃部不适，引起恶心、呕吐。但也不能太饿，太饿造成低血糖也会使人出现头晕、出汗等现象。乘车时尽可能选择前排的座位减少颠簸。尽量不去看窗外那些晃动飞逝的景物，以免眼花缭乱，引起眩晕不适。也可预先服用一些治疗晕车的药物，如"晕车宁"等。

还有几种方法可帮助你：

1. 在乘车前将"伤湿止痛膏"贴在肚脐上，即使每天乘车 8~9 小时，也不会有晕车现象。

2. 上车前在左右手腕动脉处各贴一块药用胶布，可预防一些意外。

3. 在口罩上涂点清凉油，上车时戴上可防晕车。

4. 在上车前 1 个小时用新鲜的橘子（橙子皮也可），向内折成双层，对准鼻孔，用手指捏挤橘皮（橙子皮），橘皮中喷射出无数细小的橘（橙）皮的油雾，并被吸入鼻孔，在上车后继续随时挤压吸入，可有效地预防晕车。

毒蛇咬伤如何急救

被毒蛇咬后，最重要的是要采取措施防止毒液吸收和扩散。

1. 不要到处奔跑走动，这样会促使毒液快速向全身扩散。伤者应立即坐下或卧下，自行或呼唤别人来帮助，迅速用可以找到的鞋带、裤带之类的绳子绑扎伤口的近心端，例如大腿被咬伤可绑扎大腿根部。绑扎后每隔 30 分钟左右松解一次，每次 1~2 分钟，以免影响血液循环造成组织坏死。

2. 要迅速排除毒液，立即用凉开水、泉水、肥皂水或 1：5000 高锰酸钾溶液冲洗伤口及周围皮肤，以洗掉伤口外表毒液。如果伤口内有毒牙残留，应迅速用小刀或碎玻璃片等将其挑出，使用前最好用火烧一下消毒。此后如果随身带着茶杯，可对伤口进行拔火罐处理，先在茶杯内点燃一小团纸，然后迅速将杯口扣在伤口上，使杯口紧贴伤口周围的皮肤，利用杯内产生的负压吸出毒液。用嘴吮吸伤口排毒时，吮吸者的口腔、嘴唇必须无破损、无龋齿，否则有中毒的危险。吸出的毒液随即吐掉，吸后要用清水漱口。

3. 排毒完成后，伤口要湿敷以利毒液流出。必须注意，蛇毒是剧毒物，只需极小量即可致人死命，所以绝不能因惧怕疼痛而拒绝对伤口切开排毒的处理。

游泳抽筋怎么办

游泳时发生抽筋，最重要的是保持镇静，动作千万不能乱，在呼人救援的同时，自己可以设法恢复。

1. 手指抽筋时，可手握拳头，再用力张开，这样快速交替做几次，直到恢复。一只手掌抽筋时，可用另一只手掌用力猛压抽筋的手掌，同时做震颤动作。上臂抽筋时，紧握拳头，并尽量屈肘，再用力伸直，反复做几次。

2. 脚趾或小腿抽筋时，先吸一口气，仰浮水上，用抽筋脚对侧的手握住抽筋的膝盖，帮助膝关节伸直，如一次不能恢复，可连做数次。

3. 大腿抽筋时，先吸一口气，仰浮水上，弯曲抽筋的大腿和膝关节，再用两手抱着小腿，用力使它贴在大腿上，并加以颤动，然后用力向前伸直。

4. 胃部抽筋时，先吸一口气，仰浮水上，快速弯曲两大腿，靠近腹部，用手轻抱膝盖，随即向前伸直，如此连做几次。

被困电梯怎么办

如果突然被困在了电梯当中，千万

不要慌张，可用电梯内的电话或对讲机求救，还可按下标盘上的警铃报警。

由于无法确认电梯所在的位置，因此不要强行扒门，这样会带来新的险情。

电梯顶部均设有安全窗，但该安全窗仅供电梯维修人员使用，扒撬电梯轿厢上的安全窗，从那里爬出电梯会更加危险。

拍门叫喊，或脱下鞋子，用鞋子拍门，发信号求救。如无人回应，要镇静等待，观察动静，保持体力，等待营救。

公众聚集场所发生火灾如何自救

逃生时有以下几点需要注意：

1. 保护呼吸系统。逃生时可用毛巾或餐巾布、口罩、衣服等将口、鼻捂严，否则会被热空气灼伤呼吸系统，以致窒息死亡的危险。

2. 从通道疏散，如疏散楼梯、室外疏散楼梯等。也可考虑利用窗户、阳台、避雷线、落水管等。

3. 利用绳索滑行脱险。用结实的绳子或将窗帘、床单、被褥等撕成条，拧成绳，用水沾湿后将其拴在牢固的暖气管道、窗框、床架上，被困人员逐个顺绳索滑到下一楼或地面。

4. 往低层可选择跳离建筑。跳前先向地面扔一些棉被、大衣等柔软的物品，然后用手扒住窗户，身体下垂，自然下滑，以缩短跳落高度。

5. 暂时避难。在无路逃生的情况下，可利用卫生间等暂时避难。避难时要用水淋湿门窗，把房间内一切可燃物淋湿，以延长时间。

还要避免以下错误行为：

① 原路脱险。
② 向光亮处逃生。
③ 盲目追随。
④ 向高处逃生。
⑤ 盲目呼喊。
⑥ 乱开门窗。
⑦ 冒险跳楼。

居民楼着火应如何逃生

当自己所居住的楼房着火时，只要我们冷静应对，就一定能为自己争取到逃生的机会。

1. 争取从楼道逃生。先用手背碰一下金属的门扶手，看它烫不烫，或打开一条门缝，看看外边是否有烟进来。若门扶手不烫手或无烟进来，说明可从楼道走出。开门时，一定要用脚抵住门的下方，以免门外的热气流把门冲开。

2. 若楼道已浓烟滚滚，则可以考虑从窗户或阳台逃生。发现楼道已充满浓烟，要迅速将门关好。如果楼层不高，或楼下有承接的物体，可考虑从窗户跳下。也可把被单等随手可拿的东西连成长绳，拴系在结实的东西上，沿绳爬下。

3. 若楼层较高，可以向外求救。求救前，用大的容器从卫生间取水，把水泼在木门上，阻止大火的蔓延。用湿布填堵门缝，以免浓烟从门缝中钻进。若房间已充满浓烟，可用湿毛巾掩住口、鼻，在地上爬行。因为浓烟由上往下扩散，越接近地面，越易呼吸，视野也开阔些。这时可到阳台或打开窗子向街上的人求救。

4. 不要使用电梯，以免突然断电被困在电梯里。

如何免遭雷电伤害

雷电无情，要想免遭雷电伤害，就必须注意：

1. 遇到雷雨天气要及时躲避，不要急于赶路。

2. 千万不要到高耸的物体，如旗杆、高树、尖塔、烟囱、电线杆下去避雨，这些地方最危险。

3. 雷电交加时，若身处空旷地带，则应立即蹲下，双脚并拢，双臂抱膝，低头部，降低身体的高度。手中的导电物体要迅速抛到远处。

4. 若进到屋内避雨，则不要靠近门窗，也不要靠近暖气片、自来水管，还应该远离有室外天线的电视机或收音机。同时还要停止打电话，要关闭手机。

怎样在野外发送求救信号

在野外遇到危险需要求助时，旅行者常常需要运用多种不同的方式发送求救信号，以使自己早些被人发现。

1. 国际通用的山中求救信号是哨声或光照，每分钟6响或闪照6次，间隔一分钟后，重复同样的信号。

2. 如果有火柴和木柴，则可以点起一堆火，烧旺后加些湿枝叶或青草，使之升起大量浓烟。

3. 穿着颜色鲜艳的衣服，帽子也应选择鲜艳的。

4. 用树枝、石块或衣服等物在空地上砌出SOS或其他求救字样，每字最少长6米。如在雪地上，则在雪上踩出这些字。

5. 用颜色最鲜艳、宽大的衣服当旗子，不断挥动。

6. 看见直升机到山上来援救而飞近时，引燃烟幕信号弹（如果有的话），或在附近生一把火，升起浓烟，让救援者知道风向，这样能帮助救援者准确地掌握停靠的位置。

如何应对洪水

洪水常常是防不胜防的。当洪水来临时，为使生命财产的损失降到最低，人们应该做到：

1. 尽快转移或联络当地政府、驻军和公安部门。

2. 将煤气阀门关紧，切断电源。

3. 将食物、清洁饮水、必备药品、御寒衣物、救生用品（手电、绳索、哨子、镜子、充气床垫、火柴或打火机、鲜艳的床单或衣物等）准备好，随时转移到屋顶或其他高处。

4. 如果洪水来得不是很凶猛，就要想方设法将水堵在门外。用沙袋装入沙子、泥或碎石将门槛外侧堵住，如果没有沙袋，也可以用地毯、毛毯塞进门的缝隙。

5. 如已被困水中，应尽快找到大树、高地等待救援。

6. 注意搜集木板、箱子等物，必要时可做救生筏。

如何在地震时自救

地震发生时，如果恰好是独自在家，首先必须关掉燃气，然后躲在桌子底下，或躲入面积较小的房间，同时用被褥、枕头、脸盆等物护住头部。等地震间隙时，可以头顶安全帽等物跑到室外开阔地带。地震时如果房屋倒塌，则应待在床下或桌下，千万不要乱跑，要等到地震停止，再跑出室外或等待救援。

　　住在楼房里时若发生了地震，不要试图跑出楼外，因为时间来不及。最安全、有效的办法是迅速躲到两个承重墙之间最小的房间，如厕所、厨房等。也可以躲在桌、床、柜等家具下面以及房间内侧的墙角，并且注意保护好头部。千万不要去阳台和窗下躲避。

　　如果不幸被倒塌的建筑物压埋，应先设法清除压在腹部以上的物体，但要注意不能随意移动身旁的支撑物，以免引起大的坍塌。同时用毛巾、衣服等物捂住口、鼻，防止烟尘窒息。然后考虑怎样才能逃离这种危险之地，实在没有办法时，应保存体力，等人来救。当你听见有人经过时，马上呼救，并和解救者一起努力，为自己解围。

十九

交际、礼仪

赠礼须知

送礼要有合适的理由

如果送礼没有合适的理由,受礼人就无法接受礼物。

突然送礼给陌生人,对方一定有戒备之心;贸然送礼给已婚异性,对方一定避之不及;没有缘由地送礼给领导,对方一定觉得蹊跷;无缘无故送礼给朋友,对方可能会以为你做了什么对不起他的事。

无故送礼或者送礼的理由太勉强,就会造成误解,引起别人的猜疑,甚至引来不必要的麻烦。这样,受礼者难以坦然接受,同时还可能造成双方关系的疏远。

不可滥送红玫瑰

红玫瑰虽然美丽可爱,却不是任何人都能送出、任何人都能接受的。

红玫瑰是爱情使者。男性向普通关系的女同事或女上司送红玫瑰,有谄媚和调情之嫌;男性向女性下属送红玫瑰,有骚扰和胁迫之嫌;男性客人向已婚女主人送红玫瑰有向男主人示威之嫌;男性第一次与女性见面送红玫瑰,对方会觉得你莽撞、粗鲁。滥送红玫瑰给人一种轻佻、低俗的印象,并且很容易引起误会,造成不愉快。

送花要数支数

送花的学问很多,选好品种不算万无一失。若不注意花的支数,是失礼的。

在花朵的世界里,不同的数字代表不同的含义。也许有的人不在乎花多花少,只要是花就高兴。但对于懂花的人来说,胡乱决定花的支数可就是不友好的表现了。本想用玫瑰表达爱情,却送出了表示分手的17支,对方一定不愿再理睬你;本想用樱花向日本友人表示友情,却送出了暗含诅咒"死"的4支,对方一定感到生气而难以理解。

送花不数支数,会让传达良好祝福和心意的花变成关系破裂的"肇事者",怎么能符合礼仪呢?需要提醒的是,花朵的品种和颜色也需要事先了解才能送出,否则也会出错。

▎送礼要重质量

送给自己的恩师一座石膏底子涂金粉的塑像,似乎是在嘲笑对方没有真才实学;送给自己的上司一对粗制滥造的网球拍,对方一定会认为你轻视他的品位;送给自己的女友一条假的银项链,对方一定会怀疑你的动机是否真诚;送给自己的好朋友一件假冒伪劣的名牌服装,无疑是在你们的友情上踩了一脚。

送礼不重质量,就无法让礼品起到传情达意的作用;送礼不重档次,就会让送礼失去意义,惹受礼人的误解和其他人的嘲笑。

▎不可送广告礼品给别人

送广告礼品给别人是对人的不尊重。

送广告礼品给别人,对方会认为你想利用他做活广告、替你免费宣传;送广告礼品给别人,对方会认为你想敷衍了事,不是真心实意地送他礼品;送广告礼品给别人,对方会认为你吝啬成性,不肯花钱买真正的礼品;送广告礼品给别人,对方会觉得你小看他,认为他只配接受不花钱的广告礼品。

送礼的目的自然是促进双方关系的进展和巩固,但如果让对方产生不愉快的印象和感受,则可见送礼人不懂得礼仪。

▎不可送过时的礼品给别人

文物是越老越值钱,朋友是时间越久越可靠,但礼物却不是越旧、越老越好。

将5年前流行而现在几乎被淘汰的时装送给别人,对方穿起来感觉像怪物,必定会认为你有心让他"好看";送一张去年的贺卡祝贺朋友新年快乐,对方一定会认为你不重视他,连贺卡都拿陈年废物敷衍他。送过时的礼品给别人,对方会觉得你讽刺他的品位和判断能力;送过时的礼品,对方会认为你故意借送礼之名处理垃圾;送过时的礼品,对方会认为你不再重视双方的关系,虚伪做作。

▎不可送太贵重的礼品或现金

送太贵重的礼品或现金不受欢迎。

向上司送名表、现金,对方会疑心你在行贿;向关系一般的异性送钻戒、现金,对方会怀疑你在勾引他,甚至怀疑你认为他品行不端;向朋友送昂贵礼品,对方会觉得受之有愧,如果对方无力回赠你价值相当的礼品,对方更会感到尴尬。

送太贵重的礼品或现金给别人,会给对方造成极大的心理压力,而且有露富、炫耀之嫌。

▎选送礼物要打包装

送礼物却不打包装,这让受礼人多少会感到遗憾和不满。

送礼物不打包装,会让人觉得送礼人太过匆忙,礼物并非精心选择,而是随便买了一个就拿过来;送礼不打包装,会让人觉得送礼人对受礼人不太重视,有敷衍对方的嫌疑;送礼不打包装,会让礼物缺少美感和正式、庄重的味道,再高档的礼物也会因为没有包装而降低品位;送礼不打包装,别人一眼就会看出礼品是什么，不具有私密性，有招摇之嫌。

礼品与包装要相匹配

送体积很小的礼物，却配上大个子的包装。你的包装越精美，越不合礼仪。

包装盒大，给人的感觉是礼物必然也大。用一个鞋盒那么大的包装盒装巴掌大小的便笺本，用能装小提琴的盒子装短笛——小礼物配大包装，给人以虚张声势、做作、欺骗之感。

不要用大包装盒来包装小礼物，否则让受礼者产生误会，同时也违背了送礼的初衷，失去了礼仪所应有的分寸。

不送华而不实的礼物

送华而不实的礼物给别人，往往会引起对方的反感和误解，对交往不利。

送外表金光闪闪其实质地是劣质金属或塑料的摆件给客户，对方会认为你虚假，与你合作不会有好结果；送包装精美而内装不新鲜、不好吃的糕点的礼盒给亲朋，对方会认为你太重视形式，实际上却没有真心实意；送体型巨大、造型和质量却都极其低劣的玩具娃娃给过生日的孩子，孩子和大人都会认为你在敷衍他们。

送华而不实的礼物，只能让受礼者对你的礼物感到为难，而不能感受到你的真心祝福。

送礼金的数目要有所讲究

婚丧嫁娶、婴儿出生、婴儿百日、婴儿周岁等等特别的日子，中国民间有送礼金、送红包的传统。如果单从心意出发，送礼金不加考虑，就犯错了。

对方是你的好朋友，按照当地习俗，礼金数若低于一定数量就是对对方的侮辱、对双方关系的否定；对方是你的师长、亲戚，礼金如果太少就会给对方以敷衍、虚伪、吝啬之感。当地送礼金讲究数目吉祥，你却破忌，在别人看来是对受礼人的诅咒。

送礼金是为了表达祝福和心意，但必须保证不打破一些约定俗成的禁忌才算不失礼仪。

送礼要表现出诚意

你身在异地，每年给家人寄一包土特产，连包装和分量都不变，家人一定会觉得你太不懂得挂念亲人；看望亲戚，给对方全家每个人一件规格相同的小礼物，没有任何区别，对方一定会想：这家伙从批发市场买东西糊弄我们。

送礼千篇一律，就无法传达出礼物所应传达出的期待和惊喜，无法充分表达出送礼人的情意；送礼千篇一律，在别人看来是虚伪和走形式的表现，而不是真情流露。

送礼要讲场合

送礼不能不讲场合，否则送礼不成反倒惹出麻烦。

从老家带来一堆土特产，如果趁朋友上班时间直接送到对方单位，则既干扰朋友的工作，又使其违反办公室工作原则。别人即使不认为你是在行贿，也会借机把你送给朋友的礼物分走一部分。把代表集体的公务礼品神神秘秘地送到客户、同行主管的家里，礼物就带上了强烈的私人色彩，从而显得暧昧。对方也难免感到莫名其妙，因此而生气也说不定。

送礼如果不讲场合，就难以使礼物发挥作用，也难以使送礼者的好意得到体现和承认。

▍不可当着几个人的面给一个人送礼

当着几个人的面给一个人送礼，如果那个人是你的师长、你已经确定关系的恋人，也许这么做会让礼物更显得贵重。但如果受礼人和其他在场的人与你的关系相当，这样做就不妥了。

当着几个普通同学的面送礼给其中之一，会引起别人的疏远和嫉妒；当着几个同事的面只送礼给其中一个，其他人会认为你们有什么特别的关系，如果对方是异性，你无疑是给自己制造绯闻。当着几个人的面给一个人送礼，会让受礼人感到尴尬，不利于你和其他人关系的进展。

▍送礼要选择恰当的方式

许多人送礼只关注送什么礼物，却忽略了选择适当的送礼方式。这是错误的。

为了表达爱意或歉意，对于个性腼腆、多疑、好冲动的人而言，当面送礼可能会引起对方的误解或使其产生压力；而对于某些与你关系亲密的人而言，不亲自送礼就说明你对其感情不够真挚。有的人认为当众受礼比较有面子，有的人却认为请礼仪公司派专人来送礼，会使自己更有尊贵感。如果你不太了解送礼对象的心理和个人情况，不注意送礼方式很可能使礼物失去效用。

▍送礼要根据不同对象而有所区别

送玩具娃娃给喜欢汽车模型的小男孩，他不会领情；送吃素食的人熏肠，对方会觉得你"太不会来事"；送喜欢淡雅色彩的人色彩浓艳的挂毯，对方不会觉得你的情谊有多重；送古董收藏爱好者假冒的古董，对方会觉得你嘲笑他的见识和眼力。

送礼不懂得投其所好，礼品就是废品；如果恰好犯了受礼人的习俗禁忌，就是不折不扣的弄巧成拙。送礼本是表达对别人的牵挂和尊重，如果不懂得投其所好，结果就会事倍功半甚至全盘皆输。

▍送礼要考虑与对方的关系

送司空见惯的台历、挂匾等礼物给领导和长辈，显得敷衍对方；送有暧昧色彩的内衣给异性朋友，显得轻佻、不尊重对方；送与对方兴趣爱好不沾边的礼物给好朋友，显得忽视对方；送昂贵而不实用的礼物给节俭成性的父母，在他们看来反倒不如不送。

送礼如果不考虑自己与对方的关系，礼物就无法起到应有的作用，甚至可能起反作用。送礼既然是表达礼仪的方式，就应该让礼物适合受礼人。

▍送礼要有新意

好朋友过生日、结婚……在特别有纪念意义的日子里，送礼自然要送得特别。如果没有新意，送礼的效果必然不会很好。

送与别人大同小异的礼物，送市面

上司空见惯的礼物，送毫无特点的礼物，受礼人会认为你的礼物是随便买来应景的，从而不会深切感受到你的情谊。送礼无新意就无法为特殊的纪念日增添纪念意义、增添气氛。如果受礼对象是你的爱人，对方还可能会因为收到的礼物没有新意而徒增烦恼和失落感。

礼物如果没有让人惊喜之处，就难以承载它祝福和纪念的意义。

不可频繁送礼

别以为三天两头送礼给别人，你就会很受欢迎和喜爱，事实上恰恰相反。

频繁送礼给领导，对方会认为你行贿，对他有企图；频繁给异性送礼，他会认为你有意求爱，如果对方有伴侣，你这样做会导致对方与你断交；频繁送礼给家境不如你的人，对方会有心理负担，认为你同情、怜悯他，从而产生心理压力，说不定也会与你断交；频繁送礼给关系亲密的人，对方可能会养成收礼的习惯。

无论对方与你关系如何，频繁送礼给别人都是不妥的。对方或者认为你有特别的目的，或者认为你炫耀成性，或者认为你不顾别人的自尊进行施舍。

送礼要大大方方

送礼本是表达问候、谢意、请求、安慰的良好途径，但是如果偷偷摸摸送礼的话，礼物再好也是不应该的。

送礼给上级，其实并没有行贿的企图，却偷偷摸摸、探头探脑地半天才进对方屋门，放下礼物后说话又支支吾吾，对方多半会强烈要求你把礼物拿回去。

送礼给朋友表示道歉，却带着低三下四的表情，悄悄把礼物放在对方可能看不到的地方，对方一定会对你的表现极端反感。

偷偷摸摸地送礼，只能给别人留下动机不纯的印象，你的礼物也会因此而失去意义。

送花给病人要考虑是否合适

鲜花形色动人，老少皆宜，想必人人都会喜欢，但送花给病人就不一定合适了。

给患呼吸道疾病的病人送花，花粉和花香会使病人病情加重；如果病人对鲜花过敏，送花会让他恢复更慢；如果送盆栽的花给病人，花会和病人争夺氧气。本想为病人调整心理状态，送去康复的希望，却让他加重病情，这不是礼仪所能够允许的。

看望病人要考虑对方需要

说起看望病人，不考虑对方的需要而从自己的想法出发是错误的。

送鸡蛋、水果、滋补汤之类的食品给不能进食的病人，似乎是在用这些东西引诱他；送恐怖小说给需要良好睡眠的病人，等于是想加重他的病情；送含糖量高的食品给糖尿病病人，只能说明你的无知或恶意。

给病人送吃的，不要以为越有营养越好，因为有的病人不适合，有的病人甚至任何食物都不能吃；给病人送用的、玩的，不要以为越新奇越好，因为有的病人不能有激动情绪。不加考虑地送礼给病人，最糟的结果就是适得其反。

做客进门时就将礼物送给主人

做客离开时才取出礼物，这么做真的很不合适。

做客离开时才将礼物送给主人，对方会觉得你原本不舍得，因此也不好意思接受你的礼物；做客离开时才拿出礼物，对方会觉得你以此来检验对方对你的招待水平。如果恰好对方对你的招待很一般，而你的礼物很高档，对方会感到你别有用心。离开时，主人可能会送给客人礼物。如果这时才取出你的礼物，就有交换的意味了，主人会想："如果我不送礼给他，看来今天他这礼物不会送给我。"

礼物上不可留有价格标签

送给别人的礼物上不要留着价格标签。

送给别人的礼物上挂着价格标签，有炫耀、要求对方交换的嫌疑；送给别人的礼物上挂着价格标签，让人感觉更像商品；将留着价格标签的礼物送给别人，显得你挑选礼物不够仔细，送出礼物时不够真诚。如果对方看到礼物标签上高昂的价格，还可能因为觉得受之有愧而拒绝接受，这样对送礼者与受礼者来说都是尴尬。

回礼要看价值

受礼后回礼是送礼礼节中不可缺少的一环。而回礼时，不能不考虑礼物的价值。

公务交往中，别人送了高档礼品给你，你却回给对方一件价值远低于对方礼物的物品。这显然是对对方的不敬，也给对方留下目中无人、一毛不拔的印象。远道而来的亲戚掂了一大堆土特产来看你，对方临走时你却只送出一罐已经吃过一部分的、自家腌的老咸菜，对方一定会觉得不是滋味。一个初次相识的人送了一份便宜礼物给你，你却回给对方相当于对方数倍价值的贵重礼物，对方一定会认为你是在埋怨他太小气，同时又是在显示自己的财大气粗。

不可无故拒收礼品

无故拒收礼品是不得体的做法。

无故拒收礼品，送礼人精心选择礼品的心血就会白费，对方会疑惑而有受挫感。无故拒收礼品，对方就不知道究竟哪个环节出错了，是你不喜欢还是你暂时情绪不好，还是因为违反了规定，进而不能确定以后是否能给你送礼。无故拒收礼品，就无法表明你的态度。如果你拒收礼物是因为违反制度，而别人认为问题出在礼物档次不够高，这样当别人再次送新的礼物时，就会牵扯出意外的麻烦。

对不适当的礼物要礼貌地退回

收到有骚扰意味的礼物，收到有恶作剧或侮辱意味的礼物，收到自己所在单位明文规定不能收的礼物，收到有违习俗的礼物……当我们收到不合适的礼物时，第一时间的想法就是把它退掉。但是有不少人因为退还礼物时不礼貌而使送礼和受礼双方都丢了面子。

退回礼物时不礼貌，会让送礼人陷入尴尬境地，甚至会让对方恼羞成怒；会让别人觉得你故作姿态，故意让对方出丑；会给人留下不近人情、不懂得站在他人角度看问题的印象。如果送礼人出于好心，只是不懂规矩或不知道你的喜好，粗鲁拒绝是对他的伤害。

受礼后要回礼

受礼后不回礼是很不礼貌的事。

如果送礼者是亲朋好友，受礼而不回礼，对方会认为你漠视他们；如果对方是新认识的朋友或客户，受礼而不回礼，对方会认为你缺乏社交经验或者吝啬、计较。如果对方送礼是为了庆祝你的生日，受礼而不在对方生日时回礼，对方会认为你自私而且故意惹其不快。如果送礼者代表集体、企业或团队，受礼而不回礼，是对整个集体和团队的无礼。受礼而不回礼，是对送礼者礼貌的无动于衷，也是对自己声誉和形象的不负责任。

受礼后不可随手丢放在一边

接受了朋友的礼物后将礼物随手丢在一边，传达出的含义是你对礼物不屑一顾，或者对送礼人不屑一顾；接受下属的礼物后将礼物随手丢在一边，有故意摆架子的嫌疑；将异性送的生日礼物当众随手放在一边，会让对方以为你故意让别人看他受到冷落的尴尬。

受礼后将礼物随手丢在一边，即使你是无心而为，却已经让送礼人产生了不愉快的误解。而且，这样做无法让送礼者感受到尊重，你们之间的关系也不可能因此而建立、巩固和发展。

受礼后不可到处炫耀

受礼后到处炫耀的结果是，你既受到送礼人的不齿，又受到旁观者的嘲笑和轻视。

好友送你一件从国外带回来的礼物，你逢人就展示；恋人送你一件昂贵的首饰，你逢人就曝光；某个名人送你一件象征性的礼物，你见人就炫耀。受礼后到处炫耀，给人的感觉是你浅薄、粗俗、没见过世面，而且不懂谦虚和谨慎。

别人送礼给你不是为了让你宣扬的，何况有的人根本不希望别人知道你和他的关系。有的礼物不值得炫耀，有的礼物则不适合炫耀。受礼后四处炫耀是愚蠢的表现。

餐饮礼仪

不可只挑自己喜欢的吃

在宴会上只挑自己喜欢的吃，这种行为绝不提倡。

在别人的家宴上只挑自己喜欢的吃，主人会认为你对他做的菜不满意，还可能因为自己招待不周而感到愧疚；在别人的商务宴请上只挑自己喜欢的吃，对方会觉得你太过自我，对别人态度不恭敬；在朋友聚会上只挑自己喜欢的吃，会给人以不把别人放在眼里的印象。

对自己不喜欢的食物也应该适当品尝

参加宴会时，不要对自己不喜欢的食物毫不理睬。

到外地出差，接待单位特意准备了当地特色菜，你觉得不喜欢就对一桌菜毫不理睬，半天不动一下筷子，招待单位必定会觉得慢待了你，或者觉得你盛气凌人。出席别人的家宴，主人特意做了几道自己拿手的菜，但因为不合你的喜好，你就皱眉头，主人一定会感到很失望。

对自己不喜欢的食物毫不理睬，就说明你对主人的招待不满，还容易使对方误解。即便是食物不合你心意，招待你的人也总归是下了一番功夫的。因此，对自己不喜欢的食物毫不理睬是不礼貌的。

不宜在宴会上接电话

在宴会过程中接电话是不礼貌的。

在公务或商务宴会上接家人或情人的电话，且在自己的座位上大声说话、不避人，这样既显得张扬，又显得不把旁边的人放在眼里，还会让别人因为听到你的私事而感到尴尬。在家宴、朋友的私人宴会上接公务电话，且不做任何掩饰或道歉的表示，会有炫耀之嫌。别人也会因为不得不暂时停止说话从而替你制造一个安静的通话环境而陷入冷场。

夹菜舀汤要小心

在宴会上夹菜舀汤时淋得满桌都是，这样实在是太煞风景了。

如果你吃的是商务餐，你的举动会让对方对你的信心和能力产生怀疑；如果你吃的是庆功宴，大家会认为你兴奋过度。满桌的珍馐美味，夹菜菜掉，舀汤汤洒，这分明是大肆浪费。夹菜舀汤淋满桌，会把餐桌搞得一片狼藉，显得又脏又乱。如果你的菜和汤掉落到他人碗盘里，更会激起他人的厌恶之感。

切忌抢着夹菜

抢着夹菜可不是什么好的表现。

跟领导和长辈抢菜，对方会认为你意在挑衅；跟晚辈抢菜，对方会觉得你缺乏长者风度；跟同事或朋友、一起参加大型宴会的陌生人抢菜，对方会觉得你没有修养。抢着夹菜，容易造成筷子碰撞，将菜汁菜渣溅到在座者的身上；抢着夹菜，还容易使有洁癖的人觉得自己的筷子受到了别人的污染，从而心里不痛快。

不可起身去夹离自己很远的菜

在宴会餐桌上起身去夹离自己很远的菜是错误的。

起身去夹离自己很远的菜，如果你心里着急吃不上，怕别人抢光，别人会为此而轻视你的为人；如果你是因为想迫切品尝菜的味道，你的动作会引起别人的注目和暗自嘲笑。抛开个人形象不说，起身夹离自己很远的菜，很容易打扰、碰撞别人。只为早点夹到一筷子菜而不顾可能将食物撒到别人身上的危险，这样做没有人会觉得你有礼貌。

要吃完自己碟中的菜再重新夹菜

参加婚宴、寿宴等宴会时，不难在餐桌上看到自己碟中菜尚未吃完就重新夹菜的人。因为人多嘴多，慢一秒，有的菜就吃不着了——这种想法可以理解，但是这种行为不礼貌。

自己碟中的菜未吃完就重新夹菜，

会让人觉得你贪心不足，没吃过好东西，没见过世面。如果你是长辈，必然无法在晚辈面前树立起一个深谙礼节的好形象；如果你是晚辈，必然会给长辈留下一个不懂得尊重长辈的糟糕印象。如果你最后什么菜也没吃完，剩一堆在碟子里，有的人却什么也没吃到，你必定会给人留下自私的可恶印象。

不可将夹起的菜重新放回盘中

在众人聚集的宴会上吃饭夹菜时，千万不要把夹起的菜重新放回盘中。

夹了一大筷子鱼香肉丝，还没夹到自己碟子里，因为觉得颜色太红了，就"啪嗒"一下扔回菜盘子；好不容易从一只烤鸭身上撕了一块肉，刚好有一盘新菜上桌，就立刻将鸭肉放回菜盘……这样的做法实在令人不齿。使用公筷也好，使用自用筷子也好，没有人愿意吃别人夹过又放下的菜，因为那样给人的感觉恰似吃别人的剩饭。

餐桌上剔牙要避人

在宴会餐桌上，大家都很烦剔牙不避人的行为。

在餐桌上剔牙不避人，会使你精心营造的外在形象顿时黯然失色；会令同桌客人厌烦、心里不适，也会使其他餐桌上的客人感到恶心，甚至会将你视为你所在餐桌客人的代表，从而认为你所在餐桌的所有客人都素质低下。

宴会开始后才可动筷

参加宴会时，从许多细节中都能看出你懂不懂规矩，有没有涵养，甚至值不值得别人信赖和交往。

宴会还未开始就动筷，想必你不是饿极了就是没见过餐桌上的美味。宴会未开始就动筷，给人的感觉是你参加宴会的唯一目的就是吃，这是不把宴会主人放在眼里的表现。宴会的一大功能就是帮助社交，展开交际，如此着急地吃，难道你就不想想在座的长辈或女性吗？如此表现，怎么能体现出礼仪的内涵呢？

吃中餐时不可嘬筷子

吃中餐时嘬筷子的行为要不得。

吃饭时不停嘬筷子，哪怕是筷子尖上沾的一点汤或残渣也不肯放过，给人的感觉是你没吃过好吃的饭菜——饿疯了。与重要客人共餐时嘬筷子，对方会觉得你是用此举来抬高自己、贬低对方。如果你陪同的客人是外宾，你的脸面就丢出国门了。

吃中餐要注意筷子不可乱用

在中餐宴会中，筷子是必不可少的工具，也是体现中国传统饮食礼仪的重要载体。如果使用筷子不当，就会留下笑柄。

在中餐宴席上用筷子敲杯盘碗碟，是扮演乞丐、令主人难堪的表现；吃中餐时把筷子竖着插在饭菜上，在中国传统习俗中，只有给死人上坟才这样做；在中餐宴会上将筷子一横一竖交叉放在碗碟上，同样是很不恭敬的做法。中国传统中，筷子的用法是一门很深的学问，就像西餐中的餐具不能乱用一样。吃中餐乱用筷子，既是对饮食文化的亵渎，对宴会主人的侮辱，同时也是对自己形象的破坏。

不可用筷子剔牙

在餐桌上，一定别用筷子剔牙。

就像咖啡勺只能用来搅咖啡而不能用来舀咖啡，筷子是用来吃饭的，而不是大号牙签；滥用筷子是不合礼仪的。无论在什么性质的宴会上吃饭，用筷子剔牙都会给人留下不修边幅的印象。如果你出席家庭宴会，而主人用上等竹筷甚至象牙筷来招待你时，你用筷子剔牙，简直是"暴殄天物"。相信主人再也不愿意使用你剔过牙的筷子，也不愿意把你当作贵宾招待了。

交谈时不可挥舞筷子

有的人在宴席上总觉得有发挥不完的豪情，边吃边说，边说边拿筷子当辅助工具，狂挥乱舞，大有一副指点江山的架势。这是错误的。

在餐桌上交谈时挥舞筷子，容易将食物残渣甩到桌上或别人身上，如果你的筷子戳到别人身上就是"人身攻击"。挥舞着筷子说话，想必你有很多激动人心的言论。无论如何，交谈时挥舞筷子看起来都是滑稽、浅薄、无聊的行为。

宴会上不宜与他人交头接耳

参加宴会时在餐桌上交头接耳可不是好习惯。

与自己身边的熟人邻座交头接耳，其他相对陌生的客人会显得受到冷落；与自己身边的陌生邻座交头接耳，别人会觉得你自来熟、热情过度。在餐桌上和别人说悄悄话，会给人一种背后讲别人闲话的印象。如果你恰好与别人交头接耳的内容是对某人发表评论，无论你的观点对被评论者是好是坏，你爱"嚼舌头"的名声都必定是打出去了。

宴会上要使用公筷

如今宴会上公筷的身影很容易见到，因为人们的卫生意识越来越强了。但如果放着公筷不用，就是绝对的不合礼仪了。

如果不用公筷，对方会觉得你既不讲卫生，又不尊重对方。与奉行分餐制的欧美客人一起吃饭时不用公筷，他们的不满会格外强烈。如果在商务宴会上不使用公筷，就是对餐桌规矩的违背。你在小节上不注意，觉得可以不分彼此，关注细节的客人就会从此对你产生怀疑和失望。

别人敬酒时不可只顾自己夹菜

在酒桌上，少不了推杯换盏，你敬我、我敬你。别人向你敬酒时，可千万要提高自己的注意力。

晚辈郑重地向你敬酒，你却眼见对方擎起杯子，仍不慌不忙地夹一口菜吃，对方一定会怀疑自己是否敬错了人或者举杯的时机不对，也可能想：这人怎么这么不给面子？同事向你敬酒，你却一边举杯，一边将筷子伸向菜盘，对方一定会觉得你对他有成见，以此向其表示不满或轻蔑。

主人或主宾致辞时不可与旁人交谈

在宴会上，你的一举一动都必须注意，否则就很容易失礼。

参加单位的宴会，领导讲话时你和

身边的同事交谈，会干扰现场秩序，引起众人侧目。如果引起领导注意，你等于是"撞枪"。参加婚宴、寿宴，主人致辞时你与旁边的人交谈，会让别人认为你看主人不顺眼。出差参加大型酒会，主持人致辞时你找旁边的人交谈，不仅是给自己丢脸，也是给自己的单位丢脸，别人会认为你所在单位的人素质都差。

在餐桌上不宜谈论政治和新闻

政治与新闻向来是人们关注的焦点，但将它们作为餐桌上的好话题并不合适。

餐桌上有众多女性在座时，提出政治与新闻话题，通常会让平时对这些信息不加关注的女性客人感到无所适从以及被动的尴尬。当餐桌上有不同政治派别或不同国家的客人在座时，政治与新闻话题容易引起误解和不愉快的争执。宴会本应是充满欢乐、气氛轻松的场合，政治和新闻话题会凭空带来紧张，增添不必要的"火药味"。大谈政治和新闻话题，会让谈话者显得好大喜功，爱出风头，这显然是对在座者的不礼貌。

酒桌上谈话不可唯我独尊

酒桌上谈话，唯我独尊是自私和狭隘的表现。

朋友聚会时在酒桌上唯我独尊，就失去了交流和畅谈的意义；陪领导宴请客户时说话围着自己转，非但谈不好，还会给客户留下张狂的印象，同时让领导丢尽脸面；被介绍给陌生人认识时不停地对大家讲述自己，大家会对与你结交失去兴趣。

在中餐宴会上不可只吃饭不说话

在中餐宴会上闷头吃饭、一语不发是不对的。

中餐宴会的实质就是展开交际，增进彼此感情，不说话是大忌。只吃饭不说话，一来会给人以不擅交际或故作清高的印象，容易被认为是个人不良情绪的当众宣泄；二来会使现场气氛冷场，甚至陷入尴尬；第三会让想结识你的人摸不着头脑，不知道该如何与你交往，甚至对你望而却步，丧失与你交往的兴趣。如果宴会上有贵宾，你的沉默很容易引起对方的疑心和不快，觉得你在给对方脸色看。

酒桌上不可大声喧哗

在酒桌上大声喧哗，有人也许觉得无可厚非，觉得"言重了"，其实这是不礼貌的行为。

在环境幽雅的高级酒店里吃饭时，在酒桌上大声喧哗，有失你自己的身份；在普通饭店的大厅里吃饭时，在酒桌上喧哗，影响周围人的心情；在别人的家宴上大声喧哗，是得意忘形、对主人的不礼貌。如果你初次与人相识而因为工作原因喝酒，在酒桌上喧哗，也许会使你失去对方的兴趣和信任。

不可随便转动餐桌

随时随意转桌绝对不受欢迎。

新上的菜，长辈或主宾一口都没吃到，你就转桌自己先下筷子，别人会觉得你不懂得尊重人，不懂得礼节；别人正在举杯祝酒，你转桌吃菜，别人会觉得你目中无人；别人正在夹菜，你转桌是在给夹菜的人捣乱，给人的感觉是你成心让他夹不着或者夹不牢；众人正在就某事停箸讨论，你却旁若无人地转桌准备夹菜，明显是对吃菜的兴趣大过对与大家交往的兴趣。

随时随意转桌，显得过于自由，这非但不便于制造轻松随意的气氛，更容易给大家带来疑惑和尴尬。

不可结伴提早离席

在宴会上觉得自己吃得差不多了，想去办别的事情，又不愿单独离开，于是怂恿三五个人一起做伴提前离席。这是不对的。

参加别人的家宴也好，参加单位举办的节庆宴会也好，或者参加友邻单位的便宴，都不应结伴提早离席。宴会的性质不同于鸡尾酒会，不能想什么时候来就什么时候来，想何时走就何时走。提早离席已经是散漫的表现，结伴提前离席更是对宴会举办者公然的恶意叫板。

吃西餐不识菜名不可胡乱点

吃西餐时，尤其是在正规的西餐厅吃饭，不认识菜名千万别胡乱点。

点一堆汤或点一堆肉，餐桌上单调不说，如何把食物吃喝完都是个问题；点一堆现场演奏的音乐，额外花钱不说，干等着半天才知道你的"菜"已经"品尝"过了，让人哭笑不得；点的甜食过多，整顿饭吃得不会舒服。总之，吃西餐而不懂菜谱胡乱点，则既无法吃饱吃好，又会给同伴留下糟糕印象。

吃西餐要学会点酒

吃西餐时人们不一定会喝酒，但如果有人提议喝酒，而你不会点酒、不会喝酒，会使这顿西餐少了很多"味道"。

吃西餐不会点酒，一方面会使西餐的酒与菜搭配不当而口感欠佳，使某些味道独特或品质优良的酒难以体现出它的特点；一方面你容易被视为不懂装懂，从而引来别人的不信任。点酒而不会喝酒，在酒中随意掺杂其他饮料，美其名曰"鸡尾酒"，这是对好酒和西餐厅的不敬，是对西餐文化无知的表现。

在西餐桌上客人不可主动斟酒

在西餐桌上客人亲自斟酒、自饮或替他人斟酒，这是不正确的做法。

西餐礼仪中，为客人斟酒是主人或餐厅服务生的责任和义务。对于主人，这也是体现主人身份和尊贵的表现。客人主动斟酒，等于在说"你斟酒不及时，我等不及了"，或者"你倒酒的动作不雅""我不喜欢你""我鄙视你"。别人请你吃西餐，无论是赴家宴还是在西餐厅里的宴会，身为客人的你都不要主动斟酒。

在红酒中加其他饮料

喝红酒时在其中加饮料是错误的。

在红酒中加雪碧，会被人视为愚蠢；在红酒中加茶，简直是乱弹琴；在红酒中加咖啡，是对红酒和咖啡的双重亵渎；在红酒中加可乐，你会被当作暴发户。在红酒中加入任何其他饮料，都会破坏红酒本身的美味。在西方，红酒也和咖啡一样，正如中国的茶，有独特的文化内涵。当你在熟谙红酒文化的人面前在红酒中随意添加饮料时，对方是无法容忍的。

社会交往

如何促使不合作者合作

对待不合作的同事，在认清他们的特点之后，我们首先应该用实际行动帮助不合作的人消除不合作的因素。

我们应该清醒地认识到，在实际工作和生活中，要想使不合作者变为合作者，不仅仅是一个说服问题，还是一个实际行动问题，只有找到不合作的原因，在行动上帮助不合作者，消除对方不合作的原因，才能使不合作者成为合作者。

因此，消除不合作的因素是争取对方合作的最根本的方法，在日常相处中你一定要善于发现这类同事不愿意合作的原因，然后通过自己的实际行动巧妙地消除这些因素，这样可以使你与同事更好地合作，在工作中共同奋斗、共同进步。

引导不合作者参加你的工作

在与不合作的同事相处时，你应该千方百计地想办法引导他参加你的工作。这是转变不合作者的又一重要措施。不合作者不和你合作，就是由于没有参加你的工作，如果你能巧妙地使其参加你的工作，那么，他（她）就不会不和你合作了。

在实际工作中，很多时候，与你不合作的同事并不是主观上持有与你不合作的态度，而是他（她）从没有参与过同你的合作，根本不了解你的工作，不知道与你合作的意义。所以，在这种情况下，你应当想办法使对方加入你的工作中来，让其在与你一起工作的过程中，亲身感受到与你合作的意义，这样，你就自然而然地得到了他（她）的合作。

用微笑化解尖酸刻薄之人的"刻薄"

应对尖酸刻薄者的法宝就是不必当真，最好是一笑了之。比如，有人嘲笑一位老农民说："你这件褂子好像是在旧货市场买来的。"这位农民很快笑着说："你的眼光可真准，我是走了好几家旧货市场才挑了这么一件上等品。"把机智派上用场，持开玩笑的态度，的确是应对刻薄者的有力武器。同时，还应尽量和他保持距离，不要惹他。万一吃亏，听到一两句刺激的话或闲言碎语，就装作没有听见，千万不能动怒。否则是自讨没趣，惹祸上身。

勇敢面对尖酸刻薄之人

尖酸刻薄的人，天生一副伶牙俐齿，得理不饶人。对于你来说，能够勇敢地对抗别人的侮辱而又不至于反唇相讥，实在不是一件容易的事。一个有效的办法是不要回避，而采取直截了当的反问；另一个办法，是要求对方解释他的话，一旦嘲弄你的人知道你看穿了他，也就自觉无趣，不会再骚扰你了。

如何避免尖酸刻薄之人得寸进尺

对待尖酸刻薄的人，有一个方法是他

说什么你不必动怒,反而顺着他的意思说下去,这也是一种抗拒之法。如他说:"你怎么今天穿得花里胡哨的。"你可以这样笑着回答:"我想做个小妖妹,你看好吧?"像这样的应对,既显出你的修养和素质,对方也就自然不能得寸进尺地伤人了。

对尖酸刻薄的话置之不理

谁都无法也不可能避免尖酸刻薄话的侵犯,就是最好的朋友,有时也会因各种原因说一些伤人的话,不管是无意的还是有意的。在这种情况下,你最好学得脸皮厚一点,既然人人都有这种缺点,你又何必为之耿耿于怀呢?

以大度的气量对待心胸狭窄之人

与心胸狭窄的人相处,肯定会发生一些不愉快的事,如果缺乏气量,与之斤斤计较,就无法相处。相反,如果气量大度,胸怀宽阔,就会使那些不愉快的事化为乌有。同时,对心胸狭窄的朋友也是个教育。

一个人怎样才能有气量呢?高尔基说过:"一个人追求的目标越高,他的才力就发展得越快。"才力当然就包含着气量。诸葛亮之所以能对周瑜的嫉妒和迫害毫不计较,是因为他目光高远,时刻想的是如何联合东吴打败曹操,保卫蜀国。所以,他能从个人的恩怨中解脱出来,重事业,轻小侮。朋友之间也应如此。如果对方因心胸狭窄,做出对不住自己的事,我们应从有利于工作和友情的大局出发,能谅解就谅解,能忍让就忍让,不应为个人而斤斤计较,耿耿于怀。

对心胸狭窄之人要有忍让的精神

朋友因心胸狭窄,做出了对不住自己的事来,忍让,绝不是软弱,而是心胸宽阔、人格高尚的表现。忍让,并不意味着放弃原则。

一个人为什么会心胸狭窄?一个重要的原因,就是由于他习惯于孤立地、静止地看问题,因而目光短浅,不能认识事物的多维性。比如周瑜,他只看到诸葛亮的雄才大略,如果帮助刘备强大起来,将威胁到东吴称霸,而没有认识到面临曹操的百万大军,如果嫉贤妒能,破坏了蜀吴联盟,只能被曹军各个击破。诸葛亮却清醒地认识到这一点,才一方面"大人不计小人过",另一方面巧妙地同周瑜进行周旋,使他破坏联盟的计划无法实现。由此可见,心胸狭窄的人极容易错误地估计形势,错误地对待人和事。因此,对心胸狭窄的人忍让,绝不意味着迁就他的错误。

对心胸狭窄之人应该忍让,但对他的错误思想和行为绝不能迁就,这才是与心胸狭窄的人相处的分寸所在。

微笑是最好的沟通桥梁

微笑是没有国界的。不论在哪个场合,也不论那个场合有多少陌生人,只要你能发自内心地微笑,就能与他人架起一座沟通的桥梁。也许今天的陌生人就是明天的好朋友。

用幽默打破僵局

有了好的开端就是成功的一半。在与陌生人相处的过程中,一句恰到好处的话语能及时化解尴尬气氛,让双方不知不觉地撤除心防。比如说当碰上比你更羞怯，更不善言辞的人时，你可以开开玩笑，缓和一下气氛："我长得像大灰狼吗？奇怪，我天天照镜子，怎么从来没发现这一点？"只要你能用幽默打破僵局，对方就不会轻易拒绝你向他（她）伸出的友善之手。

与陌生人攀谈时要善于寻找话题

与陌生人攀谈时，要善于寻找话题。有人说："交谈中要学会没话找话的本领。"所谓"找话"就是"找话题"。写文章，有了个好题目，往往会文思泉涌，一挥而就；交谈，有了个好话题，就能使谈话融洽自如。

与陌生人开口交谈关键是要找到共同点

你可以从一个人的服饰、举止、谈吐看出他的心情、精神状态和生活习惯。开始谈话前首先看对方与自己有何相同之处。例如，他和你一样都穿了一双耐克气垫运动鞋，你可以以耐克鞋为话题开始你们的谈话。与陌生人交谈，你最好寻找对方也熟悉的人和事，以此牵线搭桥，引出话题。尤其是双方都与之关系很深的人和事。当谈到此类话题时，你们之间的距离就会很快缩短。

借"题"发挥，找到与陌生人交谈的话题

与陌生人交谈，还可以巧妙地借用彼时、彼地、别人的某些材料为题，借此引发交谈。有人善于借助对方的姓名、籍贯、年龄、服饰、居室等，即兴引出话题，常常会收到好的效果。

提一些"投石"式的问题

与陌生人交谈时，还可以先提一些"投石"式的问题，在大略了解后再有目的地交谈，便能说得更加自如。如在聚会时见到陌生的邻座，便可先"投石"询问："你和主人是老乡还是老同学？"无论问话的前半句对，还是后半句对，都可循着对的方面交谈下去；如果问得都不对，对方回答说是"老同事"那也可谈下去。

以对方的兴趣作为话题

如果能问明陌生人的兴趣，循趣发问，便能顺利地进入话题。如对方喜爱象棋，便可以此为话题，谈下棋的情趣，车、马、炮的运用，等等。如果你对下棋略懂一二，那肯定谈得投机。如果你对下棋不太了解，那也正是个学习机会，可静心倾听，适时提问，借此大开眼界。

引发话题的方法很多，诸如"借事生题"法、"即景出题"法、"由情入题"法等。可巧妙地从某事、某景、某种情感，引出一番议论。引发话题，类似"抽线头""插路标"，重点在引，目的在导出话茬儿。

找不到话题时，不妨坦白说明你的感受

例如你可能在晚餐会上对自己嘀咕："我太害羞，与这种聚会格格不入。"或是刚好相反，"你认为许多人讨厌这种聚会，但是我很喜欢。"

不管你怎么想，你要把你的感受向第一个似乎愿意洗耳恭听的人说出来。

这个人可能就是你的知音。无论如何，坦白说出"我很害羞"或"我在这里一个人也不认识"，总比让自己显得拘谨、冷漠好得多。

最健谈的人就是勇于坦白的人。这还有一个好处，如果你能坦诚相见，对方也会无拘束地向你吐露心声。

▎谈周围的环境也是一个话题

如果你十分好奇，你自然会找到谈话题目。有一次，一个陌生人审视周围，然后打破沉默，开口说："在鸡尾酒会上可以看到人生百态！"这就是一句很有趣的开场白。

▎许多难忘的谈话都是从一个问题开始的

许多难忘的谈话都是从一个问题开始的。比如问别人："你每天的工作情况怎样？"通常人们都会热心回答。

与陌生人交谈要积极寻找话题，但要注意，此时的话题不宜海阔天空，否则会给对方留下轻浮、不可信任的印象，影响交谈的进行。另外，要尽量多给对方说话的机会，自己尽可能退居配角的位置上，且不时为对方寻找话题，以免冷场。

▎察言观色，从细微处入手

当你单独和陌生人相处时，比如说当你求职面试的时候，你的心跳会不会加速到120次/秒？那个面试官无论看起来有多么和蔼可亲，可他说的每一句话，是不是都会让你紧张得手心出汗；他的每一个问题都让你觉得即使想破脑袋，可能还是不得要领……这该如何是好呀？

这时你就要发挥察言观色的能力，最好能从各个细微之处入手，看能否找出他也感兴趣的话题。比如，小麦色的皮肤说明他可能很喜欢户外运动，说话中明显的网络时代特色在告诉你他也是网络一族，然后试着和他聊一聊。这样你们的沟通就会渐渐加强，他（她）对你的好感也会慢慢提升。

▎注意自己的谈吐与风度

与陌生人相处要摆正自己的姿态，调整自己的策略，既不能狂傲放肆，也不能卑微拘谨。要把自己视为一个平常人，不偏不倚、不高不低，这样才能收到彼此共融的效果。

不可故作惊人，搬弄是非，到处讲别人的隐私。

▎到陌生人家去拜访，如何找开场白

到一个陌生人家去拜访。如果有条件，首先应当对要拜访的客人做些了解，探知对方一些情况，关于他的职业、兴趣、性格之类。

当你走进陌生人住所时，你可凭借你的观察力，看看墙上挂的是什么？国画、摄影作品、乐器……都可以推断主人的兴趣所在，甚至室内某些物品会牵引起一段故事。如果你把它当作一个线索，就可以由浅入深地了解主人心灵的某个侧面。当你抓到一些线索后，就不难找到开场白。

▎不妨先做个倾听者

如果你确实觉得自己拙于言辞，在

和陌生人相处时，不妨先做一个友好的倾听者，让他们多说一点，而后可以适当地提出自己的疑问，一般对方都会很乐意为你解答的，然后，你就可以顺利地加入他们的话题了。

▌用介绍自己作为攀谈的引子

在你决定和某个陌生人谈话时，不妨先介绍自己，给对方一个接近的线索，你不一定先介绍自己的姓名，因为这样人家可能会感到唐突。不妨先说说自己的工作单位，也可问问对方的工作单位。一般情况，你先说说自己的情况，人家也会相应告诉你他的有关情况。

接着，你可以问一些有关他本人的而又不属于秘密的问题。对方有一定年纪的，你可以向他问子女在哪里读书，也可以问问对方单位一般的业务情况。对方谈了之后，你也应该顺便谈谈自己的相应情况，才能达到交流的目的。

顺利地与陌生人开始攀谈，给人一个好印象，积累人际资源为你所用。学会和陌生人攀谈，谁都可能成为你的朋友。

▌与陌生人谈话时，加倍留心对方的谈话

和陌生人谈话，要比对老朋友更加留心对方的谈话，因为你对他所知有限，更应当重视已经得到的任何线索。此外，他的声调、眼神和回答问题的方式，都可以揣摩一下，以决定下一步是否能纵深发展。

▌敷衍性的话，也可用在与陌生人的交往中

有人认为见面谈谈天气是无聊的事。其实，这要具体问题具体分析。如果一个人说："这几天的雨下得真好，否则田里的稻苗就旱死了。"而另一个则说："这几天的雨下得真糟，我们的旅行计划全给泡汤了。"你不是也可以从这两句话中分析两人的兴趣、性格吗？退一步说，光是敷衍性的话，在熟人中意义不大，但对与陌生人的交往还是有作用的。

▌与陌生人交谈时，尽量避免争论性话题

和陌生人谈话的开场白结束之后，特别要注意话题的选择。那些容易引起争论的话题，要尽量避免，为此当你选择某种话题时，要特别留心对方的眼神和小动作，一发现对方厌倦、冷淡的情绪时，应立即转换话题。

如遇到那种比你更羞怯的人，你更应该跟他先谈些无关紧要的事，让他心情放松，以激起他谈话的兴趣。

▌熟记名字抓住陌生人的心

人们在日常应酬中，如果一个并不熟悉的人能叫出自己的姓名，就会产生一种亲切感和知己感；相反，如果见了几次面，对方还是叫不出你的名字，便会产生一种疏远感、陌生感，增加双方的心理隔阂。一位心理学家曾说："在人们的心目中，唯有自己的姓名是最美好、最动听的东西。"许多事实也已经证实，在公关活动中，广记人名，有助于公关活动的展开，并助其成功。

美国的前总统罗斯福在一次宴会上，看见席间坐着许多不认识的人，他找到一个熟悉的记者，从记者那里一一打听清楚了那些人的姓名和基本情况，

然后主动和他们接近，叫出他们的名字。当那些人知道这位平易近人、了解自己的人竟是著名政治家罗斯福时，大为感动。以后，这些人都成了罗斯福竞选总统的支持者。

记住对方的名字，最好时而高呼出声，这不仅是起码的一种礼貌，更是交际场上值得推行的一个妙招。你想一想，对于轻易记住你的名字的人，我们怎不顿觉亲切，仿佛双方是老友相逢，这时，他来求我们什么事情，我们怎好不竭尽全力予以优先惠顾呢？

运用语言技巧，规避隐私话题

与陌生人相处，如被对方问及收入、年龄、职业、住址等你不想透露的隐私时，你可以运用某些语言技巧，来规避这些话题。例如，你可以避重就轻："我的收入是我们这个行业的一般水平，你所在的行业怎么样？"也可以避而不答："女士的年龄可是个秘密啊！"还可以反问对方："你看我像干哪一行的？"

但在有些时候，纯粹地规避问题是不太可行的，你必须既要表现出诚实的一面，又要有技巧地回答某些尖锐的问题。例如，在面试的过程中，对面试官的提问就要有针对性地进行回答。比如说，当面试官要你谈谈自己的弱点时，面对自己以前的失败，你可以将回答问题的重点放在自己发现问题、解决问题的方面，同时对于自己的失败要坦诚，但切忌过度渲染。这样可以给面试官留下一个诚恳、有能力，并且有自我完善能力的好印象。

如何缩短与陌生人的心理距离

与陌生人相处时，必须在缩短距离上下功夫，力求在短时间内了解得多些，缩短彼此的距离，力求在感情上融洽起来。孔子说："道不同，不相为谋。"志同道合，才能谈得拢。

每个人对自己身体周围，都会有一种势力范围的感觉，而这种靠近身体的势力范围内，通常只能允许亲近之人接近。如果一个人允许别人进入他的身体四周，就会有种已经承认和对方有亲近关系的错觉，这一原理对任何人来说都是相同的。

本来一对陌生的男女，只要能把手放在对方的肩膀上，心理的距离就会一下子缩短。推销员就常用这种方法，他们经常一边谈话，一边很自然地移动位置，跟顾客离得很近。

与陌生人相处时应避免的误区

在与陌生人交谈中，切忌提出一些只能让人回答"是"或"不是"的问题来。如果这样，就意味着你已经开始扼杀你们的谈话了。要给人能够展开话题的余地。而且，切忌说出太随便的话，否则很有可能会冒犯到你新认识的朋友，使得你之前所做的努力化为乌有。在交流的过程中，要对对方的话做出及时的反应，切忌总是说一些令自己"死机"的话，这样才可提升对方对你的好感。

如何应对清高自傲者

清高自傲者多看重自我形象，对自我评价较高，自我感觉良好。与他打交道不妨采取投其所好的方式，对其业绩、学识、才能等给以实事求是的赞美,使其荣誉心、自尊心得到满足。这样就可以从心理上缩短距离,同样能起到左右他们态度的作用。比如,有位生性高傲的处长,一般生人很难接近他,他生硬冷漠的面孔常使人望而却步。有位外地来的办事员听说了他的脾气,一见面就微笑着递了一支烟说:"处长,我一进门就有人告诉我,处长是个爽快人,办事认真,富有同情心,特别是对外地人格外关照。我一听,高兴极了。我就爱和这样的领导共事,痛快!"这几句开场白,把处长捧得脸上立刻露出一丝笑容,接下去谈正事,果然大见成效。

一些人自恃知识丰富,阅历广泛,因而目空一切,压根儿就瞧不起别人,表现出一股不可一世的傲气。对付这种傲气者只要巧妙地设置一个难题,就可抑制其傲气。这是因为,不管其知识多么广博,阅历多么丰富,在这个大千世界,一个人的认知毕竟是有限的,对方一旦发现自己也存在知识缺陷,其傲气自然就会烟消云散了。

如何应对自私自利的人

自私的人会以各种理由,推掉不属于自己的工作。如:"自己的能力处理不了","自己手上的工作已很繁重","本来自己做也不妨,但宁愿把机会让给你,以使增加工作经验等"。在饭后结账时,总爱和别人斤斤计较,或喜爱拿着单据,逐项核对,不要期望他会在你有困难时帮助你。眼见别人犯错,他只会在旁偷笑,绝不会提醒别人,更不会拔刀相助。一旦有人向你嘲笑某人犯错也不自知时,你便要小心这个人了。

这种人尽管心目中只有自己,特别注重个人的得失和利益,但是,他们也常常会因利益而忘我地工作。对他们不必有太高的期望,也没有必要希望他们能够像朋友那样以义为重、以情为重。与这类人的交往关系可以仅仅是一种交换关系,干多少活,给多少利,干得好坏不同,利也不一样。人们之所以普遍地对这种自私自利的人感到厌恶,在很大程度上是因为仅仅按道德标准去衡量人,以其作为社会交往的准绳。这不能不有失片面,而当我们以一种利益标准作为社会交往的尺度时,你就不会在任何时候都对他们采取一种"敬而远之"的态度了。

如果换个角度、换种眼光来看待这种人,你会发现他们常常有不同于别人的优点——精打细算。如果我们能够通过适当的方式,将他们这种优点运用到某些比较合适的地方,也可以发挥其优势。例如,让这样的人干一些财务工作,在有严格约束的情况下,他们往往会成为集体的"守财奴"。这样,难道不是一件好事吗?

二十 体育

体育项目

田径运动
体育运动的一种。包括竞走、跑、跳跃、投掷和全能运动等5个部分。分为径赛、田赛、田径全能运动3个类别。田径运动是从人们生活和生产技能中发展起来的具有自身特点的竞技性活动，对于发展自身速度、灵敏度、力量、耐力等方面都起到了良好作用。

国际业余田径联合会
简称国际田联。国际性的田径体育组织。1912年7月17日在瑞典首都斯德哥尔摩成立，总部设在英国伦敦。以保护国际业余田径运动的权益；在各协会之间建立友好诚挚的合作关系；在会员协会之间不允许有任何种族、宗教、政治和其他形式的歧视为宗旨。最高权力机构是代表大会，该组织负责举办世界杯田径赛和世界田径锦标赛。

世界田径锦标赛
简称田径世锦赛。由国际业余田径联合会主办的国际性田径比赛。以各国或地区协会为单位参赛。赛期为每届奥运会后第3年。赛程8天，中间休息1天。比赛项目有男24项、女16项。从1983年开始举行。

田赛
田径运动中跳跃和投掷项目的统称。跳跃项目包括跳高、跳远、三级跳远、撑竿跳高；投掷项目包括掷标枪、掷铁饼、推铅球、掷链球等。成绩以厘米为计算单位。

跳远
田赛项目之一。技术动作由助跑、起跳、腾空和落地等紧密衔接的4个部分组成。获得水平速度的助跑和获得垂直速度的起跳是跳远中至关重要的两部分。起跳又分为蹲踞式、挺身式和走步式3种。

跳高
田赛项目之一。技术动作可分为助

跑、起跳、过竿与落地4个部分。俯卧式和背越式是比较先进的两种跳高姿势。

铅球

田赛项目之一。起源于14世纪中叶的欧洲。分男、女项目。比赛用的男子铅球直径为11~13厘米，重7.26千克；女子铅球直径为9.5~11厘米，重4千克。成绩的测量以厘米为计算单位。基本技术由持球、预备姿势、滑步、用力推出、维持身体平衡5个动作组成。

链球

田赛运动中唯一用双手持握器械进行投掷的运动项目。起源于中世纪的苏格兰。现代链球重7.26千克，由球体、链子和把手3部分组成。球体不得少于6.8千克，直径为10.2~12厘米；链球从把手内侧至球体远端的全长为117.5~121.5厘米。一般采用双扣锁式握法，由握持、抡摆、旋转、用力掷出、维持身体平衡5个动作组成。

铁饼

田赛项目之一。在投掷圈内通过身体旋转用单手将铁饼掷出。铁饼为圆盘形，中间厚，周围薄，用金属和木料制成。男子铁饼重2千克，直径22厘米；女子铁饼重1千克，直径18厘米。采用背向大半径旋转掷出。其基本技术由持饼、预摆、旋转、用力掷出、维持身体平衡5个动作组成。

标枪

田赛项目之一。标枪为长杆形流线体，带有金属枪头，中段有缠线把手。男子标枪重800克，长260~270厘米；女子标枪重600克，长220~230厘米。比赛时，每人先轮流试掷3次，选出成绩较优的运动员若干名再试掷3次，取其6次中最佳成绩判定名次。其基本技术由持枪、助跑、引枪、交叉步、用力投出、维持身体平衡6个动作组成。

径赛

田径运动中在跑道和公路上举行的运动项目，包括竞走和赛跑。按规定距离比赛，有时也按规定时间定时比赛。竞走有场地和公路等区别。赛跑有短距离、中距离、长距离、超长距离、跨栏、接力、障碍和越野跑等。成绩以时间计算。

短跑

径赛项目。全程技术包括起跑、起跑后的加速跑、途中跑和终点冲刺。短跑的起跑采用蹲踞式，并使用起跑器。现代奥运会中男、女100米、200米和400米属于短跑。

中长跑

是中距离跑和长距离跑的合称。径赛项目。奥运会正式田径比赛项目中规定1500米和800米属中跑；女子3000米，男、女10000米和5000米属长跑。全程技术分为起跑、加速跑、途中跑和终点冲刺几个部分。

跨栏跑

在快速奔跑中，连续跨过规定数量和高度的栏架的短距离跑项目。起源于英国。比赛时不能进入他人跑道而且必须跨完全部栏架。正式比赛中,男子为110米、400米栏;女子为100米、400米栏。比赛全程均为10个栏架。

障碍赛跑

径赛项目之一。指在不分道赛跑的情况下,依次跨过按规定距离设置的一定数量栏架和水池等障碍物的赛跑。全程为3000米,需35次越过高0.911~0.917米、宽3.96米、重80~100千克的栏架。7次跨越或脚蹬栏顶跳过长宽各3.66米的水池。

接力

由若干运动员组成接力队,每人跑完一定距离后将接力棒或接力带传递给同伴,相互配合跑完全程的集体径赛项目。19世纪末出现。目前,径赛上设有:男、女4×100米、4×400米、4×800米、男子4×1500米和距离不等的马拉松分段接力赛。技术包括赛跑技术和传接棒技术。最后的成绩以时间计算。

马拉松比赛

田径运动中在公路上进行超长距离赛跑的项目。起源于古希腊。全程42.195千米。因各地举行这项比赛的客观条件相差较大,所以没有世界纪录,只公布最高成绩。比赛虽然在公路上进行,但起点及终点都设在田径场内。

越野赛

径赛项目。在野外进行的超长距离赛跑。起点和终点设在田径场内,比赛沿环形路线进行,途中须用红、白旗帜指示方向,并用箭头标明距离。有男子成年组12千米、女子成年组6千米、男子青年组8千米、女子青年组4千米等项目。

竞走

径赛项目。速度比普通走步快,比跑步慢,平均步长110厘米左右,步频为每分钟200步左右。竞走时两脚必须与地面轮换接触,不能有腾空阶段。现代竞走技术中的鲜明特点是骨盆沿身体纵轴的前后转动。这种转动可以增加步长,使动作自然简练。

篮球

用球向悬在高处的目标进行投准比赛的球类运动。篮球是1891年由美国体育教师史密斯博士创造的。1936年第11届奥运会将男子篮球列为比赛项目,并统一了世界篮球竞赛规则。女子篮球于1976年第21届奥运会上被列为比赛项目。现代世界篮球强队集中在美洲和欧洲。

排球

球类运动的一种。比赛用球重250~280克,皮制,内装橡皮胆,圆周65~67厘米。球场长18米,宽9米,中间有横隔球网。比赛分两队,每队6人,运用各种发球、垫球、传球、扣球、拦网等技术和战术,相互攻守。比赛采用每球得分制。正式比赛多采用五局三胜制。

网球

球类运动的一种。球重56.7~58.4

克，白色或黄色，以橡皮为核心，外层包有毛质纤维，富有弹性。球场长23.77米，单打场宽8.23米，双打场宽10.97米，中间有横隔球网。场地有草地、沙地、泥地等数种。比赛时，运动员用球拍击球。分男、女团体，男、女单打，男、女双打及混合双打七种。男子多采用五盘三胜制，女子则为三盘二胜制。

沙滩排球

球类运动的一种。场地要求边线外5米、端线外4米内无障碍物；细沙的深度至少0.3米，界线用宽5~8厘米的深蓝缎带构成。正式比赛的人数为每方两人制，其他比赛有女子四人制，男女混合两人、三人、四人制。比赛又可分为一局制和三局两胜制。

手球

是综合篮球和足球的特点而发展起来的一种用手打球、以球攻入对方球门得分的球类运动。男子用球重425~475克，圆周58~60厘米；女子和少年用球重325~400克，圆周为54~56厘米。比赛分7人制和11人制。场地长40米，宽20米。球门高2米，宽3米，门柱横断面为8×8厘米。比赛时间为60分钟。

羽毛球

球类运动的一种。球用软木托插14~16根羽毛制成。球场长13.40米，单打场宽5.18米，双打场宽6.10米，中间横隔球网。比赛分男女团体、男女单打、男女双打及男女混合双打7种。比赛时，运动员用球拍将球在空中来往拍击，有高球、杀球、吊球、搓球、勾球、推球等技术动作。多采用三局二胜制，在室内外均可进行。

水球

球类运动之一。男子比赛场地长30米，宽20米，水深1.80米以上；女子比赛场地长25米，宽17米。比赛时间每场28分钟，分4节进行。每节比赛开始前，或任何一方得分后，都可替换队员。运动员在比赛中穿水球裤或游泳裤，戴水球帽。

冰球

球类运动之一。比赛场地长56~61米、宽26~30米。双方各6人，分为守门员、左后卫、右后卫、左前锋、中锋、右前锋。每场比赛60分钟，分3局进行。规定每射中1球得1分，得分多者为胜。基本技术可分为滑冰技术和攻防技术。

乒乓球

球类运动的一种。分为男女团体、男女单打、男女双打及男女混双7种。球用赛璐珞或塑料制成，重2.7克，直径为40毫米，色白或橙黄。球场长14米、宽7米以上。球台长274厘米，宽152.5厘米，高76厘米；中间横隔球网，长183厘米，高15.25厘米。比赛时，运动员手持球拍用挡、抽、削、搓、拉等技法击球。球须在台上反弹一次后才能还击过网，以落在对方台面上为有效。

曲棍球

球类运动的一种。球重156~163克，

用麻线缠绕软木制成，表面以皮革缝合，色白。球场长91.49米，宽55米，两端中央设有球门。比赛分两队，各11人。分上下半时，共70分钟。每人手持1米长的曲棍击球，以射入对方球门次数多者为胜。

高尔夫球

球类运动的一种。比赛分个人和团体两种。球重45.93克，用橡皮筋为芯，外包白色坚硬合成材料，富有弹性。标准球场长5943.6~6400.8米，面积约60公顷，设有18个穴。用木或金属曲棍击球，以击数少而入洞穴次数多者为胜。

足球

球类运动的一种。比赛用球重396~453克，皮制，内装橡皮胆，圆周68~71厘米。球场长90~120米，宽45~60米，两端中央设有球门。比赛分两队，每队的11人分别担任守门员、后卫、中卫、前锋等。除守门员在规定区域内可以用手外，其他运动员用足踢球或用头顶。比赛分上下半时，共90分钟。以将球射入对方球门次数多者为胜。

台球

球类运动的一种。台盘分落袋台盘和四角台盘两种。枪棒用硬木制成，球用坚韧物质制成，比赛时以枪棒在台盘上击球。按用球数量不同分落袋台球、彩色台球和四球台球3种。3种台球竞赛规则和计分方法各不相同。

棒球

球类运动的一种，为男子比赛项目。球重141.75~148.84克，用橡皮或软木为芯，球面用白色马皮或牛皮制成。球场呈直角扇形，由内场和外场两部分组成。内场又设有1、2、3、本共4垒。比赛分攻守两队各9人。攻队队员在本垒依次用棒击守队投来的球，并乘机跑垒，能安全回至本垒者得1分。守队队员戴手套接球，并将球传到垒上，迫使或触杀跑垒者出局。有3人出局，即攻守换位。两队轮攻1次为1局，比赛9局，以积分多者为胜。

橄榄球

球类运动的一种。分英式和美式两种。球呈橄榄状用皮革制成，内装橡皮胆。比赛时，球可足踢、手传，也可抱住奔跑。对对方持球队员可采用各种抓、摔、抱，以及合理冲撞等方法，阻止其前进。

垒球

球类运动的一种，为女子比赛项目。球重177.19~198.45克，其制作材料比棒球软。球场呈直角扇形，由内场和外场两部分组成。内场设有一垒、二垒、三垒和本垒共4个垒位。一般分7局进行，其他规则与棒球竞赛相似。

游泳运动

运用头、躯干及四肢的动作在水中游进的运动。包括竞技游泳、花样游泳和实用游泳等。标准泳池长50米，宽21米，水深1.80米以上，水温26℃。池内设8条泳道，中间隔以各色浮标连成的分道线。出发台设在泳道中央，前缘高出水面50~75厘米，台面面积至少为 50×50 厘米。

自由泳

游泳项目的一种。可以使用任何姿势参加比赛，因爬泳速度最快，所以在自由泳比赛中普遍使用爬泳参加比赛。因而人们习惯于把自由泳等同于爬泳。

爬泳

竞技游泳项目之一。是竞技游泳中速度最快的一种游式。游时身体平俯于水面，通过两臂轮流由前向后划水与两臂举出水面前伸的动作重复交替；两腿伸直交替上下打水，来推动身体前进。头部朝侧面转动吸气。腿、臂、呼吸动作多采用6∶2∶1的配合方式。

仰泳

竞技游泳项目之一。身体平躺在水中，头部和肩稍高出水面，在快速游进时两肩和胸部露出水面。两臂轮流划水，整个划水路线由深到浅再到较深，呈S型。两腿则上下交替踢水，向上时用大腿带动小腿，形成脚面的最后拍打动作。向下时是直腿下压，当一腿下压时，另一腿又开始向上动作。

蛙泳

竞技游泳的项目之一。身体俯卧水中，两臂伸直向两侧分开，向后屈臂加速划水，接着使两手在胸前会合向前伸出；两腿由两侧向后呈半弧形加速蹬，而后伸直、并拢、回收。一般采用蹬腿1次、划臂1次、呼吸1次的配合方法。

蝶泳

竞技游泳项目之一。游时，两臂入水向外分开，手心转向侧外，然后转向侧下进行划水，保持高肘姿势，再由前向后、由外向里划水，划至腹下时肘关节弯曲程度要达到最大，接着向后向外推水结束臂的划水动作；同时两腿并拢进行波浪形的上下打水。在游进时身体呈波浪形是现代蝶泳的技术特点之一。

花样游泳

又名"水上芭蕾"。女子竞技游泳项目之一。比赛设单人、双人、集体3个项目。每项都包括规定动作、技术自选和自由自选动作。规定动作由大会统一制定，技术自选和自由自选动作均有时间限制。名次由三者得分总和来决定。

跳水

水上运动项目之一。分竞技跳水和非竞技跳水两类。前者包括跳板跳水和跳台跳水两种。后者包括教学跳水、实用跳水等多种。比赛时，运动员需选择直体、屈体、抱膝、翻腾、转体等跳水姿势做出规定动作和自选动作，以两种动作得分的总和决定名次。

跳板跳水

跳水项目之一。分为走板起跳和立足起跳。走板和起跳是技术基础。目前大多采用5步走板。从跳板后半部开始的走板技术，是进入充分走板和保持身体平衡的保证。它与立足起跳一道，都需要臂、髋、膝、踝各关节协同动作，以便与跳板振动节奏相吻合。

跳台跳水

跳水项目之一。以较快的速度助跑，不需要高的跨跳步，允许采用单脚起跳，在跳的过程中多了一组臂立跳水动作。做臂立动作时，两手与肩同宽，抓住跳台前沿，采用单腿摆起成臂立，或以双腿屈体慢起成臂立。要求身体保持稳定平衡，以完成各种跳水动作。

冲浪运动

水上运动项目之一。采用腹板、跪板或充气的橡皮垫、划艇、皮艇等驾驭海浪的一项运动。冲浪板长1.5~2.7米，宽约60厘米，厚7~10厘米，重11~26千克，板轻而平，前后两端稍窄小，后下方有起稳定作用的尾鳍。当海浪推动冲浪板滑动时，运动员使冲浪板保持在浪峰的前面并站起来，两腿前后自然开立，两膝微屈，随波浪快速滑行。

皮划艇

水上运动项目之一。艇用胶合板或玻璃钢制成，状如独木舟。有单人、双人、四人艇数种。艇身短，划桨时，运动员一腿跪立，一腿屈膝，用单叶桨在固定的舷侧划行。有500米、1000米、10000米等比赛项目。比赛在航道内进行，以艇首抵达终点的先后决定名次。

帆板

水上运动项目之一。帆板长3.65米，宽0.65米，由板体、帆杆、三角帆和桅杆组成。运动员站立于板体上操纵帆杆，通过变换帆与板体重心的相对位置，借助风力滑行。分单人、双人和多人比赛。比赛项目有长距离赛、三角绕标赛、自由滑比赛等。

帆船

水上运动项目之一。是利用桅帆借助风力推动船只前进的运动。分龙骨艇、稳向板艇和多体艇3类。有5.5米型、龙型、星型、飞行荷兰人型、芬兰人型等多种船型。比赛时，在开阔的海面上采用短距离三角绕标航行，直线航程为28千米。每次比赛取七轮中的六轮最好成绩之和来决定名次。

体操

体育运动的一种。按练习形式分为徒手和利用器械两类。按体育任务又分锻炼性、竞技性、表演性等。内容丰富，动作多样，姿态优美，具有美感和观赏性。

竞技体操

体育运动项目之一。是一种专门的体育比赛运动，简称体操。分男子六项和女子四项。男子六项为跳马、吊环、单杠、双杠、鞍马、自由体操；女子四项为跳马、高低杠、平衡木、自由体操。

艺术体操

女子体操项目之一。包括器械和徒手两种。其特点是以音乐为伴奏，徒手或手持轻器械轻松自如、优美流畅地完成各种身体动作和轻器械动作，充分体现出自然、和谐、韵律等女性独有的健美与优雅气质。

自由体操

体操运动项目之一。场地为面积 12×12 米的专用地板。男子自由体操由平衡、用力、静止等徒手体操动作和跳跃、屈身起、手翻、空翻等技巧动作组成。女子自由体操由各种方向的手翻、滚翻、空翻等技巧动作和各种转体、跨跳、走、跑、站、坐、卧等体操动作组成，比赛有音乐伴奏。时间为男子 50 秒~70 秒，女子 70 秒~90 秒。

吊环

男子体操运动项目之一。吊环是横切面直径为 2.8 厘米、内径为 20 厘米的木制环，用钢索悬挂在高 580 厘米的立架上。基本动作有摆动、屈伸、转肩、回环和静止用力等，通过两臂的分开和夹拢来完成比赛。静止姿势要求停 2 秒钟。运动员完成包括用力慢起和摆动两种倒立的全套动作时，吊环应尽量保持静止，不能摆荡。

鞍马

男子体操运动项目之一。鞍马长 160 厘米，固定有两个鞍马环，鞍马环的上沿离地面 120 厘米，两环相距 40~45 厘米。比赛动作包括两臂交替支撑的各种单腿摆越，正、反交叉，单、双腿全旋和各种位移转体动作。

单杠

男子体操运动项目之一。单杠由直径 2.8 厘米、长 240 厘米的弹性钢制成，高 255 厘米，用钢索固定在两根立柱上。基本动作包括摆动、屈伸、回环、转体、腾越、空翻等。比赛的成套动作必须全部由各种摆动动作组成，不能停顿。

双杠

男子体操运动项目之一。双杠由四根立柱架设两根平行的木制横杠制成，高 175 厘米，长 350 厘米，两杠距离为 38~64 厘米。比赛的成套动作包括由各种支撑、悬垂来完成的屈伸、倒立、回环、转体、腾越、空翻，以及各种用力动作和静止动作。其中，以摆动和腾空为主要动作。

高低杠

女子体操运动项目之一。高杠高 230 厘米，低杠高 150 厘米，长度均为 240 厘米，两端用钢索牵引。高低杠动作是在悬垂或支撑中进行各种屈伸、回环、摆越、换握、转体、倒立、腾越和空翻等动作。但在一个杠上最多只能连续做 4 个动作。

平衡木

女子体操运动项目之一。平衡木长 500 厘米，宽 10 厘米，高 120 厘米。以平衡、走、跑、跳步、转体、倒立、滚翻、手翻、空翻等动作为主。动作完成的规定时间为 70 秒~90 秒。

跳马

竞技体操项目之一。跳马使用的器械长 160 厘米，宽 35 厘米。男子用的高 135 厘米，纵向跳越，故称"纵跳马"；女子用的高 120 厘米，横向跳越，故称"横跳马"。基本动作以助跑、踏跳、手推马身、转体、翻转等动作为主，包括空中沿纵轴转体、横轴翻转等。

▍速度滑冰

简称"速滑"。起源于西欧和北欧，是以冰刀为工具在冰上进行的一种竞速运动。比赛一般在椭圆形冰场上进行，分短距离、中距离、全能等几种。有男女500米、1000米、1500米，男子5000、10000米，女子3000米等项目。

▍花样滑冰

一项将体育与艺术紧密结合的冰上运动项目。运动员穿着特制的带有冰刀的鞋在音乐的伴奏下，在冰面上滑出各种曲线、步法，做出跳跃、旋转和舞蹈等动作。比赛有单人花样滑冰、双人花样滑冰、冰上舞蹈等项目。

▍滑雪运动

冬季运动的一类。是一项借助于滑雪板和其他器具在雪地上滑行的运动。比赛项目有越野滑雪、高山滑雪、跳台滑雪、花样滑雪、现代冬季两项、雪橇运动等。

▍现代冬季两项

是越野滑雪和射击相结合的一种滑雪运动项目。使用5.6毫米小口径步枪。分成年男子组、成年女子组和青年男子组、青年女子组进行比赛。其中，男子20千米、10千米、4×7.5千米接力，女子15千米、7.5千米和4×7.5千米接力成为冬季奥运会项目。

▍高山滑雪

滑雪运动项目之一。以滑雪板和滑雪杖为工具在山坡专设线路上快速回转、滑降。分为男、女速降，回转障碍下，大回转障碍下，超级大回转障碍下以及两项全能等10个独立的项目。

▍越野滑雪

滑雪运动项目之一。以滑雪板和滑雪杖为工具，在起伏的山地沿规定的路线进行的一种雪上竞赛项目。男子有10千米、15千米、30千米、50千米和4×10千米团体接力赛；女子有5千米、10千米、15千米、30千米和4×5千米团体接力赛。

▍跳台滑雪

冬季奥运会的比赛项目之一。是以特制滑雪板为工具，沿着跳台的倾斜助滑道急速下滑，借助速度及弹跳力使身体跃入空中并保持数秒钟的雪上竞赛项目。目前，跳台滑雪比赛项目有标准台、大跳台、团体赛3种。

▍国际象棋

棋类竞技活动。棋盘为正方形，黑白相间，纵横各8格。分黑白两方各16子，即一王、一后、双车、双象、双马和八兵。执白棋一方先走，双方轮流走棋，一方王被吃掉为负，也可成和棋。根据国际象棋棋手在各种比赛中取得的成绩，可评为国际特级大师、国际大师、国内大师等。

中国象棋

棋类竞技项目之一。由棋盘和32枚棋子组成。棋盘由9道直线和10道横线形成90个交叉点。棋盘中间的地方叫作"河界"。画有斜交叉线的地方，叫作"九宫"。分为黑红两方，每方棋子有将（帅）1个，车、马、炮、相（象）、士各2个，兵（卒）各5个。对局时执红棋一方先走，双方轮流走棋,吃掉对方的将（帅）为胜，或走成和局。

围棋

棋类竞技活动。棋盘面由纵横19道线交叉，形成361个交叉点。棋子共360枚，分黑白两色。执黑子方先下，随后双方轮流下一子。通过做眼、点眼、围、劫、断、逼等多种技巧吃子并占有空位，将实有空位和子数相加，以超过规定子数为胜。

五子棋

棋类竞技活动，亦称"连珠"。棋盘纵横15路，分黑白两种棋子：黑子113枚，白子112枚。黑白轮流下子，以先将五子连成一线者为胜。

桥牌

牌类竞技活动。使用扑克牌52张（除去正副百搭），分黑桃、红心、方块、草花4种花色，每种花色牌的大小按A、K、Q、J、10、9、8、7、6、5、4、3、2的顺序排列。由4名牌手分成两方对抗，每个牌手得13张。出牌时每人均应按照首先出牌人所出的花色跟牌，出最大一张牌的牌手赢得这一墩。每副牌有13墩，以赢得墩数多者为胜。

武术

中国传统体育项目。指徒手或操持各种器械，按一定的套路做出技击动作的运动项目。包括拳术、器械以及单练、对练和集体表演几大类。具有健身和学习武艺双重作用。

刀术

武术竞技项目之一。其主要特点是凶猛神速，杀伤力强。包括单刀、双刀、大刀3个种类。单刀是一手持刀，一手随刀法变化做各种配合动作；双刀为双手各持一刀，左右配合；大刀为双手舞一柄大刀，可与其他兵器对练。

枪术

武术竞技项目之一。主要动作为拦、拿、扎。枪术除单练之外，也可与其他武器对练，如大刀对枪、剑对枪、三节棍对枪等。

剑术

武术竞技项目之一。讲究动静、虚实以及身法、手法、步法的配合协调。剑术包括单剑、双剑、长穗剑、短穗剑等项目，有单练、对练、集体练三种形式。

棍术

武术竞技项目之一。其特点为刚劲神速，招式多变，且运动范围大。有三节棍、大梢子棍、小梢子棍等种类。

长拳

武术拳种之一。指出手伸腿皆以放长击远为特征,是一种动作舒展、刚柔相济的拳派类别。包括查拳、花拳、六合拳、少林拳等。

南拳

武术拳种之一。中国南方各地流行的拳术统称。其特点为动作紧凑,擅长短打,步法稳固,重心较低,拳势刚猛,常以发声吐气助长劲力。南拳器械训练有棍、刀、叉、铜、斧等。既可单练,又可对练。

太极拳

武术拳种之一。吸取前人各名家拳术流派之所长,以古代阴阳学说为理论基础创编而成。基本动作为掤、捋、挤、按、捌、采、肘、靠"八法"和进步、退步、左顾、右盼、中定"五步",故又被称为"十三势"。

少林拳

著名武术拳派之一。包括拳术、散打、气功、器械等几方面,器械中以棍法著称。其拳法套路紧凑、攻防严密、招式多变,具有先发制人、以刚克柔、以动制静的特征。可作健身、防身之用。

空手道

日本的一种拳术,是手脚并用的一种格斗技术。进攻者称攻手,防御者称受手。比赛时攻手须在触及对方前的一瞬间停止,不准直接击中对方身体,否则判为犯规。每场2分钟,动作正确而有效得1分,即为胜利。分为个人赛和团体赛两种。

散手

亦称抢手、散打。武术运动形式之一。是由两人运用武术技击法制胜对方的徒手相搏运动。比赛者身着护具,使用踢、打、摔等技术,以击中或击倒对方获得点数。比赛分三个回合,以得点数多者为胜。

摔跤

两人进行徒手较量、力求把对方摔倒的一项竞技运动。国际上列为正式比赛项目的有古典式摔跤、自由式摔跤和柔道。古典式摔跤,只准用手抱对方腰以上部位,不准用脚绊或踢勾。凡能使对方两肩同时着地,并保持1秒钟者即为胜利。自由式摔跤比赛时手和脚可并用,凡能使对方两肩同时着地者为胜。

柔道

竞技运动项目之一。明末清初中国人陈元赟在日本创建柔术。1964年第18届奥运会上被列为正式比赛项目。运动员赤足,着柔道服,在14~16米见方的场地上把对手摔倒或使对手背着地为胜;也可拿住对手肘关节或绞住对手颈动脉而迫使对手认输。比赛时间为3~20分钟。比赛分男女,各按不同体重分为8个级别。

举重

使用规定方式和方法举起重物的运动。现代举重比赛使用标准杠铃,举重方式有抓举、挺举等。整个动作在边长为 4 米的正方形举重台上完成。运动员按体重分 10 个级别。

射箭

竞技运动的一类。选手借助弓的弹力将箭射出，比赛射击准确度或射程的运动。现代国际射箭比赛有射准、射远、室内、野外、环靶射箭比赛等多种。多数以在不同距离内射中箭靶的环数计算成绩。

击剑

竞技运动的一类。运动员穿戴击剑服装和护具，在击剑场上以一手持剑互相刺击，击中对方身体有效部位多者为胜。可在规则许可的范围内运用各种战术。比赛项目包括男子花剑、重剑、佩剑和女子花剑。均有个人赛和团体赛。团体赛为每队 4 人的队际相遇赛。

花剑

击剑运动项目之一。剑长 1.10 米，重不超过 500 克，由剑柄、剑身和护手盘组成。分男女两项，有个人赛和团体赛两种。比赛时，只准刺对方躯干等有效部位，不可劈打。

佩剑

击剑运动项目之一。剑长不超过 1.05 米，剑身长度不超过 0.88 米，重量不超过 500 克。比赛时，既可以刺又可以劈打，运动员腰部以上均为有效部位。由 5 名裁判员进行裁判。

重剑

击剑运动项目之一。全长不超过 1.10 米，剑身长度不超过 0.90 米，重量不超过 770 克。运动员在比赛时只准刺，不准劈打。全身均为有效部位。

拳击

竞技项目之一。比赛在 6 米见方的台上进行。运动员双手戴拳击手套，按一定的姿势、步法和拳法，互相击打对方自眉、耳以下的脸部和身体正面的各个部位。以击打次数，击倒与否或防守技术高低等作为决定胜负的评分标准。分业余和职业两种。职业比赛至多为 15 个回合。业余比赛每场为 5 个回合。

马术

驾驭马匹或马车的竞技性运动。国际马联举行的世界性比赛项目有盛装舞步赛、超越障碍赛、3 日赛和 4 轮马车赛。其他国际比赛尚有各种规格的马赛。

中国古代（尤其唐代）即有马戏与马术活动。现今，主要有具有民族特色的马上游戏，如叼羊、姑娘追等。

登山运动

体育运动的一类。有金字塔形兵站式登山、阿尔卑斯式登山、技术登山和攀岩等活动方式。其中攀岩活动流行较快。专业运动员须具有坚强的意志、体质和一定的技术，在严寒和缺氧的情况下，攀登至山的顶峰。

摩托艇运动

用摩托艇作为运动工具而进行的一

种水上竞技运动。摩托艇运动是一项水上综合性的技术活动，要求运动员熟悉并适应水上生活，具有航海基本知识、驾驶船艇和使用小型高速发动机的技术。竞赛摩托艇以其发动机的安装形式可分为发动机挂在尾板上的舷外艇和发动机安装在艇内的舷内艇；以发动机的技术要求可分为竞速艇和运动艇；以航行水域可分为内陆水域航行艇和近海航行艇。

汽车运动

使用汽车在公路和野外比赛速度、驾驶技术和车辆性能的一种运动项目。19世纪80年代，在欧洲大陆出现了汽车的雏形。汽车运动也随之发展而兴起。汽车比赛不断推动各国汽车工业改进技术，而汽车工业的发展又推动汽车性能的不断提高。汽车比赛始终围绕交通车和专门特制赛车这两大类车种发展。目前国际上比较统一的有下列各项比赛：环形公路竞速赛、创纪录赛、多日赛（又称拉力赛）、卡丁车赛。

摩托车运动

借助于摩托车从事训练和比赛的运动项目。摩托车具有体积小、速度快、机动性强、越野性好、操纵简便等特点。摩托车竞赛既是运动员驾驶技术的比赛，又是各种新型摩托车的较量。摩托车产品质量也通过竞赛不断改进。而优质赛车又促进驾驶技术水平的不断提高。摩托车运动已经成为世界各国大力开展的一个运动项目。

航空运动

利用飞行器或其他器械在空中进行的一项体育运动。它是伴随着飞行器的诞生和发展而开展起来的。国际上普遍开展的航空运动项目有飞行运动、航空运动。

跳伞

利用降落伞从高空跳下的一项体育运动。跳伞可以从正在飞行的各种飞行器上跳下，也可以从固定在高处的器械、陡峭的山顶或高地上跳下。它能培养人们勇敢、机智、沉着、果断的品质，被称为"勇敢者的运动"。跳伞运动按载人器具分为伞塔跳伞、氢气球跳伞和飞机跳伞。跳伞作为一项航空运动，在世界许多国家已普遍开展。国际航空运动联合会把跳伞列为竞赛项目和创纪录项目。

体育人物

顾拜旦（1863~1937年）

法国教育家，现代奥林匹克运动创始人。主张从竞技游戏开始改革教育，进而改造社会。建议举行世界性体育比赛，倡议恢复奥运会。1889年组织成立法兰西竞技协会。1894年在巴黎成立由12个国家参加的国际奥林匹克委员会，任秘书长，并亲自设计奥委会会徽、会旗。1896年第一届现代奥运会在雅典举行，同年接替希腊人维凯拉斯任国际奥委会主席。1925~1937年任名誉主席。顾拜旦著有《运动心理学理论》《竞技运动教育学》等，开拓了运动心理学领域的研究。

欧文斯（1913~1980年）

美国男子短跑运动员。15岁时就在短跑方面表现出惊人的才能。19岁时在中学生运动会上平了100码（1码=0.9144米）跑世界纪录。1935年在安阿伯举行的大学生运动会上，先后破5项平1项世界纪录。其中8.13米跳远的世界纪录保持了25年之久。1936年在第11届奥运会上，他夺得100米、200米、4×100米接力赛跑和跳远4枚金牌。1955年任美国国务院负责体育的大使级官员。1980年被欧美各报评为20世纪最佳运动员之一。国际业余田径协会设立了以他的姓氏命名的欧文斯奖，每年颁发给为当代田径运动做出杰出贡献的优秀运动员。

萨马兰奇（1920~2010年）

原国际奥林匹克委员会主席。西班牙巴塞罗那人。毕业于巴塞罗那高级商务研究院。他喜爱射击、曲棍球、帆船、高尔夫球、拳击、足球和骑马等体育运动。1966年开始任国际奥委会委员，1967~1971年任西班牙奥林匹克委员会主席。1968~1975年及1979年以后任国际奥委会礼仪委员会主席；1970~1978年及1979年任国际奥委会副主席。1980年7月，在国际奥委会第83届全体会议上，萨马兰奇当选为国际奥委会主席，直到2000年。他为体育走向更广泛的世界领域，为体育的全面发展，为有更多人参加到奥林匹克体育运动中来，做出了突出贡献。

贝利（1940~ ）

巴西足球运动员。18岁时作为国家队成员参加世界杯赛，以半决赛中连进三球，决赛中连进两球的惊人表现为巴西队夺得了第一个世界杯冠军。1962、1966、1970年他又三次参加世界杯赛，帮助巴西队获得两次冠军，使巴西队被誉为有史以来最强大的球队。贝利以精湛的球技被誉为足球天才、球王。他在20年的足球生涯中共参加了1363场比赛，射进1281个球，其中包括92次一场连进3球。他的球技、球风在世界产生很大影响，成为最受尊敬的足球运动员。

阿里（1942~ ）

美国拳击运动员。原名卡修斯·克莱。1960年，他获得了奥运会次重量级拳击冠军，在世界拳坛崭露头角。4年后成为世界重量级拳击冠军。此后在20世纪60年代保持了常胜不败的纪录。1970年重返拳坛，分别在1974年和1978年再次获得重量级冠军。阿里一生共获得过22次世界冠军，仅失败过3次。近些年来，他被帕金森病困扰，但仍以坚强的意志从事和平运动，受到世人敬佩。

格里菲斯·乔伊娜（1959~1998年）

美国女子田径运动员。1984年参加洛杉矶奥运会，夺取200米跑银牌。1988年7月，在美国奥运会选拔赛上，以10秒49创造100米跑世界纪录。接着在汉城奥运会上，连取100米、200米和4×100米接力等4枚金牌，并3次刷新200米和4×100米接力世界纪录，被誉为"世界第一女飞人"。她是20世纪最杰出的女子田径运动员。

马拉多纳（1960~ ）

阿根廷足球运动员。16岁入选国家队。4次参加世界杯足球赛，率阿根廷队夺取第13届世界杯冠军。1984~1991年效力于意大利那不勒斯俱乐部队，率队相继夺得意大利联赛、意大利杯、欧洲联盟杯和意大利超级杯4项冠军。他技术纯熟、快速灵活、突破能力和射门意识强，是贝利之后的又一代球王。

刘易斯（1961~ ）

美国田径运动员。生于田径世家，擅长短跑、跳远。他4次参加奥运会，获取9枚金牌；3次参加世界田径锦标赛，8次夺冠。还4次打破100米和4×100米世界纪录。其中1984年洛杉矶奥运会上，他和欧文斯一样，4夺金牌，被誉为"欧文斯第二"和"田径超人"。

杰基·乔伊娜（1962~ ）

美国女子田径运动员。在1987年世界田径锦标赛中，她获得跳远和七项全能两枚金牌。1988年的第24届奥运会上她再度获得这两项冠军。在1992年第25届奥运会上，保持了七项全能的冠军，获跳远银牌。1996年第26届奥运会上，34岁的她获得一枚跳远铜牌。在她的体育生涯中，从1985年到1992年曾连续13次获得七项全能冠军，4次破七项全能世界纪录，是第一个突破全能7000分大关的女选手。同时她还创造了室内55米栏的世界纪录和11次美国全国纪录。

乔丹（1963~ ）

美国男子职业篮球运动员。1984年作为头号种子选手，进入美国奥林匹克篮球队，率美国队夺得奥运会冠军。同年，加入芝加哥公牛队，成为职业篮球运动员。他弹跳力惊人，有"空中飞人"之称。1988年成为世界篮球史上在同一赛季中抢篮板球200次、盖帽100次的唯一选手，并囊括了NBA（National Basketball Association，全国篮球联赛）当年颁发的最佳运动员、最佳防守、最佳得分手3项桂冠，成为最有价值球员。1991~1993年他率领的芝加哥公牛队三次蝉联NBA总冠军。1993年之后两度退役又两次复出。1996~1998年率公牛队实现了第二个三连冠，蝉联NBA总冠军。创造了篮球运动史上的奇迹。

格拉芙（1969~ ）

德国女子网球运动员，德国史上最优秀的女子体育人物之一，为第5位登上WTA单打排名第1的选手。是世界网球历史上最成功的女选手之一，尤其是1988年创下整个网球运动史上、所有男女选手当中至今唯一的年度金满贯。她与德国另一名男选手鲍里斯·贝克尔缔造了德国网球传奇。最擅长的打法是正手大力抽球和反手切削球。德国人将她称为"正手姑娘"。格拉芙在各种类型的场地上都能发挥稳定，这在网球界非常罕见。此外，施特菲·格拉芙也非常具有女性魅力，属于网球界的偶像派与实力派的结合。

舒马赫（1969~ ）

生于许尔特，德国一级方程式赛车车手，现代最伟大的F1车手之一，在他头16年的职业生涯中，几乎刷新了每一项纪录。总共赢得7次总冠军，亦曾是唯一赢得总冠军的德国车手（后被德国车手塞巴斯蒂安·维特尔于2010年刷新）。

2010年初，舒马赫正式宣布复出，加盟前身为布朗车队的梅赛德斯车队。2013年12月29日，舒马赫在法国阿尔卑斯山区滑雪时发生事故，头部撞到岩石，严重受创。

桑普拉斯（1971~ ）

美国前职业网球运动员，他在ATP巡回赛生涯中，共夺得64项男单冠军（包括14项大满贯锦标和5次ATP年终赛）以及2项男双冠军。

他在1988年转打职业，1993年4月12日于香港沙龙职业网球公开赛赛前首尝世界排名第一，他先后取得2次澳大利亚网球公开赛、7次温布尔登网球锦标赛和5次美国网球公开赛的男子单打冠军。法国网球公开赛是他唯一未曾获得过男子单打冠军的四大满贯赛。

他是20世纪90年代男子职业网坛霸主，个人夺得14项大满贯男单冠军，并且连续六年（1993~1998年）成为ATP单打年终世界排名第一（ATP纪录）。他在职业赛中取得的奖金是网球史上（包括ATP和WTA）历年来第五高。

此外，亦曾协助美国夺得一届世界团体杯（1993年），他亦协助美国两夺戴维斯杯。

2002年，他宣布在美网举行后将会挂拍退休，并表示希望以夺取冠军作结，结果他如愿以偿，在决赛以盘数3-1（局数：6-3,6-4,5-7,6-4）击败好友阿加西夺冠，为15年的职业生涯画上完美句号。

罗纳尔多（1976~ ）

巴西足球运动员，出生在巴西里约热内卢郊外的本托-里贝罗区。世界传奇前锋，绰号"外星人"，国家队大满贯功臣。多次荣获"最佳射手""最佳球员"等荣誉。罗纳尔多曾三度当选世界足球先生、两度当选欧洲足球先生。作为20世纪末以及21世纪初最伟大的球员之一，引领了一个群星璀璨的足球时代。2011年2月14日，被伤病折磨的罗纳尔多最终宣布了自己退役的决定，终结自己18年的职业生涯。2015年2月，罗纳尔多宣布再次复出，加盟美国第二级别联赛的劳德代尔堡前锋足球俱乐部。

博尔特（1986~ ）

生于牙买加特里洛尼，奥运会冠军，男子100米、200米世界纪录保持者。

2004年，博尔特成为职业运动员。同年在加勒比共同体运动会的200米赛跑中，跑出19秒93的成绩，成为有史以来第一个跑入20秒的青年运动员。2008年5月31日，博尔特在纽约锐步田径大奖赛上，以9.72秒的成绩打破世界纪录，博尔特创造了属于他的第一个世界纪录。8月，博尔特北京奥运会男子100米比赛中，以9秒69的成绩打破了自己保持的世界纪录。并在随后的200米比赛中，以19秒30的成绩打破了迈克尔·约翰逊创造的世界纪录。2009年，柏林世锦赛上，博尔特在男子100米比赛中以9秒58的成绩夺冠，并刷新了自己创造的世界纪录。在男子200米比赛中，博尔特以19秒19打破自己保持的世界纪录。博尔特由此成为世锦赛双冠王，更是历史上唯一一位奥运会、世锦赛双冠王。2012年，博尔特在伦敦奥运会上成为奥运会历史上首位同时卫冕100米和200米冠军的选手，而在奥运会男子200米项目的历史上，博尔特是首个实现卫冕的运动员。2013年，莫斯科世锦赛上，博尔特包揽了男子100米、200米和4×100米接力3枚金牌，他的世锦赛的金牌总数达到8枚，追平美国名将卡尔·刘易斯和迈克尔·约翰逊共同保持的纪录。

▌许海峰（1957~ ）

中国男子射击运动员。生于福建漳州。1983年达到运动健将标准并破一项全国纪录。1984年入选国家队。他性格内向，自控能力强，枪法稳定。1984年在第23届奥林匹克运动会射击比赛中，以566环获自选手枪慢射冠军，实现中国在奥运会史上金牌"零"的突破。在第6届亚洲射击锦标赛上又获气手枪冠军。1990年在北京亚运会上他一人就为中国赢得4枚金牌，并刷新一项世界纪录。1986年获国际级运动健将称号。1984年获得国家体委颁发的体育运动荣誉奖章。1995年2月，担任国家女子射击队主教练。

▌李宁（1963~ ）

中国男子体操运动员。生于广西柳州，壮族。8岁开始练体操。1982年在第6届世界杯体操比赛中一人独得个人全能、自由体操、鞍马、吊环、跳马和单杠6枚金牌，获得世界声誉。1984年在第23届洛杉矶奥林匹克运动会上夺得3枚金牌、2枚银牌和1枚铜牌。此次大赛他7次得满分10分，获得"体操王子"的称号。这一年，国际体操联合会公布了以李宁名字命名的两个高难新动作"吊环李宁摆上"和"双杠李宁大回环"。17年的体操生涯中，他8次参加世界大赛共获13枚金牌，2次当选世界最佳运动员，5次荣获国家体育运动荣誉奖章。1988年退役后从事商业活动，仍热衷于体育事业。

▌邓亚萍（1973~ ）

中国女子乒乓球运动员。河南郑州人。1988年入选国家队。1989年参加第40届世界乒乓球锦标赛，夺得女子双打和女子团体冠军。1990年在北京第15届亚洲运动会上独得3枚金牌。1991年在第41届世界乒乓球锦标赛上，夺取女子单打冠军，成为世界头号种子选手。1992年和1996年在第25届、第26届奥林匹克运动会乒乓球比赛中，两次夺得女子单打和女子双打冠军。1993年在第42届世界乒乓球锦标赛上与队友一道夺得女子团体冠军。在1995年第43届、1997年第44届世界乒乓球锦标赛上，夺得女子单打、女子双打、女子团体冠军。曾获得国家体委颁发的体育运动荣誉奖章。1997年4月，她被萨马兰奇指定为国际奥委会运动员委员会委员。2000年成为国际奥委会委员。